Das Gesetz, betreffend die

Anlegung und Veränderung von Straßen und Plätzen in Städten und ländlichen Ortschaften.

(Straßen- und Baufluchtengesetz).

Vom 2. Juli 1875.

Kommentar

(vormals von **R. Friedrichs**)

von

D. Dr. Dr. Hugo v. Strauß und Torney,

Wirklicher Geheimer Rat, Senatspräsident des Oberverwaltungsgerichts.

und

Carl Saß,

Privatdozent an der Technischen Hochschule zu Berlin,
Amts-Gemeinde-Baurat und Regierungs-Baumeister a. D.

Sechste, völlig neubearbeitete Auflage,

unter Berücksichtigung des Wohnungsgesetzes, der Zweckverbandsgesetze usw.

Berlin und Leipzig 1920

Vereinigung wissenschaftlicher Verleger

Walter de Gruyter & Co.

vormals G. J. Göschen'sche Verlagshandlung — J. Guttentag, Verlagsbuchhandlung — Georg Reimer — Karl J. Trübner — Veit & Comp.

Vorwort.

Die fünfte Auflage des vorliegenden Werkes war seit Jahren im Buchhandel vergriffen. Nach Beendigung des Krieges sollte der Kommentar des Unterzeichneten zum Fluchtliniengesetz in neuer Auflage erscheinen. Die Verlagsbuchhandlung knüpfte daraufhin Verhandlungen an, ob es nicht zweckmäßig sei, beide Kommentare zu einem Werke zu vereinigen. So entstand die vorliegende Arbeit. Beide Verfasser haben dieselbe in eingehendem, persönlichem Gedankenaustausch miteinander fertig gestellt. Die Arbeit war beendet und der erste Teil derselben bereits dem Verlage für die Drucklegung übergeben, als Exzellenz von Strauß und Torney aus seinem arbeitsreichen Leben abgerufen wurde. Mit ihm ist ein Mann von wissenschaftlicher Bedeutung, von lauterem Charakter und ausgeprägtem Gerechtigkeitssinn dahin gegangen, dem es vergönnt war, sich einen selten großen Arbeitswillen bis in das höchste Lebensalter zu bewahren. Die Mitarbeit an dem vorliegenden Kommentar hat ihm viel Freude bereitet und er beschäftigte sich im Geiste bereits mit der Ausgestaltung einer zukünftigen Auflage. Ich empfinde es als einen besonderen Vorzug, diesem hervorragenden Mann näher getreten zu sein.

Die Neubearbeitung und Erweiterung des Werkes ist eine erhebliche und wesentliche. Das Wohnungsgesetz vom 28. März 1918 ist aufgenommen und seine Vorschriften, soweit sie sich auf die Änderungen des Fluchtliniengesetzes beziehen, sind eingehend gewürdigt, ebenso die in Frage kommenden Vorschriften der Zweckverbandsgesetze vom 19. Juli 1911 und des § 9 des Kommunalabgabengesetzes vom 14. Juli 1893. Das Gesetz betreffend die Umlegung von Grundstücken in Frankfurt a. M. vom 28. Juli 1902 ist im Anhang ebenfalls angeführt worden.

Infolge der erheblichen Vergrößerung des Werkes konnte die frühere Einteilung der Erläuterungen nicht überall aufrecht erhalten werden. Zur besseren Übersicht wurden die Unterabteilungen vermehrt und, soweit es zweckmäßig erschien, die Nummern derselben in Beziehung zu den Stichworten der Gesetzesvorschrift gesetzt. Besonderer Wert ist darauf gelegt, den Kommentar in seiner äußeren und inneren Anordnung so zu gestalten, daß jedermann schnell das auffinden kann, was er benötigt. Aus diesem Grunde ist besondere Sorgfalt auf die Bearbeitung des Inhaltsverzeichnisses und des Sachregisters verwendet. Es sind hier nicht allein Stichworte angegeben, sondern dabei auch die rechtlichen und sachlichen Beziehungen vermerkt.

Die Ergebnisse der Rechtsprechung sind soweit zugänglich bis in die neueste Zeit — bis einschließlich August 1919 — benutzt und wieder gegeben worden. Die Verfasser haben jedoch darüber hinaus eine große Reihe von neuen Fragen behandelt. Sie wollten eine selbständige Arbeit vorlegen, wie sie die fünfte Auflage darbot, welche ein klassisches Vorbild dafür ist, wie ein Kommentar beschaffen sein soll. Letzterer ist trotz seines Erscheinens im Jahre 1905 in fast allen Fragen noch heute maßgebend und steht unbestritten an erster Stelle. Der Unterzeichnete darf dies wohl aussprechen, da er der Bearbeitung der fünften Auflage fern stand.

Den Verfassern waren im Laufe der Zeit viele Anfragen, welche sich auf Zweifelsfragen des vorliegenden Gesetzes bezogen, zugegangen, namentlich konnte der Unterzeichnete aus seiner Tätigkeit als wissenschaftlicher Berater auf dem Gebiete des Baupolizei- und Fluchtlinienrechts und aus der Praxis umfangreiches Material beibringen. Alles dies wurde in gemeinsamer Arbeit geprüft und verwertet.

Möge auch diese Auflage, deren Herstellung nicht geringe Mühe verursacht hat, eine wohlwollende Aufnahme finden.

Berlin-Mariendorf, im November 1919.

Carl Saß.

Inhaltsverzeichnis.

Abkürzungen.

AH. = Abgeordnetenhaus.
ALR. = Allgemeines Landrecht.
DJZ. = Deutsche Juristenzeitung.
E. = Entscheidung.
Gruchot = Gruchot, Beiträge zur Erläuterung des Deutschen Rechts.
HH. = Herrenhaus.
HS. = Hilfssenat.
JMBl. = Justiz-Ministerial-Blatt.
JW. = Juristische Wochenschrift.
KG. = Kammergericht.
Komm. = Kommission.
KAG. = Komunalabgabengesetz.
MBl. = Ministerialblatt für die innere Verwaltung.
OTr. = Ober-Tribunal.
OVG. = Oberverwaltungsgericht.
PrVBl. = Preußisches Verwaltungsblatt.
RG. = Reichsgericht.
StenB. = Stenographische Berichte.
Strieth. = Striethorst, Archiv für Rechtsfälle.
VerwArch. = Verwaltungsarchiv.
ZS. = Zivilsenat.

Einleitung.

Das Bedürfnis einer Regelung, wie sie durch das Gesetz vom 2. Juli 1875 erfolgt ist, war bereits seit längerer Zeit in dringender Weise hervorgetreten. Namentlich die in raschem Anwachsen begriffenen größeren Städte hatten fortgesetzt lebhafte Klagen darüber erhoben, daß ihnen die Verpflichtung, für Herstellung und Unterhaltung der Straßen und Plätze zu sorgen, eine Last aufbürde, die immer drückender werde und schließlich zum finanziellen Ruine des städtischen Haushaltes führen müsse. Die Staatsregierung sah sich deshalb veranlaßt, in den Entwurf der Wegeordnung, der dem Landtage im Januar 1865 zur Beschlußfassung zuging,[1]) unter den §§ 37 und 38 Bestimmungen, wodurch dies Gebiet neugeordnet werden sollte, aufzunehmen und diese später, als das Abgeordnetenhaus die Wegeordnung ablehnte, in einem besonderen, dem Landtage kraft Allerhöchster Ermächtigung vom 6. Februar 1866 vorgelegten Gesetzentwurfe zusammenzustellen.[2]) Wegen Schlusses der Session gelangte der Entwurf nur in der dazu eingesetzten Kommission des Herrenhauses zur Beratung,[3]) wurde aber noch im Laufe desselben Jahres auf Grund Allerhöchster Genehmigung vom 19. November 1866 mit einigen, den Beschlüssen der Herrenhaus-Kommission entsprechenden Abänderungen nochmals eingebracht,[4]) und auch vom Herrenhause im wesentlichen unverändert angenommen.[5]) In der Kommission des Abgeordnetenhauses vermochte man sich dagegen über die maßgebenden Grundsätze nicht zu einigen und so blieb der Entwurf liegen.

Erst am 28. Januar 1875 unterbreitete die Staatsregierung dem Hause der Abgeordneten von neuem einen Gesetzentwurf,[6]) woraus demnächst das Gesetz vom 2. Juli 1875 hervorgegangen ist. Der Entwurf wurde vom Abgeordnetenhause einer besonderen Kommission überwiesen und hier einer durchgreifenden Umgestaltung unterzogen.[7]) Das Haus selbst nahm dann wieder verschiedene, zum Teil ebenfalls erhebliche Abänderungen vor.[8]) Im Herrenhause dagegen fand der so festgestellte Entwurf ohne vorgängige Kommissionsberatung Annahme; auch bieten die verhältnismäßig kurzen Verhandlungen für die Auslegung keine Momente von Bedeutung.[9])

---

1) Nr. 11 der Drucksachen des HH. 1865.
2) Nr. 11 der Drucksachen des HH. 1866.
3) Nr. 14 der Drucksachen des HH. 1866.
4) Nr. 31 der Drucksachen des HH. 1866, II. Sitzungsperiode.
5) StenB. des HH. 1867 S. 209.
6) Nr. 23 der Drucksachen des AH. 1875.
7) Nr. 279 der Drucksachen des AH. 1875.
8) Zweite Beratung StenB. S. 2027—2047, dritte Beratung S. 2115—2128. vgl. Nr. 316, 354, 404, 417, 421, 423—425, 430 der Drucksachen.
9) StenB. des HH. S 613, 614. S. 648, 649. Wo in den späteren Erläuterungen die Seitenzahl allein zitiert wird, sind die StenB. des AH. gemeint.

Die Regierungsvorlage verfolgt nach der ihr beigegebenen Begründung den Zweck, die Interessen der Gemeinden mit denen der Grundeigentümer auszugleichen, will im übrigen soviel als tunlich an den bisher in der Verwaltung angenommenen und als praktisch bewährten Grundsätzen festhalten, berücksichtigt dabei indes auch die neue allgemeine Bauordnung für das Königreich Württemberg vom 6. Oktober 1862, sowie das Großherz. Badensche Gesetz, die Anlage von Ortsstraßen und die Feststellung der Baufluchten, sowie das Bauen längs der Landstraßen und Eisenbahnen betr., vom 20. Februar 1868. Sie zerfällt in vier Abschnitte:

I. Verfahren bei Festsetzung der Fluchtlinien (§§ 1—9, im Gesetze §§ 1 bis 10).

II. Entschädigung der Grundeigentümer (§§ 10 und 11, im Gesetze §§ 13 und 14).

III. Erleichterung der Gemeinden in Tragung der Kosten für neuanzulegende Straßen (§ 12, im Gesetze § 15).

IV. Ausführungs- und Übergangsbestimmungen (§§ 13—17, im Gesetze §§ 16—20).

I. Vor Erlaß des Gesetzes hatte über die Anordnung von Fluchtlinien lediglich die Polizeibehörde zu befinden. Ihre Befugnis dazu gründete sich in dem Gebiete des ALR. auf die Vorschriften der §§ 65 ff. Titel 8 Teil I daselbst, wonach Bauten nur mit Erlaubnis der Obrigkeit vorgenommen werden dürfen und diese darauf zu achten hat, daß die Bauten nicht zum Schaden des gemeinen Wesens oder zur Verunstaltung der Städte und öffentlichen Plätze gereichen. Das hieraus abgeleitete Recht der Polizeibehörden, in einzelnen Fällen Fluchtlinien vorzuschreiben, bestand in unangefochtener Geltung und war auch in den meisten, auf Grund des Gesetzes über die Polizeiverwaltung vom 11. März 1850 erlassenen Baupolizeiordnungen ausdrücklich anerkannt. Der Gemeindevorstand wurde wohl gehört, eine maßgebende Einwirkung besaß er aber nicht. — Gleiche oder ähnliche Vorschriften[1]) galten in den übrigen Landesteilen, wo allerdings zum Teil in den Städten eine eigene Polizeiverwaltung nicht besteht, vielmehr der Gemeindevorstand auch die Polizei handhabt.

Auf derselben gesetzlichen Grundlage ruhte das Recht der Polizeibehörde zur Aufstellung von Bebauungsplänen, da ein Bebauungsplan nichts anderes enthält, als die im voraus und nach einem einheitlichen Plane vorgenommene Festsetzung von Fluchtlinien für eine größere Fläche. Der enge Zusammenhang mit den kommunalen Interessen und die einschneidende Bedeutung der Bebauungspläne hatten indes dahin geführt, hier einesteils den Gemeindebehörden, anderenteils den Regierungen eine weiterreichende Mitwirkung einzuräumen. Der Erlaß des Ministers für Handel usw. vom 12. Mai 1855 (MBl. S. 100) überwies im allgemeinen die Initiative der Gemeindebehörde, behielt aber den Regierungen die Befugnis vor, in solchen Fällen, wo die Gemeindebehörde aus unzureichenden Gründen mit der Entwerfung eines sich als notwendig erweisenden Bebauungsplanes zögern sollte, anderweit für eine Ausführung durch die Ortspolizeibehörde zu sorgen. Einer besonderen Behandlung

[1]) Sie sind in Nr. 23 der Drucksachen des AH. 1875 S. 10 bis 11 in der Anmerkung aufgeführt.

wurden die sogenannten Retablissementspläne, Pläne für die Wiederbebauung ganzer durch Feuer zerstörter Ortsteile unterworfen; für sie war ein jedesmaliges unmittelbares Eingreifen der Regierung angeordnet.

Der Gesetzentwurf sah nun von einer Beteiligung der Regierungen völlig ab und gewährte der Gemeindebehörde einen größeren Einfluß; er hielt aber die Unterscheidung zwischen den angedeuteten drei Fällen fest. Die Aufstellung von Retablissementsplänen wurde unbedingt vorgeschrieben, die Anregung zur Aufstellung von sonstigen Bebauungsplänen sowohl dem Gemeindevorstand wie der Polizeibehörde freigegeben und die Entwerfung beider Pläne dem Gemeindevorstande im Einverständnisse mit der Gemeinde und der Ortspolizeibehörde übertragen, dagegen die Festsetzung von Fluchtlinien für einzelne Fälle der Ortspolizeibehörde im Einverständnisse mit dem Gemeindevorstande zugewiesen. Bei Meinungsverschiedenheiten zwischen Ortspolizeibehörde und Gemeindevorstand sollte überall der Kreisausschuß, in Stadtkreisen der Bezirksausschuß entscheiden. Im Anschluß hieran war auch das weitere Verfahren geordnet. Behufs Erhebung etwaiger Einwendungen sollten Retablissements- und Bebauungspläne öffentlich ausgelegt, andere Pläne den angrenzenden und den gegenüberliegenden Eigentümern schriftlich mitgeteilt werden. Über die Einwendungen entschied wieder der Kreis- oder Bezirksausschuß.

Die Kommission des Abgeordnetenhauses verwarf diese verschiedenartige Behandlung und gab zugleich der Ortspolizeibehörde eine andere Stellung. In letzterer Beziehung machten sich unter den Mitgliedern die abweichendsten Meinungen geltend. Während ein Teil die Einwirkung der Polizeibehörde ganz beseitigen zu können glaubte oder der Polizeibehörde wenigstens nur das Recht zur Erhebung von Einwendungen gegen den Fluchtlinienplan gleich den sonst beteiligten Behörden und Eigentümern zugestehen wollte, vertrat ein anderer Teil den Standpunkt der Staatsregierung, daß der Polizeibehörde im öffentlichen Interesse eine ausschlaggebende Stimme nicht versagt werden dürfe und namentlich die Befugnis, eine Fluchtlinienfestsetzung zu fordern, gewahrt bleiben müsse. Schließlich entschied sich die Mehrheit dafür, die Initiative ausnahmslos in die Hand der Gemeindebehörde zu legen, diese aber durchweg einerseits an das Einverständnis der Gemeinde, andererseits an die Zustimmung der Polizeibehörde zu binden. — Hieraus ergab sich die Notwendigkeit, den ganzen Abschnitt systematisch neu zu ordnen; es geschah dies in den §§ 1—10 des Gesetzes. An die Spitze wurde der eben bezeichnete Grundsatz gestellt und im übrigen das Verfahren für sämtliche vorkommende Fälle — also für die Veränderung bestehender Straßen, für die Anlegung neuer Straßen und für die Aufstellung von Bebauungsplänen — gleichmäßig gestaltet, indem man durchgängig, außer bei Festsetzungen für einzelne Grundstücke, die öffentliche Auslegung des Planes vorschrieb. Bei umfassenden Zerstörungen durch Brand oder andere Ereignisse ward die Gemeinde für verpflichtet erklärt, schleunigst darüber zu beschließen, ob und inwiefern ein neuer Bebauungsplan zu entwerfen sei.

Die Kommission schaltete in das Gesetz außerdem zwei neue Paragraphen (§§ 11 und 12) ein. Ersteren erachtete man hauptsächlich aus dem Grunde für nötig, um gegenüber einer abweichenden Auffassung der Staatsregierung klarzustellen, daß es nach der Festsetzung von Fluchtlinien zur Entziehung und Beschränkung des in die Straße fallenden Grundeigentums nicht mehr einer

Königlichen Verordnung in Gemäßheit des Enteignungsgesetzes vom 11. Juni 1874 (§ 2) bedürfe. Durch den § 12 sollte den Gemeinden eine Handhabe geboten werden, um sich gegen das Bauen an unfertigen Straßen und gegen den hieraus hervorgehenden Zwang zur Herstellung von sonst nicht notwendigen Straßen zu schützen.

Das Abgeordnetenhaus trat zunächst den Anheimgaben der Kommission überall bei. Einen lebhaften Kampf riefen zwar die §§ 1 und 5, die das Verhältnis zwischen Ortspolizeibehörde und Gemeindevorstand regeln, hervor; aber auch hier wurden die gestellten Änderungsanträge bei der zweiten Beratung abgelehnt. Erst bei der dritten Beratung gelangten zwei Anträge des Abgeordneten Tiedemann zur Annahme, welche, den Standpunkt der Staatsregierung wahrend, der Ortspolizeibehörde das Recht wiedergaben, eine Festsetzung von Fluchtlinien zu verlangen und einer Weigerung des Gemeindevorstandes gegenüber die höhere Instanz anzurufen.

II. Hinsichtlich der Entschädigungsfrage erschien eine gesetzliche Regelung im Interesse der Gemeinden besonders erwünscht. Früher waren Verwaltung und Rechtsprechung darin einig gewesen, daß zwar der Besitzer eines bebauten Grundstückes Entschädigung fordern könne, sobald ihm wegen einer neuen Fluchtlinie der Wiederaufbau von Gebäuden oder der Ausbau innerhalb der alten Fluchtlinie untersagt werde, daß dagegen dem Besitzer eines unbebauten Grundstückes ein Entschädigungsanspruch erst dann zustehe, wenn die von der Bebauung ausgeschlossene Fläche tatsächlich zur Straße gezogen werde. Abweichend hiervon hatte aber das Obertribunal später den Grundeigentümern eine Entschädigung auch in den Fällen zuerkannt, wo ein unbebautes Grundstück von der Fluchtlinie getroffen und deshalb dem Besitzer die Bebauung verwehrt wurde.

Die Staatsregierung sah hier einen Entschädigungsanspruch fortwährend als unbegründet an. Demgemäß waren in den Entwurf jene früheren Grundsätze aufgenommen. Die Begründung wies darauf hin, wie schon nach allgemeinen Rechtsregeln der Eigentümer sich die Beschränkung der Baufreiheit infolge einer Fluchtlinienfestsetzung ebenso wie die Einschränkungen aus Rücksichten der Feuer- oder Gesundheitspolizei gefallen lassen müsse, wie außerdem aber auch die beteiligten Grundbesitzer bei Anordnung neuer Fluchtlinien in der Regel durch die Umwandlung ihrer Grundstücke in Bauplätze einen erheblichen Gewinn machten und wie endlich nur auf diese Weise unerlaubten Spekulationen vorgebeugt, sowie das Zustandekommen der im öffentlichen Interesse gebotenen Verbesserungen gesichert werden könne.

Im wesentlichen fand diese Anschauung bei der Kommission des Abgeordnetenhauses Billigung. Wenn man auch weniger Wert auf die Folgerungen aus allgemeinen Rechtsgrundsätzen legte, so glaubte man doch, daß bei billiger Abwägung der miteinander streitenden Interessen für die durch neue Fluchtlinien erfolgte Einschränkung ein Entschädigungsanspruch bei bebauten Grundstücken anzuerkennen, dagegen bei unbebauten abzulehnen sei. Eine ausnahmsweise Behandlung ließ man dem Falle zu teil werden, wenn ein unbebautes Grundstück an einer bereits fertiggestellten Straße liegt und dann von einer neuprojektierten Querstraße getroffen wird, weil hier, wie man meinte, der Eigentümer die Fläche mit Recht als einen Bauplatz habe betrachten können.

Im übrigen wurde den §§ 10 und 11 des Entwurfes diejenige veränderte Gestalt gegeben, welche sich jetzt in den §§ 13 und 14 des Gesetzes wiederfindet. Die Kommission erachtete insbesondere für unerläßlich, einmal im Anschluß an das Enteignungsgesetz den Unterschied zwischen Entziehung und Beschränkung des Eigentums in der Fassung zum Ausdruck zu bringen und sodann den Zeitpunkt genauer zu bestimmen, wann der Eigentümer Entschädigung verlangen kann. Die Vorschrift des Entwurfes, wonach Entschädigung gewährt werden sollte, wenn der Wiederaufbau von Gebäuden in den früheren Grenzen oder der Ausbau innerhalb der alten Fluchtlinien versagt werde, hielt man für ungenügend, weil der Eigentümer es danach in der Hand habe, den Zeitpunkt der Entschädigung, etwa durch Einreichung eines Gesuches um Erteilung des Baukonsenses, willkürlich herbeizuführen. Man ersetzte sie durch die Anordnung, daß Entschädigung, außer bei wirklicher, von der Gemeinde beanspruchter Abtretung des Grundeigentums, nur dann gefordert werden könne, wenn ein bebautes Grundstück bis zur neuen Fluchtlinie von Gebäuden freigelegt wird und wenn in dem oben erwähnten Ausnahmefalle — bei Projektierung einer neuen Querstraße — die Bebauung des bisher unbebauten Grundstücks in der Fluchtlinie der neuen Straße erfolgt.

Die Vorschläge der Kommission wurden vom Abgeordnetenhause ohne Widerspruch angenommen.

III. Durch den § 12 der Regierungsvorlage sollte den Gemeinden eine Erleichterung in ihrer Verpflichtung, für die Anlegung und Unterhaltung der Straßen und Plätze zu sorgen, gewährt werden. Über die Notwendigkeit einer derartigen Maßregel waren, wie sich bereits bei anderen Gelegenheiten gezeigt hatte, die gesetzgebenden Faktoren einverstanden; über das zu wählende Auskunftsmittel hatte sich indes eine Einigung bisher nicht erreichen lassen. Vom Herrenhause war früher eine gesetzliche Bestimmung in Anregung gebracht, wonach bei teilweiser Enteignung eines Grundstückes zum Zwecke einer Straßenanlage der Mehrwert, den das Restgrundstück durch die Lage an der Straße erhält, auf die für die Enteignung zu leistende Entschädigung in Gegenrechnung kommen sollte. Die Staatsregierung bezeichnete aber in Übereinstimmung mit der Ansicht, welche die zur Beratung des Enteignungsgesetzes vom Abgeordnetenhause niedergesetzte Kommission hierüber ausgesprochen hatte, einen solchen Weg als unzulässig. Ebenso erklärte sie sich gegen ein in anderen Ländern eingeschlagenes Verfahren, wonach die Gemeinden ermächtigt werden, den gesamten, bei der Straßenanlage beteiligten Grundbesitz zu erwerben und das für die Anlage entbehrliche Terrain zu den entstehenden höheren Preisen wieder zu veräußern. Sie knüpfte vielmehr an ein für das Weichbild von Berlin bestehendes Regulativ vom 31. Dezember 1838 an, das den städtischen Behörden die Befugnis beilegte, „bei der Anlage einer neuen Straße oder bei der Verlängerung einer schon bestehenden von dem Unternehmer der neuen Anlage oder von den angrenzenden Eigentümern die Legung des ersten Straßenpflasters oder den Betrag der hierzu erforderlichen Kosten zu verlangen"; und sie eröffnete in dem § 12 den Gemeinden die Möglichkeit, entsprechende ortsstatutarische Bestimmungen zu treffen, hierbei aber neben den Kosten der Pflasterung auch die Ausgaben für Freilegung, Entwässerung usw. zu berücksichtigen.

In der Kommission des Abgeordnetenhauses stimmte man dem Gedanken zu. Die Vorschriften wurden nur nach mehreren Richtungen hin schärfer gefaßt. Daneben beschränkte man die Verpflichtung der angrenzenden Eigentümer auf ein bestimmtes Maß — die Hälfte der Straßenbreite, höchstens 13 m — und fügte die Anordnung hinzu, daß die gesamten Kosten von den Eigentümern nach Verhältnis ihrer die Straße berührenden Grenze zu tragen seien.

Der Paragraph ist in der Fassung der Kommission unverändert in das Gesetz als § 15 übergegangen; er empfing nur bei der zweiten Beratung im Abgeordnetenhause einen das Berliner Regulativ vom 31. Dezember 1838 einstweilen aufrecht erhaltenden Zusatz.

Durch § 10 des Kommunalabgabengesetzes vom 14. Juli 1893 (GS. S. 152) ist den Gemeinden freigegeben, einen anderen, als den im § 15 vorgesehenen Maßstab für die Verteilung der Beiträge auf die Anlieger einzuführen.

In der Praxis haben sich jedoch bei dem Abweichen von dem Frontmaßstabe Schwierigkeiten ergeben. Saß hat in seinem Kommentar zum Kommunalabgabengesetz auf S. 101—103 einen zeichnerisch und rechnerisch eingehend begründeten Vorschlag gemacht, in welchem der Frontmaßstab beibehalten wird und je nach Tiefe der Grundstücke Zuschläge zu den Frontlängen erfolgen. Dieser Vorschlag ist in der Literatur günstig besprochen worden; ob derselbe zur Einführung gelangt ist, darüber ist nichts bekannt geworden.

IV. Wie schon bei den Bemerkungen zum ersten Abschnitte angedeutet ist, ging der Regierungsentwurf davon aus, daß die nach Maßgabe des Gesetzes erforderlichen Entscheidungen über Festsetzung von Fluchtlinien durch die Selbstverwaltungsbehörden, soweit diese bereits geschaffen waren, zu treffen seien. Als solche waren der Kreisausschuß, der Bezirksausschuß und der Provinzialausschuß in Aussicht genommen. An die Stelle der beiden letzteren traten demnächst infolge der bei Beratung der Provinzialordnung vom Landtage gefaßten Beschlüsse der Bezirksrat und der Provinzialrat.

Die Frage, ob man statt der Beschlußbehörden die Verwaltungsgerichte mit der Entscheidung zu betrauen habe, wurde zwar angeregt, indes sowohl in der Kommission wie im Hause selbst verneinend beantwortet.

Dagegen stellte die Kommission die Städte mit mehr als 10 000 Einwohnern ebenso in erster Instanz unter den Bezirksrat, wie dies der Entwurf mit den Stadtkreisen getan hatte. Das Abgeordnetenhaus trat dem zuerst bei, nahm aber schließlich bei der dritten Beratung einen Antrag des Abgeordneten Rickert an, wonach für Stadtkreise die erste Instanz durch den Provinzialrat, die zweite durch den Minister für Handel gebildet ward. Maßgebend waren hierfür die von mehreren städtischen Vertretern im Herrenhause geäußerten Wünsche, die im wesentlichen darauf beruhten, daß von der mit den besten technischen Kräften ausgerüsteten Ministerialinstanz eine den Verhältnissen angemessene Entscheidung mit größerer Sicherheit zu erwarten sei.

Diese Bestimmungen haben, nachdem inzwischen die Befugnisse des Ministers für Handel auf den Minister der öffentlichen Arbeiten übergegangen waren, eine wesentliche Änderung mit demjenigen Zeitpunkte erfahren, in welchem das Landesverwaltungsgesetz vom 30. Juli 1883 und das Zuständigkeitsgesetz vom 1. August 1883 für die einzelnen Landesteile in Kraft getreten sind. Der Bezirksrat ist durch den Bezirksausschuß ersetzt; die §§ 17 und 18 sind aufgehoben

(§ 146 des Zuständigkeitsgesetzes); nach den nunmehr bestehenden Vorschriften regelt sich die Zuständigkeit dahin:

für Landgemeinden und für Stadtgemeinden bis zu 10 000 Einwohnern beschließt in erster Instanz der Kreisausschuß, in zweiter der Bezirksausschuß;

für Stadtkreise und für Stadtgemeinden mit mehr als 10 000 Einwohnern beschließt in erster Instanz der Bezirksausschuß, in zweiter der Provinzialrat;

für den Stadtkreis Berlin beschließt in den Fällen der §§ 6, 8 und 9 der Minister der öffentlichen Arbeiten, in den Fällen der §§ 12 und 15 der Minister des Innern.

Das Verfahren bezüglich der Beiträge aus § 15 des Gesetzes hat durch das oben schon erwähnte Kommunalabgabengesetz (§§ 69 ff., §§ 87 und 88) erhebliche Veränderungen erfahren. Das wesentlichste wird in den Bemerkungen zu § 15 erwähnt werden. Im übrigen ist auf die Kommentare zum genannten Gesetz von Adickes, Nöll-Freund, Oertel, Saß, Schaff, Schwarz und Strutz zu verweisen.

V. **Die Literatur hat sich eingehend mit dem Fluchtliniengesetz, namentlich mit den §§ 11, 12 und 15, beschäftigt. In umfassendem Maße hat Herr Senatspräsident Dr. Schultzenstein** in zahlreichen Aufsätzen aufklärend gewirkt und zweifelhafte Fragen erörtert. Es sei hier namentlich hingewiesen auf die Ausführungen im Preußischen Verwaltungsblatte S. 702, 726 ff.: „Zu den §§ 12 und 15 des Fluchtliniengesetzes vom 2. Juli 1875. — Im übrigen wird auf die Bemerkungen zu den betreffenden §§ Bezug genommen.

Es sei noch auf folgende Bearbeitungen des Gesetzes hingewiesen: Ottermann 1897; Luther 1906; Saß 1910, mit dem vorliegenden Kommentar vereinigt; Saran 1911; Saß, Die Heranziehung der Anlieger zu den Straßenbaukosten auf Grund des § 15 des Fluchtliniengesetzes, 1913; Meyer 1913; Saß, Das Kommunalabgabengesetz vom 14. Juli 1893 mit besonderer Berücksichtigung der Gebühren und Beiträge, 1912; Witzel, Rechte und Pflichten der Anlieger von Ortsstraßen, eine Zusammenstellung der gesetzlichen Bestimmungen und Entscheidungen mit zeichnerischen Darstellungen.

Zu erwähnen ist hier noch das vortreffliche Werk: Preußisches Baupolizeirecht, von Dr. jur. Constanz Baltz, Regierungspräsident unter Mitarbeit von Graf von Westarp, 4. Aufl., Berlin, Carl Heymanns Verlag. Bezüglich der Bestimmungen des Fluchtliniengesetzes wird im allgemeinen darin auf diesen Kommentar verwiesen.

Ein ausführliches, höchst lehrreiches Werk ist: Das Badische Ortsstraßenrecht, von Dr. Walz, Bürgermeister in Heidelberg. Wenn das badische Recht auch zum Teil auf anderer Rechtsgrundlage beruht, so sind doch sehr viele Berührungspunkte mit unserem Gesetze vorhanden und ein Studium des Werkes auch zum Verständnisse unseres Gesetzes von wesentlichem Vorteile, es kann nur dringend empfohlen werden.

Es sei ferner hingewiesen auf das Werk von Dr. Schubiger, Die Erhebung von Zwangsbeiträgen an die Baukosten öffentlicher Straßen nach dem Rechte der schweizerischen Kantone (Zürich 1917). Das Studium desselben dürfte für denjenigen, welcher sich mit den Beiträgen des § 15 zu beschäftigen hat, von erheblichem Interesse sein.

VI. Nach dem Zweckverbandsgesetz vom 19. Juli 1911 (GS. S. 115) können Gemeinden untereinander und auch mit Gutsbezirken zur gemeinschaftlichen Festsetzung und Durchführung von Straßen- und Baufluchtlinien zu einem Zweckverband verbunden werden. In solchem Falle gehen die den Gemeinden in den §§ 11 bis 15 zugewiesenen Rechte und Pflichten auf den Zweckverband über, Gutsbezirke werden den Gemeinden gleich geachtet. Das Zweckverbandsgesetz vom 19. Juli 1911 für Groß Berlin (GS. S. 123) sieht einen Zwangszweckverband (siehe das Nähere hierüber bei Dr. Karl Friedrichs, Die Zweckverbandsgesetze, Einleitung) für die besonderen Verhältnisse in Groß-Berlin vor.

Im übrigen wird auf die Kommentare von Justizrat Dr. Karl Friedrichs, und Brühl-Gordan-Ledermann und auf die Ausführungen im Anhange verwiesen.

VII. Weit wichtiger ist die Veränderung, welche das Fluchtliniengesetz durch die Bestimmungen des Wohnungsgesetzes erfahren hat.[1]) Ein erster Entwurf eines Gesetzes zur Verbesserung der Wohnungsverhältnisse wurde im Jahre 1904 der Öffentlichkeit übergeben. Es hat sich an diesen Gesetzentwurf eine erhebliche Literatur geknüpft und die Stimmen für und wider haben sich mit großer Lebhaftigkeit geltend gemacht. Erst im Jahre 1913 wurde ein neuer Entwurf der Öffentlichkeit übergeben. Derselbe ging im Dezember 1913 dem Abgeordnetenhause zu und ist von diesem durch Beschluß vom 14. Januar 1914 der 11. Kommission zur Beratung, überwiesen worden, die ihren Bericht unter dem 6. Juli 1914 erstattet hat. Infolge Ausbruch des Krieges ist der Entwurf nicht zur weiteren Beratung im Hause gelangt und mit dem Schluß der Session am 27. Juni 1916 unerledigt geblieben. Erst in der Session 1916/1918 wurde der Entwurf in abgeänderter Form wieder vorgelegt, schließlich am 9. März 1918 verabschiedet und trat am 1. April 1918 mit dem Tage der Veröffentlichung in Kraft.

Besonders umstritten war die nach dem Entwurfe erweiterte Befugnis der Ortspolizeibehörde, die Festsetzung von Fluchtlinien in Rücksicht auf das Wohnungsbedürfnis zu fordern. Die Gemeinden erhoben lebhaften Widerspruch, weil sie hierin eine Beschränkung der Selbstverwaltung erblickten. Schließlich wurde die Wortfassung dahin geändert, daß dies Recht nur Anwendung finden solle, wenn ein hervorgetretenes Bedürfnis nach Klein- oder Mittelwohnungen vorliegt. Nicht zutreffend erscheint es, wenn die Begründung des Gesetzes davon ausgeht, daß die Ortspolizeibehörde nach der früheren Fassung des Gesetzes die Forderung von Fluchtlinien auf ein Wohnungsbedürfnis nicht stützen dürfe, indem für sie nur die Rücksichten des Verkehrs, der Feuersicherheit, der öffentlichen Gesundheit und die Verhütung der Verunstaltung der Straßen und Plätze in Frage komme. Dies ist dem Wortlaut nach richtig, aber in der Fürsorge für die öffentliche Gesundheit liegt eben auch eine solche für das Wohnungsbedürfnis. In praxi ist dies nach außen nur nicht in die Erscheinung getreten, weil die Gemeinden bei der Festsetzung von Fluchtlinien wohl überall die weit hinaus liegende Zukunft berücksichtigt hatten und somit den Ortspolizei-

---

[1]) Drucks. der AH. Nr. 16 von 1914, Nr 634 A von 1914/15, Nr. 530 A, B, C, D, 1916/17; Drucks. des HH. Nr. 206 A 1916/18.

behörden keine Gelegenheit gegeben wurde, in Rücksicht auf das Wohnungsbedürfnis die Festsetzung von Fluchtlinien zu fordern. Folgt man diesem Gedankengange, so liegt in der vorliegenden Abänderung des Gesetzes insoweit eine solche der allgemeinen Befugnisse der Polizei aus dem § 10 II 17 ALR. bez. des § 3 FlG. vor, indem jetzt der gesetzliche Zustand gegeben ist, daß die Ortspolizeibehörde in bezug auf ihre Befugnisse auf die Wahrnehmung des hervorgetretenen Bedürfnisses nach Klein- oder Mittelwohnungen beschränkt worden ist. Hätte man die vorgefundene Rechtslage beachtet, so würde den Verhandlungen die Schärfe genommen und das Gesetz wahrscheinlich früher verabschiedet worden sein. Statt dessen ging nun die Begründung dahin, die neue Befugnis, welche der Ortspolizeibehörde verliehen werden sollte, mit den wirtschaftlichen Fragen des Aufschlusses von Baugelände in Verbindung zu bringen, so daß das Mißtrauen der Gemeinden wachgerufen wurde und man kann wohl sagen, daß die Befürchtungen derselben nicht ganz zu Unrecht bestanden.

Die Änderungen des § 12 haben ebenfalls zu lebhaften Auseinandersetzungen geführt, sind aber schließlich ebenfalls den Wünschen der Gemeinden angepaßt worden. Im übrigen wird auf die Erläuterungen verwiesen.

Zu erwähnen ist noch, daß das Gesetz, betreffend die Umlegung von Grundstücken in Frankfurt a. M. vom 28. Juli 1902 (Ges. S. 273) und das Gesetz wegen Abänderung des § 13 des vorbenannten Gesetzes vom 8. Juli 1907 (Ges. S. 259) als neuer § 14 a dem Gesetze eingefügt sind. Die Gemeinden können dasselbe durch Ortsstatut, welches der Bestätigung des Bezirksausschusses bedarf, einführen. Durch Gesetz vom 28. Juli 1911 (Ges. S. 159, 160) und vom 3. Juni 1912 (Ges. S. 179) ist das Gesetz für die Stadtgemeinden Posen, Köln und Wiesbaden eingeführt worden.

Die Umlegung von Grundstücken mit Hilfe dieses Gesetzes ist mit gewissen Schwierigkeiten verknüpft, die bisherige Anwendung ist keine umfangreiche gewesen. Es sei hier hingewiesen auf die eingehenden Ausführungen von Dr. Matthias „Die Klippen der Lex Adickes für die Gemeinden" im PrVerw.-Bl. 34 S. 481 ff. und auf die dort angegebene Literatur. „Die erste Baulanderschließung nach dem Frankfurter Umlegungsgesetz, von Emil Klar (Selbstverlag) und Lube, Die Grundstücksumlegung in Frankfurt a. M. abgedruckt in den Verhandlungen des ersten Kongresses für Städtewesen, Düsseldorf 1912, Verlag A. Bagel I S. 248 ff. Siehe auch Kappelmann PrVerwBl. 25 S. 883. Das Frankfurter Gesetz beeinflußt das Fluchtliniengesetz etwa nur in seinem § 23. Er hat folgenden Wortlaut:

> „Die Kommission bestimmt nach Anhörung der Straßenbaupolizeibehörde, innerhalb welcher Zeit die Straßen und Plätze des Anlegungsgebietes für den öffentlichen Verkehr und den Anbau fertig herzustellen sind. Dabei kann für diese Zwecke eine nur vorläufige Herstellung zugelassen und als ausreichend anerkannt werden. Die Frist kann für verschiedene Teile des Umlegungsgebietes verschieden bemessen werden. Nach Ablauf der Frist kann die Bauerlaubnis aus dem Grunde, daß die Herstellung der Straße noch nicht erfolgt ist, nicht versagt werden. ..."

Hierin liegt eine Modifikation des § 12 des Fluchtliniengesetzes, soweit dieser die Voraussetzungen des Bauverbots betrifft.

Nach dem § 1 Nr. 6 des Art. 4 des Wohnungsgesetzes kann durch Bauordnungen geregelt werden, unter welchen Bedingungen Gartenhäuschen (Lauben) nicht als Wohnhäuser (Wohngebäude) im Sinne des § 12 anzusehen sind, eine Bestimmung, die man im Interesse der großstädtischen Bevölkerung, nur begrüßen kann. Die Gemeinden haben sich in dieser Frage nur zu häufig von engherzigen Gesichtspunkten leiten lassen. Literatur u. a. Wölbling, Altenrath, Das Preußische Wohnungsgesetz; Stölzel, Wohnungsgesetzgebung in Preußen und das wissenschaftliche und praktische Fragen behandelnde Buch von Haase, Das Problem der Wohnungsgesetzgebung.

I.

Wohnungsgesetz.

Vom 28. März 1918 (Gesetz-Samml. S. 23).

Artikel 1.

Baugelände.

Das Gesetz, betreffend die Anlegung und Veränderung von Straßen und Plätzen in Städten und ländlichen Ortschaften, vom 2. Juli 1875 (Gesetzsamml. S. 561) wird dahin geändert:

Die im Art. 1 getroffenen Änderungen sind in dem hier folgenden Abdruck des Baufluchtliniengesetzes berücksichtigt.

Gesetz, betreffend

die Anlegung und Veränderung von Straßen und Plätzen in Städten und ländlichen Ortschaften.

Vom 2. Juli 1875.

(Gesetz-Samml. 1875, Nr. 40. S. 561.)

Wir Wilhelm, von Gottes Gnaden König von Preußen 2c. verordnen, mit Zustimmung beider Häuser des Landtages, für den ganzen Umfang der Monarchie, was folgt:

§ 1.

(1) Für die Anlegung oder Veränderung von Straßen und Plätzen (auch Gartenanlagen, Spiel- und Erholungsplätzen) in Städten und ländlichen Ortschaften sind die Straßen- und Baufluchtlinien vom Gemeindevorstand im Einverständnisse mit der Gemeinde oder deren Vertretung, dem öffentlichen Bedürfnis entsprechend unter Zustimmung der Ortspolizeibehörde festzusetzen.

(2) Die Ortspolizeibehörde kann die Festsetzung der Fluchtlinien verlangen, wenn die von ihr wahrzunehmenden polizeilichen Rücksichten oder ein hervorgetretenes Bedürfnis nach Klein- oder Mittelwohnungen die Festsetzung fordern; im letzteren Falle bedarf sie jedoch der

Einverständniserklärung der Kommunalaufsichtsbehörde.

(3) Zu einer Straße im Sinne dieses Gesetzes gehört der Straßendamm und der Bürgersteig.

(4) Die Straßenfluchtlinien bilden regelmäßig zugleich die Baufluchtlinien, das heißt die Grenzen, über welche hinaus die Bebauung ausgeschlossen ist. Aus besonderen Gründen kann aber eine hinter die Straßenfluchtlinie zurückweichende Baufluchtlinie festgesetzt werden.

§ 2.

(1) Die Festsetzung von Fluchtlinien (§ 1) kann für einzelne Straßen, Straßenteile und Plätze (auch Gartenanlagen, Spiel- und Erholungsplätze) oder, nach dem voraussichtlichen Bedürfnisse der näheren Zukunft, durch Aufstellung von Bebauungsplänen für größere Grundflächen erfolgen.

(2) Handelt es sich infolge von umfassenden Zerstörungen durch Brand oder andere Ereignisse um die Wiederbebauung ganzer Ortsteile, so ist die Gemeinde verpflichtet, schleunigst darüber zu beschließen, ob und inwiefern für den betreffenden Ortsteil ein neuer Bebauungsplan aufzustellen ist und eintretenden Falls die unverzügliche Feststellung des neuen Bebauungsplanes zu bewirken.

§ 3.

(1) Bei Festsetzung der Fluchtlinien ist auf das Wohnungsbedürfnis sowie die Förderung des Verkehrs, der Feuersicherheit und der öffentlichen Gesundheit Bedacht zu nehmen, auch darauf zu halten, daß eine Verunstaltung der Straßen und Plätze sowie des Orts- und Landschaftsbildes nicht eintritt.

(2) Es ist deshalb für die Herstellung einer genügenden Breite der Straßen und einer guten Verbindung der neuen Bauanlagen mit den bereits bestehenden Sorge zu tragen.

(neu)

(3) Im Interesse des Wohnungsbedürfnisses ist ferner darauf Bedacht zu nehmen, daß in ausgiebiger Zahl und Größe Plätze (auch Gartenanlagen, Spiel- und Erholungsplätze) vorhanden sind, daß die Möglichkeit gegeben ist, an geeigneter Stelle Kirchen- und Schulbauten zu errichten, daß für Wohnzwecke Baublöcke

von angemessener Tiefe und Straßen von geringerer Breite entsprechend dem verschiedenartigen Wohnungsbedürfnisse geschaffen werden, und daß durch die Festsetzung Baugelände entsprechend dem Wohnungsbedürfnisse der Bebauung erschlossen wird.

§ 4.

Jede Festsetzung von Fluchtlinien (§ 1) muß eine genaue Bezeichnung der davon betroffenen Grundstücke und Grundstücksteile und eine Bestimmung der Höhenlage, sowie der beabsichtigten Entwässerung der betreffenden Straßen und Plätze enthalten.

§ 5.

(1) Die Zustimmung der Ortspolizeibehörde (§ 1) darf nur versagt werden, wenn die von ihr wahrzunehmenden polizeilichen Rücksichten oder ein hervorgetretenes Bedürfnis nach Klein- oder Mittelwohnungen (§ 3 Abs. 3) die Versagung fordern. Soweit die Zustimmung wegen eines hervorgetretenen Bedürfnisses nach Klein- oder Mittelwohnungen versagt wird, bedarf es des Einverständnisses der Kommunalaufsichtsbehörde.

(2) Will sich der Gemeindevorstand bei der Versagung nicht beruhigen, so beschließt auf sein Ansuchen der Kreisausschuß.

(3) Derselbe beschließt auf Ansuchen der Ortspolizeibehörde über die Bedürfnisfrage, wenn der Gemeindevorstand die von der Ortspolizeibehörde verlangte Festsetzung (§ 1 Abs. 2) ablehnt. An Stelle des Kreisausschusses tritt in Stadtkreisen und den einem Landkreise angehörigen Städten von mehr als 10 000 Einwohnern der Bezirksausschuß, in Berlin der Minister der öffentlichen Arbeiten. Soweit ein solches Ansuchen auf ein hervorgetretenes Bedürfnis nach Klein- oder Mittelwohnungen gestützt wird, darf es nur im Einverständnisse mit der Kommunalaufsichtsbehörde ergehen.

§ 6.

Betrifft der Plan der beabsichtigten Festsetzungen (§ 4) eine Festung, oder fallen in denselben öffentliche Flüsse, Chausseen, Eisenbahnen oder Bahnhöfe, so hat die Ortspolizeibehörde dafür zu sorgen, daß den beteiligten Behörden rechtzeitig zur Wahrung ihrer Interessen Gelegenheit gegeben wird.

§ 7.

(1) Nach erfolgter Zustimmung der Ortspolizeibehörde, bezüglich des Kreisausschusses (§ 5), hat der Gemeindevorstand den Plan zu Jedermanns Einsicht offen zu legen. Wie letzteres geschehen soll, wird in der ortsüblichen Art mit dem Bemerken bekannt gemacht, daß Einwendungen gegen den Plan innerhalb einer bestimmt zu bezeichnenden präklusivischen Frist von mindestens vier Wochen bei dem Gemeindevorstande anzubringen sind.

(2) Handelt es sich um Festsetzungen, welche nur einzelne Grundstücke betreffen, so genügt statt der Offenlegung und Bekanntmachung eine Mitteilung an die beteiligten Grundeigentümer.

§ 8.

Über die erhobenen Einwendungen (§ 7) hat, soweit dieselben nicht durch Verhandlung zwischen dem Gemeindevorstande und den Beschwerdeführern zur Erledigung gekommen, der Kreisausschuß zu beschließen. An Stelle des Kreisausschusses tritt in Stadtkreisen und den einem Landkreise angehörigen Städten von mehr als 10000 Einwohnern der Bezirksausschuß, in Berlin der Minister der öffentlichen Arbeiten. Sind Einwendungen nicht erhoben oder ist über dieselben endgültig (§ 16) beschlossen, so hat der Gemeindevorstand den Plan förmlich festzustellen, zu Jedermanns Einsicht offen zu legen und, wie dies geschehen soll, ortsüblich bekannt zu machen.

§ 9.

(1) Sind bei Festsetzung von Fluchtlinien mehrere Ortschaften beteiligt, so hat eine Verhandlung darüber zwischen den betreffenden Gemeindevorständen stattzufinden.

(2) Über die Punkte, hinsichtlich deren eine Einigung nicht zu erzielen ist, beschließt der Kreisausschuß. An Stelle des Kreisausschusses tritt in Stadtkreisen und den einem Landkreise angehörigen Städten von mehr als 10000 Einwohnern der Bezirksausschuß, in Berlin der Minister der öffentlichen Arbeiten.

§ 10.

(1) Jede, sowohl vor als nach Erlaß dieses Gesetzes getroffene Festsetzung von Fluchtlinien kann nur nach Maßgabe der vorstehenden Bestimmungen aufgehoben oder abgeändert werden.

(2) Zur Festsetzung neuer oder Abänderung schon bestehender Bebauungspläne in den Städten Berlin, Potsdam, Charlottenburg und deren nächster Umgebung bedarf es Königlicher Genehmigung.

§ 11.

Mit dem Tage, an welchem die im § 8 vorgeschriebene Offenlegung beginnt, tritt die Beschränkung des Grundeigentümers, daß Neubauten, Um- und Ausbauten über die Fluchtlinie hinaus versagt werden können, endgültig ein. Gleichzeitig erhält die Gemeinde das Recht, die durch die festgesetzten Straßenfluchtlinien für Straßen und Plätze (auch Gartenanlagen, Spiel- und Erholungsplätze) bestimmte Grundfläche dem Eigentümer zu entziehen.

§ 12.

(1) Durch Ortsstatut kann festgestellt werden, daß an Straßen oder Straßenteilen, welche noch nicht gemäß der baupolizeilichen Bestimmungen des Orts für den öffentlichen Verkehr und den Anbau fertig hergestellt sind, Wohngebäude, die nach diesen Straßen einen Ausgang haben, nicht errichtet werden dürfen.

(2) Das Ortsstatut hat die näheren Bestimmungen innerhalb der Grenze vorstehender Vorschrift festzusetzen und bedarf der Bestätigung des Bezirksausschusses, in Berlin des Ministers des Innern. Gegen den Beschluß des Bezirksausschusses ist innerhalb einer Ausschlußfrist von zwei Wochen die Beschwerde bei dem Provinzialrate zulässig.

(3) Nach erfolgter Bestätigung ist das Statut in ortsüblicher Art bekannt zu machen.

(neu)

(4) Von dem Verbote kann Dispens erteilt werden, falls ein Bedürfnis für Klein- oder Mittelwohnungen besteht, begründete Aussicht vorhanden ist, daß der Eigentümer diesem Bedürfnisse durch den Bau entsprechender, gesunder und zweckmäßig eingerichteter Wohnungen Rechnung trägt, und falls kein überwie-

gendes berechtigtes Gemeindeinteresse entgegensteht. Weist die Gemeinde nach, daß geeignete Maßnahmen ergriffen sind, um dem Bedürfnisse für Klein- oder Mittelwohnungen durch Errichtung von Häusern mit höchstens einem Obergeschoß über dem Erdgeschoß ausreichend Rechnung zu tragen, und ist die Gewähr gegeben, daß diese Maßnahmen auch zur Durchführung gelangen werden, so darf der Dispens zur Errichtung von Gebäuden mit mehr Stockwerken nicht erteilt werden.

(neu)

(5) Ist durch Gemeindebeschluß bestimmt, daß erst nach Zahlung oder Sicherstellung der gemäß § 15 dieses Gesetzes oder gemäß § 9 des Kommunalabgabengesetzes vom 14. Juli 1893 (Gesetzsamml. S. 152) von der Gemeinde festgesetzten Beiträge Wohngebäude errichtet werden dürfen, so darf der Dispens vor erfolgter Zahlung oder Sicherstellung nicht erteilt werden.

(neu)

(6) Über die Erteilung des Dispenses beschließt im Streitfalle der Bezirksausschuß.

(neu)

(7) Unter den gleichen Voraussetzungen kann der Bezirksausschuß beschließen, daß die Gemeinde, soweit sie eine öffentliche Wasserleitung, Ableitung der Schmutzwässer oder Beleuchtung als Gemeindeanstalt unterhält, den Eigentümern nach Maßgabe der allgemeinen örtlichen Bestimmungen die Benutzung dieser Anstalt gewährt.

§ 13.

(1) Eine Entschädigung kann wegen der nach den Bestimmungen des § 12 eintretenden Beschränkung der Baufreiheit überhaupt nicht, und wegen Entziehung oder Beschränkung des von der Festsetzung neuer Fluchtlinien betroffenen Grundeigentums nur in folgenden Fällen gefordert werden:

1. wenn die zu Straßen und Plätzen (auch Gartenanlagen, Spiel- und Erholungsplätzen) bestimmten Grundflächen auf Verlangen der Gemeinde für die öffentliche Benutzung abgetreten werden;
2. wenn die Straßen- oder Baufluchtlinie vorhandene Gebäude trifft und das Grundstück bis zur neuen Fluchtlinie von Gebäuden freigelegt wird;
3. wenn die Straßenfluchtlinie einer neu anzulegenden Straße

ein unbebautes, aber zur Bebauung geeignetes Grundstück trifft, welches zur Zeit der Feststellung dieser Fluchtlinie an einer bereits bestehenden und für den öffentlichen Verkehr und den Anbau fertiggestellten anderen Straße belegen ist, und die Bebauung in der Fluchtlinie der neuen Straße erfolgt.

(2) Die Entschädigung wird in allen Fällen wegen der zu Straßen und Plätzen (auch Gartenanlagen, Spiel- und Erholungsplätzen) bestimmten Grundfläche für Entziehung des Grundeigentums gewährt. Außerdem wird in denjenigen Fällen der Nr. 2, in welchen es sich um eine Beschränkung des Grundeigentums infolge der Festsetzung einer von der Straßenfluchtlinie verschiedenen Baufluchtlinie handelt, für die Beschränkung des bebaut gewesenen Teiles des Grundeigentums (§ 12 des Gesetzes über Enteignung von Grundeigentum vom 11. Juni 1874) Entschädigung gewährt.

(3) In allen obengedachten Fällen kann der Eigentümer die Übernahme des ganzen Grundstücks verlangen, wenn dasselbe durch die Fluchtlinie entweder ganz oder soweit in Anspruch genommen wird, daß das Restgrundstück nach den baupolizeilichen Vorschriften des Ortes nicht mehr zur Bebauung geeignet ist.

(4) Bei den Vorschriften dieses Paragraphen ist unter der Bezeichnung Grundstück jeder im Zusammenhange stehende Grundbesitz des nämlichen Eigentümers begriffen.

§ 13a. (neu)

(1) Mit dem Zeitpunkt, an dem für eine Straße, einen Straßenteil oder Platz die Fluchtlinien förmlich festgestellt sind, erhält die Gemeinde das Recht, ein an die Fluchtlinie der Straße, des Straßenteils oder des Platzes angrenzendes Grundstück, soweit es nach den baupolizeilichen Vorschriften des Ortes nicht zur Bebauung geeignet ist, dem Eigentümer gegen Entschädigung zu entziehen. Bei Straßen, Straßenteilen oder Plätzen, für die Fluchtlinien nicht förmlich festgestellt sind, entsteht das Recht der Gemeinde mit dem Zeitpunkt, an dem die Straße, der Straßenteil oder der Platz gemäß den baupolizeilichen Vorschriften des Ortes für den öffentlichen Verkehr und für den Anbau fertig hergestellt ist. Will die Gemeinde dieses Recht ausüben, so hat sie dies unter genauer Bezeichnung der zu enteignenden Fläche

dem Eigentümer mitzuteilen mit dem Hinweise, daß Einwendungen gegen die Entziehung binnen einer Ausschlußfrist von vier Wochen bei dem Gemeindevorstand anzubringen sind. Über Einwendungen beschließen die im § 8 dieses Gesetzes und im § 146 des Gesetzes über die Zuständigkeit der Verwaltungs- und Verwaltungsgerichtsbehörden vom 1. August 1883 (Gesetzsamml. S. 237) berufenen Behörden.

(2) Sind die nach Abs. 1 entzogenen Grundflächen weder zusammen noch in Verbindung mit anderen der Gemeinde gehörigen Grundstücken zur Bebauung geeignet, so ist die Gemeinde verpflichtet, die entzogenen Grundflächen den Eigentümern der angrenzenden Grundstücke auf ihr Verlangen gegen Erstattung der Aufwendungen nebst Zinsen zu übereignen. Sie hat, wenn mehrere Grundstücke angrenzen und eine Vereinbarung mit den Eigentümern nicht erzielt wird, einen Plan für die zweckmäßige Zuteilung der entzogenen Grundflächen sowie eine Kostenverteilung aufzustellen. Der Plan und die Kostenverteilung sind zur Einsicht der Beteiligten offenzulegen. Die Offenlegung ist ortsüblich bekannt zu machen mit dem Hinweise, daß Einwendungen binnen einer Ausschlußfrist von 4 Wochen seit dem Tage der Bekanntmachung bei dem Gemeindevorstand anzubringen sind. Den aus dem Grundbuch ersichtlichen Eigentümern ist, soweit tunlich, besondere Mitteilung zu machen. Über die Einwendungen beschließen die im Abs. 1 bezeichneten Behörden.

(3) Die im Abs. 2 Satz 1 der Gemeinde auferlegte Verpflichtung erlischt gegenüber denjenigen Eigentümern, welche sich nicht binnen drei Monaten seit Aufforderung der Gemeinde zur Übernahme der Grundfläche verpflichten.

(4) Der § 13 Abs. 4 findet bei den Vorschriften dieses Paragraphen gleichfalls Anwendung.

(5) Die vorstehenden Bestimmungen finden auch Anwendung, wenn für eine Straße, einen Straßenteil oder Platz vor Inkrafttreten dieser Vorschrift die Fluchtlinien förmlich festgestellt sind.

(6) Das gleiche gilt, wenn bei Straßen, Straßenteilen oder Plätzen, für die Fluchtlinien nicht förmlich festgestellt sind, die Straße, der Straßenteil oder der Platz vor Inkrafttreten dieser Vorschrift gemäß den baupolizeilichen Vorschriften des Ortes für den öffentlichen Verkehr und den Anbau fertig hergestellt ist.

§ 14.

(1) Für die Feststellung der nach § 13 und § 13 a Abs. 1 zu gewährenden Entschädigungen und die Vollziehung der Enteignung kommen die §§ 24 ff. des Gesetzes über Enteignung von Grundeigentum vom 11. Juni 1874 zur Anwendung.

(2) Streitigkeiten über Fälligkeit des Anspruchs auf Entschädigung gehören zur gerichtlichen Entscheidung.

(3) Die Entschädigungen sind, soweit nicht ein aus besonderen Rechtstiteln Verpflichteter dafür aufzukommen hat, von der Gemeinde aufzubringen, innerhalb deren Bezirk das betreffende Grundstück belegen ist.

§ 14 a. (neu)

Das Gesetz, betreffend die Umlegung von Grundstücken in Frankfurt a. M., vom 26. Juli 1902 (Gesetzsamml. S. 273) und das Gesetz wegen Abänderung des § 13 des vorbenannten Gesetzes vom 8. Juli 1907 (Gesetzsamml. S. 259) können für den Bezirk einer Gemeinde durch Ortsstatut eingeführt werden. Das Ortsstatut bedarf der Bestätigung durch den Bezirksausschuß.

§ 15.

(1) Durch Ortsstatut kann festgesetzt werden, daß bei der Anlegung einer neuen oder bei der Verlängerung einer schon bestehenden Straße, wenn solche zur Bebauung bestimmt ist, sowie bei dem Anbau an schon vorhandenen bisher unbebauten Straßen und Straßenteilen von dem Unternehmer der neuen Anlage oder von den angrenzenden Eigentümern — von letzteren sobald sie Gebäude an der neuen Straße errichten — die Freilegung, erste Einrichtung, Entwässerung und Beleuchtungsvorrichtung der Straße in der dem Bedürfnisse entsprechenden Weise beschafft, sowie deren zeitweise, höchstens jedoch fünfjährige Unterhaltung, beziehungsweise ein verhältnismäßiger Beitrag oder der Ersatz der zu allen diesen Maßnahmen erforderlichen Kosten geleistet werde. Zu diesen Verpflichtungen können die angrenzenden Eigentümer nicht für mehr als die Hälfte der Straßenbreite, und wenn die Straße breiter als 26 Meter ist, nicht für mehr als 13 Meter der Straßenbreite herangezogen werden.

(2) Bei Berechnung der Kosten sind die Kosten der gesamten Straßenanlage und beziehungsweise deren Unterhaltung zusammen

zu rechnen und den Eigentümern nach Verhältnis der Länge ihrer, die Straße berührenden Grenze zur Last zu legen. Wird die Straßengrenze eines Grundstücks, dessen Eigentümer zu Straßenkosten herangezogen ist, später dadurch verlängert, daß mit dem Grundstück eine Grundfläche wirtschaftlich vereinigt wird, für welche die Straßenkosten noch nicht bezahlt sind, so sind dem Eigentümer die auf die Verlängerung entfallenden Straßenkosten nachträglich zur Last zu legen.

(3) Das Ortsstatut hat die näheren Bestimmungen innerhalb der Grenze oder einem anderen Maßstabe, insbesondere auch nach der bebauungsfähigen Fläche, vorstehender Vorschrift festzusetzen. Bezüglich seiner Bestätigung, Anfechtbarkeit und Bekanntmachung gelten die im § 12 gegebenen Vorschriften.

[Für die Haupt- und Residenzstadt Berlin bewendet es bis zu dem Zustandekommen eines solchen Statuts bei den Bestimmungen des Regulativs vom 31. Dezember 1838.]

§ 15 a. (neu)

(1) Durch Ortsstatut kann bestimmt werden, daß die im vorstehenden Paragraphen und im § 9 des Kommunalabgabengesetzes vom 14. Juli 1893 (Gesetzsamml. S. 152) geregelten Beiträge sowie die im § 6 daselbst bezeichneten Gebühren für Gebäude an Straßen, die ihrer Lage und Ausstattung nach für Wohnungen der Minderbemittelten besonders geeignet erscheinen und für den Ausbau mit Häusern mit höchstens einem Obergeschoß über dem Erdgeschosse bestimmt sind (Kleinwohnungsstraßen), ganz oder teilweise erlassen oder gestundet werden können, sofern die Gebäude hauptsächlich für Wohnungen der bezeichneten Art oder für gemeinnützige Einrichtungen zugunsten der Minderbemittelten (Kinderfürsorge, Fortbildung, Erholung und dergleichen) bestimmt sind. Wird die Zweckbestimmung der Gebäude später geändert, so können von dem jeweiligen Eigentümer des Grundstücks die Beiträge und Gebühren nachträglich verlangt werden, soweit sie erlassen oder noch gestundet sind.

(2) Das Ortsstatut kann hinsichtlich der Straßen, der Gebäude

und der Wohnungen die Voraussetzungen näher festsetzen, unter denen die Vergünstigung eintritt.

§ 16.

(1) Gegen die Beschlüsse des Kreisausschusses steht dem Beteiligten in den Fällen der §§ 5, 8, 9 die Beschwerde bei dem Bezirksausschuß innerhalb einer Ausschlußfrist von zwei Wochen zu.

(2) In den Fällen, in denen es sich um Wiederbebauung ganzer durch Brand oder andere Ereignisse zerstörter Ortsteile handelt, tritt an die Stelle dieser Präklusivfrist eine solche von zwei Wochen.

§ 17.

(1) [Die durch die §§ 5, 8 und 9 dem Kreisausschusse und in höherer Instanz dem Bezirksrate beigelegten Befugnisse und Obliegenheiten werden in den einem Landkreise angehörigen Städten mit mehr als 10 000 Einwohnern, oder wenn unter mehreren beteiligten Gemeinden (§ 9) sich eine solche Stadt befindet, von dem Bezirksrate und in höherer Instanz von dem Provinzialrate, in den Stadtkreisen, oder wenn unter mehreren beteiligten Gemeinden (§ 9) sich ein Stadtkreis befindet, von dem Provinzialrate und auf Ansuchen der Gemeinde in höherer Instanz von dem Minister für Handel wahrgenommen.

(2) In den Hohenzollernschen Landen tritt an die Stelle des Kreisausschusses der Amtsausschuß und steht auch diesem die Bestätigung der Ortsstatuten (§§ 12 und 15) zu. Die Beschwerde-Instanz bildet der Landesausschuß.]

§ 18.

(1) [Bis dahin, daß in den verschiedenen Provinzen der Monarchie die Kreisausschüsse und die Bezirks- und Provinzialräte gebildet sind, hat die Bezirksregierung (Landdrostei) die denselben durch dieses Gesetz überwiesenen Geschäfte wahrzunehmen.

(2) Die Beschlußfassung in der höheren Instanz steht in den Fällen der §§ 5, 8 und 9 dem Minister für Handel, im Falle der §§ 12 und 15 dem Oberpräsidenten zu.

(3) Für die Stadt Berlin liegt bis zur Bildung einer besonderen Provinz Berlin die Wahrnehmung der in den §§ 5, 8 und 9 dem Kreisausschusse beigelegten Funktionen dem Minister für Handel

usw., die Bestätigung der Statuten nach den §§ 12 und 15 dem Minister des Innern ob.]

§ 19.

(1) Alle den Bestimmungen dieses Gesetzes entgegenstehenden allgemeinen und besonderen gesetzlichen Vorschriften werden hierdurch aufgehoben.

(2) Alle Bestimmungen der im Verwaltungswege erlassenen Bauordnungen, sonstigen polizeilichen Anordnungen und Ortsstatuten, welche mit den Vorschriften dieses Gesetzes in Widerspruch stehen, treten außer Kraft.

§ 20.

Der Minister der öffentlichen Arbeiten wird mit der Ausführung dieses Gesetzes beauftragt.

Urkundlich unter Unserer Höchsteigenhändigen Unterschrift und beigedrucktem Königlichen Insiegel.

Gegeben Bad Ems, den 2. Juli 1875.

[L. S.] **Wilhelm.**

Fürst v. Bismarck. Camphausen. Gr. zu Eulenburg.
Leonhardt. v. Kameke. Achenbach.

Artikel 2.

Enteignung mit Rücksicht auf das Wohnungsbedürfnis.

Soweit zur Befriedigung des Bedürfnisses nach Mittel- und Kleinwohnungen oder für die Gesundung von Wohnvierteln, Häuserblocks und dergleichen der erforderliche Grund und Boden bis zum 31. Dezember 1926 im Enteignungsweg in Anspruch genommen werden muß, wird die Zulässigkeit der Enteignung durch den Minister der öffentlichen Arbeiten ausgesprochen. Das Enteignungsverfahren erfolgt in solchen Fällen nach den Vorschriften der Verordnungen, betreffend ein vereinfachtes Enteignungsverfahren zur Beschaffung von Arbeitsgelegenheit und zur Beschäftigung von Kriegsgefangenen, vom 11. September 1914 (Gesetzsamml. S. 159) und vom 27. März 1915 (Gesetzsamml. S. 57).

Artikel 3.

Eingemeindung und Umgemeindung.

§ 1.

In § 2 Nr. 5 der Landgemeindeordnung für die sieben östlichen Provinzen der Preußischen Monarchie vom 3. Juli 1891 (Gesetzsamml. S. 233) wird unter d folgende Vorschrift eingestellt:

d) wenn die Rücksicht auf das Wohnungsbedürfnis die Eingemeindung oder Umgemeindung erheischt.

§ 2.

Soweit andere Gemeindeverfassungsgesetze eine Eingemeindung oder Umgemeindung davon abhängig machen, daß das öffentliche Interesse die Eingemeindung oder Umgemeindung erfordert, findet die Vorschrift im § 1 entsprechende Anwendung.

Artikel 4.

Baupolizeiliche Vorschriften.

§ 1.

Durch die Bauordnungen kann insbesondere geregelt werden:

1. die Abstufung der baulichen Ausnutzbarkeit der Grundstücke, ebenso daß, wo Fluchtlinien nicht festgestellt sind, nur offene Bauweise mit Gebäuden von nicht mehr als einem Obergeschoß über dem Erdgeschosse zulässig ist;
2. die Ausscheidung besonderer Ortsteile, Straßen und Plätze, für welche die Errichtung von Anlagen nicht zugelassen ist, die beim Betriebe durch Verbreitung übler Dünste, durch starken Rauch oder ungewöhnliches Geräusch Gefahren, Nachteile oder Belästigungen für die Nachbarschaft oder das Publikum überhaupt herbeizuführen geeignet sind;
3. die Ausscheidung besonderer Ortsteile, Straßen und Plätze, in denen nur die Errichtung von Wohngebäuden mit Nebenanlagen oder nur die Errichtung von gewerblichen Anlagen mit Nebengebäuden zugelassen ist;
4. der Verputz und Anstrich oder die Ausfugung der vornehmlich Wohnzwecken dienenden Gebäude und aller von Straßen, Plätzen oder anderen öffentlichen Verkehrsflächen aus sichtbaren Bauten sowie die einheitliche Gestaltung des Straßenbildes, und zwar unter Berücksichtigung des Denkmal- und Heimatschutzes;

5. die Vorlage von Bauzeichnungen für alle Außenflächen von Wohngebäuden;
6. unter welchen Bedingungen Gartenhäuschen (Lauben) nicht als Wohnhäuser (Wohngebäude) im Sinne des § 13 ff. des Gesetzes, betreffend die Gründung neuer Ansiedlungen in den Provinzen Ostpreußen, Westpreußen, Brandenburg, Pommern, Posen, Schlesien, Sachsen und Westfalen, vom 10. August 1904 (Gesetzsamml. S. 227), des § 1 des Gesetzes, betreffend die Gründung neuer Ansiedlungen im Herzogtume Lauenburg, vom 4. November 1874 (Amtl. Wochenblatt für das Herzogtum Lauenburg S. 291 ff.) und des § 12 des Gesetzes, betreffend die Anlegung und Veränderung von Straßen und Plätzen in Städten und ländlichen Ortschaften, vom 2. Juli 1875 (Gesetzsamml. S. 561) anzusehen sind.

§ 2.

(1) Insofern die bauliche Entwicklung es erfordert, haben die Bauordnungen für die Ausführung der Wohngebäude, besonders hinsichtlich der Standfestigkeit, Tragfähigkeit, Feuersicherheit, Verkehrssicherheit und Raumhöhen unterschiedliche Vorschriften zu geben, je nachdem sich diese auf Gebäude größeren oder kleineren Umfanges beziehen.

(2) Geben Bauordnungen für größere Bezirke gleichzeitig Bestimmungen für größere und kleinere Gemeinden, so haben sie hinsichtlich der Höhe der Gebäude, der bebaubaren Flächen und der Geschoßzahl unterschiedliche Bestimmungen zu treffen, welche die besonderen Verhältnisse der Gemeinden berücksichtigen.

(3) Für Stadtkreise sollen die Bauordnungen in der Regel als Ortspolizeiverordnungen erlassen werden.

§ 3.

Durch die Bauordnungen sollen Bestimmungen eingeführt werden, durch die überall dort, wo die offene Bauweise üblich und wirtschaftlich durchführbar ist, die Errichtung von Wohnhäusern mit freistehenden Brandgiebeln verhindert wird.

§ 4.

(1) Sofern die Verhältnisse es erfordern, sollen durch Polizeiverordnungen für die Herstellung und Unterhaltung der Ortsstraßen abgestufte Vorschriften je nach deren Bestimmung (Haupt-

verkehrsstraßen, Nebenverkehrsstraßen, Wohnstraßen, Wohnwege usw.) gegeben werden.

(2) Durch Polizeiverordnung kann auch im Wohnungsinteresse für Wohnstraßen, Wohnwege und andere Ortsstraßen, die dem Zugange zu Wohngebäuden dienen, der Fuhrwerksverkehr beschränkt werden.

§ 5.

Der Abs. 4 des § 145 des Gesetzes über die Zuständigkeit der Verwaltungs- und Verwaltungsgerichtsbehörden vom 1. August 1883 (Gesetzsamml. S. 237) erhält folgende Fassung:

Gegen die Beschlüsse des Bezirksausschusses in erster Instanz und des gemäß Abs. 1 entscheidenden Regierungspräsidenten findet binnen 2 Wochen die Beschwerde an den Oberpräsidenten statt, der endgültig entscheidet.

Artikel 5.

Benutzung der Gebäude.

1. Allgemeine Vorschriften über die Benutzung der Gebäude zum Wohnen und Schlafen (Wohnungsordnungen).

§ 1.

(1) Die Benutzung der Gebäude zum Wohnen und Schlafen kann durch allgemeine Vorschriften (Wohnungsordnungen) im Wege der Polizeiverordnung geregelt werden. In der Regel sollen die Wohnungsordnungen als Orts- oder Kreispolizeiverordnungen erlassen werden.

(2) Für Gemeinden und Gutsbezirke mit mehr als 10 000 Einwohnern sind solche Wohnungsordnungen zu erlassen.

(3) Ist in Gemeinden, für die von Ortspolizeibehörden Wohnungsordnungen erlassen werden sollen, die Polizei unter mehrere Behörden geteilt, so gilt als Ortspolizeibehörde diejenige Behörde, welcher die Baupolizei übertragen ist.

§ 2

(1) Durch die Wohnungsordnungen ist vorzuschreiben, daß als Wohn- oder Schlafräume (auch Küchen) nur solche Räume benutzt werden dürfen, welche zum dauernden Aufenthalte von Menschen baupolizeilich genehmigt sind.

(2) Ausnahmen sind nur zulässig für Gebäude, die zur Zeit des Inkrafttretens des Wohnungsgesetzes bereits bewohnt waren.

§ 3.

(1) Die Wohnungsordnungen können ferner insbesondere Vorschriften treffen über:

1. eine den gesundheitlichen Anforderungen entsprechende bauliche Beschaffenheit und Instandhaltung der Wohn- und Schlafräume (auch Küchen), der Hausflure, Treppen, Höfe und sonstigen der gemeinsamen Benutzung der Hausbewohner dienenden Teile des Hauses;
2. eine den Anforderungen des Familienlebens entsprechende Trennung der von verschiedenen Haushaltungen benutzten Wohn- und Schlafräume (auch Küchen) voneinander;
3. die Zahl und die Beschaffenheit der erforderlichen Kochstellen, Wasserentnahmestellen, Ausgüsse, Aborte, wobei in städtischen Verhältnissen in der Regel zu fordern ist, daß ein Abort von höchstens zwei Familien benutzt werden darf;
4. die im gesundheitlichen und sittlichen Interesse zulässige Belegung der Wohn- und Schlafräume (auch Küchen);
5. die Einrichtung, Ausstattung und Unterhaltung der von Dienst- oder Arbeitgebern ihren Dienstboten, Gewerbegehilfen (Gesellen, Gehilfen, Lehrlingen), Handlungsgehilfen, Handlungslehrlingen oder sonstigen Angestellten oder Arbeitern zugewiesenen Schlafräume;
6. die Bedingungen, unter denen die Aufnahme nicht zur Familie gehöriger Personen gegen Entgelt als Zimmermieter (Zimmerherren), Einlieger (Einlogierer, Miet-, Kost- und Quartiergänger) oder Schlafgänger (Schläfer, Schlafleute, Schlafsteller, Schlafgäste, Schlafburschen und -mädchen) statthaft ist;
7. die zur Durchführung der getroffenen Bestimmungen den Beteiligten, namentlich hinsichtlich der Anzeigen, Aushänge usw. obliegenden Verpflichtungen.

(2) Für Städte über 10 000 Einwohner sollen die Wohnungsordnungen die vorstehenden Bestimmungen enthalten.

II. Besondere Vorschriften über die Unterbringung von Arbeitern.

§ 4.

(1) Durch Polizeiverordnungen, durch welche die Unterbringung von Arbeitern geregelt wird, müssen Mindestanforderungen hinsichtlich der Beschaffenheit, Einrichtung, Ausstattung und Unterhaltung der Unterkunftsräume und ihres Zubehörs festgesetzt sowie die zur Durchführung der Bestimmungen erforderlichen Vorschriften, insbesondere hinsichtlich der Anzeigen, Aushänge usw. vorgesehen werden.

(2) Die gemeinschaftlichen Wohnräume für Arbeiter (Arbeiterkasernen) müssen so eingerichtet sein, daß in der Regel für jede Familie ein besonderer abschließbarer Raum vorhanden ist, der den allgemeinen Ansprüchen an Gesundheit und Sittlichkeit entspricht.

(3) Für lediges Arbeitspersonal müssen Räume zur Verfügung stehen, die die Trennung der Geschlechter ermöglichen.

Artikel 6.

Wohnungsaufsicht.

I. Örtliche Wohnungsaufsicht.

§ 1.

(1) Die Aufsicht über das Wohnungswesen ist eine Gemeindeangelegenheit. Sie liegt, unbeschadet der allgemeinen gesetzlichen Befugnisse der Ortspolizeibehörden, dem Gemeindevorstand ob. Er hat sich von den Zuständen im Wohnungswesen fortlaufend Kenntnis zu verschaffen, auf die Fernhaltung und Beseitigung von Mißständen sowie auf die Verbesserung der Wohnungsverhältnisse, namentlich der Minderbemittelten, hinzuwirken und die Befolgung der Vorschriften der Wohnungsordnung zu überwachen.

(2) Für Gemeinden mit mehr als 100 000 Einwohnern ist zur Durchführung der Wohnungsaufsicht ein Wohnungsamt zu errichten. Zur Durchführung der Wohnungsaufsicht sind ein oder mehrere für diesen Dienstzweig geeignete Personen einzustellen. Für Gemeinden von mehr als 50 000 bis 100 000 Einwohnern kann durch Anordnung der Aufsichtsbehörde die Errichtung eines den vorstehenden Bestimmungen entsprechenden Wohnungsamts vorgeschrieben werden. Für Gemeinden von mehr als 10 000 bis 50 000 Einwohnern kann durch Anordnung der

Aufsichtsbehörde die Anstellung besonderer sachkundiger beamteter (besoldeter oder ehrenamtlich tätiger) Wohnungsaufseher vorgeschrieben werden. Mehrere Gemeinden können sich mit Genehmigung der staatlichen Aufsichtsbehörde zur Errichtung eines gemeinsamen Wohnungsamts für ihre Bezirke vereinigen. Unter der gleichen Voraussetzung kann auch ein weiterer Kommunalverband für seinen Bezirk oder Teile seines Bezirkes ein gemeinsames Wohnungsamt errichten.

(3) Dem Wohnungsamte können von der Gemeinde, sofern sich mehrere Gemeinden zur Errichtung eines gemeinsamen Wohnungsamts vereinigt haben, durch übereinstimmende Beschlüsse der beteiligten Gemeinden und, sofern die Errichtung durch einen weiteren Kommunalverband erfolgt, durch Beschluß des letzteren andere verwandte Aufgaben übertragen werden. Sofern nicht für die Nachweisung kleinerer Wohnungen durch andere Einrichtungen in ausreichender Weise gesorgt ist, sind in Gemeinden mit mehr als 10 000 Einwohnern gemeindliche Wohnungsnachweise zu errichten. Zugleich ist durch Polizeiverordnung den Vermietern solcher Wohnungen die Pflicht zur Abmeldung verfügbarer Wohnungen und zur Abmeldung vermieteter Wohnungen aufzuerlegen.

§ 2.

(1) Die mit der Wohnungsaufsicht betrauten Personen sind berechtigt, bei Ausübung der Wohnungsaufsicht alle Räume, die zum Aufenthalte von Menschen benutzt werden, sowie die dazugehörigen Nebenräume, Zugänge, Aborte zu betreten. Sie haben den Wohnungsinhaber oder dessen Vertreter bei dem Beginne der Besichtigung mit dem Zwecke ihres Erscheinens bekannt zu machen und sich unaufgefordert durch öffentliche Urkunde über ihre Berechtigung auszuweisen.

(2) Die Besichtigung muß so vorgenommen werden, daß eine Belästigung der Beteiligten tunlichst vermieden wird. Sie darf nur in der Zeit von 9 Uhr morgens bis 6 Uhr abends, bei Wohnungen, in die Einlieger oder Schlafgänger aufgenommen werden, nur in der Zeit von 5 Uhr morgens bis 10 Uhr abends erfolgen.

(3) Der Wohnungsinhaber oder sein Vertreter ist verpflichtet, über die Art der Benutzung der Räume wahrheitsgemäß Auskunft zu erteilen.

§ 3.

Soweit sich bei Ausübung der Wohnungsaufsicht ergibt, daß die Wohnung hinsichtlich ihrer Beschaffenheit oder Benutzung den an sie zu stellenden Anforderungen nicht entspricht, ist Abhilfe in der Regel zunächst durch Rat, Belehrung oder Mahnung zu versuchen. Läßt sich auf diese Weise Abhilfe nicht schaffen, so ist der Gemeindevorstand befugt, die erforderlichen Anordnungen zu erlassen; auf diese Anordnungen finden die §§ 127 bis 129, 132, 133 des Landesverwaltungsgesetzes vom 30. Juli 1883 (Gesetzsamml. S. 195), soweit sie sich auf Maßnahmen der Ortspolizeibehörden beziehen, entsprechende Anwendung.

§ 4.

Die Ausübung der Wohnungsaufsicht ist für solche Gemeinden, für welche gemäß Artikel 5 § 1 eine Wohnungsordnung erlassen ist, durch eine von dem Gemeindevorstande festzusetzende Dienstanweisung zu regeln.

II. Bezirks-Wohnungsaufsichtsbeamte.

§ 5.

Den Regierungspräsidenten, für den Landespolizeibezirk Berlin dem Oberpräsidenten, sind zur Ausübung der Aufsicht über die Tätigkeit der Gemeinde- und Ortspolizeibehörden (§ 1), soweit sich dazu ein Bedürfnis ergibt, Wohnungsaufsichtsbeamte beizugeben. Diesen Beamten stehen bei Ausübung ihrer Dienstobliegenheiten die Befugnisse der mit der örtlichen Wohnungsaufsicht betrauten Personen (§ 2) zu

Artikel 7.

Gemeinsame Vorschriften für die Wohnungsordnungen und die Wohnungsaufsicht.

§ 1.

(1) Den Wohnungsordnungen (Artikel 5 I) und der Wohnungsaufsicht (Artikel 6) unterliegen:

1. Wohnungen, die einschließlich Küche aus vier oder weniger zum dauernden Aufenthalte von Menschen bestimmten Räumen bestehen;
2. größere Wohnungen, in denen nicht zur Familie gehörige Personen gegen Entgelt als Zimmermieter (Zimmerherren), Einlieger (Einlogierer, Miet-, Kost- und Quartier-

gänger) oder Schlafgänger (Schläfer, Schlafleute, Schlafsteller, Schlafgäste, Schlafburschen und -mädchen) aufgenommen werden;

3. Wohn- oder Schlafräume, die von Dienst- oder Arbeitgebern ihren Dienstboten, Gewerbegehilfen (Gesellen, Gehilfen, Lehrlingen), Handlungsgehilfen, Handlungslehrlingen oder sonstigen Angestellten oder Arbeitern zugewiesen sind;
4. solche Wohn- oder Schlafräume in Mietwohnungen, die im Keller oder in einem nicht vollausgebauten Dachgeschosse liegen;
5. Ledigenheime und Arbeiterlogierhäuser.

(2) Eigenwohnungen der im Abs. 1 Nr. 1 bezeichneten Art in Gebäuden, die ausschließlich von einer Familie bewohnt werden, sollen, sofern nicht in ihnen Personen gemäß Nr. 2 aufgenommen werden, den Wohnungsordnungen nur dann unterstellt werden, wenn dafür ein besonderes Bedürfnis vorliegt.

§ 2.

Auf Grund der Wohnungsordnungen sollen Anforderungen, die den Wohnungsinhaber zu einem Wohnungswechsel nötigen, bei Mietwohnungen in der Regel nur gestellt werden, wenn die Wohnungen nach Erlaß der Wohnungsordnung bezogen werden oder das Mietverhältnis nach diesem Zeitpunkte verlängert oder trotz Zulässigkeit der Kündigung oder länger als sechs Monate fortgesetzt wird.

§ 3.

(1) Wohnungen, die von mehreren Mietern gemeinschaftlich gemietet werden, gelten hinsichtlich der Zahl der Räume (§ 1 Abs. 1 Nr. 1) als zwischen ihnen geteilt.

(2) Räume, die miteinander in unmittelbarer offener Verbindung stehen (Zimmer und Alkoven, Butzen und dergleichen), gelten als ein Raum.

§ 4.

(1) Ausgenommen von den Vorschriften der Artikel 5, 6 sind Schlösser des Königs und der Mitglieder des Königshauses und des Hohenzollernschen Fürstenhauses einschließlich der zugehörigen Nebengebäude.

(2) Das gleiche gilt von Schlössern der Mitglieder des vormaligen Hannoverschen Königshauses, des vormaligen Kurhes-

fischen Fürstenhauses und des vormaligen Herzoglich Nassauischen Fürstenhauses in den Landesteilen, welche der Landeshoheit ihres Hauses unterstanden haben, und von Schlössern der Herzoglich Schleswig-Holsteinischen Fürstenhäuser in der Provinz Schleswig-Holstein.

Artikel 8.

Bereitstellung staatlicher Mittel.

§ 1.

Zur Förderung der gemeinnützigen Bautätigkeit wird der Staatsregierung ein Betrag von zwanzig Millionen Mark zur Verfügung gestellt, der zur Beteiligung des Staates mit Stammeinlagen bei gemeinnützigen Bauvereinigungen zu verwenden ist.

§ 2.

(1) Der Finanzminister wird ermächtigt, zur Bereitstellung der nach § 1 erforderlichen Summe Staatsschuldverschreibungen auszugeben. An Stelle der Staatsschuldverschreibungen können vorübergehend Schatzanweisungen ausgegeben werden. Der Fälligkeitstermin ist in den Schatzanweisungen anzugeben.

(2) Der Finanzminister wird ermächtigt, die Mittel zur Einlösung dieser Schatzanweisungen durch Ausgabe von neuen Schatzanweisungen und von Schuldverschreibungen in dem erforderlichen Nennbetrage zu beschaffen. Die Schatzanweisungen können wiederholt ausgegeben werden.

(3) Schatzanweisungen oder Schuldverschreibungen, die zur Einlösung von fällig werdenden Schatzanweisungen bestimmt sind, hat die Hauptverwaltung der Staatsschulden auf Anordnung des Finanzministers 14 Tage vor dem Fälligkeitstermine zur Verfügung zu halten.

(4) Die Verzinsung der neuen Schuldpapiere darf nicht vor dem Zeitpunkte beginnen, mit dem die Verzinsung der einzulösenden Schatzanweisungen aufhört. Wann, durch welche Stelle und in welchen Beträgen, zu welchem Zinsfuße, zu welchen Bedingungen der Kündigung und zu welchen Kursen die Schatzanweisungen und die Schuldverschreibungen ausgegeben werden sollen, bestimmt der Finanzminister. Im übrigen kommen wegen der Verwaltung und Tilgung der Anleihe die Vorschriften des Gesetzes, betreffend die Konsolidation preußischer Staatsanleihen, vom 19. Dezember 1869 (Gesetzsamml. S. 1197), des Gesetzes,

betreffend die Tilgung von Staatsschulden, vom 8. März 1897 (Gesetzsamml. S. 43) und des Gesetzes, betreffend die Bildung eines Ausgleichsfonds für die Eisenbahnverwaltung, vom 3. Mai 1903 (Gesetzsamml. S. 155) zur Anwendung.

Artikel 9.

Schluß- und Uebergangsbestimmungen.

§ 1.

Maßgebend für die Berechnung der Einwohnerzahl einer Gemeinde oder eines Gutsbezirkes ist hinsichtlich der Bestimmungen dieses Gesetzes die durch die jedesmal letzte Volkszählung ermittelte Zahl der ortsanwesenden Zivilbevölkerung.

§ 2.

(1) Bei der Aufstellung und Anwendung der Bau- und Wohnungsordnungen und bei der Ausübung der Wohnungsaufsicht ist, soweit nicht ein überwiegendes Interesse der Gesundheit oder der Sittlichkeit entgegensteht, das Interesse des Denkmal- und Heimatschutzes zu berücksichtigen.

(2) In Zweifelsfällen sind Sachverständige zu hören.

§ 3.

(1) Dieses Gesetz tritt am 1. April 1918 in Kraft.

(2) Bestehende Wohnungsordnungen bleiben bis zum Ablauf eines Jahres nach dem Inkrafttreten dieses Gesetzes in Geltung, soweit sie nicht schon vorher durch Wohnungsordnungen gemäß Artikel 5 dieses Gesetzes ersetzt worden sind.

(3) Bereits vor Inkrafttreten dieses Gesetzes können zu seiner Ausführung Wohnungsordnungen erlassen und die zu diesem Behufe notwendigen Anordnungen und Beschlüsse erlassen werden.

Urkundlich unter Unserer Höchsteigenhändigen Unterschrift und beigedrucktem Königlichen Insiegel.

Gegeben Großes Hauptquartier, den 28. März 1918.

(Siegel.) **Wilhelm.**

Graf v. Hertling. Friedberg. v. Breitenbach. Sydow. v. Stein. Graf v. Roedern. v. Waldow. Spahn. Drews. Schmidt. v. Eisenhart-Rothe. Hergt. Wallraf.

II.

Erläuterungen.

Gesetz, betreffend

die Anlegung und Veränderung von Straßen und Plätzen in Städten und ländlichen Ortschaften. [1])

Vom 2. Juli 1875.

(Gesetz-Samml. 1875, Nr. 40, S. 561.)

— —

Wir Wilhelm, von Gottes Gnaden König von Preußen usw. verordnen, mit Zustimmung beider Häuser des Landtages, für den ganzen Umfang der Monarchie, was folgt.

§ 1.

[2]) (1) Für die Anlegung oder Veränderung[3]) von Straßen[4]) und Plätzen[5]) (auch Gartenanlagen, Spiel- und Erholungsplätzen)[6]) in Städten und ländlichen Ortschaften[7]), sind die Straßen- und Baufluchtlinien[8]) vom Gemeindevorstand[9]), im Einverständnis mit der Gemeinde oder deren Vertretung[10]), dem öffentlichen Bedürfnis entsprechend[11]) unter Zustimmung der Ortspolizeibehörde[12]) festzusetzen.[8])

[13]) (2) Die Ortspolizeibehörde kann die Festsetzung der Fluchtlinien verlangen, wenn die von ihr wahrzunehmenden polizeilichen Rücksichten[14]) oder ein hervorgetretenes Bedürfnis[15]) nach Klein- oder Mittelwohnungen[16]) die Festsetzung fordern; im letzteren Falle bedarf sie jedoch der Einverständniserklärung der Kommunalaufsichtsbehörde[17]).

(3) Zu einer Straße im Sinne dieses Gesetzes gehört der Straßendamm und der Bürgersteig[18]).

(4) Die Straßenfluchtlinien bilden regelmäßig zugleich die Baufluchtlinien, das heißt die Grenzen, über welche hinaus die

Bebauung ausgeschlossen ist [19]). Aus besonderen Gründen kann aber eine hinter die Straßenfluchtlinie zurückweichende Baufluchtlinie festgesetzt werden [20]).

1. Auf die später mit Preußen vereinigte Insel Helgoland ist das Gesetz bisher nicht ausgedehnt. —

Die Regierungsvorlage enthielt in der Überschrift wie im § 1 statt des Wortes „Veränderung" den Ausdruck „Bebauung". Der Komm. d. AH. erschien dies nicht zutreffend; durch die gewählte Fassung sollte sofort erkennbar gemacht werden, daß es sich lediglich um Anlegung neuer und Veränderung alter Straßen, nicht aber um Vorschriften einer Bauordnung handele.

2. Der § 1 handelt nicht von einer Festsetzung durch den Gemeindevorstand überhaupt, sondern von einer besonders qualifizierten, von einer einmütigen Willenserklärung des Vorstandes und der Gemeinde oder ihrer Vertretung (OVGE. 21. Jan. 87, Bd. 14 S. 387).

Der erste Satz grenzt zunächst, in Übereinstimmung mit der Überschrift des ganzen Gesetzes, das sachliche Gebiet ab, welches durch das für den Umfang der Monarchie erlassene Gesetz geregelt werden soll, ihm wohnt nicht die Bedeutung einer obligatorischen, sondern nur die einer fakultativen Vorschrift inne, vermöge welcher unter der Voraussetzung einer überhaupt stattfindenden Fluchtlinienfestsetzung zunächst lediglich die Ressortverhältnisse geordnet werden sollten (OVG. 2 S. 373). —

3. Mit dem Begriff der Anlegung von Straßen versteht man nicht vornehmlich die Inangriffnahme von Arbeiten, vielmehr der Hauptsache nach die Feststellung des Willens der Gemeinde, die Straßen auszubauen. Vergl. Bem. 6 a zu § 15.

Eine Fluchtlinienfestsetzung ist nicht bloß für die Anlegung, sondern auch für die Veränderung von Straßen vorgesehen. Es können also auch in schon bestehenden und bebauten Straßen neue Fluchtlinien, namentlich zum Zwecke einer Erweiterung der Straße, und um für ältere Straßen das Enteignungsrecht des § 11 zu erlangen (RGE. 23 S. 283; OVGE. 25 S. 391), gezogen werden. Der Kommissionsbericht des AH. hebt das bei Erörterung der Bestimmung im § 13 Nr. 2 besonders hervor (S. 1707). Die Festsetzung von Fluchtlinien ist aber keine notwendige Bedingung für eine nach Erlaß des Gesetzes vorzunehmende Neuanlegung oder Verlängerung von Straßen. Das Gesetz gibt der Gemeinde (bezw. der Polizeibehörde) nur die Möglichkeit, die Fakultät, die Anlegung von Straßen und deren Anbau an denselben durch Festsetzung von Fluchtlinien zu regeln, nicht aber die Obligation (PrVerwBl. 15 S. 500, OVGE. v. 6. Juni 94 Nr. IV 728; v. 30. Juni 91 Nr. IV 651; vgl. Bem. 20 e zu § 1 und Bem. 6 a zu § 15). Die Anlegung von Straßen kann auch ohne Festsetzung neuer Fluchtlinien vor sich gehen (OVGE. v. 22. Sept. 94 Nr. II 1249, PrVerwBl. 16 S. 85; v. 2. März 05, Nr. IV 348; v. 16. Febr. 11 Nr. IV C. 57, 10). — Es genügt vielmehr, daß durch sonstige in den tatsächlichen Verhältnissen des einzelnen Falles begründete, klar sprechende Umstände zum Ausdruck gebracht ist, daß ein Wegezug für eine nähere oder entferntere Zukunft überhaupt als Straße in Aussicht genommen ist (OVGE. 28. März 89, PrVBl. 10 S. 525, v. 4. Juli 11 IV B 44, 10).

Eine Straße kann schon durch fortgesetzte Bebauung eines Weges und die straßenmäßige Herstellung desselben tatsächlich ohne weiteres neu entstehen oder über den bisherigen Bestand ausgedehnt werden (OVGE. Bd. 14 S. 403; OVGE. v. 5. Juni 99, Bd. 36 S. 412; OVGE. v. 15. Mai 02 Nr. IV 897. Irrig ist die Darlegung von Reinartz im VerwArch. VII S. 95). Und selbst, wenn einer solchen neuen Anlage nach den obwaltenden Umständen der Charakter einer öffentlichen Straße nicht sollte beigelegt werden können, der Weg daher als eine sog. Privatstraße betrachtet werden müßte, würde die Polizeibehörde bei vorhandenem Bedürfnisse die Umwandlung in eine öffentliche Straße fordern können, ohne daß sie erst den Weg des § 5 Abs. 3 zu beschreiten brauchte (OVGE. v. 9. März 87 Nr. I 280, PrVerwBl. 8 S. 316; OVGE. Bd. 27 S. 168; vgl. Bem. 4 u. 5 zu § 10). Freilich wird es sich hierbei meist um Ausnahmefälle handeln; die überwiegende Regel dürfte — zumal in den größeren Ortschaften — eine vorgängige Fluchtlinienfestsetzung bilden. Das OVG. hat in einigen Entscheidungen die Ansicht angedeutet, ohne sie näher zu begründen, daß da, wo die Polizeibehörde von der Gemeinde die Anlegung einer neuen, tatsächlich noch nicht vorhandenen Straße erzwingen wolle, die vorgängige Festsetzung von Fluchtlinien erforderlich sei (OVGE. Bd. 14 S. 275, PrVerwBl. 8 S. 111; OVGE. v. 8. Okt. 87 Nr. I 1104). Löhlein in PrVerwBl. 20 S. 206 f. ist der Ansicht, daß, wenn es auch der Gemeinde freistehe, bei Anlegung einer Straße von vorgängiger Fluchtlinienfestsetzung abzusehen, die Ausübung einer solchen Fakultät doch nicht von dritter Seite erzwungen werden könne, und beruft sich dafür auf die Entstehungsgeschichte des Gesetzes; aber wohl mit Unrecht, zumal der von der Regierung vorgelegte Entwurf sich nur mit Baufluchtlinien beschäftigte. Das Gesetz selbst gibt jedenfalls dafür keinen Anhalt, und es sind Fälle denkbar, in denen eine solche vorgängige Aktion weder erforderlich, noch von besonderem Werte erscheint, wenn z. B. die neue Straße ganz in der Gemeinde gehöriges Gelände fällt. Es ist aber zuzugeben, daß regelmäßig der Zweck sich nur durch vorgängige Festsetzung von Fluchtlinien wird erreichen lassen, sowie daß die Gemeinde selbst selten sich wird in der Lage befinden, von der Festsetzung von Fluchtlinien vor Ausführung der Straßen absehen zu können (vgl. Bem. 5 zu § 10). Vor Erlaß des Gesetzes sind selbst in Städten, und zwar nicht bloß in älterer Zeit, mehrfach Straßen ohne eine ausdrückliche, die ganze Straße umfassende Fluchtlinienfestsetzung angelegt worden. In einem Falle, wo es sich um die Erzwingung der Anlegung eines öffentlichen Weges durch die Wegepolizeibehörde handelt, hat das OVG. in dem Erkenntnis v. 23. April 00 Nr. IV 661 ausgeführt, daß für den im Ortsbereich liegenden Teil des Weges — für den beabsichtigt sei, ihn zu einer städtischen Straße zu machen in Betracht komme, wie es in der Regel doch als das allein sachgemäße betrachtet werden müsse, daß, wenn die Polizeibehörde von der Gemeinde die Anlegung einer neuen städtischen Straße erzwingen wolle, die Festsetzung von Fluchtlinien vorherzugehen habe. Es wird dann noch darauf hingewiesen, daß gerade in dem Verfahren des Gesetzes v. 2. Juli 75 Gelegenheit gegeben wäre, alle in Betracht kommenden Gesichtspunkte ausgiebig zu erörtern. Dem kann nur beigetreten werden.

In dem Gesetze ist durchweg nur von „Festsetzung" der Fluchtlinien die Rede. Darunter fällt die Aufhebung bestehender Fluchtlinien ohne Anordnung neuer Fluchtlinien an sich nicht; nach § 10 kann aber eine jede sowohl vor als nach Erlaß des Gesetzes getroffene Festsetzung nur nach Maßgabe der Bestimmungen des Gesetzes aufgehoben werden; damit ist die bloße Kassierung von Fluchtlinien der Festsetzung ganz gleichgestellt.

Fluchtlinienfestsetzungen, die nicht zum Zwecke der Anlegung oder Veränderung von Straßen und Plätzen vorgenommen werden, z. B. für Bauten an öffentlichen Flüssen (Vgl. OVGE. Bd. 8 S. 331 ff., v. 13. Jan. 87 Nr. III 39 und v. 17. Juni 87 Nr. II 584, PrVerwBl. 8 S. 223 u. 396), zur Erhaltung einer Aussicht (OVGE. 5. Juli 17, IV C. 43 17) usw. fallen nicht unter das Gesetz. Vergl. Bem. 11 u. 19 zu § 1, Bem. 1 zu § 12, Bem. 5a zu § 15. Über den Zeitpunkt des Beginnes der Anlegung einer Straße siehe Bem. 6a zu § 15.

4. Das Gesetz bedient sich durchweg des Ausdruckes „Straßen" und „Plätze", ohne die Bezeichnung „öffentlich" hinzuzufügen. Gleichwohl kann es nach dem Inhalte des Gesetzes keinem Zweifel unterliegen, daß nur öffentliche Straßen und Plätze davon betroffen werden; das Gesetz kennt die Festsetzung von Fluchtlinien nur für die Anlegung von öffentlichen Straßen (OVGE. Bd. 19 S. 368; Bd. 20 S. 225 v. 16. Mai 82 Nr. II 461; v. 30. Dez. 90 Nr. IV 1362; v. 26. Sept. 07 Nr. IV 1544).

Daß zu den Straßen im Sinne des Gesetzes nicht alle Wege innerhalb der Feldmark gehören, ist ohne weiteres klar; darauf deuten auch bestimmt die Worte „in Städten und ländlichen Ortschaften" hin. Hieraus allein ist indes etwas Sicheres nicht unter allen Umständen zu entnehmen, denn nach der Entwicklung der Gegenwart läßt sich eine Linie, wo die Stadt aufhört und die Feldmark beginnt, nur selten noch ziehen; abgesehen davon würde aber auch das Gesetz nicht entgegenstehen, Straßen über den bisher etwa noch streng abgeschlossenen Kreis der Stadt hinaus anzulegen und eben damit die Stadt zu erweitern oder einen neuen Stadtteil zu schaffen, der nicht einmal räumlich mit der alten Stadt zusammenzuhängen braucht. Die §§ 1 und 2 dieses Gesetzes hindern die Stadtgemeinden in keiner Weise, Bebauungspläne und Straßenfluchtlinien für die ganze Ausdehnung des Gemeindebezirks aufzustellen, um so den eben genannten Zweck zu erreichen (OVGE. v. 5. Juni 99 Bd. 36 S. 412). Man wird deshalb noch einen andern Gesichtspunkt hereinziehen müssen. Straßen sind nach dem gewöhnlichen Sprachgebrauche die für den Verkehr innerhalb der Ortschaften und in erster Linie zugleich für den Anbau bestimmten Wege (OVGE. v. 9. Dez. 96 Nr. II 2434; Schultzenstein, Zum Begriff der Straße, PrVBl. 33 S. 397 ff.). Die letztere Zweckbestimmung hat im Absatz 4 einen bezeichnenden Ausdruck gefunden und ist namentlich für die Anwendung der §§ 12 und 15 von besonderer Bedeutung (OVGE. Bd. 29 S. 377). Auf die Bemerkungen zu diesen beiden Paragraphen wird deshalb hier verwiesen. Wenn danach die Straßenfluchtlinien regelmäßig zugleich die Baufluchtlinien bilden und hiervon abweichend nur eine hinter der Straßenfluchtlinie zurückbleibende Baufluchtlinie festgesetzt werden kann, so schafft nach dem Gesetze jede Fluchtlinienfestsetzung notwendig auch eine Baufluchtlinie; das erscheint freilich insofern selbstverständlich, als Straßenterrain seiner Natur nach niemals bebaut werden darf und folglich mindestens über die Straßenfluchtlinie hinaus eine Bebauung in der Regel unstatthaft sein muß. Gerade der Umstand aber, daß der Gesetzgeber die Bedeutung der Straßenfluchtlinie nach dieser Richtung noch besonders feststellt, zeigt, wie er die Möglichkeit des Anbaues als etwas mit dem Begriffe der Straße von selbst Gegebenes wenigstens der Regel nach voraussetzt. Dadurch wird zunächst nicht ausgeschlossen, daß die Straße nur auf einer Seite bebauungsfähig ist; solche Straßen finden sich vielfach (OVGE. Bd. 14 S. 401 und v. 26. Okt. 87 Nr. I 1184). Weiter kann aber auch ausnahmsweise ein dem inneren Verkehre dienender Weg als Straße anzusehen sein, obgleich eine Bebauung der angrenzenden Grundstücke nach den gegebenen Verhältnissen nicht möglich ist. Dergleichen lediglich für den Verkehr bestimmte Straßen kommen in den Städten hier und da vor (OVGE. v. 22. Juni 00 Nr. II 853 im Pr. VerwBl. 22 S. 133); es gehören dahin z. B. Strecken, welche durch den I. Festungsrayon führen oder beiderseits von Festungswerken begrenzt sind (OV.-GE. 5. Jan. 12 IX A. 1. 11.) oder welche die innere Stadt durch einen sie umgebenden Gürtel von Promenaden und Anlagen mit den Vorstädten verbinden. Ob ein solcher besonderer Tatbestand vorliegt, muß in jedem einzelnen Falle festgestellt werden (OVGE. Bd. 24 S. 81, PrVerwBl. 14 S. 367). Sollen aber für die Unterscheidung dieser Strecken von sonstigen Verkehrswegen innerhalb der Feldmark charakteristische Merkmale aufgestellt werden, so muß — neben der Art der Einrichtung, welche häufig sofort ersehen lassen wird, daß eine für den inneren Verkehr in Aussicht genommene Straße in Frage steht — vor allem der Zusammenhang mit den bebauten Straßen als das Entscheidende betrachtet werden (OVGE. v. 17. März 93 Nr. II 303). Straßen sind demnach nur solche Wegestrecken, welche entweder für den Anbau bestimmt sind oder wenigstens als Glieder in dem Netze der bebauten Straßen — sei dies nun das gegenwärtige oder ein für die Zukunft festgestelltes — dem inneren Verkehre dienen sollen (OVGE. v. 22. Jan. 03 Nr. IV 152). Ist die Straße für den Anbau bestimmt, so entscheidet ebensowenig die Art ihres Ausbaues — ob sie durch Pflaster, Kiesdeckung oder gar nicht befestigt ist — wie die Art ihres Gebrauchs — ob sie für Fuhrwerke und Reiter oder nur für Fußgänger offen steht (OVGE. v. 15. Okt. 87 Nr. I 1134, PrVerwBl. 9 S. 474; OVGE. v. 14. März 89 Nr. III 29; vgl. übrigens Bem. 18 zu § 1 und Bem. 3 b zu § 12).

Den Gegensatz zu den öffentlichen Straßen bilden die Privatstraßen, welche dem öffentlichen Verkehr entzogen sind oder von dem Eigentümer jederzeit entzogen werden können. Unter dem Namen „Privatstraßen" werden indes häufig Wege von ganz verschiedenem rechtlichen Charakter zusammengefaßt, nämlich einesteils Straßen, die zwar für den öffentlichen Verkehr und den Anbau bestimmt sind, aber von den Unternehmern der Anlage oder von den Eigentümern der angrenzenden Grundstücke unterhalten werden und sich noch im Privateigentume befinden; anderenteils Straßen, die zunächst und an sich nur als Zugang zu den angrenzenden Grundstücken dienen sollen, im übrigen aber dem öffentlichen Verkehre entzogen sind oder doch jederzeit entzogen werden können, da sie der Verfügungsgewalt der Eigentümer unterliegen (vgl. Doehl, Repertorium des Baurechts usw., S. 339; OVGE. Bd. 19 S. 368, Bd. 27 S. 168, PrVerwBl. 11 S. 611). Auf die erste Klasse wird der Ausdruck „Privatstraße" zu Unrecht angewendet, weil der Charakter einer öffentlichen Straße ebensowenig wie der eines anderen öffentlichen Weges davon berührt wird, ob der Grund und Boden im Privateigentume eines Dritten steht und die Unterhaltung einem anderen als dem regelmäßig Wegebaupflichtigen obliegt (OVGE. Bd. 5 S. 236, Bd. 9 S. 189, 211 ff., 251, Bd. 12 S. 271, 290). Die zweite Klasse erscheint als eine Zwitterbildung von mehr als zweifelhaftem Werte, die im regelmäßigen Verlaufe der Dinge — unter ausdrücklicher oder stillschweigender Zustimmung der Polizeibehörde — in eine Privatstraße der ersteren Gattung überzugehen pflegt. Beide Arten schaffen aber leicht unklare. Verhältnisse und deshalb Schwierigkeiten für das etwa notwendig werdende Eingreifen der Polizeigewalt. Seit Erlaß des Gesetzes können öffentliche Straßen ohne Einwilligung der Gemeinde nicht mehr angelegt werden und auch in denjenigen Fällen, wo die Herstellung gemäß § 15 durch Unternehmer oder die Anlieger erfolgt, darf diesen ortsstatutarisch die Unterhaltung höchstens für einen Zeitraum von fünf Jahren auferlegt werden; wenn nun diese Verpflichtung, wie das meist der Fall, dahin geregelt ist, daß die Gemeinde selbst die Unterhaltung übernimmt und nur die Kosten von den Verpflichteten wieder einzieht, so wird ein nach allen Seiten hin normaler Rechtszustand herbeigeführt. Die Anlegung einer wirklichen Privatstraße ist dagegen durch das Gesetz weder ausdrücklich verboten, noch mittelbar ohne weiteres untunlich gemacht; sie läßt sich nur auf Grund des § 12 und eines zu seiner Ausführung erlassenen Ortsstatutes durch Untersagung des Anbaues in dem Falle verhindern, wenn nach den Umständen die Annahme gerechtfertigt erscheint, daß die Straße, obgleich vom Unternehmer als Privatstraße bezeichnet, doch tatsächlich von vornherein eine öffentliche Straße werden soll oder sich wenigstens infolge der Bebauung notwendig in eine öffentliche Straße verwandeln muß (vgl. Bem. 3 a zu § 12). Ob der in einer Privatstraße stattfindende Verkehr, der unzweifelhaft rechtlich noch Privatverkehr ist, demnächst im Laufe natürlicher Entwicklung öffentlicher Verkehr im Rechtssinne zu werden geeignet ist, d. h. nach seiner tatsächlichen Beschaffenheit und Bedeutung die Unterstellung unter den straßenpolizeilichen Schutz erfordern oder rechtfertigen wird, darüber kann nur das Verkehrsbedürfnis entscheiden. Nicht von entscheidender Bedeutung ist es, wenn die an der „Privatstraße" liegenden Grundstücke bezüglich der Hofgröße und der Gebäudehöhe den Vorschriften der maßgebenden Bauordnung nicht entsprechen würden, falls die dazu gehörigen Teile des Straßenkörpers an die Gemeinde abgetreten würden. Wird die Umwandlung einer derartigen Privatstraße in eine öffentliche zum Bedürfnis, so ist die Anwendung des Bauverbots gegeben (OVGE. 27. März 1917, IX A. 27. 14, vergl. Bem. 8 zu § 1 u. § 12).

Steht der Grund und Boden einer Straße im Eigentum der Anlieger, so können der Gemeinde erhebliche Schwierigkeiten erwachsen, da der Eigentümer in seinen Rechten nur insoweit beschränkt ist, als dies für den öffentlichen Verkehr notwendig ist. Jeden weiteren Eingriff kann derselbe als eine unberechtigte Verletzung seines Privatrechts zurückweisen. Der Eigentümer muß z. B. dulden das Abschlammen der Straße, Befahren derselben mit Kehrmaschinen, Lagern von Sand zum Bestreuen des Weges, Legen von Gasröhren für die Straßenbeleuchtung, Einrichtungen für die elektrische Beleuchtung des Weges, wie Legen von Kabeln, Ziehen von Drähten durch die Luftsäule über dem Wege (OVGE. 22. Jan. 00 Bd. 36 S. 240). Die Erlaubnis des Eigentümers wurde jedoch für erforderlich erachtet zur Einlegung von Eisenbahnschienen, zur Anlage von Gas- und Wasserleitungen, Vorbauten usw. Siehe Germershausen, Wegerecht, Privatrechte Dritter an öffentlichen Wegen; Nettebohm, PrVBl. 37 S. 697; vergl. Bem. 2 zu § 12.

5. Öffentliche **Plätze** dienen dem öffentlichen Verkehr gleich den öffentlichen Wegen und teilen als öffentliche Verkehrsanstalten im allgemeinen den für die öffentlichen Wege begründeten Rechtszustand. Es darf hierfür auf den § 78 Tit. 8 Teil I ALR. hingewiesen werden, woselbst die öffentlichen Plätze den Straßen gleichgestellt sind (OVGE. 26. Jan. 94, Bd. 26 S. 358). Das Fluchtliniengesetz hält an dem Zusammenhange mit dem Straßennetze auch für Plätze fest, ohne Unterscheidungsmerkmale zwischen Straßen und Plätzen anzugeben. Nach dem § 15 sind jedoch die Plätze anders gestellt als die Straßen. Die Kosten der Straßen bis zu 26,0 m Breite fallen den Anliegern voll zur Last. Dies gilt auch für die einen Platz umgebenden Straßen. Die auf die Plätze entfallenden Straßenbaukosten fallen den Gemeinden zur Last. Aus diesem Grunde ist es von Wichtigkeit, zwischen Straßen und Plätzen genau zu unterscheiden. Wann ein Platz vorliegt, ist Tatfrage, es müssen dafür objektive Merkmale vorhanden sein (vergl. OVGE. 6. Febr. 11, IV C. 36, 10). Eine sehr breite, mit Mittelpromenade versehene Straße ist darum noch kein Platz. In der Regel wird man daran festhalten müssen, daß der Platz eine Erweiterung der einmündenden Straße darstellt und diese Erweiterung zumeist Zwecken dient, welche die einmündenden Straßen nicht oder nicht in vollem Umfange erfüllen können, z. B. als Verkehrsplatz, in den eine größere Anzahl von Straßen einmünden; Markt-, Denkmals-, Erholungsplatz usw. Schon wegen der verschiedenartigen Behandlung von Straßen und Plätzen nach § 15 ist es wichtig, die Platzeigenschaft als solche bereits im Bebauungsplan festzustellen.

Unter Plätzen sind nur öffentliche Plätze zu verstehen, die als polizeiliche Verkehrsanstalten der Bestimmung der Polizei unterworfen sind und auch unterworfen bleiben, wenn sie mit dem Willen der Polizei vorübergehend oder dauernd für besondere Zwecke bestimmt und eingerichtet werden (OVG. 22. Juni 1916, Bd. 71, S. 341). Durch die Möglichkeit einer späteren Umwandlung wird der Rechtscharakter eines Platzes nicht berührt. —

Sind für Plätze nur auf einer Seite Fluchtlinien festgesetzt, so hat das zur Folge, daß die Grenzen der Straßen gegenüber der Platzanlage aus der Fluchtlinienfestsetzung nicht bestimmbar sind, vielmehr nach Lage der tatsächlichen Verhältnisse anderweit ermittelt werden müssen (OVG. 27. November 1911, PrVBl. 33 S. 536, vergl. Bem. 13 a, 13 b zu § 15).

Die in einem Orte vorkommenden schiffbaren Wasserstraßen (Flüsse, Kanäle) und die damit verbundenen Häfen lassen sich, obwohl sie auch dem inneren Verkehr dienen und von Gebäuden umgeben sein können, niemals als Glieder des Straßennetzes behandeln; es würde das eine völlige Verschiebung des dem Gesetze zugrunde liegenden Gedankens in sich schließen (OVGE. Bd. 23 S. 365; E. v. 12. Juli 97 Nr. IV 1273). Ist also in dem Bebauungsplan ein Terrain mit der Bestimmung vorgesehen, daß es ein Hafen werden soll, so ist dies kein Platz im Sinne dieses Gesetzes und es kann namentlich die Bebauung auf Grund des § 11 nicht verhindert werden. Die Gemeinde wird die Freihaltung der Fläche nur durch Enteignung erlangen können. Plätze und Straßen aber z. B. an Flüssen und Kanälen, die nur zu Ladezwecken und zur Lagerung von Frachtgütern bestimmt sind, sind in der Regel den öffentlichen Plätzen und Straßen des Gesetzes zuzurechnen, soweit nicht einzelne Abschnitte des Terrains aus dem öffentlichen Platze bestimmungsgemäß ausgeschieden und der ausschließlichen Nutzung und Verfügung der Kommune vorbehalten bleiben. Durch die tatsächliche Benutzung zur kürzeren oder längeren Lagerung von einzuladenden oder auszuladenden Gütern wird die rechtliche Bestimmung des Platzes für den öffentlichen Verkehr nicht aufgehoben. Wesentlich ist allein, daß der Platz eine verkehrs**polizeiliche** Anstalt bleibt, nicht zur freien Verfügung der **Kommune** steht, sondern der Bestimmung der **Polizei** unterliegt. Vielfach werden öffentliche Plätze tatsächlich auf kürzere oder längere Zeit zu anderen als eigentlichen Verkehrszwecken benutzt, so zu Wochen- und Jahrmärkten; auch Schmuckanlagen auf öffentlichen Plätzen entziehen die betreffenden Flächen zwar tatsächlich dem öffentlichen Verkehr, rechtlich bleiben sie aber, wie die Marktstände, Teile des öffentlichen Platzes, sie stehen nach wie vor zur Verfügung der Polizei, die nach ihrem Ermessen die anderweit benutzten Flächen jederzeit wieder für den öffentlichen Verkehr heranziehen kann (vergl. Bem. 6 zu § 1). Endlich ist es auch ohne entscheidende Bedeutung, ob die Stadt zur Lagerung der Güter auf solchen Ladeplätzen und Straßen Gebühren erhebt, das geschieht auch bei Marktständen, dadurch wird aber der Charakter solcher Straßen und Plätze nicht berührt (OVGE. v. 24. Jan. 98 Nr. IV 171, PrVerw.-Bl. 20 S. 48). Bezüglich der Unterstellung von Ladestraßen unter den § 15 vgl. Bem. 13 c zu § 15.

Über Freiflächen im Sinne des Berlin ZweckVG. siehe Bem. 5 Anhang; über Berücksichtigung der Plätze bei Berechnung der Beiträge gem. § 15 vergl. Bem. 13 a zu § 15; Plätze im Sinne des § 12 Bem. 3 b zu § 12.

6. Durch die Erwähnung der **Gartenanlagen, Spiel- und Erholungsplätze** soll hervorgehoben werden, daß die Ausweisung der Plätze sich nicht auf solche beschränkt, die zur Aufnahme des Wagen- und Fuhrwerksverkehrs im engeren Sinne nötig sind, sondern solche freien Flächen auch dann darunter fallen, wenn sie zwar noch der Polizei in verkehrspolizeilicher Hinsicht unterstehen, aber im übrigen vorwiegend auf sanitäre Entstehungsgründe zurückzuführen sind. (Begr. S. 22. Vergl. Bem. 5 zu § 1).

Das Fluchtliniengesetz ist hiermit dahin erweitert, daß auch für diese Plätze die Enteignungsbefugnis gewährt wird. Dies gilt für alle Flächen innerhalb und außerhalb von Baublöcken (KomBer. S. 10). Soll ein Platz, welcher bereits festgestellt ist, die Eigenschaften einer Gartenanlage, eines Spiel- oder Erholungsplatzes erhalten, so muß derselbe nochmals in diesem Sinne festgestellt werden; es erscheint nicht zulässig, allgemein nur Plätze festzusetzen, so daß es dem Belieben der Gemeinde überlassen bleibt, später den Charakter derselben zu bestimmen.

7. Die bei der Beratung des Entwurfes vom Jahre 1866 im Herrenhause eingehend erörterte Frage, ob das Gesetz auf die Städte zu beschränken sei, ist bei den Verhandlungen des Jahres 1875 nicht wieder aufgenommen. Im großen und ganzen wird freilich die Anwendung auf ländliche Ortschaften nur seltener sein, und vorwiegend da eintreten, dann aber auch von Wert für die Gemeinden sein, wo die Industrie vorherrscht, und in der Nähe größerer Städte.

Für den Fall, daß eine ländliche Ortschaft in einem selbständigen **Gutsbezirke** liegt, läßt das Gesetz im Stich. Man hat wohl angenommen, daß der Gutsbesitzer (Gutsvorsteher) an die Stelle des Gemeindevorstandes trete, während das Erfordernis eines Einverständnisses der Gemeinde wegfalle. Hiergegen sprechen jedoch erhebliche Bedenken. Wie soll es gerechtfertigt werden, daß das bestimmte Erfordernis des Einverständnisses der Gemeinde „wegfalle"? Eine Lücke des Gesetzes so auszufüllen, dürfte nicht zulässig sein. Für Gutsbezirke ist in dem Gesetze kein Raum (vgl. Bem. 2 d und 3 c zu § 12 und Bem. 2 c zu § 15).

In Übereinstimmung hiermit hat das Oberverwaltungsgericht in dem Urteil vom 7. März 1910 IV C. 181. 07 entschieden, daß es in einem Gutsbezirke weder einen „Gemeindevorstand" noch eine „Gemeinde" gibt, welchen nach § 1 des Gesetzes die Festsetzung von Fluchtlinien übertragen sei. — Die Festsetzung von Fluchtlinien ist auch dann nicht zulässig, wenn der Gutsbezirk mit einer Gemeinde auf Grund des § 128 der Landgemeindeordnung vom 3. Juli 1891 einen Zweckverband zu gemeinsamer Förderung kommunaler Interessen bildet und nun eine Aufstellung von Fluchtlinien durch den Verband für den Gutsbezirk erfolgt. — Fluchtlinien können jedoch in einem Gutsbezirk festgesetzt werden, wenn derselbe mit einem Gemeindebezirke zu einem freiwilligen Zweckverband nach § 3 des Gesetzes vom 19. Juli 1911 vereinigt wird. Ein Zwangszweckverband kann auf Grund dieses Gesetzes nicht geschaffen werden. Auch nach dem § 5 des Zweckverbandsgesetzes für Groß-Berlin können unter den dort angegebenen Verhältnissen ebenfalls Fluchtlinien in Gutsbezirken festgesetzt werden (vergl. Berl. ZweckVG., Anhang).

Nach der Verf. d. Min. d. öff. Arb. u. d. Inn. vom 3. Mai 1910 hat in Gutsbezirken die Festsetzung von Fluchtlinienplänen nach Maßgabe des polizeilichen Bedürfnisses von den Polizeibehörden zu erfolgen. Vor der Festsetzung soll jedoch regelmäßig der Gutsvorstand gehört werden. In technischer Hinsicht wird für die Aufstellung der Fluchtlinien- und Bebauungspläne auf die Vorschriften vom 28. Mai 1876 verwiesen. Weiter heißt es: „Es muß darauf Bedacht genommen werden, die Gutsbezirke gegen eine sogenannte wilde Bebauung (im Sinne des § 12) zu schützen. Wir verweisen in dieser Beziehung auf die in den einzelnen Landesteilen (abgesehen von der Rheinprovinz und den hohenzollernschen Landen) maßgebenden Ansiedlungsgesetze, deren Vorschriften auch für Gutsbezirke der Regel nach eine wertvolle Handhabe zur Verhütung einer regellosen und mit dem öffentlichen Interesse nicht vereinbaren Bebauung bieten werden."

Demgegenüber erscheint es zweifelhaft, ob in dem vorausgesetzten Umfange durch die Handhabung der Ansiedelungsgesetze ein wildes Bauen im Sinne des § 12 gehindert werden kann. Bei der Erteilung von Ansiedelungsgenehmigungen bleiben die Bestimmungen der Ansiedelungsgesetze allein maßgebend, die Voraussetzungen des § 12 scheiden in diesem Verfahren sowohl für Gemeinden als Gutsbezirke aus. —

Auch nach der westfälischen Gemeindeordnung gibt es Gutsbezirke. Diesen selbständigen Gutsbezirken liegen, ebenso wie in den alten Provinzen, alle Leistungen ob, welche den Gemeinden zufallen, also auch die Wegebaulast für die Vizinalwege. Es existiert jedoch ein Unterschied darin, daß in den älteren Landesteilen der Gutsbesitzer die Lasten aus eigenem Vermögen tragen muß und sie, mit einigen Ausnahmen, die hier nicht in Betracht kommen, nicht auf die Einwohner in dem Gutsbezirk unterverteilen kann. In Westfalen ist dies aber nach § 68 der Landgemeindeordnung möglich und zwar auf Grund eines Statuts, welches der Bestätigung des Kreisausschusses bedarf.

Nach einem Erlaß des Ministers des Innern vom 30. April 19 ist die Auflösung der Gutsbezirke in Aussicht genommen. Es soll danach geprüft werden, ob im Einzelfalle die Gutsbezirke in Landgemeinden umzuwandeln sind oder aber, ob und in welcher Weise sie ganz oder teilweise mit anderen Gemeinden zu vereinigen sind.

8. Vielfach hat man versucht, unzureichende Bebauungspläne, welche rein äußerlich ein Schema darstellen, auf die Bestimmungen des Fluchtliniengesetzes zurückzuführen. Dies ist irrtümlich. Der § 1 hat den Verlauf der Fluchtlinien nach keiner Richtung irgend welchen Beschränkungen unterworfen. Ihre Linienführung braucht nicht notwendig geradlinig zu sein, sondern kann gekrümmte Form haben, vor- und zurückspringen. Die einander gegenüberliegenden Fluchtlinien einer Straße brauchen nicht notwendig einander parallel zu sein, die Straßen dürfen ungleiche Breite haben, überhaupt breit oder schmal angelegt werden, je nachdem es die Umstände erfordern. Auch Platzanlagen im Innern der Baublöcke konnte man bereits mit Hilfe des § 1 festsetzen, bevor derselbe durch die Bestimmungen des Wohnungsgesetzes ergänzt war.

Die rechtliche Bedeutung der Bebauungspläne beruht darin, daß sie durch Markierung der für die Zukunft in Aussicht genommenen Straßen und Plätze die Grenzen bestimmen, innerhalb derer die sonst bestehende Bebauungsfreiheit ausgeschlossen ist. Ihre rechtliche Bedeutung besteht nicht darin, zu markieren, wo gebaut werden darf, sondern zu kennzeichnen, welche Flächen zu Straßen und öffentlichen Plätzen reserviert werden sollen und deshalb nicht bebaubar sind (OVG. 25. Sept. 1891, Bd. 21 S. 375; v. 9. März 05 Nr. IV 391).

Durch Ortsstatut kann weder die Festsetzung eines Bebauungsplans bewirkt, noch einem vor Erlaß des Fluchtliniengesetzes aufgestellten Plane die ihm bis dahin fehlende Gültigkeit und Rechtswirksamkeit verliehen werden (OVG. 67 S. 428). Die Gemeinde setzt als gegenwärtige oder zukünftige Eigentümerin der Straße die Fluchtlinien fest. —

Die Festsetzung einer Fluchtlinie ist auch bei nicht öffentlichen Wegen statthaft, sofern sie nur zum Zweck der Anlegung öffentlicher Straßen geschieht (OVGE. 18. März 1904 (VIII 423), PrVBl. 26 S. 149), bei Privatstraßen (OVGE. 9. Nov. 11, IV C. 131. 10, vergl. Bem. 4 a zu § 1).

Die sonst vorhandenen Wege und Straßen, auf welche die Fluchtlinienfestsetzung sich nicht bezieht, werden in ihren Rechtsverhältnissen nicht geändert (OVG. 21 S. 266).

Böschungen an Straßen können nicht nach den Bestimmungen des Fluchtliniengesetzes behandelt werden. Vergl. Bem. 2 zu § 4; Bem. 14 zu § 13.

Das Gesetz gibt keinerlei Handhabe, die Wirkungen der Fluchtlinienfestsetzung zeitlich zu beschränken, es überläßt vielmehr völlig dem Ermessen der Gemeinde, ob und wann sie die Straßen, für welche Fluchtlinien festgestellt sind, ausbauen und wann sie zu diesem Zwecke die von den Straßenfluchtlinien begrenzte Fläche den beteiligten Eigentümern entziehen will. (OVG. 1. Juli 1898, PrVBl. 21 S. 60). — Dem Eigentümer von Grundstücken steht ein Recht auf Feststellung von Fluchtlinien für sein Grundstück nicht zu (OVGE. 21 S. 384

Ebensowenig hat derselbe Anspruch auf Beibehaltung des einmal festgestellten Bebauungsplanes, selbst wenn auf Grund dessen bereits Neu-Um- und Ausbauten gemäß § 11 vorgenommen worden sind. Ihm steht nur die Möglichkeit offen, bei der Aufsichtsbehörde vorstellig zu werden. Vergl. Bem. 4 zu § 8, Bem. 2 zu § 10.

Auch die vor Erlaß des Gesetzes vom 2. Juli 1875 im linksrheinischen Gebiet der Rheinprovinz in Gemäßheit des Art. 52 des französischen Gesetzes vom 16. Sept. 1807 zustande gekommenen Fluchtlinienfestsetzungen auf Grund eines vom König genehmigten Bebauungsplanes kannten keine Fristen (OVGE. 26. Sept. 12 IV C. 92. 12).

Die Baupolizeiverordnungen sehen häufig rückwärtige Baufluchtlinien vor. Diese sind jedoch nicht Fluchtlinien im Sinne dieses Gesetzes, sondern ihre Anordnung beruht auf rein polizeilichen Motiven, welche den Zweck verfolgen, die Bebauung der Baugrundstücke zu regeln. Vergl. Baupolizeiliche Mitteilungen 4 S. 27 über rückwärtige Baufluchtlinien in Hannover.

Nach dem Erlaß des Staatskommissars für Wohnungswesen vom 25. April 1919 zu dem Wohnungsgesetz vom 28. März 18 (AusfAnw. zu Art. 4) soll die gleichzeitige Aufstellung von Bebauungsplänen und Bauordnung angestrebt werden. Das hier vorgeschlagene Verfahren würde einen wesentlichen Fortschritt gegenüber dem jetzigen Zustande bedeuten, aber es muß dabei an die Voraussetzung geknüpft werden, daß die baupolizeilichen Vorschriften über die Bebauung der Grundstücke später nicht fortgesetzt geändert werden, was z. B. in manchen Berliner Vororten auf dem Gebiete der Festsetzung von Bebauungsplänen zu außerordentlich mißlichen Verhältnissen geführt hat.

9. Der Abs. 1 enthält die das ganze Gesetz beherrschende Grundregel, daß die Fluchtlinien in allen Fällen, sowohl bei Veränderung bestehender Straßen, wie bei Anlegung einzelner neuer Straßen und bei Aufstellung von Bebauungsplänen — vom Gemeindevorstande festzusetzen sind (vergl. Bem. 4a zu § 1).

Wer als Gemeindevorstand zu gelten hat, regeln die Gemeindeverfassungsgesetze.

Einer Feststellung von Fluchtlinien durch den Gemeindevorstand ist gleich zu achten, wenn ein Unternehmer den Bebauungsplan aufstellen läßt und nun der Gemeindevorstand sich denselben zu eigen macht.

Das Einverständnis des Gemeindevorstandes und der Gemeindevertretung, sowie die Zustimmung der Ortspolizeibehörde zum Fluchtlinienplan ist aktenmäßig festzulegen. Geschieht dies nicht, so können später unter Umständen Einwendungen erhoben werden, der Fluchtlinienplan sei nicht ordnungsgemäß zustande gekommen; belanglos ist aber, ob der Fluchtlinienplan die für seine Rechtsgültigkeit vorhandenen Vermerke aufweist oder nicht (OVGE. 9. April 1906, IV 559; vergl. Bem. 12 zu § 1).

Hat der Gemeindevorstand Stimmrecht in der Gemeindevertretung, so ist aus einem zustimmenden Beschlusse derselben noch nicht ohne weiteres zu folgern, daß nun der Gemeindevorstand ebenfalls sein Einverständnis erklärt hat. Letzterer muß in solchem Falle gesondert sein Einverständnis zum Ausdruck bringen.

Das der Polizeibehörde früher zustehende Recht, die Genehmigung eines Baues von Innehaltung einer nach ihrem Ermessen festgesetzten Fluchtlinie abhängig zu machen, ist erloschen (OVGE. v. 23. Juni 91 Nr. IV 623; vom 4. Mai 06 Nr. VIII 707; 3. Mai 07 Nr. VIII 835 Bd. 50 S. 425). Zu Zweifeln kann es Anlaß geben, ob einem Fluchtlinienplane Rechtswirksamkeit zusteht, wenn seine formelle endgültige Festsetzung auf dem Plane und in den Akten durch die Polizeibehörde und nicht vom Gemeindevorstande erfolgt ist. Hat die vorgeschriebene Beschlußfassung und Mitwirkung des Gemeindevorstandes und der Gemeinde tatsächlich stattgefunden, so wird die Rechtswirksamkeit — namentlich für die Anwendung des ersten Absatzes des § 11 — nicht an dem formalen Mangel scheitern, zumal wenn aus der Bekanntmachung die erfolgte Mitwirkung der Gemeindekörperschaften erhellt. Übrigens wird es immer auf die tatsächlichen Umstände und Vorgänge ankommen, eine allgemeine Regel läßt sich nicht aufstellen. Wegen der zu erfüllenden Formen vgl. die §§ 4 und 7 Absatz 2.

10. Der Gemeindevorstand ist einerseits an das Einverständnis der Gemeinde bezw. deren Vertretung, andererseits an die Zustimmung der Ortspolizeibehörde gebunden. Beide Voraussetzungen für das Zustandekommen einer Fluchtlinie müssen bis zum Abschlusse des Verfahrens, also bis zu der förmlichen Feststellung und Auslegung des Planes, deren § 8 am Schlusse gedenkt, vorhanden sein, und die Behörden, insbesondere die Verwaltungsgerichte können sich, wenn die Entscheidung davon abhängt, ob eine Fluchtlinie rechtsgültig festgesetzt sei, bei obwaltenden Zweifeln der Prüfung nicht entziehen, inwiefern es etwa an jenen Voraussetzungen mangelt. Denn durch die Festsetzung von Fluchtlinien wird eine Rechtsnorm geschaffen, deren Anwendung voraussetzt, daß sie auf ordnungsmäßige Weise zustande gekommen ist. Das Reichsgericht hat in einem Erkenntnisse (V. ZS. v. 28. Sept. 91, PrVerwBl. 13 S. 342) den förmlich festgesetzten Fluchtlinienplan als einen öffentlich-rechtlichen Titel bezeichnet, welcher öffentlich bekannt gemacht wird und einen Bestandteil der „Verfassung" der Gemeinde bildet. Für die Prüfung durch den Verwaltungsrichter ist aber die Unterscheidung zwischen dem Resultate der Festsetzung des Planes und den Motiven derselben wesentlich. Die zur Anwendung kommende Rechtsnorm darf in materieller Hinsicht nicht mit dem materiellen Inhalte des Gesetzes und dem sonst etwa auf die Sache bezüglichen objektiven Rechte in Widerspruch stehen. Hierüber hat der Verwaltungsrichter gegebenenfalls zu entscheiden, nicht aber darüber, ob die Motive, welche die zuständige Behörde zur Festsetzung der Rechtsnorm geführt haben, richtige sind (OVGE. Bd. 25 S. 387). —

Stimmen die Stadtverordneten einem Plane mit gewissen Einschränkungen zu, so bildet das in der Genehmigung liegende Einverständnis eine genügende Grundlage für die Feststellung des Plans, soweit er von der Einschränkung nicht betroffen wird (PrVBl. 2 S. 334).

Der einer einseitigen Erklärung des Gemeindevorstandes bei fehlendem Einverständnisse der Gemeinde anhaftende Defekt wird nicht etwa durch die Zustimmung der Polizeibehörde behoben oder in seiner Bedeutung abgeschwächt. Die Zustimmung ist gegenstandslos, wenn jenes Einverständnis ausbleibt (OVGE. 21. Januar 1887, Bd. 14 S. 387).

Wenn festgestellt wird, daß der festgesetzte Plan mit der in der Natur vorhandenen Örtlichkeit nicht übereinstimmt, so entbehrt er des unumgänglich notwendigen Inhalts, und der Verwaltungsrichter wird ihm die Rechtswirkung versagen müssen (OVGE. Bd. 18 S. 378. Siehe auch Bem. 1 zu § 4). Das OVG. hat in einem Falle, wo die Stadtverordneten ihr anfängliches Einverständnis später zurückgezogen hatten, trotzdem aber der Plan vom Magistrate schließlich festgestellt und ausgelegt war, die Fluchtlinie als zu Recht bestehend nicht anerkannt. E. v. 16. Sept. 80 Nr. II 1293.

Das Reichsgericht hat bei einer Entschädigungsklage aus §§ 13 und 14 dieses Gesetzes sehr geringe Anforderungen an die zu beobachtenden Voraussetzungen gestellt; für ein einzelnes Grundstück war eine Fluchtlinie durch einen Bescheid, der nur von dem Stadtbaurat unterschrieben war, ohne weitere Bezugnahmen festgesetzt Das RG. hält es für genügend, daß festgestellt sei, der Stadtbaurat habe nach Anhörung der von der Gemeindevertretung bestellten Baukommission und im wenigstens stillschweigenden Einverständnisse mit dem Oberbürgermeister (in der Rheinprovinz) die Entscheidung getroffen. Vgl. E. d. RG. II. ZS. v. 3. Nov. 99, PrVerwBl. 21 S. 210.

Sembritzki (PrVBl. 35 S. 234) nimmt an, daß das Einverständnis der Stadtverordnetenversammlung durch das einer Kommission nicht ersetzt werden kann, hält es jedoch für zweifelhaft, ob durch eine Deputation, welche auf Grund des § 59 der Städteordnung für die östlichen Provinzen hierzu besonders eingesetzt ist. Saran (S. 22) nimmt die Zuständigkeit einer Kommission so lange nicht an, als nicht durch Ortsgesetz die Stadtverordnetenversammlung diese ihre Zuständigkeit auf die Kommission übertragen hat.

Dem wird nicht zugestimmt werden können; die im Gesetz (§ 1) der Gemeindevertretung zuerteilte Zuständigkeit kann durch Anhörung einer von der Gemeindevertretung gewählten Baukommission oder Kommission und Deputation im Sinne der Städteordnung nicht ersetzt werden.

Es genügt auch nicht, wenn zwei ein für allemal delegierte Stadtverordnete dem Plan zustimmen, eine solche Vertretung kennt das Gesetz nicht (OVGE. 27. Okt. 10 IV C. 185 09).

Das Einverständnis der Gemeinde oder deren Vertretung wird vom Gesetze unbedingt verlangt. Ist es nicht zu erreichen, so kann es durch eine Entscheidung der Kommunalaufsichtsbehörde, die sonst etwa bei Meinungsverschiedenheiten zwischen Gemeindevorstand und Vertretung der Gemeinde den Ausschlag zu geben hat, nicht ersetzt werden. Es bleibt dann nur der Ausweg übrig, daß die Ortspolizeibehörde von dem ihr nach Absatz 2 zustehenden Rechte Gebrauch macht. Weigert der Gemeindevorstand rein formale Verwaltungsakte, — z. B. wenn es sich um die Offenlegung des Planes (§ 7) handelt, nachdem über die mangelnde Zustimmung der Gemeinde auf Ansuchen der Ortspolizeibehörde durch den Kreisausschuß oder Bezirksausschuß beschlossen ist (§ 5 Abs. 3), — so wird er zur Vornahme solcher disziplinarisch angehalten werden können.

Zur Anwendung des § 11 genügt es, wenn die Gemeindekörperschaften sich über die Fluchtlinien geeinigt haben (vergl. Bem. 4 a zu § 11).

Einseitige Erklärungen, zu denen sich die Beteiligten aus Anlaß eines Fluchtlinienverfahrens herbeilassen, bleiben ohne öffentlich-rechtliche Bedeutung (OVGE. 21. Febr. 93, Bd. 24 S. 369). Doch ist die Gemeinde bei Aufstellung eines neuen Fluchtlinienplans nicht gehindert, sich wegen ihrer privatwirtschaftlichen Interessen mit den Beteiligten im Vertragswege zu verständigen, bevor sie von ihrem obrigkeitlichen Recht Gebrauch macht (RG. VI ZS. 8. Juli 1912,

VI 556/11 PrVBl. 34 S. 381). Ebenso liegt eine nicht zu beanstandende Wahrnehmung wichtiger kommunaler Interessen vor, wenn sie mit Rücksicht auf zu erwartende oder vorliegende Baugesuche die Feststellung eines Fluchtlinienplanes beschleunigt (OVGE. 20. Mai 13, PrVBl. 35 S. 827). —

Eine Gemeinde hatte mit einer Gesellschaft die Abmachung getroffen, daß sie auf Feststellung von Fluchtlinien in einem bestimmten Bezirk in Rücksicht auf den Umstand, daß hier eine große Fabrikanlage errichtet werden sollte, verzichte. Trotzdem hatte die Gemeinde einen Bebauungsplan aufgestellt und eine Straße durch dies Gelände projektiert und fertiggestellt, wodurch die bestehende Fabrikanlage in zwei Teile zerrissen wurde. Die frühere Zusage der Gemeinde war rechtlich nicht bindend; denn überzeugt sich die Gemeinde nach Erteilung der Zusage, daß das öffentliche Interesse die Änderung des Bebauungsplanes verbietet, so muß sie demgemäß verfahren (RG. VII. ZS. 15. März und 2. April 1907, Recht 11 S. 720, RG. 6. Mai 02, PrVBl. 24 S. 25). Ob ein Schadenersatzanspruch gegeben, ist Sache der näheren Verhältnisse. — Wegen vertraglicher Festlegung der Zustimmung der Polizei zu einem Bebauungsplan siehe Bem. 12 zu § 1.

11. Es besteht ein wesentlicher Unterschied zwischen dem für die Gemeinde maßgebenden „öffentlichen Bedürfnisse" und den von der Polizeibehörde wahrzunehmenden „polizeilichen Rücksichten". Vergl. Bem. 1 zu § 3.

Ob der Plan zweckmäßig ist und den Bedürfnissen der Gemeinde entspricht, darüber haben die Gemeindebehörden und die Ortspolizei, sowie auf erhobenen Einspruch der Kreis- oder Bezirksausschuß nach den §§ 1—8 zu befinden, dagegen nicht der Verwaltungsrichter (OVGE. 8. Nov. 07 VIII 1969). Vergl. Bem. 5 zu § 8.

Ob ein Bedürfnis für die Aufrechterhaltung der Fluchtlinien besteht, ist für deren Rechtsbeständigkeit unerheblich und ist im Verwaltungsstreitverfahren nicht nachzuprüfen (OVGE. 13. Juni 11 IX A. 33, 11).

Wird eine Fluchtlinienfestsetzung vorgenommen, nicht um eine öffentliche Straße dem öffentlichen Bedürfnis entsprechend anzulegen oder zu verändern, so entbehrt die Festsetzung der Rechtsgültigkeit (OVGE. 5. Juli 17 IV C. 43 17. Vergl. Bem. 3, 19 zu § 1, Bem. 1 zu § 12, Bem. 6a zu § 15).

12. Welche Behörde die Ortspolizei zu verwalten hat, ist in den Gesetzen (vgl. insbesondere die Städteordnungen und die Kreisordnungen) näher bestimmt. Die Baupolizei und Fluchtlinienpolizei kann gesondert auf die Gemeinden übertragen werden. —

Wo es an einer von dem Gemeindevorstande verschiedenen Ortspolizeibehörde fehlt, weil die Funktionen beider von demselben Organe (Bürgermeister — wie in der Rheinprovinz —, Magistrat — wie in der Provinz Hannover der Regel nach —, Amts- und Gemeindevorsteher) wahrgenommen werden, bedarf es selbstredend keiner besonderen Zustimmung der Ortspolizeibehörde. Stehen jedoch die kommunalen und polizeilichen Interessen in einem Gegensatz, so muß sich der Bürgermeister usw. durch seinen Stellvertreter vertreten lassen. —

Ist der Magistrat Gemeindevorstand und verwaltet der Bürgermeister die Polizei, so kann nicht vermutet werden, daß der Bürgermeister durch seine Abstimmung im Magistrate sich zugleich als Ortspolizeibehörde erkläre (OVGE.

13. Juni 11 IX B. 33, 11), auch wenn er der Meinung war, er habe die Fluchtlinienfestsetzung wegen dringender polizeilicher Interessen betrieben, aber dies nicht durch eine Aktion zum Ausdrucke gebracht hat (OVGE. 28. März 05, PrVBl. 26 S. 886).

In denjenigen Städten, wo Königliche Polizeibehörden bestehen, der Magistrat aber die Straßenbaupolizei verwaltet, bildet nach dem ausdrücklichen Anerkenntnisse der Staatsregierung (StenB. des AH. S. 2121) der Magistrat die Polizeibehörde im Sinne des Gesetzes. Diese hauptsächlich im Hinblick auf die hannoverschen Städte abgegebene Erklärung ist indes nicht unvereinbar mit einer Regelung, wie sie die Ressortminister für Berlin getroffen haben; obgleich dieser Stadtgemeinde durch Allerhöchste Order v. 28. Dez. 75 „die gesamte, auf die Anlegung, Regulierung, Entwässerung und Unterhaltung der Straßen und Brücken bezügliche örtliche Polizei" zur eigenen Verwaltung überlassen ist, haben die Minister auch dem Königlichen Polizeipräsidium (neben der örtlichen Straßenbau-Polizeiverwaltung) eine Einwirkung als Ortspolizeibehörde zuerkannt, weil dasselbe die Verkehrs-, Feuer- und Gesundheitspolizei zu verwalten und deren Interessen gegenüber der Straßenbaupolizei wahrzunehmen habe. Diese Auffassung, die zwei Ortspolizeibehörden gleichberechtigt nebeneinander stellt und unter ähnlichen Verhältnissen auch auf andere Städte zu übertragen sein würde, entspricht nur dem Wesen der Sache. Wo die örtliche Polizeiverwaltung geteilt ist, gebührt jedem bei der Fluchtlinienfestsetzung beteiligten Zweige eine Mitwirkung, und wenn sich nicht leugnen läßt, daß Fluchtlinienfestsetzungen auch die Interessen der Feuersicherheit und der öffentlichen Gesundheitspflege unmittelbar berühren, so kann die auf diesem Gebiete zur Fürsorge berufene Behörde von dem Verfahren nicht füglich ausgeschlossen werden (vergl. Bem. 14 zu § 1). Das Gesetz steht einer solchen Auslegung nicht entgegen; es beruft die „Ortspolizeibehörde"; bei diesem Ausdrucke mag, dem regelmäßigen Zustande entsprechend, zunächst an eine einheitliche örtliche Polizeiverwaltung gedacht sein; damit ist indes keineswegs festgestellt, daß die Vertretung aller in Betracht kommenden polizeilichen Interessen stets nur einer Behörde überwiesen sein solle. Auch praktisch bietet das gleichzeitige Eingreifen zweier Ortspolizeibehörden keine besonderen Schwierigkeiten; denn für den Ausgleich von Meinungsverschiedenheiten unter den beteiligten Lokalbehörden, der an sich schon durch Anrufen der vorgesetzten Aufsichtsbehörde herbeigeführt werden könnte, ist außerdem im Gesetze durch die Anordnung eines besonderen Verfahrens in den §§ 5 ff. gesorgt (OVGE. v. 25. Nov. 85 Nr. I 1315). Anders liegt die Sache, wenn nur einzelne, bestimmte Geschäfte der Ortspolizeibehörde entzogen und einer höheren Behörde vorbehalten sind. Ein solches Verhältnis besteht z. B. in der Provinz Hessen-Nassau, wo die Genehmigung zu Neubauten und Bauveränderungen nach § 28 der Kreisordnung v. 7. Juni 85 nicht von dem im übrigen die gesamte Orts- und insbesondere auch die Baupolizei verwaltenden Bürgermeister, sondern von dem Landrate zu erteilen ist. Hier kann als Ortspolizeibehörde nur der Bürgermeister betrachtet werden; dem Landrate eine Mitwirkung einzuräumen, erscheint, um so weniger nötig, als er in der Lage ist, seine Auffassung jederzeit durch Anweisung des Bürgermeisters zur Geltung zu bringen.

Die Zustimmung der Polizei zu dem Fluchtlinienplan bedeutet nur die

Genehmigung, daß dem Plane gemäß künftig eine Straße geschaffen werden könne und solle, sie bedeutet aber noch nicht die Zustimmung dazu, daß nun die Stadtgemeinde lediglich nach ihrer eigenen Entschließung die Straßen dem öffentlichen Verkehr übergeben und damit die öffentliche Straße schaffen könne. Nur das Projekt, nicht die Schaffung der Straße selbst, ihre Widmung für den öffentlichen Verkehr ist durch den Plan genehmigt. Also bedarf es zu dieser Widmung, zu der Entstehung der Straße als einer öffentlichen Stadtstraße, noch einer weiteren Zustimmung der Polizei (OVGE. 18. April 1901, PrVBl. 22 S. 569, v. 10. Febr. 05 Nr. VIII 205, PrVBl. 27 S. 360).

Die Zustimmung der Polizei ist öffentlich-rechtlicher Natur und kann daher weder vertraglich festgelegt werden noch im Rechtswege erzwungen werden (RG. 27. Mai 03, PrVBl. 24 S. 698). Vergl. Bem. 10 u. 14 zu § 1.

Sie braucht nicht in allen Fällen schriftlich erklärt, insbesondere auf dem Plane selbst vermerkt zu werden (OVGE. 13. Nov. 08 VIII 2082, vergl. Bem. 9 zu § 1).

Stimmt die Polizei einem Fluchtlinienplan zu, durch den die Fluchtlinie in einen bestehenden Weg hineinverlegt, die Straße also schmaler wird, so kann darin die Genehmigung liegen, daß die Anlieger das Zwischenstück durch Bebauung dem öffentlichen Zweck entziehen, nicht aber die Ermächtigung für die Gemeinde, das der Straße entzogene Land so als ihr Privateigentum, z. B. durch Umzäunen, zu behandeln, daß das angrenzende Gebiet die Zugänglichkeit zur Straße verliert. Es ist ein fundamentaler Grundsatz des heutigen Baupolizeirechtes, daß jedes in der Stadt belegene zu bebauende Grundstück an eine öffentliche Straße stoßen oder zu dieser einen dauernd gesicherten Zugang haben muß. Hiermit würde es in schneidendem Widerspruch stehen, wenn die Polizeibehörde es genehmigen wollte, daß bestehenden Häusern die vorhandene Zugänglichkeit zur öffentlichen Straße von der Stadt dadurch genommen würde, daß sie das davorliegende Straßenland in ihr Privateigentum verwandelt (RG. VII. ZS. 22. Mai 1900, PrVBl. 22 S. 277; OVGE. 20. April 03, Bd. 43 S. 24; vergl. Bem. 19 und 20 c zu § 1 und Bem. 13 zu § 13).

Wenn nach erfolgter Zustimmung der Polizeibehörde seitens der Gemeindekörperschaften noch Änderungen in dem Fluchtlinienplane vorgenommen werden und er so, ohne nochmals der Polizeibehörde vorgelegen zu haben, festgesetzt und bekannt gemacht wird, bleibt der Plan ohne Rechtswirkung. Dieselbe Wirkung muß es haben, wenn der Gemeindevorstand, etwa auf Wunsch von Einsprechenden oder der Polizeibehörde, noch Änderungen vornimmt, ohne dazu die Zustimmung der Gemeinde eingeholt zu haben (OVGE. v. 4. April 98 Nr. IV 628). Und dieses wird in der Regel auch die Fluchtlinien betreffen, welche von dieser Änderung nicht betroffen wurden, da für die Zustimmung der Polizeibehörde der Gesamtplan in seinem Zusammenhange in Betracht kommt. Anders kann es liegen, wenn die einzelnen Fluchtlinien nicht im Zusammenhang stehen oder ein Teil des Planes von einem anderen ganz örtlich getrennt liegt (vgl. Bem. 3 zu § 8). Eine rechtzeitige Zurücknahme der Zustimmung von seiten der Polizeibehörde wird die gleiche Wirkung haben müssen. Diese Sätze würden nur anzufechten sein, wenn anzunehmen wäre, daß die Gemeinde und die Polizeibehörde, das einmal erklärte Einverständnis zu widerrufen, nicht befugt seien. Dafür dürfte es indes, solange das Verfahren schwebt, an einem Rechtsgrunde fehlen; weder die Erklärung der Gemeinde noch die Äußerung der Polizeibehörde stellt ein Rechtsverhältnis mit dem Gemeindevorstande her, von dem nicht jeder Teil zurücktreten könnte, und anderweite Grundsätze, die einer Zurücknahme solcher Erklärungen die rechtliche Wirksamkeit entzögen, bestehen nicht. — Die Möglichkeit eines derartigen Vorgehens für die Polizeiverwaltung ist auch deshalb von Bedeutung, weil hiermit die Aufsichtsbehörde — was namentlich bei Bebauungsplänen wichtig sein kann — in die Lage gebracht wird, ihrerseits nachträglich einzuschreiten. Denn die Befugnis der Aufsichtsbehörde, die Polizeiverwaltung mit Anweisung zu versehen, ihr also die Versagung ebenso wie umgekehrt die Erteilung der Zustimmung aufzugeben, läßt sich nicht bezweifeln.

Während nach älterem Rechte der Zweck der Baufluchtlinienfestsetzung ein ausschließlich polizeilicher und darauf gerichtet war, Bauten zu verhindern (§§ 65 ff. I 8 ALR., OVGE. 30. Jan. 82 Bd. 8 S. 303), die geeignet waren, für das gemeine Wesen einen Schaden oder eine Unsicherheit herbeizuführen oder die Städte und öffentlichen Plätze zu verunstalten, ist die Baufluchtlinienfestsetzung nach dem Gesetz vom 2. Juli 1875 eine Angelegenheit der wegebaupflichtigen Gemeinde, die zum Zwecke der Straßenanlegung erfolgt (OVGE. Bd. 30 S. 67; 5 S. 382; 24 S. 81).

Handelt es sich um ältere, vor dem Erlaß des Gesetzes festgesetzte Fluchtlinien, so muß jedesmal besonders geprüft werden, ob bei der Festsetzung die Gemeinde in dem Sinne beteiligt war, daß daraus auf ihren Willen die Straße anzulegen, geschlossen werden konnte, und ob die Anlieger mit dieser Anlegung rechnen mußten (OVGE. 20. April 11 Bd. 59 S. 99; v. 10. April 19, IV C. 53. 18). Vergl. Bem. 6a zu § 15. Es unterliegt jedoch keinem Zweifel, daß die Aufstellung größerer Bebauungspläne vor Erlaß des Fluchtliniengesetzes (in Berlin) unter wesentlicher Mitwirkung der Gemeindebehörden erfolgte (OVGE. 2. Nov. 08 IV 1913).

Auch in den vor Erlaß des Gesetzes geltenden Baupolizeiverordnungen kommt dies zum Ausdruck. So heißt es in § 3 der Baupolizeiordnung für das platte Land des Regierungsbezirks Potsdam vom 15. März 1872, daß bei dem Retablissement ganzer Dörfer oder bei Bauausführungen nach größeren Bränden die Retablissementspläne von der Ortspolizeibehörde unter Mitwirkung des Ortsvorstandes zu entwerfen und dem Landrat zur Bestätigung vorzulegen sind. Nach dem § 10 a. a. O. wird die Fluchtlinie für Gebäude und bauliche Anlagen an Straßen und Plätzen von der Ortspolizeibehörde nach Anhörung des Gemeindevorstandes bestimmt.

Die Aufstellung von umfassenden Bebauungsplänen war durch Erlaß des Ministers für Handel und Gewerbe vom 12. Mai 1855 (MBl. d. i. V. S. 100) in einer genauen Anweisung besonders geregelt und in der Hauptsache in die Hand der Regierung gelegt worden (OVGE. 9. Januar 1914 Bd. 67 S. 429). Vergl. Bem. 1 zu § 10.

Im vormals hessisch-nassauischen Gebiete war die Festsetzung von Fluchtlinien Sache der Polizei- und Verwaltungsbehörden (OVGE. 20. Nov. 09 IX B. 71, 09). Wegen des linksrheinischen Gebietes vergl. Bem. 6a zu § 15.

13. Im Abs. 2 sind durch das Wohnungsgesetz die Befugnisse der Ortspolizeibehörde insofern erweitert worden, als sie die Festsetzung von Fluchtlinien auch dann verlangen kann, wenn ein „hervorgetretenes Bedürfnis nach Klein- oder Mittelwohnungen“ die Festsetzung fordert. Dies ist eine Einschränkung gegenüber dem früheren Entwurf, welcher das polizeiliche Vorgehen bereits „in Rücksicht auf das Wohnungsbedürfnis“ vorsah. Namentlich die Gemeinden haben letztere Bestimmung scharf bekämpft, weil sie der Ansicht waren, daß damit die gesamte Aufschließung des städtischen Grund und Bodens in die Hände der Polizei gelegt würde. Nach Pohlmann (89. Sitzung AH.) war die „Rücksicht auf das Wohnungsbedürfnis“ nichts weiter als eine Umschreibung des modernen Städtebaues einschließlich aller dahin gehörenden wirtschaftlichen Grundlagen. Die Regierung vertrat demgegenüber den Standpunkt, dem Staate müsse eine gewisse Einwirkung auf das Wohnungswesen eingeräumt werden, eine Antastung der Selbstverwaltung sei nicht beabsichtigt. Der Entwurf gelangte jedoch nicht zur Annahme im Herrenhause und wurde durch die vorliegende Bestimmung ersetzt, wonach die Ortspolizeibehörde die Festsetzung von Fluchtlinien verlangen kann, wenn ein „hervorgetretenes Bedürfnis nach Klein- oder Mittelwohnungen“ eine solche fordert. Vergl. Bem. 15 zu § 1.

14. Wenn die Polizeibehörde ihre Zustimmung versagt, so gibt § 5 die Norm für das weitere Verfahren.

Die Polizeibehörde ist aber nicht auf eine negative Einwirkung beschränkt, sie kann nach Absatz 2 auch, positiv eingreifend, die Festsetzung von Fluchtlinien verlangen, wenn die von ihr wahrzunehmenden polizeilichen Rücksichten die Festsetzung fordern. Welche Rücksichten hier in Betracht kommen, erläutert das Gesetz selbst im § 3 (vgl. Bem. 1 dazu); es sind dieselben, welche auch der Gemeindevorstand zu beachten hat, wenn er die Fluchtlinien „dem öffentlichen Bedürfnisse entsprechend“ festsetzen will: die Förderung des Verkehrs, der Feuersicherheit sowie der öffentlichen Gesundheit und die Abwehr von Veranstaltungen der Straßen und Plätze. Wie nun auf der einen Seite diese Ausdrücke bei ihrer Dehnbarkeit eine verschiedenartige Beurteilung der gegebenen Verhältnisse zulassen, so ist auf der anderen Seite auch keine scharfe Grenze dafür zu finden, ob die gedachten Rücksichten eine Fluchtlinienfestsetzung „fordern“. Ein Bericht der Petitionskommission d. AH. über eine Beschwerde der städtischen Behörden zu Hannover (Nr. 137 der Drucksachen 1877) gibt hiervon eine ungemein enge Auslegung; danach hat die Polizei sich nur durch den Gesichtspunkt der öffentlichen Sicherheit bestimmen zu lassen; bloße Verkehrserleichterungen sollen niemals in das polizeiliche Gebiet fallen, die Polizeibehörden vielmehr nur dasjenige, was nötig, nicht aber, was nützlich ist, verlangen dürfen. Das AH. hat zwar dem Vorschlage der Kommission gemäß die Petition der Staatsregierung zur schleunigsten Abhilfe überwiesen; damit ist indes die in dem Berichte niedergelegte Auffassung wohl um so weniger in ihrem ganzen Umfange gebilligt, als von der Kommission wie im Hause selbst noch anderweite Momente zur Unterstützung des Antrages geltend gemacht wurden. Später haben über eine Petition des Magistrats zu Königsberg i. Pr. nochmals eingehende Erörterungen in der Komm. d. AH. (Nr. 123 der Drucksachen 1886) und im Hause selbst (Sitzung v. 31. März 86, StenB. S. 1579 ff.) stattgefunden, wobei einerseits die Befugnis der Polizeibehörde, aus allen im § 3 hervorgehobenen Gesichtspunkten auf die Festsetzung von Fluchtlinien zu dringen, anerkannt, andererseits aber wieder betont wurde, daß ein wesentlicher Unterschied zwischen dem für den Gemeindevorstand maßgebenden „öffentlichen Bedürfnisse" und den von der Polizeibehörde wahrzunehmenden „polizeilichen Rücksichten" bestehe. Hiergegen mag nichts Erhebliches zu erinnern sein; der Gemeindevorstand kann bei Abmessung des öffentlichen Bedürfnisses auch auf Herstellung von Anlagen, die nur zweckmäßig oder wünschenswert erscheinen, Bedacht nehmen und überhaupt in weitem Umfange über dasjenige hinausgehen, was von der Polizeibehörde nach Maßgabe des § 3 gefordert werden muß. Insofern läßt sich der in dem Kommissionsberichte vom Jahre 1877 vertretenen Anschauung zustimmen, daß die Polizeibehörde sich auf das Notwendige, im Gegensatz zu dem bloß Nützlichen, zu beschränken habe. Jedenfalls darf aber die Polizei zunächst nicht ausschließlich auf die Fürsorge für die öffentliche Sicherheit verwiesen werden; das entspricht weder ihrer allgemeinen Aufgabe (§ 10 Titel 17 Teil II ALR., § 6 des Gesetzes über die Polizeiverwaltung v. 11. März 50, § 8 der Verordnung über die Polizeiverwaltung in den neuerworbenen Landesteilen v. 20. Sept. 67: „Ordnung, Sicherheit und Leichtigkeit des Verkehrs auf öffentlichen Straßen, Wegen und Plätzen, Brücken, Ufern und Gewässern"), noch den ihr gerade auf diesem Gebiete übertragenen Pflichten, wie sie schon im § 66 Titel 8 Teil I ALR. abgegrenzt waren und daneben im vorliegenden Gesetze selbst (§ 3) eine ausdrückliche Bestätigung gefunden haben. Weiter ist zu beachten, daß es für die im öffentlichen Interesse notwendig zu stellenden Anforderungen kein absolut geltendes Maß gibt, das Bedürfnis sich vielmehr je nach den obwaltenden Umständen durchaus verschieden bestimmt. Was vor längerer Zeit allgemein befriedigte, kann gegenwärtig als völlig ungenügend erscheinen, und Einrichtungen, welche für kleinere Orte vollkommen ausreichen, mögen sich für große Städte als zweifellos ungeeignet ausweisen (OVGE. v. 12. Sept. 88 Nr. I 969, PrVerwBl. 10 S. 182. Vgl. auch die Ausführungen in dem Erk. PrVerwBl. 17 S. 259 f.). Eben deshalb überträgt das Gesetz beim Mangel einer Verständigung zwischen dem Gemeindevorstande und der Polizeibehörde die Entscheidung den geordneten Instanzen (§ 5 Abs. 3; §§ 16—18), die in jedem einzelnen Falle unter sorgfältiger Berücksichtigung aller in Betracht kommender Verhältnisse die erforderliche Bestimmung zu treffen haben. Eine Klage im Verwaltungsstreitverfahren, daß die Polizei die ihr nach Abs. 2 zustehenden Befugnisse in gewissem Sinne ausübe, insbesondere eine Änderung der Fluchtlinie herbeiführe, ist nicht gegeben (PrVBl. 11 S. 411, vergl. Bem. 12 zu § 1, Bem. 5 zu § 8). Ist die örtliche Polizeiverwaltung unter zwei Behörden derart geteilt, daß beide bei der Fluchtlinienfestsetzung mitzuwirken haben (Bem. 12 zu § 1), so muß jede, soweit die von ihr wahrzunehmenden polizeilichen Rücksichten dies erheischen, zu dem Verlangen einer Festsetzung berechtigt sein.

15. Der Antragsteller äußerte sich zu dieser neu eingefügten Bestimmung (Nr. 168 der Drucksachen HH. 16/18 S. 18), er lege Wert darauf, zu erklären, daß die Polizeibehörde erst dann die Festsetzung der Fluchtlinien verlangen könne, wenn ein Bedürfnis nach Klein- oder Mittelwohnungen tatsächlich vorhanden und gewissermaßen statistisch nachgewiesen werden könne, daß solche Wohnungen nicht in genügendem Umfange vorhanden seien. Hierbei dürfte derselbe jedoch nicht genügend erwogen haben, daß die Festsetzung von Fluchtlinien nur eine vorbereitende Handlung darstellt und nur die Möglichkeit gewährt, in Zukunft nach Ausbau der Straße Wohnungen zu schaffen. In der Regel werden zwischen dem Zeitpunkt der Fluchtlinienfestsetzung und der Möglichkeit, Wohnungen an der Straße zu beziehen, Jahre vergehen, ohne daß ein Verschulden von irgend einer Seite vorliegt. Der Minister führte im weiteren ein Beispiel an, nach welchem er anscheinend ebenfalls auf dem Standpunkte steht, daß das Bedürfnis zur Festsetzung von Fluchtlinien tatsächlich „hervorgetreten" sein muß, wenn die Befugnis der Ortspolizeibehörde als gegeben anzusehen ist. Ein Mitglied der Kommission wies darauf hin, „daß man doch bisher stets die Notwendigkeit betont habe, prophylaktisch zu wirken und nicht erst dann einzugreifen, wenn die Mißstände zutage getreten seien". Es bleibt jedoch unklar, ob letztere Äußerung im Einklang mit der des Ministers erfolgt ist oder im Gegensatz zu dessen Ausführungen. Ein Widerspruch auf diese Äußerungen erfolgte nicht. Man wird hieraus und aus allgemeinen Gründen annehmen müssen, daß der Ortspolizeibehörde das Recht gewahrt bleibt, die Festsetzung von Fluchtlinien bereits dann zu fordern, wenn nach den bestehenden Verhältnissen das Vorliegen des Bedürfnisses nach Klein- oder Mittelwohnungen mit großer Wahrscheinlichkeit bevorsteht.

Nach der AusfAnw. können die „Anzeichen, welche das tatsächliche Vorhandensein des Wohnungsbedürfnisses dartun, sehr verschieden sein und sind örtlich zu beurteilen. Das zahlenmäßige Überwiegen des Angebots über die Nachfrage ist für das Nichtvorhandensein eines Mangels an sich noch nicht beweisend. Es muß ferner eine andere Deckung des Wohnungsbedarfs als durch Festsetzung von Baufluchtlinien nicht möglich sein („fordern"). Ein präventives Vorgehen ist nach der Gesetzesfassung nicht grundsätzlich ausgeschlossen." Weiter wird ein hervorgetretenes Bedürfnis als vorliegend angesehen, wenn zwar genügend anbaufähige Straßen vorhanden sind, aber das daran liegende Land so teuer und die für eine kostspielig hergestellte Straße zu zahlenden Anliegerbeiträge so hoch sind, daß keine Häuser mit entsprechenden Wohnungen gebaut werden können. Damit ist die Beurteilung der Polizeibehörde darüber, ob ein hervorgetretenes Bedürfnis vorliegt, auf ein wirtschaftliches Gebiet verlegt, dessen sachgemäße Beurteilung sehr schwierig ist.

16. Was unter Klein- und Mittelwohnungen zu verstehen ist, läßt sich nicht fest umschreiben. Es werden bei der Beurteilung darüber allgemeine und ortsübliche Verhältnisse in Betracht gezogen werden müssen. — Nach der AusfAnw. werden unter Klein- und Mittelwohnungen im allgemeinen solche von 1—3 und 3—5 Wohnräumen (ausschließlich Küche) zu verstehen sein.

Soweit zur Befriedigung des Wohnungsbedürfnisses nach Mittel- und Kleinwohnungen der erforderliche Grund und Boden bis zum 31. Dez. 26 im Enteignungswege in Anspruch genommen wird, wird die Zulässigkeit der Enteignung durch den Minister der öffentlichen Arbeiten ausgesprochen (Art. 2 des Wohnungsgesetzes).

17. Da die Rücksichten auf eine angemessene Regelung des Wohnungsbedürfnisses schwer zu umgrenzen sind, ist das Eingreifen der Polizeibehörde aus diesem Gesichtspunkt an die Voraussetzung geknüpft worden, daß sich die Kommunalaufsichtsbehörde mit dem Vorgehen einverstanden erklärt hat (Begr. S. 21).

18. Durch den von der Komm. d. AH. eingeschobenen Absatz 3 hat klargestellt werden sollen, daß im Sinne des Gesetzes auch der **Bürgersteig** zur Straße gehöre.

Die Bürgersteige haben die Bestimmung, den Verkehr mit den an die Straße grenzenden Grundstücken zu vermitteln. Zu diesem Verkehr gehört auch der Fahrverkehr vom Fahrdamm aus, quer über den Bürgersteig nach den Grundstücken, soweit er ein Bedürfnis für den Grundbesitzer ist (OVGE. Bd. 28 S. 197).

Fußwege, welche nicht an Baugrundstücke angrenzen, sondern als Mittelpromenade ausgebildet sind oder durch öffentliche Parkanlagen führen, sind keine Bürgersteige (PrVBl. 12 S. 244). Vergl. Jebens, Neueres vom Bürgersteige, PrVBl. 20 S. 374, 375.

Ein zwischen Bürgersteig und Straßendamm belegener Rinnstein ist eine Entwässerungsanstalt, die sowohl der Entwässerung des Bürgersteiges als auch des Straßendammes dient. Streng genommen müßte er einen gemeinschaftlichen Bestandteil des Bürgersteigs und des Straßendammes bilden und der gemeinsamen Wegebaupflicht des Bürgersteig und Straßendamm Wegebaupflichtigen unterliegen (PrVBl. 33 S. 359). Vergl. Bem. 9 zu § 15.

Ob Bordsteine als Teile des Fahrdammes oder des angrenzenden Bürgersteiges zu gelten haben, ist nach den örtlichen Verhältnissen und der Lage des Einzelfalles zu beurteilen. Im allgemeinen mögen sie, da sie dem Bürgersteige als Abgrenzung gegen die Fahrbahn eingefügt zu werden pflegen, als Teile des Bürgersteiges angesehen werden (OVGE. 27. Juni 11, IV C. 283, 10).

Zur Straße gehören auch Treppen oder Fußwege in bergigem Gelände (im Anschluß an eine Rheinbrücke); die Fußwege (Treppen) können Teile einer Straße, aber auch eine selbständige Verkehrsanlage sein (OVG. 30. Okt. 1905 (IV 1506), PrVBl. 27 S. 592).

Der „**Straßendamm**" bezeichnet nicht bloß den Fahrdamm, sondern umfaßt alle übrigen Bestandteile der Straße, auch wenn sie nur bestimmten Zwecken dienen, wie Reitwege, Promenaden usw. Darüber, ob die letzteren zur Straße gehören, können allerdings, zumal wenn sie sich zu sog. Anlagen erweitern, Zweifel entstehen; indes ergibt sich bei Straßen, die in Gemäßheit des Gesetzes neu angelegt sind, die räumliche Ausdehnung der Straße regelmäßig schon aus dem Fluchtlinienplane; alles, was zwischen den beiden Straßenfluchtlinien liegt, muß — sofern nicht das Gegenteil aus dem Plane klar erhellt — zur Straße gerechnet werden. —

Wenn es in einem Ortsstatut heißt: „Zu einer Straße im Sinne des Gesetzes gehört der Straßendamm und der Bürgersteig", so bedeutet dies nicht, daß dazu stets eine Fahrbahn gehören müsse. (OVGE. 30. Okt. 05, IV 1506). Eine andere Beurteilung tritt ein, wenn die Gemeinde sich im Ortsstatut auf Grund des § 15 dahin gebunden hat, daß eine Straße aus Bürgersteig und Fahrdamm bestehen „muß". Dann würden diejenigen Straßen, welche des Fahrdammes entbehren, nicht unter den § 15 fallen.

Ist eine Fluchtlinie bloß auf einer Seite gezogen, so läßt sich die Grenze auf der anderen Seite nur nach den Verhältnissen des einzelnen Falles bestimmen; dies gilt insbesondere auch dann, wenn neben der Straße ein öffentlicher Platz liegt (OVGE. v. 30. Nov. 82 Nr. II 941, PrVerwBl. 4 S. 155; v. 23. Okt. 84 Nr. II 895, v. 7. März 85 Nr. I 273, PrVerwBl. 6 S. 244; v. 12. Nov. 85

Nr. II 1121, PrVerwBl. 7 S. 118 und v. 15. Juni 92 Nr. I 652). Die Berliner Baupolizeiordnung, und ihr nachgebildet manche andere Bauordnung, enthält den Satz, daß in der Regel alle Baulichkeiten an Straßen nur so hoch sein dürfen, wie die Straße oder der Straßenteil vor ihnen zwischen den Straßenfluchtlinien breit ist, jedoch in Straßen, welche nur an einer Seite zum Anbau bestimmt sind, sowie an Plätzen, welche mindestens 22 m breit sind, die Höhe bis 22 m betragen darf. Das ist so ausgelegt worden, als ob der beim Verfahren der Fluchtlinienfestsetzung zum Ausdruck gebrachte Wille der Behörden nach dieser Richtung maßgebend sei. Das ist aber irrig. Die rechtliche Bedeutung der Fluchtlinien besteht nicht darin, festzustellen, wo überhaupt das Bauen erlaubt ist, sondern zu kennzeichnen, welche Flächen zu öffentlichen Straßen und Plätzen vorbehalten werden sollen und deshalb nicht bebaubar sind (vgl. OVGE. Bd. 21 S. 375 ff., 366, Bem. 20 e zu § 1). Die Voraussetzung der obigen Bestimmung liegt nur vor, wenn die Straße lediglich an einer Seite bebaut werden kann, wenn das auf einer Seite der Straße liegende Gelände dauernd unbebaubar ist, wenn das Terrain von der Bebauung aus subjektiven (z. B. wenn es zu einem öffentlichen Platz bestimmt ist (OVGE. 5. Mai 14, IX A. 74 13) oder wegen der Rayonbeschränkungen in Festungen oder objektiven (z. B. der tatsächliche Zustand der Flächen: öffentliche Flüsse, Kanäle, steile Bergabhänge) Gründen dauernd ausgeschlossen ist. Das Fehlen einer Fluchtlinie kann dem angrenzenden Gelände die Bebaubarkeit, wenn es sie sonst besitzt, nicht nehmen (OVGE. v. 11. Juli 01 Bd. 40 S. 363). Die Fluchtlinienfestsetzung ist übrigens nicht dazu bestimmt, die Einteilung der Straßen (Fahrdamm, Bürgersteig, Reitweg usw.) zu regeln (vergl. Bem. 4 zu § 10 und 4 g zu § 15). Der Plan braucht deshalb darüber gar keine Vorschriften zu enthalten. Sind solche dennoch getroffen, so kann jederzeit von ihnen abgegangen werden, natürlich unter Zustimmung der Wegepolizeibehörde (OVGE. v. 22. Sept. 94 Nr. II 1249, PrVerwBl. 16 S. 85). Was im übrigen bei älteren Straßen als Zubehör des Straßendammes und des Bürgersteiges anzusehen ist, richtet sich ebenfalls nach den besonderen Umständen (OVGE. Bd. 1 S. 260 ff.; v. 15. Okt. 87 Nr. I 1134, PrVerwBl. 9 S. 474; v. 7. Sept. 89 Nr. I 1083, PrVerwBl. 11 S. 97 und v. 12. April 90 Nr. I 393; OVGE. v. 11. Juli 01 Bd. 40 S. 363 ff.).

19. Jede Fluchtlinienfestsetzung muß eine Baufluchtlinie schaffen. Ist nur eine Fluchtlinie festgesetzt, so bildet sie gleichzeitig die Straßen- und Baufluchtlinie. Die Baufluchtlinie bildet die Grenze, über welche hinaus die Bebauung ausgeschlossen ist; näheres hierüber enthält § 11. Nach jener Begriffsbestimmung ist aber dem einzelnen Anlieger ein Zurückweichen hinter die Baufluchtlinie mit seinem Baue nicht verwehrt (OVGE. v. 11. Sept. 91 Nr. IV 819, PrVerwBl. 13 S. 165; E. d. RG. VII ZS. v. 22. Mai 00, PrVerw.-Bl. 22 S. 278). Verbietet eine Baupolizeiverordnung, daß Gebäude hinter den Baufluchtlinien errichtet werden, so findet dies nicht seine Begründung im Fluchtliniengesetz, sondern in der Befugnis der Polizei, einer Verunstaltung der Städte und öffentlicher Plätze durch Bauten entgegenzutreten (§ 66 Tit. 8 T. 1 ALR.). OVGE. 18. Okt. 1907, Bd. 51 S. 398, vergl. OVGE. 7. Jan. 07 Nr. VIII 1063. Darin unterscheidet sich — ohne daß der Grund ersichtlich ist — unser Gesetz von der Badenschen und Württembergschen Gesetzgebung, wonach die Gebäude auf der Baulinie errichtet werden müssen (das Nähere siehe Walz, Das badische Ortsstraßenrecht, S. 56 u. S. 118 ff.; die durch Gesetz vom 20. Febr. 68 gestattete Ausnahme bei einem mit der Fluchtlinie parallel auszuführenden Baue ist durch die Novelle v. 26. Juni 90 wieder beseitigt) und Ausnahmen (für Württemberg) nur in Gemäßheit der Anordnungen im Ortsstatute gestattet sind. Da ein Zurücktreten hinter die Baufluchtlinie nicht überall ins Belieben der Grundbesitzer gestellt werden kann, wenn nicht schließlich die Gefahr einer groben Verunstaltung (OVGE. 18. Okt. 07 Nr. VIII 1832) der Straßen entstehen soll, empfiehlt es sich, die Lücke in den Baupolizeiordnungen oder durch besondere Polizeiverordnung auszufüllen. Ist dieses geschehen und z. B. bestimmt, daß jedes nach der Straße gelegene Haus in die festgesetzte Fluchtlinie gestellt werden muß, so kann da, wo bei vorhandenen Straßen eine neue Fluchtlinie so gelegt wird, daß Straßenland abgeschnitten wird, auch bei Neubauten die Durchführung der Bestimmung erst verlangt werden, wenn das neue Straßenprojekt ausgeführt ist. Vgl. Bem. 12 u. 20 c zu diesem Paragraphen, OVGE. v. 2. Dez. 96 Nr. IV 1967. — Nur durch Polizeiverordnung für bestimmte Straßen Vorgärten vorzuschreiben, ohne gleichzeitige Festsetzung von Fluchtlinien ist unzulässig (OVGE. v. 4. April 98 Nr. IV 627, Bd. 33 S. 422), ebenso kann der Aufstellung eines Planes, welcher — um etwa möglichst viel freies, unbebaubares Terrain im Sanitätsinteresse zu schaffen — keine Straßenfluchtlinien, sondern nur Baufluchtlinien festsetzen will, die Bedeutung der Festsetzung von Fluchtlinien im Sinne des G. v. 2. Juli 75 überhaupt nicht beigelegt werden (OVGE. v. 28. April 98 Nr. IV 799, Bd. 33 S. 425), vergl. Bem. 3 zu § 1.

20. Durch das Wohnungsgesetz ist die frühere Fassung des zweiten Satzes Abs. 4 geändert worden. Sie lautete: „Aus besonderen Gründen kann aber eine von der Straßenfluchtlinie verschiedene, jedoch in der Regel höchstens 3 m von dieser zurückweichende Baufluchtlinie festgesetzt werden.“ Die Änderung besteht im wesentlichen darin, daß die Beschränkung der Tiefe der Vorgärten „in der Regel auf höchstens drei Meter“ gefallen ist. Die frühere Bestimmung wird zum Verständnis der jetzt geltenden unter a) besprochen.

a) Der Entwurf beschäftigte sich nur mit Baufluchtlinien. Die Komm. d. AH. hielt es aber für angemessen, den Unterschied zwischen Straßen- und Baufluchtlinien klarzustellen und damit den sog. Vorgärten, die eine von der Straßenfluchtlinie verschiedene, hinter ihr zurücktretende Baufluchtlinie zur Voraussetzung haben, eine gesetzliche Grundlage zu geben. Die Vorgärten waren schon seit langer Zeit bekannt (vgl. Doehl, Repertorium des Baurechts S. 389): die Ministerialanweisung v. 12. Mai 55 (MBl. S. 100) hatte sie im § 3 als zu Recht bestehend anerkannt, die Einrichtung hatte, wie dieses in der OVGE. v. 22. Okt. 89 Bd. 18 S. 376 angedeutet ist, lange vorher zu Recht bestanden und in Berlin war durch eine eigene Polizeiverordnung v. 27. Okt. 55 nur die schon bestehende Verpflichtung näher geregelt worden; die engen Beziehungen, in welchen die Vorgärten teils zu den Baugrundstücken, teils zu der Straße stehen, machten eine solche Regelung notwendig, die schon zu Recht bestehende Verpflichtung bildete die Grundlage (OVGE. v. 16. Dez. 01 Nr. IV 2278; OVGE. Bd. 34 S. 421). Vorgärten fanden sich aber auch in anderen größeren Städten und man nahm damals auf ihre weitere Einführung mit Vorliebe

Bedacht. Die Kommission d. AH. verwandelte nun im Absatz 1 das Wort „Baufluchtlinien" in „Straßen- und Baufluchtlinien" und fügte daneben den ganzen Absatz 4 neu hinzu. In diesem traf sie zugleich durch eine Bestimmung, wonach die Baufluchtlinie höchstens 3 m von der Straßenfluchtlinie zurückweichen sollte, Fürsorge, daß die Anlieger, denen für die Verpflichtung, einen Teil ihres Eigentums als Vorgarten liegen zu lassen, regelmäßig keine Entschädigung gewährt wird, durch eine solche Maßregel nicht zu hart getroffen würden. Im AH. bestritt man aber, daß vom Gesetzgeber ein bestimmtes Maß für die Breite der Vorgärten festgestellt werden könne, und berief sich namentlich darauf, daß hier und da bereits breitere Vorgärten zu Recht beständen; demgemäß wurden nach dem Antrage des Abgeordneten H a k e n die Worte „in der Regel" eingeschaltet. — Die jetzt geltende Bestimmung enthält, wie bereits oben bemerkt die Beschränkung der Tiefe der Vorgärten auf „in der Regel 3,0 m" nicht mehr.

Ist in dem vorgeschriebenen Verfahren die Breite der Vorgärten durch Festsetzung der Fluchtlinien endgültig festgesetzt, so unterliegen die Motive dafür — auch wenn sie irrige sein sollten — nicht der Prüfung des Verwaltungsrichters (OVGE. Bd. 25 S. 391). Übrigens wird die Gemeinde sich unter allen Umständen einen breiteren Raum durch Verhandlung mit den Grundeigentümern schaffen können. Auch steht das Gesetz nicht im Wege, wenn etwa der Unternehmer einer Straßenanlage bei Veräußerung der angrenzenden Grundstücke die Käufer zum Liegenlassen breiterer Vorgärten durch vertragsmäßige Bestimmung verpflichten will. Vorgärten im r e c h t l i c h e n Sinne werden dadurch allein allerdings nicht geschaffen (OVGE. Bd. 33 S. 422, 423). —

b) Die „besonderen Gründe" für die Anordnung einer eigenen Baufluchtlinie können verschieden sein; die Vorgärten dienen nicht nur zum Schmuck, sondern gewähren auch den Vorteil, daß bei einer geringeren Breite der Straße und folglich bei geringeren Kosten der Herstellung und Unterhaltung dennoch Licht und Luft der Straße in ausreichender Weise zugeführt wird; sie sollen nicht nur als Mittelglied zwischen Straße und Haus den Zugang zwischen beiden vermitteln, sondern, soweit sie nicht Zugang sind, auch weiter, — worauf ihre Bezeichnung als „Vorgärten", ihr Ursprung, nämlich das für ihre Einrichtung namentlich in Städten seit lange bestehende und verbreitete Herkommen, und endlich ihre Lage hinweisen, — als G ä r t e n die Salubrität der Wohnplätze durch Zuführung von Luft und Licht und durch Pflanzenwuchs fördern und zugleich Verunstaltungen der Straßen ausschließen. OVGE. 23. Mai 94 Nr. IV 645, PrVBl. 15 S. 583, v. 19. Nov. 10, PrVBl. 32 S. 648. Die Vorgärten bieten zugleich die Möglichkeit, einem etwa später hervortretenden Bedürfnisse zur Verbreiterung der Straße ohne übermäßige Aufwendungen gerecht werden zu können. Dies darf jedoch nicht alleiniges Motiv für ihre Anlegung sein. Es sei auch darauf hingewiesen, daß voll bebaute Grundstücke nach Abtreten von Teilen der Vorgartenflächen zur Straße häufig in einen polizeiwidrigen Zustand versetzt werden. Dies ist auch zu beachten bei Ausstellung von Unschädlichkeitsattesten.

Der vom Staatskommissar für Wohnungswesen unter dem 25. April 1919 erlassene Entwurf einer Bauordnung (Zentralblatt der Bauverwaltung S. 225) will anscheinend in diesem Sinne vorbeugend wirken. Es heißt zu § 7 a. a. O.: „Fallen die Baufluchtlinie und Straßenfluchtlinie nicht zusammen, kann ein

Teil des Vorgartengeländes als unbebaut zur Ermittlung der bebauten Flächen herangezogen werden, jedoch ist tunlichst anzustreben, das ein Streifen von mindestens 3 m von der Grundfläche zuvor abgerechnet wird."

Wie die Verhandlungen der Kommission des AH. und des Hauses selbst über den § 1 der Regierungsvorlage zu dem Gesetze ergeben, wurde die Bestimmung des Absatz 4 zu dem Zwecke aufgenommen, um so für die schon lange bekannte und geübte Einrichtung der Vorgärten zwischen der Straße und den Häusern die rechtliche Grundlage zu geben, wobei besonders betont wurde, daß bis dahin eine solche Befugnis den Polizeibehörden zugestanden habe (Nr. 279 der Drucksachen des AH. v. 1875, StenB. S. 2027 ff.; OVGE. v. 23. Mai 94 Nr. IV 645, v. 31. Okt. 05 Nr. VIII 1693). Es wäre aber erwünscht gewesen, wenn das Gesetz diesen Punkt näher geregelt hätte. Das sog. Vorgartenland bleibt Eigentum des Anliegers und würde daher von ihm an sich — wenn auch nicht zur Bebauung, so doch im übrigen — nach Belieben benutzt werden können. Daß dies nicht gestattet werden kann, liegt auf der Hand; die aus polizeilichen Gesichtspunkten geschaffenen und nicht nur privaten, sondern öffentlichen Interessen dienenden Vorgärten sind der freien Verfügung ihrer Eigentümer durch ihre Bestimmung entzogen. Wie ihr Bestand überhaupt, so untersteht auch ihre Einrichtung und Verwendung insoweit der polizeilichen Obhut, als es sich um die Erhaltung ihrer Bestimmung handelt (OVGE. v. 23. Mai 94 Nr. IV 645 v. 31. Okt. 05, Nr. VIII 1693). Wenn die ganze Einrichtung der Vorgärten nicht von vornherein ihren Zweck verfehlen soll, muß dafür gesorgt werden, daß die zwischen der Straßen- und Bauflucht liegende Fläche von sämtlichen Anliegern als Gartenland verwendet und in guter Ordnung erhalten wird. Bei Beratung des Gesetzes herrschte darüber auch allgemeines Einverständnis, daß die Fläche nur in dieser Weise benutzt werden dürfe; anscheinend ging man, obgleich der Berichterstatter im AH. nach den in Berlin gemachten Erfahrungen ausdrücklich hiervor warnte, von der Anschauung aus, die Anlieger würden selbst die Vorteile zierlicher Vorgärten zu schätzen wissen. In großen, stark anwachsenden Städten zeigt sich aber immer von neuem die naturgemäße Entwicklung, daß Straßen, die ursprünglich villenmäßig bebaut waren, sich allmählich in Geschäftsstraßen verwandeln, und daß nunmehr die Eigentümer, um das Erdgeschoß als Laden mit Schaufenstern zu verwerten, eine Beseitigung der Vorgärten anstreben. Ist die Entwicklung bereits bis zu einem gewissen Grade vorgeschritten, oder mit Sicherheit im voraus zu berechnen, so kann die Gemeindeverwaltung den Verhältnissen dadurch Rechnung tragen, daß die bisherigen Baufluchtlinien zu Straßenfluchtlinien gemacht werden. Allein dies stößt wegen der damit verbundenen Kosten öfters auf Schwierigkeiten, und in der vielfach Jahrzehnte dauernden Übergangszeit sind jedenfalls Zwangsmaßregeln zur Erhaltung der Vorgärten unvermeidlich; diese werden außerdem einzelnen widerwilligen Eigentümern gegenüber stets notwendig bleiben, wie sich das bei der fortschreitenden Entwicklung Berlins, aber auch anderer Städte, wie Breslau, in zahlreichen Fällen herausgestellt hat; die Pflichten der Anlieger müssen deshalb genauer festgestellt werden. Hierbei ist davon auszugehen, daß die Verpflichtung der Eigentümer, die Vorgartenflächen als Gartenland einzurichten und zu unterhalten, im Gesetze zwar nicht bestimmt ausgesprochen, aber stillschweigend vorausgesetzt ist und damit als feststehend betrachtet werden muß (OVGE. Bd. 18 S. 371 ff., PrVerwBl. 11

S. 273; OVGE. v. 23. Mai 94 Nr. IV 645; v. 3. April 95 Nr. IV 536). Es kann sich dabei aber immer nur um Flächen handeln, welche durch die Fluchtlinienfestsetzung rechtlich den Charakter als Vorgärten erhalten haben (OVGE. v. 27. Sept. 00 Nr. IV 1535). Ohne Änderung des Fluchtlinienplans auf dem in § 10 des Gesetzes vom 2. Juli 1875 vorgeschriebenen Wege kann Vorgartenland seiner ihm durch den Plan gegebenen rechtlichen Eigenschaft nicht entkleidet und zu einem Bestandteile der angrenzenden öffentlichen Straße nicht gemacht werden (OVG. 18. Sept. 1914; Bd. 68 S. 435). Für eine tatsächlich durch Anbau entstandene Straße gilt Abs. 4 nicht. Die Verpflichtung der Hauseigentümer nach diesen Gesichtspunkten liegt also nicht vor für Flächen, welche zwischen dem hinter der Baufluchtlinie errichteten Gebäude und der Baufluchtlinie liegen (OVGE. 16. April 12, Nr. IX B. 19. 11). — Wo bei fortschreitender Entwicklung es im Interesse sowohl der Hausbesitzer als auch der Verkäufer liegt, daß die Vorgärten allmählich verschwinden, haben die Hausbesitzer namentlich da, wo sie Läden eingerichtet haben, wohl unter stillschweigender Duldung der Polizeibehörde das Vorgartenterrain gepflastert und als Trottoir behandelt. Das hat aber, da das Terrain Privateigentum der Hauseigentümer blieb und rechtlich nicht Straßenland wurde, zu Schwierigkeiten geführt. Weigern sich in solchen Fällen die Hausbesitzer, das Terrain in das Eigentum der Gemeinde unentgeltlich zu übertragen, so steht der Polizei das Recht zu, die Wiedereinrichtung der Vorgärten zu gärtnerischen Anlagen zu verlangen, um gesicherte und geordnete Verhältnisse zu schaffen. Wenn sie auch damit den Zweck verbindet und erkennbar macht, die Eigentümer zur Hergabe des Terrains zu veranlassen, so geht sie damit nicht über ihre Befugnisse hinaus, da die Polizei ein wesentliches Interesse daran hat, daß nicht der öffentliche Verkehr auf Terrain verwiesen wird, über welches ihr nur ein eingeschränktes Verfügungsrecht zusteht (OVGE. v. 3. April 95 Nr. IV 536).

c) Die Verpflichtung der Hausbesitzer zur Einrichtung der Vorgartenflächen als Gartenland kann der Natur der Sache nach nur eine öffentlich-rechtliche, von der Polizeibehörde zu erzwingende Verpflichtung sein (OVGE. Bd. 18 S. 371; v. 21. März 05, Nr. VIII 473, PrVBl. 27 S. 143). Deshalb ist eine ortsstatutarische Regelung, wodurch die Pflicht zu einer Gemeindelast gemacht werden würde, ausgeschlossen. Durch Polizeiverordnung kann aber nur die Art der Errichtung von Vorgärten und ihrer Einfriedigungen geregelt (OVGE. 31. Okt. 05 Nr. VIII 1693, PrVBl. 28 S. 161, v. 9. Okt. 14 Nr. IX B. 74. 12), nicht aber ohne entsprechende Fluchtlinienfestsetzung die Herstellung von Vorgärten angeordnet werden (OVGE. Bd. 33 S. 422). Berufen zu der näheren Regelung ist die Baupolizeibehörde (OVGE. v. 3. April 95 Nr. IV 536). Die Vorgärten sind rechtlich nicht etwa Teile der Straße, sie bilden vielmehr ein Mittelglied zwischen Straße und Baugrund (OVGE. Bd. 33 S. 422, Bd. 34 S. 421), setzen schon begrifflich eine Bebauung des Grundstückes voraus und entstehen erst mit dieser, sind demgemäß nichts weiter, als Zubehörungen der auf dem Grundstücke errichteten Bauwerke (OVGE. 7. Juli 08 Nr. VIII 1370, 12. Jan. 15 Bd. 69 S. 385), über deren Beschaffenheit, Einrichtung und Verwendung die Baupolizeibehörde in gleicher Weise wie bei allen sonstigen Nebenanlagen der Bauwerke (Höfen usw.) zu bestimmen hat (vergl. Jebens, Der Vorgarten, PrVBl. 26 S. 821). Wenn demnach in Bauordnungen eine Vorschrift enthalten ist, daß die Höhe der Gebäude sich nach der Breite der Straße richtet, können die Vorgärten nicht mit in Rechnung gezogen werden (OVGE. v. 14. Nov. 96 Nr. IV 1837), auch dann nicht, wenn sie ohne Änderung ihres rechtlichen Charakters gepflastert sind und für den Verkehr benutzt werden (OVGE. 17. Febr. 14 Bd. 67 S. 423). Die Verpflichtung, den Vorgarten in der von der Fluchtlinienfestsetzung bestimmten Breite anzulegen, entsteht aber auch erst, wenn die tatsächliche Ausführung des Fluchtlinienplanes durch Anlegung der Straßen nach Maßgabe des Fluchtlinienplans erfolgt ist (OVGE. Bd. 27 S. 396, E. v. 20. Mai 96 Nr. IV 844; OVGE. Bd. 33 S. 422, Bd. 34 S. 421).

Auch für die Besitzer der bereits bebauten Grundstücke entsteht die Pflicht zur Anlegung von Vorgärten in demselben Umfange wie für die Besitzer der erst nachher erbauten Häuser. Zur Beseitigung vorhandener Gebäude zum Zwecke der Anlegung eines Vorgartens verpflichtet das Gesetz den Eigentümer nicht. Als Baulichkeiten, deren Zubehör die Vorgärten sein sollen, sind Einfriedigungen, mögen sie auch aus Steinpfeilern und Eisengittern bestehen, nicht zu rechnen (OVG. 12. Januar 1915; Bd. 69 S. 384).

Für die Verpflichtung zur Vorgartenanlegung kommt es nicht darauf an, daß die Bebauung an der Straße, an welcher Vorgärten vorgesehen sind, bewirkt wird, sondern es genügt, daß das oder die Gebäude nach ihrer Zweckbestimmung nicht außer Beziehung zu dieser Straße stehen. Ortsstatute, wie sie nach den §§ 12 und 15 zulässig sind, haben zur Voraussetzung, daß die betreffenden Gebäude an der neuen Straße liegen; eine gleiche Vorschrift enthält aber § 1 nicht. (OVGE. 50 S. 424) OVGE. 9. Okt. 14, IX B. 74. 12; v. 1. März 07, VIII B. 26. 05; v. 16. April 12 Bd. 61 S. 386.

Der Eigentümer eines Hausgrundstücks kann, wenn er zugleich Besitzer des Vorgartengeländes ist, wegen der vorschriftsmäßigen Anlegung, Unterhaltung und Einfriedigung des Vorgartens polizeilich in Anspruch genommen werden, ohne Rücksicht darauf, ob der Vorgarten privatrechtlich in seinem Eigentum steht (OVG. 16. April 1912 Bd. 61 S. 986, v. 14. Juni 17 IV C. 13. 17).

Die Fluchtlinienfestsetzung an sich hat nur die Wirksamkeit, welche ihr der § 11 des Gesetzes beilegt, die übrigen aus der Veränderung der Straße folgenden tatsächlichen und rechtlichen Wirkungen treten erst mit der Durchführung des Projektes zur Straßenveränderung ein, welche nicht ohne weiteres allein in der Macht der Polizeibehörde liegt (OVGE. v. 2. Dez. 96 Nr. IV 1967; v. 20. März 96 Nr. II 627; Bochmann Mitteilungen Bd. 2 S. 387; OVGE. Bd. 33 S. 422). Wird durch eine neue Straßenfluchtlinie eine bestehende Straße verschmälert, so wird das Projekt der Vorgärten erst zur Durchführung gelangen können, wenn eine Vereinbarung mit den Besitzern schon vorhandener Häuser herbeigeführt ist, durch welche das in die Vorgärtenfläche fallende, bisherige Straßenland in das Eigentum der Hausbesitzer übergegangen und demnächst auf dem vorgeschriebenen Wege seiner Eigenschaft als Straßenland entkleidet ist. Zu letzterem ist das Verfahren des § 57 des ZustG. in der Regel nicht erforderlich, weil es sich lediglich um Korrekturen, um geringfügige Regulierung der Straße handelt (OVGE. v. 20. April 03, Bd. 43 S. 24; vgl. auch E. d. RG. VII ZS. v. 22. Mai 00, PrVerwBl. 22, S. 277). — Da der Vorgarten rechtlich erst mit der Bebauung entsteht — vorher ist er lediglich Projekt — so können die Besitzer anliegender unbebauter Grundstücke zur Anlegung als Gartenland nicht gezwungen werden. Ebenso fehlt es für diesen Fall an einer rechtlichen Grundlage, die Besitzer zu solcher Einfriedigung zu nötigen, welche nur für Vorgärten vorgeschrieben ist (OVGE. v. 4. April 98 Nr. IV 627, E. Bd. 33 S. 422). Der Polizei steht nicht das Recht zu, über das Material zu bestimmen, aus welchem die Einfriedigungen eines Grundstücks hergestellt werden sollen (OVGE. 30. Jan. 95 Nr. IV 109, PrV.-Bl. 16 S. 412; v. 3. Okt. 05 Bd. 48 S. 384; v. 30. März 06 Nr. VIII 532). Die Sockelflucht der Einfriedigung muß mit der Fluchtlinie zusammenfallen (OVGE. 2. Dez. 90 Nr. IV 1250, PrVBl. 12 S. 304). Über das Verhältnis der Vorgärten bei Berechnung der Anliegerbeiträge nach § 15 des Gesetzes siehe Bem. 13 a zu § 15. Die genaueren Anordnungen, die sich auch auf die Einfriedigung des Vorgartens behufs seiner Abschließung von der Straße zu erstrecken haben, werden zweckmäßig im Wege der Polizeiverordnung zu treffen sein, in welcher auch die Art und Weise, wie die Herstellung der Einfriedigung zu erfolgen hat, vorgeschrieben werden kann, OVGE. Bd. 18 S. 379, Bd. 33 S. 423; ist eine solche überhaupt nicht oder nicht in erschöpfender Weise erlassen, so ist das Erforderliche durch polizeiliche Einzelverfügungen vorzuschreiben (OVGE. v. 28. Febr. 90 Nr. IV 206; v. 3. März 91 Nr. IV 211, PrVerwBl. 12 S. 405; v. 29. Juni 92 Nr. I 170 und v. 18. Okt. 92 Nr. IV 972, PrVerw.-Bl. 14 S. 114; v. 3. April 95 Nr. IV 536; v. 9. Okt. 14 IX B. 74. 12), wobei allerdings mannigfache Zweifel über das Maß der polizeilich zu stellenden Anforderungen entstehen können. Im allgemeinen wird hierfür entscheidend bleiben, ob der Vorgarten durch seine Einrichtung den Charakter einer zu Gartenanlagen bestimmten Fläche erhält und ob ihm dieser Charakter durch die Art der Benutzung nicht wieder entzogen wird (OVGE. 14. Okt. 90 Nr. IV 1068, Pr.-VBl. 12 S. 304). Die Annahme, es kann bei den Bestimmungen über Ausnutzung von Vorgartenland nur vom Standpunkt der Wahrung der Ruhe, Sicherheit und Ordnung in den Schranken des § 10 II 17 ALR. ausgegangen werden, ist jedoch irrtümlich (OVGE. 12. Jan. 15 IX A. 183. 13).

Die Herstellung von Wegen zu den Hauseingängen ist dem Eigentümer selbstverständlich unverwehrt; doch hat er keinen unbedingten Anspruch darauf, daß zu jedem Eingange von der Straße her ein besonderer Weg in gerader Richtung führe (OVGE. 2. Dez. 90; PrVBl. 12 S. 304).

Nach der Baupolizeiverordnung für die Vororte von Berlin vom 10. Mai 18 ist für die Wege zu den Hauseingängen eine Breite von 2,0 m und für Einfahrten bis zu 2,50 m zugelassen. — Die Breite des Zuganges durch einen Vorgarten zum Laden von 1,20 m, bei welcher zwei Personen nur gerade aneinander vorüber gehen können, muß als äußerst gering und unzureichend für einen nur einigermaßen regen Verkehr angesehen werden (OVGE. 7. Juni 12 IX C. 51. 11).

Eine Umfahrt an die Haustür ist jedenfalls da zulässig, wo bei tiefen Vorgärten von erheblichem Umfange noch so viel gartenmäßig angelegtes Terrain verbleibt, daß durch die Umfahrt der gartenmäßige Charakter nicht verloren geht (OVGE. v. 20. Febr. 95 Nr. IV 297; v. 9. Nov. 88 Nr. II 1062; vom 25. Nov. 89 Nr. IV 542; v. 2. Dez. 90 Nr. IV 1250, PrVerwBl. 12 S. 304 und v. 21. April 91 Nr. IV 390; 31. Okt. 05, Nr. VIII 1693; PrVBl. 28 S. 161). Den Eigentümern kann der Erwerb fremden Landes behufs Einrichtung eines Vorgartens nicht auferlegt werden (OVGE. 22. Sept. 11 IX B. 32. 10). Die Verwendung des Vorgartens zur Ausstellung von Gewerbserzeugnissen, insbesondere von größeren Gegenständen (Maschinen usw.) ist vom OVG. für unstatthaft erklärt worden; ebenso die Benutzung einer innerhalb der Vorgartenfläche liegenden Einfahrt als Halte- und Futterplatz für Fuhrwerke und Zugtiere, sowie zum Aufstellen von Wagen behufs ihrer Ausbesserung (E. v. 3. März 91 Nr. IV 211, PrVerwBl. 12 S. 405; v. 29. Juni 92 Nr. I 710 und v. 18. Okt. 92 Nr. IV 972, 973, 974, PrVerwBl. 14 S. 114). Ebenso ein Reklameschild auf Holzpfählen, auch wenn das Schild sich in der Einfahrt befindet (OVGE. Bd. 49 S. 373). Ein das Gitter verdeckendes, 3 m langes, 0,8 m hohes Schild (OVGE. 1. Dez. 05 Nr. VIII 1882). Ein größerer Glaskasten für geschäftliche Zwecke, auch wenn die in dem Kasten befindlichen Waren lediglich Blumen und Ziergewächse sind (OVGE. 19. Nov. 10, PrVBl. 32 S. 648). Die Abgatterung eines Teils der Vorgartenfläche durch Drahtgitter zur Hühnerhaltung, eine Aufstellung einer Hundehütte (OVGE. 31. Okt. 16 IX B. 26. 16). Dagegen hat das OVG. das Aufrichten zweier großer Firmenschilder in einem Vorgarten nach den besonderen Verhältnissen des Falles für zulässig erklärt (E. v. 14. Febr. 93 Nr. IV 155; v. 4. April 11, Nr. IX B. 2. 10). Ebenso die Aufstellung einer Tafel, welche die Vermietung einer leer stehenden Wohnung ankündigte und ihrem Zwecke entsprechend nicht auf die Dauer, sondern nur vorübergehend stattfindet (E. v. 4. Juli 96 Nr. IV 1127). Von diesen Gesichtspunkten aus kann auch der Benutzung der Vorgärten zu Schankzwecken entgegengetreten werden, nicht nur, weil dadurch der Charakter als Gartenland meist erheblich beeinträchtigt wird, sondern auch, weil die engen Beziehungen des Vorgartens zur Straße und die Möglichkeit der Berührung der Gäste mit dem Publikum auf der Straße Ruhe und Ordnung, unter Umständen auch die Sittlichkeit gefährden kann (OVGE. Bd. 18 S. 367, v. 10. Mai 94 Nr. III 576; v. 23. Mai 94 Nr. IV 645; v. 6. Juli 95 Nr. IV 1016).

Ist einem Eigentümer für seinen Vorgarten die Schankkonzession erteilt, so ist ein Widerruf nur zulässig, wenn objektive Gründe die Zurücknahme rechtfertigen (OVGE. 11. Juli 11 IX A. 94. 10).

Die Polizeibehörde ist befugt, die Nichtbenutzung der Vorgärten zum Gewerbebetriebe vorzuschreiben (OVG. 55 S. 436).

Eine Polizeiverordnung, welche jedoch bestimmt, daß jede Benutzung der Vorgärten, die ihrer Bestimmung zuwiderläuft, verboten ist, entbehrt der Rechtsgültigkeit, da sie zu allgemein gehalten ist und sich nicht auf das zulässige Verbot, die Vorgärten zu gewerblichen Zwecken zu benutzen, beschränkt (OVG. 27. Januar 1912, Zeitschrift für Polizei- und Verwaltungswesen 20 S. 474).

Dem Verbote der Benutzung eines Vorgartens zu gewerblichen Zwecken kann „die bloße Möglichkeit“ das „Nichtausgeschlossensein“, daß der Ladeninhaber auch den eingefriedigten Teil des Vorgartens zu gewerblichen Zwecken benutzen könnte, nicht als Stütze dienen. Mindestens muß eine gewisse Wahrscheinlichkeit hierfür gefordert werden (OVGE. 53 S. 400). — Das Trocknen der Wäsche im Vorgarten kann durch Polizeiverordnung verboten werden. PrVBl. 33 S. 206.

Ist die Ortspolizeibehörde berechtigt Ausnahmen von der Anlegung eines Vorgartens als Ziergarten zuzulassen, so wird dadurch niemandem ein im

Klagewege durchzusetzender Anspruch auf Ausnahmebewilligung eingeräumt. Gegen den ablehnenden Bescheid steht dem Betroffenen eine Beschwerde im Aufsichtswege offen (vergl. § 50 des Landesverwaltungsgesetzes und § 145 des Zuständigkeitsgesetzes), die Verwaltungsklage aber nur beim Vorhandensein der für diese in den §§ 127 ff. des Landesverwaltungsgesetzes geforderten Voraussetzungen. Diese sind gegeben, wenn die Polizei die Entschließung ohne Innehaltung der von ihr zu beachtenden gesetzlichen Ziele, also willkürlich faßt (OVGE. 27 März 17 IX B. 40. 16, v. 28. März 11, IX. C. 57. 10).

d) Dieselben Grundsätze finden Anwendung auch bei den aus der Zeit vor Erlaß des Gesetzes stammenden Vorgärten, die auf einer ordnungsmäßigen dem damaligen Rechte entsprechenden Anordnung beruhen. Denn sie stehen den auf Grund des Gesetzes geschaffenen Vorgärten rechtlich gleich und die gesetzliche Anerkennung, die dem Institute als solchem durch den Abs. 4 des § 1 zuteil geworden ist, stellt die Befugnis der Polizeibehörde zur Aufrechterhaltung der Einrichtung auch hier außer Zweifel. Das OVG. hat dies wiederholt, namentlich auch gegenüber der für Berlin erlassenen, übrigens wenig glücklich abgefaßten Polizeiverordnung v. 27. Okt. 55 anerkannt (E. Bd. 18 S. 371 ff., v. 16. Mai 81 Nr. II 747; v. 25. Nov. 89 Nr. IV 542 und v. 2. Dez. 90 Nr. IV 1250, PrVerwBl. 12 S. 304; v. 23. Mai 94 Nr. IV 645; für Breslau E. v. 20. Febr. 95 Nr. IV 296; v. 1. Dez. 05 Nr. VIII 1882, PrVBl. 28 S. 141). Über die Entstehung der Vorgärten im Bereiche des durch die Allerhöchsten Erlasse aus den Jahren 1862 und 1872 genehmigten Bebauungsplanes für Berlin und Umgebung vgl. übrigens E. v. 20. Juni 90 Nr. IV 643 und v. 10. März 91 Nr. IV 239, PrVerwBl. 11 S. 572 und 12 S. 554; OVGE. Bd. 34 S. 421 ff.; v. 20. April 15 Bd. 69 S. 397, 398 ff.). Danach wurde durch Allerh. KabOrder v. 26. Juli 62 der vorgelegte Bebauungsplan mit der Maßgabe genehmigt, daß das hierdurch zu Straßen und öffentlichen Plätzen bestimmte Terrain von der Bebauung frei zu erhalten sei. Ferner wurde der Minister für Handel und Gewerbe ermächtigt (vergl. Bem. 5 zu § 10), die Bestimmung darüber, welche Einrichtung jeder einzelnen Straße zu geben, insbesondere, welcher Teil des zwischen den Baufluchtlinien belegenen Terrains an Besitzer zur einstweiligen Benutzung als Vorgärten zu belassen sei, bei der Ausführung jeder einzelnen Anlage zu treffen. Dies hat die rechtliche Bedeutung, daß dem Minister die Festsetzung einer besonderen, von der Baufluchtlinie verschiedenen Straßenfluchtlinie anvertraut war und daß, wenn infolgedessen der Minister früher Vorgärten angeordnet hatte, diese den Vorgärten des Gesetzes vom 2. Juli 1875 insofern gleichstehen, als sie nicht einen Teil der Straße bilden (OVGE. Bd. 34 S. 424 f.; OVGE. v. 27. Sept. 00 Nr. IV 1535). Insoweit der Minister von dieser Ermächtigung nicht Gebrauch machte, konnte die festgesetzte Fluchtlinie nur wiederum durch landesherrlichen Akt abgeändert werden. Andere Behörden, insbesondere das Polizeipräsidium zu Berlin, waren dazu nicht befugt. Dagegen war die Polizeibehörde berechtigt, in Fällen, in denen rechtswirksam nur e i n e Fluchtlinie festgesetzt war, mithin Straßen- und Baufluchtlinie bei endgültiger Regelung zusammenfallen sollte, von der Anlegung der Straße in ihrer ganzen Breite einstweilen abzusehen und eine anderweitige vorübergehende Gestaltung zu gestatten, bei deren Ausführung die vorläufig nicht zur Straße gezogenen Flächen einstweilen dem Eigentümer verblieben.

Durch die Ausübung dieser Befugnis sind namentlich in Charlottenburg vielfach sog. provisorische Vorgärten entstanden, welche noch keine wirklichen Bestandteile der Straße sind, sich aber in derselben Lage befinden, wie jedes andere Grundeigentum, worüber eine noch nicht in Angriff genommene Straße im Bebauungsplane gelegt ist, und welches insofern künftiges Straßenland bildet (OVGE. v. 13. Juni 98 Nr. IV 1110; OVGE. Bd. 34 S. 421; v. 20. Febr. 17, Nr. IX A. 34. 16). Für diese sog. provisorischen Vorgärten kann die Polizeibehörde einen Zwang für ihre Herstellung und Einrichtung nicht ausüben, es fehlt dazu an jeder rechtlichen Grundlage (OVGE. v. 20. Juni 90, PrVerwBl. 11 S. 572 ff.; OVGE. v. 27. Sept. 00 Nr. IV 1535. Vergl. Jebens, Der Vorgarten, PrVBl. 26 S. 822). Die dem Minister erteilte Ermächtigung ist nach Erlaß des Gesetzes v. 2. Juli 75 fortgefallen (vgl. Bem. zu § 10).

e) Straßen- und Baufluchtlinien brauchen nicht immer zu gleicher Zeit festgesetzt zu werden (OVGE. 31. Okt. 05 Nr. VIII 1693, Jebens, Der Vorgarten PrVBl. 26 S. 820). Eine Straßenfluchtlinie ohne Bestehen einer Baufluchtlinie ist freilich nicht denkbar; denn wenn keine von der Straßenfluchtlinie abweichende Baufluchtlinie angeordnet ist, gilt erstere notwendig auch als Baufluchtlinie, da über die Straßenflucht hinaus auf der Straße nicht gebaut werden darf. Insofern enthält die gesetzliche Bestimmung, daß die Straßenfluchtlinien regelmäßig zugleich die Baufluchtlinien bilden, nur eine aus der Natur der Sache von selbst folgende Vorschrift. Wo aus tatsächlichen oder rechtlichen Gründen eine Bebauung der hinter der Straßenflucht liegenden Grundstücke ausgeschlossen ist, tritt allerdings die Bedeutung der Fluchtlinie als Bauflucht nicht hervor; die Fluchtlinie wird aber sofort auch in dieser Eigenschaft wirksam, wenn jene Hinderungsgründe wegfallen. Hieraus ergibt sich, daß auch für die Zeit vor Erlaß des Gesetzes die Festsetzung einer nicht zugleich als Bauflucht bezeichneten Straßenfluchtlinie nicht etwa dahin aufgefaßt werden kann, als habe das an die Straßenflucht grenzende Grundeigentum von der Bebauung ausgeschlossen werden sollen. Das Wesentliche einer Straßenfluchtlinienfestsetzung ist immer nur die Anordnung, daß die in die Straße fallenden Flächen der Bebauung entzogen werden; das Recht zur Bebauung der angrenzenden Grundstücke wird davon an sich nicht berührt, richtet sich vielmehr nach den sonst bestehenden baupolizeilichen Vorschriften. Zweifelhaft kann die Frage erscheinen, ob es zulässig ist, durch Polizeiverordnung für Straßen vorzuschreiben, daß die Gebäude eine gewisse Entfernung von der Straßenlinie innehalten müssen, oder ob nicht dadurch das Gesetz v. 2. Juli 75 umgangen wird. So bestehen in verschiedenen Provinzen Polizeiverordnungen, welche vorschreiben, daß da, wo eine Baufluchtlinie nicht besteht, Gebäude (allgemein oder solche mit Tür- und Fensteranlagen, oder von Fachwerk usw.) nur in einer bestimmten Entfernung von dem öffentlichen Wege, der Straße usw. errichtet werden dürfen (vergl. Bem. 5 zu § 11). Das OVG. hat sich in verschiedenen Entscheidungen mit Recht für die Rechtsgültigkeit einer solchen Bestimmung da ausgesprochen, wo förmlich festgesetzte Fluchtlinien nicht bestehen. Durch eine solche Bestimmung wird eine Fluchtlinie im rechtlichen Sinne mit den rechtlichen Wirkungen des § 11 und des § 1 Abs. 4 des Gesetzes nicht geschaffen; es wird zwar so für einen Streifen Landes eine gewisse Unbebaubarkeit hergestellt, eine Eigenschaft, die aber auch sonst die rechtlich zulässige Folge von polizeilichen Vorschriften sein kann, ohne daß dadurch ein Konflikt mit den Bestimmungen des Gesetzes vom 2. Juli 75 herbeigeführt wird, z. B. das Verbot, in einer bestimmten Entfernung von Pulvermühlen, Gasanstalten usw. zu bauen. Unerläßliche Voraussetzung ist allerdings, daß solchen Bestimmungen berechtigte polizeiliche Motive zugrunde liegen, polizeiliche Interessen, zu deren Wahrung die Behörde zuständig ist und rechtlichen Schutz verlangen kann. Als solche sind Interessen der Ordnung, Sicherheit und Leichtigkeit des Verkehrs, der genügenden Abtrocknung der Wege, der Feuersicherheit usw. anzusehen (OVGE. Bd. 11 S. 374, Bd. 26 S. 338 f., 346 f., PrVerwBl. 15 S. 500; E. v. 22. Mai 95 Nr. IV 802; v. 30. Juni 91 Nr. IV 651; v. 4. Juli 11 Nr. IX A. 79. 10. Vergl. Jebens, Der Vorgarten, PrVBl. 26 S. 821). Von dieser rechtlichen Anschauung ausgehend, hat auch die Wegeordnung für die Provinz Sachsen v. 11. Juni 91 im § 40 Abs. 2 ausdrücklich die Befugnis der Wegepolizei bestätigt, da, wo Straßen- und Baufluchtlinien auf Grund des Gesetzes v. 2. Juli 75 nicht bestehen, für alle baulichen Anlagen eine gewisse Entfernung vom Rande der Wege vorzuschreiben (OVGE. v. 18. Febr. 01, Bd. 39 S. 360; OVGE. v. 26. Mai 02 Nr. IV 958). Die Bestimmung: „Ein Zurückweichen (der Bauten) hinter die Baufluchtlinien kann gestattet werden, wenn die Straßenfront des Gebäudes mindestens 5,0 m hinter der Baufluchtlinie zurückbleibt", wurde für ungültig erklärt, weil nicht erkennbar war, daß die Polizei die fragliche Verordnung im Interesse der Leichtigkeit des Verkehrs oder in Erfüllung ihrer allgemeinen Aufgaben erlassen hatte (OVGE. 7. Juni 07 VIII 1063). Eine Bestimmung, wie sie im § 5, Nr. 6 der Baupolizeiverordnung für die Vororte von Berlin v. 5. Dez. 92 erlassen ist, wonach in Landhausquartieren alle Baulichkeiten von der Straßenfluchtlinie 4 m entfernt bleiben müssen, kann nicht als rechtsgültig angesehen werden. Denn wenn damit auch keine Fluchtlinie mit deren rechtlichen Wirkungen geschaffen wird, so kommt jedenfalls in Betracht, daß in einem solchen Falle die Gesichtspunkte der Förderung des Verkehrs, der Feuersicherheit und der öffentlichen Gesundheit nicht mehr als polizeiliche Motive in Frage kommen können, da die Berücksichtigung dieser schon bei der Festsetzung der Fluchtlinien nach § 3 dieses Gesetzes erschöpft werden. Der Zweck kann bei Straßen, für die bereits eine Straßenfluchtlinie festgesetzt ist, nur dadurch erreicht werden, daß nachträglich eine von der Straßenfluchtlinie verschiedene Baufluchtlinie festgesetzt wird. (Vgl. indessen OVGE. Bd. 26 S. 323, Pr. VerwBl. 15 S. 275; E. v. 6. Juni 95 Nr. IV 1017; v. 4. Dez. 95 Nr. IV 1713, PrVerwBl. 17 S. 124.) — Flächen, die weder zu Straßen noch zu Plätzen ausgewiesen sind, können allein durch die Fluchtlinienfestsetzung weder endgültig noch auch nur einstweilen von der Bebauung ausgeschlossen werden (O.-VGE. Bd. 21 S. 375 ff., Bd. 23 S. 361 ff., PrVerwBl. 13 S. 229). Die mehrfach hervorgetretene Ansicht, daß ein Grundstück das Recht der Bebaubarkeit erst dadurch erlange, daß Baufluchtlinien an dasselbe gelegt werden, ist irrig. Für die Bebaubarkeit eines Grundstücks sind die Fluchtlinien an sich ohne Bedeutung, sie haben nur die Wirkung, welche das Gesetz ihnen beilegt (§ 11), die Bebaubarkeit von Flächen richtet sich danach, ob sie nach Maßgabe des Bebauungsplans als für den öffentlichen Verkehr usw. bestimmte ausgewiesen sind, oder nicht. Eine Baufluchtlinie gibt einer Fläche weder die Bebaubarkeit, noch wird diese an sich dadurch ausgeschlossen, daß eine Baufluchtlinie nicht festgesetzt ist (OVGE. v. 24. Jan. 98 Nr. IV 171; OVGE. Bd. 40 S. 363. Vgl. oben Anm. 18 zu diesem Paragraphen).

Im übrigen kann eine vorhandene Straßen- oder Baufluchtlinie für sich allein verändert werden. In den Verhandlungen des Landtages ist namentlich des Falles gedacht, wo behufs nachträglicher Einrichtung von Vorgärten die bisher mit der Straßenfluchtlinie zusammenfallende Baufluchtlinie weiter auf die angrenzenden Grundstücke zurück verlegt wird (siehe vorigen Absatz). Umgekehrt kann, um bestehende Vorgärten zu beseitigen, eine gegen die Bauflucht vortretende Straßenflucht aufgehoben und die Bauflucht zugleich zur Straßenflucht gemacht werden. Vgl. auch OVGE. Bd. 2 S. 371, Bd. 59 S. 400. Grundsätzlich steht nichts entgegen, mit der Bezeichnung „Vorgarten" in einem auf Grund des Gesetzes vom 15. Juli 1907 erlassenen Ortsstatut auch einen anderen Begriff zu verbinden (OVGE. 20. Jan. 14. Bd. 66 S. 427).

Die Vorschriften des § 1 sind durch das Zweckverbandsgesetz vom 19. Juli 1911 (GS. S. 115) und das Zweckverbandsgesetz für Groß-Berlin vom 19. Juli 1911 (GS. S. 123) geändert worden, soweit es sich um Festsetzung von Fluchtlinien des Verbandes handelt, im übrigen ist die Zuständigkeit der Gemeinde unberührt geblieben (OVGE. 22. Juni 16, Bd. 71 S. 340). Durch die Zweckverbandsgesetze ist auch die Möglichkeit gegeben, in Gutsbezirken, soweit sie zum Zweckverbande gehören, gegebenenfalls Fluchtlinien festzusetzen. Siehe Zweckverbandsgesetze im Anhang.

§ 2.

(1) Die Festsetzung von Fluchtlinien (§ 1) kann für einzelne Straßen, Straßenteile[1] und Plätze (auch Gartenanlagen, Spiel- und Erholungsplätze) oder, nach dem voraussichtlichen Bedürfnisse der näheren Zukunft,[2] durch Aufstellung von Bebauungsplänen für größere Grundflächen erfolgen.

(2) Handelt es sich infolge von umfassenden Zerstörungen durch Brand oder andere Ereignisse um die Wiederbebauung ganzer Ortsteile, so ist die Gemeinde verpflichtet, schleunigst darüber zu beschließen, ob und inwiefern für den betreffenden Ortsteil ein neuer Bebauungsplan aufzustellen ist, und eintretendenfalls die unverzügliche Feststellung des neuen Bebauungsplanes zu bewirken.[3]

1. Zu dem Ausdrucke: „Straßenteil", der im Gesetz noch öfter wiederkehrt (§§ 12 und 15), im § 2 aber von der Komm. d. AH. eingefügt ist, bemerkt der KommB. an einer anderen Stelle (zum § 15), daß er als sehr unbestimmt und dehnbar Bedenken erregen könne. Hier dürfte dies weniger zutreffen. Da eine Fluchtlinienfestsetzung nach § 7 Abs. 2 auch für ein einzelnes Grundstück zulässig ist, wird hier unter „Straßenteil" jeder beliebige Abschnitt, zweifellos auch die eine Seite der Straße zu verstehen sein (OVGE. v. 7. Juli 02, Bd. 41 S. 143). Vergl. Bem. 4 zu § 12 und Bem. 4 g, 7, 13 zu § 15.

2. Durch die Hinzufügung der Worte: „nach dem voraussichtlichen Bedürfnisse der näheren Zukunft" wird angedeutet, daß die Aufstellung von Bebauungsplänen für weiter hinausliegende Zeiten zu vermeiden ist

weil derartige Pläne erfahrungsmäßig sich vielfach wegen eingetretener Veränderungen später als nicht mehr passend erweisen und folglich während der Zwischenzeit eine ungerechtfertigte Beschränkung der beteiligten Besitzer in der Verwertung ihres Grundeigentums herbeiführen. Es ist jedoch zulässig, Bebauungspläne für die ganze Feldmark aufzustellen (OVGE. 36 S. 412); auch für entferntere Gebiete, dabei ist es unerheblich, ob die geplanten Straßen mit der im Zusammenhange gebauten Ortslage in unmittelbarer Verbindung stehen oder durch andere projektierte Straßen in Verbindung gebracht werden sollen (OVGE. 20. Mai 13 IX B. 68. 12, PrVBl. 35 S. 827).

Gemeinde- und Polizeibehörden wird es oft zum Vorwurf gemacht, daß sie erst dann mit Festsetzung von Fluchtlinien oder Bebauungsplänen vorgehen, wenn Baugesuche für Gegenden eingehen, die noch ohne Fluchtlinien sind, und daß dadurch unliebsame Verzögerungen im Bau bewirkt werden. Der Vorwurf ist im allgemeinen nicht gerechtfertigt. Denn oft zeigt sich das Bedürfnis nach der Festsetzung von Fluchtlinien erst durch die mit einem Baugesuch kundgegebene Absicht der Bebauung. Und da das Baugesuch an sich dem Baulustigen noch kein Recht gibt, meist aber erst durch Festsetzung der Baufluchtlinie eine geordnete Bebauung und die Rechte aus § 11 gewahrt werden, so handeln die Behörden nur im öffentlichen Interesse, wenn sie zunächst das Verfahren aus dem Gesetz vom 2. Juli 1875 veranlassen.

3. Der Absatz 2 soll vor allem sicherstellen, daß jedesmal vor Beginn des Wiederaufbaues erwogen wird, ob ein neuer Bebauungsplan zu entwerfen ist; er macht daneben den Gemeindeorganen die tunlichste Beschleunigung des Verfahrens zur Pflicht. Die Regierungsvorlage verlangte für solche Fälle unbedingt die Aufstellung eines Retablissementsplanes; die Komm. d. AH. hielt es aber ihrem Grundgedanken gemäß auch hier für genügend, die Entscheidung, inwiefern ein Bedürfnis zur Anfertigung eines Bebauungsplanes bestehe, den Gemeindeorganen zu überlassen. Im Gegensatz zum § 1, wo „Gemeinde" als Bezeichnung für Gemeindeversammlung gebraucht wird, hat man hier unter „Gemeinde" die Korporation als solche aufzufassen. Eine Abweichung von der Regel des § 1 ist nicht beabsichtigt; der Gemeindevorstand hat wie gewöhnlich die Angelegenheit in die Hand zu nehmen, sich seinerseits schlüssig zu machen und die Beschlußfassung der Gemeindeversammlung oder der Gemeindevertretung zu veranlassen — zunächst freilich über die Vorfrage, ob und in welchem Umfange ein Bebauungsplan entworfen werden soll. In gleicher Weise kann die Ortspolizeibehörde nach § 1 Abs. 2 die Aufstellung eines Planes verlangen, wenn sie diese, entgegen dem Beschlusse der Gemeindeorgane, für erforderlich erachtet.

Auch die alten, vor 1875 festgesetzten, und durch KabOrder genehmigten Retablissementspläne haben die Bedeutung von Bebauungsplänen und setzen die für die Bebauung maßgebenden Fluchtlinien fest. Vgl. Anweisung v. 12. Mai 55 (MinBl. f. d. i. V. S. 100). OVGE. v. 18. April 98 Nr. IV 723.

§ 3.

(1) Bei Festsetzung der Fluchtlinien ist auf das Wohnungsbedürfnis sowie die Förderung des Verkehrs, der Feuersicherheit und der öffentlichen Gesundheit[1] Bedacht zu nehmen,

auch darauf zu halten, daß eine Verunstaltung[2] der Straßen und Plätze sowie des Orts- und Landschaftsbildes[3] nicht eintritt.

(2) Es ist deshalb für die Herstellung einer genügenden Breite der Straßen und einer guten Verbindung der neuen Bauanlagen mit den bereits bestehenden Sorge zu tragen.[4]

(neu)

(3) Im Interesse des Wohnungsbedürfnisses ist ferner darauf Bedacht zu nehmen, daß in ausgiebiger Zahl und Größe Plätze (auch Gartenanlagen, Spiel- und Erholungsplätze)[5] vorhanden sind, daß die Möglichkeit[6] gegeben ist, an geeigneter Stelle Kirchen- und Schulbauten zu errichten, daß für Wohnzwecke Baublöcke[7] von angemessener Tiefe und Straßen von geringerer Breite entsprechend dem verschiedenartigen Wohnungsbedürfnisse[8] geschaffen werden, und daß durch die Festsetzung Baugelände entsprechend dem Wohnungsbedürfnisse der Bebauung erschlossen wird.

1. Der § 3 legt nicht nur die Befugnisse der Polizei fest, die Gemeinde ist ebenfalls bei Festsetzung von Fluchtlinien in gleicher Weise gebunden. Sie kann jedoch über die angegebenen Gesichtspunkte hinausgehen. Es entsteht jedoch die Frage, wie weit die Polizei auf das Wohnungsbedürfnis Bedacht zu nehmen hat, vergl. hierzu die Ausführungen in Bem. 13 u 15 zu § 1. Danach sind auch hier die Gesichtspunkte der Polizei festgelegt nach der Richtung, daß sie bei ihrer Beurteilung auf die Berücksichtigung eines „hervorgetretenen Wohnungsbedürfnisses für Klein- oder Mittelwohnungen" beschränkt ist. Für die Gemeinden trifft diese Beschränkung jedenfalls nicht zu, denn diese dürfen sich bei der Festsetzung von Fluchtlinien gemäß der allgemeinen Aufgaben, die sie zu erfüllen haben, nicht darauf beschränken, nur für die Herstellung von Klein- oder Mittelwohnungen Sorge zu tragen.

Die Förderung der Feuersicherheit und der öffentlichen Gesundheit hatte in dem Entwurfe keine Erwähnung gefunden; es war das Hauptgewicht darauf gelegt, daß die Fluchtlinien „dem öffentlichen Bedürfnisse entsprechend" festzusetzen seien; außerdem sollte auf die Beförderung der Sicherheit und Bequemlichkeit des Verkehrs Bedacht genommen sowie eine Verunstaltung der Straßen verhütet werden. Jenes erste Hauptzerfordernis ist in dem an die Spitze gestellten Satze des § 1 festgehalten. Zu seiner Erläuterung dient nunmehr § 3, und hier erschien es der Komm. d. AH. ratsam, unter den bei Festsetzung von Fluchtlinien zu beachtenden Rücksichten auch die der Feuersicherheit und öffentlichen Gesundheit aufzuführen. Damit sind diejenigen Gesichtspunkte, welche nicht außer acht gelassen werden dürfen, vollständig angegeben. Die Gemeindeorgane mögen darüber hinaus sich noch von anderen Erwägungen, etwa dem Bestreben, eine besonders geschmackvolle oder schmuckreiche Anlage zu schaffen, leiten lassen; für das Maß der von der Polizei zu stellenden Anforderungen bleibt dagegen § 3 allein die Richtschnur; es ist deshalb auch da, wo Fluchtlinien nach diesen Gesichtspunkten bereits festgesetzt sind, nicht zulässig, daß durch Polizeiverordnungen nun wieder aus denselben

Gründen für die Gebäude größere Entfernungen von der Fluchtlinie vorgeschrieben werden, wie im § 5 Nr. 6 der Baupolizeiverordnung für die Vororte Berlins v. 5. Dez. 92 (vgl. Bem. 14 und 20 e zu § 1). Ob und inwieweit die Gemeinden für das, was sie über das Maß des § 3 hinaus leisten, Ersatz durch Anliegerbeiträge verlangen können, wird bei § 15 d. G. erörtert.

Die Notwendigkeit und Zweckmäßigkeit des Plans unterliegt nicht der Nachprüfung durch den Verwaltungsrichter. Es ist deshalb nicht zu untersuchen, ob bei seiner Aufstellung gemäß § 3 auf Förderung des Verkehrs, der Feuersicherheit und der öffentlichen Gesundheit Bedacht genommen worden ist. (OVGE. 19. Sept. 13 IX A. 168. 12) Vergl. Bem. 5 zu § 8.

2. Zum Begriff der Verunstaltung im gesetzlichen Sinne gem. § 66, I 8 ALR. ist die Herbeiführung eines positiv häßlichen, jedes offene Auge verletzenden Zustandes unerläßlich. (OVG. 25. Juni 1888 Nr. II 699; v. 11. Sept. 1891 PrVBl. 13 S. 165. Baltz und Graf v. Westarp 4. Aufl. S. 99). Es steht nicht außer Zweifel, daß § 66, I 8 sich auf Landgemeinden bezieht. Jedenfalls ist anzunehmen, daß der Begriff der Verunstaltung hier sinngemäß auf ländliche Ortschaften Anwendung zu finden hat. Soweit die Abwehr der Verunstaltung in Frage kommt, entspricht es nicht den Absichten des Gesetzes, daß die Gemeinden auf Kosten der Anlieger durch Fluchtlinienfestsetzungen das Wünschenswerte und Ästhetische herbeizuführen suchen, was sie auf Kosten der Gemeinde nie als notwendig im öffentlichen Interesse ausführen würden. Provinzialrat der Provinz Brandenburg vom 25. Oktober 1905. PrVBl. 27 S. 454.

3. Nach dem Verunstaltungsgesetz ist ein Ortsbild gegeben, wo ein Bauwerk in einer Stadt oder auf dem Lande auf eine bereits vorhandene Gebäudegruppe oder deren nächste Umgebung einwirken kann. Auch bei einem Gute, das eine größere Anzahl von den inneren Gutshof umgebenden Gebäuden besitzt, kann von einem Ortsbilde gesprochen werden (OVGE. 29. Jan. 10, Bd. 55 S. 424), über das Verhältnis zwischen Orts- und Landschaftsbild siehe OVGE. 56 S. 436. Vergl. Schmedding, Verunstaltung von Ortschaften und landschaftlich hervorragenden Gegenden PrVBl. 29 S. 101.

Wenn es heißt im Ortsstatut: „Die baupolizeiliche Genehmigung zur Ausführung von Bauten und baulichen Änderungen ist zu versagen, wenn dadurch Straßen oder Plätze der Ortschaft oder des Ortsbildes gröblich verunstaltet werden, so können dadurch nicht allgemein Gegenden bezw. Gemeindeflächen geschützt werden, deren Aufschließung durch öffentliche Straßen nach einem Bebauungsplane erst in ungewisser Zukunft zu erwarten ist (OVGE. 5. Juli 12 IX B. 9. 12).

Durch die Fluchtlinienfestsetzung soll nun ebenfalls darauf Bedacht genommen werden, daß eine Verunstaltung des Orts- und Landschaftsbildes nicht eintritt. Der Antragsteller begründete einen Antrag damit (KommB. HH. S. 18), daß man auf das ganze Landschaftsbild Rücksicht nehmen solle, namentlich bei welligem Gelände. Anscheinend hatte man bei der Annahme des Antrages in erster Linie im Auge, die Naturschönheiten zu erhalten, daneben wird man jedoch die Wirkung der projektierten und später fertig gestellten Straßen und Plätze auf vorhandene Bauten berücksichtigen müssen.

4. Über die Breite, die regelmäßig den Straßen zu geben ist, und über das zu wählende Längengefälle spricht sich die unter den Anlagen abgedruckte Ausführungsverordnung vom 28. Mai 1876 im § 7 näher aus.

5. Die Zahl der Plätze wird davon abhängen, ob dichte Bebauung und Hochbau oder offene Bauweise mit geringer Bebauung zugelassen ist. — Es ist schärfer als bisher zum Ausdruck gebracht, daß die Fürsorge für eine ausgiebige Zahl und Größe freier Plätze zu den leitenden — erforderlichenfalls von der Ortspolizeibehörde im Einvernehmen mit der Kommunalaufsichtsbehörde zur Geltung zu bringenden Gesichtspunkten gehört (Begr. S. 22).

6. Der ursprüngliche Antrag lautete, daß „für Kirchen und Schulbauten die erforderlichen Plätze vorgesehen" werden sollten (KomBer. HH. S. 18, 19). Infolge Widerspruchs wurde der Antrag dahin geändert, daß die „Möglichkeit" dazu gegeben sein sollte.

7. Nach der Begründung (S. 21) sind für die Wohnungen der minder bemittelten Bevölkerungskreise geringere, für wohlhabendere Bevölkerung, wenn Platz für Gartenanlagen gewonnen werden soll und für Industriezwecke tiefere Blocktiefen erwünscht. — Es steht wohl zu erwarten, daß auch für die minderbemittelte Bevölkerung in ausreichender Zahl Gärten und damit tiefere Baublöcke, welche diesem Zwecke dienen sollen, vorgesehen werden.

8. Nach dem § 4 Art. 4 des Wohnungsgesetzes sollen, sofern die Verhältnisse es erfordern, durch Polizeiverordnungen für die Herstellung und Unterhaltung der Ortsstraßen abgestufte Vorschriften je nach deren Bestimmung (Hauptverkehrsstraßen, Nebenverkehrsstraßen, Wohnstraßen, Wohnwege usw.) gegeben werden. Durch Polizeiverordnung kann auch im Wohnungsinteresse für Wohnstraßen, Wohnwege und andere Ortsstraßen, die dem Zugang zu Wohngebäuden dienen, der Fuhrwerksverkehr beschränkt werden.

§ 4.

Jede Festsetzung von Fluchtlinien (§ 1) muß eine genaue Bezeichnung der davon betroffenen Grundstücke und Grundstücksteile [1] und eine Bestimmung der Höhenlage, sowie der beabsichtigten Entwässerung der betreffenden Straßen und Plätze enthalten. [2]

1. Der § 4 ist von der Komm. d. AH. neugebildet. Der Entwurf schrieb nur vor, daß Retablissements- und Bebauungspläne das Nivellement enthalten müßten.

Die genaue Bezeichnung der Grundstücke usw. ist wesentlich (OVGE. 13. Nov. 08 Nr. VIII 2082 vergl. Bem. 10 zu § 1); wo sie fehlt entbehrt die Fluchtlinienfestsetzung der rechtlichen Wirkung. Nicht aber kann jede unrichtige Eintragung eines Gebäudes auf einem im übrigen in dem Plan mit seinen Grenzen richtig bezeichneten Grundstücke den Plan rechtsunwirksam machen. Es kann im Einspruchsverfahren auf diesen Fehler hingewiesen werden. Nachdem jedoch die Einspruchsfrist versäumt und der Fluchtlinienplan festgestellt, kann jener Mangel die Aufhebung der Fluchtlinien nicht mehr zur Folge haben, vielmehr wäre mit der Klage nur durchzudringen, wenn der Fluchtlinienplan als mit dem Gesetz im Widerspruch zustandegekommen nachgewiesen wird (OVGE. 24. März 1898, 33. S. 431, v. 4. Mai 10, IX C. 28 09; PrVBl. 32 S. 403).

„Genaue Bezeichnung" ist nicht identisch mit katasteramtlichen Plänen. Siehe Kappelmann PrVBl. 25 S. 880.

Das Betreten fremder Grundstücke zum Zwecke der Vermessung für die Fluchtlinienfestsetzung kann nur unter der Beobachtung der Formvorschriften des § 5 des Enteignungsgesetzes erwirkt werden. Siehe Matthias PrVBl. 32 S 239.

Schon der KommB. weist darauf hin, die Spezialisierung der betroffenen Grundstücke sei hier ebenso notwendig, wie in dem Plane, dessen der § 18 des Enteignungsgesetzes v. 11. Juli 74 gedenkt. Die beteiligten Eigentümer waren auch in der Tat ohnedies nicht in der Lage, ihre Rechte dem Gesetze (§ 7) entsprechend zur Geltung zu bringen.

Als selbstverständlich ist vorauszusetzen, daß der Plan, auf Grund dessen die Festsetzung der Fluchtlinien erfolgt ist, mit der in der Natur vorhandenen Örtlichkeit übereinstimmt. Ist danach in Verbindung etwa mit der Erläuterung des Fluchtlinienplanes nicht ohne weiteres klar erkennbar, welche Fluchtlinie in Wirklichkeit hat festgestellt werden sollen, so entbehrt der Fluchtlinienplan des unumgänglich notwendigen Inhalts und es kann deshalb dem formellen Verwaltungsakte der Fluchtlinienfestsetzung eine Rechtswirkung nicht beiwohnen (OVGE. Bd. 28 S. 375; v. 24. März 98 Nr. IV 572).

Ein Fluchtlinienplan entbehrt auch der Beweiskraft, wenn sich nicht zweifellos feststellen läßt, was ursprünglich und was neuerdings eingetragen worden ist (OVGE. 48 S. 378).

Wenn es an den Erfordernissen der §§ 1 und 4 fehlt, wird auch nach Versäumung der Einspruchsfrist eine Klage darauf gegründet werden können (OVG. 24. März 1898, 33 S. 428). Vergl. Bem. 5 zu § 8.

2. Eine Bestimmung der Höhenlage und der beabsichtigten Straßenentwässerung ist nicht unbedingt und jedenfalls dann nicht notwendig und wesentlich, wenn von der Fluchtlinienfestsetzung nur eine kurze Strecke einer vorhandenen Straße betroffen wird, in deren Höhenlage nichts geändert wird und deren Entwässerung längst geregelt ist (OVGE. 4. Mai 1910, IX C. 28. 09, PrVBl. 32 S. 404; v. 13. Nov. 08 Nr. VIII 2082; vom 21. Juni 12, IX B. 78. 11).

Bloß deshalb, weil etwa die Eintragung der feststehenden Höhenlage und der vorhandenen Entwässerung in dem Plan versäumt ist, dem ganzen Verfahren die Gültigkeit abzusprechen, dürfte um so bedenklicher sein, als auch die Ausführungsverordnung v. 28. Mai 76 (§ 13) sich in einfachen Fällen mit einem bloßen Situationsplane begnügt (OVGE. 20 Juni 05 Nr. VIII 987).

Von erheblicher Wichtigkeit kann die Eintragung oder Nichteintragung der Höhenlage da sein, wo es sich darum handelt, festzustellen, ob ein Platz oder ein Terrain in den Bebauungsplan hineingezogen ist oder nicht (OVGE. v. 24. Jan. 98 Nr. IV 171) und auch da, wo die Straße vor den Grundstücken im Einschnitt oder Damm geführt wird und dadurch die spätere Zugänglichkeit derselben in Frage steht. Vergl. Bem. 8 zu § 1.

Die „Bestimmung der Höhenlage" gibt keinen Anhalt dafür, daß dem Grundstückseigentümer das Ausgraben und Fortschaffen der Bodenmassen verboten ist (OVGE. 13. Jan. 1902, PrVBl 23 S. 728).

Über die Einwirkung der festgestellten Höhenlage auf die Bauten an der Straße mit Beziehung auf § 11 vgl. Bem. 3 b zu letzterem Paragraphen.

Ist in einer Baupolizeiverordnung die Höhe des Gebäudes in Beziehung zur Straßenoberkante gesetzt, so ist die Höhe des Gebäudes von der tatsächlich vorhandenen Höhenlage der bestehenden Straße an zu rechnen, nicht von einer erst für die Zukunft projektierten.

Richtlinien für die Aufstellung von Bebauungsplänen enthalten die Vorschriften für die Aufstellung von Fluchtlinien und Bebauungsplänen vom 28. Mai 1876 (MBl. S. 131). Erlaß betreffend die Handhabung der Baupolizei vom 14. April 06 (MBl. f. d. i. V. S. 198), betreffend Grundsätze für die Aufstellung von Bebauungsplänen und die Ausarbeitung neuer Bauordnungen vom 20. Dez. 06 (MBl. f. d. i. V. 07 S. 65), zur Förderung von Kleinhäusern vom 26. März 17 (ZentrBl. d. Bauverw. 1917 S. 201), betreffend den Entwurf zu einer Bauordnung vom 25. April 19 (ZentralBl. d. Bauverw. 1919 S. 225).

Nicht richtig ist die mehrfach ausgesprochene Ansicht, daß ein Fluchtlinienplan, welcher nicht genau den Anforderungen der zum Gesetz vom 2. Juli 75 erlassenen Ausführungsverordnung v. 28. Mai 76 (vgl. die Anlagen) entspreche, rechtsunwirksam sei. Die Verordnung kündigt sich selbst nur als eine Anweisung an die Behörden zur Herbeiführung eines gleichmäßigen Verfahrens an (auch in der Zirkularverfügung der Minister f. H. u. öff. Arb. v. 12. Mai 55, MBl. d. i. V. S. 100), es hat ihr ferngelegen, neue Normen für die Rechtswirksamkeit des Verfahrens aufzustellen oder das Gesetz ergänzen zu wollen (OVGE. v. 24. März 98 Nr. IV 572, Bd. 33 S. 430; v. 24. Febr. 02 Nr. IV 369; v. 4. Mai 10 IX C. 28. 09, PrVBl. 32 S. 403).

Das Fehlen der Grundbuchnummern (§ 4 der ministeriellen Vorschriften und der Mangel eines besonderen Vermessungsregisters (§ 11 Nr. 2 daselbst) können die Rechtswirksamkeit eines Planes nicht beeinträchtigen (OVGE. v. 24. Februar 1902, PrVBl. 23 S. 761). Unschädlich ist es, wenn der Plan keine Längen- und Querprofile enthält und daß er von einem vereidigten Feldmesser nicht aufgenommen und bescheinigt ist (OVG. 33 S. 428, v. 20. Juni 05 Nr. VIII 987).

Geht ein Fluchtlinienplan verloren, so muß eine neue Festsetzung der Fluchtlinien erfolgen, selbst wenn diesbezüglich Gemeindebeschlüsse und Erläuterungsberichte vorhanden sind. Ob bei nebensächlichen Fragen davon abgesehen werden kann, ist Frage der tatsächlichen Verhältnisse. Eine Kopie kann einen Bebauungsplan nicht ohne weiteres ersetzen.

§ 5.

(1) Die Zustimmung der Ortspolizeibehörde[1] (§ 1) darf nur versagt werden, wenn die von ihr wahrzunehmenden polizeilichen Rücksichten oder ein hervorgetretenes Bedürfnis nach Klein- oder Mittelwohnungen (§ 3 Abs. 3) die Versagung fordern.[2] Soweit die Zustimmung wegen eines hervorgetretenen Bedürfnisses nach Klein- oder Mittelwohnungen versagt

wird, bedarf es des Einverständnisses der Kommunalaufsichtsbehörde.[3]

(2) Will sich der Gemeindevorstand bei der Versagung nicht beruhigen, so beschließt auf sein Ansuchen der Kreisausschuß.[4]

[5]) (3) Derselbe beschließt auf Ansuchen der Ortspolizeibehörde über die Bedürfnisfrage, wenn der Gemeindevorstand die von der Ortspolizeibehörde verlangte Festsetzung (§ 1 Abs. 2) ablehnt. An Stelle des Kreisausschusses tritt in Stadtkreisen und den einem Landkreise angehörigen Städten von mehr als 10000 Einwohnern der Bezirksausschuß, in Berlin der Minister der öffentlichen Arbeiten. Soweit ein solches Ansuchen auf ein hervorgetretenes Bedürfnis nach Klein- oder Mittelwohnungen gestützt wird, darf es nur im Einverständnisse mit der Kommunalaufsichtsbehörde ergehen.[3]

1. Die Zustimmung darf auf Grund der von den Polizeibehörden wahrzunehmenden polizeilichen Rücksichten nur versagt werden aus Gründen, welche die Polizeibehörde berechtigen würde, die Durchführung der festgesetzten Fluchtlinien im Falle des Ausbaues der Straße zu verlangen (OVG. 1. Juli 1898, PrVBl. 21 S. 61).

Vergl. Bem. 9, 12 und 14 zu § 1.

2. Vergl. Bem. 14, 15 und 16 zu § 1, Bem. 1, 2 zu § 3. Der Hinweis auf § 3 Abs. 3 ist, wie Stölzel (Wohnungsgesetzgebung S. 5) mit Recht bemerkt, zweifelhaft, da es sich im § 5 nur um ein hervorgetretenes Wohnungsbedürfnis nach Klein- oder Mittelwohnungen handelt.

3. Vergl. Bem. 17 zu § 1.

4. In Hohenzollern der Amtsausschuß.

5. Absatz 3 spricht nur von der Ablehnung durch den „Gemeindevorstand". Eine solche liegt aber im Ergebnisse auch vor, wenn der Gemeindevorstand zwar seinerseits zustimmt, dagegen die Gemeinde oder deren Vertretung der Festsetzung widerspricht; denn hier muß die Erklärung, die der Gemeindevorstand schließlich der Polizeibehörde abzugeben hat, ebenfalls verneinend lauten. Daß in diesem Falle die Bestimmung des Absatz 3 keine Anwendung finden solle, kann daneben nicht in der Absicht des Gesetzgebers gelegen haben.

Der Kreisausschuß hat nach dem Wortlaute des Gesetzes nur darüber zu befinden, ob die Polizeibehörde ihre Zustimmung mit Recht versagt hat (Abs. 2) und ob ein Bedürfnis zur Festsetzung von Fluchtlinien vorliegt (Abs. 3). — Von dem Abg. Grafen von Wintzingerode wurde bei der zweiten Beratung im AH. zum Absatz 2 ein Zusatz dahin beantragt: „Dieser (der Kreisausschuß) ist im Falle der Zustimmung berechtigt, dieselbe an besondere Bedingungen zu knüpfen." Das Haus verwarf indes den Antrag, nachdem darauf aufmerkkannt gemacht war, daß die Gemeinden sich solchen, mit unberechenbaren Lasten verbundenen Auflagen nicht aussetzen könnten und daß die Kreisausschüsse sich hierdurch für die künftig von ihnen über die Einwendungen gegen die Pläne (§§ 7 u. 8) zu treffenden Entscheidungen in eine schiefe Lage bringen würden. Auch die Staatsregierung erkannte bei der dritten Beratung ausdrücklich an, daß weder hier noch im Falle des Absatz 3 eine materielle Feststellung bezüglich des Planes durch die oberen Instanzen stattfinden dürfe. — Hiergegen wird in der Praxis der Beschlußbehörden noch häufig verstoßen. Einem Plane, der lediglich vom Kreis- oder Bezirksausschusse festgesetzt ist, ohne daß die Festsetzung durch den Gemeindevorstand hinzutritt, wird eine Rechtswirksamkeit nicht zuerkannt werden können. Jedenfalls fehlt aber die Rechtswirksamkeit, wenn die Beschlußbehörden Bedingungen oder Maßgaben hinzufügen und den Plan so festsetzen (vgl. die Ausführungen zu Bem. 9, 10, 12 u. 14 zum § 1). Solche Bedingungen und Maßgaben können nur dann rechtswirksam werden, wenn ihnen nachträglich die Gemeinde oder deren Vertretung und die Ortspolizeibehörde zustimmen und mit ihnen der so veränderte Fluchtlinienplan vom Gemeindevorstande festgesetzt wird.

Nach dem § 6 des Zweckverbandsgesetzes für Groß-Berlin bedarf es für Festsetzung von Fluchtlinien des Verbandes nicht der Zustimmung der Ortspolizeibehörde. Siehe Anhang.

Weigert sich der Gemeindevorstand (auf Anregung der Polizeibehörde), sich überhaupt auf die Festsetzung einer Fluchtlinie einzulassen, weil er das Bedürfnis leugnet, so haben die Beschlußbehörden zunächst nur über diese Bedürfnisfrage zu entscheiden. Die Frage, ob für diese Beschlußfassung bereits eine bestimmte Fluchtlinie vorliegen muß, läßt sich nicht allgemein beantworten. Es kommt auf die Lage des einzelnen Falles an. In der Regel wird freilich die Möglichkeit einer sachgemäßen Entscheidung nur vorliegen, wenn es sich um eine bestimmte in Aussicht genommene Fluchtlinie handelt. Steht die Bedürfnisfrage nach endgültigem Beschlusse fest, so tritt das weitere Verfahren zur Festsetzung der konkreten Fluchtlinie ein. Lehnt der Gemeindevorstand dabei seine Mitwirkung ab, so wird er zu den formellen Verwaltungsakten, welche zur definitiven Festsetzung der Fluchtlinie nach den Gesetzen erforderlich sind, nach Maßgabe der bestehenden Gesetze durch die Aufsichtsbehörde disziplinarisch angehalten werden können. Schwierigkeiten können sich dabei noch in erheblichem Maße ergeben (z. B. wenn die Gemeindevertretung ihre Zustimmung versagt, nachdem die Bedürfnisfrage festgestellt ist) und es wäre zweckmäßig gewesen, wenn das Gesetz diese Frage einer Regelung unterworfen hätte. Lehnt die Gemeindevertretung die Bewilligung von Geldmitteln zu diesem Behufe ab, so würde der Weg der Zwangsetatisierung beschritten werden können (Pr. VBl. 27 S. 510).

Der Kreisausschuß fungiert als Beschlußbehörde; gegen seine Entscheidung kann von der einen wie von der anderen Seite der Bezirksausschuß (früher Bezirksrat) angerufen werden (§ 16).

§ 6.

Betrifft der Plan der beabsichtigten Festsetzungen (§ 4) eine Festung, oder fallen in denselben öffentliche Flüsse, Chausseen,

Eisenbahnen oder Bahnhöfe, so hat die Ortspolizeibehörde dafür zu sorgen, daß den beteiligten Behörden rechtzeitig zur Wahrung ihrer Interessen Gelegenheit gegeben wird.

1. Zu den beteiligten Behörden im Sinne des § 6 gehören nur diejenigen, welche die Interessen der Festungen, öffentlichen Flüsse, Chausseen, Eisenbahnen und Bahnhöfe wahrzunehmen haben. Doch sind die Polizeibehörden durch den Erlaß der Minister des Innern und der öffentlichen Arbeiten v. 17. Juli 91 (MBl. S. 156) angewiesen, auch denjenigen fiskalischen Behörden, denen die Verwaltung der an einer neuen Fluchtlinie beteiligten fiskalischen Grundstücke zusteht, rechtzeitig von dem Plane besondere Nachricht zu geben. Wenn Eisenbahnen in den Plan fallen, sind die Mitteilungen an die Eisenbahndirektionen, bei Privatbahnen an die Eisenbahnkommissare zu richten.

2. Der Gesetzgeber hat es offenbar als unangemessen betrachtet, die beteiligten Behörden auf den Weg der Erhebung von Einwendungen (§ 7) zu verweisen; dabei mag einesteils die Rücksichtnahme auf die Stellung der Behörden, anderenteils die Erwägung mitgewirkt haben, daß häufig eine zweckmäßige Entwerfung des Projektes von vornherein nur unter sorgfältiger Beachtung der durch jene Behörden wahrzunehmenden Interessen tunlich ist. Von diesem Gesichtspunkte aus beantragte der Abg. Stuschke, die Benachrichtigung der Behörden nicht der Ortspolizeibehörde, sondern dem Gemeindevorstande, in dessen Händen die Initiative liege, aufzugeben. Das AH. lehnte dies indes ab. Wenn der Berichterstatter dagegen anführte, nach der Anschauung der Kommission sollten erst die Gemeinde- und die Polizeibehörde untereinander einig sein, bevor andere Behörden mit der Angelegenheit behelligt würden, so wird das umgekehrte Verfahren das richtige sein. Ein vorgängiges Benehmen des Gemeindevorstandes mit der Eisenbahnverwaltung, der Festungsbehörde usw. ist immer ratsam. Nur dadurch werden Konflikte, welche sich bei der Ausführung der Pläne — wenn sie etwa in die Hoheitsrechte des Staates eingreifen — ergeben können, vermieden werden. Ebenso ist es zu empfehlen, daß die Polizeiverwaltung mit den beteiligten Behörden in Verbindung tritt, ehe sie ihre Zustimmung erklärt, um dadurch noch die wünschenswerte Verständigung mit der Gemeindebehörde möglich zu machen. Vgl. Bem. 4.

3. Welche Folgen die Nichtbeachtung der Vorschrift nach sich zieht, hängt davon ab, ob man die Benachrichtigung als eine notwendige Voraussetzung für die Gültigkeit des ganzen Verfahrens ansieht, oder in der Vorschrift nur eine Anweisung für die Polizeibehörde erblickt, deren Verletzung auf den rechtlichen Bestand des Verfahrens ohne Einfluß bleibt. In einem Falle, wo die Festungsbehörde trotz nicht erfolgter Benachrichtigung rechtzeitig Einwendungen in Gemäßheit des § 7 erhoben hatte, damit aber zurückgewiesen war und später bei Gelegenheit einer Klage wegen Versagung des Baukonsenses die geschehene Fluchtlinienfestsetzung wegen Verletzung der Vorschrift im § 6 als rechtsunwirksam bezeichnete, hat das OVG. diese Anschauung verworfen und der Festsetzung bindende Kraft beigemessen (E. v. 19. Jan. 80 Nr. II 251). Hierbei war allerdings Gewicht darauf gelegt, daß die Behörde ihre Interessen, zu deren Sicherung die Benachrichtigung dienen soll, tatsächlich in ordnungsmäßiger Weise vollständig wahrgenommen hatte. Allein mehr oder

weniger hatte man sich damit doch zugleich für die zweite der oben hingestellten Alternativen ausgesprochen; denn ist die Benachrichtigung nach dem Gesetze ein unbedingtes Erfordernis, so kann ihr Fehlen durch anderweite Vorgänge nicht wohl ersetzt werden. Andererseits läßt sich nicht verkennen, daß den betr. Behörden durch das Unterbleiben der Benachrichtigung die Wahrung ihrer Interessen tatsächlich abgeschnitten werden kann, weil sie es im Vertrauen auf die gesetzliche Bestimmung leicht versäumen mögen, ihr Augenmerk auf die Einleitung eines derartigen Verfahrens zu richten und ihre Einwendungen rechtzeitig anzubringen. Der Wortlaut des § 6 läßt kaum eine andere Auslegung zu, als daß es sich nur um eine instruktionelle Vorschrift handelt. Wäre man davon ausgegangen, daß die Nichtbeachtung der Vorschrift die Rechtswirkung des Verfahrens aufhöbe, so würde man — dem Antrage des Abg. Stuschke entsprechend — die Benachrichtigung der beteiligten Behörden sicher in die Hand der das Verfahren leitenden Gemeindebehörde gelegt, oder wenigstens eine Andeutung dafür gegeben haben, daß bei dem Verfahren der §§ 7 ff. eine Prüfung auch darüber stattzufinden habe, ob die Benachrichtigung des § 6 erfolgt sei. In einem Erk. v. 24. Okt. 94 Nr. II 1431 (PrVerwBl. 16 S. 109 und Bochmann, Mitteilungen 2 S. 126) wird denn auch bestimmt ausgesprochen, daß die Vorschrift des § 6 nur instruktioneller Natur sei, so daß eine definitive Feststellung der Fluchtlinie einer Straße wegen einer etwaigen Nichtbefolgung der Vorschrift keineswegs nichtig sein kann. Auch in den Erkenntnissen v. 5. Febr. 00 Nr. IV 197 und v. 20. Juni 05 Nr. VIII 987 ist ausgesprochen, „daß die Nichtbeachtung der Vorschrift des § 6 noch nicht ohne weiteres die Rechtswirkung des Verfahrens aufhebe". Der Fluchtlinienplan ist aber ohne Genehmigung des Ministers der öffentlichen Arbeiten insoweit nicht ausführbar, als er eine Abänderung der Bahnlinie und ihrer Konstruktion im Sinne des § 4 des Eisenbahngesetzes vom 3. November 1838 erforderlich macht (OVGE. 10. Juli 14; Bd. 68 S. 434). Über Fluchtlinienpläne und Eisenbahnbaupläne siehe Frank, PrVBl. 33 S. 206. Der Polizeibehörde ist eine sorgfältige Beachtung der Vorschrift dringend zu empfehlen.

4. Einen grundsätzlich abweichenden Standpunkt nahm der Minister der öffentlichen Arbeiten in seinem Erlasse v. 15. Dez. 82 (MBl. 1883 S. 13; Pr. VerwBl. 4 S. 177) ein. Im Anschluß an den in den OVGE. Bd. 2 S. 409 ff. näher entwickelten Satz, daß die Ortspolizeibehörden nicht befugt sind, anderen Staatsbehörden die Normen für die von diesen zu vollziehenden Akte der Staatshoheit vorzuschreiben, sondern die ihnen anvertrauten Interessen nur durch Benehmen mit den beteiligten Behörden sowie durch Beschwerde bei den Aufsichtsinstanzen wahren können, wird angenommen, durch das Gesetz v. 2. Juli 75 sei ebenfalls weder den Ortspolizeibehörden noch auch — in höherer Instanz — den Verwaltungsbeschlußbehörden eine hierüber hinausgehende Befugnis beigelegt; auf dem vom OVG. bezeichneten Wege seien daher alle Meinungsverschiedenheiten, die zwischen den zur Wahrnehmung ihrer Interessen auf Grund des § 6 und den das Gesetz handhabenden Ortspolizei- und Verwaltungsbeschlußbehörden entstehen, zum Austrage zu bringen. Wiederholt und weiter ausgedehnt sind diese Anweisungen durch die Verfügung desselben Ministers v. 23. Dez. 96 (MBl. 1896 S. 237; PrVerwBl. 18 S. 193). Der Minister geht darin im Anschluß an die Vorschriften des oben genannten Erlasses

vom 15. Dez. 82 davon aus, daß den in § 6 genannten Behörden bei der Festsetzung von Fluchtlinien die Wahrung von Staatshoheitsrechten obliege und dazu nicht ausreichende Gelegenheit gegeben worden sei. Es könne ein Plan als zur Offenlegung reif nicht erachtet werden, in welchem die in Ausübung der Staatshoheitsrechte aus §§ 4 und 14 des G. über die Eisenbahnunternehmungen v. 3. Nov. 38 geltend zu machenden Bedürfnisse des Eisenbahnbaues und Betriebes (vgl. Endurteil des OVG. v. 3. März 83 Bd. 9 S. 383) unberücksichtigt geblieben sind. Es sollen deshalb die Ortspolizeibehörden angewiesen werden, daß sie vom Standpunkte der polizeilichen Interessen erst dann zu einem Fluchtlinienplane Stellung zu nehmen und dem Gemeindevorstande eine — zustimmende oder die Zustimmung versagende — Erklärung gemäß § 5 d. G. abzugeben haben, wenn feststeht, daß der Plan auf Grund von Staatshoheitsrechten gemäß § 6 nicht beanstandet wird. Die Ortspolizeibehörden sollen die Benachrichtigung auch dann (§ 6) bewirken, wenn es ihnen zweifelhaft erscheinen sollte, ob die Voraussetzung des § 6 gegeben sei, da die Ortspolizeibehörden nicht wohl endgültig darüber entscheiden könnten, ob der Plan die Geltendmachung von Staatshoheitsrechten notwendig mache. In einem neuerlichen Erlasse v. 29. Juni 02 (MBl. S. 139), abgedruckt im Pr. VerwBl. 23 S. 717, haben die Minister der öffentlichen Arbeiten und des Innern aus Anlaß vorgekommener Einzelfälle die Stellung der Polizeibehörde einer erneuten Prüfung unterzogen. Sie führen aus, daß, wenn auch die Offenlegung und förmliche Feststellung eines mit der Ausübung von Staatshoheitsrechten kollidierenden Fluchtlinienplanes zweckwidrig wäre, weil seine endgültige Ausführung auf unüberwindliche Hindernisse stoßen müßte (z. B. die Ausführung von Fluchtlinien im Bahnhofsgebiet oder in Festungsanlagen §§ 11 Satz 2 dieses Gesetzes, § 4 des Eisenbahngesetzes v. 3. Nov. 38 usw. vgl. OVGE. Bd. 24 S. 227, 228), und wenn gerade deshalb dem § 6 die Aufgabe zugewiesen sei, nicht nur die Feststellung, sondern auch schon die Offenlegung mit jenen öffentlichen Interessen kollidierender Pläne zu verhüten, doch diese öffentlichen Interessen nicht von der Ortspolizeibehörde wahrzunehmen seien, deren Erklärung vielmehr lediglich von den im § 5 des Gesetzes genannten Rücksichten abhängig sei. Die Minister bestimmen daher des weiteren: „Besteht der Gemeindevorstand auf Abgabe der polizeilichen Erklärung über den Fluchtlinienplan, obwohl vorhandene Gegensätze in den nach § 6 zu führenden Verhandlungen nicht ausgeglichen sind, so hat die Ortspolizeibehörde eine ausdrücklich auf die von ihr selbst wahrzunehmenden polizeilichen Rücksichten beschränkte Äußerung abzugeben. Gleichzeitig hat sie aber zu betonen, daß der Plan nach der Mitteilung der zuständigen Behörde mit Rechten, die auf Grund der Staatshoheit wahrzunehmen seien, im Widerspruche stehe und dieser Widerspruch noch nicht beglichen sei. Von ihrer Äußerung hat die Ortspolizeibehörde den gemäß § 6 beteiligten Behörden sofort Mitteilung zu machen. Für den Fall, daß diese zur Wahrung der von ihnen zu vertretenden öffentlichen Interessen die Kommunalaufsichtsbehörden anrufen sollten, werden die letzteren hierdurch angewiesen, unverzüglich unter Vorlage der Vorgänge an die zuständigen Ressortminister zu berichten. Um seinerzeit die dem § 5 Abs. 1 des Gesetzes entsprechende Erklärung abgeben zu können, haben sich die Ortspolizeibehörden, gegebenenfalls durch Benehmen mit der beteiligten Staatsbehörde oder dem Gemeindevorstande, über den jeweiligen Stand der Sache in Kenntnis zu erhalten. Es darf indessen auch künftig angenommen werden, daß die auf Grund des § 6 anzuknüpfenden Verhandlungen die Ausgleichung bestehender Gegensätze und die Abgabe einer Erklärung gemäß § 5 in der Regel ohne übermäßigen Zeitverlust ermöglichen werden, zumal den Gemeindebehörden gegen jede unbegründete Verzögerung der Sache durch die beteiligte Staats- oder Ortspolizeibehörde die Beschwerde an die vorgesetzte Instanz offen steht. Die wünschenswerte Beschleunigung einer von der Vorschrift des § 6 betroffenen Planfeststellung wird sich übrigens dadurch am besten erreichen lassen, daß allen späteren Auseinandersetzungen infolge der Vorschrift des § 6 durch frühzeitiges Einvernehmen der Behörden vorgebeugt wird. Den Gemeindevorständen ist daher anzuempfehlen, daß sie bereits bei der ersten Aufstellung der Pläne, und zwar tunlichst frühzeitig, sich unmittelbar mit den beteiligten Staatsbehörden über die Gestaltung dieser Pläne verständigen, damit den Ortspolizeibehörden demnächst nach Möglichkeit nur Pläne zur Zustimmung vorgelegt werden, gegen die wegen ihrer Übereinstimmung mit den öffentlichen Interessen ein Einspruch auf Grund des § 6 nicht zu erwarten ist. Den Eisenbahnbehörden ist die tunlichst schnelle und entgegenkommende Erledigung derartiger Anträge der Gemeindevorstände zur Pflicht gemacht worden. Endlich wird aber auch da, wo die Ausgleichung widerstreitender öffentlicher Interessen noch auf Grund des § 6 in Frage kommt, aber wegen anzustellender Untersuchungen oder in der Sache selbst liegender Schwierigkeiten voraussichtlich längere Zeit erfordern wird, in Erwägung zu ziehen sein, ob nicht nach Anhörung der beteiligten Staatsbehörde der kollidierende Planteil zur besonderen Feststellung ausgeschieden und zunächst nur für den übrigen Plan die ortspolizeiliche Zustimmung nachgesucht werden kann. Es wird ersucht, auch auf die Anwendung dieses Mittels zur Beschleunigung der Planfeststellung hinzuwirken. Die nachgeordneten Behörden sind mit Anweisung zur Beachtung dieses Erlasses zu versehen." Dieser Erlaß trägt der Ansicht des OVG. schon mehr Rechnung.

In einem Aufsatze des Geh. Ober-Reg.-Rats Pannenberg im „Archiv für Eisenbahnwesen" 1902 S. 1209 ff. wird sehr eingehend die Ansicht verteidigt, daß unbedingt die Mitteilung der Polizeibehörde nach § 6 der Zustimmung nach § 5 vorauszugehen habe, weil sonst der Zweck nicht erfüllt werde, und weil, so lange eine Kollision noch bestehe, es an einem zur Offenlegung reifen Plane fehle. Deshalb dürfe, solange die Möglichkeit einer Kollision nach § 6 noch bestehe, die Polizeibehörde überhaupt keine Erklärung abgeben. Es wird dann weiter aus der Geschichte der Entstehung des Gesetzes nachzuweisen versucht, daß das Verfahren des § 8 zur Entscheidung über die Interessen des § 6 überhaupt nicht gegeben sei und die Beschlußbehörden dazu nicht zuständig seien, daß vielmehr die Ausgleichung der Gegensätze zwischen Eisenbahnanlagen und Fluchtlinien nicht bis zur Zwangsvollstreckung verschoben werden dürfe, sondern vor der Offenlegung der Planes zu erfolgen habe, diesem Zwecke solle der § 6 dienen.

Diesen Ausführungen kann in mancher Beziehung — zum Teil in Abweichung von den Darlegungen der früheren Auflagen — beigestimmt werden. Die Auffassung der Stellung und der Aufgaben der Ortspolizeibehörden in dem Gesetze wird aber nicht richtig beurteilt. In dieser Beziehung ist folgendes zu bemerken: Zweifellos ist den Ortspolizeibehörden nicht das Recht eingeräumt, bei Meinungsverschiedenheiten mit den im § 6 erwähnten Behörden über die Richtigkeit der von diesen vertretenen Ansichten zu befinden; in eine derartige Lage bringt sie aber das Gesetz überhaupt nicht. Die Ortspolizeibehörden haben über die Festsetzung von Fluchtlinien nicht zu entscheiden, sondern nur Erklärungen abzugeben oder Anträge zu stellen; bei der „Handhabung" des Gesetzes treten sie gewissermaßen in der Rolle einer Partei dem Gemeindevorstande oder den sonst Beteiligten gegenüber auf und haben die Entscheidung wegen der bestehenden Streitpunkte von den Verwaltungsbeschlußbehörden entgegenzunehmen. Für ihr Verhalten in dem Verfahren sind außerdem an sich lediglich die von ihnen wahrzunehmenden polizeilichen Rücksichten maßgebend (einschl. der durch das Wohnungsgesetz hinzugetretenen Befugnisse) (§ 1 Abs. 2, § 5 Abs. 1); sie haben deshalb die Vertretung aller außerhalb dieses Rahmens liegenden Interessen den dazu berufenen Behörden zu überlassen; gerade zu dem Zwecke sollen sie dafür sorgen, daß diesen Behörden „rechtzeitig zur Wahrung ihrer Interessen Gelegenheit gegeben" werde (§ 6). Nun mag nichts dagegen zu erinnern sein, daß sie sich auf die Seite dieser Behörden stellen und deren Anschauungen in dem Verfahren auch ihrerseits zur Geltung bringen; dann aber sind ihre Einwendungen, ebenso wie in allen sonstigen Fällen, hier gleichfalls dem Ausspruche der Verwaltungsbeschlußbehörden unterworfen, soweit diese Behörden überhaupt für eine Entscheidung zuständig sind. Jedenfalls hat die Stellung der letzteren Behörden mit der Stellung der Ortspolizeibehörden nicht das mindeste gemein. Die Verwaltungsbeschlußbehörden bilden keineswegs eine „höhere Instanz" der Ortspolizeibehörden; sie sind vielmehr die gesetzlich berufenen Organe, welche in einem besonders geordneten Instanzenzuge über Meinungsverschiedenheiten einesteils zwischen Gemeindevorstand und Polizeibehörde, anderenteils zwischen diesen beiden Organen und den beteiligten Interessenten zu befinden haben. Das allerdings muß zugegeben werden, daß die Beschlußbehörden nicht berufen sind, über Staatshoheitsrechte zu entscheiden und in diese einzugreifen. Für diese ist das Verfahren des § 8 nicht gegeben, das hat Pannenberg in seinem oben bezeichneten Aufsatze zutreffend nachgewiesen und einer Entscheidung darüber haben sich die Verwaltungsbeschlußbehörden zu enthalten. Handelt es sich aber um Einwendungen der im § 6 genannten Behörden, welche mit der Handhabung der Staatshoheitsrechte an sich nichts zu tun haben, so erscheinen die Verwaltungsbeschlußbehörden durchaus befugt, auch über die von jenen Staatsbehörden — mag man sie den Polizeibehörden gleichstellen oder zu den Interessenten rechnen — erhobenen Widersprüche zu entscheiden und sie demgemäß auch eintretendenfalls für unbegründet zu erklären. Aus dem Gesetze ist nicht der geringste Anhalt dafür zu entnehmen, daß Einwendungen der fr. Behörden einer Erledigung in dem vorgeschriebenen Verfahren nicht unterliegen sollen. Hätte es in der Absicht gelegen, hier die regelmäßig eintretende Entscheidungsbefugnis der Verwaltungsbehörden auszuschließen, so mußte das im Gesetze völlig klar gestellt werden; es findet sich aber weder im Gesetze selbst noch in den Verhandlungen der gesetzgebenden Körperschaften eine dahin gehende Andeutung. Abgesehen hiervon liegt es auch für die Verwaltungsbeschlußbehörden ganz außerhalb der ihnen gesetzlich zugewiesenen Tätigkeit, eine Ausgleichung der etwa mit anderen Staatsbehörden in dem Festsetzungsverfahren hervortretenden Meinungsverschiedenheiten durch Erhebung von Beschwerden bei den Aufsichtsinstanzen jener Staatsbehörden herbeizuführen (OVGE. v. 5. März 98 Nr. II 377). Die dafür aus der Rechtsprechung des OVG. angezogenen Grundsätze passen daher in keiner Weise. Pannenberg ist — hiervon ist auch oben ausgegangen — rückhaltlos zuzustimmen, daß es unter allen Umständen das zweckmäßigste und richtigste ist, wenn die Gemeindebehörden aus eigener Initiative, ehe sie einen Fluchtlinienplan zum Festsetzungsverfahren herausgeben, mit den im § 6 genannten Behörden — sofern es überhaupt in Betracht kommt — in Verbindung treten, um widerstreitende Interessen zum Ausgleich zu bringen. Sollte das versäumt sein, so bietet der § 6 Gelegenheit, die Behörden dazu zu veranlassen, ihrerseits schleunigst mit der Gemeindebehörde zu diesem Zwecke in Verbindung zu treten. Sollte dieses nicht geschehen sein oder nicht zum Ziele führen, oder sollte die Beschlußbehörde über Hoheitsrechte entscheiden, wozu sie nicht zuständig ist, so wird im Vollzugsstadium sich herausstellen, ob daran die Ausführung des Planes scheitert. Ist letzteres der Fall, so muß eventuell das ganze Verfahren wiederholt werden. Wenn Pannenberg aber noch meint, daß, um die Gemeinde zu zwingen, in vorherige Verhandlung mit den Behörden zu treten, die Polizeibehörde überhaupt keine Erklärung abgeben solle — ein Standpunkt, den die Minister aufgegeben haben —, so widerspricht ein solches Verfahren entschieden dem Wortlaute und Sinne des Gesetzes, wie aus dem oben Dargelegten klar hervorgeht. Vgl. auch C. Ottermann, Das Fluchtliniengesetz, 1897, S. 8 ff., welcher aber das Gebiet der „Interessen" der beteiligten Behörden zu eng auffaßt, das Gesetz gibt keinen Anhalt für eine Beschränkung.

Der § 6 ist durch das Ausscheiden der Ortspolizeibehörde bei Festsetzung von Fluchtlinien durch den Zweckverband Groß-Berlin nicht mehr anwendbar. Damit ist derselbe jedoch nicht beseitigt worden. Der Minister hat das Notwendige im Sinne des § 6 zu veranlassen. Siehe Zweckverbandsgesetz Groß-Berlin im Anhange.

§ 7.[1]

(1) Nach erfolgter Zustimmung der Ortspolizeibehörde, beziehungsweise des Kreisausschusses (§ 5), hat der Gemeindevorstand den Plan zu jedermanns Einsicht offen zu legen.[2] Wie letzteres geschehen soll, wird in der ortsüblichen[4] Art mit dem Bemerken bekannt gemacht, daß Einwendungen gegen den Plan innerhalb einer bestimmt zu bezeichnenden präklusivischen Frist von mindestens vier Wochen bei dem Gemeindevorstande anzubringen sind.[3]

(2) Handelt es sich um Festsetzungen, welche nur einzelne Grundstücke betreffen, so genügt statt der Offenlegung und Bekanntmachung eine Mitteilung an die beteiligten Grundeigentümer.[5]

1. Durch die §§ 7 und 8 ist nach dem Vorgange der Badenschen und Württembergschen Gesetzgebung ein Verfahren eingeführt, das, wie die Begründung des Entwurfs besagt, „eine allseitig gründliche und durchaus unbefangene Erörterung aller Einsprüche und Einwendungen ermöglichen und eine sachgemäße und ausgleichende Entscheidung sichern" soll. Nach den Vorschlägen der Komm.

d. AH. tritt es in allen Fällen einer Fluchtlinienfestsetzung gleichmäßig ein; nur da, wo bloß einzelne Grundstücke betroffen werden, glaubte man eine Vereinfachung zulassen zu können und schaltete zu dem Ende den Absatz 2 ein.

2. Regel bildet die öffentliche Auslegung. Sie geschieht zu „jedermanns Einsicht". Damit spricht das Gesetz aus (JW. 11 S. 338), daß zur Erhebung von Einwendungen „jedermann" befugt ist. Das Recht steht demnach nicht bloß den von der Fluchtlinie betroffenen Grundbesitzern oder etwa den Anwohnern der fraglichen Straße zu, ist auch nicht an Gemeindemitgliedschaft gebunden; auch die im § 6 genannten Behörden sind zum Einspruch berechtigt. Auch in Beziehung auf die Art der Einwendungen zieht das Gesetz keine Schranke; sie können sowohl darauf, daß ein Privatinteresse geschädigt werde (OVGE. 24. März 98 Bd. 33 S. 429), als darauf, daß ein öffentliches Interesse nicht gehörig berücksichtigt sei, gestützt werden. Zwar liegt die Beachtung der öffentlichen Interessen (soweit zu deren Vertretung nicht die im § 6 bezeichneten Behörden besonders berufen sind, vgl. Bemerkungen zu diesem Paragraphen) schon dem Gemeindevorstande und der Polizeibehörde von Amts wegen ob; allein dem einzelnen ist es unbenommen, seine von der Auffassung dieser Organe abweichende Meinung ebenfalls geltend zu machen. Bei den Privatinteressen reicht es selbstverständlich nicht hin, daß dem Beteiligten irgend ein Vermögensnachteil erwächst; vielmehr wird ein Einwand hieraus mit Aussicht auf Erfolg nur dann unternommen werden können, wenn sich dartun läßt, daß den öffentlichen Interessen mit größerer Schonung der Privatinteressen Genüge geschehen kann, also die Maßregel entweder ganz entbehrlich oder in anderer, als der beabsichtigten Weise ausführbar ist. Entscheidend bleibt demgemäß die Abwägung zwischen den Anforderungen des öffentlichen Wohles auf der einen Seite und dem Schutze, der den Beteiligten hier ebenso wie in dem Enteignungsverfahren bei Feststellung des Planes angedeihen soll, auf der anderen Seite. Es muß hier nachdrücklich darauf hingewiesen werden, wie nach den gemachten Erfahrungen die Gemeindevorstände nur zu leicht geneigt sind, auf Kosten der Anlieger bei Fluchtlinienfestsetzungen das Wünschenswerte und Ästhetische herbeizuführen, was sie auf Kosten der Gemeinde nie als notwendig im öffentlichen Interesse ausführen würden (Tiefe der Vorgärten, außergewöhnliche Breite der Straßen usw.), und daß die Beschlußbehörden auch ihrerseits nur zu oft geneigt sind, über die Schädigungen des Privatinteresses in solchen Fällen zu leicht hinwegzugehen. Das entspricht nicht den Absichten des Gesetzes.

Die öffentliche Auslegung ist ein wesentliches Erfordernis; sollte sie ganz versäumt oder in einer derartig fehlerhaften Weise, daß den Beteiligten die Einsichtnahme des Planes untunlich gemacht wäre, bewirkt sein, so würde das Verfahren mit einem Mangel behaftet erscheinen, der die Rechtsgültigkeit der Festsetzung ausschlösse (OVGE. v. 22. Juni 85 Nr. II 678, PrVerwBl. 7 S. 69). Die Einsichtnahme in den Plan ist noch nicht untunlich gemacht, wenn ein Beamter dem Antragsteller eine solche verweigert und letzterer die Einsichtnahme erreichen kann, wenn er über das Verhalten des Beamten Beschwerde führt (OVGE. 26. Juni 05 IV C. 103. 04).

Eine der polizeilichen Zustimmung vorausgehende Offenlegung (Abs. 1) oder Mitteilung (Abs. 2) hat keine Bedeutung (RG. 33 S. 233).

Eine Offenlegung des Planes gemäß § 7 ist als Voraussetzung für die Wirksamkeit des § 11 nicht zu fordern (OVG. 57 S. 478). Vergl. Bem. 4 a zu § 11.

Ist in einem offen gelegten und endgültig festgestellten Plan bezüglich einzelner Hausgrundstücke eine Fluchtlinie oder auch nur eine Angabe über die Breite der Straße und die Punkte, von denen aus die Breite zu bemessen wäre, nicht enthalten und auch in der Bekanntmachung über die Offenlegung nichts darüber gesagt, so ist offensichtlich eine Fluchtlinienfestsetzung bezüglich jener Häuser nicht erfolgt. Selbst wenn dies auch beabsichtigt gewesen sein sollte, so wäre eine rechtsgültige Fluchtlinienfestsetzung deshalb nicht zu Stande gekommen, weil eine solche Absicht nirgends in einer den Betroffenen erkennbaren Weise zum Ausdruck gebracht worden ist (OVGE. 23. März 06 VIII 496). Vgl. Bem. 1 zu § 4.

Ein Bebauungsplan, welcher wegen Verstoßes gegen die gesetzlichen Bestimmungen für ungültig erklärt worden ist, ist damit aus der Welt geschafft und es kann selbstverständlich seiner Offenlegung keine Wirkung beigelegt werden, gleichviel, ob der spätere definitive Bebauungsplan mit ihm übereinstimmt oder nicht (RG. V. ZS. vom 11. Dezember 1897, PrVBl. 19 S. 230).

Das Reichsgericht hat in ständiger Rechtsprechung daran festgehalten, daß bei einem nicht veröffentlichten Bebauungsplan dieser dem einzelnen davon betroffenen Grundstücke und dessen Eigentümer gegenüber nur durch amtliche Anwendung, d. h. nur durch eine Willensentschließung der Polizeibehörde, welche auf Verwirklichung der durch den Bebauungsplan vorgesehenen Fluchtlinie und die dadurch herbeigeführte Baubeschränkung des Grundstücks gerichtet ist, Rechtswirksamkeit erlangt, sodaß selbst einer amtlichen Mitteilung des Bebauungsplanes seitens der Polizeibehörde an den Eigentümer dieser Wirksamkeit entbehrt, wenn sie nicht jenen Charakter trägt (RG. VII. ZS., 11. Mai 1900. PrVBl. 21 S. 589; v. 22. März 01, PrVBl. 24 S. 162), durch Versagung der Bauerlaubnis RG. 14. Jan. 82, E. 6 S. 295; 4. Juni 90, Gruchot 34 S. 1093, RG. 1. Juni 00, VII 49. 00, JW. 1900 S. 576, PrVBl. 24 S. 162.

3. Nach den Vorschriften der §§ 7, 8 ist gegen den zustande gekommenen Fluchtlinienplan kein anderes Rechtsmittel gegeben, als die Erhebung von Einwendungen nach der zufolge § 7 erfolgten Offenlegung des Planes. Das Verwaltungsstreitverfahren ist demnach ausgeschlossen. OVGE. 1. Febr. 09 IV, B. 4. 09. Vergl. Bem. 11 zu § 1, Bem. 5 zu § 8.

Durch fehlenden Einspruch verwirkt Eigentümer sein Recht gegenüber einer Fluchtlinienfestsetzung (OVGE. 33 S. 430). Ein solcher kann nicht später in einem gegen die Versagung der Bauerlaubnis gerichteten Verfahren vorgebracht werden (OVGE. 18. März 04, Nr. VIII 423, PrVBl. 26 S. 149).

Darin, daß die Eigentümer der durch den Fluchtlinienplan für eine öffentliche Straße bestimmten Grundflächen sich bei diesem Plane beruhigen und keine Einwendungen erheben, kann nicht etwa eine stillschweigende Widmung der Grundflächen für den öffentlichen Verkehr gefunden werden, sondern nur das Einverständnis damit, daß die Flächen künftig durch den Wegebaupflichtigen zur Straße umgewandelt werden (OVGE. 9. März 1905, PrVBl. 26 S. 639, v. 4. April 07 IV C. 135. 06, PrVBl. 29 S. 186).

4. In der Bekanntmachung muß der Fluchtlinienplan genau bezeichnet sein. — Ist die Bekanntmachung ortsüblich erfolgt, so kann niemand mit Erfolg entgegenhalten, er habe nicht Kenntnis erhalten, auch wenn er auswärts wohnt (OVGE. 11. Juni 10, PrVBl. 32 S. 419) oder zur Zeit der Bekanntmachung abwesend war. —

Die ortsübliche Art der Bekanntmachung entspricht der „tatsächlichen Gebräuchlichkeit" (OVGE. 34 S. 13).

Ortsübliche Formen können sein, Aushängen in den dazu bestimmten Kasten usw., maßgebend ist die tatsächliche Übung während eines längeren Zeitraumes. Zur Publikation der Ortsgesetze, Jebens, PrVBl. 21 S. 333.

5. Nach der Fassung des Absatzes 2 kann die hier gegebene Vorschrift nicht auf den Fall beschränkt werden, wo nur e i n Grundstück in Frage kommt. Deshalb bestimmt es sich nach den jedesmaligen Verhältnissen, ob die Voraussetzungen für eine Anwendung des Absatzes 2 gegeben sind; theoretisch läßt sich nicht sagen, bei welcher Zahl von Grundstücken der Begriff „e i n z e l n e G r u n d s t ü c k e" noch paßt oder nicht mehr zutrifft. Da es sich aber um eine Ausnahme von der Regel handelt, wird der Gemeindevorstand sich dieses Weges zweckmäßigerweise nur da bedienen, wo er nach keiner Richtung hin Bedenken hervorruft. Es dürfte dabei noch zu beachten sein, daß eine Offenlegung zu jedermanns Einsicht selbst bei dem unzweifelhaften Vorhandensein der im Gesetz hingestellten Bedingung aus anderen Rücksichten unerläßlich sein kann. So wird möglicherweise bei Anlegung einer völlig neuen, für einen ganzen Stadtteil bedeutungsvollen Straße, deren Lage vielleicht Gegenstand lebhaften Streites ist, nur e i n Grundstück betroffen. Hier verstieße es entschieden gegen den Geist des Gesetzes, wenn der Gemeindevorstand sich auf eine Mitteilung an den betreffenden Eigentümer beschränken wollte, zumal es nicht ohne Zweifel ist, ob im Falle des Absatzes 2 andere Personen, als die beteiligten Grundbesitzer, zur Erhebung von Einwendungen gegen den Plan, von dem sie sich etwa unter der Hand Kenntnis verschafft haben, rechtlich befugt sind. Die Ausnahmebestimmung kann nur den Sinn haben, daß sie nur Anwendung finden darf, wenn das Interesse Dritter nicht berührt wird; andernfalls ist der Plan mit einem Mangel behaftet, welcher seine Ungültigkeit zur Folge haben kann. Den Gemeinden kann nur geraten werden, von der Bestimmung des Abs. 2 nicht Gebrauch zu machen, da es im Einzelfalle schwierig ist, zu entscheiden, ob ein Interesse Dritter vorliegt oder nicht.

Nach dem Abs. 2 ist der Gemeindevorstand nur ermächtigt, an die Stelle der öffentlichen Auslegung des Planes die Mitteilung an die beteiligten Grundeigentümer treten zu lassen. Macht er von dieser Ermächtigung keinen Gebrauch und veranlaßt er die öffentliche Auslegung des Planes, so wird durch die ortsübliche Bekanntmachung, daß und wie letztere erfolgt, dem Gesetze genügt (OVGE. 11. Juni 10 PrVBl. 32 S. 419). Einer vor Zustimmung der Stadtverordneten und der Ortspolizeibehörde erfolgten Mitteilung der von dem Magistrat beschlossenen Fluchtlinie an den Grundbesitzer kann die Bedeutung einer Bekanntmachung des Planes gemäß § 7 nicht beigelegt werden (RG. 18. April 1894, 33 S. 263).

Die in Absatz 1 hinsichtlich der Frist gegebene Vorschrift gilt auch für Absatz 2. Das Reichsgericht stellt es in dem Erlaß vom 3. Nov. 1899 (PrVBl. 21 S. 209) nach der Fassung des Gesetzes als zweifelhaft hin, ob die Setzung der vierwöchentlichen Ausschlußfrist auch im Falle des Absatzes 2 für erforderlich zu erachten sei. Wie es, auch angesichts der Erwägungen in Bemerkung 4, zu einer solchen Auffassung gelangen konnte, ist nicht recht erklärlich. Der Absatz 2 hat auch seiner Wortfassung nach die Ausschlußfrist gar nicht berühren wollen, er sagt nur, daß statt der „Offenlegung und Bekanntmachung" eine „Mitteilung an die beteiligten Grundeigentümer" genüge. Der Inhalt dieser Mitteilung wird gar nicht berührt. — Da die Frist nach ausdrücklicher Anordnung des Gesetzes präklusivisch ist, sind später erhobene Einwendungen nicht zu berücksichtigen Die Wohltat der Wiedereinsetzung in den vorigen Stand, die der § 52 Abs. 2 des Landesverwaltungsgesetzes in Fällen unverschuldeter Versäumung von Beschwerdefristen gewährt, kommt hier den Beteiligten nicht zugute. — Über Auslegung von Fluchtlinienplänen seitens des Zweckverbandes für Groß-Berlin, siehe Anhang (§ 6).

§ 8.

Über die erhobenen Einwendungen (§ 7) hat, soweit dieselben nicht durch Verhandlung zwischen dem Gemeindevorstande und den Beschwerdeführern zur Erledigung gekommen, der Kreisausschuß zu beschließen. An Stelle des Kreisausschusses tritt in Stadtkreisen und den einem Landkreise angehörigen Städten von mehr als 10000 Einwohnern der Bezirksausschuß, in Berlin der Minister der öffentlichen Arbeiten. Sind Einwendungen nicht erhoben oder ist über dieselben endgültig (§ 16) beschlossen, so hat der Gemeindevorstand den Plan förmlich festzustellen, zu jedermanns Einsicht offenzulegen und, wie dies geschehen soll, ortsüblich bekanntzumachen.

1. Das Gesetz verweist in erster Linie auf eine Erledigung der Einwendungen durch Verhandlungen mit den Beschwerdeführern. Dabei hat vermutlich die Annahme vorgeschwebt, die Beschwerdeführer würden zum größten Teile bei einer näheren Darlegung der für den Plan maßgebend gewesenen Gründe sich von der Notwendigkeit oder Zweckmäßigkeit der Maßregel selbst überzeugen und die Einwendungen zurücknehmen. Eine Verhandlung in dem Sinne, daß Gemeindevorstand und Beschwerdeführer sich über eine Abänderung des Projektes verständigen sollten, kann nicht wohl gemeint sein; denn jede wesentliche Änderung würde nach dem Grundsatze des § 1 wieder das Einverständnis der Gemeinde und die Zustimmung der Polizeibehörde erfordern, auch regelmäßig eine neue Auslegung des Planes nötig machen. Vgl. die Ausführung in Bem. 12 zu § 1.

Die vorgängige Verhandlung mit den Beschwerdeführern ist nicht unbedingt vorgeschrieben; der Kreisausschuß kann daher, auch wenn der Gemeindevorstand etwa wegen voraussichtlicher Erfolglosigkeit davon abgesehen haben sollte, in die Erörterung und Beschlußfassung eintreten.

2. Der Kreisausschuß fungiert auch hier wieder als Beschlußbehörde. Das Verfahren wird sich meistens so gestalten, daß der Gemeindevorstand dem Kreisausschusse die Akten einreicht und sich dabei über die erhobenen Einwendungen soweit erforderlich näher äußert. Ob dann der Kreisausschuß sofort entscheiden oder noch weitere Ermittelungen vornehmen, vielleicht auch zu einer mündlichen Verhandlung schreiten will, hängt von seinem Ermessen ab. Ein Antrag des Abg. Stuschke, zu dem Verfahren immer die Ortspolizeibehörde zuzuziehen, fand im AH. die Mehrheit nicht.

Erachtet der Kreisausschuß die Einwendungen für unbegründet, so weist er sie einfach zurück. Hält er sie aber für begründet, so entstehen Zweifel, wie weit er in seiner Entscheidung zu gehen hat. Dem Regierungsentwurfe zufolge sollte der Kreisausschuß nach Verhandlung über die Einwendungen und nach näherer Prüfung des Planes diesen feststellen; er hatte daher den Plan seinerseits so umzugestalten, wie dies gemäß der über die Einwendungen getroffenen Entscheidung notwendig wurde. Das Gesetz weist aber dem Kreisausschusse nur die Entscheidung über die Einwendungen zu, während die der Entscheidung entsprechende förmliche Feststellung des Plans demnächst von dem Gemeindevorstande vorzunehmen ist. Man könnte annehmen, dem so geordneten Verfahren liege derselbe Gedanke zugrunde, von welchem das AH. sich bei den Beratungen über die §§ 1 und 5 hat leiten lassen (vgl. Bem. 5 zu § 5); damit würde man zu dem Schlusse gelangen, der Kreisausschuß müsse sich darauf beschränken, die Einwendungen für begründet zu erklären, und habe sich eines Ausspruches, daß und wie der Plan abzuändern sei, zu enthalten. Der Entschließung des Gemeindevorstandes bliebe es dann überlassen, ob er den Plan entweder ganz fallen lassen oder in einer anderen Gestalt — sei es in derjenigen, welche der ergangenen Entscheidung entspricht, sei es in irgend einer neuen — wieder aufnehmen und in diesem Falle das Verfahren von frischem beginnen will. Nun wird man dem Gemeindevorstande die Befugnis, den Plan bis zum vollständigen Abschlusse des Verfahrens jederzeit zurückzuziehen, unbedenklich einräumen können; er erscheint dazu also auch nach getroffener Entscheidung über die Einwendungen berechtigt. Die Frage ist nur, ob es bei wesentlicher Veränderung des Planes, wenn der Gemeindevorstand trotzdem an ihm festhalten will, eines nochmaligen Verfahrens bedarf. Dieses kann jedenfalls nicht eingeleitet werden, wenn die Entscheidung dahin ergeht, daß der Plan in einer bestimmten, näher angegebenen Weise abzuändern sei; denn hier wird die Gestalt des Planes durch die Entscheidung schon endgültig bestimmt; es bleibt dagegen formell zulässig, wenn nur die Einwendungen als begründet anerkannt, die daraus hervorgehenden Folgen aber nicht gezogen sind. Für eine Wiederholung des Verfahrens spricht manches sehr entschieden. Wird der Plan wesentlich verändert, so hat man es mit einem Plan zu tun, dem sowohl das Einverständnis der Gemeinde wie die Zustimmung der Ortspolizeibehörde fehlt und gegen den Einwendungen aus dem Publikum oder seitens der im § 6 gedachten Behörden nicht haben erhoben werden können. Man braucht sich nur den Fall zu vergegenwärtigen, wo die Fluchtlinien derart verschoben werden, daß sie andere Grundstücke berühren, oder wo die Anlegung einer nicht projektierten Straße oder die Streichung einer projektierten Straße ausgesprochen wird; hier springt sofort in die Augen, wie tief eingreifend eine solche Entscheidung wirken kann und wie bedenklich es ist, die möglicherweise sehr berechtigten Einsprüche Dritter ohne weiteres abzuschneiden. — Trotz dieser schwerwiegenden Gründe scheint aber doch die Ansicht den Vorzug zu verdienen, daß die zur Entscheidung über die Einwendungen berufenen Behörden befugt sind, definitiv über die Gestalt des

Planes zu befinden. Zunächst ist nur so die Fassung des zweiten Satzes zu erklären, welche, ohne auf eine Ausnahme hinzudeuten, voraussetzt, daß der Plan jedesmal nach endgültiger Entscheidung über die Einwendungen von dem Gemeindevorstande festgestellt wird. Weiter läßt sich auch in den Verhandlungen kein Anhalt dafür entdecken, daß der Gesetzgeber an eine Wiederholung des Verfahrens gedacht habe. Die Regierungsvorlage ließ dafür nach dem vorhin Bemerkten keinen Raum, und daß sie zu dem Zwecke abgeändert wäre, um der Entscheidung des Kreisausschusses einen ganz anderen Inhalt zu geben, ist nicht ersichtlich. Die Komm. d. AH. hatte den zweiten Satz folgendermaßen gefaßt:

> Demnächst wird der festgesetzte Plan zu jedermanns Einsicht offengelegt und, wie dies geschehen soll, bekannt gemacht.

Hierin lag keine Abweichung von dem Entwurfe; denn unter dem „festgesetzten Plane" konnte nach dem Zusammenhange nur der durch den Kreisausschuß festgesetzte Plan verstanden werden. Die jetzige Fassung beruht auf einem Antrage des Abg. Stuschke, den der Berichterstatter mit der Bemerkung empfahl, er spreche dasjenige, was die Kommission gewollt habe, besser aus. Nach diesen Vorgängen muß man der schließlichen Feststellung, die nunmehr vom Gemeindevorstande zu vollziehen ist, lediglich die Bedeutung eines formellen Aktes beilegen; darauf deuten auch die Worte des Gesetzes hin, „so hat der Gemeindevorstand den Plan förmlich festzustellen". Wäre die Absicht gewesen, die Stellung des Kreisausschusses in durchgreifender Weise umzugestalten, so hätte das irgendwie zum Ausdruck kommen müssen. Endlich würde eine Wiederholung des Verfahrens bei jeder wesentlichen Änderung des Plans in vielen Fällen zu unerträglichen Verschleppungen führen und die oberen Instanzen zu einer mehrmaligen Entscheidung über dieselben Fragen nötigen, zumal die Interessenten unter den Beteiligten nicht gehindert sind, ihre früheren Einwendungen stets von neuem vorzubringen. — Den oben dargelegten, nicht unbedenklichen Folgen, welche bei dieser Auffassung entstehen können, werden die entscheidenden Behörden durch ein möglichst vorsichtiges Verfahren vorzubeugen suchen müssen, indem sie vor einer wesentlichen Abänderung des Planes diejenigen, bei denen ein Interesse vorausgesetzt werden kann, zu den Verhandlungen zuziehen, nötigenfalls auch der Gemeindevertretung und der Ortspolizeibehörde Gelegenheit zu einer nochmaligen Äußerung geben. Übrigens läuft es immerhin dem Gesetz nicht zuwider, wenn die entscheidende Behörde, wo sie die Sachlage hierzu angetan findet, von einem Ausspruche darüber, wie der Plan umzugestalten sei, Abstand nimmt und lediglich die Einwendung für begründet erklärt; das kann sogar notwendig werden, z. B. wenn ein Ausspruch die Ausarbeitung eines völlig neuen Planes erforderlich macht; es empfiehlt sich aber auch entschieden in anderen Fällen, wo ohnedies eine Schädigung berechtigter, bisher nicht genügend vertretener Interessen zu besorgen steht.

3. Dem Gesetze liegt zwar die Voraussetzung zugrunde, daß der Plan in dem gesamten Verfahren als ein einheitliches Ganze behandelt werde; indes ist keine ausdrückliche Anordnung getroffen, die eine Abweichung hiervon ausschlösse. Dem Gemeindevorstande muß es also unter Umständen freistehen, einzelne, unbeanstandet gebliebene Teile eines größeren Planes förmlich festzustellen, obgleich im übrigen noch wegen der gegen den Plan erhobenen Einwendungen verhandelt wird. Notwendiges Erfordernis dafür ist aber, daß

jene Teile völlig selbständig dem unerledigt bleibenden Reste gegenüberstehen und daß eine Rückwirkung des noch nicht abgeschlossenen Verfahrens auf die vorab endgültig festzustellenden Teile nicht stattfinden kann. Deshalb müssen jedenfalls örtlich verschiedene Flächen in Frage stehen (OVGE. 24. Nov. 81, Bd. 8 S. 319). Dabei kann auch in Betracht kommen, ob nicht zu einer solchen Festsetzung eines Teiles des Planes die Zustimmung der Polizeibehörde von neuem nötig erscheint, da unter Umständen der Zusammenhang und die Einheitlichkeit des Planes, so wie er vorgelegt war, für ihre Zustimmung von wesentlicher Bedeutung sein kann (vgl. Bem. 12 zu § 1). Schreitet der Gemeindevorstand, ohne die hiernach notwendige Zustimmung eingeholt zu haben, oder bevor über die nicht erledigten Einwendungen seitens der berufenen Behörden endgültig beschlossen war, zur förmlichen Festsetzung des Planes, so entbehrt dieser der Rechtswirksamkeit (OVGE. v. 4. April 98 Nr. IV 628). Unzulässig erscheint eine Zerreißung des Planes in der Weise, daß auf derselben Fläche bestimmte Anlagen (etwa die Straßenzüge) festgestellt werden, während andere, damit in Verbindung stehende Einrichtungen (z. B. für die Entwässerung) noch in der Schwebe bleiben (OVGE. Bd. 8 S. 319 ff.).

4. Die förmliche Feststellung des Planes, seine Auslegung und die bezügliche Bekanntmachung, die auch im Falle des § 7 Abs. 2 erforderlich sind, dürfen nicht fehlen. Sie dürfen jedoch erst erfolgen, wenn keine Einwendungen erhoben sind oder über Einwendungen endgültig beschlossen ist. Geschieht dementgegen die Festsetzung, so ist sie ohne rechtliche Wirkung. (OVGE. 28. Sept. 1895, 28 S. 371). Dasselbe gilt auch für Abänderungen eines bestehenden Bebauungsplanes (PrVerwBl. 20 S. 151). Ein Fluchtlinienplan, der endgültig festgestellt ist, obwohl aus ihm die beabsichtigten Fluchtlinien nicht deutlich erkennbar waren, entbehrt der Rechtswirksamkeit und erlangt diese auch nicht dadurch, daß durch übereinstimmenden Beschluß der Gemeindebehörden mit Zustimmung der Polizeibehörde der angeblich beabsichtigte Verlauf der Fluchtlinie später „authentisch deklariert" und dementsprechend der Plan nachträglich vervollständigt wird; zur Beseitigung von Mängeln der bezeichneten Art bedarf es vielmehr eines neuen Feststellungsverfahrens, das mit den gesetzlichen Vorschriften in Einklang steht (OVGE. 48 S. 373).

Die Gemeindeorgane sind gesetzlich berechtigt, auch einen vor längerer oder kürzerer Zeit endgültig gemäß § 8 des Fluchtliniengesetzes festgestellten Fluchtlinienplan abzuändern und zu ergänzen. Den beteiligten Grundbesitzern erwächst gesetzlich kein unverbrüchliches Recht auf unveränderte Beibehaltung eines einmal festgestellten Bebauungsplanes (OVG. 2. Nov. 1910. PrVBl. 33 S. 79).

Nach § 13 des Gesetzes, betreffend Gründung neuer Ansiedlungen, vom 10. August 1904 ist eine Ansiedlungsgenehmigung für Wohnhäuser innerhalb des Gebietes eines festgestellten Bebauungsplans nicht erforderlich. Die Festsetzung muß jedoch eine förmliche sein (OVGE. 48 S. 392).

Vor Einleitung des Enteignungsverfahrens ist der Fluchtlinienplan förmlich festzustellen.

5. Gegen die Festsetzung von Fluchtlinien ist der Rechtsweg nach allgemeinen Grundsätzen ausgeschlossen (vgl. auch Erlaß des Kompetenz-Gerichtshofes vom

8. Jan. 76 — MBl. S. 78 — und vom 11. Febr. 65 — JMBl. S. 106, vergl. Bem. 13 zu § 1). Daß der Zivilrichter und der Verwaltungsrichter als Inzidentpunkt die Rechtmäßigkeit der Festsetzung und danach die Rechtswirksamkeit des Fluchtlinienplanes entstehendenfalls zu prüfen hat, bedarf kaum der Erwähnung (OVGE. Bd. 25 S. 387, PrVerwBl. 15 S. 371; v. 11. Juni 10, PrVBl. 32 S. 418; RGE. II. ZS. v. 3. Nov. 99, PrVerwBl. 21 S. 209). Ob der Fluchtlinienplan, der den gesetzlichen Bestimmungen gemäß zustande gekommen und förmlich festgestellt ist, zweckmäßig oder unzweckmäßig sein möchte, darüber hat der Verwaltungsrichter nicht zu entscheiden, das ist Sache des geordneten Verfahrens der Beschlußbehörden (OVGE. v. 5. Juni 99, Bd. 36 S. 412). Vergl. Bem. 11 zu § 1, Bem. 1 zu § 3, Bem. 5 zu § 8.

6. Der Entwurf enthielt noch die Bestimmung, daß die durch Aufstellung und Offenlegung des Planes erwachsenden Kosten der Gemeinde zur Last fallen. Die Komm. d. AH. strich das als selbstverständlich.

Über Erhebung von Einwendungen gegen die Fluchtlinienpläne des Zweckverbandes für Groß-Berlin, siehe Anhang (§ 6).

§ 9.

(1) Sind bei Festsetzung von Fluchtlinien mehrere Ortschaften beteiligt, so hat eine Verhandlung darüber zwischen den betreffenden Gemeindevorständen stattzufinden.

(2) Ueber die Punkte, hinsichtlich deren eine Einigung nicht zu erzielen ist, beschließt der Kreisausschuß. An Stelle des Kreisausschusses tritt in Stadtkreisen und den einem Landkreise angehörigen Städten von mehr als 10000 Einwohnern der Bezirksausschuß, in Berlin der Minister der öffentlichen Arbeiten.

1. Die Voraussetzung des § 9 ist zunächst da gegeben, wo die Straße an der Grenze zweier Ortschaften liegt oder aus einer Ortschaft in die andere hinüberführt. Die Bestimmung wird aber auch dann zur Anwendung kommen müssen, wenn eine Ortschaft zu mehreren Kommunalbezirken gehört, wie das in ländlichen Ortschaften bei dem Durcheinanderlaufen der Grenzen zwischen Guts- und Gemeindebezirk häufiger vorkommt. Vgl. auch die Bemerkung 2b zu § 12.

2. Der Kreisausschuß hat über diejenigen Punkte ebenfalls zu entscheiden, hinsichtlich deren eine Einigung wegen mangelnden Einverständnisses der Gemeinden oder deren Vertretungen nicht zu erzielen ist (vgl. Bem. 5 zu § 5).

An sich würde die Entscheidung, wo die Fluchtlinienfestsetzung von den Gemeindevorständen ausgeht, in einem abgesonderten Vorverfahren zu treffen sein, nach dessen Beendigung die Gemeindevorstände sich dann erst mit den Ortspolizeibehörden ins Benehmen zu setzen hätten. Je nach Belegenheit der Sache mag es aber angemessen sein, die Polizeibehörden schon vorher herbeizuziehen, so daß etwaige Meinungsverschiedenheiten mit diesen in demselben Verfahren zum Austrage gebracht werden können. Über die Herbeiführung eines Einvernehmens verschiedener Gemeindevorstände vergl. E. d. Min. d. öff. Arb. v. 24. April 06 (MBl. f. d. i. V. S. 198).

§ 10.

(1) Jede, sowohl vor als nach Erlaß dieses Gesetzes getroffene Festsetzung von Fluchtlinien kann nur nach Maßgabe der vorstehenden Bestimmungen aufgehoben oder abgeändert werden.

(2) Zur Festsetzung neuer oder Abänderung schon bestehender Bebauungspläne in den Städten Berlin, Potsdam, Charlottenburg und deren nächster Umgebung bedarf es Königlicher Genehmigung.

1. Aus der Fassung des § 10 sind Bedenken entnommen worden, ob es gestattet sei, eine vor Erlaß des Gesetzes festgestellte Fluchtlinie durch ein neues Verfahren in eine Fluchtlinie nach Maßgabe des Gesetzes umzuwandeln, da die alte Fluchtlinie weder aufgehoben noch abgeändert werde, wenn sie mit der neuen völlig zusammenfalle. Die Bedenken sind unberechtigt. In dem ersten Satze des § 10 hat nur — was freilich auch aus allgemeinen Rechtsgrundsätzen folgen würde — bestimmt zum Ausdruck gebracht werden sollen, daß frühere Fluchtlinienfestsetzungen bestehen bleiben. Damit ist den Gemeinden nicht verwehrt, die alte Fluchtlinie nochmals nach Vorschrift des Gesetzes festzustellen (OVGE. Bd. 25 S. 387); auch eine solche Festsetzung ist, wie § 1 in den Eingangsworten voraussetzt, „für die Anlegung oder Veränderung von Straßen" bestimmt und nirgends findet sich im Gesetze eine Anordnung, die ein derartiges Vorgehen ausschlösse. An sich ist aber nicht einzusehen, weshalb die Gemeinden behindert sein sollten, sich die mit der Festsetzung nach Maßgabe des Gesetzes verbundenen wesentlichen Vorteile zu sichern, weil schon eine alte Fluchtlinie und damit eine wenn auch anders geartete Beschränkung der Grundeigentümer besteht, während ihnen diese Befugnis unbestritten da zukommt, wo die Grundeigentümer durch eine Fluchtlinie bisher noch in keiner Weise beschränkt sind. Übrigens kann eine wiederholte Festsetzung auch deswegen ratsam sein, weil in Beziehung auf die frühere Zweifel bestehen, sei es, daß die Rechtsgültigkeit der Feststellung überhaupt oder irgend eine Einzelheit nicht völlig klar ist. Vgl. RGE. V. ZS. v. 27. März 89 Bd. 23 S. 283; OVGE. Bd. 25 S. 387, PrVerwBl. 15 S. 371.

Früher waren — abgesehen von einzelnen Landesteilen (vgl. z. B. für die Stadt Frankfurt a. M. das G. v. 6. Febr. 49, OVGE. v. 15. März 90 Nr. IV 277, PrVerwBl. 19 S. 371) — für die Fluchtlinienfestsetzung bestimmte Formen gesetzlich nicht vorgeschrieben; es genügte daher jede Form, in die überhaupt eine polizeiliche Anordnung gekleidet werden kann; auch für Bebauungspläne bedurfte es weder einer Veröffentlichung noch einer Beachtung der Vorschriften für den Erlaß von Polizeiverordnungen. Die Zirkularverfügung des Ministers für Handel usw. v. 12. Mai 55 (MBl. S. 100), welche allerdings für die Vorbereitung des Planes ein gewisses Publikationsverfahren anordnet, enthält nur eine Anweisung an die Behörden und ist keine, einer Gesetzesvorschrift gleichzuachtende Satzung, von deren Befolgung die Gültigkeit der älteren Bebauungspläne abhängt. OVGE. Bd. 5 S. 381 ff., Bd. 19 S. 83 ff., PrVerwBl. 12 S. 120; E. v 17. Dez. 91 Nr. IV 37; RGE. Bd. 6 S. 295, Bd. 17 S. 166, PrVerwBl. 11 S. 396 u. 364. Bezüglich des Bebauungsplanes für Charlottenburg vom Jahre 1862 vgl. OVGE. Bd. 5 S. 381. Über die Verschiedenheit des rechtlichen Wesens der nach dem G. v. 2. Juli 75 und der nach dem älteren Recht vorgenommenen Baufluchtenfestsetzungen vgl. OVGE. v. 11. Juli 96 Nr. II 1403; OVGE. Bd. 30 S. 68, PrVerwBl. 17 S. 513. Vgl. Bem. 12 zu § 1.

2. Ob ein älterer Bebauungsplan veröffentlicht ist oder nicht, hat indes nach anderer Richtung hin eine erhebliche Rechtswirkung. Wie die Zivilgerichte bei den Entschädigungsklagen der Grundbesitzer in feststehender Rechtsprechung angenommen haben, wird für die Beteiligten erst durch die amtliche Veröffentlichung erkennbar, daß der Plan eine Anordnung der zuständigen Behörde enthält; während die Veröffentlichung eine sofortige Belastung der betreffenden Grundstücke mit den aus dem Plane hervorgehenden öffentlich-rechtlichen Beschränkungen bewirkt, treten diese bei unterlassener Veröffentlichung erst mit dem Augenblicke ein, in welchem die Polizeibehörde eine erbetene Bauerlaubnis auf Grund des Planes versagt und damit die Anordnung zur Kenntnis der Beteiligten bringt. Ob der Grundbesitzer etwa vorher auf nichtamtlichem Wege Kunde von dem Plane erlangt hat, ist an sich unerheblich und kann möglicherweise nur dahin führen, das Vorhandensein eines Schadens, der sonst aus den Beschränkungen entsteht und regelmäßig einen Entschädigungsanspruch gegen die Gemeinde begründet, im gegebenen Falle zu verneinen (wenn z. B. der Eigentümer das Grundstück infolge jenes Umstandes zu einem entsprechend niedrigeren Preise erworben hat). OTrE. v. 27. Febr. 65 Bd. 53 S. 35, v. 31. Mai 66 Bd. 56 S. 21; v. 10. Juli 77 Bd. 80 S. 34 und v. 29. Nov. 77 Strieth. Bd. 99 S. 255; RG. V. ZS. v. 14. Jan. 82 Bd. 6 S. 295; JMBl. S. 135; PrVerwBl. 4 S. 7; v. 14. Okt. 82, PrVerwBl. 4 S. 68; v. 14. April 86, PrVerwBl. 8 S. 181; v. 29. Mai 86, PrVerwBl. 7 S. 352; v. 27. Nov. 86, PrVerwBl. 8 S. 238; v. 2. Juli 88, PrVerwBl. 9 S. 407 und v. 16. Nov. 89, PrVerwBl. 11 S. 196; RGE. v. 28. Nov. 91, PrVerwBl. 13 S. 342; RGE. VII. ZS. v. 11. Mai 00, PrVerwBl. 21 S. 589. Erkundigt sich ein Eigentümer bei einer Amtsstelle des Polizeipräsidiums nach dem Bebauungsplan und erhält hierüber Auskunft, so genügt das nicht, um der auf diese Weise erlangten Kenntnisnahme von der Baubeschränkung die Bedeutung beizumessen, daß eine Willensentschließung der Polizeibehörde vorliegt. Dasselbe gilt, wenn man diese Auskunft, als eine „amtliche Bestätigung“ einer bereits bestehenden Kenntnis jener Tatsache ansehen will (RG. v. 11. Mai 00 PrVBl. 21 S. 589). Die Anlieger haben weder nach öffentlichem noch nach bürgerlichem Recht ein wohlerworbenes Recht auf Beibehaltung der einmal festgestellten Linie (PrVerwBl. 33 S. 78). Tritt eine Änderung oder Aufhebung der Fluchtlinie nach § 10 auf Betreiben der Gemeinde bei bereits schwebendem Enteignungsverfahren ein, so kann die Gemeinde zwar die gestellten Enteignungsanträge zurücknehmen, haftet aber nach § 42 EG.; RG. v. 12. Febr. 09; PrVerwBl. 30 S. 817; OVGE. v. 17. Jan. 14; PrVerwBl. 36 S. 105. Vgl. Bem. 8 zu § 1, Bem. 4 zu § 8.

3. Darüber, ob eine Fluchtlinienfestsetzung — sei es nach älterem, sei es nach neuerem Rechte — stattgefunden hat und welche Fluchtlinie hierbei festgesetzt ist, muß nach Lage des einzelnen Falles befunden werden (OVGE. Bd. 21 S. 375 ff., Bd. 23 S. 364, Bd. 28 S. 371, v. 11. Sept. 84 Nr. II 721, PrVerwBl. 6

S. 30; v. 28. Okt. 85 Nr. II 1044, PrVerwBl. 7 S. 143; v. 20. Juni 90 Nr. IV 643, PrVerwBl. 11 S. 572; v. 17. Febr. 91 Nr. IV 164; v. 10 März 91 Nr. IV 239, PrVerwBl. 12 S. 554 und v. 5. Jan. 92 Nr. IV 16).

4. An sich wird durch die Fluchtlinienfestsetzung nur das Projekt einer künftigen Straßenanlage aufgestellt; der Fluchtlinie kommen daher anderweite rechtliche Wirkungen, als die im Gesetz bestimmten, nicht zu (OVGE. Bd. 20 S. 225, Bd. 25 S. 387, PrVerwBl. 15 S. 371; v. 22. Dez. 81 Nr. II 75 und 9. April 85 Nr. II 404, PrVerwBl. 6 S. 300). Eine besondere, hier nicht weiter zu erörternde Folge kann die Festsetzung auf dem Gebiete der Gemeindebesteuerung nach § 27 Abs. 2 des Kommunalabgabengesetzes v. 14. Juli 93 haben.

Über die Durchführung des Planes enthält das Gesetz keine näheren Anordnungen; sie erscheinen auch entbehrlich. Nach der Stellung, welche auf diesem Gebiete den Gemeindeorganen zukommt und ihnen außerdem noch besonders durch das Gesetz angewiesen ist (vgl. Einleitung unter I sowie § 1 Abs. 1 und § 5), hat die Verwirklichung des Projektes der Regel nach von der Gemeinde auszugehen (OVGE. v. 2. Dez. 96 Nr. IV 1967; v. 20. März 96, Nr. II 627; Bochmann, Mitteilungen Bd. 2 S. 387); dem entspricht es, wenn § 11 nur der „Gemeinde das Recht zuerkennt, die nach dem Fluchtlinienplane für Straßen und Plätze bestimmte Grundfläche zu enteignen (vgl. auch § 13 Nr. 1). Hierdurch wird indes die Einwirkung der Polizeibehörde, wenngleich sie daraus Anlaß nehmen mag, sich bei Ausübung der ihr zustehenden Befugnisse in betreff der Fürsorge für die öffentlichen Wege eine gewisse Beschränkung aufzuerlegen, doch jedenfalls nicht beseitigt. Liegt ein Bedürfnis zur Ausführung der Straßenanlage vor, so ist die Polizeibehörde berechtigt, sie auf Grund des § 56 des ZustG. v. 1. Aug. 83 der wegebaupflichtigen Gemeinde aufzugeben und nötigenfalls zwangsweise durchzusetzen (OVGE. v. 22. Sept. 98 Nr. IV 1850); bei entstehendem Streite wird über die Notwendigkeit und Angemessenheit der Anforderung, wie bei allen anderen wegebaupolizeilichen Verfügungen, in dem gesetzlich geregelten Verfahren befunden. Der Polizeibehörde verbleibt daneben die ihr zustehende Aufsicht über die öffentlichen Straßen auch insofern, als sie die Art, wie die Straßen einzurichten und demnächst für den öffentlichen Verkehr geeignet zu erhalten sind, in gewöhnlicher Weise zu bestimmen hat. Darin liegt zunächst ihre Befugnis, von dem Ausbau der Straße in voller Breite einstweilen abzusehen, so daß ein Teil des künftigen Straßenlandes vorläufig noch den Eigentümern verbleibt. Diese Flächen sind dann zu behandeln wie anderes Grundeigentum, über das im Bebauungsplane eine noch nicht ausgeführte Straße gelegt ist; ihre Umwandlung in Vorgärten kann deshalb nicht gefordert werden (OVGE. v. 20. Juni 90 Nr. IV 643, PrVerwBl. 11 S. 572 und v. 10. März 91 Nr. IV 239, PrVerwBl. 12 S. 554; OVGE. Bd. 34 S. 421. Vgl. Bem. 20 d zu § 1). Die Einfriedigung der noch nicht tatsächlich zur Straße gezogenen Fläche ist nicht nur zulässig, sondern kann auch unter Umständen verlangt werden (vgl. Bem. 18 zu § 11). — Weiter hat die Polizeibehörde über die Einteilung der Straße in Bürgersteig, Fahrdamm, Promenadenweg usw. zu bestimmen (vgl. Bem. 18 zu § 1); denn das Gesetz überträgt den Gemeinden nur die Festsetzung der Fluchtlinie, also der Richtung und der Breite der Straße, verbunden mit der erforderlichen Anordnung über die Neigungs- und Abwässerungsverhältnisse (§ 4). Nun mag es durchaus zweckmäßig sein, bei Feststellung des Planes im Einverständnisse mit der Polizeibehörde zugleich auch die Einteilung der Straße zu regeln; soweit dies aber nicht geschehen sein sollte, tritt in erster Linie die Polizeibehörde mit ihren Anordnungen ein und es kann jedenfalls die Gemeinde nicht einseitig vorgehen, sie bleibt an die Zustimmung der Wegepolizeibehörde gebunden. Daneben bildet auch eine mit der Fluchtlinienfestsetzung zusammen erfolgte Einteilung der Straße keinen gesetzlichen Bestandteil der ersteren, so daß davon nur im Wege einer neuen Fluchtlinienfestsetzung abgewichen werden könnte. Denn die Fluchtlinie ist nicht dazu bestimmt, die Einteilung der Straße zu regeln. Deshalb braucht auch der Fluchtlinienplan gar keine Vorschriften darüber zu enthalten. Sind solche getroffen, so kann jederzeit von ihnen abgegangen werden. Infolgedessen bleibt die Polizeibehörde befugt, von der Gemeinde die Verbreiterung des Bürgersteiges auf Kosten des Fahrdammes oder umgekehrt des Fahrdammes auf Kosten des Bürgersteiges vermittels einfacher wegebaupolizeilicher Verfügung zu verlangen. Endlich hat die Polizeibehörde bei der Bestimmung darüber mitzuwirken, wie die einzelnen Teile der Straße herzustellen und insbesondere zu befestigen sind. Dies hat im Gesetze selbst eine ausdrückliche Anerkennung gefunden, indem nach § 12 die baupolizeilichen Bestimmungen des Orts darüber entscheiden, ob eine Straße für den öffentlichen Verkehr und den Anbau fertiggestellt ist. OVGE. Bd. 14 S. 275, v. 17. Febr. 86 Nr. I 223, PrVerwBl. 7 S. 364; v. 11. Sept. 86 Nr. I 1081, PrVerwBl. 8 S. 23; v. 27. Nov. 86 Nr. I 1377; v. 25. Mai 87 Nr. I 574, PrVerwBl. 8 S. 314; v. 8. Okt. 87 Nr. I 1104 und v. 17. März 88 Nr. I 188, PrVerwBl. 9 S. 266; v. 17. Juni 1897 Nr. IV 1076; v. 22. Sept. 94 Nr. II 1249, PrVerwBl. 16 S. 85.

Wann eine Straße tatsächlich ins Leben getreten und damit auch rechtlich als öffentlicher Weg dem Schutze der Polizeibehörde unterstellt ist, läßt sich nur nach den Verhältnissen des einzelnen Falles beurteilen. Zweifellos ist nicht der vollständige Ausbau, die Herstellung in einer dem Fluchtlinienplane entsprechenden oder allen polizeilichen Ansprüchen genügenden Weise erforderlich; vielmehr kann nicht bloß die Anlegung stufenweise erfolgen, sondern die Straße auch bei allmählichem und langsamem Ausbau schon geraume Zeit vor ihrer Vollendung die Eigenschaft eines öffentlichen Weges angenommen haben. Das Entscheidende wird immer bleiben, ob die Straße unter ausdrücklicher oder stillschweigender Zustimmung der Polizeibehörde tatsächlich dem öffentlichen Verkehr freigegeben ist. Vgl. OVGE. Bd. 20 S. 226, 227, Bd. 24 S. 379 ff. und v. 1. Juli 93 Nr. II 751. Die Zustimmung der Polizei zu dem Fluchtlinienplan (§ 1) bedeutet nur die Genehmigung, daß dem Plane gemäß künftig eine Straße geschaffen werden könne und solle, sie bedeutet aber noch nicht die Zustimmung dazu, daß nun die Stadtgemeinde lediglich nach ihrer eigenen Entschließung die Straße dem öffentlichen Verkehr übergeben und damit die öffentliche Straße schaffen könne. Nur das Projekt, nicht die Schaffung der Straße selbst, nicht ihre Widmung für den öffentlichen Verkehr ist durch den Plan genehmigt. Zu dieser Widmung, zu der Entstehung der Straße, als einer öffentlichen Stadtstraße bedarf es noch einer weiteren Zustimmung der Polizei (OVGE. v. 18. April 01; v. 10. Febr. 05, PrVerwBl. 27 S. 360; OVGE. Bd. 39 S. 216, PrVerwBl. 22 S. 569; ebenso OVGE. v. 20. April 03

Nr. IV 711), nötigenfalls auch der Regelung der öffentlich-rechtlichen Unterhaltung (OVGE. Bd. 32 S. 204 vgl. § 15 Bem. 3).

Die Zustimmung der Polizei durch Klage zu erzwingen, haben die Gemeinden keine Berechtigung, sie können nur Beschwerde im Aufsichtswege führen.

5. Jede ordnungsmäßig festgesetzte Fluchtlinie kann nach Erlaß des Gesetzes nur auf dem vorgeschriebenen Wege abgeändert werden (OVGE. 18. Sept. 14 Bd. 68 S. 437). Damit ist die dem Minister für Handel in dem Allerhöchsten Erlasse v. 26. Juli 62 erteilte Ermächtigung (vgl. Bem. 20 d zu § 1) hinweggefallen, im Bereiche des Bebauungsplans für Berlin und Umgebung Anordnungen wegen Einrichtung von Vorgärten zu treffen, also eine von der Bauflucht verschiedene Straßenflucht festzusetzen (OVGE. v. 20. Juni 90 Nr. IV 643, PrVerwBl. 11 S. 572; E. v. 13. Juni 98 Nr. IV 1110; OVGE. Bd. 34 S. 421). In diesem wie in dem umgekehrten Falle, wenn Straßen über die festgesetzte Straßenflucht oder über die tatsächlich bestehende Breite hinaus verbreitert, also auch wenn die auf ordnungsmäßiger Anordnung beruhenden Vorgärten zur Straße gezogen werden sollen, bedarf es sachgemäß zunächst der Festsetzung neuer Fluchtlinien in Gemäßheit des Gesetzes. Der § 10 bezieht sich nur auf die Aufhebung oder Abänderung „getroffener" d. h. endgültig erfolgter Fluchtlinienfestsetzungen. Handelt es sich um die Einstellung eines eingeleiteten, aber noch nicht zum Abschluß gebrachten Festsetzungsverfahrens, so kann diese durch einfachen Beschluß erfolgen, OVGE. v. 10. Juli 16 IV C. 6. 16 Bd. 71 S. 138 (es handelt sich vorliegend um einen Fluchtlinienplan der beschlossen und veröffentlicht war, später jedoch nach etwa 14 Jahren mit Rücksicht auf die erhobenen Einsprüche durch Beschluß der Stadtverordneten aufgehoben wurde). Vgl. OVGE. v. 20. Juni 90 Nr. IV 693; PrVerwBl. 11 S. 573. Bezüglich der Frage, ob der Wegepolizeibehörde, wenn sie die Neuanlegung einer bisher nicht vorhandenen Straße durchsetzen will, in der Weise vorgehen kann, daß sie der Gemeinde mittels wegepolizeilicher Verfügung die Herstellung der Straße aufgibt, ist schon in Bem. 3 zu § 1 das Erforderliche gesagt. Der Ansicht, daß ein solches Verfahren unter allen Umständen unzulässig und daß zunächst die Festsetzung der Fluchtlinie zu fordern sei, kann nicht beigepflichtet werden. Es sind wohl Fälle denkbar, wo das Bedürfnis für Neuschaffung einer städtischen Straße vorliegt, ohne daß es einen Zweck hätte, erst Fluchtlinien festzusetzen.

6. Einigermaßen unklar ist das Verhältnis des § 10 zu dem § 57 des ZustG. v. 1. Aug. 83. Über die Rückwirkung dieser letzteren, das Verfahren bei E i n z i e h u n g a l l e r ö f f e n t l i c h e n W e g e regelnden Bestimmung auf das G. v. 2. Juli 75 finden sich in den Verhandlungen über den Erlaß des Zuständigkeitsgesetzes keine besonderen Andeutungen. Der Entwurf einer Wegeordnung vom Jahre 1877/78 hatte hierauf Rücksicht genommen; er brachte das Verfahren wegen Einziehung öffentlicher Wege in Einklang mit den Grundsätzen des Gesetzes v. 2. Juli 75 und schrieb außerdem noch besonders vor, die Bestimmungen dieses Gesetzes sollten unberührt bleiben. Die Motive zu dem gen. Entwurf der Wegeordnung (Drucks. d. AH. 1877/78 Nr. XIV S. 48—51) sagen, daß die Prinzipien des G. v. 2. Juli 75 auch für die Bestimmungen über Anlegung, Einziehung und Verlegung von Wegen leitend und maßgebend gewesen wären. Von welcher Anschauung nun bei Abfassung des § 57 ausgegangen

ist, läßt sich zwar nicht sicher erkennen; jedenfalls kann aber die Absicht nicht darauf gerichtet gewesen sein, den § 10 durch die neuere Vorschrift zu beseitigen. Näher läge die Auffassung, daß § 57 sich auf die unter das G. v. 2. Juli 75 fallenden Straßen überhaupt nicht beziehe; allein einesteils steht dem der Wortlaut des § 57 entgegen, da die Straßen zweifellos zu den öffentlichen Wegen gehören (OVGE. Bd. 25 S. 239), anderenteils kommt in Betracht, daß irgend welche näheren Anordnungen über die Einziehung von Straßen im G. v. 2. Juli 75 überhaupt nicht getroffen sind, das Gesetz sich vielmehr darauf beschränkt, ein besonderes Verfahren für die Aufhebung früher festgestellter Fluchtlinien vorzuschreiben. Hiernach fragt es sich, ob stets und unter welchen Umständen die beiden, verschieden geordneten Verfahren nebeneinander innegehalten werden müssen und welches von beiden, da eine gleichzeitige Einleitung und Durchführung außerordentlich unzweckmäßig sein dürfte, in solchen Fällen voranzugehen hat. Man wird wohl unterscheiden müssen. Der § 57 findet nur auf tatsächlich vorhandene, zu Recht bestehende öffentliche Wege Anwendung; sind also lediglich Fluchtlinien festgesetzt, ohne daß die Straße tatsächlich schon ins Leben gerufen ist, so scheidet § 57 aus. Das ist klar. Zweifel sind darüber geäußert — auch in den früheren Auflagen dieses Werkes — ob dasselbe anzunehmen für den Fall, daß eine vorhandene mit Fluchtlinien versehene städtische Straße eingehen oder verlegt werden soll, ein Fall, der bei Durchbruchsprojekten in größeren Städten öfter vorkommt. Handelt es sich dabei nur um kleine Wegekorrekturen, so ist, wie auch sonst bei öffentlichen Wegen (OVGE. Bd. 19 S. 259; Bd. 43 S. 24), von dem Verfahren nach § 57 ZustG. abzusehen. Man ist nun der Meinung gewesen, daß auch sonst in solchem Falle nur das Verfahren des § 10 erforderlich sei, und hat folgendermaßen deduziert: „Die Straße ist vor allem auch für den inneren Verkehr bestimmt; sollen nun die dafür festgesetzten Fluchtlinien in der Absicht aufgehoben werden, damit die Straße selbst vollständig, auch als Verkehrsweg, zu beseitigen, so bleibt für die Anwendung des § 57 kein Raum; die Einziehung der Straße als das Größere schließt das Geringere, die Einziehung des öffentlichen Weges, notwendig in sich." Dagegen sind jedoch erhebliche Bedenken geltend zu machen. Daß die städtischen Straßen, auch wenn sie mit Fluchtlinien versehen sind, dem § 57 ZustG. unterstehen, ist schon erwähnt. Im wesentlichen schafft die Festsetzung von Fluchtlinien eine Norm für das örtliche Baurecht, das Fluchtliniengesetz steht mit der Wegegesetzgebung „nur in einem losen und äußerlichen Zusammenhange" (Motive z. FluchtlG. StenB. des AH. Anl. Bd. 1 1875 S. 290). Es ist eines der Mittel, den Anbau zu fördern, indem die dazu nötigen Straßen erschlossen werden (OVGE. v. 20. April 95 Nr. IV 613, Bochmann, Mitt. II S. 75). Man muß aber Absicht und Wirkung der Festsetzung von Fluchtlinien scharf unterscheiden (OVGE. Bd. 25 S. 387). Die Absicht, der Zweck ist, Straßen zu schaffen, die Wirkung ist es aber nicht, es entstehen durch die Fluchtlinien keine Straßen, dazu müssen noch andere Momente hinzukommen. Fluchtlinien sind nicht einmal die notwendige Vorbedingung für die Entstehung von Straßen (OVGE. Bd. 14 S. 402, v. 24. Okt. 94 Nr. II 1431; v. 22. Sept. 94 Nr. II 1294 in Bochmann, Mitt. I S. 126 u. 110; vgl. VerwArch. III S. 580 f.). Die Aufhebung von Fluchtlinien kann aber nicht mehr beseitigen, als was durch die Festsetzung geschaffen ist (vgl. Bem. 4 zu diesem Paragraphen). Wenn aber durch die Festsetzung von Fluchtlinien keine Straßen entstehen, so können auch durch ihre Aufhebung keine Straßen wegfallen. Die „Absicht", der Zweck der Aufhebung von Fluchtlinien kann die Einziehung von Wegen, Straßen sein, ihre Wirkung ist es nicht, dazu gehört noch mehr. Es werden mithin auch für diesen Fall beide Verfahren aus § 10 dieses G. und aus § 57 ZustG. nicht zu entbehren sein. Sie können aber nur dann als sachgemäß geordnet gelten, wenn das Verfahren aus § 10 dieses G. demjenigen aus § 57 ZustG. vorhergeht (OVGE. v. 4. April 07 IV C. 135 06; PrVerwBl. 29 S. 186). Denn da Fluchtlinien, welche nicht eine schon bestehende städtische Straße begrenzen, keine weitere Bedeutung haben, als die einer projektierten Straße, unter Umständen des Beginnes ihrer Anlegung, so würde die Kassierung einer Straße ohne vorherige Kassierung der Fluchtlinien die bestehende Straße wieder in das Stadium ihres Projektes zurückführen. Das wäre widersinnig. Eine gleiche Ordnung des Verfahrens wird innezuhalten sein, wenn Fluchtlinien für einen bereits vorhandenen öffentlichen Weg festgesetzt sind, aber die Straße selbst noch nicht hergestellt ist, und nun der Weg eingezogen werden soll; denn die Aufhebung der Fluchtlinien bedeutet auch hier an sich nur das Aufgeben der Absicht, den Weg in eine Straße zu verwandeln, läßt also den Weg als solchen bestehen. Auch wenn eine Straße, selbst auf Grund einer Zwangsverfügung der Polizei, verbreitert werden soll, so wird sachgemäß die Aufhebung und Neufestsetzung der Fluchtlinien zuerst erfolgen, und zwar schon im Interesse der Gemeinde selbst, da dann erst die Wirkungen des § 11 eintreten. — Das OVG. hat diese Fragen in den E. v. 17. Febr. 91 Nr. IV 164, v. 3. Juni 92 Nr. IV 582 und v. 21. Juni 92 Nr. IV 651 gestreift; in dem Erkenntnis v. 18. April 98 Nr. IV 723 ist bestimmt ausgesprochen, daß bei Straßen dem Einziehungsverfahren die Kassierung der Fluchtlinien nach § 10 des G. v. 2. Juli 75 in den Formen dieses Gesetzes vorangehen müsse. Wesentlich in Übereinstimmung mit obigen Darlegungen wird ausgeführt: Ohne diese Beseitigung der Fluchtlinien würde die Durchführung des Verfahrens nach § 57 des Zuständigkeitsgesetzes die Kassation des öffentlichen Weges herbeiführen, ohne den Bestand der Fluchtlinien mit seinen rechtlichen Wirkungen zu berühren, und so im Effekt der Rechtszustand geschaffen werden, der durch die Bestimmung der Fluchtlinien für künftige, erst projektierte Straßen entsteht. Statt dessen gehe aber das Ziel des Verfahrens aus § 57 a. a. O. gerade dahin, aus Straßenland freies Privateigentum am Wegekörper ohne die Einschränkungen zu schaffen, die das Gesetz für bestehende, wie für durch Fluchtlinien projektierte Straßen begründet. Daraus ergebe sich mit Notwendigkeit, daß von der Kassation der Straße so lange nicht die Rede sein könne, als nicht die Straßenfluchtlinien ordnungsmäßig beseitigt sind. Die E. v. 3. April 91 Nr. IV 316, PrVerwBl. 13 S. 318 enthält den einer weiteren Begründung nicht bedürftigen Satz, daß mit der Festsetzung eines Bebauungsplanes jedenfalls nicht alle Wege, die sich auf dem davon betroffenen Gelände befinden und demnächst bei Durchführung des Planes entbehrlich werden, ohne weiteres hinwegfallen. — Sollen ältere Straßen eingezogen werden, für die sich eine Fluchtlinienfestsetzung nicht nachweisen läßt, so kommt § 10 überhaupt nicht in Frage. Im Verwaltungsarchiv Bd. 27, H. 3 behandelt Senatspräsident Dr. Schultzenstein de lege ferenda die Neugestaltung der Einziehung öffentlicher Wege.

7. Über das Verhältnis des § 10 zu dem Eisenbahngesetze v. 3. Nov. 38 spricht sich ein Erlaß des Handelsministers v. 8. Mai 76 folgendermaßen aus: Durch das G. v. 2. Juli 75 ist das im § 4 des Eisenbahngesetzes dem Handelsminister übertragene Recht, die Linie der zur Ausführung genehmigten Bahnen in ihrer Durchführung durch alle Zwischenpunkte festzustellen, in keiner Weise alteriert und ebensowenig hinsichtlich der Befugnis, die durch die Eisenbahnanlage notwendig gewordenen Anlagen an Wegen usw. festzusetzen, welche nach § 14 des Eisenbahngesetzes den Regierungen und nach § 21 des Enteignungsgesetzes v. 11. Juni 74 den Verwaltungsgerichten (jetzt nach dem Zuständigkeitsgesetze v. 1. Aug. 83 den Bezirksausschüssen) zusteht, eine Änderung eingetreten. Insoweit die Ausübung dieser Befugnis die Aufhebung oder Änderung von Straßen oder Fluchtlinien bedingt, ist das Verfügungsrecht der zur Feststellung von Straßen und Fluchtlinien berufenen Behörden, welchen bei Bestimmung der Bahnlinie eine Mitwirkung oder ein Widerspruchsrecht nicht zusteht, überhaupt ausgeschlossen und kann § 10 d. G. v. 2. Juli 75 nur insoweit Anwendung finden, als die Möglichkeit, über das innerhalb der Grenzen des Weichbildes oder des Bebauungsplanes belegene Terrain zu verfügen, nicht durch eine gesetzliche Verpflichtung, anderweite mit den Straßenanlagen kollidierende Anlagen zu dulden, beseitigt oder beschränkt wird. Doch ist es angezeigt, dem Gemeindevorstande und der Ortspolizeibehörde Gelegenheit zur Geltendmachung von Anständen oder Änderungsvorschlägen zu geben. — Die hier vertretene Auffassung findet allerdings in dem Wortlaute des Gesetzes (§§ 10 u. 19) keine Stütze; sie ist aber in der Theorie und Praxis die herrschende geworden. Ohne Bedenken stimmen derselben zu: Seydel, Das Enteignungsgesetz IV. Aufl. S. 31, Endemann, Das Recht der Eisenbahnen S. 297, Eger, Das Enteignungsgesetz III. Aufl. Bd. 1 S. 62, Handbuch des Preuß. Eisenbahnrechts Bd. 1 S. 513, Jaeschke, Die Preuß. Baupolizeigesetze S. 41, Bochmann, Die Baupolizei S. 41. Ihr zu folgen wird auch unvermeidlich sein, wenn man nicht in unlösbare Konflikte geraten und die Einführung von Eisenbahnlinien in die Städte unter Umständen unmöglich machen will. Wenn man davon ausgeht, daß die Festsetzung der Eisenbahnlinie ein Akt der Staatshoheit ist (Gleim, Das Recht der Eisenbahnen, S. 54 f.), so kann aus diesem rechtlichen Charakter der Bahnlinienfestsetzung gefolgert werden, daß die betreffenden Vorschriften des Eisenbahngesetzes auch durch sonstige Gesetze, welche besondere Materien behandeln, nicht berührt sind, selbst wenn dies in dem betreffenden Gesetze nicht ausdrücklich ausgesprochen ist. (Archiv für Eisenbahnwesen 1902, S. 1227). Auch das Deichgesetz v. 28. Febr. 48 (GS. S. 54) hat die Bestimmungen der §§ 4 und 14 des Eisenbahngesetzes nicht ausdrücklich aufrechterhalten, und es wird doch nicht daran gezweifelt, daß der Minister an das Verfahren des Tit. XIII des ZustG. nicht gebunden ist (Fritsch und Conrad, Handwörterbuch S. 163, vgl. auch Verhandlungen über den Entwurf der Wegeordnung 1877/78, Drucks. d. AH. Nr. 181 S. 84). Man wird ohne große Bedenken sagen können, daß die Vorschriften in § 4 und § 14 des Eisenbahngesetzes keine „entgegenstehenden" Vorschriften im Sinne des § 19 des FluchtlG. sind. Immerhin wäre es entschieden zweckmäßig gewesen, in ähnlicher Weise, wie dies durch den § 158 des ZustG. geschehen ist, dem § 19 ausdrücklich eine Bestimmung hinzuzufügen, daß die den Landespolizeibehörden

und dem Minister der öffentlichen Arbeiten im Eisenbahngesetze überwiesenen Befugnisse durch das G. v. 2. Juli 75 nicht berührt werden sollen.

8. Die Königliche Genehmigung macht die Feststellung der Bebauungspläne zu keinem besonderen, mit eigentümlichen Wirkungen verbundenen Rechtsakt; sie ist nur etwas, was zu dem Rechtsakt der Behörden, wie er sonst genügt, für Berlin und Umgebung noch hinzutreten muß, damit er vollen Bestand gewinnt, jedenfalls kann sie den Erlaß einer Polizeiverordnung nicht ersetzen. OVG. 21. Febr. 1893, 24 S. 375. Was unter nächster Umgebung zu verstehen ist, sagt das Gesetz nicht und ist auch aus dessen Entstehungsgeschichte nicht zu entnehmen. In dem Gesetzentwurf war in § 8 Abs. 2 bestimmt: „Königlicher Verordnung bleibt die Bezeichnung derjenigen Ortschaften vorbehalten, für welche es zur Feststellung neuer oder Abänderung schon bestehender Bebauungspläne der Allerhöchsten Genehmigung bedarf." — Durch Verwaltungsordnung werden die Ortschaften bestimmt, welche zur „nächsten Umgebung" genannter Städte gehören. So gehörte Friedenau im Jahre 1899 noch nicht zu diesen, weil es von Berlin und Charlottenburg durch die Gemeinden Schöneberg und Wilmersdorf getrennt und die Großberliner zusammenhängende Bebauung sich im Jahre 1899 zum mindestens noch nicht überall bis nach Friedenau erstreckt hat (OVGE. v. 9. Jan. 14 Bd. 67 S. 424). Nach dem ME. v. 17. Juni 97 (MBl. S. 107) bedarf es in Berlin, Potsdam und Charlottenburg der Allerhöchsten Genehmigung auch zur Aufstellung jedes öffentlichen Denkmals. Die Königliche Genehmigung ist gemäß der „Verordnung betreffend die Zuständigkeiten der preuß. Regierung usw. v. 14. Nov. 18 auf die preuß. Regierung übergegangen. Über die Änderung von Fluchtlinien nach dem Zweckverbandsgesetz für Groß Berlin (§§ 5, 6) siehe Anhang.

§ 11.

[1]) Mit dem Tage, an welchem die im § 8 vorgeschriebene Offenlegung[4] beginnt, tritt die Beschränkung des Grundeigentümers, daß Neubauten[2], Um- und Ausbauten[3] über die Fluchtlinie hinaus versagt werden können, endgültig ein. Gleichzeitig erhält die Gemeinde das Recht, die durch die festgesetzten Straßenfluchtlinien für Straßen und Plätze (auch Gartenanlagen, Spiel- und Erholungsplätze) bestimmte Grundfläche dem Eigentümer zu entziehen.[5]

1. a) Im § 11 sind — abgesehen von der Errichtung der Vorgärten (vgl. § 1 d. G.) — die rechtlichen Wirkungen enthalten, welche der Festsetzung der Fluchtlinie durch das Gesetz beigelegt sind. Beide Sätze dieses von der Komm. d. AH. neugeschaffenen Paragraphen erschienen der Kommission eigentlich selbstverständlich. Sie wurden aber, wie der Bericht sagt, aufgenommen, weil die Staatsregierung die entgegengesetzte Ansicht für richtig hielt, daß es auch nach Festsetzung der Fluchtlinien zur Entziehung oder dauernden Beschränkung des Grundeigentums der im § 2 des Enteignungsgesetzes v. 11. Juni 74 vorgeschriebenen Königlichen Verordnung bedürfe. Bei einer solchen Auffassung erklärte man das Gesetz mehr oder weniger für nutzlos. — Nach Erlaß des Gesetzes hat denn auch der Minister der öffentlichen Arbeiten wiederholt anerkannt,

daß gegenüber einer in Gemäßheit der gesetzlichen Bestimmungen vorgenommenen Fluchtlinienfestsetzung die Enteignungsbehörden ohne weiteres das vorgeschriebene Verfahren einzuleiten haben, wenn von der Gemeinde die Feststellung der Entschädigung verlangt wird.

b) Über die Bedeutung des ersten Satzes findet sich in den Verhandlungen der Komm. d. AH. so gut wie nichts. Etwas Neues — und es ist von erheblicher Bedeutung, dieses zu betonen — hat damit nicht angeordnet werden sollen; die Rechtsnorm, daß über die Fluchtlinie hinaus nicht gebaut werden dürfe, bestand von jeher; es sind aber die rechtlichen Folgen der Fluchtlinienfestsetzung näher abgegrenzt und es wird daneben der Zeitpunkt bestimmt, wann sie eintreten. Der § 11 ist nicht nur auf solche Straßenzüge anwendbar, bezüglich deren Herstellung schon greifbare Schritte, wie insbesondere in der Richtung auf Grunderwerb durch Enteignung getan worden sind (OVG. v. 2. April 12, PrVerwBl. 34 S. 333).

Daß die Handhabung des ersten Absatzes in der Hand der Baupolizeibehörde liegt, ist selbstverständlich und es hätte dieses gar keiner Erwähnung bedurft, wenn nicht versucht wäre, und zwar hauptsächlich aus einer Rede des Abgeordneten Zelle bei der Beratung des Gesetzes zu deduzieren, daß der Gemeindebehörde die Handhabung der §§ 11 und 12 des G. in jeder Beziehung obliege. Vgl. die Aufsätze im PrVerwBl. 18 S. 393 ff. und 19 S. 233 ff.; VerwArch. Bd. 7 S. 91 ff. Der Verfasser der Aufsätze hat die Entstehungsgeschichte des Gesetzes, wie so vieles andere im Gesetz völlig mißverstanden. Nach dem Aufsatze im VerwArch. Bd. 7 scheint er seine weitgehenden Schlußfolgerungen nicht in allen Teilen aufrechtzuerhalten, doch aber kehrt der Grundirrtum seiner Anschauungen, durch welchen seine ganze Darlegung beherrscht wird, wieder. (Ebenfalls irrig Bering, PrVerwBl. 19 S. 485). Daß für die Festsetzung von Fluchtlinien und das Verfahren dabei, sowie für den Erlaß des Ortsstatuts, in dem nach § 12 das Bauverbot als öffentlich-rechtliche Norm für die Baupolizeibehörde geregelt werden soll, der Gemeinde die Initiative und Zuständigkeit zugesprochen ist, ist richtig. Aber weiter ist das Gesetz nicht gegangen, in die sonstige allgemeine Zuständigkeit der Baupolizei hat das Gesetz nicht eingegriffen. Nirgends, auch in der Entstehungsgeschichte nicht, findet sich dafür der geringste Anhalt. Diese Bemerkung, mit der die gesamte Judikatur des OVG. und des Reichsgerichts, auch die Praxis übereinstimmt, muß den Ausführungen der obengenannten Aufsätze gegenüber, welche auch sonst nicht ohne viele Irrtümer — namentlich bezüglich der Rechtsmittellehre — sind, genügen (vgl. PrVerwBl. 19 Nr. 27 und Nr. 30; OVGE. v. 25. April 98 Nr. IV 771 in der Deutschen Juristen-Zeitung Bd. 3 S. 455, OVGE. v. 7. Juli 04 Bd. 53 S. 403). Die Baupolizei, nicht die Straßenbaupolizei ist zur Handhabung des Bauverbots gem. den §§ 11, 12 zuständig (OVGE. v. 24. Jan. 11 Bd. 58 S. 423).

c) Die Vorschrift des Abs. 1 steht ohne Zweifel in innerem Zusammenhange mit der Begriffsbestimmung der Fluchtlinie im § 1. Wenn es dort heißt: „über die Fluchtlinie hinaus ist die Bebauung ausgeschlossen", so wird hier gesagt: „es tritt die Beschränkung ein, daß Neubauten, Um- und Ausbauten über die Fluchtlinie hinaus versagt werden können". Das OVG. hatte früher angenommen, jene Begriffsbestimmung nötige zu der Auslegung, daß die Baupolizeibehörde verpflichtet sei, die Genehmigung zu einer Überschreitung der Fluchtlinie in jedem Falle zu versagen; denn die Absicht, durch den § 11 die im § 1 mit voller Schärfe ausgesprochene Wirkung der Fluchtlinienfestsetzung wieder abzuschwächen, sei nirgends angedeutet und dürfte daher nicht allein aus dem im § 11 gebrauchten Ausdrucke: „daß versagt werden können" abgeleitet werden; auch sei nicht zu vermuten, daß die Durchführung einer Maßregel, die überwiegend zum Schutze der Gemeinde — um ihr nicht die Regulierung der Straße zu erschweren — getroffen sei, in das Ermessen der zur Wahrung anderer Interessen berufenen Polizeibehörde habe gestellt werden sollen (E. Bd. 7 S. 327, Bd. 8 S. 299; v. 13. Febr. 82 Nr. II 223; v. 29. Okt. 83 Nr. II 789, PrVerwBl. 5 S. 168 und v. 21. Juni 86, PrVerwBl. 7 S. 356). Diese Auslegung ist seit dem E. v. 22. Sept. 93 Nr. IV 928; OVGE. Bd. 25 S. 379, PrVerwBl. 15 S. 77 verlassen. Hier wird ausgeführt, die bisherige Auffassung sei mit dem Worte „können" nicht wohl vereinbar; dieser Ausdruck beruhe auch nicht etwa auf einer Ungenauigkeit der Fassung, da nach den eingesehenen Protokollen der Komm. d. AH. ursprünglich die Worte: „nicht ferner zulässig sind" gewählt gewesen, dann aber durch die Worte: „versagt werden können" ersetzt worden seien. Weiter lasse sich aber auch die Begriffsbestimmung des § 1 Abs. 4 nicht verwerten; sie bezwecke an sich nur, die rechtliche Bedeutung der Baufluchtlinie in ihrem Verhältnisse zur Straßenfluchtlinie klarzustellen, und könne nicht die ausnahmslose Rechtsnorm enthalten, daß jedes Bauen über die Fluchtlinie hinaus unzulässig sei, da doch sowohl die Einfriedigungen der Vorgärten, wie zahlreiche bauliche Anlagen auf der Straße selbst (Bedürfnisanstalten, Trinkhallen, Anschlagssäulen, Kanäle, vorspringende Gebäudeteile, wie Erker, Balkone, Risalite usw.) gestattet seien (OVGE. Bd. 22 S. 372, 25 S. 379). — Dem Ergebnis dieser Ausführungen ist zuzustimmen; insbesondere muß auch anerkannt werden, daß die Begriffsbestimmung des § 1 Abs. 4 ungenau ist. Sie stellt allerdings nicht bloß den Unterschied zwischen Straßen- und Baufluchtlinie fest; sie stellt im Gegenteil beide zunächst insofern gleich, als beide die Grenze bilden, über welche hinaus die Bebauung ausgeschlossen ist. Aber dieser letztere Ausdruck geht, wie die angeführten Beispiele zeigen, offenbar zu weit; er kann daher auch nicht in dem Sinne, wie das früher vom OVG. geschehen ist, zur Auslegung des § 11 benutzt werden; umgekehrt ist vielmehr anzunehmen, daß die allgemein gehaltene Begriffsbestimmung des § 1 ihre für die praktische Handhabung erforderliche nähere Begrenzung erst im § 11 gefunden hat. Ohne diese jetzt maßgebende Auffassung würde auch die Durchführung mancher Veranstaltungen, welche die Polizei und Gemeinde selbst im öffentlichen (sanitäts-polizeilichen) Interesse zu befördern bestrebt sein müssen, unmöglich sein; dazu gehört z. B. die Anlage von unterirdischen Entwässerungsvorrichtungen — welche sehr wohl unter den Begriff der Neubauten des § 11 fallen können (PrVerwBl. 6 S. 6) — zur Verbindung der Hausleitungen mit dem Straßenkanal, welche nach den meisten Polizeiverordnungen dem Hausbesitzer auch noch teilweise im Straßenterrain obliegt (OVGE. v. 10. März 97 Nr. IV 443).

Hiernach sind die Polizeibehörden nur befugt, nicht aber verpflichtet, auch das Bebauen des künftigen Straßengeländes zu untersagen (OVGE. v. 28. Febr. 01, Bd. 40 S. 380; v. 7. Juli 08 Nr. VIII 1367). Daraus folgt allerdings nicht, daß dem die Baugenehmigung Nachsuchenden ein Recht auf Konsenserteilung erwachsen kann, durch Verweigerung des Konsenses wird er in seinen Rechten nicht verletzt. Beschl. v. 9. Okt. 02 Nr. IV 864, PrVerwBl. 26 S. 149.

Das OVG. befindet sich damit im Einklang mit der Rechtsauffassung des Erlasses v. 15. Febr. 87 (MBl. S. 70), in dem die Minister des Innern und der öffentlichen Arbeiten eine allgemeine Anordnung für das Verfahren der Polizeibehörden getroffen haben. Es heißt darin:

„Diese Bestimmung (des § 11) verfolgt den Zweck, die Gemeinden dagegen zu schützen, daß durch eine inzwischen vorgenommene bauliche Veränderung der Wert eines ganz oder teilweise zu Straßenzwecken bestimmten Grundstückes gesteigert und die Gemeinde dadurch in die Lage versetzt wird, dem Eigentümer bei der demnächstigen Abtretung eine höhere Entschädigung als zum Zeitpunkte der Fluchtlinienfestsetzung zahlen zu müssen. Es sind darüber Zweifel entstanden, wie sich im Hinblick auf diese Absicht des § 11 die Polizeibehörden bei der Behandlung der an sie herantretenden Gesuche auf Genehmigung von Bauten der gedachten Art zu verhalten haben. Behufs Herbeiführung eines gleichmäßigen Verfahrens in diesem Punkte sehen wir uns infolgedessen veranlaßt, dahin Bestimmung zu treffen, daß fortan die Polizeibehörden in eine Prüfung der betreffenden Gesuche erst dann einzutreten haben, wenn von dem Unternehmer die Einwilligung der Gemeinde zu dem beabsichtigten Bau in einer der Polizeibehörde genügende Sicherheit bietenden Weise beigebracht worden ist, und daß, wenn diese Einwilligung entweder nicht erteilt, oder aber die zur Beibringung derselben eventuell zu bestimmenden Frist nicht innegehalten worden ist, die nachgesuchte Genehmigung auf Grund der Vorschriften im § 11 zu versagen ist. Wird dagegen die Einwilligung nachgewiesen, so hat die Polizeibehörde nach Maßgabe der in Betracht zu ziehenden polizeilichen Gesichtspunkte die Erörterung des Gesuches zu veranlassen, und dasselbe in gewöhnlicher Weise zu erledigen.

Es bedarf hierbei keiner besonderen Hervorhebung, daß das in vorstehendem geordnete Verfahren nicht dazu bestimmt sein kann, um unberechtigten Ansprüchen der Gemeinden Vorschub zu leisten. Wenn daher die Polizeibehörden die pflichtmäßige Überzeugung gewinnen sollten, daß von den Gemeindebehörden die Einwilligung zur Ausführung des Baues über die Fluchtlinie an Bedingungen geknüpft wird, welche über das Maß des Notwendigen hinaus der Gemeinde Vorteile zu verschaffen bezwecken, oder aber die Einwilligung aus dem Grunde abgelehnt worden ist, weil der Unternehmer sich derartigen Bedingungen nicht fügen will, so hat die Polizeibehörde hiervon ihrer vorgesetzten Behörde Anzeige zu erstatten, welche letztere und zwar, soweit sie nicht zugleich Kommunalaufsichtsbehörde ist, nach Kommunikation mit der letzteren die erforderliche Abhilfe eintreten zu lassen, bezw. darüber Entscheidung zu treffen hat, ob trotz der versagten Einwilligung die Baugenehmigung zu erteilen ist." Hierzu erging unter dem 14. Dez. 05 ein Erlaß, in dem erläutert wurde, daß in erster Linie verkehrspolizeiliche Rücksichten neben den baupolizeilichen zu beachten seien.

Wie nicht zu verkennen ist, kann hiernach unter Umständen, wo zwischen der Polizeibehörde und der Gemeinde Meinungsverschiedenheiten bestehen, ein Bau zuungunsten der Gemeinde gestattet werden, ohne daß diese dagegen einen Rechtsschutz hat. Das ist an sich ein Übelstand; er tritt hier aber nicht so scharf hervor wie beim § 12 (vgl. Bem. 8b dazu), weil das Interesse der Gemeinde hier regelmäßig in geringerem Grade beteiligt sein wird. Düring im PrVerwBl. 28 S. 465, 485, Markull 28 S. 627 behandeln diese Frage in eingehender Weise vom Standpunkt der Gemeinden im Gegensatz zur geltenden Rechtsprechung.

Übrigens fehlt in dem Erlasse auch eine erschöpfende Vorschrift über das Verfahren der Polizeibehörde in denjenigen Fällen, wo die Gemeinde ihre Zustimmung verweigert. Ist die Gemeinde einverstanden, so hat sie sich — darüber dürfte nach der Verfügung kein Zweifel bestehen — vor Abgabe ihrer Erklärung mit dem Bauherrn über die von diesem zu erfüllenden Bedingungen zu einigen, so daß die Polizeibehörde demnächst den Konsens ohne jede Rücksicht oder Bezugnahme auf diese, ihr Gebiet nicht berührenden Verhandlungen erteilt. Geht aber die Gemeinde in ihren Anforderungen zu weit, so fragt sich, ob die Polizeibehörde diejenigen Bedingungen, welche sie oder ihre Aufsichtsbehörde für angemessen hält, in der Bauerlaubnis festsetzen oder auch hier den Konsens einfach erteilen soll. Letzteres dürfte der Absicht des Erlasses schwerlich entsprechen, ersteres dagegen die Polizeibehörde in unerwünschter Weise zu einer Wahrung des Gemeindeinteresses heranziehen. An sich gehört es allerdings zu den Aufgaben der Polizeibehörde, bei Beurteilung vorgelegter Baugesuche die Gemeinde gegen Benachteiligungen durch Überschreitung der Fluchtlinie zu schützen; allein der vom Gesetze hierfür vorgezeichnete Weg besteht eben in der Versagung des Baukonsenses, und jede Abweichung davon bringt die Polizeibehörde in eine ihr an sich nicht zukommende Stellung, welche besser vermieden wird.

Aus Anlaß der Beratung des Wohnungsgesetzes gab der Vertreter der Regierung die Erklärung ab: „Es ist der Wunsch des Herrn Ministers der öffentlichen Arbeiten, daß der § 11 in entgegenkommender und billiger Weise den Hausbesitzern gegenüber gehandhabt wird, freilich werden die großen öffentlichen Interessen, die manchmal auf dem Spiele stehen, nicht unberücksichtigt bleiben können." Mit einer derartigen Erklärung in die Handhabung des § 11 eingreifen zu wollen, dürfte in hohem Maße bedenklich erscheinen, denn der § 11 ist nicht allein erlassen gegenüber denen, welche Bauten über die Fluchtlinie hinaus vornehmen wollen, sondern auch zum Schutze derer, welche später zu den Kosten der Straße beizutragen haben. Will man im Interesse der Hausbesitzer eine Änderung des jetzigen, gewiß oft unerfreulichen Zustandes herbeiführen, so muß dies im gesetzlichen Wege geschehen.

d) Inwieweit die Polizeibehörde bei Anwendung des § 11 Billigkeitsmomenten folgt, ist Sache ihres pflichtgemäßen Ermessens und der Verwaltungsrichter ist nicht in der Lage an die Stelle dieses Ermessens das seinige zu setzen (OVG. v. 2. April 12, PrVerwBl. 34 S. 333). Die Hinzufügung von Baubedingungen zu einer Baugenehmigung, auf die der Bauunternehmer kein Recht hat und die daher gänzlich hätte versagt werden können, verletzt den Unternehmer nicht in seinen Rechten (OVGE. v. 4. April 16 IX A. 48, 15).

Sofern nun die Polizeibehörde die Bauerlaubnis versagt oder an Bedingungen geknüpft hat, kann ihre Verfügung gegenwärtig — nach dem

Wegfall der früher durch § 155 des ZustG. v. 27. Juli 76 gewährten besonderen Klage — nur noch mit den Rechtsmitteln der §§ 127 ff. des Landesverwaltungsgesetzes v. 30. Juli 83 angegriffen werden. Damit wird indes der Bauherr, wenn es zum Verwaltungsstreitverfahren kommt, eine Entscheidung zu seinen Gunsten nicht erreichen können. Die Polizei ist eben stets im Recht, wenn sie von ihrer gesetzlichen Befugnis, einen Bau über die Fluchtlinie nicht zuzulassen, Gebrauch macht, und eine weitere Prüfung als die, ob die Fluchtlinie überschritten werde, kommt im Streitverfahren nicht in Betracht (OVGE. v. 18. März 04 Nr. VIII 423, PrVerwBl. 26 S. 149). Nur unter ganz besonderen Umständen würde die Sache anders liegen; da die Entschließung vom Gesetz in das pflichtmäßige Ermessen der Polizeibehörde gestellt ist, läßt sie sich mit Erfolg nur dann anfechten, wenn die Polizeibehörde nicht mehr von berechtigten polizeilichen Beweggründen ausgegangen ist (OVGE. v. 3. Okt. 94 Nr. IV 91, PrVerwBl. 16 S. 124, v. 13. Juni 11 IX A. 33, 11). Das würde allerdings in solchen Fällen zutreffen, wo die Verweigerung der Bauerlaubnis oder die Hinzufügung von Bedingungen nicht bloß dazu dienten, den aus dem Baue für die Gemeinde hervorgehenden Schaden abzuwenden, sondern darüber hinaus den Zweck verfolgten, der Gemeinde noch einen besonderen Vorteil zuzuwenden (OVGE. v. 30. Okt. 06 Bd. 50 S. 421). Die von selbst gegebene Bedingung ist die, daß der Eigentümer das Bauwerk bei wirklicher Anlegung der Straße auf seine Kosten und ohne Entschädigungsanspruch wieder zu entfernen habe. Wie es aber keiner weiteren Darlegung bedarf, kann demnächst die Durchführung solcher Bedingungen auf Schwierigkeiten stoßen, wenn nicht ihre Erfüllung vom Eigentümer der Gemeinde gegenüber in bindender Weise sichergestellt ist. Ist eine derartige Bedingung der Bauerlaubnis nicht eine solche, welche auch als selbständige polizeiliche Anordnung erzwungen werden kann — wie z. B. die der unentgeltlichen Abtretung des Geländes (OVGE. Bd. 57 S. 474) — so ist ihre zwangsweise Durchführung nicht möglich (OVGE. v. 2. Mai 94 Nr. IV 557; v. 1. Dez. 11 IX A. 14, 11; v. 24. Juni 13, PrVerwBl. 35 S. 625). Näheres bei § 12 Bem. 8.

Hat eine Feuerversicherungsgesellschaft insofern ein Interesse, als sie infolge Versagung der Bauerlaubnis (im Zuge der alten Fluchtlinie) verpflichtet ist, eine höhere Brandentschädigung zu zahlen, so ist dies lediglich ein wirtschaftliches und Vermögensinteresse, die Rechtsmittel nach den §§ 127 ff. des Landesverwaltungsgesetzes stehen ihr nicht zu (OVGE. v. 27. Juni 11 IX A. 74, 11). Eine Verpflichtung für die Baupolizeibehörde einen Bau über die Fluchtlinie stets ohne weiteres zu versagen, wenn die Gemeinde dem Bauvorhaben widerstrebt, besteht nicht. OVG. v. 7. Jan. 16, PrVerwBl. 37 S. 601; RG. v. 8. Juli 12 PrVerwBl. 34 S. 38.

Verpflichtet sich der Bauherr, die Bedingungen der Gemeinden zu erfüllen, so legt dieser Umstand der Polizei noch nicht ohne weiteres die Pflicht auf, die Genehmigung zu erteilen (OVGE. 50 S. 421). Wenn der Bau dem öffentlichen Recht widerspricht, kann die Behörde nicht unter Bedingungen, die sie nach ihrem Ermessen für nützlich hält, die Genehmigung erteilen (OVG. 54 S. 438). Ein Baukonsens darf nicht versagt werden, weil eine Festsetzung von Baufluchtlinien für das zu bebauende Terrain tatsächlich noch nicht stattgefunden hat (OVG. v. 2. Juni 77; OVG. 2 S. 371). Die Rechtmäßigkeit einer Bauversagung ist nach der zurzeit der Entscheidung bestehenden Rechtslage zu beurteilen. Auf den Zeitpunkt der Einreichung der Bauvorlage oder der Offenlegung des Planes gemäß § 7 kommt es nicht an (OVGE. v. 19. Sept. 13 IX A. 168, 12). Wenn die Ortspolizeibehörde aus anderen als baupolizeilichen Gründen den Baukonsens versagen will, so muß sie für das Gebiet, dem die Versagungsgründe angehören, zuständig sein. OVG. v. 18. Okt. 97 (IV 1738); PrVerwBl. 19 S. 314.

e) Wenn die Polizeibehörde, anstatt die Baugenehmigung überhaupt zu versagen, dieselbe widerruflich oder, was gleich bedeutend ist, unter Vorbehalt der Verpflichtung der Wiederbeseitigung des Baues erteilt, so bewegt sie sich im Rahmen der ihr im § 11 übertragenen Befugnisse. Sie gewährt dabei dem Baulustigen etwas, worauf er kein Recht hat (OVG. v. 4. April 13 PrVerwBl. 36 S. 26). Der mit dem Vorbehalt des Widerrufes verfolgte Zweck, die demnächstige Durchführung der festgesetzten Fluchtlinie und zwar auch in finanzieller Beziehung zu ermöglichen und zu erleichtern, liegt keineswegs außerhalb des Rahmens der der Baupolizei zugewiesenen Befugnisse (OVGE. v. 20. April 15 Bd. 69 S. 399; OVGE. v. 20. Febr. 17 IX A. 34. 16). Auch der Nachfolger im Besitz des Grundstücks muß die rechtlich zulässige Einschränkung gegen sich gelten lassen. Der Ausübung des Widerrufs muß ein erkennbares polizeiliches Motiv zugrunde liegen, welches einer in den in Betracht kommenden Beziehungen veränderten Sach- und Rechtslage entspringt (vgl. OVG. v. 12. Okt. 10 Bd. 57 S. 488, 495). Die rechtlich begründete Ausübung des Widerrufs hat zur Folge, daß die früher erteilte Bauerlaubnis ihre Gültigkeit verliert und die Sachlage nunmehr so zu beurteilen ist, als wenn eine Erlaubnis überhaupt nicht erteilt wäre (OVGE. v. 20. April 15 Bd. 69 S. 399, 400). Ist ein Schuppen unter Vorbehalt des Widerrufs genehmigt worden, derselbe wird später massiv ausgebaut (mit nachträglicher Genehmigung) so ändert sich dadurch nichts an dem Vorbehalt des Widerrufs (OVGE. v. 4. April 13, PrVerwBl. 36 S. 26).

Verlangt die Gemeinde von dem Unternehmer als Gegenleistung dafür, daß sie dem Baue über die Fluchtlinie kein Hindernis bereitet, die Auflassung des Straßenlandes oder geldwerte Leistungen, so ist die Erfüllung derartiger Verpflichtungen verhältnismäßig einfach. Anders liegen die Verhältnisse, wenn das Verlangen der Gemeinde sich auf Sicherheitsleistung erstreckt, damit die durch den Bau hervorgerufene Wertsteigerung bis zum Zeitpunkt des Ausbaues der Straße und der Übernahme des Grundstücks ihr nicht zur Last fällt. Dies geschieht in der Regel durch Eintragung einer Vormerkung oder Sicherheitshypothek in das Grundbuch. Eine Eintragung hat aber nur dann Wert, wenn ihr ein bevorzugter Rang gegeben werden kann, was zumeist nicht der Fall sein dürfte. Vgl. hierzu die Ausführungen von Mielke PrVerwBl. 29 S. 122; über den Wortlaut der Eintragung siehe Düring PrVerwBl. 30 S. 242, 312; Graf von Westarp PrVerwBl. 27 S. 115. Letzterem ist darin zuzustimmen, daß auf Grund des Widerrufs die Beseitigung der genehmigten Anlage und die Wiederherstellung des früheren Zustandes ohne Entschädigungsanspruch des Eigentümers erzwungen werden kann. Die Erteilung und Versagung der Bauerlaubnis ist nach § 11 dem freien Ermessen der zuständigen Behörde überlassen. Der Eigentümer wird durch die Versagung der Bauerlaubnis in seinen Rechten nicht verletzt. Fordert die Gemeinde eine angemessene Gegenleistung für das Aufgeben ihres Widerspruches gegen den Baukonsens, so kann demnach hierin eine rechtswidrige Handlung in keiner Weise erblickt werden, denn es wird dem Eigentümer etwas gewährt, worauf er keinen gesetzlichen Anspruch hat. Vgl. Bem. 1 d zu § 11. Reichenbach erörtert im PrVerwBl. 40 S. 643 (Wohnungsnot und Fluchtliniengesetz) die Frage der Umbauten infolge der zur Zeit herrschenden Wohnungsnot und weist mit Recht darauf hin, daß man auch hier von dem formellen Verfahren nicht abweichen dürfe.

Ein Anspruch eines Anliegers gegen die Gemeinde auf Ausführung eines Fluchtlinienplanes, weil der Anlieger diesem bei einem Neubau oder Umbau sich gefügt habe, besteht nicht (RG. v. 4. Okt. 07 E. 66 S. 340).

Steht es nach obigem in dem Ermessen der Polizeibehörde, einen geplanten Umbau über die Fluchtlinie hinaus zu genehmigen, so kann sie auch einen irrtümlich erteilten Konsens wieder zurücknehmen, selbst wenn mit der Ausführung bereits begonnen ist (OVGE. v. 13. Juni 01, Bd. 40 S. 377), auch ihn mit dem Vorbehalt der Widerruflichkeit einschränken (OVGE. v. 4. April 13 PrVerwBl. 36 S. 26). Sie kann den Konsens jedenfalls nicht bloß deswegen zurücknehmen, weil sie nachträglich zu der Überzeugung gekommen ist, daß sie sich bei dem ihr zustehenden freien Ermessen geirrt habe und die Verhältnisse anders, als geschehen, zu beurteilen sind (OVGE. Bd. 24 S. 350; 40 S. 379; OVGE. v. 3. März 07 VIII 833). Der Widerspruch oder die Nichtanhörung der Gemeinde macht den von der Polizeibehörde gegebenen Konsens nicht wirkungslos und rechtfertigt nicht dessen Zurücknahme. Dagegen bindet die Polizeibehörde nicht ein Konsens, bei dessen Erteilung sie aus Irrtum übersehen hat, daß die baulichen Änderungen unter den § 11 fielen (OVGE. v. 22. Dez. 09, PrVerwBl. 32 S. 92). Vgl. unten. Die Befugnis zur Zurücknahme einer Bauerlaubnis auf Widerruf für Bauten in einem Vorgarten ist bereits dann gegeben, wenn die Gemeinde beschlossen hat, die Vorgärten zur Verbreiterung der Straße zu verwenden und die Verhandlung mit den Anliegern über Abtretung der Vorgärtenflächen und das Enteignungsverfahren eingeleitet hat, nicht erst in dem Zeitpunkte des wirklichen Erwerbes des Vorgartenlandes (OVGE. v. 20. April 15 IX B. 39. 13). Die Verweigerung der ferneren Zahlung der vom Eigentümer gegenüber der Gemeinde durch Revers übernommenen Anerkennungsgebühr berechtigt die Polizeibehörde nicht zur Zurücknahme der nach Ausstellung des Reverses mit Zustimmung der Gemeinde früher von ihr erteilten Genehmigung zur Überschreitung der Fluchtlinie durch einen Umbau (OVGE. v. 10. Okt. 16 Bd. 71 S. 428).

2. a) Den Gegenstand des Bauverbots bilden „Neubauten, Um- und Ausbauten". Das sind keine gesetzlich oder technisch fest bestimmten Begriffe; ihre Abgrenzung ist daher unter Umständen schwierig. Hier und da ist eine nähere Bestimmung in den Baupolizeiordnungen versucht; das hat indes keinen besonderen Wert; denn die getroffenen Vorschriften haben nur insoweit rechtliche Gültigkeit, als sie mit dem Gesetze übereinstimmen; es bleibt daher auch ihnen gegenüber immer zu untersuchen, ob es sich um einen Neu-, Um- oder Ausbau im Sinne des Gesetzes handelt (OVGE. Bd. 24 S. 346). Unter Fluchtlinie im Sinne des § 11 ist die Baufluchtlinie zu verstehen (OVGE. v. 8. Dez. 08 Bd. 54 S. 430). Genehmigt die Polizeibehörde in dem Falle, wo zwei voneinander verschiedene Fluchtlinien festgesetzt sind, daß ein Bau statt in der Bau-

fluchtlinie in der Straßenfluchtlinie errichtet wird, so wird dadurch die Straßenfluchtlinie insoweit nicht rechtlich Baufluchtlinie.

Unter „Neubau" hat das OVG. früher jede selbständige neue bauliche Anlage verstanden, also alles, was nach dem Sprachgebrauche im technischen Sinne „gebaut" wird, nicht bloß Gebäude, Häuser und was dem gleichsteht, sondern auch offene Schuppen, Türme, Denkmäler, Tore, Portale, Spaliere, Mauern, Kanäle (OVGE. v. 10. März 97 Nr. IV 443) und Zäune — und zwar ohne Unterschied, ob dabei Stein, Eisen, Holz oder irgend welches andere Baumaterial zur Verwendung kommt. Seit der E. v. 22. Sept. 93 Nr. IV 928 (OVGE. Bd. 25 S. 379, PrVerwBl. 15 S. 77) hat dieser Grundsatz eine wesentliche Einschränkung erfahren. Dort ist angenommen, daß bloße Einfriedigungen der Grundstücke von dem Verbote nicht getroffen werden. Es wird anerkannt, daß auch das bloße Umwehren eines Grundstückes, wenn es sich in einem „Baue" vollziehe, unter den § 11 falle, sobald man für die Auslegung das Gewicht auf das Wort „Bau" lege; das erscheine aber um so bedenklicher, je weniger der allgemeine Sprachgebrauch für die Anwendung dieses Wortes sichere Schranken ziehe; ebensowenig könne auf den Sprachgebrauch der Baupolizeiordnungen zurückgegangen werden. Nun lasse sich nicht annehmen, daß vor Erlaß des Gesetzes das Umwehren von Grundstücken auf künftigem Straßengelände habe gehindert werden dürfen, da das ALR. die Umzäunungen scharf von den Gebäuden unterscheide und nur bei diesen Einschränkungen der Baufreiheit im öffentlichen Interesse anordne (§§ 65, 68, 72 Tit. 8 T. 1). Auch nach § 11 solle nur das „Bebauen" des künftigen Straßengeländes untersagt werden können; der Sprachgebrauch rechne aber das bloße Umwehren nicht zum „Bebauen"; zwar werde der Grenzstreifen, auf dem die Umzäunung stehe, durch ihre Errichtung „bebaut"; allein ein bloß eingefriedigtes Stück könne nicht als ein auch nur teilweise bebautes Grundstück bezeichnet werden und ebensowenig lasse sich der Begriff des „Anbaues" auf das bloße Umwehren ausdehnen. Dieser Gesichtspunkt müsse hier beachtet werden, da der Ausdruck „Bebauen" in dem Entwurfe der Staatsregierung und seiner Begründung — wie mit mehreren Beispielen belegt wird — gleichbedeutend mit „Errichten von Gebäuden" gebraucht werde. Von Wichtigkeit sei endlich der § 1 Abs. 4; wenn hier die Vorgärten, die doch regelmäßig eingefriedigt werden müßten, vorgesehen seien, so könne unter der „Bebauung", die über die Fluchtlinie hinaus verboten sei, das Ummauern und Umzäunen nicht mit gemeint sein.

In der 3. Auflage dieses Werkes ist der damalige Verfasser dieser Auslegung des OVG. scharf entgegengetreten. Seine Einwendungen hat das OVG. in seiner E. v. 26. Jan. 94 Nr. IV 121, Bd. 26 S. 349 ff. ausführlich entkräftet. Hier ist auf diese Ausführungen in dem genannten Erkenntnisse nur zu verweisen. Aus dieser Entscheidung darf selbstverständlich nicht entnommen werden, daß es allgemein gestattet wäre, auf zukünftigem Straßenterrain alles zu bauen, was nicht als eine Bebauung des Terrains in dem anscheinend dort gemeinten Sinne, also als ein Gebäude im engeren Sinne angesehen werden kann; so etwa Denkmäler, Portale, Krahne, Wagen, für sich bestehende Kelleranlagen usw. Eine solche Auslegung entspricht weder dem Wortlaute noch dem Sinne und Zwecke des § 11. Tatsächlich hat sich das OVG. auch darauf beschränkt, den neuen Grundsatz auf Einfriedigung anzuwenden. Daß bezüglich dieser übrigens der Rechtszustand auch vor Erlaß d. G. v. 2. Juli 75 schon der jetzigen Auffassung des Gerichtshofes entsprach, geht aus dem im 26. Band der E. des OVG. S. 356 abgedruckten Erlasse des Ministers für Handel usw. v. 15. Dez. 67 klar hervor. Dieser Erlaß steht der Ansicht, daß auch die frühere Praxis alle Bauten verboten habe, entgegen. Daß übrigens das OVG. unter den Neubauten des § 11 nicht lediglich Gebäude im engeren Sinne versteht, geht aus einem Erk. v. 10. März 97 Nr. IV 443 hervor, in welchem mit Hinweis auf eine E. im PrVerwBl. 6 S. 6 dargelegt wird, daß der Gerichtshof allerdings angenommen habe, daß unterirdische Entwässerungsanlagen unter den Begriff der im § 11 gedachten Neubauten fallen können. In einem Erk. v. 9. Jan. 95 Nr. IV 46 führt das OVG. folgendes aus: Sowohl das Urteil v. 22. Sept. 93 als auch die späteren des Gerichtshofes, welche jenem entsprechen, handeln lediglich von Grundstücksumzäunungen und Umwehrungen, die gebaut werden, mit Ausschluß aller sonstigen Bauwerke. Ob es möglich sein möchte, einzelne der letzteren den Umwehrungen im Sinne des § 11 des G. v. 2. Juli 75 gleichzustellen, ist nach jenen Urteilen eine offene Frage und jedenfalls unerfindlich, mit welchem Rechte der Vorderrichter aus ihnen Konsequenzen für „zahlreiche andere Bauwerke" ziehen zu können glaubt. Und wenn weiter betont wird, daß die neuere Rechtsprechung des Gerichtshofes die Befugnisse, die der Polizei vor Erlaß des G. v. 2. Juli 75 zugestanden hätten, eingeschränkt habe, so ist das nicht nur nach der rechtlichen Seite hin in jenem Urteil v. 26. Jan. 94 widerlegt, sondern es ergibt auch der in Bd. 26 S. 256 und 57 der E. mitgeteilte Ministerialerlaß v. 15. Dez. 67, daß die Praxis an maßgebender Stelle in früherer Zeit ganz eben dieselbe gewesen ist, wie sie jetzt vom Gerichtshof für zulässig erachtet wird. In diesem Sinne hat der Gerichtshof jetzt gleichmäßig entschieden, OVGE. v. 26. Sept. 93 Nr. IV 953; v. 3. Okt. 93 Nr. IV 979; v. 28. Nov. 93 Nr. IV 1251; v. 6. Febr. 94 Nr. IV 984; v. 20. März 94 Nr. IV 350; v. 2. Mai 94 Nr. IV 557, PrVerwBl. 15 S. 432; v. 11. Juli 94 Nr. IV 901; v. 26. Sept. 94 und 4. Mai 95, PrVerwBl. 16 S. 64 und 538; v. 9. Jan. 95 Nr. IV 46; v. 18. März 96 Nr. IV 495; v. 10. März 97 Nr. IV 445; v. 17. Febr. 96 (E. Bd. 30 S. 286); v. 29. April 01 Nr. IV 866. Auch in neuerer Zeit noch ist ausdrücklich ausgesprochen, daß diese Grundsätze nur für Umwehrungen und Umzäunungen gelten, E. v. 21. April 02 (OVGE. Bd. 41 S. 368), v. 5. Juni 02 Nr. IV 1054 (v. 9. Febr. 06 Bd. 48 S. 372, RG. v. 23. April 15, Recht. Spr. 490). Selbst eine 6,0 m hohe Gartenmauer als Einfriedigung zur Sicherung des Nutzungsrechtes ist weder ein Neu-, Um- oder Ausbau, auch kein Gebäude im Sinne des § 15 (OVGE. v. 11. Juni 09 VIII B. 43, 08). Die früheren Entscheidungen haben hiernach ihren Wert, soweit es sich um Umzäunungen und Umwehrungen handelt, verloren. Gegen die Auffassung des OVG. wendet sich Krenzlin im PrVerwBl. 31 S. 780, 781. Derselbe führt aus, daß Einfriedigungen, wenn sie sich als Neu-, Um- und Ausbauten darstellen, unter den § 11 fallen. Demgegenüber muß auf die oben angeführten Entscheidungen und Erörterungen verwiesen werden.

Die ältere Rechtsprechung behält danach abgesehen von den Umzäunungen usw. ihre Bedeutung namentlich für die Frage, was unter einem Neubau im Sinne des § 11 zu verstehen ist. Die frühere Rechtsprechung ist insbesondere vertreten in folgenden Entscheidungen: Bd. 7 S. 321, Bd. 22 S. 375; v. 25. Aug. 79 Nr. II 1272; v. 15. Nov. 80 Nr. II 1581; v. 30. Nov. 82 Nr. II 941,

PrVerwBl. 4 S. 155; v. 30. Jan. 91 Nr. IV 88; v. 10. März 91 Nr. IV 468, PrVerwBl. 12 S. 588; v. 2. Febr. 92 Nr. IV 144; v. 9. Febr. 92 Nr. IV 162 und v. 14. Juni 92 Nr. IV 625. Danach stellt das Einrammen mehrerer, unter sich nicht verbundener Pfähle keinen Bau dar und wird hierzu auch dann nicht, wenn der Eigentümer zwischen die Pfähle in üblicher Weise Drähte spannt, E. v. 7. Juni 83 Nr. II 476, PrVerwBl. 4 S. 321 und v. 4. Juli 93 Nr. IV 644. Ebensowenig kann ein Erdwall, hinter dem zu seiner Befestigung ein Pfahlwerk angebracht ist, als ein Neubau betrachtet werden, E. v. 4. Juli 93 Nr. IV 645. Ein Leinewandvordach an einer Verkaufsbude ist als bauliche Anlage überhaupt nicht anzusehen (OVGE. v. 12. Juni 95 Nr. IV 881, 883, 884, 885). Dagegen ist als ein Bau im Sinne des § 11 anzusehen: ein Balkengerippe mit Dachkonstruktion, E. v. 15. Juni 99 Nr. IV 1003; eine an einem Steinpfeiler angebrachte Pumpe, E. v. 19. April 00 Nr. IV 637. Unterkellerung des Vorgartens mit Kohlenrutsche (E. v. 11. Juni 09 VIII B. 8. 08). Errichten eines Zeltes über dem Vorgarten (E. v. 27. März 17 IX B. 40. 16). Aus welchem Baumaterial ein Neubau bestehen soll, ist für die Anwendbarkeit des § 11 belanglos (OVGE. v. 18. März 04, PrVerwBl. 26 S. 149).

b) Ob für solche Bauten eine baupolizeiliche Genehmigung nach den bestehenden Vorschriften nötig ist oder nicht, ist für die Beurteilung, ob sie unter den § 11 fallen, ohne Bedeutung (E. v. 19. April 00 Nr. IV 637; v. 3. Jan. 11 IX B. 82, 09; v. 4. April 13 IX B. 36, 12; v. 7. Jan. 16 PrVerwBl. 37 S. 601). Die Gebäude müssen nur nach Festsetzung der Fluchtlinie errichtet sein (OVGE. v. 4. April 13 IX B. 36, 12).

In einzelnen Fällen ist der Versuch gemacht worden, das Verbot dadurch zu umgehen, daß bauliche Anlagen (Verkaufshallen und selbst kleinere Ställe) auf Räder gesetzt werden. Dem gegenüber hat das OVG. ausgesprochen, die Anlagen seien als Neubauten zu behandeln, wenn aus den Umständen, namentlich aus der Art und Weise, wie sie aufgestellt und mit dem Erdboden in Verbindung gebracht seien, die Absicht erhelle, sie auf dem gewählten Standorte dauernd zu belassen; denn hier vertreten die Räder nur die Stelle einer als Fundament dienenden Unterlage, ähnlich wie Balken, die ohne besondere Vorrichtung auf dem Erdboden lagern, E. v. 15. April 90 Nr. IV 392; v. 2. Juni 91 Nr. IV 538 v. 19. Febr. 03 Nr. IV 325; v. 26. Febr. 09, PrVerwBl. 31 S. 145. — Einen „teilweisen" Neubau kennt das Gesetz nicht; deshalb dürfen bauliche Maßnahmen den Neubauten nicht bloß aus dem Grunde zugezählt werden, weil sie sich ihrem Umfange nach kaum noch als Ausbesserungen bezeichnen lassen. OVGE. Bd. 23 S. 347—349.

Zu den Neubauten gehören auch die Anbauten. Der Begriff des Anbaues im Sinne der §§ 12 und 15 ist für den § 11 nicht ohne weiteres anwendbar. Hierher gehören alle Anbauten welche bereits äußerlich als solche kenntlich sind, ob sie einen bedeutenden oder unbedeutenden Umfang haben, bleibt dabei gleich; Voraussetzung ist, daß sie in Beziehung zur Fluchtlinie stehen. Saran (S. 103) legt für den Anbau nach § 11 den Begriff der §§ 12 und 15 zugrunde, was irrtümlich ist, ebenso die dort ausgesprochene Ansicht, daß unerhebliche Anbauten, die auf der der Fluchtlinie entgegengesetzten Seite an einem diese überschreitenden Hause vorgenommen werden sollen, nicht verboten werden können.

3. a) Die Begriffe der „Um- und Ausbauten lassen sich schwer allgemein so definieren und umschreiben, daß man eine ohne weiteres auf alle tatsächlich vorkommenden Fälle anwendbare Norm erhält. Für die Bestimmung dessen, was darunter im Sinne des § 11 zu verstehen ist, findet sich weder gesetzlich noch technisch eine feste Begrenzung (OVGE. v. 23. Dez. 96 Nr. IV 2147; v. 24. Febr. 11 IX B. 6. 10, IX B. 17. 10; v. 18. April 05 PrVerwBl. 27 S. 432). Die besonderen Bestimmungen von Polizeiverordnungen über das, was unter Reparatur, Hauptreparatur, Umbau, Neubau usw. zu begreifen ist, sind für die Auslegung des § 11 nicht maßgebend (OVGE. v. 2. März 94 Nr. IV 270). Die „Um- und Ausbauten" stehen im allgemeinen in der Mitte zwischen Neubau und Reparatur (OVGE. v. 4. Jan. 16 IX B. 20. 15). Namentlich der Gegensatz zur letzteren, also zu der gestatteten Wiederherstellung einzelner abgängig gewordenen Teile eines Bauwerks (OVGE. v. 1. Febr. 83 Nr. II 141, PrVerwBl. 4 S. 182; v. 15. Sept. 81 Bd. 8 S. 300; v. 25. Jan. 96 Bd. 29 S. 375) wird für zweifelhafte Fälle ein Merkmal an die Hand geben können. Doch werden größere Ausbesserungen allein durch ihren Umfang noch nicht zu Um- oder Ausbauten (OVGE. Bd. 23 S. 348). Die Bestimmung verfolgt zwar (MinErl. v. 15. Febr. 87, MBl. S. 70) u. a. den Zweck, die Gemeinde dagegen zu schützen, daß durch eine inzwischen vorgenommene bauliche Veränderung der Wert eines ganz oder teilweise zu Straßenzwecken bestimmten Grundstücks gesteigert und die Gemeinde dadurch in die Lage versetzt werde, dem Eigentümer bei der demnächstigen Abtretung eine höhere Entschädigung als zum Zeitpunkte der Fluchtlinienfestsetzung zahlen zu müssen (OVGE. v. 3. April 06 PrVerwBl. 28 S. 85, RG. v. 27. Mai 10, E. 74 S. 19), sie bezweckt aber keineswegs, den Eigentümer zu zwingen, daß er sein Gebäude dem Verfalle preisgibt, solange es durch Reparaturen, ohne daß diese einem wirklichen Umbau oder gar Neubau gleichkommen, davor bewahrt werden kann (OVGE. v. 15. Nov. 97 Nr. IV 1933).

Die an sich im Eigentume liegende Befugnis, von dem Besitze und der Nutzung desselben jeden anderen auszuschließen, geht dadurch nicht verloren, daß ein Grundstück als für eine künftige Straße oder einen öffentlichen Platz bestimmt in einem Bebauungsplane verzeichnet wird. (OVG. 10 S. 299). Vgl. Bem. 3 b zu § 11. Das Bauverbot des § 11 macht das der Fluchtlinie unterworfene Grundstück eines Vorteils im Sinne des § 9 des Kommunalabgabengesetzes v. 14. Juli 83 nicht fähig gegenüber einer Kanalisation, die als Schmutzwasserkanalisation nur Hauswässer abführt (OVGE. 53 S. 101). Im allgemeinen ist als charakteristisch anzunehmen, daß Reparatur den Ersatz einzelner abgängig gewordener Teile bedeutet, während im Gegensatz dazu ein „Umbau" da anzunehmen ist, wo es sich um eine mehr oder minder eingreifende, das Bauwerk teilweise umgestaltende Veränderung der Substanz im Innern oder Äußern handelt (OVGE. Bd. 8 S. 300, 309, v. 23. Dez. 96 Nr. IV 2147; Bd. 29 S. 375; v. 5. Dez. 01, PrVerwBl. 23 S. 396; v. 18. April 05 Nr. VIII 655). Die Annahme einer Reparatur wird auch nicht unbedingt dadurch ausgeschlossen, daß zum Zweck rationeller Instandhaltung anderes Material verwendet wird oder in untergeordneten Einzelheiten die Erneuerung in etwas besserer Art als bisher erfolgt (OVGE. v. 3. Jan. 11 IX B. 82, 09). Für die Erheblichkeit der Substanzveränderung bei einem Umbau ist nicht deren Verhältnis zu dem Bauwerk im ganzen, sondern ihre Bedeutung für die Werterhöhung des künftigen Straßengeländes maßgebend (OVGE. v. 4. Jan. 16 IX B. 20, 15; v. 30. April 18 IX A. 24, 17). Man spricht von ihm hauptsächlich dann, wenn die Umgestaltung behufs einer von der bisherigen abweichenden Benutzung des Bauwerks vorgenommen wird; doch ist eine solche neue Zweckbestimmung keineswegs unbedingt erforderlich (OVGE. v. 17. März 11 IX B. 55, 10). Die baulichen Veränderungen brauchen weder der Zahl noch der Art nach sehr erheblich zu sein; (OVGE. v. 20. Sept. 07 VIII A. 100, 06). ebensowenig ist nötig, daß sie die Dauerhaftigkeit des Bauwerkes erhöhen (OVGE. v. 30. Okt. 06 Nr. VIII 1633); auch kommt es darauf nicht an, ob die einzelnen Arbeiten, an sich betrachtet, einer baupolizeilichen Genehmigung bedürfen. Für das begriffliche Wesen des Umbaues ist es belanglos, ob die Polizei durch bestimmte Anordnungen zur Abstellung des von ihr angenommenen rechtswidrigen Zustandes einschreitet oder nicht, denn Umbauten können ebensowohl genehmigt als untersagt werden (OVGE. v. 3. Jan. 11 IX B. 32, 09).

Soll ein Geschäftszimmer in einen Speisesaal, ein Wohnraum in einen Laden verwandelt werden, so genügt das Ausbrechen einer Tür, die Vergrößerung eines Fensters, das Ziehen einer neuen, die Entfernung einer alten Wand. Ferner ist die Erhöhung eines Dachgeschosses, das außerdem mit einem daneben belegenen Raume in Verbindung gebracht wurde, die Verstärkung eines Gebäudefundaments in seiner Tiefe und Breite (OVGE. v. 3. Nov. 09 IX A. 109, 09), die Ersetzung einer Fachwerkwand durch eine massive Mauer, die Umgestaltung eines Lattenzaunes in eine Planke aus zusammengefügten Brettern, die Bekleidung eines Gitters mit Eisenblechtafeln, die Erhöhung eines aufgemauerten Pfeilers um 2—3 Steinlagen als Umbau betrachtet (OVGE. Bd. 8 S. 294 ff. u. S. 303 ff.; v. 16. Okt. 79 Nr. II 1499; v. 13. Sept. 83 Nr. II 671; v. 29. Okt. 83 Nr. II 789; v. 9. Juni 84 Nr. II 522; v. 13. Nov. 84 Nr. II 977; v. 30. April 88 Nr. III 324; v. 10. März 91 Nr. IV 239 und v. 12. Jan. 92 Nr. IV 55, PrVerwBl. 5 S. 18, 168 u. 318, 6 S. 77, 9 S. 382, 12 S. 554). Schon aus dem Angeführten, der Rechtsprechung Entnommenen, geht hervor, daß eine allgemein geltende Begrenzung nicht tunlich ist, vielmehr in jedem einzelnen Falle untersucht werden muß, ob ein Umbau vorliegt (OVGE. v. 18. April 05 PrVerwBl. 27 S. 432). Selten wird man auch die beiden Begriffe „Umbau“ und „Ausbau“ trennen oder gar in Gegensatz bringen können. Es mögen folgende Fälle noch erwähnt werden: Das Zurückrücken einer Fassadenwand um 1 m und die — durch polizeiliche Vorschriften bedingte — Erneuerung der Fachwand durch eine massive, und die dadurch eintretende Veränderung und Verkleinerung der dahinter liegenden Räume ist als Umbau anzusehen (OVGE. v. 23. Dez. 96 Nr. IV 2147), ebenso der Ersatz von Holzwänden durch Eisenkonstruktion (OVGE. v. 7. Juli 94 Nr. IV 892). Ein teilweiser Ersatz eines Fachwerkes durch eine massive Wand zum Zwecke der Reparatur ist nicht ohne weiteres Umbau (OVGE. v. 25. Jan. 96 Nr. IV 143, Bd. 29 S. 372 ff., v. 17. Febr. 97 Nr. IV 309, PrVerwBl. 19 S. 92), ebensowenig die Ausfüllung einer Lücke in einer Giebelwand eines Hauses (OVGE. v. 15. Dez. 93 Nr. IV 1336, v. 25. Jan. 96 PrVerwBl. 18 S. 93, v. 27. Febr. 14 IX A. 47, 13), keineswegs fällt darunter die bloße Abschrägung der äußeren Wandungen der Fenster, um dem Lichte besseren Zutritt zu verschaffen (OVGE. v. 13. Juli 95 Nr. IV 690). Dagegen wurde die Ersetzung einer ganzen, bisher zum großen Teil aus Fachwerk bestehenden und technisch sehr mangelhaft hergestellten Giebelwand eines Gebäudes durch eine neue massive Wand als eine eingreifende, das Gebäude teilweise umgestaltende, mithin wesentliche Veränderung der Substanz, also als Umbau angesehen (E. v. 21. Jan. 01, Bd. 38 S. 350, v. 29. Okt. 12 PrVerwBl. 35 S. 810). Ebenso die Verstärkung des unteren Teils einer Giebelwand um 12 cm, und Ersatz der darüber befindlichen Fachwerkwand durch eine massive Wand (OVGE. v. 10. Dez. 09 VIII A. 34, 09). Ferner die Erneuerung einer Seitenwand von 13 cm durch eine solche von 24 cm Stärke (OVGE. v. 29. Jan. 10 IX B. 29, 09), sowie die Beseitigung je zweier von der Straßenfrontwand zur Mittelwand reichender 13 cm starker, massiver Trennwände im ersten und zweiten Stockwerk. Nicht von ausschlaggebender Bedeutung war es, ob die bauliche Umgestaltung zur Erzeugung einer von dem seitherigen Gebrauche abweichenden Benutzung des Gebäudes vorgenommen wurde (OVGE. v. 24. Febr. 11 IX B. 6, 10). Ein Umbau liegt ferner vor, wenn man durch Hinzunahme eines bisherigen Zimmers zu einem Laden einen einheitlichen Laden schafft, auch wenn die bauliche Änderung wie die Entfernung einer Gipswand, nur eine geringfügige ist (OVGE. v. 3. April 06 VIII 548, v. 2. Juli 10 IX A. 84, 09, v. 20. März 14 IX A. 115, 13; v. 13. Juni 01 Bd. 40 S. 377). Jedoch wird nicht unter allen Umständen, wie in der Herstellung so in der Entfernung einer Innenräume trennenden Bretterwand ein Umbau gesehen werden können (OVGE. v. 24. Jan. 13 IX A. 133, 12). Die Ersetzung eines zwischen Flur und Saal befindlichen Abschlusses, mag er aus Fachwerk oder Holzrahmenwand mit Verglasung bestehen, durch eine dünne Wand von einem halben Stein Stärke wurde nicht als Umbau angesehen (OVGE. v. 31. Okt. 16 IX B. 23, 16). Ebenso einer neuen Wand an Stelle einer baufälligen (OVGE. v. 24. Febr. 11 IX B. 17, 10). Handelt es sich jedoch um den Ersatz von Umfassungswänden, deren Stabilität durch den Bau erhöht wird, so liegt ein Umbau vor (OVGE. v. 30. Jan. 82 PrVerwBl. 3 S. 180, v. 5. Dez. 01, PrVerwBl. 23 S. 396). Die Entfernung abgängig gewordener Holzpfosten und dafür Einbringung eiserner Deckenträger ist kein Umbau (OVGE. v. 16. April 15 IX A. 177, 12). Werden solche jedoch durch Steinsockel ersetzt, so liegt ein Umbau und keine Reparatur vor, denn es hat nicht nur eine einfache Erneuerung, sondern eine wesentliche Verstärkung der Tragekonstruktion stattgefunden (OVG. v. 28. März 11 IX B. 48, 10). Ebenso, wenn statt der Holzsäulen eiserne Stützen behufs Einführung moderner Schaufenster angebracht werden (OVGE. v. 8. Jan. 09 Nr. VIII 45).

Auch die Vergrößerung eines gewöhnlichen Fensters in einem schon bestehenden Geschäftslokal zu einem Schaufenster wurde als Umbau hingestellt, weil die fraglichen Räume, wenn sie auch schon als Möbelverkaufs- und Lagerräume tatsächlich gedient hätten, doch durch die Veränderung des Fensters erst zu einem Laden baulich hergerichtet, also um- und ausgebaut wurden. Auch eine geringfügige Veränderung muß dann als Umbau gelten, wenn klar erhellt, daß sie nur der Anfang weiterer, sich anschließender, größerer Substanzveränderungen, die zusammen unzweifelhaft einen Um- und Ausbau darstellen, ist (OVGE. v. 11. Okt. 97 Nr. IV 1694, Bd. 32 S. 367). In der Regel wird das vereinzelte Vermauern eines Fensters oder einer Tür keinen Umbau bilden, geschieht es aber an mehreren Stellen im Verein mit anderen Arbeiten, so können solche Eingriffe zusammen als erhebliche Änderung der Substanz gelten (OVG.

v. 7. Jan. 16, PrVerwBl. 37 S. 601). Es liegt ein Umbau vor, wenn das bisher zu Wohnzwecken benutzte Untergeschoß in einen Laden verwandelt wird, wobei die bisherigen Fenster unter Ausbrechung der Mauern zu Schaufenstern umgestaltet, der Hauseingang unter Abbrechung der ihn flankierenden Mauern geändert und tiefer in das Haus gelegt wird (OVGE. v. 8. Nov. 07 VIII 1969, v. 3. Jan. 11 IX B. 82, 09). Eine Verlängerung zweier Fenster an der Hauptfront eines Gebäudes um 60 cm und Verbreiterung um 20 cm stellen unter Umständen einen U m b a u dar, wenn sie zur besseren Ausnutzung des Hauses dienen und damit zur Wertsteigerung desselben (OVG. v. 18. April 05 PrVerwBl. 27 S. 432, v. 7. Jan. 16 PrVerwBl. 37 S. 601). Die Vergrößerung und Umwandlung zweier Fenster zu Schaufenstern und Anlegung einer Tür mit kleinem Vorflur, in welchem Treppenstufen angebracht, ist ein Umbau (OVGE. v. 26. Jan. 12 IX A. 64, 11). Ebenso die Beseitigung einer Fensterbrüstung, um das Fenster als Schiebefenster bezw. als Ein- und Ausgang in das Restaurationslokal benutzen zu können (OVGE. v. 17. Dez. 07 VIII A. 128, 06).

Die Anbringung eines neuen Spalierdeckenputzes im Laden, sowie die Tieferlegung des Flurbelags und die Abflachung der Treppenstufe am Eingang des Hauses — sind Reparaturen (OVGE. v. 3. Jan. 11 IX B. 82, 09). Das Anbringen groben Putzes auf ein altes Gebäude ist kein Umbau, weil der Putz in die Substanz des Gebäudes nicht eingreift und sie nicht umgestaltet (OVGE. v. 2. April 12 IX A. 126, 11). Das Gleiche gilt für den Anstrich (OVGE. Bd. 50 S. 417, 61 S. 391, OVGE. v. 8. Juli 13 PrVerwBl. 35 S. 542). Das Unterziehen einer Dekorationsdecke in ausgedehnten Verkaufsräumen, das Bekleiden der Außenwand mit Granit und Marmor, Ersetzen angefaulter Holzrahmen der Schaufenster durch Eisenbronzerahmen ist nicht mehr Reparatur, sondern ein Umbau, weil die mit Verwendung meist kostbaren Materials getroffenen Maßnahmen von der üblichen Unterhaltung eines alten Hauses sehr abweichen (OVGE. v. 7. Jan. 16 IX A. 19, 15).

Die Umwandlung des Mansardengeschosses in ein Vollgeschoß — ein Umbau (OVGE. v. 15. Okt. 12 IX B. 42, 12). Ein solcher Umbau ist auch da angenommen, wo der untere Teil des Dachgeschosses an der Straßenfront mit einer senkrechten Wand, in welcher fünf Fenster angebracht waren, versehen wurde, so daß das Haus äußerlich den Anblick eines dreistöckigen Hauses erhielt, ohne es zu sein, es waren zwar lediglich ästhetische Rücksichten maßgebend, das Gebäude wurde aber derartig in seiner Substanz verändert, daß es eine erheblich andere Gestalt im Äußeren erhielt (OVGE. v. 2. März 94 Nr. IV 270, v. 11. Mai 95 Nr. IV 744). Die Herstellung von B e t o n k a p p e n d e c k e n mit eisernen Trägern an Stelle von Holzbalkendecken, sowie die Aufbringung eines neuen um 75 cm erhöhten Daches stellt einen Umbau dar. Es scheint auch zulässig, die baulichen Maßnahmen als Ausbau zu bezeichnen (OVG. v. 3. April 06 VIII 550, PrVerwBl. 28 S. 85). Ebenso die Umwandlung einer Düngergrube zu einem Keller, sowie Anlage einer Räucherei und eines Schornsteins (OVGE. v. 3. Nov. 09 IX A. 109, 09). Die Entfernung des größten Teils der Decke des unter einer Scheune befindlichen Kellers, eine Erhöhung des Kellerfußbodens um 30 cm und der Ersatz der Kellertür durch ein Fenster — zur Aufnahme der mit der neu aufgestellten Dreschmaschine verbundenen Reinigungsmaschine stellt einen Umbau dar. Die Änderung verbessert den Wirtschaftsbetrieb und erhöht damit den Wert des Anwesens (OVGE. v. 13. Okt. 09 IX A. 10, 09). Ebenso die Tieferlegung eines Raumes um 40 cm, Vergrößerung der Tür und Fenster nach der Tiefe um 40 cm, der Breite um 5 cm und Ersetzen der bisherigen alten Tür nebst Oberlichtfenster durch eine Glastür mit Oberlicht sowie des vorliegenden Gitterfensters durch einen Rahmen mit großer Scheibe (OVGE. v. 30. April 18 IX A. 24, 17). Ersatz abgängig gewordener alter Dachdeckung, weil sie den Regen durchläßt und das Holzwerk zu faulen droht, durch neue Ziegel, ist eine Reparatur (OVGE. v. 18. April 05 VIII 655, PrVerwBl. 27 S. 433)

Auch die Umwandlung einer Treppe vor der Haustür von vier Stufen in fünf Stufen, selbst wenn die Grenze der untersten Stufe nicht vorgerückt wird, gilt als Umbau (OVGE. v. 18. Okt. 97 Nr. IV 1739). Die Erneuerung von 7 Rädern in der Mühle, indem statt Holz Eisen gewählt, so daß nur noch die Radzähne aus Holz bestehen, Ersatz einer hölzernen durch eine eiserne Welle, Schaffung eines massiver Auflagers dazu und Anbringung von Mauerwerk im Fundament, wo sich bisher lose Bruchsteine befanden — ist eine Reparatur; denn es kann nicht verwehrt werden, dasjenige Material zu benutzen, von dem man sich die längste Dauer des Bestehens verspricht (OVGE. v. 28. Mai 09 VIII B. 30, 08).

b) Die Bezeichnung „Ausbau" stellt man im gewöhnlichen Leben meistens dem „Rohbau" entgegen, als Inbegriff derjenigen Maßregeln, wodurch das Bauwerk im Innern seinem Zwecke entsprechend hergerichtet wird; demgemäß ist die Aufstellung von Feuerungsanlagen als ein Ausbau behandelt, OVGE. Bd. 6 S. 325 ff.; das Wort mag hier aber vielleicht zugleich in dem Sinne von „Hinausbau" gemeint sein, jedenfalls ist letzterer so gut untersagt wie der Umbau. Bei dem Wiederaufbau von durch Brand zerstörten Gebäuden ist zu unterscheiden. Ist der alte Bau so gut wie vernichtet, so liegt Neubau vor. Ist einiges vom alten Bau stehen geblieben, was wieder benutzt wird, so ist das was neu hergestellt wird, als Ausbau (OVGE. v. 11. Juni 09 VIII A. 186, 08, v. 17. Nov. 11 IX A. 76, 11) zu bezeichnen, eine Reparatur liegt dann keinenfalls vor. Wie schon oben bemerkt, wird der Begriff des Ausbaues gewöhnlich für die Fertigstellung der inneren Einrichtung angewandt (E. Bd. 8 S. 300). Allein auch andere Fälle baulicher Vollendung unfertiger oder teilweise zerstörter Bauwerke bezeichnet man als Ausbau (E. v. 21. April 02, Bd. 41 S. 368. v. 15. April 04, PrVerwBl. 26 S. 60. v. 5. Dez. 01, PrVerwBl. 23 S. 386). Werden Räume, welche bisher zum Wohnen nicht eingerichtet waren, mit Ofen und Schornsteineinrichtung versehen, um die Räume bewohnen zu können, so liegt ein Ausbau vor (OVGE. v. 3. Mai 80, 6 S. 325). Ob ein Neubau oder Ausbau durch ein unvorhergesehenes Ereignis, Feuersbrunst oder dgl. veranlaßt ist, oder ob der Bauherr völlig frei sich dazu entschließt, ist im Gesetz nicht unterschieden (OVGE. v. 15. April 04, PrVerwBl. 26 S. 60, v. 3. April 06 Nr. VIII 550, v. 26. Febr. 09 Nr. VIII 400). Die zwei Jahre nach der Zerstörung vorgenommene Wiederherstellung einer zerfallenen Abortanlage zu einem nutzbaren Abortgebäude stellt einen Ausbau dar (OVG. v. 4. Mai 10, PrVerwBl. 32 S. 403).

Das Verbot bezieht sich nicht nur auf Bauten, die die Fluchtlinie auf dem Erdboden überschreiten; es trifft vielmehr auch solche Bauwerke, die in der Luftsäule und unter dem Erdboden über die Fluchtlinie hinausgehen.

Deshalb sind für unzulässig erklärt einerseits ausgemauerte Gruben, Kanäle und unterirdische Tonrohrleitungen in Verbindung mit einem aus Mauerwerk bestehenden Gully (OVGE. v. 4. Sept. 84 Nr. II 723; v. 8. Okt. 86 Nr. II 910 und v. 3. März 90 Nr. III 190, PrVerwBl. 6 S. 6, 8 S. 136, 11 S. 586; v. 10. März 97 Nr. IV 443; v. 11. Juni 09 VIII A. 8, 08), andererseits Balkone, Erker u. dgl. (OVGE. Bd. 22 S. 375—377). Das Nichtinnehalten der Höhenlage, wie sie der Fluchtlinienplan enthält, fällt nicht unter den § 11, OVGE. v. 21. Okt. 96 Nr. IV 1635. Die Grundeigentümer sind nicht gehindert in ihren Grundstücken Ausschachtungen vorzunehmen, welche das Grundstücksniveau unter das der projektierten Straße bringen (OVG. v. 13. Jan. 02 PrVerw. Bl. 23 S. 728; v. 3. April 06, PrVerwBl. 28 S. 85). Erhöhungen und Ausschachtungen lassen sich durch die Polizeibehörde nur hindern, wenn die Voraussetzungen zum Einschreiten auf Grund des § 10 II 17 ALR. gegeben sind. Vgl. Bem. 3a zu § 11. — Einer Anwendbarkeit des § 11 steht nicht entgegen, daß durch das Bauvorhaben einem polizeiwidrigen Zustand abgeholfen wird (OVGE. v. 21. Okt. 13 IX A. 34, 13). Auch eine durch Vorgehen eines Dritten bedingte bauliche Änderung fällt darunter (OVGE. v. 10. Dez. 09 VIII A. 34, 09).

c) Durch § 11 sind aber nicht die in den §§ 78—82 Tit. 8 T. I ALR. enthaltenen Vorschriften beseitigt, wonach das Vortreten einzelner Bauteile (also von Kellerhälsen, Löben, Treppenstufen, Erkern, Balkonen, Risaliten usw. (OVGE. v. 13. Nov. 91 Bd. 22 S. 372) über die Fluchtlinie hinaus gestattet werden kann, da der § 11 nur den bestehenden Rechtszustand aufrecht erhalten soll. Die auf Grund der landrechtlichen Vorschriften in den Baupolizeiordnungen getroffenen Bestimmungen über die Zulassung solcher Vorsprünge haben daher ihre Gültigkeit auch für die in Gemäßheit des Gesetzes festgestellten Fluchtlinien behalten. Ob die Straßen schon hergestellt oder erst in Aussicht genommen sind, macht keinen Unterschied; denn die Beschränkung des Grundeigentümers kann an der zukünftigen Straße keine größere, als an der vollendeten sein. Wo es an einer Regelung im Wege der Polizeiverordnung fehlt, ist über jeden Einzelfall von der Polizeibehörde zu befinden (OVGE. Bd. 22 S. 372 ff. und v. 25. März 90 Nr. IV 306). Dieselben Grundsätze kommen auch in anderen, dem ALR. nicht unterstellten Landesteilen zur Anwendung, wenn dort der Polizeibehörde ähnliche Befugnisse zustanden.

Bei einem Neubau und Hinausbau ergibt sich von selbst, ob die Fluchtlinie überschritten wird; bei einem Um- oder Ausbau ist die Frage häufig nicht leicht zu beantworten. Denn es wäre sicherlich eine zu enge Auffassung des gesetzlichen Ausdruckes: „über die Fluchtlinie hinaus“, wenn man verlangen wollte, die baulichen Änderungen selbst müßten stets vor der Fluchtlinie liegen (OVGE. v. 22. Dez. 09, PrVerwBl. 32 S. 93). Durchschneidet nur die Fluchtlinie den Raum, welcher umgestaltet werden soll, so handelt es sich zweifellos um einen Aus- oder Umbau über die Fluchtlinie hinaus (OVGE. v. 7. Juli 94 Nr. IV 892; v. 12. März 11 IX B. 55, 10; v. 27. Okt. 11 IX B. 56, 11; v. 7. Jan. 16 IX A. 19, 15).

Auch in solchen Fällen ist die Anwendung des § 11 noch in der Regel gegeben, wenn der Umbau sich als ein das ganze Gebäude erfassendes Bauprojekt darstellt, oder wenn der Umbau mit seinen baulichen oder wirtschaftlichen Veränderungen auch die über die Fluchtlinie hinaus liegenden Teile und Räume des Gebäudes erfaßt, so daß auch diese von dem Umbau mitbetroffen erscheinen (E. v. 20. Mai 01 Nr. IV 1000, Bd. 40 S. 377; v. 17. März 11 PrVerwBl. 33 S. 201; v. 24. Juni 13 PrVerwBl. 35 S. 625). Wird ein von der Fluchtlinie durchschnittenes Gebäude durch eine Anzahl einzelner Arbeiten in den betreffenden Räumen in seiner Bestimmung umgewandelt (z. B. eine Schmiede mit Stall zu einem Ladenlokal mit Kontor), so kommt es nicht darauf an, ob die einzelnen Veränderungsarbeiten als Bauarbeiten im technischen Sinne anzusehen und ob sie nach dem örtlichen Baurechte zulässig oder genehmigungspflichtig sind; die Polizeibehörde kann dem nach § 11 unzulässigen Vorgehen in jedem Einzelfall durch Anwendung der ihr gesetzlich zu Gebote stehenden Mittel begegnen (OVGE. v. 27. Nov. 99 Nr. IV 1904). Andererseits läßt sich ein Um- oder Ausbau in einem von der Fluchtlinie weit abliegenden Teile des Gebäudes, vielleicht einem Seitenflügel, nur unter besonderen Umständen, z. B. wenn es sich um die Durchführung eines einheitlichen, das ganze Gebäude erfassenden Bauprojektes handelt, als verboten betrachten. Die richtige Grenze ist hier nur unter Berücksichtigung der Verhältnisse des einzelnen Falles nach verständigem Ermessen zu finden (OVGE. Bd. 6 S. 325 ff., Bd. 8 S. 294, v. 7. Jan. 90 Nr. IV 11 und v. 12. Jan. 92 Nr. IV 55). Ein Umbau liegt dann nicht vor, wenn an einem bestehenden, von der Fluchtlinie geschnittenen Gebäude ein neues Gebäude errichtet wird, ohne daß an dem ersteren innen oder außen irgend welche bauliche Veränderungen vorgenommen werden (OVGE. v. 13. April 15, PrVerwBl. 38 S. 394). Ein bestehendes Wohngebäude war ein in der Tiefe langgestreckter Bau, in welchem hintereinander eine Stube, Kammer, Küche und Waschküche lagen. Die Stube wird in 4 m Tiefe von den Fluchtlinien geschnitten. Die auszubrechende Tür, welche die Verbindung mit einem Geräteschuppen herstellen sollte, mündet in die Küche. Alle Räume dienen Wohnzwecken, der Schuppen gewerblichen Zwecken. Schon aus dieser verschiedenen Zweckbestimmung verbietet sich die Annahme, es handle sich um einen Neu-, Um- oder Ausbau (OVGE. v. 31. Mai 07 VIII B. 35, 07).

d) Es kann gegenüber einem Neubau die B e s e i t i g u n g der Anlage und gegenüber einem Um- oder Ausbau die W i e d e r h e r s t e l l u n g des früheren Zustandes, nicht aber das Zurücksetzen der Anlage in die Fluchtlinie gefordert werden. Ist die Wiederherstellung des früheren Zustandes aber nur durch bauliche Anlagen möglich, die einem Neubau, Um- oder Ausbau gleichkommen, so kann sie in der Regel nicht stattfinden; und es bleibt auch dann nur übrig, die Anlage zu beseitigen, falls nicht freiwillig die Fluchtlinie innegehalten wird (OVGE. v. 23. Dez. 96 Nr. IV 2147; v. 2. Jan. 92 Nr. IV 144; v. 12. Jan. 92 Nr. IV 55 und v. 2. Mai 94 Nr. IV 557; v. 24. Febr. 11 IX B. 6, 10; v. 29. Okt. 12 PrVerwBl. 35 S. 810; v. 31. Okt. 16 IX B. 23, 16). Es kommt nicht etwa darauf an, ob im Vergleich mit dem umgebauten, derzeitigen Zustande die Rückgängigmachung des Umbaues wiederum einen Umbau darstellen würde. Denn der umgebaute Zustand ist ein polizeiwidriger, abzustellender, er kann also nicht den gesetzlichen Schutz genießen, daß ihm gegenüber Umbauten versagt werden können. Außerdem würde bei solcher Auslegung die Wiederherstellung des früheren Zustandes ausgeschlossen sein: denn wenn die Herstellung des gegenwärtigen Zustandes ein Umbau war, ist auch die Rückgängigmachung dieser Herstellung gegenüber dem gegenwärtigen Zustande stets ein Umbau. Entscheidend ist vielmehr lediglich, ob das bauliche Ergebnis der Rückgängigmachung des vorgenommenen Umbaues im Vergleiche zu dem ursprünglichen Zustande des Bauwerks mit einer Reparatur d. h. der Auswechselung einzelner abgängiger Bauteile gleich zu bewerten ist oder darüber hinausreicht (OVGE. v. 8. Dez. 08 Bd. 54 S. 429). Die Verpflichtung zum Zurückrücken von Bauten in die festgesetzte Fluchtlinie ist eine öffentlich rechtliche Beschränkung des Grundeigentümers, die der Anmeldung beim Zwangsversteigerungsverfahren nicht fähig ist, durch dies Verfahren nicht berührt wird und ohne weiteres auf jeden Ersteher übergeht (OVGE. v. 4. Juli 05 VIII 1062).

Zu bemerken ist noch, daß das rechtlich noch nicht zur Straße gehörige Terrain, welches durch Beseitigung eines nach § 11 unzulässigen Baues frei wird, nicht ohne weiteres Straßenland wird, es muß erst durch die Bestimmung der Rechtsbeteiligten Teil der Straße werden; bis dahin bleibt es zu polizeilich erlaubten Zwecken für den Eigentümer nutzbar und kann — vgl. oben — eingefriedigt werden (OVGE. v. 29. Sept. 94 Nr. IV 1135, PrVerwBl. 16 S. 64; v. 11. Juli 94 Nr. IV 90; v. 3. Okt. 11 IX C. 67, 10). Die Vorschriften, welche für Einrichtung von Vorgärten gegeben sind, finden auf solche Einfriedigungen keine Anwendung (OVGE. Bd. 25 S. 379 ff., v. 4. April 98 Nr. IV 627).

4a) Die Beschränkung tritt mit der schließlichen Offenlegung des Planes endgültig ein. Die Bedeutung des Wortes „endgültig" findet sich nirgends erläutert. Daß der Ausdruck ein müßiger Zusatz sei, darf nach den Regeln der Auslegung nicht angenommen werden. Ein Hinweis darauf, daß die Beteiligten von diesem Zeitpunkte ab nicht mehr zu einem Widerspruche gegen die Fluchtlinie befugt sind, kann darin nicht liegen; denn dieser Zeitpunkt ist schon mit dem Ablaufe der Frist des § 7 oder, wenn innerhalb derselben Einwendungen erhoben waren, mit der darüber getroffenen Entscheidung eingetreten. Daher bleibt nur die Annahme übrig, daß der Gesetzgeber eine Beschränkung auch vor dem angegebenen Zeitpunkte für möglich gehalten hat. Dies ist um so mehr vorauszusetzen, als nicht vermutet werden kann, der Gesetzgeber habe zum Schaden der Gemeinden, deren Interessen gerade in Beziehung auf die Beschränkung der Baufreiheit in weitreichendem Maße berücksichtigt sind, den bestehenden Rechtszustand stillschweigend von Grund aus umgestalten wollen. Früher war, wie die Motive zur Regierungsvorlage nachdrücklich betonen, die Polizeibehörde jederzeit in der Lage, dem Bauen auf einer Fläche, die ihrer Ansicht nach für den öffentlichen Verkehr in Anspruch genommen werden mußte, durch sofortige Feststellung einer Fluchtlinie entgegenzutreten. Nach früherem Recht war eine Offenlegung nicht erforderlich, es genügte die behördliche Bekanntgabe an den Eigentümer (OVGE. v. 2. Dez. 04 VIII 1661, PrVerwBl. 26 S. 944). Jetzt wird es dem Gemeindevorstand auch bei größter Aufmerksamkeit nicht immer gelingen, im voraus für alle diejenigen Gebiete, auf welche sich die Baulust etwa werfen möchte, Fluchtlinien festzusetzen; und jedenfalls bleibt es den beteiligten Grundbesitzern unbenommen, sofort bei den ersten Einleitungen zur Aufstellung eines Fluchtlinienplanes die Erlaubnis zur Bebauung der für die Straße in Aussicht genommenen Flächen nachzusuchen und, wenn dann eine Verweigerung des Konsenses vor Beendigung des Verfahrens unstatthaft ist, den Zweck der Maßregel mehr oder weniger zu vereiteln. Der an sich sehr wenig empfehlenswerte Ausweg, die Versagung der Bauerlaubnis von seiten der Polizeibehörde so lange hinzuzögern, bis die Fluchtlinie feststeht, würde bei der Zeitdauer, die das Verfahren öfters in Anspruch nimmt, voraussichtlich nicht immer von Erfolg sein. Die Gemeinden wären also durch das Gesetz gegenüber dem vorher geltenden Rechte entschieden schlechter gestellt. Läßt sich aber für eine derartige Absicht des Gesetzgebers aus den Verhandlungen überall nichts beibringen, so träte andererseits das Gesetz bei solcher Auffassung mit sich selbst in Widerspruch. Nach der Zerstörung ganzer Ortsteile durch Naturereignisse fordert es selbst jedesmalige Beschlußfassung darüber, ob ein neuer Bebauungsplan notwendig sei. Wird die Frage bejaht, so ist ein Abschluß des Verfahrens binnen kurzer Frist gewiß nur selten zu erreichen; hat die Polizeibehörde aber keine Mittel, inzwischen die Wiederbebauung zu hindern, so kann man die Aufstellung des Planes ebenso gut ganz unterlassen. Der Gesetzgeber würde daher in dem § 2 Abs. 2 eine praktisch unausführbare Vorschrift gegeben haben, wenn er gemeint hätte, künftig solle ein Baukonsens mit Rücksicht auf das Bedürfnis einer Fluchtlinienfestsetzung vor dem im § 11 bezeichneten Zeitpunkte nicht verweigert werden dürfen. — Es könnte scheinen, als habe der Abgeordnete Virchow (StenB. d. AH. S. 2118 Spalte 1), ohne Widerspruch zu finden, den entgegengesetzten Standpunkt eingenommen; doch lassen seine Äußerungen auch die Deutung zu, daß von ihm nur hat hervorgehoben werden sollen, wie in Zukunft die Polizeibehörden nicht mehr befugt sind, ihrerseits Fluchtlinien festzustellen und auf Grund dieser Berechtigung gegen einen beabsichtigten Bau einzuschreiten. Eine solche einzelne Äußerung dürfte aber überhaupt, wenngleich sie sich auf Erörterungen innerhalb der Kommission stützt, gegenüber den geltend gemachten Gesichtspunkten kaum durchschlagend sein. Ihr würde außerdem eine frühere, entschieden abweichende Ausführung des Abgeordneten Grafen von Wintzingerode (S. 2028 Spalte 2), welche damals ebenfalls nicht angefochten ist, entgegengestellt werden können. Diese Bemerkungen mögen auch gegenüber den Ausführungen in den schon oben in Bem. 1b erwähnten Aufsätzen (PrVerwBl. 18 S. 397, 19 S. 247) genügen.

Mag es nun auch auffallend erscheinen, daß die Befugnisse der Polizeibehörde einerseits und die Rechte der Grundbesitzer andererseits nicht schärfer gegeneinander abgegrenzt sind, so muß doch eine Versagung des Baukonsenses auch während des Fluchtlinienfeststellungsverfahrens als rechtlich zulässig angesehen werden. Das ist denn auch in der Rechtsprechung stets anerkannt (OVGE. Bd. 8 S. 323 ff., Bd. 14 S. 386, Bd. 24 S. 380; v. 20. April 82 Nr. II 381, PrVerwBl. 3 S. 277; v. 4. Febr. 86 Nr. II 138, PrVerwBl. 7 S. 196; v. 21. Juni 89 Nr. IV 199 und v. 3. Febr. 91 Nr. IV 116; RG. V. ZSE. v. 16. Mai 85, PrVerwBl. 6 S. 344; VI. ZSE. v. 7. April 88 Bd. 21 S. 210; V. ZSE. v. 11. April 88 Bd. 21 S. 212 ff., PrVerwBl. 9 S. 343; v. 2. Juli 10 IX A. 84, 09).

Die Frage, wie weit das Festsetzungsverfahren gediehen sein muß, wird je nach den verschiedenen Fällen verschieden zu beantworten sein. Entspricht der Fluchtlinienplan den gesetzlichen Vorschriften, so treten die Beschränkungen der Grundeigentümer gemäß § 11 ein, auch wenn gegen den Plan Einwendungen erhoben sind, aber noch kein endgültiger Beschluß in dem Feststellungsverfahren ergangen ist. OVG. 33 S. 425. Handelt es sich um die Wiederbebauung ganzer Ortsteile (§ 2 Abs. 2), so muß nach der klar erkennbaren Absicht des Gesetzgebers jeder Bau innerhalb der fr. Ortsteile bis dahin, wo über die Aufstellung eines Bebauungsplanes Beschluß gefaßt ist und wenn eine solche Aufstellung beschlossen wird, bis zur Beendigung des Verfahrens verhütet werden können. Verlangt im übrigen die Polizeibehörde eine Fluchtlinienfestsetzung gemäß § 1 Abs. 2, so wird die Versagung des Baukonsenses jedenfalls statthaft sein, sobald ein endgültiger Beschluß der zuständigen Behörde vorliegt, wonach für die in Rede stehende Fläche Fluchtlinien festzusetzen sind (OVGE. v. 6. Okt. 91 Nr. IV 912; v. 2. Juli 10 IX A. 84, 09). Ist, wie in der Rheinprovinz, der Polizeiverwalter zugleich Gemeindevorstand, so muß die selbständige Aktion der Polizei erkennbar sein (OVGE. v. 28. März 05 Nr. VIII 515). Geht die Festsetzung von den Gemeindeorganen aus, so müssen sich wenigstens beide Gemeindebehörden über eine bestimmte Fluchtlinie, welche festgesetzt werden soll, geeinigt haben (E. v. 9. April 00 Nr. IV 608; v. 2. Nov. 10 PrVerwBl. 33 S. 78). Die Gemeindevertretung muß sich durch einen rechtsgültigen Beschluß mit der geplanten Fluchtlinie einverstanden erklärt haben, einer polizeilichen Zustimmung bedarf es nicht (OVGE. v. 10. Juli 14 IX A. 157, 13, Bd. 68 S. 433). Die Versagung des Baukonsenses oder sonstige Baubeschränkungen sind dann nicht gerechtfertigt, wenn der den Bau beschränkende Fluchtlinienplan zwar vom Magistrat und der Ortspolizeibehörde, nicht aber von der Stadtverordnetenversammlung genehmigt ist (OVG. v. 21. Jan. 87, 14 S. 381). Ist im Geltungsbereich der Landgemeindeordnung v. 3. Juli 91 der Beschluß der Gemeindevertretung außerhalb der Tagesordnung zustande gekommen, ohne daß dem von der Sitzung ausgebliebenen Vertretern das Bestehen einer Beschlußfassung über den Fluchtlinienplan bekannt war, so entbehrt der Beschluß der Rechtsgültigkeit (OVG. v. 15. April 13 IX A. 131, 12). So lange bloß Verhandlungen unter den Gemeindeorganen schweben, hat das vom Gesetz geordnete eigentliche Festsetzungsverfahren überhaupt noch nicht begonnen (OVGE. Bd. 14 S. 384 ff., PrVerwBl. 8 S. 206; v. 29. Nov. 89 Nr. IV 679; v. 23. Febr. 92 Nr. IV 225; v. 27. Juni 94 Nr. IV 835; v. 11. Juli 94 Nr. IV 901; v. 9. Dez. 96 Nr. IV 2018 und v. 2. Jan. 97 Nr. IV 6 und Nr. IV 9). Von dem Zeitpunkte der Einigung beider Gemeindekörperschaften ab ist das eigentliche Verfahren der Fluchtlinienfestsetzung eingeleitet und damit der Moment festgestellt, von welchem ab das nach § 11 rechtlich geschützte Interesse der Gemeinde, gegen Bauten über die Fluchtlinien hinaus bewahrt zu werden, wirksam wird (E. v. 11. Juli 01 Nr. IV 1107, Bd. 40 S. 386). Dies gilt sowohl im Falle der Abänderung einer schon bestehenden rechtsgültigen Fluchtlinienfestsetzung als auch da, wo bisher eine Fluchtlinie überhaupt noch nicht festgestellt war (OVGE. v. 21. Juni 12 IV B. 78, 11). Das Gesetz hat mit einer solchen Einigung, durch welche die Beschränkung der Baufreiheit vorläufig — d. i. unter Vorbehalt der demnächstigen Offenlegung, ordnungsmäßigen Erledigung etwaiger Einwendungen und endgültigen Planfeststellung — eintritt, nur eine solche im Auge, welche einen in sich abgeschlossenen, integrierenden Teil eines förmlichen, neuen Fluchtlinienfestsetzungsverfahrens bildet, welche eine Anfangsetappe auf der Route zur endgültigen Fluchtlinienfestsetzung darstellt (OVGE. v. 23. März 06 VIII 496; v. 15. Juni 11 IX A. 33, 11). Vgl. das zu § 1 Bem. 9, 10 und 12 dargelegte. Unterbleibt eine förmliche Feststellung des Planes und die im § 8 vorgeschriebene Offenlegung, so schwebt das Fluchtlinien verfahren. Infolge dessen kann die Beseitigung von Bauten, die unter dem Schwebeverfahren hergestellt sind, nicht gefordert werden (OVGE. v. 4. Juli 05 VIII 1062). Im vorliegenden Falle waren Schuppen über die Baufluchtlinie ohne Bauerlaubnis errichtet worden an einer Straße, für welche Fluchtlinien ordnungsmäßig festgesetzt worden waren, das Feststellungsverfahren war jedoch nach Offenlegung des Planes nicht weiter verfolgt worden — die sich auf den § 11 stützende Polizeiverordnung zur Beseitigung der Schuppen ließ sich daher nicht aufrecht erhalten, trotzdem die Gemeinde während des Streitverfahrens die förmliche Feststellung nachholte. — Faßt eine Gemeinde den Beschluß, in einem Fluchtlinienplan, den sie vor 16 Jahren festgesetzt hatte, die Baufluchtlinien statt mit schwarzen Linien, wie geschehen, in roter Linie zu kennzeichnen, „um Einwendungen gegen die Rechtsgültigkeit des Bestehens von Baufluchtlinien die Begründung zu nehmen", ist hierin nicht die Einigung der städtischen Behörden über Einleitung eines neuen Fluchtlinienplanes zu erblicken, sondern nur eine Deklaration dessen, was die städtische Behörde vor 16 Jahren vermeintlich beabsichtigt hat (OVGE.v. 22. März 06 VIII 496).

Von dem angegebenen Zeitpunkte ab ist die Polizeibehörde berechtigt, die Genehmigung zum Vorhaben eines Neu-, Um- oder Ausbaues über die Fluchtlinie zu versagen. Deshalb kann sie auch nicht genötigt sein, einen nach diesem Zeitpunkte ohne Konsens hergestellten Bau der bezeichneten Art zu genehmigen. Falls es sich dabei um einen an sich konsenspflichtigen Bau handelt, würde sonst der, welcher gesetzwidrig, ohne den Konsens nachzusuchen, baut, besser gestellt werden, als der, welcher dem Gesetze entsprechend vor der Einrichtung des Baues, um die Genehmigung bittet (E. v. 11. Juli 01 Nr. IV 1107; v. 18. März 04 PrVerwBl. 26 S. 149). Die Abstellung eines durch einen nicht genehmigten Umbau über die Fluchtlinie hinaus hervorgerufenen polizeiwidrigen Zustandes besteht in Rückgängigmachung des verbotenen Umbaues — durch Wiederherstellung des alten Zustandes nötigenfalls Niederlegung des umgebauten Bauwerks, soweit es sich über die Fluchtlinie erstreckt (OVGE. v. 9. Juli 12 IX A. 58, 11; v. 8. Dez. 08,54 S. 430). Es kann nicht nachträglich die Beseitigung ohne polizeiliche Genehmigung ausgeführter Neubauten, Um- und Ausbauten verlangt werden, die über die Fluchtlinie hinausragen, aber bereits bestanden, als der Fluchtlinienplan beschlossen wurde (OVGE. v. 28. Febr. 01 Bd. 40 S. 382; v. 22. März 07, PrVerwBl. 29 S. 393). Eine Berufung auf die Entscheidungen v. 18. März 86 Bd. 13 S. 396 sowie vom 17. März 91 PrVerwBl. 12 S. 327, welche feststellen, daß im allgemeinen — außerhalb des Anwendungsbereiches des § 11 — die Beseitigung von Bauten oder Bauteilen nicht lediglich wegen des Fehlens der baupolizeilichen Genehmigung gefordert werden kann erfolgt zu Unrecht (OVGE. v. 3. Jan. 11 IX B. 82, 09).

Ein polizeiliches Einschreiten in allen solchen Fällen — Verweigerung des Konsenses, oder Beseitigung von Gebäuden oder Gebäudeteilen usw. — setzt unter allen Umständen voraus, daß keinerlei Zweifel über die Richtung und den Lauf der geplanten Fluchtlinie bestehen, die Feststellung der Linie in der Örtlichkeit vielmehr mit voller Sicherheit erfolgen kann. Leiden die Verhandlungen zwischen den betreffenden Organen und Behörden noch an Unklarheiten in dieser Beziehung, so kann daraus eine ausreichende Grundlage für eine polizeiliche Aktion nicht entnommen werden (E. v. 19. Okt. 99 Nr. IV 1654).

Wo eine Fluchtlinienfestsetzung zurzeit nicht in Frage kommt, ist auch die rechtliche Möglichkeit der Konsensversagung nicht gegeben. Ist also ein Verfahren eingeleitet, aber entweder mit allseitiger, wenn auch stillschweigender Zustimmung liegen geblieben oder dadurch endgültig erledigt, daß die erhobenen Einwendungen für begründet erklärt sind, so hat die Polizeibehörde kein Recht zur Ablehnung des Baugesuches (OVGE. Bd. 2 S. 362 ff., v. 11. März 87 Nr. II 214, PrVerwBl. 8 S. 230; v. 4. April 89 Nr. IV 628).

Ob in den Fällen, wo die Bauerlaubnis vor endgültiger Festsetzung der Fluchtlinie versagt wird, eine Entschädigung beansprucht werden kann, ist bei § 13 zu erörtern. (s. Bem. 1 c zu § 13).

b) Häufig wird das Festsetzungsverfahren erst eingeleitet oder abgeschlossen, nachdem schon Klage gegen die Verweigerung der Bauerlaubnis erhoben ist. Hier hat der Verwaltungsrichter — soweit die Klage nicht etwa bloß die Aufhebung der Verfügung bezweckt, um der Voraussetzung im § 6 des G. v. 11. Mai 42 (GS. S. 192) zu genügen (§ 131 d. Landesverwaltungsgesetzes) — nach Lage des Festsetzungsverfahrens zur Zeit der Urteilsfällung zu entscheiden, da der Bauunternehmer durch Einreichung seines Baugesuches einen Anspruch auf Anwendung des damals geltenden Rechtes nicht erlangt (OVGE. Bd. 5 S. 378, Bd. 6 S. 258 und 270, Bd. 8 S. 291, v. 4. Febr. 86 Nr. II 139, PrVerwBl. 7 S. 196; v. 7. Juni 87 Nr. II 528, PrVerwBl. 8 S. 318; v. 3. Febr. 91 Nr. IV 116; v. 27. Juni 94 Nr. IV 835; v. 11. Juli 94 Nr. IV 901; v. 21. Febr. 01 Bd. 4 S. 380; v. 17. Febr. 07 PrVerwBl. 27 S. 304; v. 8. Nov. 07 Nr. VIII 1969). Es kommt also darauf an, ob zur Zeit der Urteilsfällung das Einverständnis der Gemeindekörperschaften über eine bestimmte Fluchtlinie besteht. Ist dies der Fall, so ist diese Linie maßgebend und es ist unerheblich, ob sie etwa später von den Beschlußbehörden abgeändert oder ganz beseitigt wird (E. v. 9. April 00 Nr. IV 608; v. 13. Jan. 11 IX B. 77, 10). Für die Rechtswirkung ist es auch einflußlos, ob mit Absicht die Entscheidung auf das Baugesuch verzögert ist, um zuvörderst die Festsetzung einer Baufluchtlinie herbeizuführen (OVGE. v. 3. März 97 Nr. IV 404; v. 28. April 98 Bd. 33 S. 425). Auch ermächtigt ein vor Feststellung der Fluchtlinie erteilter Baukonsens den Bauherrn nicht zu einer Inangriffnahme des Baues nach geschehener Feststellung; denn der Konsens, wenn er etwa auch nach Vorschrift der maßgebenden Baupolizeiordnung ein Jahr lang in Kraft bleibt, ist regelmäßig nur die Erklärung der zuständigen Behörde, daß dem beabsichtigten Baue Hindernisse in dem zurzeit geltenden öffentlichen Rechte nicht entgegenstehen, und enthält deshalb keine Zusicherung, daß dem Unternehmer nicht in der zur Ausführung gewährten Frist gesetzliche Hindernisse erwachsen können. Erst nach Beginn des Baues erscheint eine Zurücknahme des Konsenses auf Grund des inzwischen geänderten Rechtes (sofern dies nicht ausnahmsweise nach ausdrücklicher Vorschrift auch auf bestehende Bauten anzuwenden ist) ausgeschlossen. Denn neue baurechtliche Bestimmungen — und die Fluchtlinienfestsetzung schafft neues Baurecht (OVGE. Bd. 28 S. 377) — finden auf solche Bauten keine Anwendung, die auf Grund einer ordnungsmäßigen Bauerlaubnis bereits begonnen sind (OVGE. Bd. 2 S. 353, Bd. 5 S. 379, Bd. 13 S. 394; v. 11. März 87 Nr. II 211, PrVerwBl.

8 S. 245; v. 8. Okt. 88 Nr. III 790 und v. 18. April 93 Nr. IV 375; OVGE. Bd. 24 S. 362, PrVerwBl. 14 S. 405; OVGE. v. 3. März 05 Nr. VIII 359; v. 21. Sept. 06 PrVerwBl. 29 S. 749). Das Reichsgericht ist anderer Ansicht. In einer Entscheidung v. 22. Sept. 94 (E. d. RG. Bd. 34 S. 242) — auszugsweise wiedergegeben in Bolze, Praxis Bd. 19 und PrVerwBl. 17 S. 29 — spricht es aus, daß die Eigentumsbeschränkung des § 11 auch gegenüber einem (mit polizeilicher Erlaubnis) schon in Angriff genommenen Bau wirksam wird, gleichviel, in welchem Stadium der während seiner Ausführung von einer Fluchtlinienfestsetzung betroffene Bau sich befindet. Eine Begründung für diese Ansicht wird nicht gegeben, auch auf die E. d. OVG. nicht Bezug genommen. Das OVG. ist in der diese Abweichung des RG. berührenden Entscheidung v. 28. Sept. 95, Bd. 28 S. 371, bei seiner Ansicht stehen geblieben. Denselben Standpunkt vertritt Dr. Jaeckel in den Beiträgen zur Erläuterung des deutschen Rechts, fünfte Folge, 5 Heft 1 S. 61 (vgl. übrigens den Aufsatz PrVerwBl. 19 S. 120).

Das Oberverwaltungsgericht hat — wie schon hervorgehoben — in mehrfachen Entscheidungen (E. v. 3. Dez. 83, PrVerwBl. 5 S. 114 und v. 11. Jan. 96 a. a. O. 18 S. 109) den Grundsatz ausgesprochen, daß die Zulässigkeit solcher Bauten, welche ohne die vorgeschriebene Genehmigung errichtet sind, bei eintretendem polizeilichen Einschreiten nach dem zu dieser Zeit geltenden Baurechte zu beurteilen sei. Ebenso steht es fest, daß bei der Entscheidung über Versagung oder Erteilung eines Baukonsenses lediglich die zur Zeit der Entscheidung geltenden Rechtsnormen zur Anwendung zu bringen sind, dies selbst dann, wenn die erste Vorlegung des Projektes unter der Herrschaft eines älteren, dem Bauenden günstigeren Rechts erfolgt ist. Ferner unterliegt es keinem Zweifel, daß die endgültige Festsetzung von Fluchtlinien für die davon betroffenen Grundstücke neues Baurecht schafft, wie denn auch das Reichsgericht in dem förmlich festgestellten Fluchtlinienplan einen Bestandteil der Verfassung der Gemeinde erblickt (Erk. d. RG. V. ZS. v. 28. Nov. 91 PrVerwBl. 13 S. 343; OVGE. v. 15. Nov. 00 Nr. IV 1600). Es steht auch außer Zweifel, daß in der Regel die Niederlegung eines nicht konsentierten und insofern illegalen Baues von der Polizeibehörde verlangt werden kann, wenn der Bau gegen das bestehende, dem Schutze der Polizeibehörde anvertraute öffentliche Recht verstößt (OVGE. Bd. 13 S. 393, Bd. 24 S. 342 u. a.). Der im § 11 enthaltene Rechtssatz hat aber nur solche Bauten im Auge, welche nach dem Zeitpunkte der Fluchtlinienfestsetzung neu errichtet, um- oder ausgebaut werden, bei vor jenem Zeitpunkte errichteten Baulichkeiten ist der tatsächliche Zustand allein maßgebend, einerlei, ob die Baulichkeiten unkonsentiert und insofern illegal sind oder nicht. Das OVG. ist — entgegen der früheren Praxis — danach zu der Ansicht gelangt, daß für die Handhabung des ersten Absatzes des § 11 durch die Baupolizeibehörde der zur Zeit der Fluchtlinienfestsetzung tatsächlich vorhandene Bestand an Baulichkeiten allein maßgebend und es ihr nicht gestattet ist, auf Grund dieser Bestimmung die Entfernung einer Baulichkeit nur deshalb zu verlangen, weil sie vor Festsetzung der Fluchtlinie die vorgeschriebene polizeiliche Genehmigung nicht erhalten hat. Damit stimmt auch der Wortlaut des § 11 (daß Neubauten, Um- und Ausbauten über die Fluchtlinie hinaus versagt werden können). Das Terrain, welches durch die Fluchtlinienfestsetzung der zukünftigen Straße vorbehalten wird, soll bezüglich der

Bauten in dem Zustande erhalten bleiben, den es zur Zeit der Festsetzung der Fluchtlinie hat.

Ein Widerspruch mit der oben erwähnten Rechtsprechung des OVG. liegt nicht vor. Denn wenn der § 11 (erster Satz) ausdrückt, daß sich die dort bezeichnete polizeiliche Tätigkeit nur auf bauliche Veränderungen erstrecken darf, welche von dem Zeitpunkte der Fluchtlinienfestsetzung ab (tatsächlich) vorgenommen werden, so sind eben dadurch sämtliche vor diesem Zeitpunkte vorgenommenen baulichen Veränderungen, mögen sie konsentiert sein oder nicht, einer Prüfung der Polizeibehörde nach den Gesichtspunkten der im § 11 enthaltenen Rechtsnorm entzogen (E. v. 15. Nov. 00 Nr. IV 1600; v. 28. Febr. 01, Bd. 40 S. 380; v. 5. Febr. 00, Bd. 37 S. 30; v. 11. Juli 01 Nr. IV 1107, Bd. 40 S. 386; v. 22. März 07 Nr. VIII 554).

Anders liegt die Sache, wenn es sich um ein im Moment der Festsetzung der Fluchtlinie in der Ausführung begriffenes Bauwerk handelt. Dies kann nicht derart in zwei Teile gespalten werden, daß nur der beim Inkrafttreten der neuen Bestimmungen — Fluchtlinienfestsetzung schafft neues Baurecht, s. oben — noch unvollendete Teil von ihm getroffen würde, der bereits ausgeführte Teil aber davon unberührt bliebe (E. Bd. 24 S. 365). Erweist sich nach Lage des Falles, um die beabsichtigte Vollendung des Baues zu hindern auch die Beseitigung des vollendeten Teils des Bauwerks und dessen Zurückweisung auf den vor dem Beginn der Herstellung vorhandenen Zustand erforderlich, so darf die Polizeibehörde auch dies verlangen (E. v. 12. Jan. 04, Bd. 44 S. 395).

Übrigens kann der Zeitpunkt, mit welchem die vollen Rechtswirkungen (OVGE. v. 1. Juli 98, PrVerwBl. 21 S. 60) des § 11 so eintreten, daß das objektive Recht eine Änderung erfährt, nur der sein, welchen der genannte § 11 selbst bezeichnet, nämlich der Tag, an welchem die im § 8 vorgeschriebene Offenlegung beginnt, was schon aus dem zweiten Absatze des § 11 hervorgeht. Dem widersprechen auch die Ausführungen OVGE. Bd. 8 S. 233 nicht (OVGE. v. 2. Jan. 97 Nr. IV 6; v. 15. Nov. 00 Nr. IV 1600).

5. Der § 11 handelt nur von solchen Festsetzungen, die in Gemäßheit des Gesetzes ergangen sind. Hinsichtlich der älteren Anordnungen von Fluchtlinien bewendet es also bei dem früher geltenden Rechte. Dies enthält in betreff der rechtlichen Wirkung einer Fluchtlinie auf den Ausschluß einer Bebauung etwas Abweichendes nicht; insbesondere konnten von jeher Neubauten über die Fluchtlinie hinaus verboten werden; weiter fallen aber auch Um- und Ausbauten, welche die Fluchtlinie überschreiten, unter den Begriff von „Veränderungen zum Schaden des gemeinen Wesens", die nach § 66 Tit. 8 T. I ALR. an Bauwerken nicht vorgenommen werden sollen. Es steht daher an sich nichts entgegen, die im ersten Satze des § 11 gegebene, nähere Regelung, womit bloß ein bisher schon erkannter Grundsatz nach seinen einzelnen Folgen genauer erläutert ist, ohne weiteres bei älteren Fluchtlinien gleichfalls anzuwenden (OVGE. Bd. 8 S. 307 — 309, v. 15. April 90 Nr. IV 392 v. 10. März 91 Nr. IV 239, PrVerwBl. 12 S. 554 und v. 2. Juni 91 Nr. IV 538, Bd. 55 S. 445.) Auch nach dem früher geltenden Rechte bestand für die Polizeibehörde eine Verpflichtung zur Versagung der Bauerlaubnis für einen Umbau über die Fluchtlinie nicht (OVGE. v. 4. Febr. 13, Bd. 64 S. 539). Das OVG. hat aus-

gesprochen, daß eine Fluchtlinienfestsetzung, welche vor Erlaß des G. v. 2. Juli 75 ordnungsmäßig stattgefunden hat, sich in ihren Wirkungen bezüglich des ersten Satzes des § 11 nicht von derjenigen unterscheidet, welche gemäß dem genannten Gesetze erfolgt (OVGE. Bd. 26 S. 349, v. 6. Febr. 94 Nr. IV 984; v. 11. Mai 95 Nr. IV 744). Ausgeschlossen erscheint dies nur insoweit, als die früheren Gesetze, insbesondere die verschiedenen Baupolizeiordnungen, spezielle Vorschriften hierüber getroffen haben; letztere sind durch § 19 des G. nicht beseitigt, weil sie eben mit den nur die neueren Fluchtlinien berücksichtigenden Bestimmungen des § 11 nicht in Widerspruch stehen. Daß die Fluchtlinien älterer Zeit nach den §§ 78—82 Tit. 8 T. I ALR. unter Genehmigung der Polizeibehörde durch gewisse Arten von Vorbauten (Kellerhälse, Erker, Löben usw.) überschritten werden dürfen, und daß dementsprechend die meisten früheren Baupolizeiordnungen nähere Anordnungen hierüber enthalten, ist schon oben (Bem. 3 c) hervorgehoben (OVGE. v. 15. Sept. 81 Nr. II 1127 und v. 21. Juni 86 Nr. II 677, PrVerwBl. 7 S. 356). Vgl. übrigens wegen der Einfriedigungen Bem. 2a.

Dagegen kann auf Grund einer älteren Fluchtlinienfestsetzung ein Privatgrundstück nur unter Beachtung der Normen des Enteignungsgesetzes v. 11. Juni 74, also nur nach Erwirkung einer Königlichen Verordnung, enteignet und zur Straße gezogen werden. Es steht aber nichts entgegen, daß die Gemeinden, um sich die Vorteile des zweiten Satzes des § 11 zu sichern, schon bestehende, ältere Fluchtlinien noch einmal auf Grund des G. v. 2. Juli 75 festsetzen (OVGE. Bd. 25 S. 387, PrVerwBl. 15 S. 371. Vgl. namentlich die OVGE. v. 1. Juli 98 Nr. I 1174, PrVerwBl. 21 S. 59). Daß Polizeiverordnungen, welche eine bestimmte Entfernung der Gebäude von dem Rande öffentlicher Wege vorschreiben, keine Fluchtlinien mit den Wirkungen aus § 11 schaffen: vgl. Anm. 20 e zu § 1 (OVGE. v. 29. Juni 14 IX A. 11, 14).

Eine Bestimmung, welche das im § 11 gegebene Recht derart beschränkt, daß es nur in vollem Umfange oder gar nicht ausgeübt werden kann, enthält das Gesetz nicht. Insbesondere ist eine derartige Folgerung aus dem § 13 Abs. 3 nicht herzuleiten. Wenn dort bestimmt ist, daß der Eigentümer die Übernahme des ganzen Grundstücks verlangen kann, wenn dasselbe soweit in Anspruch genommen wird, daß das Restgrundstück nach den baupolizeilichen Bestimmungen des Orts nicht mehr zur Bebauung geeignet ist, so folgt hieraus die Unzulässigkeit einer Einschränkung des Antrages auf Enteignung nicht, vielmehr kann diese Bestimmung gerade für die entgegengesetzte Auffassung angeführt werden: denn es erhellt daraus, daß eine Erweiterung des Gegenstandes der Entschädigung und Enteignung auch noch in dem auf Grund des § 14 eingetretenen Verfahrens rechtlich möglich. Die Annahme daß die zu enteignende Fläche mit der durch die Straßenfluchtlinie für die Straße bestimmten völlig identisch sein müsse, trifft nicht in allen Fällen zu (OVGE. v. 1. Juli 98, PrVerwBl. 21 S. 59). Nach Entscheidung des Reichsgerichts v. 12. Febr. 09, PrVerwBl. 30 S. 817 kann es nicht die Absicht des Gesetzes sein, die Gemeinde zur sofortigen Enteignung der ganzen zukünftigen Straßenfläche und damit zur alsbaldigen Anlegung der vielleicht erst nach vielen Jahren in Aussicht genommenen Straße, für die zurzeit kein Bedürfnis besteht, zu nötigen. In Fällen dieser Art muß es gestattet sein, das Grundstück in zwei, in Ansehung der Enteignungspflicht von einander unabhängige Grundstücke, ein bebautes und ein unbebautes (§ 13

Nr. 2) zu zerlegen. Es wird hier daran festgehalten, daß es der Gemeinde nicht gestattet sein kann, weniger durch Enteignung zu erwerben, um etwa den vorhandenen Weg etwas zu verbreitern oder zunächst einen schmaleren Weg anzulegen; dazu ist ihr das Enteignungsrecht des § 11 nicht gegeben worden.

Stellt der Zweckverband für Groß-Berlin Straßen her, so hat derselbe das Enteignungsrecht nach § 11. Dasselbe gilt für den allgemeinen Zweckverband. Siehe Anhang.

§ 12.[1]

(1) Durch Ortsstatut kann festgestellt werden,[2] daß an[6] Straßen[3] oder Straßenteilen,[4] welche noch nicht gemäß der baupolizeilichen Bestimmungen des Orts für den öffentlichen Verkehr und den Anbau fertig hergestellt sind, Wohngebäude,[5] die nach diesen Straßen einen Ausgang[7] haben, nicht errichtet werden dürfen.

(2) Das Ortsstatut hat die näheren Bestimmungen innerhalb der Grenze vorstehender Vorschrift festzusetzen[8] und bedarf der Bestätigung des Bezirks ausschusses.[9] Gegen den Beschluß des Bezirksausschusses ist innerhalb einer Ausschlußfrist von zwei Wochen die Beschwerde bei dem Provinzialrate zulässig.

(3) Nach erfolgter Bestätigung ist das Statut in ortsüblicher Art bekanntzumachen.[9]

(neu)

(4) Von dem Verbote kann Dispens erteilt werden, falls ein Bedürfnis für Klein- oder Mittelwohnungen[10] besteht, begründete Aussicht vorhanden ist, daß der Eigentümer diesem Bedürfnisse durch den Bau entsprechender, gesunder und zweckmäßig eingerichteter Wohnungen[11] Rechnung trägt, und falls kein überwiegendes berechtigtes Gemeindeinteresse[12] entgegensteht. Weist die Gemeinde nach, daß geeignete Maßnahmen ergriffen sind, um dem Bedürfnis für Klein- oder Mittelwohnungen durch Errichtung von Häusern mit höchstens einem Obergeschoß über dem Erdgeschoß ausreichend Rechnung zu tragen, und ist die Gewähr gegeben,[13] daß diese Maßnahmen auch zur Durchführung gelangen werden, so darf der Dispens zur Errichtung von Gebäuden mit mehr Stockwerken nicht erteilt werden.[14]

(5) Ist durch Gemeindebeschluß bestimmt, daß erst nach Zahlung oder Sicherstellung der gemäß § 15 dieses Gesetzes oder gemäß § 9 des Kommunalabgabengesetzes vom 14. Juli 1893 (Gesetzsamml. S. 152) von der Gemeinde festgesetzten Beiträge Wohn-

gebäude errichtet werden dürfen, so darf der Dispens vor erfolgter Zahlung oder Sicherstellung nicht erteilt werden.

(6) Über die Erteilung des Dispenses beschließt im Streitfalle der Bezirksausschuß.

(7) Unter den gleichen Voraussetzungen kann der Bezirksausschuß beschließen, daß die Gemeinde, soweit sie eine öffentliche Wasserleitung, Ableitung der Schmutzwässer oder Beleuchtung als Gemeindeanstalt unterhält, den Eigentümern nach Maßgabe der allgemeinen örtlichen Bestimmungen[15] die Benutzung dieser Anstalt gewährt.

1. Der aus dem Schoße der Komm. d. AH. hervorgegangene § 12 wird zwar in dem Kommissionsberichte unter dem ersten Abschnitte des Gesetzes „über das Verfahren bei Anlegung und Veränderung von Straßen" abgehandelt, greift aber seinem Inhalte nach darüber hinaus. In der OVGE. Bd. 3 S. 313 ff. ist aus dem Gange der Verhandlungen in der Kommission entwickelt, wie man sich dort vergegenwärtigt habe, daß es zur praktischen Durchführung der Bestimmungen im § 15 eines allgemeinen Bauverbotes bedürfe, wodurch die Unternehmer oder Anlieger zur Erfüllung ihrer regulativmäßigen Verpflichtungen genötigt würden. Daß dies in der Tat der Grund für die Einschaltung des § 12 gewesen ist, lassen weder der Bericht noch die Protokolle mit Sicherheit erkennen; das Bauverbot hätte auch, wenn es überhaupt zur Sicherung der den Gemeinden im § 15 gewährten Rechte erforderlich wäre — was keineswegs zutrifft (vgl. Bem. 6a zu § 15) — notwendig ein allgemeines, d. h. sämtliche Gebäude umfassendes sein müssen, während es sich doch nur auf Wohngebäude mit einem Ausgange nach der neuen Straße beschränkt. Außerdem genügt zur Erklärung der Einschaltung durchaus das im Kommissionsberichte angegebene Motiv; das Bauverbot soll die Gemeinden gegen den Nachteil schützen, der erfahrungsmäßig durch ein unregelmäßiges Bebauen unfertiger Straßen (sog. wildes Bauen) herbeigeführt wird und schließlich die Gemeinden zur Herstellung von Straßenzügen nötigt, die an sich hätten entbehrt werden können und in einem beträchtlichen Teile, zwischen dem alten Straßennetze und den neuen Anlagen, vielleicht noch lange unangebaut bleiben (vgl. OVGE. v. 2. Juni 77 Bd. 2 S. 374; v. 18. März 90 Nr. IV 277; v. 18. März 01, PrVerwBl. 22, S. 560). Es ist vorgekommen, daß Gemeinden versuchten, nur Baufluchtlinien mit der ausgesprochenen Absicht festzusetzen, eine Straße nicht anlegen zu wollen, und zwar nur, damit ein bestimmtes Terrain von der Bebauung ausgeschlossen werde. Einem solchen Vorgehen kann aber die Bedeutung der Festsetzung von Fluchtlinien im Sinne dieses Gesetzes überhaupt nicht beigelegt werden (OVGE. v. 28. April 98 Nr. IV 799, Bd. 33 S. 425). Vgl. Bem. 3, 11; 19 zu § 1, Bem. 6a zu § 15.

Die Handhabung des § 12 seitens der Gemeinden ist entgegen der Absicht des Gesetzgebers eine andere geworden. In überwiegenden Fällen wird die Errichtung von Wohngebäuden nicht verboten, sondern gegen Erfüllung von Bedingungen zugelassen. Vielfach ist die irrtümliche Ansicht vorhanden, daß der § 12 nur dazu da sei, um den Gemeinden die Anliegerbeiträge gemäß § 15 zu sichern; dem kann nur scharf entgegengetreten werden. Die Gemeinden haben das wilde Bauen an unregulierten Straßen gefördert und damit selbst den vorzeitigen Ausbau solcher Straßen veranlaßt. Rein äußerlich tritt dies in vielen Gemeindebezirken dadurch hervor, daß die Länge des ausgebauten Straßennetzes in einem Mißverhältnis zu der Anzahl der Wohngebäude und der Einwohnerzahl steht. Hervorgerufen ist dies Sachverhältnis in erster Linie dadurch, daß die Grundstücke der Anlieger an unregulierten Straßen so hoch besteuert werden, daß man aus Rücksicht auf die materielle Lage der Eigentümer das Bauverbot nicht mehr anwenden kann.

Der § 12 hat seine Stellung im Gesetze wohl deshalb erhalten, weil einesteils das darin behandelte Bauverbot sich naturgemäß an das Bauverbot des § 11 anschließt und weil anderenteils die Entschädigungsfrage für alle durch das Gesetz eingeführten Baubeschränkungen gemeinsam im § 13 behandelt werden sollte. (Vgl. über die Entstehungsgeschichte dieses Paragraphen auch die Aufsätze im PrVerwBl. 18 S. 393 ff. u. 19 S. 233 ff.; bezüglich der gezogenen Folgerungen vgl. das zu § 11 Bem. 1 a Gesagte und Pr. VerwBl. 19 Nr. XXVII und Nr. XXX; OVGE. v. 3. Okt. 98, Bd. 34 S. 412).

Zu den §§ 12 und 15 des Fluchtliniengesetzes v. 2. Juli 1875 PrVerwBl. 702 u. 726 ff. Herr Senatspräsident Dr. Schultzenstein behandelt hier in eingehender Weise überaus wichtige Fragen aus den Gebieten der §§ 12 und 15, wobei ausgegangen wird von dem Willen des Gesetzgebers, der berufenen Organe usw. Es soll auf diese Arbeit besonders hingewiesen werden.

2. a) Das Bauverbot tritt nicht kraft des Gesetzes ein, sondern ist von dem Erlasse eines Ortsstatuts abhängig gemacht. Die Gemeindebehörden sowie die Polizeiverwaltung sind an die Bestimmungen des Ortsstatuts gebunden (OVGE. v. 7. März 13, PrVerwBl. 36 S. 89). Eine rückwirkende Kraft kann ihm nicht beigelegt werden. Die Befugnisse der Gemeinden aus dem § 12 erleiden auch zugunsten fiskalischer Bauten keine Ausnahme. Nähere Bestimmungen sind über die Mitwirkung der Aufsichtsbehörde (Abs. 2) und über die Veröffentlichung des Statutes (Abs. 3) getroffen. Während insoweit etwa abweichende Vorschriften der Gemeindegesetze über den Erlaß von Ortsstatuten abgeändert sind (§ 19), bleiben diese Vorschriften im übrigen bestehen; sie müssen deshalb ebenso wie die erwähnten Bestimmungen des Abs. 2 und 3 beobachtet werden; Ortsstatute, die nicht in Gemäßheit der dafür gegebenen Normen zustande gekommen sind, entbehren der Rechtsgültigkeit (OVGE. v. 18. Okt. 87 Nr. II 933, PrVerwBl. 9 S. 313).

Entspricht eine „Dorfordnung" den Erfordernissen, die an ein Ortsstatut zu stellen sind, so kommt es auf diese Bezeichnung nicht an (OVGE. v. 18. Jan. 04 Nr. IV 101). Hält die Aufsichtsbehörde eine Modifikation des Ortsstatuts für erforderlich, so kann sie die Bewirkung derselben nur durch Verweigerung der Genehmigung des Ortsstatuts erreichen. Hat sie die Modifikation in die Genehmigungsklausel als Bedingung usw. aufgenommen, so bleiben die davon berührten Bestimmungen des Ortsstatuts unwirksam, wenn nicht die im § 1 d. G. genannten Faktoren nachträglich ihre Zustimmung erteilt haben (vgl. OVGE. v. 19. Dez. 96 Nr. IV 1818).

Die 21 tägige Beschwerdefrist ist (zuerst durch § 42 des Organisationsgesetzes v. 26. Juli 80 und demnächst durch § 51 des Landesverwaltungsgesetzes auf zwei Wochen herabgesetzt. Bei unverschuldeter Versäumung kann Wiedereinsetzung in den vorigen Stand gewährt werden (§ 52 Abs. 2 a. a. O.).

b) Durch das Ortsstatut kann nur die Bebauung solcher Wege verhindert werden, die innerhalb des betreffenden Gemeindebezirkes liegen; es folgt das aus dem angegebenen Zwecke des § 12; die das Ortsstatut erlassende Gemeinde kann nicht berufen sein, die Wege in einem fremden Gemeindebezirke davor zu schützen, daß sie sich nicht durch Bebauung in Straßen verwandeln und als solche ausgebaut werden müssen (OVGE. v. 15. März 92 Nr. IV 291; v. 25. Juni 00 Nr. IV 1092; v. 5. Jan. 03 Nr. IV 2053). Offenbar können hieraus bei Wegen, die an der Grenze zweier Gemeindebezirke liegen oder gar — wie es hier und da auch vorkommt — auf beiden Seiten von fremdem Gemeindegebiete eingeschlossen sind, erhebliche Unzuträglichkeiten entstehen; im ersteren Falle werden sie sich vermeiden lassen, wenn die beteiligten Gemeinden mit dem Erlaß von Ortsstatuten gleichmäßig vorgehen, soweit dies möglich ist (wegen der Gutsbezirke s. Bem. 2d zu § 12). Vgl. OVGE. v. 1. Dez. 94 Nr. IV 1490; in diesem Erk. ist ausgesprochen, daß in dem vorliegenden Falle, wo die Grenze der beiden Polizeibezirke den Ausgang nach der Straße quer durchschneidet, und für beide Bezirke das ortsstatutarische Bauverbot in Kraft stand, die Polizeibehörde des einen Bezirks zuständig war, die straßenpolizeilichen Interessen auch des anderen Bezirks wahrzunehmen. Liegt die Straße in zwei Gemeindebezirken und ist für jeden Bezirk ein Statut erlassen, so darf die Polizeiverwaltung den Baukonsens erst erteilen, wenn beide Gemeinden erklärt haben, von dem Bauverbot keinen Gebrauch machen zu wollen (OVGE. v. 10. Okt. 01, Bd. 40 S. 387). Sind nur für eine dieser Gemeinden baupolizeiliche Bestimmungen erlassen, so genügt die Erklärung dieser einen Gemeinde, da die andere aus dem § 12 keinen Rechtsgrund hat, den Bau zu hindern.

c) Das Ortsstatut muß sich innerhalb der Grenzen halten, die Abs. 1 zieht, vgl. Schultzenstein PrVerwBl. 30 S. 203. Soweit es darüber hinausgeht, fehlt ihm die Rechtsgültigkeit. Jene Grenzen ergeben sich aus den folgenden Bemerkungen. Auffallend oft steht die Fassung der Ortsstatute nicht im Einklange mit dem Gesetze; in solchen Fällen bleibt nur übrig, zu untersuchen, ob in der getroffenen Bestimmung noch ein dem § 12 entsprechendes Verbot gefunden werden kann, und dieses dann insoweit zur Anwendung zu bringen (OVGE. v. 7. Nov. 98, Bd. 34 S. 416; v. 5. Juni 99, Bd. 36 S. 412). Das Vorhandensein eines Bebauungsplans ist nicht Voraussetzung für den Erlaß eines Statuts (OVGE. v. 5. Juni 99, Bd. 36 S. 412). Ein Ortsstatut und eine daraufhin erlassene Polizeiverordnung, finden auf ein Gebäude keine Anwendung, dessen Errichtung schon vor Erlaß des Statuts mit polizeilicher Erlaubnis begonnen war. Bei nachträglicher Aufhebung des gleichwohl auf Grund des Ortsstatuts ergangenen Bauverbots kann Entschädigung wegen der bestandenen zeitweiligen Beschränkung der Ausübung des Eigentumsrechts nach den Grundsätzen des Enteignungsgesetzes verlangt werden (RG. II. ZS. v. 1. Juni 1900, E. 46 S. 283).

Nach § 7 Abs. 5 Berlin ZweckVG. ist der Verband für die von ihm auszuführenden Straßen befugt ein Ortsstatut auf Grund des § 12 zu erlassen. Dies hat auch für Gutsbezirke Geltung. Dasselbe gilt für § 4 ZweckVG.

d) Die Beiträge haben die rechtliche Natur der öffentlichen Abgaben. deren Erhebung ein Besteuerungsrecht voraussetzt. Dies Recht ist aber durch kein Gesetz allgemein dem Gutsbezirk zuerkannt. Nur in besonderen Ausnahmefällen ist eine solche Regelung gesetzlich zugelassen, so vor allem bei parzellierten Gutsbezirken durch §§ 8 ff. des G. betr. die Ausführung des RG. über den Unterstützungswohnsitz vom 8. März 71 GS. S. 130, in welchem Falle mangels einer Einigung das erforderliche Statut durch den Kreisausschuß normiert wird, ebenso durch Erlaß eines Ortsstatuts durch den Kreisausschuß auf Grund des § 3 betr. Unterhaltung der öffentlichen Volksschulen v. 28. Juli 06. Solche Ausnahmen können aber nicht durch Analogie auf andere Verhältnisse übertragen werden. Dies gilt aber notwendig auch für den § 12. Für die Rechtsgültigkeit eines Ortsstatuts ist es wesentlich, daß die gesetzlich dafür gegebenen Normen innegehalten sind. Diese sind für Gemeinden in den Städteordnungen und den Landgemeindeordnungen bestimmt vorgeschrieben, für letztere in den östlichen Provinzen z. B. im § 6 u. § 102; danach ist ein Beschluß der Gemeindeversammlung (Gemeindevertretung) unbedingt erforderlich. Diese Voraussetzung fehlt für einen Gutsbezirk. Der § 122 d. LandgemOrdg. v. 3. Juli 91 stellt den Gutsbesitzer nur bezüglich der öffentlich-rechtlichen Pflichten und Leistungen den Gemeinden gleich, nicht aber allgemein wegen der Rechte. Und hier die Analogie anzuwenden, ist nach bekannten Rechtsgrundsätzen gänzlich ausgeschlossen. Daß eine Regelung für Gutsbezirke nicht erfolgt ist, ist gewiß eine bedauernswerte Lücke, das kann aber unmöglich Veranlassung geben, den § 12 für Bezirke anzuwenden, für die er offenbar nicht paßt und nicht gegeben ist. In einem Erk. v. 25. Mai 00 Nr. IV 1092 (vgl. auch E. v. 5. Jan. 03 Nr. IV 2053) scheint das OVG. allerdings anderer Ansicht zu sein, da es danach für eine zu fällende Entscheidung zuvor festgestellt hat, „daß für den fiskalischen Gutsbezirk J. ein Ortsstatut auf Grund des § 12 d. G. nicht erlassen ist". Auf Grund dieses Satzes haben denn auch verschiedene Ortsstatuten — bei denen dem Gutsbesitzer die Rolle der Gemeindeversammlung und dem Gutsvorsteher die des Gemeindevorstehers zugefallen ist!! — die Genehmigung eines Bezirksausschusses erhalten. Es kann das aber nicht gebilligt werden und widerstreitet dem Gesetz. Die Anweisung zur Ausführung des AnsiedlG. v. 10. Aug. 04 (MinBl. f. H. u. Gew. 05 S. 23) scheint zu Nr. 3 von anderer Ansicht auszugehen, es tritt das aber nicht klar hervor. — Inzwischen sind Entscheidungen eingegangen, die dem Rechtsstandpunkt Rechnung tragen und aussprechen, daß das Fluchtliniengesetz für Gutsbezirke ausscheidet, ein Ortsstatut auf Grund des § 12 in einem Gutsbezirk nicht erlassen werden kann (OVGE. v. 1. Mai 14, IX B. 84. 13).

Zwar können Ortsstraßen, die durch Umgemeindung in den Bezirk einer Gemeinde übertreten, auch dann, wenn sie aus einem Gutsbezirke stammen, vermöge der Entwicklung, die sie während der Zugehörigkeit zum Gutsbezirk erfahren haben, in der Gemeinde historische (§ 12 des Fluchtliniengesetzes) oder vorhandene (§ 15 ebenda) Straßen, im Sinne dieses Gesetzes sein (vgl. Urt. v. 1. Mai 14 Bd. 69 S. 377 und v. 4. Febr. 15, Bd. 69 S. 176); aber daraus folgt nicht, daß die für den Anwendungsbereich des § 12 a. a. O. erlassenen polizeilichen Vorschriften auch für derartige Straßen während ihrer Zugehörigkeit zum Gutsbezirke zu gelten hätten (OVGE. v. 13. April 16, Bd. 71 S. 115, 116). Vgl. Bem. 7 zu § 1; Bem. 3 c zu § 12; Bem. 2 c zu § 15.

e) Ob oder mit welchem Inhalt das Ortsstatut erlassen werden soll, bestimmt der Wille der Gemeinde und kann nach dem Wesen eines Ortsstatuts bloß der Wille der Gemeinde bestimmen. Die baupolizeilichen Bestimmungen hängen dagegen ebenso der Natur der Sache nach — lediglich vom Willen der Polizeibehörde ab, sofern sie nicht in der Form einer Polizeiverordnung erlassen werden, und soweit nicht dann nach den für Polizeiverordnungen geltenden Vorschriften dazu die Zustimmung des Gemeindevorstandes notwendig ist. Schultzenstein PrVerwBl. 30 S. 703.

Die baupolizeilichen Bestimmungen haben an und für sich ihrem Wesen nach mit dem ortsstatutarischen Bauverbot und dessen Ausgestaltung und Handhabung nichts zu tun, sondern haben lediglich den Zweck, die Anforderungen festzustellen, welche im polizeilichen Interesse und unter polizeilichen Gesichtspunkten an die Beschaffenheit städtischer Straßen und insbesondere ihre bauliche Ausgestaltung zu stellen sind. Wenn auch ihr Bestehen Voraussetzung für die Wirksamkeit des Bauverbots ist, weil das Gesetz auf sie als entscheidenden Maßstab für die Fertigkeit der Straße verweist, so bilden sie doch keinen Teil der das Bauverbot selbst betreffenden Rechtsnormen und sind sie rechtlich nicht geeignet, die für das Bauverbot und seine Handhabung maßgebenden Rechtsnormen zu ergänzen oder zu modifizieren (OVGE. v. 15. April 13 IX A. 113. 11). Sie kommen nur insoweit in Betracht, als der Wille der Gemeinde erhellt, ihr Straßenbauprogramm diesen Bestimmungen anzupassen. Es kann stillschweigend gewollt und aus den Umständen zu folgern sein, wobei dann als Erkennungsmittel für den Willen der Gemeinde die Beschaffenheit anderer gleichartiger Straßen des Orts von Bedeutung ist. Der Gemeinde steht es frei für einzelne, besonders geartete Straßen von dem sonst — der Regel nach — maßgebenden Bauprogramm abzuweichen und höhere und auch geringere Anforderungen zu stellen. Ob sie in dieser Gestalt durch die Gemeinde oder einen Dritten hergestellt worden ist, ist unerheblich (OVGE. v. 27. Juni 18 Bd. 74 S. 81).

Das Ortsstatut bleibt unwirksam, sofern nicht baupolizeiliche Bestimmungen darüber bestehen, unter welchen Umständen eine Straße als für den öffentlichen Verkehr und den Anbau fertig hergestellt gilt (OVGE. v. 24. Okt. 94 Nr. IV 1295; v. 18. Febr. 01, PrVerwBl. 22 S. 467; v. 27. Okt. 04, PrVerwBl. 26 S. 487; v. 16. Jan. 08 Nr. IV 91, v. 15. Jan. 18 IX C. 153. 17). Auch wenn das Statut eine nähere Angabe dessen enthält, was unter einer fertig gestellten Straße verstanden werden soll, kann dies den Mangel einer polizeilichen Bestimmung nicht ersetzen (OVGE. Bd. 3 S. 286). Diese Bestimmungen können vor oder nach Erlaß des Ortsstatuts getroffen sein (OV.-GE. v. 23. Sept. 97 Nr. IV 1565; v. 22. Jan. 96 Nr. IV 126); werden sie erst nachher erlassen, so bedarf es einer erneuten Publikation des Ortsstatuts nicht (OVGE. v. 19. Dez. 96 Nr. IV 1818). Die Bestimmungen müssen aber als polizeiliche Vorschriften, also von der Polizeibehörde erlassen werden, so daß die Aufnahme derartiger Normen in das Statut selbst der Regel nach nicht genügt (OVGE. Bd. 3 S. 286 ff.). Der Ausdruck „baupolizeiliche Bestimmungen des Orts" hat nicht die Bedeutung, daß nur die Bestimmungen der Ortspolizeibehörde maßgebend sind, es sind damit die für den Ort geltenden gemeint; solche können aber nicht nur von der Ortspolizeibehörde erlassen werden, sondern auch von den höheren polizeilichen Instanzen: Landrat, Regierungspräsident, Oberpräsident (§§ 137, 142 des Landesverwaltungsgesetzes) (OVGE. v. 6. Juli 95 Nr. IV 1015; v. 3. März 97 Nr. IV 403; v. 1. Dez. 94 Nr. IV 1490; v. 23. Febr. 05 Bd. 47 S. 388; v. 9. Nov. 10 IX A. 9. 10). Es ist zulässig für einzelne Teile des Gemeindebezirks inhaltlich verschiedene Vorschriften zu erlassen z. B. für Geschäftsgegenden andere, wie für Landhausbezirke. Vgl. auch § 4 Art. 4. des Wohnungsgesetzes.

Manche Polizeiverwaltungen halten sich für verpflichtet, ein Verzeichnis der Straßen aufzustellen, die zurzeit für fertig zu erachten sind. Einer tatsächlich nicht fertigen Straße kann aber durch Aufnahme in ein solches Verzeichnis die Eigenschaft einer fertigen nicht verliehen werden, und der Nachweis, daß eine im Verzeichnis nicht aufgeführte Straße tatsächlich fertig gewesen sei, ist nie ausgeschlossen. Die Aufnahme kann höchstens einen Anhalt dafür geben, welche Anschauungen über die an fertige Straßen zu stellenden Anforderungen zur Zeit der Aufnahme geherrscht haben (OVGE. v. 22. Jan. 03, Bd. 42 S. 365).

Ist in einer Polizeiverordnung bestimmt, „ob und wann eine Straße für den öffentlichen Verkehr und Anbau fertig gestellt ist, wird von der Ortspolizeibehörde öffentlich bekannt gemacht", so wird durch die Unterlassung der Bekanntmachung der Nachweis der Fertigstellung einer Straße nicht ausgeschlossen (OVGE. v. 16. April 12 IX A. 15. 11).

Daß bei mangelnden polizeilichen Bestimmungen im obigen Sinne nur das Ortsstatut bezüglich des Bauverbots aus § 12 d. G. unwirksam bleibt, nicht aber auch der Teil desselben Ortsstatuts, der sich mit der Ausführung des § 15 beschäftigt, ist selbstverständlich, soll aber doch versuchten, gegenteiligen Auslegungen gegenüber erwähnt werden (vgl. OVGE. v. 1. Febr. 98 Nr. I 205 PrVerwBl. 21 S. 16, v. 22. Okt. 08 Nr. IV 1844).

Als die Entscheidung Bd. 3 S. 286 ff. erging, war bereits eine große Anzahl von Ortsstatuten mit selbständigen Anordnungen über die Erfordernisse einer fertiggestellten Straße bestätigt. Vielfach sind sie auch seitdem nicht umgestaltet; man hat sich vielmehr damit begnügt, nachträglich die erforderlichen polizeilichen Anordnungen zu erlassen. Daß dann die Bedingungen für Anwendung des § 12 gegeben sind, obgleich es an einer ausdrücklichen Bezugnahme des Statutes auf die baupolizeilichen Bestimmungen mangelt, ist vom OVG. wiederholt angenommen, sofern das Statut und die polizeiliche Anordnung in ihren Anforderungen der Hauptsache nach übereinstimmen (z. B. E. v. 8. April 80 Nr. II 651). Ist letzteres nicht der Fall, so entstehen erhebliche Schwierigkeiten, und es ist dringend angezeigt, einen derartigen Zustand zu beseitigen (OVGE. v. 22. Okt. 08 Nr. IV 1845). Gegenüber abweichenden Vorschriften kommt jedenfalls in Betracht, daß für die Gemeinde keine Nötigung besteht, das Bauverbot in dem vollen, gesetzlich zulässigen Umfange in Kraft zu setzen, die Gemeinde vielmehr befugt ist, das Verbot nach ihrem Ermessen den gegebenen Verhältnissen anzupassen (vgl. Bem. 8). Daher bleibt in erster Linie das Ortsstatut maßgebend; sind darin geringere Anforderungen an den Ausbau der Straßen gestellt, als in den polizeilichen Bestimmungen, so darf an solchen Straßen, die dem Ortsstatute entsprechen, gebaut werden (OVGE.

v. 20. Juni 90 Nr. IV 643, PrVerwBl. 11 S. 572). Würde trotzdem die Bauerlaubnis auf Grund der polizeilichen Bestimmungen unter Nichtberücksichtigung der geringeren Anforderungen des Ortsstatuts versagt, so würden dagegen die Rechtsmittel des § 127 ff. des Landesverwaltungsgesetzes zulässig sein (OVGE. v. 2. Dez. 96 Nr. IV 1967). Eine nach den früher geltenden baupolizeilichen Bestimmungen fertig hergestellte Straße wird durch den Erlaß späterer, strengerer Bestimmungen nicht wieder zu einer unfertigen, dem Bauverbot unterworfenen Straße (OVGE. v. 15. April 13 Bd. 65 S. 400). Eigentümliche Schwierigkeiten und Verwickelungen ergeben sich, wenn die polizeilichen Bestimmungen den Umfang der Straßenarten, auf welche sie sich beziehen sollen, enger umgrenzen, als das Gesetz oder das Ortsstatut; so sind in einigen rheinischen Städten Polizeiverordnungen erlassen, in welchen die polizeilichen Anforderungen des § 12 nur für „unbebaute Straßen und Straßenteile und zwar sowohl bestehende Wege als neu angelegte Straßen und Plätze" festgestellt sind. Durch solche — wohl nur auf mißverständlicher Hereinziehung der Begriffe des § 15 d. G. beruhende — Beschränkung der polizeilichen Bestimmungen ergibt sich dann der eigentümliche Rechtszustand, daß das ortsstatutarische Bauverbot nur für „unbebaute Straßen" in Geltung steht, seine Anwendung bei bebauten Straßen (d. h. wenn auch nur mit einem Hause bebaut) ganz fortfällt, eine Wirkung, die gewiß weder beabsichtigt war, noch im Interesse der Gemeinde liegt (OVGE. v. 2. Dez. 96 Nr. IV 1967; v. 24. März 97 Nr. IV 603; v. 18. Febr. 01, PrVerwBl. 22 S. 467). Bestimmungen im Ortsstatute, welche über die baupolizeilichen Bestimmungen hinausgehen, haben selbstverständlich keine Rechtswirksamkeit (OVGE. Bd. 34 S. 418).

f) Das Maß der polizeilichen Anforderungen für die Fertigstellung der Straßen, das sich nach den Verhältnissen der einzelnen Orte richtet, kann vom Verwaltungsrichter einer Nachprüfung nicht unterzogen werden; derselbe hat lediglich den Willen der Gemeinde zu ermitteln; soweit der Anordnung noch polizeiliche Motive zugrunde liegen, besteht sie zu Recht; die Vorschrift, daß der Grund und Boden der Straße an die Gemeinde abgetreten oder aufgelassen sein müßte, ist deshalb als verbindlich angesehen (OVGE. v. 10. Febr. 91 Nr. IV 144; v. 8. Juli 96 Nr. IV 1153; v. 21. Febr. 98 Nr. IV 365; v. 7. Nov. 98 Nr. IV 1859; Schultzenstein PrVerwBl. 30 S. 705), denn diese Bestimmung hält sich durchaus innerhalb der für das Straßenbauwesen maßgebenden polizeilichen Gesichtspunkte und stellt nur eine für die gedeihliche Entwicklung desselben kaum entbehrliche Anforderung auf. Man braucht nur daran zu erinnern, welche Schwierigkeiten — wenn das Straßeneigentum nicht der Gemeinde gehörte — entstehen würden bei Anlegung von unterirdischen Kanälen für Entwässerung, für Anlegungen elektrischer Leitungen in der Erde, für Straßenbeleuchtung und über der Erde für Telephonleitungen usw. (vgl. Bem. 4 zu § 1). — In vielen polizeilichen Bekanntmachungen findet sich als Anforderung lediglich das Wort „Freilegung der Straße". Da dieser Ausdruck nach § 15 des G. unzweifelhaft den Grunderwerb umfaßt, so können Zweifel über seine Bedeutung entstehen. Für die Auslegung kann unter Umständen der Inhalt des Statuts in Betracht kommen; gibt dieses keinen Anhalt, so wird diese Bestimmung dahin aufzufassen sein, daß die Fertigstellung einer Straße davon abhängig sein soll, daß diese tatsächlich freigelegt ist, ohne Rücksicht darauf, ob das Eigentum bereits auf die Gemeinde übergegangen ist oder nicht (OVGE. v. 22. Jan. 03 Nr. IV 151). Für solche Auslegung kommt auch in Betracht, daß in diesem Sinne der Ausdruck im § 13 des G. vorkommt (OVGE. v. 24. Mai 97 Nr. IV 945). — Oft sind die Bestimmungen ziemlich allgemein gehalten, was zu Schwierigkeiten führen kann; so ist in einer rheinischen Stadt vorgeschrieben, daß eine „für städtische Straßen geeignete Befestigung" vorhanden sein muß; das OVG. nahm an, daß dazu auch Chaussierung gehört (OVGE. v. 2. Mai 94 Nr. IV 559); ebenso die Makadamisierung (OVGE. v. 22. Jan. 03, Bd. 42 S. 365). — Übrigens vgl. auch Bem. 3 zu § 12 die E. v. 18. April 94 Nr. IV 471).

Die baupolizeilichen Bestimmungen der Stadt Berlin v. 12. Sept. 79 unterscheiden zwischen denjenigen Straßen, welche nach Erlaß der Verordnung angelegt werden und den gegenwärtig vorhandenen. Unter Bezugnahme auf letztere heißt es: „Straßen oder Straßenstrecken, welche nur chausseemäßig unterhalten werden oder nur mit sog. Bauerndämmen versehen sind, gelten nicht als für den Anbau fertig gestellt". Durch derartige Bestimmungen können vorhandene Straßen im Sinne des § 15, auch wenn sie nur chausseemäßig unterhalten oder mit sog. Bauerndämmen versehen waren, dem Bauverbot nicht unterworfen werden.

g) Über die Form, in welcher die baupolizeilichen Bestimmungen zu ergehen haben, enthält das Gesetz keine näheren Vorschriften. Unter den Begriff „polizeilicher Bestimmungen" fallen aber nicht allein die in Gemäßheit der §§ 5 ff. d. G. v. 11. März 50 und der Verordnung v. 20. Sept. 67 erlassenen Polizeiverordnungen, sondern alle polizeilichen Maßnahmen, mögen sie nun in Gestalt von Verordnungen, Bekanntmachungen, Reglements oder Anordnungen im weitesten Sinne getroffen werden; jede dieser Formen genügt daher (OVGE. Bd. 8 S. 344 ff., v. 1. Dez. 94 Nr. IV 1486; v. 18. Jan. 00 Nr. IV 97; v. 12. März 08 Nr. IV 504; v. 3. Mai 12 IX B. 62. 11). Folglich dürfte es auch ausreichen, wenn ein Statut, das die erforderliche Regelung enthält, von der Polizeibehörde als solcher mitunterzeichnet und veröffentlicht ist; denn hierdurch bringt die Polizeibehörde zum Ausdrucke, daß die betreffenden Anordnungen von ihr gutgeheißen werden. Verschieden davon ist der Fall, wenn der die Polizei verwaltende Bürgermeister in seiner Eigenschaft als Vorsitzender des Magistrats mitunterzeichnet hat; hieraus kann keineswegs gefolgert werden, daß er als Polizeiverwalter gehandelt habe, da er in jener Eigenschaft durch die Beschlüsse des Magistrats gebunden ist und deshalb zu einer Tätigkeit veranlaßt werden kann, mit der er als Polizeibehörde nicht übereinstimmt. Von dem angedeuteten Gesichtspunkte aus werden polizeiliche Normen auch in einem Statute gefunden werden können, das von einem zugleich die Ortspolizeiverwaltung handhabenden Magistrate erlassen ist; denn ein Grund zu der Annahme, daß der Magistrat hier nur als Gemeinde-, nicht als Ortspolizeibehörde tätig geworden sei, liegt bei der Zusammenfassung beider Funktionen in dem einheitlichen Organe nicht vor. Diese Personalunion findet sich in den hannoverschen Städten, sofern dort, wie meistens, der kollegiale Magistrat selbst als solcher die Polizeiverwaltung führt, und bei der sog. Bürgermeistereiverfassung, welche in der Rheinprovinz die Regel bildet (OVGE. v. 2. Dez. 96 Nr. IV 1967; v. 27. Febr. 02 Nr. IV 380; v. 19. Febr. 10 IX B. 37. 09;

v. 23. Febr. 10 IX C. 13. 09) und in den östlichen Provinzen ausnahmsweise in kleinen Städten eintritt (§ 72 der östlichen Städteordnung v. 30. Mai 53). Vgl. Rosin, Polizeiverordnungsrecht II. Aufl. S. 238. Wo die polizeilichen Befugnisse unter mehreren Behörden verteilt sind, hat die Bestimmungen diejenige Behörde zu erlassen, welche die Straßenbaupolizei verwaltet; denn es handelt sich um Anordnungen über die Art und Weise, wie die Straßen ausgebaut werden sollen. Vgl. OVGE. v. 30. Jan. 94 Nr. IV 855, PrVerwBl. 16 S. 173 (Magistrat und Polizeidirektion, v. 24. Jan. 11 IX B. 19. 09, Bd. 58 S. 423). Da die Straßen aber nicht bloß für den öffentlichen Verkehr, sondern auch für den Anbau fertigzustellen sind, dürfte es das korrekteste sein, wenn die Bestimmungen von der Straßenbaupolizeiverwaltung gemeinsam mit der hiervon etwa verschiedenen Baupolizeibehörde getroffen werden. So ist auch in Magdeburg verfahren; in Berlin ist dagegen die Anordnung von der Straßenbaupolizeiverwaltung allein ausgegangen, und das OVG. hat dies niemals beanstandet; freilich sind auch Bedenken in dieser Beziehung bisher nicht angeregt worden. Eigentümlich gestaltet sich die Sache im Regierungsbezirk Wiesbaden, wo die Baupolizei dem Landrate und die Straßenbaupolizei dem Bürgermeister zusteht. — Unzulässig ist es, wenn in den polizeilichen Vorschriften das Maß der Anforderungen an fertiggestellte Straßen, wenn auch nur in einem bestimmten Umfange, der Bestimmung durch eine andere Behörde, etwa der Gemeindebehörde, überlassen wird. Die Polizeibehörde hat kein Recht, durch Polizeivorschriften, auch nicht wenn sie in der Form von Polizeiverordnungen, erlassen sind, ihre gesetzliche Zuständigkeit auf andere zu übertragen (OVGE. v. 8. Nov. 96 Nr. IV 1153; v. 5. Juni 99, Bd. 36 S. 412; v. 10. Dez. 00 Nr. IV 2003; v. 24. Jan. 11 Bd. 58 S. 423; v. 27. Juni 11 IX B. 81. 10). Entscheidungen der Gemeindebehörden über den Umfang und die Art der Straßenbefestigung sind aber keine polizeiliche, wie sie der § 12 d. G. erfordert, können also auch für die Anwendung des Bauverbots aus diesem Paragraphen nicht berücksichtigt werden. Das OVG. hat streng daran festgehalten und es z. B. auch für unzulässig erklärt, wenn in den polizeilichen Vorschriften gesagt ist, daß Bord- oder Granitsteine dem vom Magistrate vorgeschriebenen Muster entsprechen müssen (E. v. 2. Juni 02, Bd. 41 S. 145), das Material der Befestigung vom Gemeindeausschuß zu bestimmen sei (OVGE. v. 27. Juni 11 IX B. 81. 10).

3. Bezüglich des § 12 haben die Erläuterungen des Referenten erhöhte Bedeutung, da derselbe zugleich Antragsteller und Verfasser der Gesetzesstelle ist. In seinem Sinne sind „neu", „neu angelegte", „noch nicht regulierte" und ähnliche Ausdrücke als wesentlich gleichbedeutend verstanden. An Stelle des Ausdrucks „neue Straßen" in der ursprünglichen Regierungsvorlage braucht er in dem daraus abgezweigten § 12 den Ausdruck „Straßen oder Straßenteile, welche noch nicht für den öffentlichen Verkehr und den Anbau fertig gestellt sind". Es ist daraus zu entnehmen, daß der letztere Ausdruck nur eine Definition und Begrenzung einer neuen Straße sein soll und ein Gleiches darf vorausgesetzt werden in Beziehung auf das weiter eingeschobene Merkmal: „gemäß den baupolizeilichen Bestimmungen des Orts" (OVGE. 3 S. 316).

Das Bauverbot bezieht sich lediglich auf „noch nicht für den öffentlichen Verkehr und den Anbau fertig hergestellte Straßen"; dies sind Straßen, deren

Anlegung in Aussicht genommen, aber noch nicht vollendet ist, projektierte Straßen.

a) Damit wird ein sämtliche Wege in der Feldmark umfassendes Bauverbot ausgeschlossen; es dürfen nur sog. projektierte Straßen getroffen werden (RGE. v. 22. April 96, PrVerwBl. 18 S. 137; OVGE. Bd. 3 S. 315, Bd. 5 S. 390, Bd. 10 S. 313; v. 18. Nov. 78 Nr. II 1085; v. 18. Sept. 79 Nr. II 1384; v. 23. Febr. 92 Nr. IV 225; v. 1. März 92 Nr. IV 246; v. 24. Okt. 01, Bd. 40 S. 371; v. 19. Febr. 10 PrVerwBl. 32 S. 121; v. 23. Mai 13 IX A. 136. 12 und insbesondere v. 24. Sept. 89 Nr. IV 425, wo zugleich ausgesprochen ist, daß weitergehende, auf früheren Gesetzen beruhende Bauverbote durch § 19 aufgehoben seien). Die Gemeinden sind hierüber in ihren Statuten mehrfach hinausgegangen, um sich den vom Gesetze beabsichtigten Schutz unbedingt zu sichern; auf diese Weise wird aber eine rechtlich nicht begründete und praktisch zu sehr erheblichen Mißständen führende Beschränkung der Baufreiheit ohne Not eingeführt. Denn die Entstehung neuer Straßen wider Willen der Gemeinden läßt sich auch auf anderem Wege hindern. In erster Linie gehört hierher die rechtzeitige Aufstellung von Bebauungsplänen für solche Flächen, deren Eingliederung in das Straßennetz für die nächste Zukunft zu erwarten ist (OVGE. v. 18. Febr. 01, PrVerwBl. 22 S. 467). Wird von der Gemeinde eine projektierte Straße als solche aufgegeben, so findet auf sie das Bauverbot nicht mehr Anwendung, vgl. Schultzenstein PrVerwBl. 30 S. 707.

Das Gesetz gestattet eine weitgehende Anwendung des Bauverbotes, wenn nur der Begriff der projektierten Straßen richtig abgegrenzt wird. Hierunter fallen zunächst die in einen Bebauungsplan aufgenommenen oder durch Festsetzung von Fluchtlinien als neue Anlagen gekennzeichneten Straßen und zwar der Regel nach ohne Unterschied, ob das Verfahren vor oder nach dem Erlaß des Gesetzes stattgefunden hat (OVGE. v. 11. Jan. 96 Nr. IV 72; v. 17. Mai 09 A. 4. 04). Sodann kann auch durch andere Umstände in genügender Weise zum Ausdruck gelangt sein, daß von der Gemeinde die Herstellung einer Straße geplant ist, z. B. nur durch Festsetzung von Fluchtlinien (OVGE. v. 26. Jan. 99 Nr. IV 167). Insbesondere trifft dies zu, wenn ein Verfahren wegen Festsetzung von Fluchtlinien durch Auslegung des Planes (§ 7) bereits eingeleitet oder wenigstens soweit vorbereitet ist, daß die Einleitung in sicherer Aussicht steht. Das OVG. hat u. a. nach Lage des Falles die Aufstellung des Planes durch den Gemeindevorstand für ausreichend erachtet, auch wenn der Plan die Genehmigung der Gemeindevertretung und der Ortspolizei noch nicht gefunden hatte oder wenn die Einleitung des Verfahrens, weil es mit der Festsetzung eines weitergreifenden Planes verbunden werden sollte, für eine kurze Zeit aufgeschoben war (E. v. 28. März 89 Nr. III 349, PrVerwBl. 10 S. 525; v. 17. Jan. 93 Nr. IV 55; v. 1. Febr. 06 Nr. IV 156).

Eine unter das Bauverbot fallende Straße braucht nicht eine öffentliche Straße der Gegenwart zu sein. Projektierte, wie in der Entwicklung begriffene Straßen sind begriffsmäßig öffentliche Straßen der Zukunft. Eine projektierte Straße kann aus einem Stück Ackerland in Privatbesitz bestehen (OVG. v. 16. Febr. 15, PrVerwBl. 37 S. 400). Weiter erstreckt sich aber, da Straßen ohne jede Mitwirkung der Gemeindebehörden entstehen können (vgl. Bem. 3 zu § 1), das Bauverbot auch auf solche Wege, deren Neuanlegung als Straße oder deren

Umwandlung in eine Straße entweder durch Privatunternehmer mit Absicht herbeigeführt werden soll oder sich auf dem Wege fortgesetzter tatsächlicher Bebauung von selbst vollzieht, auch wenn noch keine Fluchtlinien festgesetzt sind (OVGE. Bd. 36 S. 412, v. 9. Mai 04, PrVerwBl. 25 S. 850; v. 14. März 07 Nr. IV 465). Es genügt, daß man es mit einer in der Entstehung begriffenen Straße zu tun hat (OVGE. v. 15. Sept. 79 Nr. II 1376; v. 20. Nov. 79 Nr. II 1651; v. 20. März 88 Nr. II 316 und v. 17. Febr. 91 Nr. IV 168), so auch bei Wegen, bei denen sich wegen ihrer den bereits bebauten Stadtteilen benachbarten Lage infolge des Anbaues mit Notwendigkeit ein straßenmäßiger Verkehr entwickeln und die Gemeinde zwingen würde, die Straße als Ortsstraße herzustellen, also das städtische Straßennetz weiter auszudehnen, als die Gemeinde zurzeit beabsichtigt, was sie nach § 12 d. G. gerade zu verhindern befugt sein soll (OVGE. v. 24. Okt. 01, Bd. 40 S. 371; v. 9. Jan. 08, Nr. IV 2054; v. 16. Febr. 15 IX B. 215 und Bem. 4 a zu § 1). Einen typischen Fall zeigt das OVGE. v. 29. Sept. 04, PrVerwBl. 26 S. 187. Erschöpfende, ein für alle Mal gültige Merkmale lassen sich hierfür nicht aufstellen; als das Wesentliche erscheint immer, ob der Weg demnächst dem öffentlichen straßenmäßigen Verkehre dienen soll oder wenigstens die Entwicklung eines solchen Verkehres nach den gegebenen Umständen unvermeidlich sein würde (E. v. 3. Okt. 04, PrVerwBl. 26 S. 219); dagegen entscheidet nicht, ob einstweilen der Grund und Boden im Privatbesitze und die Last der Unterhaltung dem Unternehmer verbleibt.

Das Baurecht an diesen „noch nicht fertig gestellten Straßen ist durch das Gesetz nicht kassiert, sondern nur suspendiert und vertagt bis dahin, daß die Fertigstellung bewirkt ist (OVGE. 10 S. 314).

Auch Privatstraßen unterliegen dem ortsstatutarischen Bauverbote, wenn sie in der erkennbaren Absicht angelegt sind, dem öffentlichen Verkehr und dem Anbau zu dienen und in der Folge zu öffentlichen Ortsstraßen zu werden (OVGE. v. 5. Juni 99, Bd. 36 S. 412; v. 15. Mai 02 Nr. IV 897; v. 14. Mai 00 Nr. IV 788; v. 3. Okt. 04 Nr. IV 1220, PrVerwBl. 26 S. 219; v. 9. Mai 04, PrVerwBl. 25 S. 850). Andererseits können zu fertigen städtischen Straßen nur solche gerechnet werden, welche dem öffentlichen Verkehr dienen und als öffentliche Verkehrswege zu dem städtischen Straßennetz gehören (E. Bd. 36 S. 412; OVGE. v. 14. Mai 00 Nr. IV 788). Das OVG. hat hiernach das Bauverbot schon da angewendet, wo nach der Sachlage, namentlich nach dem eigenen Verhalten des Bauunternehmers von der Voraussetzung ausgegangen werden mußte, daß die Herstellung einer Straße auf dem Privateigentum des Bauherrn beabsichtigt sei, bei Ausführung des zur Genehmigung eingereichten Bauprojekts der erste Anbau an der neuen Straße errichtet und letztere auch weiter zum Anbau benutzt werden sollte, auf diese Weise aber ein öffentlicher, straßenmäßiger Verkehr sich allmählich mit Notwendigkeit herausbilden müsse. Es liegt dem der Gedanke zugrunde, daß die Gemeinde davor bewahrt werden soll, daß ihr aus einer Straßenentwicklung, deren Entstehen sie ohne das Gesetz nicht hindern konnte, Kosten erwachsen (OVGE. Bd. 27 S. 171; v. 16. Mai 82 Nr. II 461; v. 10. Juni 86 Nr. II 622, PrVerwBl. 8 S. 30; v. 23. Sept. 01, Bd. 40 S. 376). Das Vorhandensein dieser Voraussetzung ist verneint in der E. Bd. 19 S. 367 ff., v. 19. Okt. 86 Nr. II 942, PrVerwBl. 8 S. 362; v. 23. Febr. 92 Nr. IV 223 und v. 27. Juni 93 Nr. IV 606.

Hat der Chausseebaupflichtige eine Chausseestrecke so gestaltet, daß sie den für fertige Ortsstraßen erlassenen Bestimmungen entspricht, während allerdings von der Ortsgemeinde kein Ausbau vorgenommen worden ist, und ist eine derartige Chausseestrecke von der Gemeinde durch Festsetzung von Fluchtlinien oder in anderer Weise bereits zu einer projektierten Ortsstraße gemacht worden, so unterliegt es keinem Bedenken, daß alsdann der Bau von Wohnhäusern nicht verboten werden kann, obwohl die Strecke mangels Übernahme durch die Gemeinde noch keine Gemeindestraße geworden ist. Die Sache liegt hier anders als beim § 15. Daß sie auch für den öffentlichen Verkehr und Anbau von der Gemeinde — ausdrücklich oder stillschweigend — bestimmt sein müsse, fordert der § 12 nicht (OVGE. v. 23. Febr. 06 Bd. 47 S. 388).

Schon oben ist erwähnt, daß sich das Bauverbot nicht auf sämtliche Wege in der Feldmark bezieht. Ein Ortsstatut oder eine Polizeiverordnung, welche den Anbau an allen nicht den Bestimmungen entsprechenden Wegen der ganzen Feldmark verbieten würde, träte auch mit dem § 13 des Ansiedelungsgesetzes v. 25. Aug. 76 in der Fassung des G. v. 10. Aug. 04 (GS. S. 227) und den entsprechenden Bestimmungen des Ansiedlungsgesetzes für die sonstigen Landesteile in Widerspruch (OVGE. v. 6. Febr. und 27. Febr. 94 Nr. IV 161 und 247; v. 1. März 92 Nr. IV 246).

Zu § 13 Abs. 2 des genannten Ansiedelungsgesetzes ist hier nur zu bemerken daß die dort genannte Rechtswirkung des Bebauungsplanes erst eintritt, wenn das Festsetzungsverfahren nach § 8 des G. v. 2. Juli 75 definitiv abgeschlossen ist (OVGE. v. 1. Nov. 97 Nr. IV 1839).

Wege einer Feldmark, welche nicht in einen Bebauungsplan aufgenommen sind, fallen nur dann unter den § 12, wenn sie als in der Anlegung begriffene Straßen anzusehen sind. Wird ein Fluchtlinienplan nicht zu Ende geführt, so besteht trotzdem das Bauverbot zu Recht; der Anlieger welcher an einer solchen Straße ein Gebäude errichten will, kann daraus keine Rechte für sich in Anspruch nehmen. Dies ist nur dann der Fall, wenn aus konkludenten Handlungen der Gemeinde sich ergibt, daß die Straße aufgegeben (RG. 75 S. 175) worden ist. Auf einen nicht zu Ende geführten Fluchtlinienplan allein läßt sich eine derartige Behauptung nicht stützen. Vgl. Bem. 6a zu § 15.

Das Bauverbot an einer neuen Straße besteht so lange, als dieselbe noch nicht nach den baupolizeilichen Bestimmungen des Orts fertig hergestellt ist. Wird nun eine solche Straße von der Gemeinde, auch nach Maßgabe der baupolizeilichen Bestimmungen, fertig hergestellt, so ist das Bauverbot über den Zeitpunkt der technischen Fertigstellung hinaus bis zu dem Zeitpunkte, in welchem die Kosten berechnet und verteilt werden können, gegeben. Ob diese Auffassung zutrifft, kann zweifelhaft sein; denn die baupolizeilichen Bestimmungen des Orts sind technischer Natur, sie beziehen sich auf Freilegung, Breite, Einteilung, Gefälle der Straße, auf das zu wählende Pflaster usw., sie sind auf Grund rein polizeilicher Gesichtspunkte aufgestellt. Ist eine Straße insoweit fertig hergestellt, so ist dem polizeilichen Interesse genügt und man muß annehmen, daß die Polizeibehörde das Bauverbot nicht mehr ausüben kann. Für die Gemeinde können allerdings Schwierigkeiten entstehen, wenn sich an die technische Fertigstellung der Straße nicht unmittelbar die Abrechnung derselben aus irgend welchen Gründen anschließen kann.

b) Das Bauverbot darf nicht auf bestehende ältere, sog. historische Straßen ausgedehnt werden. Dieser Satz ist in der OVGE. Bd. 3 S. 304 ff. näher begründet und seitdem unverändert festgehalten.

Der Ausdruck „historische" Straßen, der jetzt als technische Bezeichnung allgemein gebraucht wird, kommt in dem gen. Erk. einmal (S. 313) gelegentlich vor. Er hat allerlei Mißverständnisse zur Folge gehabt. So behauptete in einer Streitsache vom Rhein eine Partei, daß der betreffende Weg eine historische Straße sei, weil sie identisch sei mit einer alten römischen Heerstraße (OVGE. v. 27. Febr. 94 Nr. IV 247). Es genügt auch nicht, daß ein Weg schon lange Zeit, etwa 100 Jahre, als ein öffentlicher Kommunikationsweg besteht (OVGE. v. 28. April 02 Nr. IV 778).

Den Begriff einer historischen Straße allgemein zu begrenzen, ist ungemein schwierig. Vgl. die Aufsätze „Historische Straße" vom Wirkl. Geh. Rat Dr. Jebens im PrVerwBl. 22 S. 609 und „Zu den §§ 12 und 15 des Fluchtliniengesetzes v. 2. Juli 75" von Senatspräsident Dr. Schultzenstein im Pr. VerwBl. 30 S. 702 und 726 ff. Wesentlich ist, daß von dem Bauverbote alle älteren städtischen Straßen, wenn sie auch den später erlassenen polizeilichen Bedingungen nicht entsprachen, ausgeschlossen werden sollten. In der Regel fallen unter den Begriff also alle Straßen, deren Entwicklung bezüglich des Ausbaues und straßenmäßigen Verkehrs zur Zeit des Inkrafttretens des Ortsstatuts im wesentlichen ihren Abschluß gefunden hatte, so daß von einer Weiterentwicklung in den wesentlichsten Beziehungen nicht mehr gesprochen werden kann. (OVGE. v. 3. Febr. 98 Nr. IV 1758; v. 18. Jan. 04 Nr. IV 104; v. 7. Jan. 09 Nr. IV 51, v. 9. Mai 16, IX B. 17. 15; Schultzenstein PrVerwBl. 30 S. 704, 706).

Den Gegensatz bilden die projektierten und die in der Anlegung oder Entwicklung zur städtischen Straße noch befindlichen Straßen und Wege. Ob das eine oder das andere vorliegt, wird oft schwer zu bestimmen sein, und kann meist nur nach Maßgabe der besonderen Verhältnisse entschieden werden, unter denen sich im betreffenden Orte die dem inneren Verkehr und dem regelmäßigen Anbau zugleich bestimmten Straßen entwickelt haben (OVGE. v. 27. Febr. 94 Nr. IV 247; v. 25. April 13, IX A 34. 11). Denn es kommt bei den zweifelhaften Fällen in der Regel auch darauf an, welche Anschauungen über die Anforderungen, die vor Inkrafttreten der polizeilichen Bestimmungen an städtische zum Anbau bestimmte und fertige Straßen gestellt zu werden pflegten, im allgemeinen und an maßgebenden Stellen geherrscht hatten. Für die Beurteilung wird es u. a. auf die Lage und Richtung der Straße, den auf ihr bestehenden Verkehr, ihre äußere Beschaffenheit, den Vergleich derselben mit den gleichfalls den neuen polizeilichen Vorschriften noch nicht entsprechenden, aber als historisch anerkannten Straßen, die geschichtliche Entwicklung ihres Anbaues, auch aus der Zeit nach Inkrafttreten des Ortsstatuts ankommen (OVGE. v. 5. Dez. 93 Nr. IV 1286). Bedeutungslos ist, wem der Grund und Boden der Straße privatrechtlich gehört. Vgl. hierzu Schultzenstein PrVerwBl. 30 S. 702 ff. — Die Ansicht, daß nur dann eine historische Straße vorliege, wenn sie seit langer Zeit auf Kosten der Stadt wie andere städtische Straßen unterhalten worden sei, ist irrig; die Unterhaltung kann auch einem anderen, als dem regelmäßig Wegebaupflichtigen obliegen (OVGE. v. 15. Jan. 18 IX C. 153. 17). Auch nicht darin zeigt sich diese Eigenschaft, daß bis zu dem

Zeitpunkte, wo das Bauverbot in Wirksamkeit trat, rechtlich und tatsächlich ungehindert gebaut werden **konnte** (OVGE. v. 6. März 95 Nr. IV 384; v. 8. Juli 96 Nr. IV 1153; v. 18. März 01 PrVerwBl. 22 S. 561); das Wesentliche einer historischen Straße ist vielmehr, daß sie eine vor dem Inkrafttreten des Bauverbots zum Anbau bestimmte und fertige Ortsstraße war (OVGE. v. 6. Juli 95 Nr. IV 1015; v. 5. Jan. 12 IX A. 1. 11; v. 30. Jan. 17 IX B. 16. 16). Daß eine fertige, dem Bauverbote nicht unterliegende Ortsstraße nicht nur dem inneren Verkehr, sondern auch dem Anbau gewidmet sein muß, ist auch für historische Straßen stets zu fordern. Beides ist aber begrifflich als etwas Einheitliches nicht aufzufassen (OVGE. v. 5. Jan. 12 IX A. 1. 11).

Nicht die praktische Brauchbarkeit, sondern der rechtliche Charakter der Straße ist entscheidend (OVG. v. 16. Mai 04, PrVerwBl. 25 S. 886). Ob eine Straße eine historische ist, entscheidet lediglich der Wille der Gemeinde (OVGE. Bd. 55. S. 446). Der Wille der Gemeinde, eine Straße als fertige und anbaufähige zu behandeln, kann bestehen, auch wenn dies nicht der Fall ist, die Straße rechtlich dem Bauverbot unterworfen war, sei es daß die Gemeinde sich über das Vorliegen der rechtlichen und tatsächlichen Voraussetzungen des Begriffs der historischen Straße im Irrtum befand, — und solcher Irrtum kann jederzeit erkannt und berichtigt werden — oder daß ihr Wille programmatisch die regelmäßige Zulassung von Ausnahmen von Bauverbot zum Inhalt und Gegenstand hatte — und solches Willensprogramm ist der Abänderung unterworfen (OVGE. v. 1. Mai 14 IX B. 84. 13). Der Zeitpunkt des Inkrafttretens des Bauverbots ist entscheidend, als nach ihm eine Entwicklung zur historischen Straße rechtlich nicht mehr möglich ist (OVGE. v. 5. Jan. 12, Bd. 61 S. 401; v. 5. Okt. 15 IX C. 12. 15).

Eine Straße untersteht dem Bauverbot, falls sie auch nur in einem einzigen wenn auch vielleicht untergeordneten Punkte, den baupolizeilichen Vorschriften nicht entspricht (OVGE. 60 S. 458; v. 24. Jan. 11 IX B. 19. 09; v. 10. Nov. 11 IX A. 31. 11; v. 7. März 13 PrVerwBl. 36 S. 89).

Die Frage, ob eine Straße gemäß den baupolizeilichen Bestimmungen fertig hergestellt ist, kann nicht nach denjenigen Vorschriften beurteilt werden, welche zur Zeit der Aufstellung des Regulierungsprojektes, sondern nach denjenigen, welche zur Zeit der Durchführung desselben gelten (OVGE. v. 24. Jan. 11 IX B. 19. 09). Die Nichtanwendung des Bauverbotes ist von demjenigen zu beweisen, der sie behauptet OVG. Bd. 55 S. 446. Öffentliche Plätze können bei Anwendung des § 12 den historischen Straßen gleichzustellen sein, doch genügt hierfür nicht die Benutzung als Marktplatz zur entscheidenden Zeit (OVGE. v. 11. Dez. 05 IV 1756).

Für die Anwendung des § 12 kommt an sich nur der Gegensatz zwischen unfertigen und historischen oder fertigen Straßen in Betracht, während der § 15 unter den vorhandenen diejenigen Straßen versteht, die schon als Ortsstraßen — für den Anbau und inneren Verkehr bestimmt — bestehen, aber noch nicht allen denjenigen Anordnungen, welche für fertige, historische Straßen des Ortes durch besondere Vorschriften oder durch Herkommen gestellt werden, in vollem Umfange entsprechen. OVGE. v. 18. Febr. 01, PrVerwBl. 22 S. 467.

c) Zu den historischen Straßen können nur solche Wege gerechnet werden, die den Charakter von Straßen im Sinne dieses Gesetzes tragen. Dazu gehört vor allen Dingen, daß sie dem öffentlichen Verkehre dienen und als öffentliche Verkehrswege zu dem städtischen Straßennetz gehören. Damit sind aus dem Kreise dieser Straßen die Privatstraßen ausgeschlossen, auch wenn sie sich in dem Stadium der allmählichen Umwandlung in eine öffentliche Straße befinden (OVGE. v. 17. Febr. 91 Nr. IV 168; v. 8. Juli 96 Nr. IV 1153; v. 5. Juni 99, Bd. 36 S. 412; v. 3. Okt. 04 Nr. IV 1220, PrVerwBl. 26 S. 219). Voraussetzung für die Eigenschaft einer historischen Straße ist andererseits, daß sie dem Verkehre innerhalb der Ortschaften sowie dem Anbau dient, sie muß „Ortsstraße" sein (OVGE. v. 27. Febr. 94 Nr. IV 247; v. 6. Juli 95 Nr. IV 1015). Wege, welche nur den Verkehr von Ort zu Ort oder zwischen einzelnen, entfernter gelegenen, bebauten Teilen einer Ortschaft vermitteln, fallen nicht darunter, selbst wenn daran einige Häuser stehen (OVGE. Bd. 24 S. 81, PrVerwBl. 14 S. 367; v. 18. März 90 Nr. IV 277 und v. 10. Febr. 91 Nr. IV 144; v. 9. Dez. 96 Nr. II 2434; v. 22. Jan. 03 Nr. IV 152; v. 30. März 05 PrVerwBl. 26 S. 963). Es kann in solchen Fällen auch nicht darauf ankommen, ob diese Wege in etwa ähnlicher Weise befestigt sind, wie ältere Straßen der betreffenden Ortschaften (OVGE. v. 11. Jan. 96 Nr. IV 72; v. 25. Sept. 14 IX A. 22. 14), da sich solches oft wegen des großen Verkehrs, namentlich in der Nähe größerer Städte, als notwendig erweist; auch ein tatsächlich vorhandener städtischer Verkehr — wie er z. B. auf der den Tiergarten durchschneidenden Chaussee zwischen Charlottenburg und Berlin unzweifelhaft in lebhafter Weise stattfindet — ist allein nicht entscheidend. Sollen solche Wege historische Straßen sein, so muß noch hinzukommen, daß sie dem inneren städtischen Verkehre dienen und zum Anbau bestimmt sind (OVGE. v. 30. Sept. 97 Nr. IV 1605 und v. 19. Dez. 96 Nr. IV 1818; v. 5. Jan. 12 Bd. 61 S. 401). Bezüglich des Anbaues kann es von Bedeutung sein, wenn in Festungen ein sonst dem inneren Verkehr dienender Weg infolge der Rayonbestimmungen vom Anbau ausgeschlossen ist (OVGE. v. 19. Dez. 96 Nr. II 2515; v. 28. Febr. 98 Nr. IV 407). Übrigens kann derselbe Straßenzug zum Teil historische Straße (vgl. Bem. 4), zum Teil gewöhnlicher Verkehrsweg sein (OVGE. v. 31. Okt. 90 Nr. II 962; v. 14. April 91 Nr. IV 361, PrVerwBl. 12 S. 518). Es kommt dieses namentlich häufig vor bei den die Orte durchschneidenden Chausseen und bei solchen Straßen und Wegen, welche aus dem inneren Orte heraus in die Feldmark oder nach entfernter liegenden Städten oder Dörfern führen. Solche Straßen können, selbst bei gleicher Beschaffenheit des Straßenkörpers, durch den schon früher entwickelten und fortgesetzten Anbau und den dadurch bewirkten inneren städtischen, straßenmäßigen Verkehr bis zu einem bestimmten Abschnitte historische Straßen sein und in ihrer weiteren Fortsetzung nicht. Gerade in solchen Fällen kommt es wesentlich auf den Anbau an (s. unten) (OVGE. v. 19. Jan. 94 Nr. IV 85, PrVerwBl. 15 S. 289; v. 16. Nov. 95 Nr. IV 1591; v. 14. Okt. 96 Nr. IV 1582; v. 16. Jan. 97 Nr. IV 98; v. 22. Jan. 96, Bd. 29 S. 382; v. 18. März 01, PrVerwBl. 22 S. 560; v. 19. Jan. 03 Nr. IV 129; v. 24. Sept. 08 IV 1676; v. 29. April 13 PrVerwBl. 36 S. 10.

Eine nicht ganz geschlossene bebaute Straße kann eine historische sein (OVGE. v. 23. Jan. 17 IX B. 21. 16). Eine innerhalb der Stadtmauern belegene, seit Jahrhunderten bestehende Gasse, welche dem städtischen Verkehr und Anbau gedient hat, ist eine historische Straße, ohne Rücksicht darauf, daß sie im Sinne des Fluchtliniengesetzes eine unfertige Straße ist (OVGE. v. 21. März 04 PrVerwBl. 26 S. 102). Als historische Straße wurde angesehen ein seit Jahrhunderten vorhandener, ganz schmaler Durchgang, der von der Gemeinde unterhalten und beleuchtet wurde und nach dem die Fenster der Häuser gingen, obwohl Wagen nicht verkehren konnten (PrVerwBl. 12 S. 524). Die Annahme, daß vorstädtische Straßen nur dann als sogenannte historische gelten können, wenn sie in ihren Einrichtungen und in ihrer Bebauung in jeder Beziehung den Straßen der inneren Stadt gleichen, ist rechtsirrtümlich. OVG. 30. Okt. 1895 (IV 28/95), Der Eigenschaft einer Ortsstraße steht nicht entgegen, daß an ihr vorwiegend Bauernhöfe und ländliche Gehöfte liegen (OVG. v. 20. Sept. 12, PrVerwBl. 34 S. 825).

Erhebliche Schwierigkeiten bereitet die Beurteilung der historischen Straßen bei Dörfern, namentlich in der Nähe großer Städte und bei Wegen oder Chausseen, welche Dörfer durchschneiden. Zunächst ist dafür Voraussetzung, daß eine ländliche Gemeinde überhaupt eine geschlossene Ortschaft, einen Ortsbering hat; wo ein solcher — wie häufig in Westfalen — gänzlich fehlt, kann von einer historischen Straße nicht die Rede sein (OVGE. v. 23. Mai 94 Nr. II 771, PrVerwBl. 15 S. 496; v. 11. Okt. 97, Bd. 32 S. 361; v. 18. März 01 PrVerwBl. 22 S. 560; v. 8. Juni 05 Nr. IV 860); allerdings kann sich durch konzentrierten Anbau an einer, einen Gemeindebezirk durchschneidenden, Chaussee ein Ortsbering bilden, wobei es dann weniger auf den Zustand der Straße, als auf die Art des Anbaues ankommt (OVGE. v. 22. Jan. 96 Nr. IV 126, Bd. 29 S. 377); auch kann, wenn eine Gemeinde einen Weg ausdrücklich zum Anbau bestimmt und hergerichtet hat, so eine historische Straße, die erste fertige Ortsstraße, entstehen, auch wenn kein einziges Haus daran gestanden hätte und kein Ortsbering bisher vorhanden war (OVGE. v. 18. März 01, PrVerwBl. 22 S. 560; v. 27. Okt. 04, PrVerwBl. 26 S. 487). Die in Westfalen ortsübliche zerstreute Bauweise steht dem Vorhandensein einer oder mehrerer Ortslagen namentlich da, wo das Vorhandensein öffentlicher Gebäude oder sonstige Umstände zu einer dichteren Bebauung Anlaß geben, nicht entgegen (OVG. v. 29. April 13, PrVerwBl. 36 S. 10). Ist ein Ortsbering vorhanden, so ist es für solche Straßen, welche als historische in Anspruch genommen werden, zunächst wesentlich, ob die Straße der Ortschaft wegen ausgebaut und besonders befestigt ist, oder ob der Anbau sich an schon vorhandenen und zu anderen Verkehrszwecken besonders befestigten Straßen vollzogen hat. Auch dabei ist es von entscheidender Bedeutung, ob die Entwicklung des Anbaues als in den wesentlichen Beziehungen abgeschlossen angesehen werden kann, so daß die Straße als eine fertige Dorfstraße, Ortsstraße anzusehen ist. So können sowohl in Anschluß an den Ortsbering als auch getrennt von ihm historische Straßen (Dorfstraßen) sich gebildet haben. Bei der Beurteilung werden aber, namentlich in der Nähe größerer Städte, die tatsächlichen Verhältnisse und die geschichtliche Entwicklung des Anbaues — auf die Beschaffenheit des Wegekörpers wird es weniger ankommen — einer sorgfältigen Prüfung bedürfen (OVGE. v. 22. Jan. 96 Nr. IV 126; v. 27. Febr. 97 Nr. IV 373; v. 23. Mai 94 Nr. II 771, PrVerwBl. 15 S. 496; v. 3. Febr. 98 Nr. IV 1758, Bd. 34 S. 394, PrVerwBl. 19 S. 403; v. 28. Mai 00 Nr. IV 607).

Eine historische Straße, kann auch in einem Gutsbezirke entstehen. Rechtliche Bedeutung kann sie aber erst dann gewinnen, wenn nach Aufhebung der Gutsbezirkseigenschaft in bezug auf sie ein ortsstatutarisches Bauverbot gemäß § 12 des Gesetzes v. 2. Juli 75 erlassen wird (OVG. v. 1. Mai 14; Bd. 69 S. 377). Vgl. Bem. 7 zu § 1; Bem. 2 b zu § 12; Bem. 2 c zu § 15, Bem. zum ZweckVG. Groß Berlin.

Über Chausseen oder historische Straßen, siehe die Ausführungen von Schultzenstein PrVerwBl. 30 S. 706.

d) Historische Straßen sind diejenigen nicht, welche in Gemäßheit einer Fluchtlinienfestsetzung erst neu angelegt werden sollen, bisher aber noch nicht ordnungsmäßig ausgebaut sind; solche Straßen gehören vielmehr gerade zu den projektierten Straßen, mag im übrigen ihre Herstellung auch schon weit vorgeschritten sein (OVGE. v. 1. Dez. 94 Nr. IV 1486; v. 27. Sept. 97 Nr. IV 1588). Auch frühere Kommunikationswege oder Feldwege, an denen — weil es mangels eines Bauverbots nicht verhindert werden konnte — gebaut ist, welche aber noch nicht vollständig den Anforderungen und dem Zustande entsprechen, welche in dem betreffenden Orte für angebaute Straßen im allgemeinen polizeilich in Anspruch genommen wurden (s. oben), sind keine historischen, vielmehr in der Anlegung begriffene, neue Straßen (OVGE. v. 4. Febr. 95 Nr. IV 1261; v. 4. Nov. 96 Nr. IV 1773; v. 21. März 98 Nr. IV 537; E. d. RG. VII. ZS. v. 1. März 01, PrVerwBl. 22 S 434). Dies gilt gleichmäßig von Straßen, welche durch Unternehmer in einer bestimmten Gestalt projektiert, zu ihr aber noch nicht gediehen sind (OVGE. v. 29. Okt. 83 Nr. II 787, PrVerwBl. 5 S. 78). In der freiwilligen Übernahme einer unfertigen Unternehmerstraße durch die Gemeinde liegt nicht, daß für sie das Bauverbot nicht gelten soll (OVGE. v. 28. März 11, PrVerwBl. 33 S. 284). Indes kommt es nur auf die tatsächliche Vollendung der Straße an. Deshalb erscheint es gleichgültig, ob der Grund und Boden bereits in den Besitz der Gemeinde gelangt ist (OVGE. v. 22. Juni 88 Nr. II 684), und ob da, wo eine von der Straßenflucht verschiedene Bauflucht besteht, auch die letztere schon durchgeführt ist, d. h. die Vorgärten schon angelegt sind (OVGE. v. 18. März 90 Nr. IV 277). Die Straße braucht außerdem nicht unbedingt in allen ihren Teilen dem Plane gemäß hergestellt zu sein; sie kann schon vorher als fertige Straße zu betrachten sein, wenn es sich nur noch um verhältnismäßig geringfügige Mängel handelt, die ihrer Bedeutung nach hinter der Gesamtheit verschwinden. Ob nach Ortsrecht die Anlieger das Trottoir auf Erfordern der Polizei anlegen müssen, ist allerdings ohne Bedeutung; das Bauverbot kann geltend gemacht werden, wenn tatsächlich das Trottoir noch nicht fertig ist (OVGE. v. 7. Nov. 98 Nr. IV 1859, Bd. 34 S. 416). In einem Falle, wo an einer sonst fertigen Straße nur noch ein Bauplatz frei war, vor welchem allein der nach den polizeilichen Vorschriften nötige Bürgersteig fehlte, hat das OVG. die Straße als fertig angesehen und das Bauverbot aufgehoben, aber nur, weil nach dem bestehenden Ortsrechte dem Antragenden mit der Bebauung die Verpflichtung oblag, den Bürgersteig herzustellen, also mit diesem letzten Anbau zugleich die Straße in vollem Umfange fertig wurde (OVGE. v. 18. April 94 Nr. IV 471, Bd. 26 S. 366); es handelt sich hierbei aber nur um eine Ausnahme von der Regel, welche in besonderen

Umständen begründet war (OVGE. v. 1. März 00 Nr. IV 364) (vgl. Bem. 3 zu diesem Paragraphen).

Es ist vielfach unvermeidlich, längere Straßenzüge auch über solche bebaute Flächen zu legen, die wegen der damit verbundenen hohen Kosten nicht sofort enteignet werden und deshalb einstweilen in ihrem bisherigen Zustande verbleiben. Ist in solchen und ähnlichen Fällen eine Straße längere Zeit als ausgebaut und anbaufähig behandelt, so würde es nicht zu rechtfertigen sein, sie rechtlich noch immer für unfertig zu erklären (OVGE. v. 18. März 90 Nr. IV 277). — Weiter können zu den historischen Straßen nicht die polizeiwidrig angelegten gerechnet werden (OVGE. Bd. 3 S. 316); daher scheiden solche Straßen aus, die entweder im Gegensatz zu einer für sie besonders getroffenen polizeilichen Anordnung hergestellt sind (OVGE. v. 20. März 88 Nr. II 316) — auch wenn ein Ortsstatut nach § 12 noch nicht bestand, als die polizeilichen Anordnungen getroffen wurden (OVGE. v. 19. Jan. 03 Nr. IV 129) — oder die den allgemein aufgestellten polizeilichen Anforderungen an eine fertige Straße nicht entsprechen. — Gewähren die bisher angeführten Momente keinen genügenden Anhalt, so ist auf Grund der gesamten tatsächlichen Verhältnisse in eine freie Beurteilung einzutreten, wobei sich die Entscheidung hauptsächlich danach richtet, ob die Straße dem allgemeinen Verkehre tatsächlich gedient hat und den übrigen Straßen der Gemeinde als ein ebenbürtiges (siehe unten) Glied des gesamten Straßennetzes gleichgestellt werden kann (OVGE. Bd. 9 S. 318 ff., Bd. 18 S. 382 ff.; v. 26. Sept. 90 Nr. IV 868; v. 2. Dez. 96 Nr. IV 1967).

In der Entscheidung v. 2. Mai 04 Bd. 45 S. 89 wird diese Auffassung aus dem Urteil v. 6. Nov. 82 Bd. 9 S. 318 nicht aufrecht erhalten, da es weder für den § 12 noch § 15 notwendiges Erfordernis sei, daß die in Frage kommende Wegeanlage genau so ausgestattet sei, wie etwa der Durchschnitt der übrigen Straßen, da sich die Entwicklung alter Straßen sehr verschieden gestalten könne. Dem ist zuzustimmen. Aber andererseits ist nicht zu verkennen, daß in Zweifelsfällen sehr wohl ein Vergleich mit den anderen historischen Straßen desselben Ortes zweckmäßig und unter Umständen notwendig erscheint. Handelt es sich z. B. um eine Straße, deren Bürgersteige nicht gepflastert sind, so spricht dies nicht ohne weiteres gegen die Eigenschaft einer historischen Straße. Die Vermutung, daß eine solche vorliegt, wird jedoch erheblich verstärkt, wenn auch die anderen Straßen desselben Ortes, welche als historische bereits anerkannt sind, gleichfalls gepflasterter Bürgersteige entbehren. Insofern ist eine gewisse Ebenbürtigkeit bezw. gleiche Beschaffenheit historischer Straßen desselben Orts für die Beurteilung in Zweifelsfällen nicht ohne Bedeutung, um so mehr weil in der äußeren Beschaffenheit einer Straße der Wille der Gemeinde erkannt werden kann und dieser Wille in erhöhtem Maße zum Ausdruck gelangt ist, je öfter derselbe Gelegenheit hatte, sich gegenüber verschiedenen Straßen in gleicher Weise zu betätigen.

Maßgebend ist in der Regel die Beschaffenheit des Straßenkörpers, nicht die der angrenzenden Grundstücke. Es kommt daher auch nur auf die Beschaffenheit des Straßenkörpers innerhalb der Straßenfluchtlinien an, nicht auf die Baufluchtlinien, wenn davon verschiedene Straßenfluchtlinien ausgeführt sind; ob also die Vorgärten bereits angelegt sind, ist ohne Bedeutung (OVGE. v. 18. März 90 Nr. IV 277). Auch darf deshalb einer Straße die Eigenschaft als einer historischen nicht bloß um deswillen abgesprochen werden, weil sie nur an einer Seite bebauungsfähig oder noch nicht mit Gebäuden besetzt ist (OVGE. Bd. 5 S. 346; 437, v. 18. Nov. 90 Nr. IV 1204, PrVerwBl. 12 S. 184). Auch eine Straße mit einseitiger Anlegung, mit einseitigem Bürgersteig, einseitiger Entwässerungsrinne und namentlich einseitigem Gefälle kann eine historische sein (OVGE. 58 S. 403). Auf die tatsächlichen und rechtlichen Eigenschaften der an die Straße angrenzenden Grundstücke ist kein Gewicht zu legen (PrVerwBl. 18 S. 359). Es können auch Straßen, an denen wenige oder gar keine Wohngebäude, sondern nur Anbauten anderer Art, insbesondere Fabriken stehen, sehr wohl städtische Straßen sein (OVGE. v. 30. März 05, PrVerwBl. 26 S. 963). Ein unbefestigter Landweg kann die Eigenschaft als fertige Straße haben (OVGE. v. 11. Okt. 92 Bd. 33 S. 361).

Auch die Straßen verbindenden Brücken über Privatflüsse, Gräben usw. teilen so in der Regel die Eigenschaft der Straßen, wenn diese historisch sind, und das ortsstatutarische Verbot ist nicht anwendbar, wenn — durch Überwölbung oder Zuschüttung des Wasserlaufes — an sie herangebaut werden soll. Bei Schiffahrtskanälen mögen Fälle vorkommen, wo es fraglich ist. Über Brücken über öffentliche Flüsse siehe Bem. 8 zu § 15. — Doch kann andererseits je nach Gelegenheit des Falles der Umfang und die Art der Bebauung für die Frage, ob man es mit einer Straße oder nur mit einem für andere Zwecke ausgebauten Wege zu tun hat, von großer, in manchen Fällen, wie schon oben erwähnt, von ausschlaggebender Bedeutung sein. Dies ist namentlich da der Fall, wo Straßen aus dem Orte hinausführen und sich als Chausseen oder Kommunikationswege fortsetzen (OVGE. v. 19. Jan. 94 Nr. IV 85, PrVerwBl. 15 S. 298; v. 22. Jan. 96 Nr. IV 126; v. 11. Okt. 97 Nr. IV 1691; v. 19. Dez. 96 Nr. IV 1818; v. 8. Juli 96 Nr. IV 1153; v. 30. Sept. 97 Nr. IV 1605; v. 27. Febr. 97 Nr. IV 373 u. a.; v. 18. Jan. 00 Nr. IV 97; v. 19. Jan. 03 Nr. IV 129). Ob der mangelnde Anbau die Folge gesetzlicher Hindernisse ist, ist für die rechtliche Beurteilung nicht entscheidend, für die Beurteilung der tatsächlichen Verhältnisse kann es von Bedeutung sein; dies kann namentlich bei den Baubeschränkungen durch das Reichs-Rayongesetz v. 21. Dez. 71 (RGBl. S. 459) eintreten (OVGE. v. 30. Sept. 97 Nr. IV 1605; v. 28. Febr. 98 Nr. IV 407; v. 30. Okt. 95 Nr. IV 1497). Die Eigenschaft einer historischen Straße wurde verneint, weil der in Betracht kommende Teil im I. Festungsrayon lag, in welchem die Errichtung von Wohngebäuden jeder Art gesetzlich verboten war (OVGE. v. 25. Febr. 09 IV 384).

Ein unbedingtes Erfordernis für Straßen im Sinne des Gesetzes ist es nicht, daß auf ihnen ein Wagenverkehr stattfinden kann oder daß die sie begrenzenden Häuser dorthin ihren Ausgang haben. Namentlich in älteren Stadtteilen können daher schmale Gassen, die nur dem Fußverkehr dienen und deren angrenzende Gebäude mit Ausgängen nach anderen Straßen versehen sind, als historische Straßen anerkannt werden (OVGE. Bd. 17 S. 167 und v. 14. März 89 Nr. III 296; vgl. indes E. v. 19. Sept. 90 Nr. II 787, PrVerwBl. 12 S. 72). Noch weniger braucht die Straße notwendig Bürgersteige zu besitzen (OVGE. v. 18. April 90 Nr. II 384). Stellt sich eine Straße nach allen in Betracht kommenden Momenten nicht als eine alte, fertige Straße bar, so ist es auch unerheblich, ob sich einige ältere Straßen in einer ebenso mangelhaften äußeren Beschaffenheit befinden (OVGE. v. 31. Jan. 98 Nr. IV 206).

e) Entscheidend ist übrigens derjenige Zeitpunkt, in welchem das ortsstatutarische Verbot in Kraft tritt (vgl. Bem. 2a, 2b oben; OVGE. v. 10. Juli 99 Nr. IV 1166). Die historische Straße braucht also nicht gerade aus älterer Zeit zu stammen (OVGE. v. 1. Juli 90 Nr. IV 681); sie kann erst kurz vor Erlaß des Statuts oder der zugehörigen baupolizeilichen Bestimmungen entstanden sein, wenn es auch hier um so mehr einer sorgfältigen Prüfung bedürfen wird, ob das Vorhandensein einer fertigen Straße anzunehmen ist. Wie sich hieraus ohne weiteres ergibt, dürfen an die Beschaffenheit des Straßenkörpers keine größeren Anforderungen gestellt werden, als sie bis zu dem angegebenen Zeitpunkte bei Straßen in ähnlicher Lage und von ähnlicher Bedeutung tatsächlich gestellt wurden; höhere Ansprüche, die etwa nach dem Ortsstatute oder nach den späteren polizeilichen Bestimmungen begründet sein würden, kommen nicht in Betracht. Daneben bleibt zu beachten, in welcher Weise die sonstigen Straßen in der Gemeinde ausgebaut sind, ob der Weg in der eigentlichen Stadt oder etwa in einer, mit Straßen von geringwertigem Ausbau versehenen Vorstadt liegt, ob er nach dem auf ihm stattfindenden Verkehre als eine Haupt- oder als eine Nebenstraße anzusehen sein würde usw. (OVGE. v. 30. Okt. 95 Nr. IV 1497).

Bei der „in der Entstehung begriffenen" Straße, bei welcher die Zweckbestimmung eine „fertiggestellte" Straße zu werden, nicht auf einem Willensakte der Gemeinde, sondern auf der tatsächlichen Entwicklung beruht, muß diese Entwicklung allerdings schon so weit vorgeschritten sein, das ihr Ziel mit ausreichender Sicherheit bestimmbar ist (vgl. OVGE. v. 16. Febr. 15, PrVerwBl. 37 S. 400); OVGE. v. 27. Mai 17 IX A. 27. 14.

Eine historische Straße wird dadurch, daß sie, insbesondere behufs ihrer Verbreiterung, neue Fluchtlinien erhält, nicht wieder in eine projektierte verwandelt; sie bestand als Straße und kann diese Eigenschaft nicht infolge einer beabsichtigten Umgestaltung verlieren; zwar gerät sie von neuem in den Zustand der Unfertigkeit, allein sie wird keine erst neu anzulegende Straße; denn da, wo eine Straße schon vorhanden ist, kann sie nicht erst neu angelegt werden (OVGE. Bd. 5 S. 345, Bd. 15 S. 149, Bd. 18 S. 384; v. 15. Mai 88 Nr. II 531, PrVerwBl. 10 S. 21; v. 22. Juni 88 Nr. II 684 und v. 18. April 90 Nr. II 384; v. 13. Juni 98, Bd. 34 S. 426; v. 28. April 02 Nr. IV 778; v. 2. Juni 02, Bd. 41 S. 145). Dies ist auch maßgebend, wenn die Fluchtlinie an einer Seite einer alten historischen Straße parallel mit der unverändert gebliebenen Fluchtlinie auf der anderen Seite hinausgeschoben wird, wobei es auch gleichgültig ist, ob das Haus, auf welches das Bauverbot angewandt werden soll, sich auf der neuen Seite befindet (OVGE. v. 28. Dez. 99 Nr. IV 2104); ebenso wenn eine anerkannt historische Straße — etwa durch Abreißen von Mauern und Häusern — mit einer längs ihr führenden neuen Straße verbunden wird, so daß eine einheitliche Straße entsteht, die alte historische Straße verliert nicht ihre Eigenschaft, sie wird nur erbreitert (OVGE. v. 21. März 04 Nr. IV 439; v. 1. Okt. 00 Nr. IV 1556). Sehr zweifelhaft kann die Sache werden, wenn eine neue Straße in einem sehr spitzen Winkel in eine alte Straße eingeführt ist; wie weit geht da, wo der stumpfe Winkel liegt, die Erbreiterung, und wo fängt die neue Straße an? Hier können nur die tatsächlichen Verhältnisse entscheiden (OVGE. v. 1. Okt. 00 Nr. IV 1556).

Daran kann auch eine Änderung der kommunalen Zugehörigkeit nichts ändern, selbst wenn Dorfstraßen in Städte eingemeindet werden; sind solche Straßen in erkennbarer Weise einmal vor der Eingemeindung fertige, anbaufähige oder historische Straßen ihres früheren kommunalen Bezirks gewesen, so kann auch nach der Eingemeindung das Bauverbot auf sie keine Anwendung finden, selbst wenn sie auch weit hinter dem Zustande zurückbleiben, welchen die polizeilichen Vorschriften des neuen kommunalen Bezirks bei fertiggestellten Straßen verlangen. Eine Straße, welche zu irgend einer Zeit in klarer und erkennbarer Weise einmal nach bestehender Ortsverfassung eine fertige anbaufähige Straße gewesen ist, kann in der Regel nicht wieder eine unfertige projektierte werden, und daran kann auch eine Veränderung der kommunalen Zugehörigkeit nichts ändern (E. Bd. 34 S. 399; OVGE. v. 19. Febr. 00 Nr. IV 199; v. 9. Mai 16 IX B. 17. 15). Wäre es anders, so würden bei der Eingemeindung eines ganzen Landstädtchens in den Bezirk einer großen Stadt, falls — wie es meist der Fall sein wird — die Anforderungen an fertiggestellte Straßen dort in allen Fällen unter diejenigen herabgehen, welche seit lange in der großen Stadt üblich sind, die sämtlichen Straßen des Landstädtchens, auch wenn sie Jahrhunderte lang bestehen, wieder unfertige, projektierte werden. Vgl. das zu c dieser Bem. Dargelegte (OVGE. v. 23. Mai 94 Nr. II 771, PrVerwBl. 15 S. 496; v. 10. Juli 96 Nr. II 1185, Bd. 27 S. 56, 57; v. 9. Dez. 96 Nr. II 2434; v. 1. Mai 95 Nr. IV 696; v. 3. März 97 Nr. IV 407; v. 27. Febr. 97 Nr. IV 373; v. 11. Okt. 97 Nr. IV 1691, Bd. 32 S. 361; v. 10. Sept. 97 Nr. IV 1605; v. 3. Febr. 98 Nr. IV 1758, Bd. 34 S. 394, PrVerwBl. 19 S. 403).

Sicherlich sind Gestaltungen denkbar, wo bei der Herstellung einer neuen Straße eine vorhandene alte als derart untergegangen betrachtet werden könnte, daß an ihre Stelle eine neue, aber mit ihr nicht identische Straße getreten wäre (OVGE. v. 19. Sept. 90 Nr. II 787, PrVerwBl. 12 S. 71); das mag z. B. ausnahmsweise der Fall sein, wenn eine vorhandene, sehr unvollkommene Straße (etwa eine Fußgängerstraße) durch eine breite große Straßenanlage so konsumiert und beseitigt wird, daß von einer Erbreiterung — also dem Bestehen einer vorhandenen — nicht mehr, sondern nur von der Anlegung einer neuen Straße die Rede sein kann. Jedenfalls sind die Fälle in der Regel nicht dazu zu rechnen, wo der Straßenkörper einer historischen oder fertigen Straße durch ein anderes Material ersetzt wird, z. B. wenn eine Brücke über einen Privatwasserlauf abgebrochen und der Wasserlauf zugeschüttet wird (s. oben zu d) oder wenn bei Anlegung einer Unterpflasterbahn der ganze Fahrdamm ausgegraben und nach Überwölbung der Bahn wiederhergestellt wird (OVGE. v. 28. März 98 Nr. IV 598). Stets ist zu fordern, daß die alte Straße trotz ihrer Erneuerung und trotz vielleicht weitgehender Veränderungen ihrer Gestalt, körperlich wenigstens im wesentlichen dieselbe geblieben ist (OVGE. v. 29. Mai 12 IX C. 40. 11). Eine sog. historische, bisher nur einseitig bebaubare, mit der andern Seite an die Stadtmauer grenzende Straße verliert diesen ihren Charakter nicht dadurch, daß sie nach Abbruch der Stadtmauer mit einer gleichfalls von letzterer begrenzt gewesenen Außenstraße zu einer Straße verbunden wird (OVGE. v. 18. Juni 98, 18 S. 382).

4. Der unklare Ausdruck „Straßenteil" sollte nach Absicht der Komm. d. AH. im Ortsstatute durch einen präzisen, den Verhältnissen des Orts angemessenen Ausdruck ersetzt werden. In den meisten beim OVG. bekannt gewordenen Statuten ist das nicht geschehen. Dann bleibt man auf eine Auslegung im Sinne des Gesetzes angewiesen. Abweichend von dem zum § 2 Abs. 1 Bemerkten werden hier unter Straßenteilen diejenigen Stücke der Straße, welche von einem Bauinteressenten beliebig für seine Bauzwecke herausgeschnitten werden, vielleicht nur die gerade vor den zu bebauenden Grundstücken liegenden, nicht verstanden werden dürfen. Sie müssen sich, objektiv betrachtet, äußerlich oder nach ihrer geschichtlichen Entwicklung als besondere Abschnitte einer Straße darstellen (OVGE. v. 29. Sept. 79 Nr. II 1429; v. 18. April 94 Nr. IV 471; v. 18. Jan. 00 Nr. IV 97; v. 30. April 00 Nr. IV 960; v. 2. Juni 02, Bd. 41 S. 145; v. 22. Jan. 03 Bd. 42, S. 365; v. 14. Dez. 03 Nr. IV 1960; v. 5. Juli 12 IX B. 34. 12, vgl. Schultzenstein PrVerwBl. 30 S. 704). Es würde dem Gedanken des Gesetzgebers vollständig widersprechen, wenn es genügen sollte, daß ein Bauherr den Straßenteil vor seinem Grundstücke vorschriftsmäßig herstellte, dagegen die Straße im übrigen rechts und links ein unregulierter Feldweg bliebe. Das Wesentlichste ist nach dem Zwecke des Bauverbotes der Zusammenhang des Straßenteils mit dem bestehenden Straßennetze (OVGE. v. 3. März 97 Nr. IV 403). Deshalb hat man den Anbau an einer fertiggestellten Strecke, die auf beiden Seiten von einer ordnungsmäßigen Straße geschnitten wird, gewiß zu gestatten (OVGE. v. 18. April 94 Nr. IV 471). Auch durch Gebäude oder Anlagen, welche einen besonderen Verkehr hervorrufen, z. B. Krankenhaus, Friedhof, kann unbedenklich ein Straßenteil begrenzt sein (E. Bd. 41 S. 143). Für die Frage, ob ein Straßenteil als fertig hergestellt anzusehen ist, muß die Notwendigkeit einer sachlichen, objektiven Begrenzung als Regel festgehalten werden. Es ist nicht in gleicher Weise aufzufassen, wie beim § 15, was als Straßenteil gilt (E. Bd. 41 S. 145). Vgl. in dieser Beziehung das in § 15 Bem. 4 g, 7 und 13 Dargelegte. Es dürften aber auch für den § 12 Fälle vorkommen, bei denen man, ähnlich wie für die Anwendung des § 15, berechtigt ist, noch einen Schritt weiter zu gehen und den Anbau an jedem regulierten Straßenteile zuzulassen, welcher mit dem Straßennetze nach irgend einer Seite hin mittels gehörig instand gesetzter Straßen in Verbindung steht. Handelt es sich z. B. um die Fortsetzung einer ins freie Feld führenden Straße oder um die Regulierung eines aus dem Ort herausführenden Kommunikationsweges, so wird es jedenfalls in solchem Falle in der Regel nicht nötig sein, daß der Endpunkt dieses fertiggestellten Straßenteiles äußerlich, etwa durch einen Terrainabschnitt oder Querweg bezeichnet ist; es genügt hierbei das Ermessen der Gemeinde, wieweit sie nach dem Bedürfnisse den Weg fertig stellen will. — Bei sehr breiten Straßen, die einen doppelten Fahrdamm erhalten sollen, wird man die eine Seite der Straße für sich als einen selbständigen Straßenteil ansehen können (OVGE. v. 20. Jan. 98 Nr. IV 141, PrVerwBl. 19 S. 370; vgl. das am Schlusse der Bem. 13 c zu § 15 Erwähnte). Ob das sonst zulässig erscheint, ist Frage des einzelnen Falles; die Vermutung spricht hier nicht dafür; es wird also, um die Annahme zu rechtfertigen, besonderer Momente bedürfen. Bei einer gewöhnlichen Straße, wo der Straßenkörper notwendig als einheitlicher aufzufassen ist, kann es nicht für genügend erachtet werden, wenn nur

die eine Straßenseite — an welcher gebaut werden soll — fertiggestellt ist. In einem Falle, wo eine Straße von der Gemeindegrenze schräg durchschnitten wurde, so daß zwei sich an der Straße gegenüberliegende Häuser in zwei verschiedenen Gemeinden lagen, und die Straße in der einen Gemeinde eine historische, der betr. „Straßenteil" in der anderen es nicht sein sollte, hat das OVG. mit Recht ausgesprochen, daß nichts tatsächlich Erkennbares vorläge, was zu der Auffassung führen könnte, daß das fragliche Wegestück als besonderer Straßenteil in Betracht komme, es müsse mit dem gegenüberliegenden, zu dem anderen Bezirke gehörigen Wegeteile zusammen einheitlich beurteilt werden (OVGE. v. 30. Sept. 97 Nr. IV 1605; v. 20. Jan. 98 Nr. IV 141, PrVerwBl. 19 S. 370).

Für die Frage nach der Eigenschaft der historischen Straße werden solche Straßenteile in der Regel nicht als besondere Einheit betrachtet werden können. Meist wird es dabei sich nur um ganze Straßenzüge handeln können, oder um solche Abschnitte, deren Bedeutung für den Verkehr und Anbau seit einer gewissen Zeit und äußerlich eine Selbständigkeit aufweisen (E. Bd. 41 S. 145 Anm.). Es wird wesentlich auf die Einheitlichkeit und historische Entwicklung des ganzen Straßenzuges ankommen (OVGE. v. 18. April 94 Nr. IV 471).

5. Untersagt kann nur werden, an unregulierten Straßen Wohngebäude zu errichten, die nach diesen Straßen einen Ausgang haben. Ein Ortsstatut, welches weiter geht, würde insoweit nicht rechtsverbindlich sein. Zum Begriffe des Wohngebäudes gehört nach § 12, ebenso wie nach § 13 des Ansiedlungsgesetzes (vgl. OVGE. v. 7. Juli 13 Bd. 64 S. 446), daß das Gebäude seiner Einrichtung nach ein Bewohnen gestattet, an sich objektiv geeignet ist, bewohnt zu werden, sowie ferner namentlich, daß ihm auch die Zweckbestimmung, als Wohnhaus zu dienen, gegeben ist. OVGE. v. 31. März 14 IX B. 81. 13. Der Gebäudebegriff in den §§ 12 und 15 ist voneinander nicht verschieden (OVGE. v. 11. Juni 08 Nr. IV 1191).

a) Das Gebäude muß also zum Wohnen bestimmt sein; Räume, die ausschließlich dem Gewerbebetriebe dienen, gehören nicht hierher, selbst wenn sich darin Menschen den ganzen Tag aufhalten (OVGE. Bd. 8 S. 316 ff.), auch nicht solche Gebäude, welche zum längeren Aufenthalte von Menschen bestimmt sind (OVGE. v. 11. Mai 95, PrVerwBl. 17 S. 9; v. 20. Jan. 97 Nr. IV 124). Das gilt also auch von Schulen und anderen nicht zum Wohnen bestimmten Gebäuden, wie z. B. von Restaurants, Bahnhöfen, Wachtgebäuden usw. Dagegen reicht es hin, wenn das Gebäude auch nur teilweise zum Wohnen benutzt wird; eine Untersuchung darüber, ob die Bestimmung zum Wohnen für das Gebäude als Ganzes überwiegt, ist abzulehnen (OVGE. v. 4. Sept. 88 Nr. II 843, PrVerwBl. 9 S. 472; v. 22. Jan. 89 Nr. II 84). Es genügt, wenn sich überhaupt Wohnräume oder ein solcher in dem geplanten Gebäude befinden sollen (OVGE. v. 18. Febr. 01, Bd. 39 S. 355). Zweifelhaft mag es sein, ob nicht unter besonderen Umständen, wo die Bestimmung und Benutzung zum Wohnen gegenüber dem Hauptzwecke vollständig in den Hintergrund tritt (z. B. wenn in einem großen Fabrikgebäude auch eine kleine Portierwohnung angelegt werden soll), der Charakter als Wohngebäude in Abrede genommen werden könnte; indes bietet dafür das Gesetz kaum einen genügenden Anhalt; ein solches Gebäude bleibt zum Teil immer noch Wohngebäude, und es ist nicht abzusehen, weshalb dieser Teil, der unzulässig wäre, falls er als ein selbständiges Gebäude errichtet würde, durch die Verbindung mit einem anderen Bauwerke dem Verbote entzogen werden soll (vgl. die Ausführungen im PrVerwBl. 19 S. 74). Außerdem würde man auf diesem Wege schließlich doch wieder dahin gelangen, daß ein Abwägen stattzufinden habe, welcher Charakter für das Gebäude als Ganzes der überwiegende sei. Von diesem Gesichtspunkte aus ist die Einrichtung eines Raumes auf einem größeren Gehöfte zu einer Wohnung für den Wächter dem Bauverbote unterstellt, weil es zur Leitung des Wirtschaftsbetriebes der dauernden Anwesenheit und nicht nur des zeitweiligen Aufenthaltes eines Wächters bedürfe (OVGE. v. 28. März 89 Nr. III 349). Das Vorhandensein einer ständigen Nachtwache in einem Fabrikgebäude macht es nicht zu einem Wohnhause (OVGE. v. 1. Dez. 94 Nr. IV 1486). Ist für ein solches Privatgebäude zunächst nirgends ein Raum zum Wohnen oder Schlafen bestimmt, wird aber später ein solcher Raum eingerichtet, so ist es Recht und Pflicht der Polizeibehörde, dagegen einzuschreiten (OVGE. v. 20. Jan. 97 Nr. IV 124; v. 19. März 00 Nr. IV 478). Dagegen ist einem Pferdestalle, in dem der Knecht des Nachts bei den Pferden schlief, die Eigenschaft eines Wohngebäudes mit Recht abgesprochen (OVGE. v. 10. Febr. 91 Nr. IV 146). — Ein Gefängnis ist trotz des unfreiwilligen Aufenthaltes seiner Insassen ein Wohngebäude (OVGE. v. 7. Mai 80 Nr. II 758).

Ebenso unterlagen dem Bauverbote die Wohnung für einen Futtermeister (OVGE. v. 18. Dez. 05 Nr. IV 1736), Druckerei mit Portierwohnung (OVGE. Bd. 8 S. 315).

Eine Unteroffizierspeiseanstalt dient zu Wohnzwecken, wenn sie den in der Kaserne wohnenden Unteroffizieren gleich den Schlafräumen die ständige Befriedigung der Unterkunftsbedürfnisse gewährt, im Gegensatz zu Fabrikgebäuden, Geschäftshäusern, Restaurants, Bürogebäuden usw. (OVGE. v. 14. Nov. 13 IX A. 86. 12). Ein Anbau an Restaurationsräume gilt nicht als Wohngebäude (OVGE. v. 9. Febr. 10 IX B. 58. 09). Die Ausnahmebewilligung kann auch dahin eingeschränkt werden, daß sie nur für ein Wohnhaus von bestimmter Beschaffenheit und Größe oder von beschränkter Bewohnbarkeit wirksam sein soll (OVGE. v. 5. März 15 IX A. 146. 13).

Eine Versagung der Bauerlaubnis wegen der Möglichkeit, daß Wohnräume eingerichtet werden können, ist unzulässig.

b) Unter die Errichtung eines Wohngebäudes fällt, wie schon angedeutet, auch die Umwandlung eines bisher zu anderen Zwecken benutzten Bauwerkes in ein Wohnhaus, selbst wenn damit bauliche Änderungen nicht verbunden sind (OVGE. v. 27. Juli 77 Nr. II 1818 und v. 3. Nov. 84 Nr. II 931, PrVerwBl. 6 S. 84; v. 24. Okt. 16 IX B. 18. 15; v. 24. April 17 IX A. 22. 16), z. B. Umwandlung eines Gewächshauses zum Wohngebäude (OVGE. v. 13. Juni 11 IX A. 86. 10), es genügt im allgemeinen, wenn ein bisher zu Wohnzwecken nicht benutztes Gebäude unter der Herrschaft des Ortsstatuts die Bestimmung erhält, als Wohnung zu dienen und dementsprechend tatsächlich benutzt wird. Andernfalls würde in vielen Fällen das Bauverbot zum Nachteil der Gemeinden dadurch unwirksam gemacht werden können, daß die Adjazenten einer unter das Bauverbot fallenden Straße zunächst ein Gebäude für Nichtwohnzwecke errichteten und dieses nach kurzer Zeit in ein Wohngebäude umwandelten

(OVGE. v. 8. Juli 96 Nr. IV 1153). Geschieht dieses dennoch, dann kann die Benutzung zu Wohnzwecken von der Polizeibehörde zwangsweise gehindert werden, falls nicht etwa die Gemeindebehörde nachträglich die im Ortsstatute vorgesehene, ausnahmsweise Genehmigung erteilt, welche dann für die Polizeibehörde maßgebend ist (OVGE. v. 20. März 95 Nr. IV 468; v. 15. Jan. 18 IX B. 16. 17). In einem bestehenden Wohngebäude muß die Umwandlung anderer bisher nicht zum Wohnen benutzter Räume beträchtlich genug sein, um sie dem Errichten eines Wohngebäudes gleich erachten zu können. Dies ist nicht der Fall, wenn der neue Bestandteil des Hauses für sich betrachtet nach Lage und Umfang als Wohngebäude nicht anzusehen ist (OVGE. v. 24. Okt. 16 IX B. 18. 15), z. B. die Vergrößerung eines Zimmers um 3 × 3 qm und Umwandlung einer Veranda aus Holz in solche aus Eisen und Glas auf massiven Pfeilern (OVGE. v. 8. Juli 97 Bd. 32 S. 363. IV A. 9. 97). Auch wenn der Aufbau eines oder mehrerer Stockwerke auf einem bereits vorhandenen Gebäude unter Umständen für die Straßenanlegung ebensoviel, ja im Einzelfall noch mehr Bedeutung haben kann wie der Anbau an ein solches Gebäude unter Bebauung einer bisher unbebauten Fläche (OVGE. v. 2. März 11 IX B. 52. 10), so kann dieser Erwägung kein ausschlaggebendes Gewicht beigelegt werden (OVGE. v. 11. Juni 08 Nr. IV 1141). Ein Ortsstatut, insoweit es den Aufbau neuer Wohnräume auf einem Wohngebäude der Errichtung eines Wohngebäudes gleichachtet, entspricht nicht dem § 12 und ist daher in diesem Umfange ungültig (OVGE. v. 9. Jan. 08 IV 45; v. 28. Febr. 08, Bd. 52 S. 428).

Auch der Wiederaufbau eines abgebrochenen oder durch Naturereignisse zerstörten Wohngebäudes fällt unter das Bauverbot (OVGE. Bd. 18 S. 386 ff., PrVerwBl. 11 S. 161 und v. 31. März 81 Nr. II 532). Letzteres kann, obwohl nach dem Wortlaute des Gesetzes unvermeidlich, eine große Härte in sich schließen; dieser Fall eignet sich daher zu einer besonderen Behandlung im Ortsstatut (vgl. Bem. 8a zu § 12). Nach § 1 Abs. 6 Art. 4 des Wohnungsgesetzes v. 28. März 18 (GS. S. 23) kann durch Bauordnungen geregelt werden, unter welchen Bedingungen Gartenhäuschen (Lauben) nicht als Wohnhäuser (Wohngebäude) im Sinne der Ansiedlungsgesetze und des § 12 des Fluchtliniengesetzes anzusehen sind. In der Ausf. Anw. zum Gesetz wird gesagt, daß die Bedingungen für die Ansiedlungsgenehmigung so zu gestalten seien, daß neben den berechtigten Wünschen der städtischen Bevölkerung nach vorübergehender Benutzung solcher Lauben die Rechte und Interessen der Gemeinden sowie derjenigen der Gesundheit, Ordnung, Ruhe und Sicherheit gewahrt werden. Das was hier für den Fall der Ansiedlungsgenehmigung gesagt ist, dürfte auch für den § 12 zutreffen. Es soll grundsätzlich daran festgehalten werden, daß die Laubenbewohner eine anderweite feste Wohnung haben (Begr. S. 29, 30). In dem Erlaß des Staatskommissars für das Wohnungswesen v. 25. April 19, betreffend Entwurf zu einer Bauordnung sind Wohnlauben als Wohnhäuser nicht anzusehen, wenn sie nur vorübergehend und zwar höchstens für die Zeit v. 15. April bis 15. Oktober jedes Jahres zum Aufenthalt von Menschen dienen und wenn die Bewohner anderwärts eine feste Wohnung haben. Sie dürfen einschließlich Veranda eine Grundfläche von 40 qm haben. Statthaft ist nur ein Geschoß, jedoch ein kleiner Keller und eine Nebenanlage von 10 qm für Kleinvieh.

c) Die Erweiterung eines Wohngebäudes wird man gleichfalls unter den Begriff der Errichtung von Wohngebäuden bringen müssen, da auch hierdurch die Verhältnisse in Beziehung auf Benutzung und Beschaffenheit der Straße eine wesentliche Änderung erleiden können. Voraussetzung dabei ist indes, daß die Wohnung als solche, im Gegensatz zu den sonst im Gebäude etwa noch befindlichen Räumen, eine Erweiterung erfährt. Es darf nicht jede auch noch so geringfügige Erweiterung eines Wohnhauses dem „Errichten eines Wohnhauses" im Sinne des § 12 gleichgestellt werden. Vielmehr ist stets nach Lage des einzelnen Falles zu prüfen, ob die Erweiterung nach ihrer Art und ihrem Umfang, sowie nach ihrem Verhältnis zur Art und zum Umfang des bereits vorhandenen Gebäudes als das Errichten eines Wohnhauses aufgefaßt werden muß (OVGE. Bd. 9 S. 315; v. 11. Juni 08 PrVerwBl. 30 S. 715; v. 2. Mai 11 IX B. 52. 10). In einem Falle, wo ein vorhandenes Empfangszimmer in einer Villa durch eine 3 m im Quadrat umfassende, aus Glas und Eisen herzustellende Veranda vergrößert werden sollte, hat das OVG., wie bereits unter 5 b erwähnt ist, die Anwendbarkeit des Bauverbots verneint und dabei erwähnt, daß auch der Charakter der Villa nach ihrer Bestimmung und Benutzung durch die Vergrößerung des Empfangsraumes in keiner Weise verändert werde und das Verhältnis des Gebäudes zur öffentlichen Straße im wesentlichen unberührt bleibe (E. v. 8. Juli 97 Nr. IV 1250, Bd. 32 S. 363). Etwas zu weit geht wohl — freilich für die Anwendung des § 15 — die OVGE. Bd. 25 S. 94. In einem Falle, wo in einem bisher schon bewohnten Restaurationslokale, dessen Hauptbestandteil ein Tanzsaal bildete, der Saal zu einem Theatersaal erweitert wurde, ist die Anwendbarkeit des § 12 verneint (OVGE. v. 13. Febr. 79 Nr. II 380).

Ist übrigens mit Errichtung des Wohngebäudes auf Grund baupolizeilicher Genehmigung begonnen, so kann ein nachträglich in Kraft getretenes Bauverbot nicht dazu benutzt werden, die Weiterführung des Baues zu hindern (OVGE. Bd. 24 S. 362 ff. Über die gegenteilige Ansicht des Reichsgerichts s. Bem. 4 b § 11). Hat die Polizei unter Übernahme der von den Gemeinden gemäß § 12 gestellten Bedingungen die Bauerlaubnis zur Errichtung eines Wohngebäudes erteilt, so ist sie zum Widerruf der Bauerlaubnis berechtigt, wenn der Bauende die Anerkennung der Bedingung ablehnt oder sie nicht erfüllt. Sie ist aber nicht berechtigt, die Beseitigung des inzwischen errichteten Gebäudes anzuordnen, sie kann vielmehr fordern, daß das Gebäude nicht zum Wohnen benutzt wird oder daß es keinen Ausgang nach der unfertigen Straße behält (OVGE. v. 3. Jan. 11 Bd. 58 S. 410).

6. a) Im § 12 wird nicht gefordert (wie im § 15), daß das Baugrundstück an die Straße grenzt (OVGE. v. 18. Dez. 05, PrVerwBl. 28 S. 160). Ob das Wohngebäude an der unfertigen Straße errichtet werden soll, ist jedesmal nach den tatsächlichen Verhältnissen zu prüfen; daß das Baugrundstück an der Straße liegt, genügt allein nicht (E. v. 10. Juli 02 Nr. IV 1333), Ortsstatuten, welche solches vorschreiben, haben insoweit keine verbindliche Kraft (OVGE. Bd. 4 S. 369; v. 26. Juni 88 Nr. II 698, PrVerwBl. 9 S. 421, 16 S. 312 und 421; v. 19. Okt. 03, PrVerwBl. 25 S. 386). Es kommt auch nicht darauf an, ob das Haus einen Vorteil von der Straße hat oder nicht (OVGE. v. 19. Juni 95 Nr. II 993). — Zweifel werden eintreten, wenn das Haus auf einem, an mehrere Straßen grenzenden Grundstücke (vgl. auch § 15 Bem. 6 c S. 242) oder weit zurück von der Straße, sei es an einem besonderen Zugange, sei es hinter anderen Gebäuden, errichtet werden soll. In erster Beziehung hat das OVG. die Ansicht mißbilligt, daß ein Haus, welches unmittelbar an der einen Straße liegt, dorthin seinen Ausgang und seine Front hat, notwendig zugleich als an derjenigen anderen Straße gelegen gelten müsse, welche von einem an das Gebäude sich anschließenden Garten oder einem mit dem Gebäude in Verbindung stehenden Wirtschaftshofe erreicht wird. Auf die wirtschaftliche Einheit des ganzen Baugrundstücks kommt es nicht entscheidend an (PrVerwBl. 15 S. 321; v. 13. März 94 Nr. II 384; OVGE. Bd. 4 S. 369; v. 22. Febr. 89 Nr. II 193 und v. 11. Juli 93 Nr. IV 681). In letzterer Hinsicht ist die Anschauung, daß jedes Gebäude welches nur von einer bestimmten Straße seinen Zugang habe, deshalb auch an dieser Straße liege, als allgemein durchgreifend nicht anerkannt und dementsprechend auch verneint, daß ein Haus, welches auf dem der Straße entgegengesetzten Ende eines langgestreckten Grundstückes hinter mehreren, die Straßengrenze völlig besetzenden Gebäuden hergestellt werden sollte, an der Straße errichtet werde (OVGE. v. 10. Dez. 89 Nr. II 994, PrVerwBl. 11 S. 437; v. 24. Febr. 91 Nr. II 222 und v. 3. April 91 Nr. IV 316, PrVerwBl. 13 S. 138; vgl. auch E. v. 13. Nov. 91 Nr. IV 1044). Ebenso ist in einem Falle, wo das Baugrundstück durch einen schmalen, im Eigentum der Gemeinde stehenden Streifen Landes von der Straße getrennt war und die Verbindung mit letzterem nur durch einen von der Seite her in die Straße einmündenden Privatweg vermittelt wurde, die Lage an der Straße verneint (OVGE. v. 20. Dez. 87 Nr. II 1197, PrVerwBl. 9 S. 155). Bejaht würde die Lage an der Straße, wo das Wohnhaus mit ihr durch einen auf einer Grundgerechtigkeit beruhenden Weg verbunden war (OVGE. v. 18. Dez. 05, PrVerwBl. 28 S. 160).

b) Der Begriff des „Angrenzens" eines Grundstückes an eine Straße setzt voraus, daß das Grundstück die Straße unmittelbar berührt. Daß ein dazwischen liegender Terrainstreifen für eine demnächstige Verwendung für die Straße reserviert ist, ist bedeutungslos, denn so lange diese Verwendung noch nicht stattgefunden hat, teilt das betr. Terrain nicht die der Straße innewohnende Bestimmung und die nur auf eine spätere, gleichartige Verwendung gerichtete Intention ist nicht geeignet, den tatsächlichen Zustand, auf welchen es ankommt, zu schaffen (OVGE. v. 28. März 96 Nr. II 627). Der Umstand, daß eine Straße durch neuere Fluchtlinien verschmälert wird, wird regelmäßig nur für die Anliegerbeiträge von Bedeutung sein (E. Bd. 43 S. 24). S. dieserhalb Bem. 6 c zu § 15. Dagegen ist es nicht erforderlich, daß das Gebäude selbst die Straße unmittelbar berührt (PrVerwBl. 15 S. 405; OVGE. Bd. 23 S. 54; v. 7. Okt. 96 Nr. II 1841; v. 5. Juli 00 Nr. IV 1163, Bd. 34 S. 103; v. 2. Dez. 01, Bd. 40 S. 98; v. 9. Mai 04, PrVerwBl. 25 S. 850; v. 20. Nov. 05 Nr. IV 1638). Es kann durch ein Vorderhaus von der Straße getrennt sein, steht es aber mit der Straße in Verbindung und ist auf sie angewiesen, auch ein Zugang von anderer Seite nicht vorhanden, so liegt es an dieser Straße (OVGE. v. 7. März 96 Nr. II 500; v. 4. Juli 98 Nr. IV 538; v. 6. April 99 Nr. IV 597). Wenn der Ausgang aus dem Hause auf das an der Straße liegende Grundstück und von diesem nur auf die betreffende Straße führt, so ist es unerheblich, ob das Wohngebäude seine Front nicht diesem Wege zuwendet und der Gebäudeausgang nicht in der dem Wege am meisten zugewendeten Seite sich befindet (OVGE. v. 17. April 02

Nr. IV 706). Ein Haus, das von der Straße nur auf einem längeren, mit mehreren anderen Wohngebäuden besetzten Zufuhrwege zu erreichen war, ist als an jener Straße liegend angesehen, weil das Baugrundstück vermöge des dazu gehörigen Weges an die Straße stieß und stets als ein Grundstück an dieser Straße behandelt, das Haus auch mit einer Nummer dieser Straße versehen war (OVGE. v. 31. März 81 Nr. II 532). In Anlehnung hieran hat die E. v. 12. Nov. 92 Nr. 1 1106, PrVerwBl. 14 S. 176, die Bebauung eines großen, zwischen zwei Straßen gelegenen Grundstücks, in dessen Mitte mehrere, mit der einen Straße durch einen Fahrweg verbundene Villen errichtet waren, in gleicher Weise beurteilt. Ein Gebäude, welches sich auf der Bahnhofsanlage befindet oder durch einen Eisenbahnzufuhrweg von der Straße zu erreichen ist, ist als an dieser Straße liegend angesehen (OVGE. v. 24. Okt. 94 Nr. II 1434, PrVerwBl. 16 S. 109). Von einem Wohnhause endlich, das auf einem sehr ausgedehnten, an einer historischen Straße gelegenen Grundstücke in größerer Entfernung von der Straße unmittelbar an einer über das Grundstück gelegten, aber bisher nur im Bebauungsplane entworfenen Straße erbaut werden sollte, ist angenommen, daß es nicht an der historischen, sondern an der neuen Straße liegen werde (OVGE. v. 23. Sept. 90 Nr. IV 996, PrVerwBl. 12 S. 62).

c) Eckgebäude mit der Front nach beiden Straßen liegen an jeder dieser Straßen (vgl. OVGE. Bd. 23 S. 54). Für die Anwendung des § 15 in diesem Falle s. Bem. 6 c S. 240 zu dem gen. §. Ist für die eine Straße noch nichts weiter geschehen, als Festsetzung einer Fluchtlinie, so liegt ein Eckgrundstück nicht vor, eine Ecke kann noch nicht wahrgenommen werden (OVGE. v. 26. Jan. 99 Nr. IV 167; v. 22. Febr. 99 Nr. II 246, PrVerwBl. 21 S. 26). Die Behauptung, daß ein Gebäude nicht an der Straße liege, weil es davon durch den Vorgarten getrennt sei, ist abwegig (OVGE. v. 12. Mai 93 Nr. II 522, Bd. 25 S. 85; v. 7. Juli 08 Nr. VIII 1370). Vorgärten im Rechtssinne entstehen durch die Bebauung und sind so ein Teil des Baugrundstücks; s. Bem. 20 zu § 1 (OVGE. v. 25. Febr. 98 Nr. IV 142, Bd. 25 S. 85; v. 5. Jan. 98 Nr. II 8; v. 23. Juni 08 Nr. VIII 1251). Auch wenn die Vorgärten nicht im Eigentume des Eigentümers des sonstigen Baugrundstücks stehen, trennen sie das Baugrundstück nicht von der Straße, es ist „als an die Straße angrenzend" zu betrachten (OVGE. v. 24. Febr. 02, Bd. 41 S. 107; v. 20. April 03, Bd. 43 S. 24). Siehe hierzu Bem. 6 c zu § 15 S. 239.

Liegt das Baugrundstück im Niveau höher als die Straße, so liegt es trotzdem an der Straße, auch wenn an der Straße eine Futtermauer errichtet ist, diese trennt nicht, sondern verbindet das Grundstück mit der Straße (OVGE. v. 13. April 04, PrVerwBl. 25 S. 817).

7. Der Ausgang des Wohngebäudes nach der unfertigen Straße ist für den Tatbestand des § 12 (nicht für den des § 15) ein wesentliches Erfordernis. Im übrigen erscheint es gleichgültig, ob der Ausgang unmittelbar oder mittelbar auf die Straße führt. Unter den Ausgängen dieses Paragraphen sind nicht nur Hauptausgänge zu verstehen, auch Ausgänge, welche neben den Hausausgängen vorhanden sind, kommen in Betracht, so Hofausgänge, Ladenausgänge, nicht aber jede Durchbrechung der Mauer, durch welche ein Mensch möglicherweise hindurchschlüpfen kann, sondern nur eine solche, welche für den Verkehr des Hauses nach außen hin bestimmt ist (OVGE. v. 22. März 98, PrVerwBl. 20

S. 193). Die Schließung der Haustür an der unfertigen Straße bedeutet wohl eine gewisse Erschwerung des Verkehrs auf dem Grundstücke selbst, der vom Gesetz gewollte Zweck der Verhinderung des Verkehrs von dem Grundstück nach der unfertigen Straße wird jedoch durch sie nicht erreicht. Sie ist zweck- und gegenstandslos, weil sie infolge einer Verkennung des Begriffs des Ausganges nach der Straße auf Schließung einer Tür gerichtet ist, die sich nicht als ein solcher Ausgang darstellt (OVGE. v. 24. Juni 09 IV A. 13. 08). Das Haus braucht nicht direkt an der Straße zu stehen; der Ausgang kann auf einer von der Straße abgewendeten Seite, in der Hinterwand, im Hofe usw. liegen; führt der Ausgang aus dem Hause und Grundstücke nach der unfertigen Straße, so trifft die Voraussetzung des Gesetzes zu (OVGE. v. 18. Dez. 99 Nr. IV 2044 und viele andere). Umgekehrt ist es nicht maßgebend, daß das Haus seine Front der unfertigen Straße zukehrt und in der Front seinen Ausgang hat (s. oben). Wird das Grundstück durch eine Einfriedigung ohne Öffnung von der unfertigen Straße abgeschlossen und hat seinen Ausgang tatsächlich nach einer anderen Straße, so kann jedenfalls § 12 nicht angewendet werden (OVGE. v. 27. Juli 77 Nr. II 1818 und v. 7. Dez. 78 Nr. I 45). In diesem Falle ist auch eine Umgehung des Gesetzes nicht zu befürchten. Sollte nachträglich ein Ausgang nach der unfertigen Straße hergestellt werden, so wäre das der Errichtung eines Wohngebäudes mit einem Ausgange nach der unfertigen Straße gleichzustellen und erschiene folglich die Polizeibehörde zum Einschreiten befugt (OVGE. Bd. 5 S. 390; v. 26. Sept. 94 Nr. IV 1313; v. 18. Okt. 06 Nr. IV 1611; v. 12. Juli 12 IX A. 22. 12).

Für den § 12 kommt es auf den Ausgang nach der Straße an, nicht darauf, daß das Grundstück von der in Frage kommenden Straße durch einen Geländestreifen (von 1,0—2,0 m Breite) getrennt ist (OVGE. v. 19. Sept. 16 IX C. 2. 16). Wird für ein vorhandenes Wohngebäude ein bestehender Ausgang nach einer nicht fertig gestellten Straße durch einen anderen Ausgang nach derselben Straße ersetzt, so kann von der Errichtung eines Wohngebäudes mit Ausgang nach dieser Straße in keinem Sinne die Rede sein (OVGE. v. 4. Juli 13 IX B. 38. 13).

Wird ein Haus, welches an einer unfertigen, nicht historischen Straße einen Ausgang hatte, abgebrochen und ein neues mit dem einzigen Hauptausgang nach einer anderen Straße an dessen Stelle erbaut, so kann der Bauende nicht verlangen, daß ihm der frühere Zugang nach der projektierten, unfertigen Straße auch weiter gewährt werde. Denn durch den Abbruch der früheren Baulichkeiten ist ein ganz anderer, neuer Zustand geschaffen, welcher nach dem zur Zeit des Neubaues bestehenden Rechte zu beurteilen ist (OVGE. v. 18. Jan. 00 Nr. IV 97). Hat ein Eckgebäude seinen Zugang in der an der Ecke beider Straßen liegenden abgestumpften (verbrochenen) Ecke, so geht der Ausgang auf beide Straßen (OVGE. v. 29. Jan. 99 Nr. IV 167; v. 18. Febr. 01 Nr. IV 355; v. 8. Okt. 08 Nr. IV 1762). Dies gilt auch für den Ausgang in der Einfriedigung (OVGE. v. 20. Sept. 12, PrVerwBl. 34 S. 825).

Bezüglich des Falles, wenn die Straße und die Gebäude in zwei verschiedenen Gemeindebezirken liegen s. oben Bem. 2 b.

8. a) Da die Einführung des Bauverbots überhaupt in das Belieben der Gemeinde gestellt ist, kann das Ortsstatut nicht bloß das Verbot in beschränkterem Umfange anordnen, als das Gesetz zuläßt, sondern auch Ausnahmen von

dem als Regel hingestellten Verbote gestatten; es hält sich damit jedenfalls innerhalb der Grenzen der gesetzlichen Vorschrift. Bestimmungen wegen Gestattung von Ausnahmen finden sich in den meisten Statuten; ihrem Inhalte nach weichen sie aber zum Teil erheblich von einander ab. So wird die Bewilligung einer Ausnahme vom Bauverbote stets dem Gemeindevorstande (Magistrate) allein überlassen, teils außerdem noch von der Genehmigung der Stadtverordnetenversammlung (Gemeindevertretung) abhängig gemacht. Einzelne Statuten erklären außerdem noch die Zustimmung der Ortspolizeibehörde für erforderlich. Stets aber ist in den zur Entscheidung gelangten Fällen die Zulassung von Ausnahmen den Gemeindebehörden vorbehalten worden (OVGE. v. 7. Dez. 15 IX A. 75. 14). Vielfach findet sich vorgeschrieben, daß nur bei einer bestimmten Beschaffenheit des Weges oder nur, wenn der Bauunternehmer gewisse, dem § 15 d. G. entsprechende oder anderweit normierte Verpflichtungen übernimmt und dafür Sicherheit leistet, von dem Verbote abgewichen werden darf. In solchen Fällen empfiehlt es sich, zur Abschneidung von Zweifeln, besonders zum Ausdruck zu bringen, ob dem Unternehmer bei Erfüllung der Bedingungen ein Rechtsanspruch auf Erteilung der Bauerlaubnis zustehen oder ob in den Vorschriften des Statutes nur eine Anweisung für die Gemeindebehörden in Beziehung auf das einzuschlagende Verfahren, woraus die Bauunternehmer Rechte nicht herleiten können, enthalten sein soll. Ist im Statut nichts über einen Rechtsanspruch des Unternehmers gesagt, so steht dem letzteren ein Rechtsmittel nicht zu (OVGE. v. 4. Nov. 96 Nr. IV 1773). Unzweckmäßig ist jedenfalls die in verschiedenen Statuten vorkommende Fassung: „An Straßen usw., welche noch nicht — — hergestellt sind, kann die Genehmigung — — versagt werden"; denn hier bleibt ungewiß, welche Behörde über die Versagung oder die Zulassung des Baues zu bestimmen hat.

Daß vor der Eingemeindung von der Gemeinde und Polizeibehörde von dem ortsstatutarischen Bauverbote tatsächlich kein Gebrauch gemacht worden ist, steht der rechtlichen und tatsächlich begründeten Anwendung desselben nicht entgegen (OVGE. v. 27. Juni 11 IX B. 87. 10). Die Literatur hat sich eingehend mit der rechtlichen Natur des § 12 beschäftigt, siehe Ackermann, Der Baukonsens; Anschütz, PrVerwBl. 19 S. 227; Benkard, Verw. Arch. 17 S. 360. Bredt, PrVerwBl. 29 S. 277; Dierschke, Ortsstatutarisches Bauverbot; Düring, PrVerwBl. 29 S. 428; Haase, Das ortsstatutarische Bauverbot und PrVerwBl. 28 S. 912; Hedemann, PrVerwBl. 29 S. 630; Loehlein, PrVerwBl. 19 S. 305 ff.; Piutti und Bredt, Das kommunale Bauverbot; Reinartz, PrVerwBl. 18 S. 399; Saran S. 196; Schultzenstein, PrVerwBl. 30 S. 702 ff.; JLBl. 17 S. 360 ff.; v. Wedelstädt, PrVerwBl. 29 S. 373.

b) Ist die Gestattung der Ausnahme ins Ermessen der Gemeindeorgane gestellt, so kann die Polizeibehörde die erforderlichen Verhandlungen darüber lediglich den Beteiligten, d. h. dem Unternehmer und den Gemeindebehörden überlassen, demnächst aber, wenn die Einwilligung der zuständigen Behörde nachgewiesen ist, den Baukonsens ohne Rücksicht und ohne Bezugnahme auf die getroffenen Abreden erteilen. Auf diese Weise wahrt sie nach allen Seiten die ihr gesetzlich zukommende Stellung; hiermit stimmt auch der Erlaß des Ministers des Innern und der öffentlichen Arbeiten v. 9. Nov. 87 (MBl. S. 274) überein. Zugleich wird dadurch klargestellt, daß die Abmachungen zwischen dem Unternehmer und den Gemeindebehörden sich nicht auf öffentlich rechtlichem, sondern auf zivilrechtlichem Gebiete bewegen und demnach auch nicht zum Gegenstande des Verwaltungsstreitverfahrens gemacht werden können (OVGE. v. 5. Dez. 01 Nr. IV 2197; v. 4. Okt. 06 IV C. 9706; v. 7. Juli 08 Bd. 53 S. 409). Findet der Baulustige nicht die Zustimmung der städtischen Behörden, so darf die Polizeibehörde die Genehmigung nicht erteilen, weder sie noch der Verwaltungsrichter haben die Gründe hierfür nachzuprüfen (OVGE. v. 21. Juni 00 Nr. IV 1073; v. 28. März 11, PrVerwBl. 33 S. 285; v. 20. Okt. 17 IX B. 14. 17). Hierin liegt noch nicht eine unzulässige Wahrnehmung kommunaler Interessen (OVGE. v. 28. März 11, PrVerwBl. 33 S. 285; v. 7. März 13, PrVerwBl. 36 S. 89). Für ihre Entschließung ist maßgebend, daß die Straße gemäß den baupolizeilichen Bestimmungen noch nicht fertig hergestellt ist und die Gemeinde eine Ausnahme vom Bauverbot nicht bewilligt hat (OVGE. v. 2. Nov. 10, PrVerwBl. 33 S. 80). Selbst dann ist die Bauerlaubnis zu versagen, wenn die städtischen Behörden einverstanden sind, aber das Statut eine Bewilligung von Ausnahmen vom Bauverbot nicht vorsieht (OVGE. v. 15. April 13 Bd. 65 S. 399). Nimmt die Gemeinde Abstand davon, das Bauverbot geltend zu machen, so ist dadurch die Polizeibehörde noch nicht gezwungen (OVGE. v. 24. April 17 IX A. 22. 16), die Bauerlaubnis zu erteilen, wenn polizeiliche Gesichtspunkte gegen die Erteilung derselben geltend zu machen sind.

Haben die Gemeindebehörden unterlassen, von ihrem Rechte des Bauverbots Gebrauch zu machen, so ist die Baugenehmigung zu Recht erfolgt, anders wenn die Polizeibehörde sich irrt (PrVerwBl. 32 S. 507).

Die Baupolizeibehörde ist zum Widerruf einer erteilten Bauerlaubnis berechtigt, wenn sie zu dem Ergebnis gelangt, daß die Straße keine historische ist, auch wenn die Gemeindebehörden erklärt haben, daß sie den § 12 auf das Baugesuch nicht für anwendbar halten (OVGE. v. 1. März 09 IV 411). Die Ausnahmebewilligung vom Bauverbot gilt immer nur für dasjenige Wohngebäude, für welches sie erteilt worden ist, wenn das Ortsstatut nicht gegenteiliges besagt (OVGE. v. 17. Okt. 07 IV B. 73. 07). Dieselbe kann von den Gemeindebehörden nicht um deswillen zurückgenommen werden, weil sich Änderungen des Bauplanes bei der baupolizeilichen Prüfung ergeben und die Änderungen des ursprünglichen Bauplanes nicht derart sind, daß sie ihrer Natur nach für die Wahrung der durch den § 12 geschützten städtischen Interessen von Erheblichkeit sind. Es kommt nicht darauf an, ob das Einverständnis der städtischen Behörden mit dem Baugesuch zur Zeit der Entschließung der Polizeibehörde vorhanden ist. Soweit in der Entscheidung v. 9. Mai 04 (PrVerwBl. 25 S. 850) ein abweichender Standpunkt eingenommen und zum Ausdruck gebracht ist, kann daran nicht festgehalten werden (OVGE. v. 10. Nov. 11, Bd. 60 S. 458). Sind für die Errichtung von Wohngebäuden Ausnahmen vom Bauverbot bewilligt worden, so ist darin nicht eine Ausnahmebewilligung für den gesamten Straßenteil zu erblicken (OVGE. v. 11. Mai 05 Nr. IV 728; v. 4. Jan. 06 IV 19). Ist im Ortsstatut gesagt, „Ausnahmen können durch den Magistrat bewilligt werden, die Bedingungen sind für jeden Einzelfall vom Magistrat festzusetzen", so ist dies nicht eine Bewilligung einer Ausnahme für gewisse Gegenden, Straßen, Straßenteile oder dergl., sondern nur gegenüber beteiligten Dritten für die von diesen geplanten Bauten (OVGE. v. 7. März

13, PrVerwBl. 36 S. 89). Falls die tatsächlichen und rechtlichen Voraussetzungen, unter denen die Gemeindebehörde gemäß § 12 einen Bau untersagen kann, nach der Meinung der Baupolizeibehörde vorliegen, hat diese das Recht und die Pflicht, die Erteilung der Baugenehmigung abzulehnen, solange ihr nicht der Nachweis, daß die Gemeindebehörde gegen den Bau nichts einzuwenden hat, erbracht ist. Denn die auf Grund des § 12 von den Gemeindebehörden erlassenen ortsstatutarischen Bestimmungen bilden einen Bestandteil des für die Gemeinde geltenden öffentlichen Baurechts und sind ebenso wie die baupolizeilichen Bestimmungen im engeren Sinne von der Polizeibehörde bei der Entscheidung auf die ihnen vorgelegten Baugesuche zu beachten. Hat die Gemeindebehörde jedoch die Ausnahme bewilligt und versagt die Polizeibehörde unter ungerechtfertigter Nichtberücksichtigung dieser Ausnahmebewilligung die Bauerlaubnis oder erachtet der Baulustige sonst die Voraussetzungen für das Bauverbot gemäß § 12 nicht für gegeben, so stehen ihm die Rechtsmittel der §§ 127 ff. des Landesverwaltungsgesetzes zu (OVGE. v. 1. Dez. 94 Nr. IV 1490; v. 20. April 99 Nr. IV 657; v. 17. Mai 09 IV A. 4. 08). Dierschke (Ortsstatutarische Bauverbote S. 53 und Arch. Bürg. R. 27 S. 138) vertritt die Ansicht, daß die Erklärung der Gemeindebehörden, durch welche sie eine Ausnahme vom Bauverbot bewilligt, nach den Regeln des Privatrechts zu beurteilen ist. Dem kann unter Hinweis auf die vorangehenden Ausführungen nicht zugestimmt werden, siehe dazu auch OVGE. v. 7. Juli 08, Bd. 53 S. 409; ebenso Hedemann Arch. Bürg. R. 27 S. 155; Düring, PrVerwBl. 39 S. 429; Saran, S. 194, Schultzenstein, JLBl. 19 S. 165.

Wenn die Gemeindebehörden dem Statute entsprechend Anforderungen gestellt haben, die sich völlig mit denen des § 15 decken, ist dies keine Heranziehung zu einer öffentlich rechtlichen Leistung (OVGE. v. 4. Nov. 96 Nr. IV 1773; v. 21. Okt. 97 Nr. IV 787). Eine solche liegt nur dann vor, wenn der Gemeindevorstand nicht eine Vereinbarung mit dem Unternehmer auf Grund des zur Ausführung des § 12 erlassenen Statuts trifft, sondern ohne weiteres zu einer Forderung in Gemäßheit des zur Ausführung des § 15 erlassenen Statuts schreitet (OVGE. Bd. 23 S. 23 ff. u. 28; v. 6. Sept. 89 Nr. II 721, PrVerwBl. 11 S. 50; v. 10. Sept. 89 Nr. II 747, PrVerwBl. 11 S. 134 und v. 21. Febr. 93 Nr. II 223; v. 4. Febr. 08, PrVerwBl. 28 S. 607). Bei Stellung der Bedingungen darf über den Rahmen der in § 15 für die Anlieger aufgestellten Verpflichtungen hinausgegangen werden (OVGE. v. 18. Febr. 01, 39 S. 359). Wenn die Erlaubnis zum Bau an einer unfertigen Straße von der Bedingung eines Beitrages zu einer vorläufigen, dem Straßenbauplane nicht entsprechenden Herstellung der Straße abhängig gemacht wird, so liegt darin k e i n V e r z i c h t a u f d i e H e r a n z i e h u n g z u d e n K o s t e n d e r e n d g ü l t i g e n H e r s t e l l u n g d e r S t r a ß e g e m ä ß § 15, jene Aufwendungen sind dabei auch nicht anzurechnen (OVGE. v. 19. Nov. 03, 44 S. 95; v. 26. Jan. 05, PrVerw.-Bl. 26 S. 524). Beschließt eine Gemeinde Straßenbaukosten für eine Straße auf Grund des § 15 nicht zu erheben, so würde dies die Anwendung des Bauverbots nicht hindern (OVGE. v. 2. Okt. 09 IX A. 27. 09).

Hinterlegt ein Anlieger einen Geldbetrag zur Abwendung des Bauverbots, so hat dies auch insofern eine Rechtswirkung für den Rechtsnachfolger, als die Gemeinde diesen Betrag, wenn nicht andere Abmachungen entgegenstehen, bei der Verrechnung des Betrages gemäß § 15 verwenden muß. Eine Beschlagnahme des hinterlegten Betrages auf Grund eines Rechtstitels ist nicht zulässig und kann nur insoweit eine Wirkung haben, als bei der schließlichen Verrechnung noch ein Betrag zur Herauszahlung gelangt. Ein solcher steht jedoch nur dem ursprünglichen Hinterleger zu.

Ist die Hinterlegung unter Bezugnahme auf eine bestimmte Straße bezüglich deren Breite erfolgt, so kann die Verrechnung auch nur für diese Straßenbreite erfolgen, der überschießende Teil des hinterlegten Betrages ist an den Hinterleger zurückzugeben. Durchaus unzulässig ist es, wenn eine Gemeinde die hinterlegten Beträge ohne Grund in der Weise verwendet, um ihre Kosten, die ihr bezüglich der größeren Straßenbreite über 26,0 m entstehen, vorweg abzubürden.

Eine nicht beabsichtigte Rechtslage kann entstehen, wenn ein Eigentümer zur Abwendung des Bauverbots Vermögensobjekte mit der Bedingung dahin gegeben hat, daß nach Fertigstellung der Straße diese Werte auf den Beitrag gemäß § 15 angerechnet werden sollen und nun die Veranlagung zu einem Beitrage trotz Fertigstellung der Straße nicht erfolgt oder eine solche infolge Verjährung nicht zu Recht besteht. In solchem Falle ist anzunehmen, daß die Gemeinde, ihrer übernommenen Verpflichtung nachzukommen, nicht in der Lage ist und daher eine Rückgabe der Vermögensobjekte an den Eigentümer zu erfolgen hat. Selbst wenn der Beitrag mit Erfolg auf einen später aufgeführten Bau gestützt werden kann, würde dies an der Sachlage nichts ändern.

Für den Verkehr mit Grundstücken ist es von Nachteil, daß die Beiträge des § 15 im Zusammenhange mit den für Abwendung des Bauverbots gemäß § 12 geleisteten Beträgen der Eintragung in das Grundbuch nicht fähig sind. Daher erscheint es zur Vermeidung von Unklarheiten notwendig, daß die Gemeindeverwaltungen ein Verzeichnis anlegen, aus welchem ersichtlich ist, was im Einzelfalle an Werten für Abwendung des Bauverbots hingegeben ist und inwieweit eine Anrechnung auf den künftig entstehenden Beitrag gemäß § 15 zu erfolgen hat. S. hierzu Bem. 14 c zu § 15 S. 314.

Mit der fortschreitenden städtischen Entwicklung hat die Frage, welche Bedingungen die Gemeinde für Nachlassen des Bauverbots stellen darf, erhöhte Bedeutung erlangt. Die allgemeine Auffassung geht dahin, daß die Gemeinde in den zu stellenden Bedingungen irgend welchen Beschränkungen nicht unterworfen sei. Auch in der Begründung zum Wohnungsgesetz wird dieser Auffassung Raum gegeben. Dem kann hier nicht zugestimmt werden, sowohl aus allgemeinen Gründen, als auch im Widerspruch mit dem § 12 stehend.

Macht die Gemeinde gemäß § 12 Abs. 1 von dem Erlaß eines Ortsstatuts Gebrauch, so hat sie nach Abs. 2 die „näheren" Bestimmungen innerhalb der Grenze vorstehender Vorschrift (Abs. 1) festzusetzen. Dies ist wohl zu beachten. Nach Abs. 1 steht es der Gemeinde frei, ein Ortsstatut zu erlassen; ist jedoch ein solches erlassen, so ist die Vorschrift, nach Abs. 2, die „näheren" Bestimmungen festzusetzen, zwingend. Was sind nun nähere Bestimmungen? Jedenfalls solche, welche das gesamte Verfahren in allen seinen Einzelheiten ordnen und dazu gehört ohne Zweifel nicht allein die Bestimmung, daß eine Gemeinde gegen zu stellende Bedingungen von dem Bauverbote absehen kann, sondern es müssen auch die Bedingungen näher angegeben werden, unter denen dies geschehen soll, anderenfalls ist die Vorschrift des Abs. 2 nicht erfüllt. Diesen Standpunkt kann man annehmen, ohne der Vorschrift des Abs. 2 irgendwelchen Zwang anzutun (siehe weiter unten). Folgt man dem Wortlaut des § 12, so ergibt sich, daß das Bauverbot gilt, wenn ein Ortsstatut vorhanden ist. Ist ein solches nicht erlassen, kann die Errichtung von Wohngebäuden auf Grund des § 12 nicht gehindert werden. Gleiches gilt auch im Einzelfalle, wenn die Gemeinde bei Vorhandensein eines Statuts von dem Bauverbot nicht Gebrauch macht. Durch den § 12 ist der Gemeinde die Möglichkeit gegeben, das Bauverbot auszuüben oder nicht. Hierdurch hat die Gemeinde eine Machtbefugnis erlangt, welche sie dazu benutzt, die Bauerlaubnis an Bedingungen zu knüpfen. Nach dem Wortlaut des § 12 können Zweifel auftauchen, ob die Gemeinde überhaupt berechtigt, ist in solchem Falle Bedingungen zu stellen. Aber im Sinne des § 12 muß angenommen werden, daß das statthaft ist. Der § 12 verfolgt den ausgesprochenen Zweck, zu verhindern, daß durch Errichten von Wohngebäuden an unregulierten Straßen die Gemeinde vorzeitig zum Ausbau solcher Straßen veranlaßt wird. Beachtet man dies, so muß man der Gemeinde das Recht zugestehen, von dem Bauverbote absehen zu dürfen unter Bedingungen, welche diesem Zwecke zu dienen, geeignet sind. Bedingungen, welche darüber hinausgehen, bestehen nicht zu Recht. Es liegen hier die Verhältnisse ähnlich, wie bei dem § 11, auch dort darf die Gemeinde beim Zulassen eines Baues über die Fluchtlinie hinaus, unberechtigte Forderungen, welche über das Maß des Notwendigen hinausgehen, nicht stellen (vgl. Bem. 1 c zu § 11), trotzdem der Wortlaut des § 11 sich hierüber ebenfalls nicht ausspricht. Als zulässige Bedingungen wird man anzusehen haben, die Auflassung des Straßenlandes bis zu einer Breite von 13,0 m, Ersatz für vermehrte Unterhaltungs- und Beleuchtungskosten der Straße, Forderungen im Interesse der Abwehr von Verunstaltungen. Zweifelhaft ist die Berechtigung der Forderung, die in Zukunft gemäß § 15 entstehenden Straßenbaukosten zu hinterlegen. Wird nämlich ein Gebäude nach dem Zeitpunkte des Beginnes der Anlegung einer Straße an derselben errichtet, so ist nach Herstellung der Straße der Beitrag gemäß § 15 ohne weiteres zu entrichten. Da der Beitrag eine bevorrechtete Forderung darstellt, so ist die Gemeinde in jeder Hinsicht gesichert, einer besonderen Hinterlegung bedarf es nicht. Es mag in manchen Fällen für beide Teile angenehm sein, wenn bei der Ausschreibung der Beiträge bereits auf hinterlegte Beträge zurückgegriffen werden kann (es sei hier verwiesen auf die vortrefflichen Ausführungen von Bürgermeister Rütgers im PrVerwBl. 25 S. 603); aber man wird demgegenüber nicht verkennen dürfen, daß die Forderung der Hinterlegung der zukünftigen Straßenbaukosten eine nicht unwesentliche und dabei nicht notwendige Belastung der Unternehmer nach sich zieht und auf die Wohnungsfrage, namentlich dort, wo man in großem Umfange mit dem Anbau an unregulierten Straßen zu rechnen hat, in ungünstiger Weise zurückwirken muß. Es kann demgegenüber als feststehend angesehen werden, daß die Forderung der Hinterlegung solcher Kosten nicht zur Voraussetzung hat, daß der Gemeinde ein Schaden abgewehrt wird, sondern es handelt sich vorliegend um ein Gewohnheitsrecht, welches sich zu Unrecht eingebürgert hat. Der neu eingefügte § 12 Abs. 5 hat ebenfalls gegenteiliges Recht auf diesem Gebiete nicht geschaffen. Er nimmt Bezug auf den „Gemeindebeschluß". Besteht ein solcher jedoch nicht zu Recht, so entfällt die Anwendung jener Bestimmung überhaupt.

Als unzulässige Bedingungen sind anzusehen Forderungen von Werten zur Bereicherung z. B. die Zinsen von hinterlegten Beträgen für zukünftig entstehende Straßenbaukosten, soweit sie nicht zur Deckung von Ausgaben dienen, welche der Gemeinde aus der Errichtung des Wohngebäudes erwachsen, — die Forderung, daß nur Wohnungen mit Zentralheizung, Warmwasserversorgung oder daß nur Wohnungen von mindestens 3, 4, 5, 6 oder mehr Zimmern eingerichtet werden dürfen. Solche Bedingungen werden offenbar aus steuerfiskalischen Gründen gestellt. Ein allgemein dahin gehendes Bestreben würde zu unhaltbaren Zuständen führen.

Piutti und Bredt (S. 52) schlagen vor, daß der Kommunalaufsichtsbehörde die Prüfung der Baubedingungen übertragen werde. Es heißt a. a. O.: „Die Gemeinde bekommt dann den Bescheid, daß ihr anheimgegeben werde, ihre Bedingungen auf ein bestimmtes Maß zu reduzieren, andernfalls werde die Bauerlaubnis ohne Weiteres erteilt werden.“ Diese Lösung wird unter der Herrschaft der geltenden Gesetzgebung nicht für zulässig erachtet und ist insoweit nicht zweckmäßig, weil dadurch ein Widerstreit zwischen Polizei- und Gemeindebehörde hervorgerufen wird. Statt dessen wird vorgeschlagen, daß kein Statut genehmigt wird, in dem nicht die Frage gelöst ist, welche Bedingungen bestimmt zu stellen sind und in welchem ausgesprochen wird, daß bei Erfüllung dieser Bedingungen die Gemeinde auf das Bauverbot verzichte.

Bezüglich Anfechtung des Vertrages wegen der Baubedingungen auf Grund des § 123 BGB. siehe Hedemann, PrVerwBl. 26 S. 381, Hedemann-Dierschke, Arch. f. bürg. R. Bd. 27 Heft 1; wegen Irrtums (§ 119 BGB.) Piutti und Bredt S. 42.

Es kommt vor, daß Gemeinden eine Straße nicht vollständig ausbauen, um die Rechte aus dem § 12 ausüben zu können. Es wird zu diesem Behufe z. B. ein Stück Straßenland im Eigentum eines Anliegers belassen oder es werden einige Bordschwellen nicht verlegt usw. Daß dies Verfahren nicht einwandfrei ist, darüber dürfte ein Zweifel kaum auftauchen. Hier ist zu erörtern, ob rechtlich ein derartiges Verhalten der Gemeinden zulässig erscheint. — Der § 12 handelt von unregulierten Straßen, gegen deren vorzeitigen Ausbau die Gemeinden geschützt werden sollten, indem ihnen das Recht des Bauverbotes gegeben wurde. Dieser Fall liegt hier nicht vor. Die Gemeinde führt freiwillig den Ausbau aus, weil das öffentliche Interesse dies erfordert und verausgabt die Kosten dafür; aber sie versieht die Straße mit einem äußeren oder mit einem nicht in die Augen fallenden Mangel, um den Zustand der Fertigstellung der Straße im rechtlichen Sinne nicht herbeizuführen, um auf Grund dessen sich die Vorteile aus dem § 12 zu verschaffen. Es dürfte keinem Zweifel unterliegen, daß der Gesetzgeber für solche Fälle das Recht des Bauverbotes den Gemeinden nicht gegeben hat — eine unregulierte Straße im Sinne des § 12, wie sie der Gesetzgeber als Grundlage für den Erlaß des § 12 angenommen hat, liegt hier nicht vor. Und damit entfallen auch die Rechte der Gemeinde aus dem § 12, trotzdem formell die Straße nicht fertig hergestellt worden ist. Wollte man dies nicht annehmen, so müßte man die Gemeinden für berechtigt halten, sich den Wirkungen des § 15 überhaupt zu entziehen, indem sie nur Straßen innerhalb der ihnen durch den § 12 verliehenen Befugnisse herstellen. — Vom Standpunkte des Programms der Gemeinde im Sinne des § 15 dürfte die Frage folgendermaßen zu beurteilen sein. Beschließt die Gemeinde eine Straße nicht vollständig fertig zu stellen, sondern nur in dem oben angegebenen Sinne, mit einem Mangel behaftet, und ist dieser Beschluß — das Programm — ein für die Zukunft endgültiger, so ist entweder damit die Straße trotz des anhaftenden Mangels als fertig hergestellt anzusehen, im Sinne eines Verzichts auf vollständige Fertigstellung der Straße, oder die Gemeinde hat damit die Fertigstellung der Straße aufgegeben. In beiden Fällen würde die Straße dem § 12 nicht mehr unterliegen. Anders liegt die Frage, wenn das Programm der Gemeinde dahin geht, die Fertigstellung der Straße behufs Geltendmachung der Rechte aus dem § 12 erst dann vorzunehmen, wenn der Anbau sich an ihr vollzogen hat. Äußerlich dürfte an einem solchen Programm nichts zu erinnern sein, aber ein solches Verfahren entspricht nicht der Absicht und dem Sinne des § 15. Dieser will den Gemeinden zum Zwecke des Anbaues die Herstellung der Straßen erleichtern, indem er die Kostenverteilung regelt. In diesem Sinne sind die Pflichten und Rechte der Anlieger und der Gemeinde in gerechter Weise gegeneinander abgewogen worden. Um nun ihre Pflichten aus dem § 15 nicht zu erfüllen, stellt die Gemeinde eine solche Straße nicht vollständig her, sie will den Anbau verhindern, d. h. nicht tatsächlich, sie wünscht sogar den Anbau. Würde dieser nicht erfolgen, so würde sie schwer geschädigt werden. Sie will nur den Anbau unter Formen, welche ihr die Gewalt über die Bedingungen verleihen. Ein derartiges Verfahren kennt das Fluchtliniengesetz nicht, und man wird demselben, will man sich nicht an den reinen Buchstaben halten, als mit Inhalt und Absicht des Gesetzes nicht in Einklang und gegen die guten Sitten verstoßend, die Rechtswirkung absprechen müssen.

c) Zur Vermeidung von Unsicherheiten ist in denjenigen Städten, wo die Polizei- und Gemeindeverwaltung in derselben Hand liegt, ein scharfes Auseinanderhalten beider Gebiete, wie es nach dem Aufbau der Rechtsmittel in der gegenwärtig geltenden Gesetzgebung überhaupt unvermeidlich ist, bei diesem Verfahren entschieden anzuraten. Da die ortsstatutarischen Vorschriften auf Grund des § 12 ein Teil des öffentlichen Baupolizeirechts sind, so können sie auch dem Baulustigen im Konsens als Baubedingungen gestellt werden, und die Polizeibehörde ist berechtigt, die Erfüllung solcher Bedingungen zu erzwingen (OVGE. v. 3. Okt. 98 Nr. IV 1642). Hat bei einer unfertigen Straße die Polizeibehörde einen Baukonsens unter Bedingungen erteilt, so kann sich der Bauherr, der kein Recht auf Zulassung des Baues hat, mit Erfolg nicht darüber beschweren, daß ihm der Bau bedingungsweise gestattet ist (OVGE. v. 4. Nov. 96 Nr. IV 1773; v. 3. Juli 99 Nr. IV 1123; v. 18. Febr. 01 Nr. IV 353). Daß Bedingungen im finanziellen Interesse der Gemeinde gestellt sind, ändert daran nichts; denn das der Polizeibehörde zur Handhabung anvertraute Bauverbot soll gerade diesem Interesse dienen (OVGE. v. 24. März 97 Nr. IV 603; v. 10. Juni 01 Nr. IV 1140), eine unzulässige Wahrnehmung kommunaler Interessen liegt dabei nicht vor (OVGE. v. 10. Febr. 11 IX B. 36. 09). Hat der Bauherr ohne Erfüllung der Bedingungen gebaut, so kann die Erfüllung solcher Bedingungen, die sich inhaltlich mit dem bestehenden Baurechte nicht in Übereinstimmung befinden (OVGE. v. 3. Okt. 98 Nr. IV 1642; Bd. 4 S. 368), polizeilich direkt nicht erzwungen werden, was bei solchen Bedingungen zutrifft, die im finanziellen Interesse der Gemeinde gestellt sind, wie z. B. die

Erfüllung der ortsstatutarischen Leistungen oder die Sicherstellung ihrer Erfüllung; die Polizeibehörde ist aber berechtigt, bei Nichterfüllung solcher Bedingungen die Bauerlaubnis wieder zurückzuziehen und die Wiederherstellung des früheren Zustandes, also auch die Beseitigung des Wohnhauses anzuordnen, falls nicht nachträglich die Gemeindebehörde eine Ausnahme vom Bauverbot erteilt (OVGE. v. 2. Mai 94 Nr. IV 557; v. 3. Febr. 98 Nr. IV 1758; v. 18. Febr. 01 Nr. IV 353; v. 23. Jan. 02 Nr. IV 156, PrVerwBl. 23 S. 457; v. 21. Dez. 08, Bd. 53 S. 418; v. 3. Jan. 11 IX C. 8. 10; v. 7. Juli 11 IX C. 46. 10; v. 15. Jan. 18 IX. B. 16. 17.) Wird von der Polizeibehörde die Bedingung gestellt, daß vor Beginn des Baues die Zustimmung der Gemeindebehörde beizubringen sei, so liegt darin die Versagung, weil das ortsstatutarische Bauverbot Platz greift. Dagegen sind natürlich die Rechtsmittel zulässig und sie müssen dann Erfolg haben, wenn nachgewiesen wird, daß das Bauverbot aus dem Ortsstatut nicht Platz greifen kann (OVGE. v. 12. Febr. 96 Nr. IV 253 und v. 3. Febr. 98 Nr. IV 1758; v. 20. April 99 Nr. IV 657) (s. oben).

Das am 1. April 18 in Kraft getretene Wohnungsgesetz v. 28. März 18 hat den § 12 im wesentlichen nur dahin geändert, daß nunmehr unter gewissen Voraussetzungen von dem Bauverbot dispensiert werden kann, worüber im Streitfalle der Bezirksausschuß zuständig ist (OVGE. v. 7. Mai 18 IX A. 8. 17).

Die von den Gemeindeorganen gestellten Bedingungen können weder gegen die Polizei- noch gegen die Gemeindebehörden mit der Klage im Verwaltungsstreitverfahren angefochten werden (OVGE. v. 6. Sept. 89 Nr. II 721, PrVerwBl. 11 S. 50; v. 24. Sept. 89 Nr. IV 423, PrVerwBl. 11 S. 29; v. 30. Juni 91 Nr. IV 649 und v. 23. Juni 92 Nr. IV 756, PrVerwBl. 14 S. 28; v. 21. Okt. 97 Nr. IV 787; v. 31. März 97 Nr. IV 643; v. 27. März 17 IX A. 27. 14). Auch die Klage aus § 70 des KommAbgG. findet nicht statt, da es an einer Heranziehung zu einer G e m e i n d e l a st fehlt (OVGE. v. 10. Juni 01 Nr. IV 1140; v. 23. Mai 10 IV C. 134. 09). Eine Entscheidung darüber, ob die von den Gemeindebehörden behufs der Erteilung eines Dispenses gestellten Bedingungen zulässig oder angemessen sind, steht weder der Polizeibehörde noch dem Verwaltungsrichter zu (OVGE. v. 30. Sept. 01 Nr. IV 1471; v. 17. März 02 Nr. IV 398; v. 15. Febr. 04 Nr. IV 212; v. 16. Mai 04, PrVerwBl. 25 S. 886; v. 2. Nov. 10, PrVerwBl. 33 S. 78; v. 10. Febr. 11 IX B. 36. 09). Polizeibehörde und Verwaltungsrichter haben nur zu prüfen, ob die Voraussetzungen vorliegen, unter denen nach Gesetz und Statut die Gemeindebehörde dem Bau widersprechen darf. Die Gründe, aus denen die Gemeinde der Ausnahmebewilligung widerspricht, unterliegen ihrer Nachprüfung nicht (OVGE. v. 5. Juli 06 IV 1092). Vgl. den Aufsatz von Bürgermeister R ü t g e r s PrVerwBl. 25 S. 603. Dem Bauherrn bleibt etwa nur die Beschwerde bei der Kommunalaufsichtsbehörde übrig (OVGE. v. 2. Juli 00 Nr. IV 1139; v. 29. Sept. 09, PrVerwBl. 31 S. 669); auch wenn in dem versagenden Bescheid von der Polizeibehörde dem Unternehmer des Baues von den Bedingungen der Gemeinde Kenntnis gegeben ist, hat dieser kein Rechtsmittel gegen die Bedingungen selbst (OVGE. v. 1. Dez. 94 Nr. IV 1490). Mit der Beschwerde bei der Kommunalaufsichtsbehörde wird aber nichts zu erreichen sein, wenn die Gemeindebehörden sich innerhalb der ihnen durch das Statut zugewiesenen Befugnisse gehalten haben (PrVerwBl. 12 S. 143; OVGE. v. 21. Okt. 97 Nr. IV

787). Sollte die Polizeibehörde eine Bauerlaubnis im Widerspruche mit dem Statute erteilt haben, so kann die Gemeinde nach den bisher vom OVG. aufgestellten Grundsätzen nicht gegen die Polizeibehörde oder gegen den Bauherrn auf Zurücknahme oder Aufhebung der Erlaubnis klagen; es steht ihr nur das Anrufen der Aufsichtsbehörde offen (OVGE. Bd. 14 S. 378 ff., Bd. 15 S. 416 ff. und eine Reihe gerade für diese Fälle ergangener E., von denen nur die v. 31. Jan. 93 Nr. IV 109 und v. 27. Juni 94 Nr. IV 838, PrVerwBl. 15 S. 509 erwähnt werden sollen). Die letztgenannte Entscheidung enthält eine ausführliche Begründung. Daß hierin ein erheblicher Übelstand liegt, läßt sich nicht verkennen; er ist um so größer, als bei der Handhabung des Bauverbots, wie die vorstehenden Bemerkungen ausweisen, die schwierigsten Fragen entstehen können, also Meinungsverschiedenheiten zwischen den Polizei- und Gemeindebehörden nicht wohl zu vermeiden sind.

Wegen Anfechtung von Verträgen zwischen Gemeinde und Anliegern zur Abwendung des Bauverbots s. Bem. 14 e zu § 15 S. 332.

d) Es werden häufig Grundstücksverkäufe getätigt, bei denen die „Baureife" des Grundstückes zugesichert wird, ohne daß die Beteiligten sich über den Begriff der Baureife klar sind. So kann z. B. ein Grundstück, welches dem Bauverbot des § 12 unterliegt, aber bereits zum Teil, indem die Gemeinde vom Bauverbot abgesehen hat, bebaut ist, nicht als baureif bezeichnet werden; denn dasselbe unterliegt angesichts der Errichtung weiterer Wohngebäude nach wie vor dem Bauverbot, selbst auch dann, wenn die bisher auf dem Grundstück befindlichen Wohngebäude durch ein Naturereignis (Feuer) zerstört und nun wieder neu errichtet werden sollen. Selbst ein Grundstück, für dessen vollständige Bebauung ein polizeilicher Bauschein vorliegt, kann unter Umständen der Baureife entbehren. Ein Grundstück, auf welchem nur die Errichtung von Fabriken usw. zugelassen ist, ist ebenfalls nicht baureif. — Die „Baureife" eines Grundstücks kann als Eigenschaft anzusprechen sein, wenn darunter die Tatsache verstanden ist, daß der Bebauung des Grundstücks öffentlich-rechtliche Hindernisse, insbesondere die auf Grund des § 12 erlassenen, die Baubefugnis betreffenden ortsstatutarischen Bestimmungen nicht entgegen stehen. Als eine die Gewährleistungspflicht des Verkäufers begründende, zugesicherte Eigenschaft kann ein solches Verhältnis nur dann in Betracht kommen, wenn der Verkäufer sich dafür eingesetzt hat, daß es zur Zeit der Vertragsabschlusses und namentlich zu der für die Gewährleistung maßgebenden Zeit nach besteht (RG. v. 21. Jan. 11, Jur. Woch. 11 S. 322/13). Die Bebaubarkeit eines Grundstücks gehört zu seinen Eigenschaften, wenigstens in dem Sinne, daß das Grundstück, wenn es als Bauland verkauft worden ist, seiner natürlichen Beschaffenheit nach zum Bebauen geeignet sein, z. B. einen genügend sicheren Baugrund besitzen muß. Aber die natürliche Beschaffenheit ist es nicht, was man im Verkehr als Baureife zu bezeichnen pflegt (RG. V. ZS. v. 15. Nov. 02). Vgl. Bem. 13 zu § 13.

9. Rechtswirksam werden die Gemeindestatuten (Ortsstatuten, statutarische Anordnungen) mit dem Tage der Bestätigung, sofern nicht in ihnen ein späterer Zeitpunkt vorgesehen ist. — Ob sie für die Rechtswirksamkeit einer öffentlichen Bekanntmachung bedürfen, ist streitig. Das Oberverwaltungsgericht hält eine solche nicht für erforderlich (OVG. 17 S. 210; 25 S. 17; PrVerwBl. 21 S. 267), sofern sie nicht für bestimmte Fälle ausdrücklich gesetzlich wie für den hier vorliegenden § 12 oder im Ortsstatut selbst vorgeschrieben ist. — Das Ortsstatut ist vom Bezirksausschuß zu bestätigen. Abänderungen können nur auf demselben Wege mit rechtlicher Bedeutung herbeigeführt werden. Das Ortsstatut tritt mit dem Tage der Veröffentlichung in Kraft. In einem Ortsstatut bedarf es neben der Erwähnung der §§ 12, 15 der Bezugnahme auf die Bestimmungen der Städteordnung nicht (OVGE. v. 5. Juli 12 IX B. 51. 11). Wird auf Grund des § 12 ein neues Statut erlassen, so tritt die damit bewirkte Änderung des Baurechts mit dem Inkrafttreten des Statuts ein (OVGE. Bd. 31 S. 349). Wegen der ortsüblichen Bekanntmachung s. Bem. 3 zu § 7. Die Gültigkeit des Ortsstatuts ist auch in der Revisionsinstanz frei zu prüfen OVGE. v. 10. Juli 16 IV C. 716.

10. Voraussetzung für die Erteilung des Dispenses ist, daß ein Bedürfnis für Klein- oder Mittelwohnungen vorhanden ist. Die Entscheidung darüber ist schwierig. Man wird in der Regel ein allgemeines Bedürfnis für den gesamten Ort bezw. Ortsteil als gegeben ansehen, wenn die Zahl der leerstehenden Klein- und Mittelwohnungen unter einen gewissen, sich durch die Erfahrung ergebenden Prozentsatz herab gesunken ist. Außerdem wird u. a. das besondere Bedürfnis an Klein- und Mittelwohnungen für Angestellte von Instituten, Fabriken usw. in deren unmittelbarer Nähe zu berücksichtigen sein.

Nach der Begr. S. 29 sind nur diejenigen Gebäude gemeint, welche ganz oder überwiegend oder doch zu einem erheblichen Teile zu Wohnzwecken dienen, also eigentliche Wohngebäude.

11. Nach der Begr. S. 23 müssen die zu errichtenden Wohnungen weitgehenden Anforderungen hinsichtlich der Gesundheit, insbesondere hinsichtlich ihrer Querdurchlüftbarkeit und der Zweckmäßigkeit, namentlich in Beziehung auf Abgeschlossenheit und Zubehör entsprechen. Solche Wohnungen, die gerade noch den baupolizeilichen Anforderungen genügen, sind nicht ohne weiteres als solche anzusehen, die der § 12 als „gesunde und zweckmäßig eingerichtete" bezeichnet. Namentlich für Massenmiethäuser mit Seiten- und Hinterflügeln und dementsprechend nur ungenügend durchlüftbaren Wohnungen, kann daher der Dispens vom Bauverbote nicht verlangt werden.

12. Was unter überwiegendem, berechtigtem Gemeindeinteresse zu verstehen ist, ist im Gesetz nicht angegeben. Nicht darunter fällt nach der Begründung u. a. die Fernhaltung minderbemittelter Bevölkerungskreise.

13. Durch die Fassung „und ist die Gewähr gegeben" statt der ursprünglichen „und bietet sie die Gewähr" soll zum Ausdruck gebracht werden, daß die Gemeinde nicht die Gewähr zu bieten hat.

14. Der Satz ist in der Kommission des Herrenhauses eingefügt worden. Er soll den Gemeinden einen Schutz dagegen gewähren, daß ihre Bestrebungen zur Förderung des Flachbaues durch Beseitigung des Hochbauverbotes vereitelt werden.

15. „Nach Maßgabe der allgemeinen örtlichen Bestimmungen" ist ein Zusatz der Kommission. Man ging von dem Gedanken aus, es könne der Gemeinde z. B. nicht zugemutet werden, auf ihre Kosten einen Anschluß an die Wasserleitung herzustellen, wenn der Anschluß bis zum Baugrundstück die Länge von einigen hundert Metern hätte. Hier müsse die Gemeinde vorschreiben können, unter welchen Bedingungen und Maßgaben sie den Anschluß zulasse.

16. Für die von dem Zweckverbande für Groß Berlin herzustellenden Straßen erfolgt der Erlaß eines Ortsstatuts auf Grund des § 12 durch den Verband, auch übt derselbe das Bauverbot aus (§ 2 Abs. 5). Dasselbe gilt für den allgemeinen Zweckverband (§ 4). S. Anhang.

17. Nach § 23 des Umlegungsgesetzes für Frankfurt a. M. bestimmt die Kommission nach Anhörung der Straßenbaupolizeibehörde, innerhalb welcher Zeit die Straßen und Plätze des Umlegungsgebietes für den öffentlichen Verkehr und den Anbau fertig herzustellen sind. Dabei kann für diese Zwecke eine nur vorläufige Herstellung zugelassen und als ausreichend anerkannt werden. S. Einleitung S. 23.

§ 13.

(1) Eine Entschädigung kann wegen der nach den Bestimmungen des § 12 eintretenden Beschränkung der Baufreiheit überhaupt nicht, und wegen Entziehung oder Beschränkung des von der Festsetzung neuer Fluchtlinien betroffenen Grundeigentums nur in folgenden Fällen gefordert werden:

1. wenn die zu Straßen und Plätzen (auch Gartenanlagen, Spiel- und Erholungsplätzen) bestimmten Grundflächen auf Verlangen der Gemeinde für die öffentliche Benutzung abgetreten werden;
2. wenn die Straßen- oder Baufluchtlinie vorhandene Gebäude trifft und das Grundstück bis zur neuen Fluchtlinie von Gebäuden freigelegt wird;
3. wenn die Straßenfluchtlinie einer neu anzulegenden Straße ein unbebautes, aber zur Bebauung geeignetes Grundstück trifft, welches zur Zeit der Feststellung dieser Fluchtlinie an einer bereits bestehenden und für den öffentlichen Verkehr und den Anbau fertiggestellten anderen Straße belegen ist, und die Bebauung in der Fluchtlinie der neuen Straße erfolgt.

(2) Die Entschädigung wird in allen Fällen wegen der zu Straßen und Plätzen (auch Gartenanlagen, Spiel- und Erholungsplätzen) bestimmten Grundfläche für Entziehung des Grundeigentums gewährt. Außerdem wird in denjenigen Fällen der Nr. 2, in welchen es sich um eine Beschränkung des Grundeigentums infolge der Festsetzung einer von der Straßenfluchtlinie verschiedenen Baufluchtlinie handelt, für die Beschränkung des bebaut gewesenen Teiles des Grundeigentums (§ 12 des Gesetzes über Enteignung von Grundeigentum vom 11. Juni 1874) Entschädigung gewährt.

(3) In allen obengedachten Fällen kann der Eigentümer die

Übernahme des ganzen Grundstücks verlangen, wenn dasselbe durch die Fluchtlinie entweder ganz oder soweit in Anspruch genommen wird, daß das Restgrundstück nach den baupolizeilichen Vorschriften des Ortes nicht mehr zur Bebauung geeignet ist.

(4) Bei den Vorschriften dieses Paragraphen ist unter der Bezeichnung Grundstück jeder im Zusammenhange stehende Grundbesitz des nämlichen Eigentümers begriffen.

§ 13 a.

(neu)

(1) Mit dem Zeitpunkt, an dem für eine Straße, einen Straßenteil oder Platz die Fluchtlinien förmlich festgestellt sind, erhält die Gemeinde das Recht, ein an die Fluchtlinie der Straße, des Straßenteils oder des Platzes angrenzendes Grundstück, soweit es nach den baupolizeilichen Vorschriften des Ortes nicht zur Bebauung geeignet ist, dem Eigentümer gegen Entschädigung zu entziehen. Bei Straßen, Straßenteilen oder Plätzen, für die Fluchtlinien nicht förmlich festgestellt sind, entsteht das Recht der Gemeinde mit dem Zeitpunkt, an dem die Straße, der Straßenteil oder der Platz gemäß den baupolizeilichen Vorschriften des Ortes für den öffentlichen Verkehr und für den Anbau fertig hergestellt ist. Will die Gemeinde dieses Recht ausüben, so hat sie dies unter genauer Bezeichnung der zu enteignenden Fläche dem Eigentümer mitzuteilen mit dem Hinweise, daß Einwendungen gegen die Entziehung binnen einer Ausschlußfrist von vier Wochen bei dem Gemeindevorstand anzubringen sind. Über Einwendungen beschließen die im § 8 dieses Gesetzes und im § 146 des Gesetzes über die Zuständigkeit der Verwaltungs- und Verwaltungsgerichtsbehörden vom 1. August 1883 (Gesetzsamml. S. 237) berufenen Behörden.

(2) Sind die nach Abs. 1 entzogenen Grundflächen weder zusammen noch in Verbindung mit anderen der Gemeinde gehörigen Grundstücken zur Bebauung geeignet, so ist die Gemeinde verpflichtet, die entzogenen Grundflächen den Eigentümern der angrenzenden Grundstücke auf ihr Verlangen gegen Erstattung der Aufwendungen nebst Zinsen zu übereignen. Sie hat, wenn mehrere Grundstücke angrenzen und eine Vereinbarung mit den Eigentümern nicht erzielt wird, einen Plan für die zweckmäßige Zuteilung der entzogenen Grundflächen sowie eine Kostenverteilung aufzustellen.

Der Plan und die Kostenverteilung sind zur Einsicht der Beteiligten offenzulegen. Die Offenlegung ist ortsüblich bekanntzumachen mit dem Hinweise, daß Einwendungen binnen einer Ausschlußfrist von vier Wochen seit dem Tage der Bekanntmachung bei dem Gemeindevorstand anzubringen sind. Den aus dem Grundbuch ersichtlichen Eigentümern ist, soweit tunlich, besondere Mitteilung zu machen. Über die Einwendungen beschließen die in Abs. 1 bezeichneten Behörden.

(3) Die im Abs. 2 Satz 1 der Gemeinde auferlegte Verpflichtung erlischt gegenüber denjenigen Eigentümern, welche sich nicht binnen drei Monaten seit Aufforderung der Gemeinde zur Übernahme der Grundfläche verpflichten.

(4) Der § 13 Abs. 4 findet bei den Vorschriften dieses Paragraphen gleichfalls Anwendung.

(5) Die vorstehenden Bestimmungen finden auch Anwendung, wenn für eine Straße, einen Straßenteil oder Platz vor Inkrafttreten dieser Vorschrift die Fluchtlinien förmlich festgestellt sind.

(6) Das gleiche gilt, wenn bei Straßen, Straßenteilen oder Plätzen, für die Fluchtlinien nicht förmlich festgestellt sind, die Straße, der Straßenteil oder der Platz vor Inkrafttreten dieser Vorschrift gemäß den baupolizeilichen Vorschriften des Orts für den öffentlichen Verkehr und den Anbau fertig hergestellt ist.

§ 14.

(1) Für die Feststellung der nach § 13 und § 13a Abs. 1 zu gewährenden Entschädigungen und die Vollziehung der Enteignung kommen die §§ 24 ff. des Gesetzes über Enteignung von Grundeigentum vom 11. Juni 1874 zur Anwendung.

(2) Streitigkeiten über Fälligkeit des Anspruchs auf Entschädigung gehören zur gerichtlichen Entscheidung.

(3) Die Entschädigungen sind, soweit nicht ein aus besonderen Rechtstiteln Verpflichteter dafür aufzukommen hat, von der Gemeinde aufzubringen, innerhalb deren Bezirk das betreffende Grundstück belegen ist.

§ 14a.

(neu)

Das Gesetz, betreffend die Umlegung von Grundstücken in Frankfurt a. M., vom 28. Juli 1902 (Gesetzsamml. S. 273) und das Gesetz wegen Abänderung des § 13 des vorbenannten Gesetzes

(Gesetzsamml. S. 259) können für den Bezirk einer Gemeinde durch Ortsstatut eingeführt werden. Das Ortsstatut bedarf der Bestätigung durch den Bezirksausschuß.

Die Grundsätze, auf denen die §§ 13 u. 14 beruhen, sind bereits in der Einleitung dargestellt; es bleibt hier nur noch folgendes hinzuzufügen:

1. Die Bestimmungen der beiden Paragraphen beziehen sich nur auf solche Entschädigungen, die für eine in Gemäßheit des Gesetzes eintretende Entziehung oder Beschränkung des Grundeigentums zu leisten sind. Vergl. Dreyer, Verw. Arch. 20 S. 182. Soweit die im Eingange des § 13 erwähnte Beschränkung aus dem Bauverbote des § 12 in Betracht kommt, folgt dies ohne weiteres aus der Vorschrift selbst; aber auch im übrigen muß an jenem Satze festgehalten werden; insbesondere sind unter den im § 13 Abs. 1 gedachten „neuen Fluchtlinien" lediglich die auf Grund des Gesetzes und nicht auch die schon früher festgestellten Fluchtlinien zu verstehen. Diese, bereits in der ersten Auflage vertretene, aus dem Grundgedanken des Gesetzes und der Entstehungsgeschichte des § 13 abgeleitete Auslegung ist seitdem wiederholt vom RG. als zutreffend anerkannt, so daß auf eine nähere Begründung verzichtet werden kann (vgl. RG. V. ZS. E. v. 14. Jan. 82, Bd. 6 S. 295, JMBl. S. 135, PrVerwBl. 3 S. 229 und v. 9. Febr. 87, PrVerwBl. 9 S. 342; RGE. v. 17. März 08 68 S. 135; OVGE. v. 1. Juli 98 PrVerwBl. 21 S. 59). Hiernach kommt § 13 nicht zur Anwendung, wenn Veränderungen von Straßen in anderer Weise, als durch das Gesetz vorgesehen, z. B. durch Eisenbahngesellschaften — wenngleich mit Genehmigung der Gemeinde — vorgenommen werden (RG. I. HilfsS. E. v. 7. März 82, PrVerwBl. 3 S. 332). Zu vgl. E. d. RG. V. ZS. v. 7. Dez. 98, PrVerwBl. 20 S. 231, wonach der § 13 auch die Entschädigungsforderung, welche sich auf Verstoß gegen die Vorschriften der §§ 185 ff. Tit. 8 T. I ALR. gründen, nicht berührt. Dagegen macht es keinen Unterschied, ob die Straße von der Gemeinde selbst oder nach § 15 von einem Unternehmer oder von den angrenzenden Eigentümern angelegt wird; denn auch in den letzteren Fällen handelt es sich um eine Straßenanlage in Gemäßheit des Gesetzes, die nur, statt von der Gemeinde, von anderen gesetzlich dazu berufenen Personen ausgeführt wird; dies tritt namentlich dann hervor, wenn der Grunderwerb auf Schwierigkeiten stößt; das Enteignungsrecht steht nach § 11 nur der Gemeinde zu und kann daher auch für die Unternehmer oder die angrenzenden Eigentümer nur durch die Gemeinde ausgeübt werden. — Auf Grund des Gesetzes festgestellte Fluchtlinien sind übrigens immer „neue Fluchtlinien", auch wenn sie mit älteren tatsächlich völlig übereinstimmen (RG. V. ZS. E. v. 27. März 89, Bd. 23 S. 283; Bd. 69 S. 64).

2. Die Komm. d. AH. hat es für zweckmäßig erachtet, die beiden grundlegenden Begriffe des Enteignungsgesetzes — Beschränkung und Entziehung des Grundeigentums im § 13 auseinander zu halten. Hierdurch ist auf den ersten Blick eine gewisse Unklarheit darüber entstanden, wann eine Entschädigung für Beschränkung überhaupt zu leisten ist. Im Gegensatze zu der Eingangsbestimmung, wonach für eine aus dem § 12 hervorgehende Beschränkung niemals Entschädigung gefordert werden kann, führt der erste Absatz des § 13 im weiteren drei Fälle auf, in denen „wegen Entziehung oder Beschränkung" ein Entschädigungsanspruch zugelassen wird. Danach sollte man annehmen, daß auch in allen

drei Fällen unter Umständen eine Entschädigung wegen Beschränkung gewährt werden müßte; diese Anschauung ist anscheinend auch in den E. d. RG. V. ZS. v. 23. Sept. 82 (PrVerwBl. 4 S. 67) vertreten. Ihr steht aber der Zusammenhang der beiden ersten Absätze des § 13, wie er sich schon aus dem Gesetze selbst ergibt und daneben in dem Kommissionsberichte noch näher dargelegt ist, durchaus entgegen. Im ersten Absatze sind die beiden Arten von Entschädigungen nur aus dem angegebenen Grunde nebeneinander erwähnt; die Bestimmung aber, wann die eine oder die andere in den drei Fällen zu leisten ist, findet sich im zweiten Absatze. Hier ist vorgeschrieben, daß Entschädigung für Entziehung in allen (drei) Fällen gewährt werden soll und daß außerdem unter gewissen Voraussetzungen im Falle der Nr. 2 Entschädigung für Beschränkung zu gewähren ist. Schon nach diesem Bau und Wortlaut des Gesetzes läßt sich nicht füglich bezweifeln, daß Entschädigung für Beschränkung nur in dem letztgedachten Falle beansprucht werden kann; es wäre gar nicht abzusehen, welche Bedeutung dem ganzen zweiten Absatze beiwohnen sollte, wenn nicht die, genauer festzustellen, wann einesteils für Entziehung, anderenteils für Beschränkung zu entschädigen ist (E. d. RG. VII. ZS. v. 22. Mai 00, PrVerwBl. 22 S. 278). Vor allem aber hätte es, wenn an sich nach Abs. 1 in allen drei Fällen Entschädigung für Beschränkung gefordert werden könnte, keinen Sinn, im Abs. 2 noch besonders zu bestimmen, daß in gewissen Fällen der Nr. 2 eine solche Entschädigung zu gewähren sei. Es muß daher als zweifellos bezeichnet werden, daß Entschädigung für Beschränkung des Grundeigentums nur in einem Falle zu leisten ist, nämlich für die Beschränkung des bebaut gewesenen Teils, wenn eine von der Straßenfluchtlinie verschiedene Baufluchtlinie vorhandene Gebäude trifft und das Grundstück bis zur Baufluchtlinie freigelegt wird. Das erkennt auch die E. d. RG. III. ZS. v. 8. Juli 91, Bd. 28 S. 271 an.

3. Hiermit ist indes die Frage nicht entschieden, ob ein Entschädigungsanspruch da besteht, wo eine nachgesuchte Bauerlaubnis vor endgültiger Festsetzung der Fluchtlinie, jedoch im Laufe des Festsetzungsverfahrens versagt wird (Bem. 4a zu § 11); die Beantwortung hängt vielmehr davon ab, ob der § 13 auch für solche Fälle eine Regelung enthält. Die Rechtsprechung hat hierin geschwankt. Während das RG. zunächst, im Anschluß an die frühere Auffassung des OTr., einen Anspruch auf Entschädigung für die eingetretene Beschränkung der Baufreiheit unbedingt anerkannt und die Verfolgung desselben im Wege der gewöhnlichen Zivilklage zugelassen hat (E. des V. ZS. v. 14. Jan. 82, Bd. 6 S. 295, JMBl. S. 135, PrVerwBl. 3 S. 292; v. 16. Mai 85, PrVerwBl. 7 S. 56 und v. 29. Mai 86, PrVerwBl. 7 S. 352), ist in der E. desselben Senats v. 11. April 88 (Bd. 21 S. 212, PrVerwBl. 9 S. 343) bei einer Versagung der Bauerlaubnis auf Grund der Tatsache, daß der Bebauungsplan bereits gemäß § 7 des Gesetzes ausgelegt war, ein Unterschied zwischen den beiden Fällen gemacht worden, je nachdem der Plan demnächst entweder zur wirklichen Festsetzung gelangt oder infolge der erhobenen Einwendungen, sei es ganz beseitigt, sei es in der Art abgeändert wird, daß er mit dem Bauprojekte nicht mehr im Widerspruch steht. In letzterem Falle ist ein mittels Klage verfolgbarer Anspruch auf Schadloshaltung allerdings an sich für möglich erklärt; in ersterem Falle dagegen angenommen, daß § 13 zutreffe, weil den Grund der Versagung des Baukonsenses die Festsetzung neuer Fluchtlinien bilde und diese sich nicht in einem Akte, sondern in einer Reihe von Akten, nämlich in dem ganzen, durch das Gesetz geregelten Verfahren vollziehe. Demgemäß wird weiter ausgeführt, daß der Beteiligte seinen Entschädigungsanspruch, wenn ihm ein solcher zustehe, nicht unmittelbar im Rechtswege, sondern nur in den Formen des Enteignungsverfahrens geltend machen könne. — Diese Grundsätze sind später in einer E. des V. ZS. v. 8. Juli 91 (Bd. 28 S. 275) dann für unanwendbar erklärt, wenn die Bauerlaubnis vor einer Auslegung des Planes gemäß § 7 versagt ist; hier wird eine Klage auf Grund des § 75 Einleitung zum ALR. zugelassen, weil zur Zeit der Konsensverweigerung die Feststellung des nicht veröffentlichten Planes nur eine innere Angelegenheit der städtischen und Polizeibehörden gewesen sei (vgl. E. d. RG. V. ZS. v. 18. April 94 bei Bolze Bd. 18 S. 377; V. ZS. v. 3. Febr. 97, PrVerwBl. 18 S. 303; V. ZS. v. 13. Juni 94, PrVerwBl. 16 S. 5; RGE. Bd. 34 S. 243). — Durch diese letzte E. werden die Bedenken, die in der zweiten Auflage gegen die neuere Auslegung des Gesetzes erhoben sind, wesentlich gemindert. Immerhin bleibt die Lage der Grundbesitzer nicht so günstig, wie sie nach der ursprünglichen Auffassung des RG. war. Denn ein Entschädigungsanspruch nach § 13, der bei einer Konsensverweigerung nach der ersten Auslegung des Planes allein für zulässig erklärt wird, erscheint zufolge der Ausführungen in Bem. 2 nur sehr selten begründet. Abgesehen davon lassen sich auch sonst Zweifel an der Richtigkeit der Auslegung nicht abweisen. Wenn der § 13 eine „Beschränkung des von der Festsetzung neuer Fluchtlinien betroffenen Grundeigentums" als gegeben voraussetzt, so kann damit nicht wohl eine andere, als eine im Gesetz selbst angeordnete Beschränkung gemeint sein. Angeordnet und festgestellt wird aber im § 11 die Beschränkung der Baufreiheit erst von demjenigen Zeitpunkte an, mit welchem das Festsetzungsverfahren seinen Abschluß erreicht; erscheint auch schon vorher eine Beschränkung nicht ausgeschlossen, so ist diese doch im Gesetze selbst weder ausdrücklich vorgeschrieben noch in irgend einer Weise näher geregelt, so daß die Voraussetzungen, unter denen sie zulässig sein soll, und insbesondere der Zeitpunkt, in dem sie eintritt, aus dem Gesetze nicht überall mit völliger Bestimmtheit zu entnehmen sind. Es wäre immerhin befremdlich, wenn der Gesetzgeber bei Formulierung des § 13 an eine solche Beschränkung, über deren Vorhandensein im einzelnen Falle nach den verschiedensten Richtungen hin Zweifel und Unsicherheiten entstehen können, gedacht haben sollte; viel näher liegt die Annahme, daß die Einschaltung des Wortes „endgültig" im § 11 gerade auch den Zweck verfolgt, für die Handhabung des § 13 die unentbehrliche, feste Grundlage zu geben. Daß der Polizeibehörde die Befugnis zustehen muß, die Bebauung eines zu künftigem Straßenlande in Aussicht genommenen Grundstückes auch vor endgültiger Feststellung der Fluchtlinie zu verhindern, berechtigt an sich noch nicht zu dem Schlusse, der Gesetzgeber habe auch in einem derartigen Falle die Entschädigungspflicht ausschließen wollen; nach allgemeinen Grundsätzen würde sie hier bestehen; um die Gemeinde von ihr zu befreien, bedarf es also einer ausdrücklichen Vorschrift, und es erscheint recht zweifelhaft, ob diese in den Worten des § 13 gefunden werden kann. Jedenfalls bieten weder der § 13, noch die sonstigen Bestimmungen des Gesetzes einen ausreichenden Anhalt für die Annahme, daß die Beschränkung mit der ersten Auslegung des Planes eintrete. Allerdings wird mit dieser Auslegung das Verfahren den Beteiligten gegenüber eröffnet und zugleich allgemein bekannt gegeben, welche Flächen für die künftigen Straßen und Plätze in Anspruch genommen werden sollen. Allein nirgends knüpft das Gesetz an diesen Zeitpunkt irgend welche besonderen Rechtswirkungen; man kann also nicht wohl mit dem RG. sagen, der Plan trete durch seine Veröffentlichung vorläufig in Wirksamkeit. Endlich bleibt es für alle Fälle, wo der Bauschein nach der ersten Auslegung verweigert wird, immerhin ein mindestens ungewöhnlicher Rechtszustand, wenn die Beantwortung der Frage, ob eine polizeiliche Verfügung einen unberechtigten Eingriff in die Rechtssphäre des Betroffenen enthält, grundsätzlich erst von einem in der Zukunft liegenden Ereignisse abhängig gemacht werden muß. Bei der entgegengesetzten Ansicht wirkt dagegen der Ausfall des Festsetzungsverfahrens nur insofern ein, als in dem Falle, wenn nach der endgültig festgestellten Fluchtlinie der Bau in der Tat nicht ausgeführt werden darf, jeder Entschädigungsanspruch mit dem Zeitpunkte der endgültigen Festsetzung hinwegfällt. In der E. des RG. V. ZS. v. 11. Dez. 97 (PrVerwBl. 19 S. 230) sind die Grundsätze der oben angeführten Entscheidung im 28. Bde. S. 275 wiederholt festgehalten (RG. v. 30. Jan. 06 PrVerwBl. 27 S. 648).

4. Die Eingangsbestimmung des § 13, wonach wegen der aus dem Bauverbote des § 12 hervorgehenden Baubeschränkung keine Entschädigung gewährt wird, setzt voraus, daß die Versagung der Bauerlaubnis mit dem Gesetze in Einklang steht. Geht etwa das Ortsstatut über die ihm durch § 12 gegebenen Schranken hinaus oder wird das darin enthaltene Bauverbot auf Fälle angewendet, die nach dem Gesetze nicht darunter gebracht werden dürfen, so bleibt der Entschädigungsanspruch bestehen. Demgemäß ist auch die Erörterung der Frage, ob die betr. Straße zu den sog. historischen gehöre, in Anlaß einer dahin gehenden vom Bauunternehmer aufgestellten Behauptung in der E. des RG. V. ZS. v. 21. Mai 87 (PrVerwBl. 8 S. 415) für erforderlich erklärt.

5. Für Entziehung des Grundeigentums muß Entschädigung geleistet werden, wenn die Gemeinde die Abtretung verlangt, wenn ein bebautes Grundstück bis zur Fluchtlinie von Gebäuden freigelegt wird und wenn die Bebauung eines unbebauten, an einer fertigen Straße gelegenen, von einer neuen Querstraße getroffenen Grundstückes in der Fluchtlinie dieser neuen Straße erfolgt (E. d. RG. VII. ZS. v. 22. Mai 00, PrVerwBl. 22 S. 278; v. 20. April 06 E. 63 S. 174).

In den beiden letzteren Fällen tritt also die Entschädigungspflicht ein, auch wenn die Gemeinde das Land noch nicht zur Straße ziehen will; die Gemeinde wird hier durch das Gesetz wider ihren Willen zur Enteignung verpflichtet; der Eigentümer kann die Abnahme des Grundstücks fordern (RG. II. ZS. v. 25. März 81, PrVerwBl. 3 S. 204). Hier gestaltet sich das Verhältnis zwischen Gemeinde und Grundbesitzer eigentümlich. Während das Enteignungsgesetz v. 11. Juni 74, dessen Vorschriften über Feststellung der Entschädigung und Vollziehung der Enteignung nach § 14 zur Anwendung kommen, die Einleitung des Verfahrens ausnahmslos von dem Antrage des Unternehmers abhängig macht, indem es voraussetzt, daß nur der Unternehmer ein rechtliches Interesse an Durchführung der Enteignung habe, beruht hier das Interesse an Feststellung der Entschädigung und Vollziehung der Enteignung zunächst bei dem beteiligten Grundbesitzer und liegt für den Unternehmer, die Gemeinde, an sich kein Grund vor, beides zu betreiben. Trotzdem muß die Gemeindebehörde als verpflichtet angesehen werden, das Verfahren zu beantragen; da der Grundbesitzer ein Recht auf Entschädigung hat und die Feststellung der letzteren, sofern nicht etwa die Parteien in Gemäßheit des § 16 des Enteignungsgesetzes sich anderweit verständigen, nur auf dem in den §§ 24 ff. a. a. O. vorgesehenen Wege erfolgen kann, muß der Grundbesitzer auch beanspruchen können, daß die Gemeindebehörde den erforderlichen Antrag stelle (RG. II. HilfsS. E. v. 15. Jan. 80, Bd. 1 S. 171, PrVerwBl. 1 S. 247; V. ZS. E. v. 11. April 80, Bd. 21 S. 212, PrVerwBl. 9 S. 343; V. ZS. E. v. 3. Febr. 97, PrVerwBl. 18 S. 303).

Abgesehen von diesen beiden Fällen steht es im freien Belieben der Gemeinde, den Zeitpunkt zu wählen, wann sie von ihrem Enteignungsrechte Gebrauch machen will; der Eigentümer kann seinerseits die Abnahme der in die Straße fallenden Fläche nicht verlangen; er ist auch nicht in der Lage, einen Druck auf die Gemeinde dadurch auszuüben, daß er die Absicht äußert, auf der Fläche zu bauen; die Erlaubnis dazu wird ihm nach § 11 versagt, ohne daß ihm hieraus ein Anspruch auf Entschädigung erwächst (OTrE. v. 10. Juli 77, Bd. 80 S. 34; RG. II. HilfsS. E. v. 8. Dez. 79, PrVerwBl. 1 S. 239; RG. v. 3. Juni 96, PrVerwBl. 17 S. 465; VII. ZS. E. v. 1. März 01, PrVerwBl. 22 S. 469).

6. Die in Nr. 1 des § 13 vorkommenden Worte „auf Verlangen der Gemeinde", welche die oben entwickelte Ansicht völlig außer Zweifel stellen, haben nach PrVerwBl. 3 S. 358 in der E. des RG. II. HilfsS. v. 24. April 82 eine Auslegung gefunden, der jedenfalls nicht zugestimmt werden könnte; es soll ausgeführt sein, jener Ausdruck sei nicht wörtlich zu nehmen; ob das Verlangen direkt von der Gemeinde oder von der Ortspolizeibehörde gestellt werde, sei um so weniger von Bedeutung, als der Ortspolizeibehörde im § 1 ausdrücklich die Befugnis beigelegt werde, aus eigener Initiative die Festsetzung von Fluchtlinien zu verlangen, und es im Gesetze an jeder Andeutung fehle, daß wenn die Ortspolizeibehörde von dieser Befugnis Gebrauch macht, die Entschädigungspflicht nicht der Gemeinde obliegen solle. Aus der Mitteilung im PrVerwBl. ist der Tatbestand des Falles nicht zu ersehen; ebensowenig erhellt, ob die Gründe richtig wiedergegeben sind; irgendwo scheint hier indes ein Mißverständnis obzuwalten. Die Nr. 1 handelt von dem Falle, daß die Gemeinde eine Abtretung von Grundstücken zu Straßenzwecken verlangt; ein solches Verlangen kann im Rahmen des Gesetzes n u r von der Gemeinde gestellt werden; denn nur ihr ist ein solches Recht gegeben (§ 11). Die Festsetzung der Fluchtlinien ist etwas davon völlig Verschiedenes; von welcher Behörde dazu der Anlaß gegeben ist, erscheint unerheblich. Will aber die Polizeibehörde nach geschehener Festsetzung die Ausführung der Straßenanlage erzwingen, so kann sie nur die Gemeinde hierzu anhalten, und die Gemeinde ist es dann wieder, welche die etwa erforderliche Enteignung herbeizuführen hat. Sollte dagegen etwa eine Ortspolizeibehörde die Abtretung von Land zu Straßenzwecken von dem Eigentümer mittels polizeilicher Verfügung fordern, so würden die hieraus entspringenden Entschädigungsansprüche zweifellos nicht unter den § 13 fallen. Richtig sagt das Erk. des RG. V. ZS. v. 18. April 94 (PrVerwBl. 15 S. 433): die von der Polizeiverwaltung bei Erteilung des Baukonsenses gestellte Bedingung, den Bürgersteig in gewisser Weise herzustellen, vermag das Abtretungsverlangen der Gemeinde nicht zu ersetzen. Ebenda (vgl. E. des RG. Bd. 33 S. 238) wird nunmehr der hier vertretenen Ansicht beigetreten, daß eine tatsächliche Einverleibung dem Falle nicht gleichgestellt werden könne, daß die zu Straßen bestimmten Flächen auf Verlangen der Gemeinde abgetreten werden (E. d. RG. II. ZS. v. 3. Nov. 99, PrVerwBl. 21 S. 211; VII. ZS. E. v. 6. Mai 02, PrVerwBl. 24 S. 25). Die Inanspruchnahme der Flächen für den öffentlichen Verkehr durch die Polizei bedinge noch keinen Wechsel im Eigentum. Ein Entschädigungsanspruch aus der Belastung mit einer öffentlich rechtlichen Servitut gegen die Gemeinde könne nur auf § 75 Einl. z. ALR., nicht aber auf das G. v. 2. Juli 75 gegründet werden. Einen Zwang gegen die Gemeinde, die Abtretung des Eigentums zu verlangen, kenne dies Gesetz — abgesehen von Ziff. 2 u. 3 im § 13 — nicht (vgl. auch E. des RG. II. ZS. v. 5. März 97, JW. 97 S. 218; E. d. RG. VII. ZS. v. 1. März 01, PrVerwBl. 22 S. 469).

Das Abtretungsverlangen kann auch stillschweigend erklärt werden. Bringt die Gemeinde durch Handlungen unzweideutig zum Ausdruck, daß sie die Straße für den öffentlichen Verkehr gebraucht wissen will und darüber wie eine Eigentümerin verfügt, so sind die Erfordernisse des § 13 Abs. 1 Ziff. 1 erfüllt. Das Wort „verlangen" darf man nicht pressen. Entscheidend ist allein der Sinn dieser Bestimmung, der dahin geht, daß die Eigentümer der zu Straßen und Plätzen bestimmten Grundflächen nicht berechtigt sein sollen, sie den Gemeinden aufzunötigen, solange diese davon zu dem betreffenden Zweck, nämlich zur Herstellung öffentlicher Straßen und Plätze, keinen Gebrauch machen wollen (RG. v. 12. Juni 08, E. 69 S. 159; v. 1. März 18, E. 92 S. 278). Das Verlangen der Abtretung liegt vor, wenn die Gemeinde eine Reihe sich als umfassende Besitzergreifung darstellender Handlungen vornimmt, Gas- und Wasserleitung legt, die Straße ausbaut, sie also tatsächlich in eine öffentliche Straße umwandelt. Es ist einerlei, ob sie dies auf polizeiliche Anordnung getan hat (RG. 61 S. 322). Ein Verlangen wird dadurch nicht ausgeschlossen, daß die Gemeinde das Eigentum des anderen an der Fläche bestreitet und sich selbst für die Eigentümerin hält, wofern nur klar ist, daß sie die Fläche unter allen Umständen, auch für den Fall, daß sie einem anderen gehöre, zu Straßenzwecken verwendet wissen will (RG. 17. März 18, E. 68 S. 135). Die Entschädigung ist zu gewähren, sobald die Gemeinde das Verlangen nach Abtretung bindend erklärt hat und die Abtretung sofort von ihr erzwungen werden kann (RG. v. 22. Jan. 18, E. 92 S. 90).

Ist Straßenland in der Meinung, es sei eine neue Straße, unentgeltlich freiwillig abgetreten und es stellt sich nachher heraus, daß es sich um eine historische Straße handelt, so ist der Rechtsweg mit dem Ziel der Entschädigung auf Grund des § 75 d. Einleitung zum ALR. zulässig und von Erfolg (E. d. RG. V. ZS. v. 30. Sept. 03, PrVerwBl. 25 S. 133).

7. Der Ausdruck „Gebäude" in Nr. 2 des § 13 kehrt in den Gesetzen vielfach wieder, hat aber niemals eine genaue gesetzliche Begriffsbestimmung gefunden und wird auch je nach dem Gebiete, dessen Regelung in Frage steht, verschieden gedeutet werden können. Für den § 13 fehlt es indes an besonderen Momenten, um ihm entweder eine weitere oder eine engere Bedeutung beizulegen. Von den Grundsätzen, welche der Finanzminister für die Handhabung des Gebäudesteuergesetzes v. 21. Mai 61 aufgestellt hat (vgl. Gauß, Das Gebäudesteuergesetz v. 21. Mai 61 Nr. 79, 252—270), wird man wohl nicht Gebrauch machen können, da hier eigentümliche Rücksichten in Betracht kommen.

Eher läßt sich auf den Begriff zurückgehen, der bei Anwendung des den Abstand zwischen neu zu errichtenden Gebäuden und älteren, schon vorhandenen Gebäuden des Nachbarn regelnden § 139 Tit. 8 T. 1 ALR. von den Gerichten zugrunde gelegt ist. In der E. v. 12. März 63 (Strieth. Bd. 48 S. 240) hat das OTr. ausgesprochen, nach dem gewöhnlichen Sprachgebrauche werde unter „Gebäude" verstanden, „ein durch Umfassungsmauern oder Wände umschlossener und gewöhnlich bedachter Raum über der Erde, der ein Behältnis darstellt zum Aufenthalt von Menschen oder Vieh oder zur Aufbewahrung beweglicher Gegenstände". Diese Definition mag, wie in dem Kommentar von Koch bemerkt ist, nicht erschöpfend sein (vgl. über die einschlagende Literatur Förster-Eccius, Preuß. Privatrecht 7. Aufl. Bd. 3 § 170 Nr. 12 Anm. 27); insbesondere läßt sich nicht leugnen, daß auch offene, also nicht durch Mauern oder Wände umschlossene Schuppen und ähnliche Bauwerke unter den Begriff fallen können (OVGE. v. 11. Nov. 96 Nr. II 2207), so ein aus Holz hergerichteter Wagenschuppen, welcher ein auf eingegrabenen Pfosten ruhendes Pappdach trägt (OVGE. v. 6. April 99 Nr. IV 600); wenn aber das OTr. Zäune, Planken und Scheidewände ausgeschieden hat, so wird dem für das Gebiet d. G. v. 2. Juli 75 beizutreten sein (vgl. RG. V. ZS. E. v. 11. April 88, PrVerwBl. 9 S. 343 und OVGE. v. 5. Nov. 92 Nr. II 1101, wo einem Zaune die Eigenschaft eines Gebäudes im Sinne des § 13 abgesprochen ist); auch Mauern oder Wände — die im Sinne des § 139 Tit. 8 T. 1 oder des § 327 Tit. 9 T. 1 ALR. als Gebäude betrachtet sind (Strieth. Bd. 35 S. 48; Ulrichs Archiv Bd. 10 S. 60) — lassen sich gegenüber dem G. v. 2. Juli 85 nicht als Gebäude anerkennen (E. d. RG. II. ZS. v. 17. März 96 bei Bolze Bd. 22 S. 293).

8. In der oben erwähnten E. d. RG. V. ZS. v. 11. April 88 Bd. 21 S. 212 ist mit ausführlicher Begründung dargelegt, daß die Gebäude nicht gerade zu der Zeit, wo die Fluchtlinienfestsetzung erfolgt, vorhanden zu sein brauchen, daß vielmehr unter die „vorhandenen Gebäude" auch solche Gebäude fallen, die kurz vor jenem Zeitpunkte durch ein Naturereignis zerstört oder von dem Eigentümer zum Zwecke des Neubaues niedergelegt sind. Nach den Umständen muß dabei beurteilt werden, ob die Gebäude als vorhanden auch dann noch angesehen werden können, wenn nach der Zerstörung oder dem Abbruche eine längere Zeit verstrichen, inzwischen vielleicht der Platz in anderer Weise benutzt ist (vgl. Plenarbeschluß des OTr. v. 11. Mai 46, Bd. 13 S. 27). Der Entschädigungsanspruch aus Nr. 2 ist auf das Grundstück „soweit es bebaut war" beschränkt und kann nicht auf ein daneben liegendes Terrain desselben Eigentümers, welches weder bebaut ist, noch Zubehör des bebauten Teiles bildet, ausgedehnt werden. Auch Abs. 4 des § 13 kann zur Begründung einer gegenteiligen Ansicht nicht herangezogen werden, wie dieses aus dem StenB. d. AH. 7 1873/74 Nr. 279 S. 1708 hervorgeht (vgl. E. d. RG. v. 30. Nov. 94, Bd. 34 S. 253; Bolze Bd. 19 S. 399 f.). Als ein dem Gebäude gleichstehendes Zubehör können nur solche unbebaute Grundstücke gelten, welche ihren wesentlichen Wert und ihre wesentliche Bedeutung lediglich in ihrem Verhältnis zu dem Gebäude haben, wie ein umschlossener Hof oder ein unbebauter Gang, nicht aber nur angrenzende Grundstücke, die, wenn sie auch zu dem Gebäude gehörten und mit demselben benutzt wurden (z. B. ein Garten), doch als solche einen selbständigen Wert und selbständige wirtschaftliche Bedeutung auch ohne den Zusammenhang mit dem

Gebäude haben (E. d. RG. II. ZS. v. 17. März 96; bei Bolze Bd. 22. S 293; RG. v. 12. Febr. 09, PrVerwBl. 30 S. 817. Vgl. auch die ausführliche Begründung in dem E. d. RG. V. ZS. v. 18. Dez. 97 im PrVerwBl. 19 S. 461). So war eine 67 qm große Parzelle zwischen Vorderhaus und Hinterhaus, welche den Bewohnern beider Häuser als Hofraum und Zugang diente, zugleich mit der Fläche der beiden Gebäude zu enteignen (RG. v. 12. Febr. 09, PrVerwBl. 30 S. 818).

9. Eine notwendige Voraussetzung für die Anwendung der Nr. 2 bildet übrigens, wie nicht bloß der Wortlaut ergibt, sondern auch in dem Berichte der Komm. d. AH. bestimmt hervorgehoben wird, die wirkliche Freilegung des Grundstückes, d. h. der Abbruch der Gebäude; eine bloße Kundgebung der Absicht, die Fläche freizulegen, genügt nicht (RG. II. HilfsS. E. v. 21. Juni 80, Pr. VerwBl. 2 S. 272; II. ZS. E. v. 25. März 81, Bd. 2 S. 214, PrVerwBl. 3 S. 204; E. d. RG. II. ZS. v. 30. Nov. 94, Bd. 34, S. 252; v. 30. Nov. 09 Pr. GemZt. 10 S. 97).

Die Freilegung, wenn sie den Tatbestand des Gesetzes erfüllen soll, muß geschehen, weil der Eigentümer zu bauen beabsichtigt und diese Absicht durch die Freilegung beweist. Diese Absicht liegt nicht vor, wenn Eigentümer einen Teil seines Hauses niederlegt und nicht die Absicht hat, den stehen gebliebenen Gebäuderest aus- oder umzubauen (RG. v. 10. Mai 12, E. 79 S. 337). Von einer Freilegung kann nicht die Rede sein, solange noch Mauerreste, wenn schon in geringem Umfange vorhanden sind, RG. v. 17. Sept. 07, PrVerwBl. 29 S. 246. Aus der Gesetzesvorschrift ist nicht zu folgern, daß die Niederlegung des hinter der Fluchtlinie belegenen Gebäudes unzulässig sei, wenn die Baupolizeibehörde auf Grund der Bestimmungen der geltenden Baupolizeiverordnung bezw. des Verunstaltungsgesetzes eine solche fordert (OVGE. v. 6. Jan. 11 IX A. 125. 09).

Verzichtet die Gemeinde, bevor den Anliegern konkrete Entschädigungsansprüche erwachsen sind, wirksam auf die durch die Fluchtlinienfestsetzung gewonnenen Rechte, so ist damit die Lage der Sache wie vor der Festsetzung der Fluchtlinie wieder hergestellt. Die Anlieger haben kein privates wohlerworbenes Recht der Beibehaltung einer einmal festgesetzten Fluchtlinie und sind nicht berechtigt, wenn die Gemeinde wirksam auf diese verzichtet, durch Freilegung ihres Grundeigentums bis zu derselben, einen Entschädigungsanspruch gemäß § 13 Ziff. 2 des Fluchtliniengesetzes sich zu verschaffen (RG. v. 3. Jan. 05, PrVerwBl. 27 S. 49).

10. Die Nr. 3 des § 13 hat eine eigene kleine Literatur hervorgerufen (vgl. JW., Organ des Anwaltsvereins 1880 S. 161, 169; Gruchot Bd. 24 S. 832, Bd. 26 S. 676, Bd. 27 S. 645; Die Selbstverwaltung 9 S. 351 und 365); von vornherein wird auch anzuerkennen sein, daß eine völlig befriedigende Auslegung nicht gewonnen werden kann; die Fassung des Gesetzes steht nicht ganz im Einklang mit der Absicht des Gesetzgebers, wie sie in dem Berichte der Komm. d. AH. zum Ausdruck gelangt ist. Abgesehen davon bieten aber die Worte wesentliche Schwierigkeiten nicht; wenn man darauf verzichtet, dem Gesetze Gewalt anzutun, ist der Sinn leicht festzustellen. Zunächst muß unter Bezugnahme auf Bem. 2 betont werden, daß die Nr. 3 von einer Entschädigung wegen Beschränkung der Baufreiheit überhaupt nicht handelt, sondern sich nur mit der Entschädigung wegen Entziehung des Grundeigentums beschäftigt. Das kann allerdings im Hinblick auf die in dem Kommissionsberichte enthaltene Begründung einigermaßen auffallend erscheinen; es muß daran indes aus den entwickelten Gründen unbedingt festgehalten werden. Hiermit erledigt sich ein gewichtiger Teil der erhobenen Bedenken. Im übrigen kommt es, da der sonstige Inhalt ohne weiteres klar ist, nur auf die Bedeutung der Schlußworte an: „und (wenn) die Bebauung in der Fluchtlinie erfolgt". Hiermit soll nach der unzweideutig ausgesprochenen Absicht der Komm. d. AH. der Zeitpunkt festgestellt sein, in dem der Eigentümer berechtigt ist, Entschädigung zu fordern, d. h. seinerseits die Abnahme der von der Straßenanlage getroffenen Fläche zu beanspruchen. Bei unbefangener Betrachtung kann nun in jenen Worten etwas anderes nicht gefunden werden, als dies: Entschädigung ist zu leisten, wenn der Eigentümer auf dem ihm verbliebenen Restgrundstücke unter Innehaltung der neuen Fluchtlinie baut. Das gibt auch einen verständigen Sinn für alle diejenigen Fälle, wo ein bebauungsfähiges Restgrundstück übrig bleibt. Dagegen entstehen nicht wegzuleugnende Unzuträglichkeiten, wenn entweder die ganze Fläche in die künftige Straße fällt oder doch das Restgrundstück eine Bebauung nicht mehr gestattet. Nach dem Gedankengange, wie er für die Komm. maßgebend gewesen ist, dürfte hier nicht verlangt werden, „daß der Eigentümer ohne Entschädigung abwartet, bis die Gemeinde ihr Projekt verwirklicht und ihm dann den Preis für die abzutretende Fläche zahlt". Dieser Umstand hat die verschiedenartigsten Auslegungsversuche zur Herbeiführung einer Übereinstimmung zwischen dem Texte und der Begründung des Gesetzes veranlaßt. Man hat die Ansicht aufgestellt, die Bebauung in der Fluchtlinie der neuen Straße werde nicht gerade seitens des betr. Eigentümers erfordert, es genüge, wenn sie nur überhaupt, etwa seitens dritter Anlieger erfolge; das muß indes als unhaltbar bezeichnet werden, denn die fr. Worte sind ausgesprochenermaßen hinzugefügt, um klarzustellen, daß es nicht ausreiche, wenn der Eigentümer sage, er wolle bauen, daß er dies vielmehr durch die Tat beweisen müsse; daher kann nur an den betr. Eigentümer gedacht sein, wie es denn auch sonst unverständlich sein würde, wenn die Fälligkeit des Entschädigungsanspruches an zufällige Handlungen Dritter geknüpft wäre. — Weiter ist die Meinung vertreten und auch in einem Falle vom RG. II. HilfsS. E. v. 18. Dez. 79 (PrVerwBl. 3 S. 239) zur Geltung gebracht, der Eigentümer müsse bereits zur Zeit der Offenlegung des Planes mit der Bebauung der Fläche begonnen haben; auch dies läßt sich als zutreffend nicht anerkennen RG. v. 12. Febr. 09, PrVerwBl. 30 S. 817); „die Bebauung in der Fluchtlinie der neuen Straße" muß notwendig eine Bebauung sein, welche diese Fluchtlinie innehält, eine Bebauung des zukünftigen Straßenlandes kann damit nicht gemeint sein, das verstieße zweifellos gegen den Sprachgebrauch; die Komm. d. AH. hat außerdem bei der Nr. 3 gerade an unbebaute Grundstücke gedacht, und zu diesen kann ein Grundstück, auf welchem ein Bau bei Offenlegung des Planes schon begonnen war, nicht wohl gerechnet werden; endlich würde damit ein Erfordernis aufgestellt, welches allen Eigentümern, die erst nach der Festsetzung der Fluchtlinie auf dem Restgrundstücke bauen, den Entschädigungsanspruch trotz der klaren Vorschrift des Gesetzes einstweilen vorenthielte, also der Regel nach für die Eigentümer außerordentlich ungünstig wirken und deren Interesse nur für einen selten vorkommenden Ausnahmefall schützen würde. — In G r u ch o t Bd. 24 wird sodann unter-

Verwerfung der bisher besprochenen Ansichten angenommen, der vorausgesetzte Fall, wo ein bebauungsfähiges Restgrundstück nicht mehr übrig bleibe, sei in dem Gesetze überhaupt nicht entschieden; das letztere sei nach der Absicht des Gesetzgebers ergänzend auszulegen und demnach die Fälligkeit mit der Offenlegung des Planes für eingetreten zu erachten. Diese Anschauung scheitert schon daran, daß nach dem bestimmten Wortlaute des Gesetzes Entschädigung nur in den drei aufgeführten Fällen und unter den daselbst normierten Bedingungen gewährt wird, daß also nicht andere Fälle oder andere Bedingungen nebenher konstruiert werden können; eine Anwendung des Gesetzes aber, welche die im Texte stehenden Worte: „und die Bebauung in der Fluchtlinie der neuen Straße erfolgt", einfach streicht und an deren Stelle etwas vollständig anderes setzt, bewegt sich nicht mehr in dem Rahmen der Auslegung, sondern schafft ein neues Gesetz; übrigens stimmt auch dasjenige, was an die Stelle gesetzt wird, keineswegs mit den Motiven der Komm.; danach soll eben die bloße Festsetzung der Fluchtlinie an sich nicht genügen, vielmehr noch eine Tat des Eigentümers hinzukommen; hiernach braucht auf die Schwierigkeiten, in die man außerdem bei einer derartigen Umgestaltung des Gesetzes geraten würde und die am Schlusse des Aufsatzes selbst angedeutet sind, nicht erst eingegangen zu werden. — Nach Abweisung aller dieser Meinungen ist in Gruchot Bd. 26 ausgeführt, die fr. Worte beruhten auf einem offenbaren Redaktionsversehen; daher sei zu ermitteln, was der Gesetzgeber habe sagen wollen, und demgemäß müsse dann der Text berichtigt werden. Hierbei wird indes zunächst von einer Reihe unzutreffender Voraussetzungen ausgegangen: es ist damit gerechnet, daß wesentlich eine Entschädigung für Beschränkung der Baufreiheit in Frage komme; unter „Straßenfluchtlinie" wird — was geradezu unannehmbar erscheint — das zwischen beiden Baufluchtlinien belegene Areal verstanden; der § 11 soll den Kommunen (!) das Recht geben, nach ihrem Ermessen die Bauerlaubnis zu erteilen oder zu versagen usw. Als Ergebnis ist sodann hingestellt, der Entschädigungsanspruch trete erst mit der Versagung des Konsenses zur Bebauung des künftigen Straßenlandes ein, sei aber dann vom Richter zurückzuweisen, wenn dieser aus den besonderen Umständen des konkreten Falles die Überzeugung gewinne, daß der den Konsens nachsuchende Eigentümer auch dann nicht bauen würde, wenn ihm der Konsens erteilt würde. Dies Resultat allein reicht aus, um die Unhaltbarkeit der ganzen Anschauung darzulegen; man braucht nur den Versuch zu machen, wie etwa die Meinung des Verfassers in bestimmte Gesetzesworte, welche an die Stelle der im Gesetze befindlichen zu treten hätten, gekleidet werden könnte; es springt dann sofort in die Augen, daß derartige Berichtigungen des Gesetzestextes unter allen Umständen unstatthaft sind. In Gruchot Bd. 27 S. 655 wird freilich ausgeführt, es genüge die unbedeutende Änderung: „und die Bebauung in der Fluchtfläche der neuen Straße erfolgen soll"; allein diese Formulierung gibt einesteils die Voraussetzungen des Verfassers keineswegs vollständig wieder und ersetzt anderenteils das Wort: „Fluchtlinie", das einen feststehenden Sinn hat, durch den ungewöhnlichen, kaum verständlichen Ausdruck: „Fluchtfläche". Abgesehen davon ist, die ganze Grundlage, daß der Gesetzgeber an eine gesetzlich verbotene Bebauung des zukünftigen Straßenlandes gedacht haben könnte, von vornherein als unstatthaft abzuweisen. — Einen ebensowenig gangbaren Weg hat das RG. V. ZS. in der E. v. 23. Sept.

82 (Bd. 7 S. 273) eingeschlagen; hier wird in dem Absatze 3 des § 13 eine Modifikation der unter Nr. 3 getroffenen Bestimmung gefunden; die Vorschrift, daß die Übernahme des ganzen Grundstücks gefordert werden kann, wenn dasselbe ganz oder bis auf einen nicht mehr bebaubaren Teil durch die Fluchtlinie in Anspruch genommen wird, soll den Eigentümer im Falle der Nr. 3 berechtigen, die Abnahme des Grundstücks auch ohne eine Bebauung zu verlangen. Damit wird indes dem Absatze 3 eine Bedeutung beigelegt, die er nach dem Baue des Gesetzes sowie nach dem Kommissionsberichte nicht haben kann. Die beiden letzten Absätze des § 13 sind von der Komm. lediglich zu dem Zwecke eingeschaltet, um die Vorschriften im § 9 des Enteignungsgesetzes auf die hier vorliegenden Fälle anzuwenden; mit der Frage, **wann** die Entschädigungspflicht der Gemeinde eintritt, haben sie nicht den mindesten Zusammenhang; sie bestimmen nur, **wofür** Entschädigung zu leisten ist; folglich kann dadurch die in den Schlußworten der Nr. 3 enthaltene Anordnung über den Zeitpunkt, in dem das Grundstück abgenommen werden muß, nicht berührt oder gar abgeändert sein. Dies bedarf kaum eines weiteren Beweises; doch mag noch hinzugefügt werden, daß der Absatz 3, wenn er überhaupt von dem Eintritte der Entschädigungspflicht handelte, notwendig auf alle drei Nummern des Absatzes 1 bezogen werden müßte; denn ein Unterschied zwischen den drei Fällen wird nicht gemacht; der Absatz beginnt vielmehr mit den Worten: „In allen oben gedachten Fällen". Nun liegt es aber auf der Hand, daß eine derartige Anwendung des Absatzes 3 auf die Nr. 1 und 2 völlig untunlich erscheint. — Endlich ist noch die Ansicht von **Dernburg** (Lehrbuch des Preuß. Privatrechts 4. Aufl. Bd. 1 § 218 Note 11, wiederholt in der 5. Aufl. Bd. 1 § 218 Note 14) zu erwähnen; er nimmt an, in dem vorausgesetzten Falle mache die Gemeinde es dem Eigentümer unmöglich, die vom Gesetz geforderte Betätigung seines Bauwillens an den Tag zu legen, deshalb müsse sie Entschädigung leisten, sofern nur die beiden anderen Bedingungen der Nr. 3 zutreffen. Im Ergebnisse fällt diese Auffassung mit der in **Gruchot** Bd. 24 vertretenen Meinung zusammen (vgl. auch bei **Gruchot** Bd. 34 S. 1093 und Bd. 35 S. 1170); sie unterscheidet sich nur in der rechtlichen Begründung; ihr steht daher vor allem ebenfalls entgegen, daß eine im Gesetz ausdrücklich aufgestellte Voraussetzung einfach gestrichen wird; hierzu kann eine Berechtigung aus dem Umstande, daß die Art und Weise der Fluchtlinienfestsetzung eine Erfüllung der gesetzlichen Bedingung untunlich macht, nicht abgeleitet werden; denn zu der betr. Fluchtlinienfestsetzung ist die Gemeinde vom Gesetze ermächtigt, und sie erfolgt auch nicht etwa zu dem Zwecke, um dem Eigentümer die ihm zustehenden Rechte zu schmälern, sondern aus dem Grunde, weil ein öffentliches Bedürfnis obwaltet.

Hiernach bleibt nichts anderes übrig, als anzuerkennen, daß für diejenigen Fälle, wo der Eigentümer ein bebauungsfähiges Grundstück nicht mehr behält, der Gesetzgeber seinem leitenden Gedanken nicht gerecht geworden ist; an sich müßte hier dem Eigentümer ein Entschädigungsanspruch auch vor dem Zeitpunkte, in dem von der Gemeinde die Abtretung der Grundfläche verlangt wird, gewährt sein; das ist indes nach dem Wortlaute des Gesetzes nicht geschehen; der Eigentümer kann die Bedingungen der Nr. 3 nicht erfüllen und muß deshalb gemäß Nr. 1 warten, bis die Gemeinde ihrerseits enteignet. Dabei darf man sich aber nicht verhehlen, daß es nach den Anschauungen der Komm. einigermaßen schwierig gewesen wäre, einen anderen Zeitpunkt zu fixieren. Das Erfordernis, der Eigentümer solle durch die Tat beweisen, daß er bauen wolle, paßte für diese Fälle überhaupt nicht; es hätte also eine völlig andere Bedingung formuliert werden müssen; aber welche sollte das sein? Die bloße Festsetzung der Fluchtlinie für genügend zu erklären, würde eine wesentliche Abweichung von der sonst festgehaltenen Regel, daß hierdurch allein ein Entschädigungsanspruch noch nicht begründet werde, in sich geschlossen haben. Nun möchte diese Abweichung hier vollauf gerechtfertigt gewesen sein; es wäre dann aber notwendig gewesen, auch klar zum Ausdrucke zu bringen, daß der in Nr. 3 behandelte besondere Ausnahmefall wiederum ganz verschiedenen Grundsätzen unterliege, je nachdem eine Bebauung des Restgrundstückes noch möglich bleibe oder nicht. Die Spezialvorschriften der Nr. 3 hätten also noch einen weiteren Ausbau in einer mit den übrigen Bestimmungen nicht harmonierenden Richtung erfahren müssen. Ob die Komm. davor zurückgescheut oder ob sie etwa die Tragweite ihrer Fassung nicht vollständig übersehen hat, wird nicht mehr festzustellen sein, ist aber auch für die Auslegung des Gesetzes ohne Wert. Inzwischen hat der VII. Senat in seinem Urteile v. 20. April 06 E. 63 S. 174 ff eingehend dargelegt, daß der Entschädigungsanspruch auch ohne Bebauung des Grundstücks fällig wird, wenn dieses durch die neue Fluchtlinie (ganz oder) bis auf einen unbebaubaren Rest in Anspruch genommen wird. Das Urteil desselben Senats v. 29. Sept. 08 (PrVerwBl. 30 S. 278) führt weiter aus, daß, wenn das Gesetz verlangt, daß der Eigentümer den Entschädigungsanspruch durch eine gegenwärtige wirkliche Bebauung seines Restgrundstückes als fällig erweisen soll, die gegenwärtige Bebauung möglich sein muß. Ist aber diese nicht möglich, so ist in solchen Fällen von dem Erfordernis der Bebauung Abstand zu nehmen, ebenso RG. v. 22. Nov. 12, E. 81 S. 11. Damit dürfte die vorliegende Streitfrage für die Praxis entschieden sein. Man wird anerkennen müssen, daß es zweckmäßig ist, daß die Eigentümer, welche infolge der Fluchtlinienfestsetzung ein bebaubares Restgrundstück nicht mehr haben, denen gleichgestellt werden, welche noch ein solches behalten, daß es sogar ungerecht ist, jene schlechter zu stellen, als diese; aber es wird demgegenüber an den oben angeführten, rechtlichen Bedenken festgehalten.

Das „unbebaute" im Sinne der vorliegenden Bestimmung bedeutet nur, daß das Grundstück auf dem in Frage kommenden Teil noch nicht mit einem Hause besetzt ist. Ob das Grundstück im übrigen bebaut ist und mit dem bebauten Grundstück grundbuchmäßig oder tatsächlich ein zusammenhängendes Ganze bildet, ist gleichgültig (RG. v. 22. Mai 00, PrVerwBl. 22 S. 278).

Die Ziffer 3 spricht nur von der Straßenfluchtlinie einer neu anzulegenden Straße. Eine Ausdehnung dieser Ausnahmebestimmung über den an sich klaren Wortlaut hinaus auch auf die Fälle der Erbreiterung von bestehenden Straßen erscheint auch dann nicht zulässig, wenn die Erbreiterung eine sehr erhebliche ist (E. d. RG. II. ZS. v. 30. Nov. 94, Bd. 34 S. 250; Volze Bd. 19 S. 399); auch dann nicht, wenn diese in Form eines Platzes in Aussicht genommen ist (RG. 76 S. 160).

Auch die Verlängerung einer bestehenden Straße ist eine neue Straße (RG. v. 12. Febr. 09, PrVerwBl. 30 S. 817).

Die Vorschrift ist nicht nur anwendbar, wenn die Fluchtlinie ein Grundstück trifft, das an einer fertigen und daher anbaufähigen Straße liegt, sondern auch dann, wenn das Grundstück erst nach der Fluchtlinienfestsetzung bebaubar wird (RG. v. 4. Dez. 08, PrVerwBl. 30 S. 678). Voraussetzungen für die Anwendbarkeit des § 13 Nr. 3 ist nicht, daß zusammenhängender Grundbesitz des nämlichen Eigentümers überhaupt noch nicht, sondern daß er in den Fluchtlinien einer bereits bebauten Straße noch nicht bebaut ist (RG. 81 Nr. 4, PrVerwBl. 35 S. 700). Abgesehen von dem Fall des Abs. 1 Nr. 2 in Verbindung mit Abs. 2 Satz 2 wird für die durch das Gesetz auferlegte Baubeschränkung des Vorgartenlandes ein Ersatzanspruch nicht gewährt (RG. v. 22. Mai 00, PrVerwBl. 22 S. 277).

Abs. 4 bezieht sich trotz seines weitgehenden Wortlauts nur auf den vorhergehenden Abs. 3, nicht auch auf Nr. 2 und 3 des Abs. 1. Er betrifft den Umfang der Entschädigung, welche zu leisten ist, wenn die Enteignung vollzogen wird; in Nr. 3 des Abs. 1 handelt es sich dagegen darum, wann Entschädigung verlangt werden kann (RG. v. 22. Nov. 12, E. 81 S. 11).

11. Die Entschädigung erfolgt nach Maßgabe des Enteignungsgesetzes, soweit nicht dessen Vorschriften durch entgegenstehende Bestimmungen unseres Gesetzes (§ 19) beseitigt sind. Denn § 14 verweist auf die §§ 24 ff. jenes Gesetzes, und das daselbst vorgeschriebene Verfahren kann nur auf den im Tit. II gegebenen Grundlagen zu Ende geführt werden; der § 25 nimmt denn auch ausdrücklich auf § 9 und ebenso der § 29 auf die §§ 7—13 Bezug. Außerdem erhellt jene Absicht des Gesetzgebers deutlich aus der Entstehungsgeschichte unseres Gesetzes und müßte schon deshalb vorausgesetzt werden, weil sonst das Gesetz eine wesentliche, anderweit nicht auszufüllende Lücke aufwiese. Vgl. auch E. d. RG. II. ZS. v. 7. Juni 95 (JW. 1895 S. 365). Fraglich kann aber erscheinen, in welchem Verhältnisse Abs. 3 des § 13 zu dem § 9 des Enteignungsgesetzes steht. Nach dem Kommissionsberichte sollen die beiden letzten Absätze des § 13, die sich in dem Regierungsentwurfe nicht fanden, lediglich eine Anwendung der betreffenden Vorschriften im § 9 des Enteignungsgesetzes auf die hier vorliegenden Fälle enthalten. Dies lautet, als ob § 9 durch die von der Komm. eingefügten Bestimmungen vollständig habe ersetzt werden sollen. Das Reichsgericht geht indes von einer anderen Anschauung aus; wenigstens wird in der E. II. HilfsS. v. 24. Juni 80 (Bd. 2 S. 279, JMBl. 1881 S. 70) und V. ZS. v. 6. Mai 93 (PrVerwBl. 15 S. 30; E. d. RG. Bd. 31 S. 273) angenommen, die Bestimmung im § 9 Abs. 3, wonach bei Enteignung von Gebäudeteilen stets das gesamte Gebäude — mit der Grundfläche — dem Eigentümer abgenommen werden muß, sei durch § 13 Abs. 3 des Gesetzes von 1875 nicht berührt, da die Worte: „daß das Restgrundstück nach den baupolizeilichen Vorschriften des Orts nicht mehr zur Bebauung geeignet ist“, sich nur auf unbebaute Grundstücke beziehen ließen. Dem ist um so mehr beizupflichten, als nicht füglich angenommen werden kann, daß der den Gebäuden im Enteignungsgesetze gewährte, auf ihrer Unteilbarkeit beruhende, unbedingte Schutz ohne ersichtlichen Grund und ohne jede Andeutung einer solchen Absicht in den Motiven des Kommissionsberichtes habe beseitigt werden sollen. Wenn daneben in der angezogenen Entscheidung unentschieden gelassen ist, ob bei Inanspruchnahme eines Teils von Grundstücken die Voraussetzung im § 13 Abs. 3 die einzige bilden solle oder ob sie der im § 9 des Enteignungsgesetzes aufgestellten als eine fernere Voraussetzung hinzugefügt sei, so wird man sich wohl für ersteres entscheiden müssen; der Wortlaut läßt eine andere Annahme nicht zu; das Gesetz schreibt vor, unter gewissen Bedingungen könne der Eigentümer die Übernahme des ganzen Grundstückes verlangen; damit ist ohne weiteres ausgeschlossen, noch anderweite Bedingungen zu erfordern. In einem Erk. v. 6. Mai 93 (E. Bd. 31 S. 279) hat der V. ZS. des Reichsgerichts nunmehr ausgeführt, es sei davon auszugehen, daß die Vorschriften des § 9 des EnteignG. durch § 13 Abs. 3 des FluchtlG. für den Bereich des letzteren nicht ersetzt, sondern ergänzt seien, es könne also der Eigentümer in den Fällen des § 13 die Übernahme des ganzen Grundstücks sowohl dann verlangen, wenn das Restgrundstück nicht mehr „zur Bebauung geeignet", als auch dann, wenn es nach seiner bisherigen Bestimmung nicht mehr zweckmäßig benutzt werden könne; es unterliege ferner keinem Zweifel, daß insbesondere Abs. 3 des § 9 auch für Teilenteignungen auf Grund des Fluchtliniengesetzes gelte; dies folge aus der Stellung der Vorschrift innerhalb des § 9. Vgl. auch E. d. RG. II. ZS. v. 30. Nov. 94 (JW. 1895 S. 31); V. ZS. v. 18 Dez. 97 und 11. Dez. 97 (Beiträge VI. Folge 1898 S. 1053 u. 1058), VII. ZS. v. 5. Jan. 00 PrVerwBl. 21 S. 587; v. 11. März 04, E. 57 S. 182; v. 4. Dez. 08, PrVerwBl. 30 S. 678. Vgl. hierzu den Aufsatz vom Beigeordneten Selbach, Essen a. d. Ruhr, im PrVerwBl. 25 S. 263 ff.

12. Für die Frage, ob die abzutretende Fläche als Bauplatz anzusehen und abzuschätzen ist, sei auf die E. d. RG. I. ZS. v. 18. Aug. 82, Bd. 8 S. 237; V. ZS. v. 22. Sept. und 27. Nov. 86, PrVerwBl. 8 S. 122 u. 238; III. ZS. v. 7. Juli 91, Bd. 28 S. 274; V. ZS. v. 11. u. 18. Febr. 93, PrVerwBl. 14 S. 360, 15 S. 480 hingewiesen. Danach ist ein Grundstück, das vor Festsetzung der Fluchtlinie bereits die Eigenschaft eines Bauplatzes besaß, auch bei einer erst später erfolgenden Enteignung als Bauterrain zu entschädigen, wenngleich es infolge jener Fluchtlinienfestsetzung die Bauplatzeigenschaft schon geraume Zeit hindurch verloren hat (E. d. RG. V. ZS. v. 3. Febr. 97, PrVerwBl. 18 S. 303; v. 16. Jan. 97, PrVerwBl. ebendas. S. 218, PrVerwBl. 19 S. 113). Die Eigenschaft als Baustellenland liegt schon dann vor, wenn die Bebauung nach dem gewöhnlichen Lauf der Dinge in naher Zeit bevorsteht. Eine Schätzung nach den Erträgen eines angenommenen Baues ist angebracht, wenn bereits zur Zeit der Enteignung mit einer Bebauung für sofort oder doch in naher Zeit gerechnet werden kann (RG. v. 5. März 09, VII 227, 08). Nicht erforderlich ist, daß dem Eigentümer schon ein Angebot als Bauplatz für dasselbe gemacht war und daß in dem betreffenden Orte an sonstigen Bauplätzen Mangel herrscht (RG. V. ZS. v. 30. April 87, Gruchot 31 S. 876, von Kamptz u. Delius S. 467). Auch ist nicht maßgebend, ob der Grund und Boden schon in dem Sinne baureif ist, daß er nach den bestehenden polizeilichen und ortsstatutarischen Bestimmungen jederzeit sofort ohne Hindernis bebaut werden kann und darf, sondern entscheidend hierfür ist lediglich die Frage, ob das Grundstück im Grundstücksverkehr als Bauland bewertet und gehandelt wird, mit anderen Worten: entscheidend ist allein ob das Grundstück einen Verkehrs-, Verkaufs- und Handelswert als Bauland hat (RG. v. 30. Sept. 04, PrVerwBl. 26 S. 604; v. 4. Nov. 10, PrVerwBl. 32 S. 434).

Ein dem Bauverbot des § 12 des FluchtlG. unterliegendes Grundstück verliert dadurch allein niemals die Eigenschaft als Baugrundstück (E. d. RG.

V. ZS. in JW. 1886 S. 364 Nr. 60, 1899 S. 173 Nr. 40; E. d. VII. ZS. v. 1. März 01, PrVerwBl. 22 S. 434). Umgekehrt darf ein Grundstück, das erst durch die Fluchtlinienfestsetzung Bauterrain geworden ist, d. h. von dem nicht erhellt, daß es vorher Bauplatzeigenschaft gehabt hat oder doch solche auch ohne die Fluchtlinienfestsetzung erhalten haben würde, zwar unter Berücksichtigung der Wertsteigerung, die etwa in Anlaß der durch die Fluchtlinienfestsetzung herbeigeführten, fortschreitenden Bebauung für alle Grundstücke in der betr. Gegend eingetreten ist, aber nicht als Bauterrain eingeschätzt werden (vgl. auch E. d. RG. II. ZS. v. 1. Okt. 89, PrVerwBl. 11 S. 338; II. ZS. v. 25. Okt. 92, PrVerwBl. 14 S. 212; VI. ZS. v. 19. Dez. 92, PrVerwBl. 14 S. 360; V. ZS. v. 26. März 98; v. 20. April 98, PrVerwBl. 19 S. 437). Es kann die Sachlage so gestaltet sein, daß auch bei der Enteignung von Vorland, weil noch genügend Bauland übrig bleibt und das Grundstück in seiner ganzen Tiefe nicht bebauungsfähig, Baulandsverlust nicht eintritt und demgemäß eine nur dem Werte des Hinterlandes entsprechende Entschädigung bei einer solchen Enteignung zu gewähren ist (RG. v. 5. Juli 12, PrVerwBl. 34 S. 472).

Für ein Grundstück, welches in einen Bauplan einbezogen ist, sind alle sonstigen die Bebauung ausschließenden oder erschwerenden Umstände für die Höhe der Entschädigung zu berücksichtigen (E. d. RG. VII. ZS. v. 14. Mai 01, PrVerwBl. 22 S. 562).

Noch in der E. d. RG. VII. ZS. v. 1. März 01, PrVerwBl. 22 S. 469 war ausgesprochen, daß, wenn Bauland von einer Fluchtlinienfestsetzung betroffen, aber erst später enteignet werde, sich die Höhe der Entschädigung nach den Verhältnissen zur Zeit der Fluchtlinienfestsetzung richte. Diesen Standpunkt hat der VII. ZS. des RG. in der E. v. 11. Nov. 02, PrVerwBl. 24 S. 489 verlassen und hat den Satz aufgestellt, daß die Entschädigung für Grundstücksteile, welche nach einem festgesetzten Fluchtlinienplan zu Straßenland bestimmt waren, bei der Enteignung, soweit es sich um ihre Eigenschaft als Bauland handelt, nach dem Werte zu bemessen ist, den dieselben zur Zeit der Enteignung als Bauland haben würden, wenn die Fluchtlinienfestsetzung nicht erfolgt wäre (E. d. RG. VII. ZS. v. 9. Dez. 02, PrVerwBl. 24 S. 587; RG. v. 18. Juni 07, PrVerwBl. 29 S. 71; Seydel, EnteignG. 4. Aufl. S. 74 ff.; siehe hierzu die Ausführungen von Reichsgerichtsrat Meyn (PrVerwBl. 27 S. 615) im Anschluß an den Kommentar des Justizrat Koffka). Für die infolge der Enteignung mit der Nutzung des Restgrundstücks verbundenen Wirtschaftserschwernisse ist Entschädigungsanspruch gegeben (RG. v. 11. Juli 12, PrVerwBl. 34 S. 527). Z. B. durch Höherlegung oder Tieferlegung der Straße (RG. v. 28. Juni 12, PrVerwBl. 34 S. 244). Auch bei Vorliegen des § 11 ist der volle Wert, wie er zur Zeit der Enteignung vorhanden ist, zu ersetzen, ohne Rücksicht auf die mit der Fluchtlinienfestsetzung verbundene Baubeschränkung (RG. v. 27. Mai 10).

Hervorzuheben bleibt, daß die Eigentümer keine Entschädigung für die ihnen etwa nach § 15 erwachsende Beitragspflicht verlangen können. Dieser aus der Natur der Sache notwendig folgende Satz hat in der E. d. RG. V. ZS. v. 12. Nov. 87 (PrVerwBl. 9 S. 158), eine eingehende Begründung gefunden. Vgl. auch Bem. 7 zu § 15.

13. In folgendem seien noch einige Entscheidungen aus der umfangreichen Rechtsprechung mitgeteilt:

Wird durch die Fluchtlinie ein bebautes Grundstück betroffen und nach Abbruch des Gebäudes ein Neubau in der Fluchtlinie errichtet, so ist außer der Vergütung für die entzogene Bodenfläche auch Entschädigung für den Minderwert des neuen Gebäudes zu leisten (RG. 57 S. 215) in Abweichung von RG. 5 S. 214, das nur Vergütung für die Bodenfläche gewähren will.

Hat ein Käufer ein Grundstück als ein bereits mit einer dem § 11 des Fluchtliniengesetzes v. 2. Juli 75 entsprechenden öffentlich-rechtlichen Dienstbarkeit belastetes erworben, so muß er dulden, daß der öffentliche Verkehr sich über den von der Belastung betroffenen Teil des Grundstücks bewegt. Ihm ist nichts entzogen, was er vorher besessen hat. Einen Schadenersatzanspruch gegen die Gemeinde kann er ohne Nachweis der Abtretung des persönlichen Anspruches an ihn nicht geltend machen. Eine solche Abtretung wird durch die Auflassung des belasteten Grundstücks nicht ersetzt (RG. VII. ZS. v. 15. Nov. 04). Vgl. RG. v. 3. Febr. 97, PrVerwBl. 18 S. 304.

Die bloße Festsetzung von Fluchtlinien, die in die bestehende Straße hinein verlegt werden, die Straße also schmaler machen, gibt keinen Anspruch auf Entschädigung aus dem Gesetz, weder unter dem Gesichtspunkt, daß das Grundstück dadurch die Zugänglichkeit zur Straße verlieren könne, noch unter dem, daß die Polizei möglicherweise einen Neubau hinter der Fluchtlinie verbieten werde (Gruch. 45 S. 964, PrVerwBl. 22 S. 277). Vgl. Bem. 12 zu § 1.

Ändert die Gemeinde die Fluchtlinie nach § 10 oder hebt sie sie auf, während das Enteignungsverfahren noch schwebt, dann muß sie nach § 42 Abs. 1 EG. Entschädigung leisten (RG. v. 12. Febr. 09, PrVerwBl. 30 S. 817). Vgl. aber JW. 97, 218[54], wonach die Gemeinde von dem Unternehmen der Straßenanlage nicht zurücktreten kann. Hat die Gemeinde die Baufreiheit gewährleistet, so muß sie, auch abgesehen davon, ob die Voraussetzungen des § 13 Ziff. 1—3 vorliegen, den aus dem Verlust der Baufreiheit erwachsenen Nachteil ersetzen. Die Entschädigung dafür kann auch im Enteignungsverfahren verlangt werden (RG. v. 6. Mai 02, PrVerwBl. 24 S. 25). Vgl. Bem. 8 d zu § 12.

Entschädigungspflicht im Falle des § 13 Abs. 1 Nr. 3 (RG. v. 29. Sept. 08 PrVerwBl. 30 S. 278); wenn zwei an verschiedenen Straßen belegene Grundstücke rückwärts aneinander stoßen (RG. v. 4. Dez. 08, JW. 38 S. 87); wegen Versagung der Bauerlaubnis infolge einer geplanten Querstraße, wenn gleichzeitig das Grundstück unter den § 12 FlG. fällt (RG. v. 30. April 09, PrVerwBl. 31 S. 362); Übernahme des ganzen Grundstückes bei nicht baureifem, sondern werdendem Bauland (RG. v. 27. Sept. 18, E. 93 S. 362); Beginn der Zinsenpflicht im Falle des § 13 Abs. 1 Nr. 2 (RG. v. 17. Sept. 07, PrVerwBl. 29, S. 246); Berücksichtigung der Benutzungsart des Grundstückes E. des Oberlandesgerichts Frankfurt a. M. v. 5. Jan. 16, PrVerwBl. 38 S. 74); über Zeitpunkt der Entschädigung im Falle des § 13 Abs. 1 Nr. 1 (RG. v. 22. Jan. 18, E. 92 S. 90); Entschädigung der Mieter (RG. v. 27. Sept. 07, JW. 36 S. 720; RG. v. 21. Febr. 08, 221 07 VII. ZS.); Enteignung von Vorgärten (RG. v. 7. März 94, JW. 37 S. 82). Wegen der Entschädigungsansprüche infolge Störungen durch den Straßenbau usw. s. RG. v. 16. Nov. 85, PrVerwBl. 17 S. 162.

14. Häufig ist es erforderlich, daß Straßen im Einschnitt oder auf einem Damme geführt werden müssen. In solchen Fällen ist für die Grundflächen der Böschungen die Entschädigungspflicht aus den §§ 13, 14 nicht gegeben. Vgl. Bem. 8 zu § 1.

Einen neuen Grundsatz hat die Wegeordnung für die Provinz Sachsen v. 11. Juli 91 (GS. S. 316) im § 36 eingeführt. Danach ist derjenige, dessen Grundeigentum zum Zwecke der Regulierung oder Verlegung eines Weges entzogen oder beschränkt wird, verpflichtet, auf die ihm zu gewährende Entschädigung die verfügbar werdenden Teile des alten Weges, wenn sie mit seinen eigenen Grundstücken in unmittelbarem Zusammenhange stehen, nach dem Taxwerte in Anrechnung zu nehmen. Andererseits müssen aber auch solche Wegeteile, die weder zu Zwecken des Wegebaues noch zur Entschädigung gebraucht werden, den angrenzenden Grundbesitzern zur Übernahme für den Taxwert angeboten werden. Diese Bestimmungen, zu deren Ausführung nähere Vorschriften im § 36 gegeben sind, kommen an sich auch für städtische Straßen zur Anwendung, da diese mit unter die Wegeordnung fallen; praktisch werden sie hierfür aber wohl nur in geringem Maße werden.

Soweit bei Tieferlegung einer Straße, mag solche auch in Durchführung eines Bebauungsplanes nach dem Gesetz v. 2. Juli 75 erfolgt sein, gegen die Vorschriften der §§ 185 ff. 8 T. I des Allgemeinen Landrechts verstoßen worden ist, werden die hierauf gegründeten Entschädigungsforderungen durch die Vorschriften § 13 dieses Gesetzes nicht berührt (V. ZS. v. 7. Dez. 98, PrVerwBl. 20 S. 231).

Die Erschwerung der Kommunikation zum Hausgrundstück, welche infolge des Straßenbaues einer öffentlichen städtischen oder Dorfstraße (nicht eines Landweges) entstanden ist, berechtigt den Hausbesitzer (im Gebiet des allgemeinen Landrechts und des rheinisch-französischen Rechts, nicht für das Gebiet des gemeinen Rechts (RG. v. 17. Juli 03, PrVerwBl. 24 S. 763) zur Geltendmachung eines Schadensersatzanspruches; allerdings muß derselbe sich gefallen lassen, daß der Vorteil, der ihm durch den Ausbau der Straße erwächst, gegen seinen Schaden aufgerechnet wird (Strieth. Arch. Bd. 62 S. 276, RG. v. 19. Dez. 07, V. 164. 07; RG. v. 9. Febr. 11, 132. 10).

Ist das Gebäude an einem schmalen, nur mit wenigen Häusern besetzten Gartenweg errichtet, dem alle Merkmale einer zum Anbau bestimmten städtischen Straße fehlen und zwar neben der Beleuchtung und Entwässerung vor allem die Pflasterung, so muß der Hausbesitzer den daraus entstehenden Schaden selbst tragen (RG. VII. ZS. v. 10. Febr. 05, Selbstverw. 05 S. 846; vgl. PrVerw.-Bl. 27 S. 31, 32). Entschädigung wurde anerkannt, wenn bei tiefliegenden Bürgersteigen die Straßendämme erhöht werden z. B. um den Anschluß an eine höher gelegte Brücke herzustellen (PrVerwBl. 20 S. 413; Gruchot 1899 S. 950; E. Bd. 44 S. 282). Abgelehnt wird der Anspruch wegen Verschlechterung der Kellerverhältnisse (PrVerwBl. 26 S. 810). Siehe hierzu Bering, Die Rechte der Anlieger an einer Straße; Ledermann, Städteordnung zu § 56. Über Entschädigungsberechtigung des Straßen-Adjazenten bei Veränderungen der Straße, Koehne, PrVerwBl. 24 S. 823. Das Recht des Eigentümers eines an einer öffentlichen Straße belegenen Grundstücks nach preußischem Recht, Pohlmann, PrVerwBl. 24 S. 213.

über Entschädigungspflicht bei Umwandlung einer durchgehenden Straße in eine Sackgasse siehe Gericke, PrVerwBl. 34 S. 12. Der Anlieger ist nicht entschädigungsberechtigt, wenn er nur nach einer Seite eine gegen früher nicht erschwerte Verbindung mit dem Straßennetz hat.

15. Der § 13a ist dem Gesetze eingefügt worden, um eine angemessene Bebauung der Grundstücke auch dort zu erzielen, wo Baumasken oder zersplitterter Grundbesitz eine sachgemäße Bebauung nicht zulassen, und um somit auch die Einziehung der Beiträge nach § 15 bei der Bebauung herbeizuführen. — Voraussetzung für die Ausübung des Rechtes der Gemeinde auf Grund des § 13a, dem Eigentümer ein Grundstück zu entziehen, ist, daß die Fluchtlinien förmlich festgestellt sind (Abs. 1) bezw. vor Inkrafttreten des § 13a bereits förmlich festgestellt waren (Abs. 5), oder wenn dies nicht geschieht (Abs. 1) bezw. geschehen ist (Abs. 6), die Straßen, Straßenteile und Plätze gemäß den baupolizeilichen Vorschriften des Orts (Bestimmungen im Sinne des § 12) fertig hergestellt sind. An eine Frist zur Ausübung des ihr verliehenen Rechts ist die Gemeinde nicht gebunden. — Es wird angenommen, daß unter „förmlich festgestellten" Fluchtlinien nur solche gemäß § 8 FlG. festgesetzte zu verstehen sind.

Die Absicht des Gesetzes wird nur insoweit vollständig (siehe weiter unten) erfüllt, als förmlich festgestellte Fluchtlinien vorliegen. Wo dies nicht der Fall ist, liegt ein Recht der Gemeinde nur vor, wenn die Straße, der Straßenteil oder der Platz gemäß den baupolizeilichen Vorschriften des Orts für den öffentlichen Verkehr und Anbau hergestellt sind. Es fällt auf, daß in dem einen Falle für die Entstehung des Rechtes der Gemeinde nur die förmliche Festsetzung der Fluchtlinien vorauszugehen hat, also bereits derjenige Zeitpunkt für genügend erachtet wird, in dem sich die Straße noch im unfertigen Zustande befindet.

Bedenklich ist es, das Recht der Gemeinde auf Entziehung an den Zeitpunkt zu knüpfen, in welchem die Straße, Straßenteil oder Platz nach den baupolizeilichen Vorschriften des Ortes hergestellt sind. Anscheinend ist man von dem Gesichtspunkte ausgegangen, daß der Ausbau einer Ortsstraße nur auf Grund der baupolizeilichen Bestimmungen des Ortes vor sich gehen könne. Dies ist nicht der Fall. Die Gemeinde kann bei dem Ausbau ihrer Straßen hinter den Forderungen der baupolizeilichen Bestimmungen zurückbleiben, entscheidend ist allein das Programm der Gemeinde. Die auf diese Weise hergestellten Straßen sind trotzdem als anbaufähige anzusehen. Wie sich die Gemeinde bei einem solchen Verfahren mit der Ortspolizeibehörde auseinandersetzt oder ob dies im Einzelfalle überhaupt notwendig erscheint, liegt auf einem anderen Gebiete. Auf jeden Fall würden derartige Straßen nicht dem § 13a unterliegen. In überwiegenden Fällen geht jedoch die Gemeinde allgemein bei dem Ausbau ihrer Straßen über die Forderung der baupolizeilichen Bestimmungen hinaus; aber auch in solchen Fällen wird das Recht der Gemeinde nach § 13a nicht zur Entstehung gelangen, sobald z. B. in einem nebensächlichen Punkte die baupolizeilichen Bestimmungen nicht erfüllt worden sind und dies ist häufig der Fall, z. B. wenn zur Vermeidung von Schwierigkeiten auf die Auflassung einer geringen Fläche Straßenlandes Verzicht geleistet wird, während die baupolizeilichen Bestimmungen, wie es fast die Regel bildet, die Auflassung des gesamten Straßenlandes an die Gemeinde fordern.

Zu Unklarheiten kann führen, daß von der Herstellung der Plätze nach den baupolizeilichen Vorschriften des Orts gesprochen wird. Derartige Vorschriften gemäß § 12 gibt es nur für Straßen und Straßenteile einschließlich derjenigen Straßen, welche Plätze umgeben.

Nach der Begründung bezieht sich der § 13a auf Straßen, an welchen bei der Bebauung Beiträge zur Hebung gelangen. Auf S. 28 der Begründung heißt es jedoch: „Zur Behebung von Zweifeln ist in dem Entwurfe bestimmt, daß die Vorschriften des § 13a auch Anwendung zu finden haben, wenn eine Straße, ein Straßenteil oder Platz schon vor dem Inkrafttreten dieser Vorschrift für den öffentlichen Verkehr und den Anbau fertig hergestellt war." Welcher Art die Zweifel gewesen sind, wird hier nicht gesagt. Man muß wohl annehmen, man habe mit Abs. 6 die vorhandenen Ortsstraßen treffen wollen, was jedoch nicht geschehen ist, weil man sich auch hier auf den Begriff der nach den baupolizeilichen Vorschriften hergestellten Straßen festgelegt hat. Der Kreis derjenigen Straßen, welche infolge dieser Vorschrift von dem § 13a nicht berührt werden, ist wesentlich größer als in dem oben besprochenen Falle des Abs. 1. — Unklar bleibt, ob die nach den baupolizeilichen Vorschriften des Ortes hergestellten Straßen nachträglich mit Fluchtlinien versehen werden dürfen, um das Recht für die Gemeinde aus dem § 13a herbeizuführen oder ob dieses nicht statthaft ist. Es ist wohl letzteres anzunehmen, da anderenfalls der § 13a dem Inhalte nach anders abgefaßt werden mußte.

Zu den Grundstücken, auf deren Entziehung sich das Recht der Gemeinde erstreckt, kann nach der Begründung S. 24 auch ein solches gerechnet werden, dessen Hauptteil zwar bebaubar ist, aber ein Teil z. B. ein seitwärts längs der Straßenfront auslaufender Streifen zu schmal ist, um bebaut werden zu können, während er zugleich hinter liegende Grundstücke von der Straße abschneidet. — Diese Anwendung steht mit dem Inhalt des § 13a in Widerspruch.

16. Zu den Aufwendungen, welche die Gemeinde nach § 13a Abs. 2 außer den Zinsen fordern kann, gehören u. a. die Kosten der Vermessung, Einzäunung, Einebnen des Grundstücks usw., nicht jedoch der Verlust an Steuern. — Der Plan und die Kostenverteilung sind offen zu legen. Es steht jedoch der Gemeinde frei, den Plan zurückzuziehen und durch einen anderen unter Beobachtung der Formen des Abs. 2 zu ersetzen.

17. Das Gesetz (Lex Adickes) konnte bisher nur durch Landesgesetzgebung zur Einführung gelangen, jetzt ist den Gemeinden die Befugnis gewährt, dasselbe durch Ortsstatut, welches der Bestätigung des Bezirksausschusses bedarf, einzuführen. Für den Stadtkreis Berlin tritt an Stelle des Bezirksausschusses der Oberpräsident, in der Beschwerdeinstanz an Stelle des Provinzialrats der Minister für öffentliche Arbeiten (§ 43 Abs. 1, 3 LVG.).

§ 15.[1]

(1) Durch Ortsstatut kann festgesetzt werden,[2] daß bei der Anlegung einer neuen oder bei der Verlängerung einer schon bestehenden Straße, wenn solche zur Bebauung bestimmt ist,[3] sowie bei dem Anbau an schon vorhandenen bisher unbebauten Straßen und Straßenteilen von[4] dem Unternehmer[15] der neuen Anlage oder von den angrenzenden Eigentümern[5] — von letzteren, sobald

sie Gebäude an der neuen Straße errichten[6] — die Freilegung,[7] erste Einrichtung,[8] Entwässerung[9] und Beleuchtungsvorrichtung[10] der Straße in der dem Bedürfnisse entsprechenden Weise beschafft,[11] sowie deren zeitweise, höchstens jedoch fünfjährige Unterhaltung,[12] beziehungsweise ein verhältnismäßiger Beitrag oder der Ersatz der zu allen diesen Maßnahmen erforderlichen Kosten geleistet werde.[14] Zu diesen Verpflichtungen können die angrenzenden Eigentümer nicht für mehr als die Hälfte der Straßenbreite, und wenn die Straße breiter als 26 Meter ist, nicht für mehr als 13 Meter der Straßenbreite herangezogen werden.[13e]

(2) Bei Berechnung der Kosten sind die Kosten der gesamten Straßenanlage und beziehungsweise deren Unterhaltung zusammenzurechnen und den Eigentümern nach Verhältnis der Länge ihrer, die Straße berührenden Grenze zur Last zu legen. Wird die Straßengrenze eines Grundstücks, dessen Eigentümer zu Straßenkosten herangezogen ist, später dadurch verlängert, daß mit dem Grundstück eine Grundfläche wirtschaftlich vereinigt wird, für welche die Straßenkosten noch nicht bezahlt sind, so sind dem Eigentümer die auf die Verlängerung entfallenden Straßenkosten nachträglich zur Last zu legen.[13]

(3) Das Ortsstatut hat die näheren Bestimmungen innerhalb der Grenze vorstehender Vorschrift festzusetzen. Bezüglich seiner Bestätigung, Anfechtbarkeit und Bekanntmachung gelten die im § 12 gegebenen Vorschriften.[16]

(4) Für die Haupt- und Residenzstadt Berlin bewendet es bis zu dem Zustandekommen eines solchen Statuts bei den Bestimmungen des Regulativs vom 31. Dezember 1838.[17]

§ 15 a.

(neu)

(1) Durch Ortsstatut kann[18] bestimmt werden, daß die im vorstehenden Paragraphen und im § 9 des Kommunalabgabengesetzes vom 14. Juli 1893 (Gesetzsamml. S. 152) geregelten Beiträge[19] sowie die im § 6 daselbst bezeichneten Gebühren[20] für Gebäude an Straßen, die ihrer Lage und Ausstattung nach für Wohnungen der Minderbemittelten besonders geeignet erscheinen, und für den Ausbau mit Häusern mit höchstens einem Obergeschoß über dem Erdgeschosse bestimmt sind (Kleinwohnungsstraßen),[21] ganz oder

teilweise erlassen oder gestundet werden können,[23] sofern die Gebäude hauptsächlich[22] für Wohnungen der bezeichneten Art oder für gemeinnützige Einrichtungen zugunsten der Minderbemittelten (Kinderfürsorge, Fortbildung, Erholung und dergleichen) bestimmt sind. Wird die Zweckbestimmung der Gebäude später geändert, so können von dem jeweiligen Eigentümer des Grundstücks die Beiträge und Gebühren nachträglich verlangt werden, soweit sie erlassen oder noch gestundet sind.[24]

(2) Das Ortsstatut kann hinsichtlich der Straßen, der Gebäude und der Wohnungen die Voraussetzungen näher festsetzen, unter denen die Vergünstigung eintritt.[25]

1. Der § 15 bezeichnet einen wesentlichen Fortschritt gegen die vom Gesetz vorgefundene Verwaltungspraxis, in welcher die Polizeibehörden beim Mangel eines klaren und einheitlichen Rechtszustandes dazu übergegangen waren, durch Verhandlungen mit Bauunternehmern und durch die Genehmigung von Häuserbauten öffentliche Straßen zu schaffen, für welche die unbeteiligt gebliebene Gemeinde schließlich die Unterhaltungskosten hatte (OVG. v. 11. April 90, Bd. 19 S. 246).

Das Gesetz berührt die Verbindlichkeit des Wegeunterhaltungspflichtigen gegenüber der Wegepolizei nicht; es schafft nur Beziehungen zwischen der Gemeinde und den Gemeindeangehörigen, indem es der Gemeinde für den Fall ortsstatutarischer Festsetzung die Berechtigung gibt, die Kosten eines von ihr ausgeführten Ausbaus einer Straße von den Anliegern erstattet zu verlangen (RG. v. 13. Juni 01, PrVerwBl. 23 S. 90; OVGE. v. 20. Dez. 15, PrVerwBl. 37 S. 790). Die Entschließung darüber, ob eine Straße tatsächlich ausgebaut und wann mit dem Ausbaue begonnen werden soll, ist im wesentlichen in das freie Ermessen der Gemeinde gestellt (OVGE. v. 16. Mai 07, PrVerwBl. 28 S. 969). Die Gemeinden sind in dieser Beziehung an Fristen nicht gebunden. Dasselbe gilt für die vor dem Erlasse des Gesetzes v. 2. Juli 75 im linksrheinischen Gebiete der Rheinprovinz in Gemäßheit des Art. 52 des französischen Gesetzes v. 16. Sept. 1807 (vgl. Bem. 6a zu § 15) zustandegekommene Fluchtlinienfestsetzung (OVG. v. 26. Sept. 12, Bd. 62 S. 205). Abgesehen von dem Fall, daß das öffentliche Verkehrsinteresse die Herstellung einer Straße erfordert, steht hierauf weder der Polizeibehörde noch dem Verwaltungsrichter eine Einwirkung zu (OVGE. v. 1. Juli 98, PrVerwBl. 21 S. 61; v. 22. Sept. 98, PrVerwBl. 20 S. 29; v. 2. Nov. 10, PrVerwBl. 33 S. 78; v. 7. März 13, PrVerwBl. 36 S. 89).

2. a) Die wichtige Erleichterung, welche der § 15 den Gemeinden bei Anlegung neuer Straßen gewährt, setzt den Erlaß eines Ortsstatutes, welches nur für den Gemeindebezirk gilt (OVGE. Bd. 51 S. 71), voraus. Durch die Gesetzesvorschrift an sich wird die Beitragspflicht nicht begründet (OVGE. v. 2. Jan. 13, PrVerwBl. 36 S. 460). Das Ortsstatut muß ebenso wie ein auf Grund des § 12 erlassenes in ordnungsmäßiger Weise zustande gekommen sein (vgl. Bem. 2 zu § 12) und sich innerhalb des Rahmens der im Gesetz gegebenen Vorschriften halten, kann andererseits aber auch in den Anforderungen an die

Pflichtigen hinter dem Maße des Gesetzes zurückbleiben (OVGE. Bd. 13 S. 172). Ein erstes Ortsstatut kann den Anliegern nicht zurückwirkend eine Pflicht auferlegen (OVGE. v. 9. Mai 12 IV C. 1. 12). Sofern dasselbe Einschränkungen nicht vorsieht, muß der Grundsatz der Erstattungspflicht zu seiner vollen Geltung gelangen (OVGE. Bd. 68 S. 150). Ein Ortsstatut kann für einzelne Teile eines Gemeindebezirks erlassen werden (OVGE. v. 15. Mai 13 IV C. 234. 12), auch nur bezüglich solcher Straßen, für welche Fluchtlinien festgesetzt sind (OVGE. v. 8. Okt. 00, PrVerwBl. 22 S. 122; v. 23. Nov. 05, Nr. IV 1663; v. 27. April 11, PrVerwBl. 32 S. 767; v. 14. Nov. 12 Bd. 62 S. 215; v. 3. Febr. 13 PrVerwBl. 36 S. 494.) In solchem Falle sind die Anlieger von Straßen, die im Sinne des § 15 neu sind und für welche Fluchtlinien nicht festgesetzt sind, von der Beitragspflicht des § 15 befreit. Eine derartige statutarische Festsetzung kann zu Ungerechtigkeiten führen. — Faßt eine Gemeindevertretung entgegen dem Statut den Beschluß, daß die Pflasterung aller Dorfstraßen auf alleinige Kosten der Gemeinde vorgenommen werden solle, so liegt darin eine Nichtanwendung bezw. Abänderung des Statuts, die der erforderlichen Genehmigung bedarf (RG. v. 24. März 02, PrVerwBl. 24 S. 90).

Wenn das Ortsstatut ein einheitliches für die Ausführung des § 12 und des § 15 ist, und der den § 12 betreffende Teil deshalb unwirksam bleibt, weil polizeiliche Bestimmungen nicht erlassen sind, so hat das selbstverständlich keinen Einfluß auf die Rechtswirksamkeit des den § 15 betreffenden Teiles des Statuts (vgl. Bem. 2e zu § 12), welcher unabhängig ist von dem Bestehen baupolizeilicher Bestimmungen, unter welchen Umständen eine Straße als für den Anbau und öffentlichen Verkehr fertig hergestellt gelten soll (OVGE. v. 1. Febr. 98, PrVerwBl. 21 S. 15).

Die Gemeinden sind nicht befugt, über die ihrem Erstattungsanspruche durch § 15 gesteckten Grenzen hinauszugehen; das Gesetz hat vielmehr an der bezeichneten Stelle in erschöpfender Weise geregelt, ob und in wieweit durch autonome Satzungen der Gemeinden eine Verbindlichkeit der Grundeigentümer zur Tragung der Kosten einer nach Erlaß des Gesetzes neu angelegten Straße begründet werden kann (OVGE. v. 16. Juni 94 Nr. II 414). — Wenn in einem n e u e r e n Statute ein ä l t e r e s aufgehoben ist, so bedeutet dieses nicht ein Mehreres, als daß für die Zukunft das neue Statut an die Stelle des alten treten soll, keineswegs wird etwa dadurch bestimmt, daß Verpflichtungen, die einmal unter der Herrschaft des alten Statuts auf Grund der Vorschriften desselben entstanden sind, wieder beseitigt würden, es müßte denn eine solche Regelung ausdrücklich erfolgt sein (OVGE. v. 17. Juni 96 Nr. II 1239; v. 7. Okt. 96 Nr. II 1841; v. 25. Juni 00, Bd. 38 S. 127; v. 4. Mai 03 Nr. IV 821; v. 7. Mai 08 Nr. IV 911; v. 2. Jan. 13, IV C. 233. 12). — Wenn ein Ortsstatut eine Beitragspflicht mit Beschränkungen begründet, ein späteres aber die Beschränkungen zum Teil oder ganz wegfallen läßt und die Erstattungspflicht in vollem gesetzlichen Umfange einführt, so kann dies letztere auf alle Baufälle zwischen den beiden Statuten keine Anwendung finden. Für sie hat das erste Statut die Grundlage dafür geschaffen, ob ihretwegen eine Beitragspflicht entsteht oder nicht (OVGE. v. 2. Jan. 13, PrVerwBl. 36 S. 460). G r u n d s t ü c k e m i t d e r e n B e b a u u n g b e r e i t s v o r d e r V e r ö f f e n t l i c h u n g e i n e s n e u e n O r t s s t a t u t s begonnen war, sind nach den Bestimmungen des alten Statuts heranzuziehen, falls dies dem Pflichtigen günstiger ist (OVGE. v. 2. Mai 04, 45 S. 89).

b) Die Abänderung des Statuts erfolgt in gleicher Weise, wie sein Erlaß (OVGE. 44, S. 110). Grundsätzlich ist davon auszugehen, daß die Genehmigungsbehörde ein von einer Gemeinde auf Grund der ihr von dem Gesetz erteilten Ermächtigung beschlossenes Ortsstatut nicht selbständig ändern kann, sondern daß sie die für nötig oder zweckmäßig erachteten Änderungen lediglich den Gemeindebehörden anheimgeben und von ihrer Vornahme die Erteilung der Genehmigung abhängig machen kann. — Wird das Ortsstatut unter Ausschluß einzelner Bestimmungen vom Bezirksausschuß bestätigt und dann ohne weitere Beschlußfassung der städtischen Kollegien vom Magistrat in der nicht beanstandeten Fassung bekannt gemacht, so ist es doch gültig, sofern kein Zweifel besteht, daß die städtischen Kollegien an der beanstandeten Bestimmung nicht festgehalten haben würden (OVGE. 52 S. 103). Greifen jedoch die Änderungen der Genehmigungsbehörde in erheblichem Umfange in den sachlichen Inhalt des Statutes ein, muß mit der Möglichkeit gerechnet werden, daß das abgeänderte Statut im ganzen nicht mehr dem Willen der Stadtverordnetenversammlung entspricht und von ihr abgelehnt worden wäre (OVGE. v. 12. Dez. 18 IV C. 27. 18).

Ein Ortsstatut ist nicht deshalb seinem gesamten Inhalt nach unwirksam, weil eine einzelne Bestimmung desselben, weil gegen das Gesetz verstoßend, unwirksam ist (OVGE. v. 31. Okt. 94, II 1469, PrVerwBl. 16 S. 220). Der Gebrauch eines unrichtigen Ausdrucks kann nicht die Wirkung haben, auch diejenigen Teile einer ortsstatutarischen Bestimmung unwirksam zu machen, welche unabhängig von diesem Ausdruck für sich bestehen (OVGE. v. 13. Juni 99, PrVerwBl. 21 S. 116; v. 19. Okt. 03, PrVerwBl. 25 S. 386; OVGE. v. 26. März 08 IV 625).

Durch die Bestimmungen der §§ 19 und 42 der Wegeordnung für die Provinz Sachsen v. 11. Juli 91 (GS. S. 316) ist der § 15 nicht aufgehoben (OVGE. v. 23. März 95 Nr. II 464, Bd. 28 S. 75; v. 26. März 96 Nr. II 599 und 600; v. 23. Juni 97 Nr. II 1178).

c) Der § 15 setzt eine Gemeinde, eine Korporation voraus, welche ein Ortsstatut erlassen kann und im Falle des Ausbaues einer Straße darnach die Berechtigung erhält die Herstellungskosten von den Anliegern wieder einzuziehen (OVGE. v. 11. Jan; 12 IV C. 88. 11.) Dies trifft für Gutsbezirke nicht zu, weil es ihm an dem hierfür zuständigen Organe fehlt, auch ihm das Besteuerungsrecht nicht zusteht (OVGE. v. 2. Okt. 02, Bd. 42 S. 102; v. 4. Febr. 15, Bd. 69 S. 179; vgl. Bem. 7 zu § 1, 2 d zu § 12.) Daß für einen Gutsbezirk Ortsstatute auf Grund des § 15 nicht erlassen werden können, ist in Bem. 2 d zu § 12 des Näheren dargetan, worauf hier verwiesen wird.

3. Nach der Absicht der Komm. d. AH. sollten in dem Statute die unbestimmten Ausdrücke: „Verlängerung einer bestehenden Straße", „Straßenteil" und „Unternehmer" den Verhältnissen des Orts angemessen präzisiert werden. Als ein Beispiel findet sich unter den Anlagen das vom Minister des Innern bestätigte Statut II für Berlin abgedruckt. Mit dem Erlaß des ersten Ortsstatuts ist der Schlußsatz des § 15 außer Kraft getreten.

Der § 15 unterscheidet drei Fälle, in denen eine Verpflichtung der Unternehmer oder angrenzenden Eigentümer eintreten kann:

a) die Anlegung einer neuen Straße,
b) die Verlängerung einer schon bestehenden Straße,
c) den Anbau an schon vorhandenen, bisher unbebauten Straßen und Straßenteilen.

Die Nebeneinanderstellung der ersten beiden Fälle findet sich schon in dem Berliner Regulative v. 31. Dez. 38; es mögen dadurch auch Zweifel abgeschnitten werden, die sonst vielleicht entstanden wären; an sich weisen aber die beiden Fälle weder in rechtlicher noch in tatsächlicher Beziehung Verschiedenheiten auf. Bei Verlängerung einer schon bestehenden Straße wird ebenfalls auf einer Fläche, wo bisher eine Straße noch nicht bestand, eine solche neu angelegt. Die Gleichartigkeit zeigt sich denn auch darin, daß für beide Fälle gemeinsam ein weiteres Erfordernis aufgestellt ist: die Straße muß zur Bebauung bestimmt sein. Dieser Zusatz erscheint vielleicht entbehrlich; gegenüber dem Unternehmer hat er deshalb keine rechte Bedeutung, weil der Unternehmer alle Straßen, die er bauen will, auf seine Kosten herstellen muß; gegenüber den Anliegern bedurfte es des Zusatzes nicht, da ihre Verpflichtung nur bei der Errichtung von Gebäuden an der Straße eintritt, diese Handlung aber ohne weiteres eine Bestimmung der Straße zur Bebauung voraussetzt (OVGE. v. 22. Juni 00 Nr. II 853, PrVerwBl. 22 S. 133; v. 9. Jan. 08 Nr. IV 42). Man hat wohl damit noch besonders betonen wollen, daß es sich um städtische Straßen handelt.

Es kann die Frage auftauchen, wie weit die Verlängerung einer bestehenden Straße sich erstrecken muß. Ist ein Abschnitt, Straßenteil erforderlich oder genügt eine beliebige Strecke? Man wird annehmen müssen, daß auch in solchem Falle die Gemeinden in der Regel einen Straßenteil herzustellen verpflichtet sind, ehe die Erhebung von Beiträgen erfolgen darf. — Es ist versucht worden, die erhebliche Abstumpfung eines Hauses an der durch die Fluchtlinien gebildeten scharfen Ecke als die Verlängerung einer Straße hinzustellen; es handelt sich dabei jedoch nicht um die Schaffung einer neuen, sondern um die Verbreiterung einer bestehenden Straße, die Erbreiterung einer Straße ist aber keine Verlängerung. Auch an Plätzen gehen Straßen vorüber (OVGE. v. 22. Sept. 94 Nr. II 1249; Bochmann, Mitteilungen Bd. 1 S. 126, PrVerwBl. 16 S. 85). Wird eine Straße über ihr ursprünglich projektiertes Ende hinaus verlängert und zwar so, daß dies zugleich eine Verbreiterung darstellt (gegenüber der Entfernung der Fluchtlinien voreinander in dem bestehenden Teil), wird hierdurch keine Verlängerung einer Straße bewirkt (OVGE. v. 22. Sept. 94, II 1249). Wird durch Beseitigung eines Mittelstücks, das die Verbindung zwischen zwei dadurch als Sackgassen erscheinenden Straßenteilen sperrt, der gesamte Straßenzug zu einem einheitlichen ausgestaltet, so ist die Annahme einer bloßen Verbreiterung und Regulierung einer bestehenden Straße in solchem Falle nach Lage der tatsächlichen Verhältnisse ausgeschlossen. Es handelt sich um die Verlängerung einer bestehenden Straße (OVGE. v. 4. Jan. 06 Nr. IV 16). Beschließt die Gemeinde die Verlängerung einer in der Anlegung begriffenen Straße, so entsteht regelmäßig eine neue Straße, zu deren Kosten nur die Anlieger dieser neuen Straße herangezogen werden können (OVGE. v. 25. März 12, Bd. 62 S. 184).

Der dritte Fall, der Anbau an schon vorhandenen, bisher unbebauten

Straßen und Straßenteilen, hat einen etwas abweichenden Charakter; in dem Regulative v. 31. Dez. 38 war er nicht vorgesehen, ebensowenig in dem von der Staatsregierung dem Landtage im Jahre 1865 vorgelegten Entwurfe zu einer Wegeordnung für den Preußischen Staat (§ 37) und in dem kraft Allerhöchster Ermächtigung v. 6. Febr. 66 eingebrachten Entwurfe eines Gesetzes, betr. die Bauten in Städten und Dörfern (§ 1). In der Komm. d. HH. kam aber zur Sprache, daß die Fassung zu Zweifeln Veranlassung gebe; nach der wörtlichen Auslegung müsse man annehmen, daß nur diejenigen Straßen gemeint seien, welche erst nach dem Inkrafttreten des Gesetzes angelegt würden; es seien indes zurzeit viele neu angelegte, zur Bebauung bestimmte und noch nicht bebaute Straßen vorhanden, und nicht erfindlich, weshalb auf diese das Gesetz keine Anwendung finden solle. Demgemäß wurde der Vorlage ein Zusatz beigefügt, wonach die voraufgehenden Vorschriften auch auf schon vorhandene, noch unbebaute Straßen angewendet werden sollten, sobald die Straßen zur Bebauung kommen. Hieraus ist die Fassung des § 15 entstanden; sie findet sich schon im § 1 des Gesetzesentwurfes, betr. die Bauten in Städten und Dörfern, der dem Landtage unterm 17. Nov. 66 vorgelegt wurde, und hat später irgend welche Erörterungen nicht hervorgerufen. — Der Einteilung des Gesetzes gegenüber fragt es sich, wohin solche Straßen gehören, die bei Erlaß des Ortsstatutes in der Anlegung begriffen sind (OVGE. v. 24. Nov. 94 Nr. II 1603). Das kann nur danach entschieden werden, ob die Straße bei Erlaß des Statuts schon bestand, im Rechtssinne als städtische Straße schon vorhanden war. Von welchem Zeitpunkte ab dies anzunehmen ist, muß nach den jedesmal vorliegenden Umständen bestimmt werden (vgl. dazu § 10 Bem. 4 am Schlusse). Die Entscheidungen des OVG. Bd. 24 S. 76 ff. und 79 ff. ließen es, wie schon in der Auflage 3 bemerkt wurde, zweifelhaft, ob nicht die Ansicht vorwaltete, daß jede Straße, deren Anlegung begonnen ist und an der bereits Arbeiten zur Herstellung des Straßenkörpers vorgenommen sind, den vorhandenen Straßen zuzurechnen sei. Damit wäre aber ein neuer Begriff von „vorhandenen" Straßen aufgestellt, wozu das Gesetz keine Handhabe bietet. Das Vorhandensein einer Straße kann nicht schon da in die Erscheinung treten, wo die Arbeiten am Straßenkörper ihren Anfang nehmen. Damit kann die Anlegung einer neuen Straße, die übrigens nach § 12 Bem. 3a noch viel weiter zurückdatiert werden kann, begonnen werden, es kann den Anfang der Anlegungsperiode bezeichnen, die in der Anlegung begriffenen Straßen gehören aber nicht zu den vorhandenen. Das OVG. hat denn auch den früheren zweifelhaften Standpunkt in späteren Entscheidungen verlassen. Diese unterscheiden klar zwischen dem Momente, in dem die Anlegung begonnen hat, und dem, in welchem eine Straße schon vorhanden war, wenn sie auch noch ein Bild der Unvollkommenheit darbieten mochte. Daran ist festzuhalten, mag es tatsächlich auch hier und da schwierig sein, die beiden Begriffe, die ziemlich nahe beeinander liegen, auseinander zu halten (OVGE. Bd. 27 S. 55, 56, 57). Wenn das Statut die nach seinem Inkrafttreten neu angelegten Straßen treffen will, so werden damit auch alle diejenigen Straßen getroffen, deren Anlegung dann als schon begonnen, aber noch nicht soweit vorgeschritten war, daß sie als bereits vorhandene Straßen — im Gegensatz zu neuen Straßen — angesehen werden könnten (OVGE. v. 24. Febr. 02, Bd. 41 S. 107, PrVerwBl. 23 S. 761). Dagegen kann eine Straße als vorhanden angesehen werden, wenngleich sie noch nicht in allen Einzelheiten fertiggestellt ist, aber immer ist es erforderlich, daß nicht wesentliche Erfordernisse des Ausbaues fehlen (OVGE. v. 29. Juni 99, Bd. 35 S. 78; v. 30. Okt. 99 Nr. IV 1731; v. 12. Jan. 13, IV C. 70. 13; v. 25. Okt. 17 IV C. 18. 17). Der öfter wiederkehrende Ausspruch, daß eine vorhandene Straße gewisser wesentlicher Einrichtungen nicht entbehren dürfe, ist dahin zu verstehen, daß aus dem Fehlen derartiger Einrichtungen bei dem Mangel entgegenstehender Umstände der Regel nach auf das Fehlen jenes Willens der Gemeinde geschlossen werden kann (OVGE. v. 12. Juni 11, Bd. 64 S. 213).

Bei der Prüfung, ob es sich um eine neue Straße handelt, ist auch festzustellen, ob einzelne Teile derselben als vorhandene Ortsstraßen anzusehen sind (OVGE. v. 16. März 11 IV C. 165. 10; v. 16. Febr. 11 IV C. 140. 10). Ein vorhandener Straßenteil kann durch Zulegung zu einem erst in der Anlegung begriffenen Straße nicht die Eigenschaft einer vorhandenen Straße verlieren (OVGE. v. 4. Mai 11 IV C. 95. 10).

Die Unterscheidung wird namentlich dadurch schwierig, daß die Anlegung einer neuen Straße sich tatsächlich während eines mehr oder weniger langen Zeitraumes (OVGE. Bd. 55 S. 101), oft in einzelnen abgegrenzten Abschnitten vollzieht, und daß innerhalb dieser Anlegungsperiode, manchmal sogar schon in ihrem Anfange ein Zeitpunkt eintritt, an welchem die zum Anbau bestimmte Straße dem öffentlichen Verkehre freigegeben wird (OVGE. v. 4. Juli 98 Nr. IV 1235). Die Dauer der Anlegungsperiode kann sogar ganz vom sachgemäßen Ermessen und Belieben der Gemeindeverwaltung abhängen; erforderlich ist dabei nur, daß die sämtlichen Arbeiten nach der objektiv erkennbaren Absicht, nach dem Programm der städtischen Behörde zur ersten Einrichtung der Straße gehören (PrVerwBl. 15 S. 3). Die Arbeiten müssen in ihrer Gesamtheit ein einheitliches Werk darstellen, von dessen Abschluß die Entstehung der städtischen Straße abhängig ist. Dabei kann es sehr wohl vorkommen, daß innerhalb dieses Programms die Straße zunächst provisorisch hergestellt (vgl. Bem. 11) und dem öffentlichen Verkehr übergeben wird; dadurch wird sie aber noch keine vorhandene im Sinne des § 15 d. G.; es entsteht nur ein Provisorium, dessen Umwandlung in einen endgültigen Zustand zur ersten Einrichtung der Straße gehört. Es können für die Gemeindeverwaltung mannigfache technische, finanzielle u. a. Gründe vorliegen, um diesen provisorischen Zustand eine längere Zeit dauern zu lassen, das ist aber dafür, ob eine Straße nunmehr als eine vorhandene anzusehen ist, nicht entscheidend, die Straße bleibt eine neu anzulegende, wenn es nur objektiv erkennbar bleibt, daß es nicht dem Programm der Stadtverwaltung entsprechen konnte, die erste Einrichtung der städtischen Straße mit dem Provisorium als vollendet anzusehen, daß dieses vielmehr nur der Anfang der Straßenanlegung bedeutet. Dieser Beginn der Anlegung (z. B. durch Fluchtlinienfestsetzung allein, auch durch Festsetzung einer Fluchtlinie nach dem Rechte vor Erlaß des G. v. 1875 nach Maßgabe der Beteiligung der Gemeindebehörde daran) kann schon lange vor Erlaß des Ortsstatuts stattgefunden haben, ohne daß sich dadurch der Tatbestand einer vorhandenen Straße ergibt (OVGE. v. 17. Juni 96 Nr. II 1239, PrVerwBl. 16 S. 363; v. 20. Dez. 97 Nr. IV 2171). Es tritt dieses deutlich hervor bei der Umwandlung einer Privatstraße oder eines Kommunikationsweges in eine städtische Straße. Wenn bei solchen Straßen auch schon vor Erlaß des Ortsstatuts Fluchtlinien festgesetzt sind, so werden sie dadurch noch nicht vorhandene städtische Straßen, weil die Fluchtlinienfestsetzung allein an dem Charakter der Wege nichts ändert, sondern nur bekundet, daß ihre Umwandlung in städtische Straßen beabsichtigt ist, wobei noch in Betracht kommt, daß die festgesetzte Fluchtlinie jederzeit wieder kassiert werden kann (§ 10) und dann an dem früheren Zustande des Weges jedenfalls nichts geändert ist. Findet die Umwandlung eines solchen Weges in eine städtische Straße z. B. durch Regelung ihrer öffentlich-rechtlichen Unterhaltungspflicht (OVGE. v. 30. Jan. 02, PrVerwBl. 23 S. 194; v. 23. Juni 04, PrVerwBl. 26 S. 182; OVGE. 32 S. 204) tatsächlich statt, so handelt es sich um die Anlegung einer neuen Straße und der Beginn dieser Anlegung kann dann sehr wohl von der Festsetzung der Fluchtlinie an gerechnet werden, was für die Beitragspflicht der inzwischen errichteten Gebäude von entscheidender Bedeutung ist. Von der erfolgten Umwandlung solcher Wege in städtische Straßen kann aber erst dann die Rede sein, wenn die (z. B. bereits fertige) Privatstraße durch Beschluß der Gemeinde als eine städtische Straße übernommen wird, oder wenn seitens der Gemeinde tatsächlich Arbeiten am Wegekörper vorgenommen werden, welche mit der Absicht, den Weg zu einer städtischen Straße zu machen, in objektiv erkennbarem Zusammenhange stehen (OVGE. v. 10. Juni 96 Nr. II 1185, PrVerwBl. 17 S. 443; v. 9. Dez. 96 Nr. II 2434 und Nr. II 2435). Vorhanden ist eine Straße als öffentliche Straße immer erst dann, wenn ihre öffentlich-rechtliche Unterhaltung geregelt ist, also in der Regel, wenn die Gemeinde sie übernommen hat (E. Bd. 32 S. 204, v. 28. Dez. 99 Nr. IV 2101; v. 7. Jan. 09 Nr. IV 54; v. 11. Juli 16 IV C. 9. 16; v. 27. Juni 18, Bd. 74 S. 81). Eine solche Übernahme ist aber nicht mehr erforderlich, wenn die Stadt in der Absicht, dort eine öffentliche Straße anzulegen, sie erst durch einen Unternehmer anfangen läßt (Aufschüttung und Planierung des Straßenlandes), denn dann war sie von Anfang an eine in der Anlegung begriffene städtische Straße (OVGE. v. 29. Juni 99, Bd. 35 S. 78; v. 26. Jan. 05, PrVerwBl. 26 S. 524). — Wird so eine Privatstraße von der Stadt übernommen, so wird sie durch die Übernahme öffentliche Straße, und erst das, was die Stadt, nach der Übernahme an ihr vorgenommen hat, ist die erste Einrichtung derselben als einer öffentlichen Straße (OVGE. v. 30. Jan. 02, PrVerwBl. 23 S. 793; v. 26. Jan. 05, PrVerwBl. 26 S. 524); als öffentliche städtische Straße ist deshalb eine so umgewandelte Privatstraße eine neue. Ist erkennbar, daß die Gemeinde die Straßen als ihrem Programm — und damit im Sinne des § 15 dem Bedürfnisse — entsprechend vollständig hergestellt anerkannt und so übernommen hat, so ist die Straße zwar als Gemeindestraße neu, aber eine etwa nach der Übernahme erforderliche neue Pflasterung gehört dann nicht mehr zur ersten Einrichtung (OVGE. v. 26. Jan. 05, PrVerwBl. 26 S. 524). Ist vor der Umwandlung an der damaligen Privatstraße eine Fluchtlinie gelegt, so ist der Zeitpunkt der Fluchtlinienfestsetzung derjenige, mit dem die Anlegung der neuen Straße begonnen hat (OVGE. v. 9. Dez. 96 Nr. II 2435 und Nr. II 2439). Ebenso verhält es sich mit der Umwandlung von — wenn auch schon bebauten — Chausseen und Kommunikationswegen in städtischen Straßen (OVGE. v. 19. Dez. 96 Nr. II 2515 [Mainzer Chaussee in Koblenz]; v. 1. Febr. 96 Nr. II 217).

4. a) Die in Betracht kommenden Fälle können nach ihrer tatsächlichen und rechtlichen Seite sehr verschieden liegen. Der Zeitpunkt, von dem ab das Vorhandensein einer Straße angenommen werden kann, ist am leichtesten zu beurteilen, wenn Fluchtlinien über ein Terrain gelegt werden, auf welchem sich noch gar kein Weg irgendwelcher Art befindet. Durch die Fluchtlinienfestsetzung entsteht natürlich noch keine städtische Straße, dazu müssen die Herstellungsarbeiten von der Gemeinde soweit beendet sein, daß ein straßenmäßiger Verkehr möglich ist. Auch die Freilegung der Straße, die Abtretung des Landes an die Gemeinde macht die Straße noch nicht zu einer vorhandenen (OVGE. v. 1. Febr. 96 Nr. II 217), es müssen tatsächliche Arbeiten am Wege vorgenommen sein, infolge deren die projektierte Straße, wenn auch nicht als fertiggestellte, aber doch als vorhandene bereits in die Erscheinung getreten ist (bezw. eines Falls, in dem es sich um Fertigstellung einer vorhandenen, nicht Anlegung einer neuen Straße handelt, vgl. OVGE. v. 2. Dez. 96 Nr. II 2381). Ist dies der Fall und sind die Arbeiten an der Straße nach dem Programm der Gemeindeverwaltung damit im wesentlichen abgeschlossen (auf fehlende Kleinigkeiten kommt es nicht an, OVGE. v. 30. Jan. 05, PrVerwBl. 26 S. 923), so ist die Straße im Sinne des § 15 vorhanden, wenn sie auch noch in einem unvollkommenen Zustande sich befindet und nicht fertiggestellt ist (§ 12). Eine so bei Erlaß des Ortsstatuts vorhandene Straße kann dadurch, daß die Gemeindeverwaltung später ihre Fertigstellung oder anderweite Regulierung — etwa ihre Verbreiterung, auch durch Festsetzung neuer Fluchtlinien, vgl. OVGE. v. 28. Dez. 99 Nr. IV 2104 — beschließt und ausführt, nicht wieder in das Stadium der Anlegung einer neuen Straße zurückversetzt werden. Denn wo eine städtische Straße bereits vorhanden ist, kann nicht erst eine neue städtische Straße angelegt werden (OVGE. v. 24. Nov. 94 Nr. II 1603, PrVerwBl. 16 S. 312; v. 18. Nov. 97 Nr. IV 1947; v. 10. Febr. 98 Nr. IV 293; v. 24. Febr. 98 Nr. IV 391; v. 18. April 98 Nr. IV 724; v. 23. Mai 98 Nr. IV 977; v. 11. Juli 98 Nr. IV 772, Bd. 25 S. 84, 98: v. 13. Mai 98, Bd. 34 S. 426; vgl. auch Bem. 4 h zu diesem Paragraphen und namentlich Bem. 3 e zu § 12). — Eine Brücke über einen Privatfluß oder Graben, welche in einem Straßenzuge liegt oder zwei Straßen verbindet, ist ein Teil der Straße; wird der Graben zugeworfen, die Brücke abgebrochen und eine neue Fluchtlinie gelegt, so kann dies nicht als die Anlegung einer neuen Straße oder was rechtlich dasselbe ist, die Verlängerung einer Straße gelten; daran ändert auch der Umstand nichts, daß das Material der Brücke abgebrochen und durch anderes Material ersetzt ist, denn auch ein solcher Ersatz oder die Erneuerung des den Straßenkörper bildenden Materials macht eine vorhandene, alte Straße nicht zu einer neuangelegten im Sinne des § 15 (OVGE. v. 28. März 98 Nr. IV 598, Bd. 33 S. 123).

b) Eine vorhandene Straße ist diejenige, welche zur Zeit des Inkrafttretens des ersten nach dem § 15 erlassenen Ortsstatuts gemäß dem Willen der städtischen Behörden in ihrem damals gegebenen und für ausreichend erachteten Zustande für den inneren Verkehr und Anbau bestimmt war. Der Wille der Gemeinde ist entscheidend und unbeschränkt. Das Vorhandensein der Straße wird dadurch nicht ausgeschlossen, daß sie in ihrem Ausbau und in ihren Einrichtungen mangelhaft und unvollständig ist (OVGE. v. 24. April 19 IV C. 71. 19; v. 8. Mai 19 IV C. 52. 18). Eine Straße, welche bebaut werden kann und bebaut wird, hört schon um deswillen nicht auf zur Bebauung bestimmt zu sein, weil bei ihrer Anlegung an erster Stelle die Beförderung von Verkehrsinteressen und nicht die Erschließung von Bauflächen bezweckt wird oder weil die von ihr berührten Grundstücke bereits bebaut waren (OVGE. v. 22. Juni 00, PrVerwBl. 22 S. 133).

Eine Straße kann als Ortsstraße bestehen und dem Anbau sowie dem inneren Verkehr wirklich dienen, ohne doch eine vorhandene Straße zu sein, wenn sie nach dem Willen der städtischen Behörden noch in der Anlegung begriffen ist, ihr Zustand erst als ein einstweiliger und noch nicht als ein den Anforderungen und Bedürfnissen einer städtischen Straße genügender erachtet wird und gewollt ist. Siehe zum Begriff der Straße nach dem § 15 Schultzenstein, PrVerwBl. 33 S. 397 ff. und PrVerwBl. 30 S. 702 u. 726 ff.

Aus dem Anbau an der Straße vor Erlaß des Ortsstatuts kann auf den Willen der Gemeinde, eine Straße in eine Ortsstraße umzuwandeln, nicht geschlossen werden, da ihr vor Erlaß des Statuts auf den Anbau kein Einfluß zustand, sie mithin gar nicht in die Lage kam, einen solchen zu gestatten oder zu versagen. Eine etwa bei dem Anbau mitwirkende Tätigkeit anderer Behörden, etwa der Polizeibehörde oder der Wegebauverwaltung kann als solche der Gemeinde nicht gelten (OVGE. v. 8. Mai 19 IV C. 52. 18). Hat die Gemeinde nach Erlaß des Ortsstatuts auf Grund des § 12 vom Bauverbot abgesehen und die Errichtung von Wohngebäuden im Einzelfalle zugelassen, so kann ihr nicht entgegengehalten werden, sie habe damit eine vorhandene Straße geschaffen selbst dann nicht, wenn auf diese Weise die Straße in ihrer gesamten Länge mit Wohngebäuden besetzt worden ist, wenn sich aus den tatsächlichen Verhältnissen nicht etwa gegenteiliges ergibt. Unter der „schon vorhandenen bisher unbebauten Straße" ist nicht eine neue, sondern eine bereits programmäßig fertig gestellte Straße zu verstehen, die sonach beim Inkrafttreten des Ortsstatuts nicht mehr zu den unter das Gesetz fallenden Straßen zählen würde, nach der gedachten Vorschrift aber gleichwohl dazu gerechnet wird, wofern sie noch gänzlich unbebaut ist (OVGE. v. 20. Jan. 10 IV C. 49. 09).

Es ist nicht erforderlich, daß die „vorhandene Straße" das Bild einer vollständig fertigen Straße zeigt (s. oben E. Bd. 35 S. 78; OVGE. v. 30. Okt. 99 Nr. IV 1371). Eine Straße, welche noch keine endgültige Regulierung erfahren hat, kann doch schon als vorhanden gelten, sofern nur erkennbar ist, daß sie bereits in der vorläufigen Ausführung dem inneren Verkehr und Anbau diente und dienen sollte (OVGE. v. 2. März 05 IV 349). Welche Einrichtungen bestehen müssen, um das Vorhandensein einer Straße im Sinne des § 15 anzunehmen, kann ohne Berücksichtigung der Lage des einzelnen Falls nicht festgestellt werden (vgl. OVGE. Bd. 62 S. 215—218; 52 S. 100 ff.; 38 S. 145, 147; OVGE. v. 2. Okt. 17 IX B. 14. 17). Die tatsächliche Gestaltung der Befestigung, der Bebauung und des Verkehrs hat für sich allein die Veränderung der rechtlichen Eigenschaft eines Weges nicht zur Folge (OVGE. v. 24. Jan. 07 IV 141). Auch auf das Fehlen straßenmäßiger Einrichtung allein kommt es nicht bestimmend an (OVGE. v. 25. Okt. 17 IV C. 18. 17). Eine Straßenanlage schließt nicht notwendig die Herstellung einer gepflasterten Fahrbahn in sich (OVGE. v. 13. Jan. 10 IV C. 16. 09). Auch eine Straße, die nur halb gepflastert und mit Sommerweg, Reitweg versehen ist, kann eine vorhandene sein (OVGE. v. 17. Okt. 93

Nr. II 1136, PrVerwBl. 15 S. 153). Ebenso ein unbefestigter Landweg (OVGE. v. 11. Okt. 97, Bd. 32, S. 365). Eine in der Entstehung begriffene Straße liegt nicht vor bei einem durch einen Graben gekreuzten, ungepflasterten Fußsteig von 2,58 bezw. 3,4 m Breite, an der sich 2 alte Häuschen und ein Arbeiterwohnhaus befinden (OVGE. v. 9. Jan. 08 IV B. 69. 06; PrVerwBl. 29 S. 1033). Es kann nicht in Betracht kommen, daß etwa aus polizeilichen Rücksichten der Fuhrverkehr Einschränkungen unterliegt, dadurch wird der Charakter einer städtischen Straße nicht ausgeschlossen (OVGE. v. 24. Febr. 98 Nr. IV 391, PrVerwBl. 16 S. 312). Aus der Übernahme der polizeilichen Reinigung einschließlich Schneeräumung kann nicht geschlossen werden, daß die Straße für den inneren Ortsverkehr und Anbau dienen sollte (OVGE. v. 1. Mai 14 IX B. 84. 13). Entscheidend bleibt, daß sie zur Zeit des Erlasses des Ortsstatuts bereits nach ausdrücklicher oder stillschweigender Bestimmung der städtischen Behörden für den öffentlichen, straßenmäßigen, inneren Verkehr und den städtischen Anbau bestimmt war und ihm diente, wenn sie auch noch nicht in allen Einzelheiten fertiggestellt war, nicht alle Kriterien aufwies, welche bei fertigen Straßen nach den polizeilichen Bestimmungen — oder den ortsüblichen Anforderungen — erfüllt sein müssen (E. v. 31. Okt. 94, Bd. 27 S. 55; v. 15. Jan. 00 Nr. IV 79, Bd. 38 S. 147; v. 30. Nov. 03 Nr. IV 1883; OVGE. v. 10. März 98 Nr. IV 473; v. 22. Febr. 04, PrVerwBl. 25 S. 561; v. 26. März 08, Nr. IV 625; v. 17. Dez. 08, PrVerwBl. 31 S. 309; v. 15. März 09 Nr. IV 493; v. 14. Nov. 12 Bd. 62 S. 215). Wenn an einem Wege von der Gemeinde vor Erlaß des Ortsstatuts auch Fluchtlinien festgesetzt sind, aber weiter an dem noch nicht für den städtischen Verkehr und Anbau bestimmten Wege nichts verändert wird, so beweist das nur, daß dieser Weg zur Umwandlung in eine städtische Straße in Aussicht genommen ist (OVGE. Bd. 39 S. 217, 218; v. 10. Febr. 05, PrVerwBl. 27 S. 360); nicht der Plan, da eine städtische Straße anzulegen, sondern erst seine Ausführung macht den Weg zu einer vorhandenen städtischen Straße (E. Bd. 38 S. 148, PrVerwBl. 23 S. 194).

Vor Erlaß des Fluchtliniengesetzes ist es zu einer ausdrücklichen oder sonst positiven Willensäußerung der Gemeinden in den gedachten Richtungen verhältnismäßig selten gekommen, so daß häufig die Willensmeinung der Gemeinde aus konkludenten Tatsachen, aus der objektiven Entwicklung ermittelt werden muß und das Ergebnis dieser Ermittelung nicht von dem unmittelbar d. h. ohne Beachtung des Gemeindewillens, aus der tatsächlichen Entwicklung gewonnenen Ergebnis abweicht (OVGE. v. 15. Jan. 18 IX C. 153. 17).

Die Äußerung des Gemeindewillens kann auch darin gesehen werden, daß man die primitive Art des Ausbaues einer Straße und ihrer Unterhaltung dauernd als genügend ansah (OVGE. v. 12. Dez. 16 IX C. 16. 16). Der Wille braucht nicht ausdrücklich erklärt zu sein, sondern es kann auch eine stillschweigende Widmung ihrerseits aus Tatsachen gefolgert werden, welche einen sicheren Schluß auf ihre hierauf gerichtete Absicht zulassen (OVGE. v. 5. Okt. 08 IV 1734; v. 3. Jan. 18 IV C. 40. 17). Derselbe ist z. B. aus der Herstellung von Bürgersteigen geschlossen worden (OVGE. v. 20. Mai 15 IV C. 189. 14). Ist die Entwicklung eines städtischen Anbaues an einem Straßenteil durch Rayonbeschränkungen und das Vorhandensein der Festungswerke tatsächlich und rechtlich ausgeschlossen, so muß dies auf den Willen der städtischen Verwaltung, den Straßenteil für den Anbau zu bestimmen, selbstverständlich zurückwirken (OVGE. v. 24. Sept. 08 IV 1676; KG. v. 14. März 12, Recht XVI S. 245).

Es ist nicht zu fordern, daß die Bestimmung der Straße für den inneren Verkehr und den Anbau durch die städtischen Behörden „in einer den Anwohnern erkennbaren Weise" erfolgt sein muß. Ein solches Erfordernis der Erkennbarkeit für den Anlieger ist in der Rechtsprechung zwar für den Beginn der Anlegung der Straße, nicht aber als Voraussetzung für die Annahme einer vorhandenen Straße aufgestellt worden (OVGE. v. 15. Nov. 17 IV C. 41. 17). Die Gemeinde ist berechtigt, den Beschluß, wodurch die Eigenschaft einer Straße als einer beim Inkrafttreten des ersten Ortsstatuts vorhandenen Straße geschaffen wurde, auch noch nachträglich nach dem Inkrafttreten dieses Ortsstatuts zu fassen, wenn das Ortsstatut nichts Einschränkendes enthält. Das Wesen der vorhandenen Straße schließt einen solchen später zum Ausdruck gebrachten Willen der Gemeinde nicht aus. Ein etwa bei einem Beschluß letztbenannter Art unterlaufener Irrtum über rechtliche und tatsächliche Verhältnisse ist nicht imstande, demjenigen, was von den Gemeindekörperschaften festgesetzt worden war, die ihm sonst zukommende Rechtswirksamkeit zu entziehen. Der Beschluß kann die Bedeutung haben, daß er lediglich eine Ansicht oder Meinung zum Ausdruck bringt, die sich auf bestimmte tatsächliche Annahme oder rechtliche Erwägungen aufbauen (deklarative Bedeutung). Es kann mit solcher Beschlußfassung auch bezweckt sein, es solle dadurch auch die Eigenschaft der Straße als einer vorhandenen festgesetzt werden (konstitutive Wirkung) (OVGE. v. 14. Juni 17 IV C. 60. 16). Eine Ortsstraße kann auch nach dem Erlaß des Ortsstatuts nach stillschweigender Bestimmung der Gemeinde entstehen.

c) Einzelne Beispiele: Während in kleinen Landgemeinden unter Umständen schon Straßen primitivster Beschaffenheit als fertige Ortsstraßen anzuerkennen sind, wird für Straßen eines Stadtbezirks, damit sie als solche gelten können, vorausgesetzt werden müssen, daß sie nach Maßgabe der bestehenden örtlichen Verhältnisse nicht wesentlicher Eigenschaften städtischer Straßen entbehren (OVGE. v. 16. März 11, PrVerwBl. 33 S. 46; v. 20. Sept. 12, PrVerwBl. 34 S. 825). Nicht jeder öffentliche Weg im Stadtbezirk ist eine städtische Straße, er wird auch nicht zur Straße durch einen lebhaften Fußgängerverkehr und Wagenverkehr, selbst wenn der Verkehr sich zum Bahnhof der Stadt bewegt. Maßgebend können nur der Anbau und Ausbau sein (OVGE. v. 18. Sept. 05; v. 19. Febr. 06 IV 275; v. 4. Jan. 06 Nr. IV 19; v. 2. Okt. 13 IV C. 93. 13). Der Begriff einer städtischen Straße deckt sich nicht mit dem einer Wohnstraße. Vielmehr können auch Straßen, an denen wenige oder gar keine Wohngebäude, sondern nur Anbauten anderer Art, insbesondere Fabriken stehen, sehr wohl städtische Straßen sein (OVGE. v. 30. März 05 IV 524). Rechtlich ist es zulässig, daß der dem Innern der Stadt näher gelegene Teil einer Straße, weil er in der Entwicklung weniger vorgeschritten ist, noch nicht für vorhanden erachtet wird, während der weiter entfernte Teil wegen seiner selbständigen Entwicklung bereits vorhanden sein kann (OVGE. v. 2. März 05 IV 349). Städtische Straßen besonders solche an der Peripherie brauchen nicht notwendig durch andere städtische Straßen mit dem Hauptstraßennetze verbunden zu sein (OVGE. v. 17. Okt. 07 IV 1662). Die Benutzun gals Marktplatz beweist nicht, daß der Platz von der Gemeinde für den inneren Verkehr und Anbau bestimmt war

(OVGE. v. 3. Okt. 07 IV 1581). Entspricht die Anlegung eines Promenadenweges dem Programm der Gemeinde, so fällt eine spätere Umwandlung derselben zu einer gepflasterten Straße nicht mehr unter den § 15 (OVGE. v. 13. Jan. 10 IV C. 16. 09; v. 20. Mai 13, IX A. 93. 12). Die Ansicht daß jede Ortschaft eine vorhandene Straße haben müsse, ist irrig. Es gibt Dörfer, in welchen die Wohnplätze zerstreut liegen und in denen es an solchen Straßen fehlt. Dasselbe gilt von Ausbauten und Ansiedlungen außerhalb der Ortslage (OVGE. v. 6. Jan. 13 PrVerwBl. 35 S. 602). Jedoch kann auch in Gemeinden, in denen es bisher an einer geschlossenen Ortslage fehlt, eine erste Ortsstraße entstehen (OVGE. Bd. 29 S. 381; 34 S. 400; 47 S. 90).

Das Vorhandensein von Gebäuden hat selbstverständlich in einem gewissen Umfange einen inneren Verkehr zur Folge, der jedoch ebenso wie die Bebauung genügen muß, um eine erste in den Anfängen der Entwicklung zu einer städtischen Straße stehenden Wegeanlage bereits zu einer vorhandenen städtischen Straße zu machen (OVGE. v. 19. Febr. 06 IV 275). Auf eine „vorhandene" Straße wurde geschlossen aus der nahezu vollständigen Bebauung der Straße, dem auf ihr stattfindenden lebhaften Verkehr, ihrem baulichen Zustand, der Aufstellung von Gaslaternen und dem Anschluß der Straße und der Häuser an das städtische Gasröhrennetz (OVGE. v. 15. Okt. 08 IV 1795). Sind im Laufe mehrerer Jahrzehnte an einem Wege auf der einen Seite nur vier Gebäude, auf der anderen Seite überhaupt keine Gebäude errichtet worden, so ist trotzdem die Möglichkeit gegeben, daß der Weg zum Anbau bestimmt gewesen ist (OVGE. v. 2. Dez. 16 IX C. 16. 16). Dies ist lediglich Frage der tatsächlichen Beurteilung (OVGE. v. 24. Okt. 04, PrVerwBl. 26 S. 372). Aus der tatsächlich fluchtlinienmäßigen Bebauung kann mit auf die Bestimmung der Straße zum städtischen Verkehr und Anbau geschlossen werden (OVGE. v. 2. März 05 IV 348). Auf die Beurteilung, ob eine Straße für den Anbau und Verkehr bestimmt ist, hat die Tatsache, daß für anliegende Grundstücke nicht unerhebliche und ihrer Bestimmung als Bauland Rechnung tragende Kaufpreise bezahlt worden sind, keinen wesentlichen Einfluß (OVGE. v. 9. Febr. 05 IV 227). Bei der Frage, ob eine Straße eine beiderseits zu bebauende ist, kommt es nicht darauf an, ob deren beiderseitige Bebauung möglich ist, sondern vor allem auch darauf, ob sie nach dem Willen der Beteiligten, insbesondere der Gemeinde zur beiderseitigen Bebauung bestimmt ist (OVGE. v. 2. Febr. 12; OVGE. IX B. 46. 11).

Ist eine Bahnhofsstraße ursprünglich nicht als Ortsstraße angelegt, sondern als Kommunikationsweg, so muß gegebenenfalls in solchen Fällen nachgewiesen werden, daß und wann eine Veränderung der rechtlichen Eigenschaften des Weges eingetreten, daß der bisherige Verbindungsweg von den Gemeindebehörden für den inneren Verkehr und Anbau bestimmt worden, sei es durch ausdrückliche oder stillschweigende Willenserklärung (OVGE. v. 16. Jan. 08 IV 91). Ein Anbau an Eisenbahnzufuhrwegen (am Potsdamer Bahnhof, Berlin) ist kein öffentlicher. Ein für den Verkehr nach dem Bahnhofe bestimmter Eisenbahnzufuhrweg, auf dem zwar seiner Bestimmung gemäß ebenfalls ein öffentlicher Verkehr stattfindet, ist trotzdem im rechtlichen Sinne ein dem Eisenbahnfiskus gehöriger Privatweg. Ein solcher Weg ist an sich nicht zum Anbau bestimmt (RG. V. ZS. v. 3. Mai 99, PrVerwBl. 20 S. 482). Ein vermöge privatrechtlicher Wegegerechtigkeit bestehender Zufahrtsweg ist nicht eine in der Entstehung begriffene Straße (OVGE. v. 9. Jan. 12 IX C. 34. 11). Ob Treppenanlagen, welche in bergigem Gelände die Verbindung zweier Straßen vermitteln, als dem Anbau gewidmete Ortsstraßen anzusehen sind, hängt von der Lage des einzelnen Falles ab. Die Herstellung mittels Stufen würde seiner rechtlichen Eigenschaft als Weg keinen Eintrag tun (OVGE. v. 30. Okt. 05 IV 1506, PrVerwBl. 27 S. 593). Aus dem Umstande, daß der Eigentümer eines Gutsbezirkes nicht mehr den Zweck der landwirtschaftlichen Nutzung, sondern den der Verwertung seiner Ländereien als Baugelände im Auge hat, kann für sich allein noch nicht der Wille des Gutsbesitzers hergeleitet werden, einen Kommunikationsweg in eine Ortsstraße umzuwandeln (OVGE. v. 1. Mai 14 IX B. 84. 13). Vgl. E. v. 4. Febr. 15, Bd. 69 S. 176.

d) Chausseen, namentlich die aus einer Stadt herausführenden, können sowohl zu den vorhandenen, als auch zu den in der Anlegung begriffenen Straßen gehören, dabei ist die Art und der Umfang der Bebauung von besonderer Bedeutung (E. Bd. 29 S. 382; OVGE. v. 12. Mai 02 Nr. IV 873). Ein Kommunikationsweg, dessen Umwandlung in eine städtische Straße durch die Aufnahme in den Bebauungsplan und Ziehung von Fluchtlinien in Aussicht genommen, ist eine neue Straße im Sinne des § 15 (OVGE. 33 S. 97).

Keine gesetzliche Bestimmung schließt aus, daß eine Chaussee gleichzeitig die rechtliche Eigenschaft einer Chaussee und einer städtischen Straße haben kann (OVGE. v. 24. Sept. 08 IV 1673). Ein Weg wird jedoch allein dadurch, daß er eine den Ortsstraßen gleiche Befestigung erhält nicht zu einer Ortsstraße (OVGE. v. 6. Juli 15 IX B. 12. 15). Eine Chaussee, welche dicht aufeinanderfolgende Orte mit zahlreicher gewerblicher Bevölkerung durchzieht streckenweise mehr oder weniger dem Zustande von Ortsstraßen angepaßt wird, kann sehr wohl dem Durchgangsverkehr dienen (OVGE. v. 10. Okt. 16 IX B. 8. 16), und es wird eine öffentliche, alte und verkehrsreiche Heerstraße durch teilweisen Anbau in unmittelbarer Nähe stark bevölkerter Ortschaften noch nicht ohne weiteres zu einer dem inneren Ortsverkehr dienenden Straße (OVGE. v. 11. Mai 05 IV 728). Für die Umwandlung bedarf es immer einer Entschließung der Ortsgemeinde, die aber auch stillschweigend erfolgt, aus konkludenten Handlungen geschlossen werden kann (OVGE. v. 15. März 09, PrVerwBl. 31 S. 512; v. 21. Nov. 10, PrVerwBl. 32 S. 682). Entscheidend ist der Wille derjenigen Gemeinde, durch deren Gebiet die Straße führt, nicht der Wille jener Gemeinde oder Verwaltung, welche Eigentümerin der Chaussee ist. Die fremde Gemeinde darf der örtlichen keine Ortsstraße aufnötigen (OVGE. v. 19. Dez. 12 IV C. 153. 12). Der Anbau muß ausschlaggebend sein, wo der Wegekörper schon wegen des Verkehrs von Ort zu Ort besser ist, als der innere Verkehr fordert (OVGE. v. 9. Nov. 05, PrVerwBl. 27 S. 430).

Der Umstand, daß die Provinz die Unterhaltung und Verwaltung der Chausseestrecken inne hat, steht dem Umwandlungsprozeß einer Chaussee zur Ortsstraße nicht entgegen (OVGE. v. 19. Juni 05, PrVerwBl. 27 S. 359; v. 9. Mai 10, PrVerwBl. 32 S. 567). Eine für den Durchgangsverkehr bestimmte Chaussee kann stellenweise sehr wohl eine Ortsstraße sein. Dies ist nicht nur dann der Fall, wenn die Chaussee über eine bestehende Ortsstraße hinweggelegt wird, wodurch selbstverständlich dieser ihre bisherige Eigenschaft als solche nicht genommen wird, sondern auch dann, wenn sie infolge der Entwicklung des Anbaues und des ihm folgenden inneren Verkehrs zu einem den örtlichen Verhältnissen und Bedürfnissen entsprechenden Gliede des mit dem Willen der Gemeinde für den Anbau und den inneren Verkehr bestimmten Ortsstraßennetzes geworden ist. Ob eine derartige Ortsstraße vorliegt, kann gefolgert werden aus einer fast lückenlosen Bebauung und der namentlich durch Beseitigung der Chausseegräben und durch Pflasterung den Bedürfnissen des inneren Verkehrs angepaßten Beschaffenheit der Straße in Verbindung mit dem Umstande, daß im übrigen durch nichts dargetan ist, daß die Gemeinde die Straße auf jenem Teil nicht als Ortsstraße behandelt hat (OVGE. v. 29. April 13, PrVerwBl. 36 S. 10).

Übernimmt die Gemeinde eine Provinzialchaussee in eigene Unterhaltung und versieht dieselbe mit Gas, Wasserleitung, Kanalisation, Pflasterung und Bürgersteigen unter Beseitigung des Chausseegrabens, so ist hierdurch der Wille der Gemeinde, die Chaussee in eine für den inneren Verkehr und Anbau bestimmte Ortsstraße umzuwandeln erwiesen (OVGE. v. 19. Febr. 15 IX B. 32. 14). Wenn die Gemeinde eine Chaussee mit Zustimmung der unterhaltungspflichtigen Provinzialverwaltung oder auf Grund eines ihr die Verwaltung und Unterhaltung, wenn auch nur zeitweilig, übertragenen Vertrages entsprechend ausbaut, so ist sie berechtigt auf Grund des § 15 Beiträge zu erheben und es ist dabei unerheblich, ob die so hergestellte Ortsstraße diese ihre Eigenschaft einmal verlieren und wieder zu einer vom Provinzialverband zu unterhaltenden Chaussee werden kann (vgl. OVGE. v. 11. Mai 05; v. 9. Nov. 05; v. 10 Mai 06, Bd. 47 S. 97, 101, Bd. 48 S. 96 u. 99; OVGE. v. 20. Febr. 08 IV 354). Das Vorhandensein von Chausseegräben ist regelmäßig, wenn nicht besondere Umstände eine andere Beurteilung bedingen, mit der Eigenschaft einer Ortsstraße nicht vereinbar (OVGE. v. 1. Mai 14 IX B. 84. 13).

e) Sind mehrere Statuten nacheinander erlassen, so kommt es auf die Zeit des ersten Statuts an (OVGE. v. 30. Okt. 99 Nr. IV 1731). Durch ein späteres Statut verliert eine im Sinne des Gesetzes **neue**, d. h. zur Zeit des Inkrafttretens des **ersten** Statuts als Ortsstraße noch nicht vorhanden gewesene Straße **nicht** die Eigenschaft einer **neuen** Straße (OVGE. v. 13. Juni 99, Bd. 36 S. 66, PrVerwBl. 21 S. 115; v. 28. Sept. 03 Nr. IV 1571; v. 10. Jan. 07 Nr. IV 55. Vgl. Bem. 2).

Schwierig gestaltet sich die Frage, wenn es sich um eine breite (etwa in der Mitte mit einem Promenadenwege versehene, oder ähnliche) Straße handelt und auf der einen Seite bei Erlaß des Ortsstatuts bereits straßenmäßiger Verkehr und städtischer Anbau vorhanden ist, auf der anderen nicht, derart, daß man auf der einen Seite eine vorhandene Straße annehmen könnte, auf der anderen nicht. Ist hier die gesamte Straße eine vorhandene? Ist eine so gestaltete Straße als eine einheitliche anzusehen, so kann sie nicht zu den „neuen", d. h. erst nach Erlaß des Ortsstatuts begonnenen, sondern sie wird zu den bereits „vorhandenen" Straßen gehören, und es kann sich nur fragen, ob sie — trotz des Anbaues an einer Seite vor Erlaß des Ortsstatuts — als unbebaut gelten darf (OVGE. Bd. 25 S. 84, 90). Siehe Bem. 13 c S. 292. Bemerkt soll hierzu werden, daß das OVG. ausgesprochen hat, eine Straße, welche nur an einer Seite für den öffentlichen Verkehr hergerichtet ist, könne in der Regel nicht als eine „fertiggestellte" angesehen werden (OVGE. v. 20. Jan. 98 Nr. IV 141, PrVerwBl. 19 S. 370).

Bebaut ist eine Straße, wenn zur Zeit des Erlasses des Ortsstatuts auch nur ein Gebäude an ihr errichtet war (vgl. unten) (OVGE. v. 27. Febr. 02 Nr. IV 376). Das Gebäude braucht nicht vollendet zu sein (OVGE. v. 2. Febr. 95, Bd. 27 S. 587). Gebäude, welche an dem Wege standen, ehe er zu einer vorhandenen städtischen Straße wurde, z. B. als der Weg noch Chaussee oder Privatstraße war, müssen außer Betracht gelassen werden. Wenn mithin ein mit einigen Gebäuden besetzter Kommunikationsweg oder eine solche Privatstraße vor Erlaß des Ortsstatuts von der Gemeinde zur städtischen Straße bestimmt, übernommen und hergestellt war, so ist in beiden Fällen, wenn bis zum Erlaß des Ortsstatuts ein weiteres Gebäude nicht errichtet ist, die Straße eine vorhandene, unbebaute im Sinne des § 15. Das früher errichtete Gebäude bleibt ebenso außer Betracht, wie für den Anliegerbeitrag ein Gebäude, an welches eine neue Straße herangelegt wird, weil es an der neuen Straße nicht errichtet ist (OVGE. v. 1. Febr. 98 Nr. I 205).

Aus vorstehendem ergibt sich, daß zu den vorhandenen (unbebauten) Straßen sowohl die noch unvollkommenen, noch nicht ganz fertiggestellten, als auch die bereits völlig ausgebauten Straßen gehören können (OVGE. v. 1. Mai 95 Nr. II 681). Bei beiden Arten kann die Erstattung der von der Gemeinde vor Erlaß des Gesetzes aufgewendeten Kosten, bei der ersteren außerdem die Fertigstellung der Straße oder der Ersatz der dazu erforderlichen Aufwendungen beansprucht werden (OVGE. v. 23. Mai 98 Nr. IV 977). Jenes erscheint gewissermaßen als eine Abweichung von allgemeinen Grundsätzen, da die Ausgaben zu einer Zeit, als die Verpflichtung der Anlieger noch nicht bestand, gemacht sind, bei den Gemeindebehörden also auch die Absicht, Erstattung zu fordern, nicht obgewaltet haben konnte und somit dem Gesetze rückwirkende Kraft beigelegt wird. Nach der Entstehungsgeschichte hat aber der Gesetzgeber gerade dies Ziel im Auge gehabt, und auch der Wortlaut läßt eine andere Annahme nicht zu; insbesondere erscheint eine Auslegung, wonach nur die künftig noch aufzuwendenden und nicht auch die bereits verausgabten Beträge zu erstatten wären, um deswillen ausgeschlossen, weil die Verpflichtung der Anlieger hier genau dieselbe ist, wie bei Anlegung einer neuen Straße, d. h. den Ersatz der zu der gesamten Straßenanlage (Freilegung, ersten Einrichtung, Entwässerung und Beleuchtungsvorrichtung) erforderlichen Kosten umfaßt.

f) Daß alte städtische (sog. historische) Straßen, wie sie nach den Ausführungen der OVGE. Bd. 3 S. 304 ff. von der Bestimmung des § 12 nicht ergriffen werden, auch nicht der Beitragspflicht aus § 15 unterliegen, versteht sich im allgemeinen von selbst. Sofern sie mit Gebäuden, auch nur in geringem Maße, besetzt sind, kann es gar keinem Zweifel unterliegen, da es dann vorhandene bebaute Straßen sind. Der Regel nach sind sog. historische Straßen (die allerdings nur für die Anwendung des § 12 in Frage kommen) auch stets vorhandene (OVGE. v. 22. Juni 99 Nr. IV 1044; v. 28. Dez. 99 Nr. IV 2101). Nur auf eine Kategorie von Straßen, welche für die Anwendung des § 12 als historische gelten, findet trotzdem der § 15 Anwendung. Es sind dieses die bei Erlaß des Ortsstatuts bereits völlig fertiggestellten, vollständig den Bestimmungen gemäß ausgebauten Straßen. Auf sie findet der § 12 keine Anwendung, auch wenn noch kein Gebäude daran errichtet war, sie gelten als historische; dem § 15 jedoch unterliegen sie, sofern sie zur Zeit des Erlasses des Ortsstatuts noch unbebaut waren. Diese Straßen können vollständig ausgebaut sein; ihr Charakter als neue Straßen besteht nur darin, daß sie noch nicht bebaut sein dürfen. Mit diesem Erfordernisse wird der Eigentümlichkeit des dritten Falles Rechnung getragen und zugleich eine Verschiebung des Grundgedankens, wie sie in der Hereinziehung alter, längst bestehender Straßen liegen würde, der Regel nach abgewehrt, da es nur selten vorkommen wird, daß neu angelegte Straßen längere Zeit hindurch unbebaut bleiben. Eben deshalb ist die Bedingung aber auch strenge zu nehmen. Muß die Straße „unbebaut" sein, so trifft das schon dem Wortsinne nach nicht mehr zu, sobald an der Straße nur ein Gebäude errichtet ist. Wie ein Grundstück nicht mehr unbebaut ist, falls sich auf demselben ein Gebäude befindet, mag auch das Grundstück von erheblicher Ausdehnung und das Gebäude nur klein sein, so läßt sich gleicherweise eine Straße nicht mehr als unbebaut bezeichnen, falls sie auch nur mit einem Gebäude besetzt ist. Wollte man hiervon abgehen, so würde jede Möglichkeit fehlen, eine anderweite Grenzlinie zu ziehen; daneben geriete die ganze Grundlage der Vorschrift, daß nur neu angelegte, nicht sog. historische Straßen in Betracht kommen, ins Schwanken und die Gemeinden wären in die Lage versetzt, die Kosten von Straßenanlagen, die vor Jahrzehnten oder noch früher ausgeführt sind, wieder einzuziehen. Wie bedenklich ein solcher Rechtszustand erscheinen müßte und wie wenig er zu den sonstigen Bestimmungen des Gesetzes passen würde, leuchtet ohne weiteres ein. Übrigens werden hierbei Gebäude, die nicht an der Straße errichtet sind, sondern schon früher vorhanden waren und nur zufolge der Durchlegung der Straße an dieser stehen, außer Betracht zu lassen sein. Dadurch soll aber keineswegs für die vorhandenen Straßen etwa noch eine weitere Unterscheidung gemacht werden, ob sie zu den a l t e n historischen Straßen zählen oder nicht. Davon kann dem Inhalte des Gesetzes gegenüber nicht wohl die Rede sein. Wie zu § 12 Bem. 3 S. 156 dargelegt ist, kann eine historische Straße erst kurz v o r E r l a ß d e s O r t s - s t a t u t s entstanden sein, man müßte also dem Begriffe der vorhandenen Straßen gegenüber für den § 15 eine ganz besondere Art von historischen Straßen konstruieren und einen gewissen Zeitpunkt des Entstehens der Straßen vor Erlaß des Ortsstatuts als Scheidung zwischen historischen und vorhandenen Straßen annehmen. Die Annahme dieses Zeitpunktes — 5, 10 oder 20 Jahre und mehr — wird aber immer eine rein willkürliche sein; das Gesetz und die Materialien geben dafür gar keine Andeutung. — Für die bei weitem meisten Fälle wird aber auch zu einer solchen Unterscheidung und zur Heranziehung des Begriffes der „historischen Straße" für den § 15 ein Bedürfnis nicht vorliegen, da, wie oben schon angedeutet ist, Straßen, welche von der Gemeinde als städtische Straßen längere Zeit vor Erlaß des Ortsstatuts angelegt oder zum Anbau bestimmt sind, wohl selten so lange unbebaut bleiben. Ist aber dieses doch der Fall, so ist nicht wohl einzusehen, weshalb nicht die Gemeinde den Ersatz der auch für sie n a c h w e i s l i c h a u f g e w e n d e t e n Kosten soll verlangen können. — Berechtigte Zweifel können allerdings bezüglich des Zusatzes „und Straßenteile" entstehen. Denn es k a n n vorkommen, daß auch bei einer a l t e n historischen Straße ein mittlerer, integrierender Teil, der aber als wirklicher abgesonderter Straßenteil anzusehen ist, bei Erlaß des Ortsstatuts noch unbebaut war. Dem Wortlaut des Gesetzes nach wird die Gemeinde für diesen Straßenteil die Anliegerbeiträge noch verlangen können, sofern sie überhaupt noch in der Lage ist, die aufgewendeten Kosten — und zwar die nur für diesen Straßenteil aufgewendeten (OVGE. v. 2. Okt. 02, Bd. 42 S. 30) — dem Gesetze gemäß festzusetzen und zu berechnen. Hier und da mag darin eine Härte liegen; diese läßt sich aber für die äußerst selten vorkommenden Fälle durch eine entsprechende Bestimmung im Ortsstatute beseitigen. Jedenfalls dürfte es dem insoweit ganz klaren Wortlaute des Gesetzes mehr entsprechen, von der Heranziehung des Begriffes der historischen Straße beim § 15 ganz abgesehen; hieraus werden sich praktische Schwierigkeiten wohl seltener ergeben, als bei der entgegengesetzten Anschauung.

Es ist nichts Seltenes, daß man sich damit begnügt festzustellen, die Straße sei keine fertiggestellte, keine historische gewesen (OVGE. v. 10. Juni 96 Nr. II 1185; v. 30. Okt. 99 Nr. IV 1731; v. 5. April 00 Nr. IV 582, Bd. 33 S. 96). Darauf kommt es aber nach dem Wortlaute und Sinne des Gesetzes gar nicht an, es ist vielmehr festzustellen, ob die Straße, wenn auch nicht fertiggestellt, doch als städtische Straße schon vorhanden gewesen ist, als das Ortsstatut erlassen wurde. Die etwa weiter reichenden Erfordernisse — so führt das OVGE. v. 31. Jan. 98 Nr. IV 206 aus — welche an eine sog. historische Straße gestellt werden, brauchen hier nicht erfüllt zu sein, es kommt hierauf bei dem bloßen Gegensatze von „vorhanden" und „neu", der nach § 15 abweichend von § 12 maßgebend ist, nicht an (OVGE. Bd. 27 S. 55, 57, 74; vgl. OVGE. v. 24. Febr. 98 Nr. IV 931; v. 4. Juli 98 Nr. IV 1235, PrVerwBl. 12 S. 71, 16 S. 109 u. S. 312; v. 14 Jan. 04, Bd. 44 S. 119; v. 2. März 05, PrVerwBl. 26 S. 637). — Der engere Begriff der historischen Straße hat nur Bedeutung für den § 12, wie das bereits oben des öfteren bemerkt ist, für den § 15 kommt er nicht in Betracht (OVGE. v. 30. Okt. 99 Nr. IV 1731; v. 12. Mai 02 Nr. IV 873, Bd. 33 S. 96, Bd. 38 S. 147; v. 18. Febr. 01, PrVerwBl. 22 S. 467; v. 2. Okt. 17 IX B. 14. 17). Die „vorhandene" Straße des § 15 hat begrifflich mit der „historischen" Straße gemein, daß auch sie zur Zeit des Inkrafttretens des ersten auf Grund des Fluchtliniengesetzes erlassenen Ortsstatuts mit dem Willen der Gemeinde für den städtischen Verkehr und Anbau bestimmt gewesen sein und diesem dienen muß. Sie braucht aber nicht wie jene eine fertige Ortsstraße zu sein (OVGE. v. 2. Okt. 17 IX B. 14. 17). Die Begriffe der „vorhandenen" und der „fertigen" Ortsstraße dürfen nicht verwechselt werden (OVGE. v. 10. Juni 15 IV C. 69. 14). Für das die Anwendung des § 15 ausschließende Vorhandensein einer Straße genügt es, wenn sie als solche überhaupt, sei es auch in unfertigem Zustande bei Erlaß des Ortsstatuts dem städtischen Verkehr und Anbau gewidmet war (OVGE. Bd. 15 S. 149; v. 24. Nov. 97 Nr. II 1891; v. 18. April 98 Nr. IV 724; v. 10. Okt. 98 Nr. IV 1697; v. 15. Jan. 00 Nr. IV 78). Bemerkt soll hierbei werden, daß, wenn ein Dorf in eine Stadt eingemeindet wird, die vor der Eingemeindung im Sinne des Gesetzes vorhandene Dorfstraße auch vorhandene städtische Straße wird (OVGE. v. 30. Okt. 99 Nr. IV 1731).

Für die Frage, ob die Straße durch ein Gebäude auf einem adjazierenden Grundstücke als bebaut angesehen werden kann, ist auf die Bem. 5 u. 7 hinzuweisen, wozu hier gleich bemerkt werden soll, daß eine Straße nicht schon dann als bebaut erachtet werden kann, wenn nur überhaupt auf einem an sie grenzenden Grundstücke ein Gebäude errichtet ist, das Gebäude selbst muß vielmehr als ein an der Straße errichtetes anzusehen sein (OVGE. v. 2. März 95 Nr. II 268).

g) Das Gesetz selbst trifft Fürsorge, daß durch die beigefügte Bedingung nicht die ganze Vorschrift von vornherein mehr oder weniger unwirksam gemacht wird; es läßt hier die Unterscheidung zwischen einzelnen Straßen t e i l e n ausdrücklich zu und weist damit die Gemeinden selbst auf den Weg, wie bei neu angelegten Straßen von großer Länge für die noch unbebauten Strecken die Erstattung der Kosten gesichert werden kann. Deshalb wird es aber auch, wenn nicht geboten, doch wenigstens entschieden zweckmäßig sein, im Ortsstatute näher festzusetzen, was als Straßenteil angesehen werden soll; denn an sich stößt man hierbei auf Schwierigkeiten (vgl. Bem. 4 zu § 12). Fehlt es an einer Regelung im Statute, so ist man wieder auf den Zweck des Gesetzes und die Natur der Sache angewiesen. Der Ausdruck Straßenstrecke im Ortsstatut hat dieselbe Bedeutung wie Straßenteil (OVGE. v. 10. Juli 16, PrVerwBl. 38 S. 416).

Das Berliner Ortsstatut v. 7. 19. März 77 enthielt eine Regelung bezw. der Straßenteile nicht, in dem neueren v. 25. Juni u. 20. Sept. 06 ist eine solche, erfolgt, welche jedoch zu weit geht. Nach dem § 5 a. a. O. ist richtig aufgeführt was unter Straßenteil verstanden werden soll, sodann heißt es weiter: „Ein gleiches gilt bei Straßen, welche bebauungsplanmäßig mehrere Fahrdämme Reitwege, Promenaden u. dergl. erhalten sollen, wenn nach Gemeindebeschluß durch Herstellung einzelner dieser Straßenteile, als einer in sich abgeschlossenen Anlage, die Straße für den Anbau auf einer Straßenseite fertig hergestellt wird. In solchem Falle ist die Hälfte der Gesamtkosten des ausgeführten Straßenteils der Verteilung auf die anliegenden Grundstücke zugrunde zu legen. Soweit der Straßenteil in seiner Breite die Hälfte der bebauungsplanmäßigen Breite der Straße überschreitet oder mehr als 26 m Breite beträgt, findet die Vorschrift des § 6 sinngemäße Anwendung". Hier ist das Wesen des Straßenteils verkannt. Auch wenn die Straße mehrere Fahrdämme, Promenaden, Reitwege usw. aufweist, kann die Heranziehung immer erst erfolgen, wenn die ganze Straße (abgesehen bei Spaltung der Kosten) oder falls die Straßenanlage aus zwei für sich selbständigen Teilen besteht, jeder Teil für sich fertig gestellt ist. Soweit die Vorschrift etwas anderes besagt, entbehrt sie der Rechtswirkung. Ebenso abwegig ist die Bestimmung, daß für einen derartigen Straßenteil gegebenenfalls die Berechnung nach § 6 („Bei Straßen oder Straßenteilen von mehr als 26 m Breite ist nur ein nach dem Verhältnis der Gesamtbreite zu 26 m zu berechnender Teil der Gesamtkosten zur Verteilung bringen") sinngemäß zu erfolgen habe.

Eine Gemeinde kann in Ansehung einer Straße, für die einheitlich Fluchtlinien (OVGE. v. 10. Febr. 10 IV C. 59. 09; v. 14. Nov. 12 IV C. 129. 12) festgesetzt sind, beschließen, sie in Teile mit der Wirkung zu zerlegen, daß schon die Fertigstellung des Straßenteiles den Anspruch auf Anliegerbeiträge rücksichtlich dieses Teiles zur Entstehung bringt. Darüber entscheidet der freie Wille der Gemeinde (OVGE. v. 22. Nov. 06 Nr. IV 1870; v. 21. Sept. 11 IV C. 19. 11; v. 4. Mai 16 IV C. 100. 15, S c h u l t z e n s t e i n, PrVerwBl. 30 St. 705 v. 726), den der Verwaltungsrichter zu erforschen hat, wenn Streit darüber entsteht, in welcher Ausdehnung ein Straßenteil anzunehmen ist (OVGE. v. 14. Okt. 09 DJZ. 15 S. 711; v. 16. März 11, PrVerwBl. 33 S. 45). Die Gemeinde ist b e r e c h t i g t, einzelne Straßenabschnitte als selbständige Straßenteile zu behandeln, sie ist dazu aber nicht verpflichtet und den Anliegern steht der Einwand nicht zu, die Straßenabschnitte hätten, z. B. weil sie durch Querstraßen geschieden wären, getrennt behandelt werden müssen. Jedoch ist eine Einschränkung der gesetzlichen Befugnisse der Gemeinde durch Statut zulässig (OVGE. v. 9. Nov. 05 Nr. IV 1404; v. 12. März 08, 52 S. 106). Auch ist es dabei unerheblich, ob diese Querstraße die fragliche Straße schneidet oder nur in sie einmündet (OVGE. v. 30. Nov. 03, PrVerwBl. 25 S. 405). Für die Kosten selbst ist es allerdings von Bedeutung, ob die Fläche einer Straßenkreuzung mit zu berücksichtigen ist oder nicht. Ein besonderer Straßenteil ist immer da anzuerkennen, wo die Straße durch Querstraßen (unter Umständen auch bloß projektierte, E. Bd. 36 S. 145, Brücken oder anderweite Anlagen tatsächlich in verschiedene Abschnitte zerfällt (OVGE. Bd. 25 S. 86 ff.; v. 10. Juli 97 Nr. II 1265, Bd. 37 S. 55; v. 22. Jan. 03, Bd. 42 S. 365). Für die Berechnung und Einziehung der Anliegebeiträge dürfen die Gemeinden aus der gesamten Straßenanlage nicht ganz willkürlich beliebige, einzelne an einem oder wenigen Baugrundstücken — etwa an einer Straßenseite — liegende Straßenstücke herausgreifen, die als Straße gar keine eigene Bedeutung haben können, während im Sinne des § 2 jeder beliebige Abschnitt als Straßenteil gelten kann, er braucht nicht ein wirtschaftliches Ganzes zu bilden (E. d. RG. V. ZS. v. 5. Mai 86, PrVerwBl. 8 S. 180 und v. 3. April 89, Bd. 23 S. 284; v. 8. Dez. 98, Bd. 34 S. 92; v. 7. Juli 02, Bd. 41 S. 145; v. 26. Jan. 05, PrVerwBl. 26 S. 524; v. 6. Mai 09 IV C. 124. 08). Aus geringer Länge ergibt sich jedoch nicht, daß ein selbständiger Straßenteil nicht vorliegen kann (OVGE. v. 28. Sept. 16 IV C. 32. 16). Es ist jedenfalls erforderlich, genügt aber auch, wenn erkennbar ist, daß die Gemeinde sich aus sachlichen Gründen einstweilen auf den Ausbau eines Teils des in der Anlegung begriffenen Straßenzugs, der äußerlich eine Straße oder einen Straßenteil darstellen kann, beschränkt hat (E. Bd. 41 S. 146). Teile einer vorhandenen städtischen Straße, welche vor bisher unbebaut liegen gebliebenen Bauplätzen sich befinden, während sonst die Straße bebaut ist und nur einzelne Lücken der Bebauung aufweist, können wegen dieses Mangels des Anbaues niemals den im § 15 d. G. erwähnten unbebauten Straßenteilen gleichgestellt werden (OVGE. v. 19. Dez. 93 Nr. II 1407; v. 18. Nov. 97 Nr. IV 1947; v. 1. Febr. 98 Nr. I 205). Näheres vgl. noch Bem. 13c zu § 15.

Die Frage, ob die Straße schon vorhanden, aber noch unbebaut war, entscheidet sich, wie schon angedeutet, nach dem Zustande bei Erlaß des Ortsstatuts (OVGE. v. 1. Dez. 93 Nr. II 1326). Um der Straße die Eigenschaft einer unbebauten zu nehmen, ist es nicht nötig, daß das Gebäude bei Erlaß des Ortsstatuts bereits vollendet war, hat seine Errichtung vorher begonnen, so ist die Straße eine bebaute (OVGE. v. 2. Febr. 95 Nr. II 162, Bd. 27 S. 58). Ein Anbau an anderen Wegestrecken, als Straßen, insbesondere an bloßen Feld- oder Kommunikationswegen begründet keine Verpflichtung (OVGE. Bd. 15 S. 149, v. 3. Juli 95 Nr. II 1065).

Daß dieser dritte Fall für den Unternehmer einer neuen Straßenanlage von vornherein ausscheidet und daß ferner die Heranziehung der Anlieger ganz in derselben Weise, wie bei Anlegung einer neuen Straße, in Gemäßheit des Abs. 2 zu erfolgen hat, bedarf kaum der Erwähnung. Der

§ 14 des früheren Berliner Statuts legt dem einzelnen Anlieger Verpflichtungen in betreff der unentgeltlichen Abtretung, der Freilegung und Pflasterung des ihm gehörigen, in die Straße fallenden Geländes auf, die nach § 15 Abs. 2 nur den gesamten, mit ihren Grundstücken an die Straße grenzenden Eigentümern in gesetzlich bestimmten Verhältnissen zur Last gelegt werde können. Die E. d. RG. V. ZS. v. 10. Okt. 88, Bd. 23 S. 279, PrVerwBl. 10 S. 97 läßt, soweit die abgedruckten Gründe ergeben, sowohl diesen Gesichtspunkt wie den Umstand völlig unbeachtet, daß eine Heranziehung der Anlieger nur auf dem durch § 18 des Zuständigkeitsgesetzes v. 1. Aug. 83 vorgezeichneten Wege zum Gegenstande eines Streites gemacht werden konnte (vgl. E. d. RG. V. ZS. v. 13. Jan. 92, Bd. 29 S. 158 ff.).

h) Da sich der § 15 in den beiden ersten Fällen — der Anlegung einer neuen Straße und der Verlängerung einer bestehenden Straße — ebenso wie der § 12 nur mit neu anzulegenden Straßen beschäftigt, so sind für die alten Straßen, für welche der § 15 unanwendbar bleibt, im allgemeinen auch die Ausführungen maßgebend, welche in der Bem. 3 b zu § 12 für historische Straßen gegeben sind. Nur für den dritten Fall — das Anbauen an bereits vorhandenen, bisher unbebauten Straßen — passen, wie oben näher gezeigt, diese Grundsätze nicht, obwohl völlig ausgebaute, also vorhandene, städtische Straßen, auch wenn sie noch nicht mit Gebäuden besetzt sind, an sich unter den Begriff der historischen Straßen, welche für die Anwendung des § 12 ausgeschlossen sind, fallen (E. d. RG. V. ZS. v. 10. Okt. 88, Bd. 23 S. 279, PrVerwBl. 10 S. 97; OVGE. v. 2. März 95 Nr. II 231, PrVerwBl. 16 S. 312 u. a.). — Einer mehrfach hervorgetretenen, abweichenden Auffassung gegenüber muß noch darauf hingewiesen werden, daß die Regulierung einer bereits bestehenden, aber noch nicht den baupolizeilichen Bestimmungen entsprechenden Straße keineswegs ohne weiteres der Anlegung einer neuen Straße gleichgestellt werden kann. Es kann in dieser Beziehung lediglich auf das oben Ausgeführte Bezug genommen werden. Wenn vor Inkrafttreten des Statuts eine städtische Straße — im Gegensatze zu einem bloßen Feldwege, einer Chaussee, einer Landstraße oder dergl. — vorhanden und von der Gemeinde, wenn auch in unvollkommenem Zustande, unterhalten wurde, so ist, sofern sie noch des völligen Ausbaues bedurfte und dieser durch eine spätere Regulierung bewirkt wurde, dieses nur die vollkommene Fertigstellung einer vorhandenen, also nicht die Anlegung einer neuen Straße (OVGE. Bd. 27 S. 56, v. 3. Juli 95 Nr. II 1065; v. 17. Sept. 95 Nr. I 1177, PrVerwBl. 17 S. 83; v. 2. Dez. 96 Nr. II 2381. Vgl. auch E. v. 23. Mai 94 Nr. II 771, PrVerwBl. 15 S. 496; v. 9. Dez. 96 Nr. II 2434. — Im übrigen vgl. § 12 Bem. 3 b am Schlusse).

5. a) Das Gesetz gestattet eine Heranziehung zweier durchaus verschiedener Klassen von Pflichtigen: des Unternehmers der neuen Anlage und der angrenzenden Eigentümer. Die gemeinsame Behandlung beider ist aus dem Berliner Regulative v. 31. Dez. 38 herübergenommen, wo sich die Nebeneinanderstellung mit ganz denselben Worten findet. Zweckmäßiger dürfte es indes gewesen sein, hier eine Unterscheidung eintreten zu lassen; denn an sich können die Unternehmer und die Anlieger nicht auf eine Linie gestellt werden; ihre Zusammenfassung bringt deshalb auch Unebenheiten und Unklarheiten ins Gesetz. — Die Eigentümer der angrenzenden Grundstücke sind als solche

nicht beitragspflichtig; um sie heranziehen zu können, bedarf es immer erst des Erlasses einer entsprechenden Rechtsnorm. Die Verwaltung hatte nun früher an dem Grundsatze festgehalten, daß die Belastung einzelner Klassen der Gemeindeangehörigen mit Präzipualleistungen für Gemeindezwecke nur insofern zulässig sei, als die Gesetze, insbesondere die Gemeindegesetze ausdrücklich eine solche Ausnahme gestatteten. Der Grundsatz entbehrte allerdings der rechtlichen Unterlage und ist infolge der OVGE. Bd. 16 S. 51 ff. demnächst auch von dem Minister des Innern aufgegeben (Erlaß v. 5. Nov. 88, MBl. S. 213); bei Beratung des Gesetzes herrschte aber allseitiges Einverständnis darüber, daß den Gemeinden das Recht zur Heranziehung der Anlieger nach der geltenden Gesetzgebung nicht zustehe, sondern erst ausdrücklich verliehen werden müsse. Völlig anders dagegen steht die Sache in Beziehung auf den Unternehmer; dieser muß eine Straße, die er anlegen will, unter allen Umständen herstellen; es erscheint daher einigermaßen befremdlich, wenn der Gemeinde noch besonders die Befugnis beigelegt wird, von ihm den Ausbau der Straße zu verlangen. Die Badensche und Württembergsche Gesetzgebung ordnen denn auch das Verhältnis der Gemeinde zu den Anliegern und zu den Unternehmern durchaus verschieden; in Beziehung auf die letzteren wird eine Pflicht, die Straße herzustellen, nicht besonders ausgesprochen, sondern nur vorgeschrieben, in welcher Weise die Genehmigung für die Anlage zu erwirken ist. Wäre im G. v. 2. Juli 75 der Unternehmer unberücksichtigt geblieben, so würde es zwischen ihm und der Gemeinde einer Vereinbarung beburft und das dadurch hergestellte Rechtsverhältnis ausschließlich dem privatrechtlichen Gebiete angehört haben; die Gemeinde hätte dann ihre Bedingungen in jedem einzelnen Falle nach eigenem Ermessen stellen können. Gerade dies hat aber abgeschnitten werden sollen; schon in den Verhandlungen über den Entwurf einer Wegeordnung wird betont, das Erfordernis der Aufstellung eines förmlichen Gemeindestatutes solle die Möglichkeit ausschließen, die von den Unternehmern oder den angrenzenden Eigentümern zu leistenden Beiträge ungleichmäßig und beliebig für jede einzelne Straßenanlage zu normieren; und in der Begründung der späteren Gesetzentwürfe ist das fast mit denselben Worten wiederholt. Gegenüber den Anliegern mag dieser Gesichtspunkt auch seine volle Berechtigung haben; weniger leicht dürfte indes einzusehen sein, welches Interesse der Staat daran hat, einen Unternehmer, in dessen freiem Entschlusse es steht, ob er die Straße herstellen will oder nicht, gegen etwaige unbillige Anforderungen der Gemeinde zu schützen. Wie dem aber auch sei, nunmehr sind den Gemeinden gegenüber den Anliegern und Unternehmern durch das Gesetz bestimmte Schranken gezogen; ein Mehreres, als die „Freilegung, erste Einrichtung, Entwässerung und Beleuchtungsvorrichtung" kann in betreff des Anbaues o r t s s t a t u t a r i s c h nicht gefordert werden; und wenn damit regelmäßig auch die zu stellenden Anforderungen erschöpft sein mögen, so werden die Gemeinden doch jedenfalls hinsichtlich der Unterhaltungslast sehr wesentlich eingeengt; diese muß selbst dem Unternehmer spätestens nach fünf Jahren abgenommen werden — eine Bestimmung, die dem Regulative v. 31. Dez. 38 unbekannt war, sich ebensowenig in der Badenschen und Württembergschen Gesetzgebung findet und auch wohl nicht in allen Fällen gerechtfertigt erscheint. Die Vorteile, die auf der anderen Seite für die Gemeinden aus der Hereinziehung des Unternehmers in das Gesetz entstehen, fallen nicht stark ins Gewicht; da nunmehr die Verpflichtung des Unternehmers, abweichend von ihrer naturgemäßen Gestaltung, in das Gebiet des öffentlichen Rechts eingeführt ist, wird den Gemeinden die Möglichkeit eröffnet, bei Nichterfüllung der Leistungen zur administrativen Exekution zu schreiten; das mag unter Umständen nützlich sein, wiegt aber den Verlust der freien Bewegung, die den Gemeinden bei einer Vereinbarung mit dem Unternehmer gestattet ist, schwerlich auf. Es wird daher in jedem Falle zu erwägen sein, ob es ratsamer ist, gegenüber einem Unternehmer von dem Ortsstatute Gebrauch zu machen oder mit ihm einen besonderen Vertrag zu schließen. Daß letzteres trotz des § 15 rechtlich zulässig bleibt, bedarf keiner Begründung. Jedenfalls ist die Gleichstellung der Unternehmer und der Anlieger für den Bau und die Fassung des Gesetzes nicht günstig gewesen; schon oben (Bem. 4 g am Schlusse) ist bemerkt, wie der Fall des Anbaues an bereits vorhandenen Straßen zu den Unternehmern überhaupt nicht in Beziehung gebracht werden kann; anderweite Inkongruenzen, welche sich auch aus den Bestimmungen des Kommunalabgabengesetzes herleiten, werden sich noch später ergeben (vgl. Bem. 15).

b) Die Verpflichtung der Unternehmer und Anlieger ist inhaltlich der Hauptsache nach die gleiche. Von beiden kann

a) die Herstellung der Straße und die Unterhaltung derselben während fünf Jahren
oder

b) die Erstattung der hierzu erforderlichen Kosten
oder auch

c) ein verhältnismäßiger Beitrag zu diesen Kosten

verlangt werden. Wie nun sofort einleuchtet, sind die Gemeinden nicht in der Lage, die wirkliche Herstellung und Unterhaltung von den Anliegern zu fordern; zumal der Ausbau kann wohl von einem Unternehmer, nicht aber durch eine größere oder kleinere Zahl von Anliegern und noch dazu stückweise, je nachdem die Eigentümer zur Bebauung ihrer Grundstücke schreiten, also zu verschiedenen Zeiten bewirkt werden; aber auch die Unterhaltung den Anliegern anzuvertrauen, wird regelmäßig nicht tunlich sein. Die fr. Bestimmung paßt daher von vornherein nur für die Unternehmer; ihre Durchführung gegenüber den Anliegern würde auch wegen der im Absatze 2 geordneten Beitragsverhältnisse auf kaum zu überwindende Schwierigkeiten stoßen. Treten die Anlieger zu einer Gesellschaft zusammen, um die Straße gemeinschaftlich herzustellen, so sind sie im Verhältnis zu der Gemeinde Unternehmer und nicht mehr Anlieger.

Übrigens können außerhalb des Rahmens des § 15 überhaupt Naturalleistungen — und folgeweise auch Geldzahlungen an ihrer Statt — bei Straßen als Gemeindelast nicht auferlegt werden (PrVerwBl. 19 S. 501; OVGE. v. 2. Mai 99 Nr. II 601 u. 602; vgl. E. v. 10. Dez. 00, PrVerwBl. 22 S. 444; v. 9. April 08 Nr. IV 712).

Wird die Straße von der Gemeinde hergestellt, so bleibt praktisch kaum ein anderer Weg übrig, als daß die Kosten nach ihrer Aufwendung in Gemäßheit des § 15 Abs. 2 auf die Anlieger verteilt werden (Fall b). Das Gesetz gestattet aber offenbar noch eine andere Heranziehung. Es stellt an die Spitze die Pflicht der Anlieger zur wirklichen Herstellung der Straße, ermächtigt indes die Gemeinden, statt dessen die Straße selbst anzulegen und dann von den Anliegern einen verhältnismäßigen Beitrag oder den Ersatz der erforderlichen Kosten zu verlangen. Nach diesem Bau der Bestimmung ebenso wie nach dem Wortlaute ist es nicht wohl tunlich, unter dem „verhältnismäßigen Beitrage“ einen teilweisen Ersatz der geleisteten Ausgaben zu verstehen. Einesteils wären dann die Worte „ein verhältnismäßiger Beitrag“ völlig müßig; denn daß die Gemeinden neben dem vollen Ersatz ihrer Auslagen auch die teilweise Erstattung fordern dürfen, brauchte nicht besonders ausgesprochen zu werden. Anderenteils hätte sich der Gesetzgeber, wenn er dies klarstellen wollte, anders ausdrücken müssen, es war dann etwa den Gemeinden die Festsetzung freizugeben, daß „voller oder teilweiser Ersatz“ der Kosten geleistet werde. Wenn statt dessen „ein verhältnismäßiger Beitrag“ und „der Ersatz“ der Kosten nebeneinander gestellt sind, so muß beides notwendig etwas Verschiedenes sein. Was nun der Gesetzgeber unter ersterem verstanden hat, findet sich nirgends erläutert; anscheinend ist dabei an eine Heranziehung der Anlieger mit einem von den Gemeindebehörden im voraus festgestellten Satze gedacht, wie sie auch in einzelnen Ortsstatuten vorgesehen ist. Eine derartige Anordnung läßt sich aber kaum in geeigneter Weise durchführen; es dürfte der Beitrag jedenfalls diejenige Summe nicht überschreiten, die sich für die einzelnen bei einer dem Gesetze entsprechenden Verteilung der Gesamtkosten ergeben würde; damit dies gesichert wäre, müßte sich der Beitrag in sehr mäßigen Grenzen halten, und wenn er etwa vor Ausführung der Straßenanlage eingezogen werden sollte, ließe sich dafür ein angemessener Zeitpunkt nur schwer bestimmen; namentlich da auch für solchen Fall dem Anlieger nicht das Recht verschränkt werden darf, prüfen zu können, ob sich der Beitrag innerhalb der vorgeschriebenen Grenzen hält. Es ist in der Praxis auch der Versuch gemacht worden, die Sache so zu ordnen, daß die Anlieger verpflichtet werden, vor Ausführung der Arbeiten einen nach dem Voranschlage bemessenen Beitrag zu leisten. Das widerspricht aber dem Gesetz. Das OVG. geht davon mit Recht aus, der § 15 setze für die Einziehung von Straßenbaukosten stets eine vorgängige Leistung seitens der Gemeinde voraus, so daß nur aufgewendete Kosten gefordert werden könnten. Die Gemeinde muß vorleisten (E. v. 3. Mai 92 Nr. II 486; OVGE. Bd. 22 S. 80, Bd. 25 S. 98; v. 4. April 98 Nr. IV 622; v. 18. April 98 Nr. IV 722; v. 5. Juni 99 Nr. IV 939; v. 19. März 00 Nr. IV 477; vgl. auch Bem. 3d zu diesem Paragraphen). Bei dem unter b bezeichneten Wege versteht sich das von selbst (OVGE. Bd. 17 S. 183 und v. 26. Juni 88 Nr. II 698, PrVerwBl. 9 S. 421). Wenn § 10 des Kommunalabgabengesetzes die Vorschriften des G. v. 2. Juli 75 mit der Maßgabe in Kraft bestehen läßt, „daß die im § 15 daselbst vorgesehenen Beiträge nach einem anderen, als dem dort angegebenen Maßstabe, insbesondere auch nach der bebauungsfähigen Fläche, bemessen werden dürfen“, so bedarf es keiner weiteren Erörterung, daß hier unter Beiträgen sowohl „der Ersatz der erforderlichen Kosten“ als auch „der verhältnismäßige Beitrag“ zu verstehen ist. Der Unternehmer scheidet für die Bestimmungen des Kommunalabgabengesetzes ganz aus.

Nach dem Gesetze besteht die einzige Verschiedenheit zwischen Unternehmern und Anliegern darin, daß letztere immer nur für die Hälfte der Straße und jedenfalls nicht für mehr als 13 m der Straßenbreite herangezogen werden dürfen. Die 13 m gelten, wie bei der Beratung des Gesetzes (StenB. d. AH. S. 2044) ausdrücklich anerkannt ist, daneben aber auch aus der Natur der Sache folgt, für beide Seiten, so daß die Anlieger auf jeder Seite für 13 m haften. — In der E. d. RG. V. ZS. v. 30. Okt. 82 (JMBl. 83 S. 334, PrVerwBl. 5 S. 59) ist die Frage, ob die 13 m bei einer 26 m übersteigenden Straßenbreite von der Mitte der Straße nach der Fluchtlinie oder umgekehrt gemessen werden müssen, in ersterem Sinne entschieden. Zur Begründung wird ausgeführt, das Gesetz scheine nach seiner Fassung von dem Gedanken einer Normalstraße in der Breite von 26 m auszugehen und an diese Vorstellung knüpfe sich folgerecht die einer Verbreiterung an beiden Seiten; zwar sei ein sicherer Anhalt für die Auslegung des Gesetzes nicht gegeben und daher auch eine andere Auffassung möglich; doch habe die entwickelte Ansicht die größere Wahrscheinlichkeit für sich. — Hierüber läßt sich nun allerdings streiten; abgesehen von dem wohl kaum zutreffenden Ausgangspunkte, dem Gedanken einer Normalstraße von 26 m kann mit ebenso gutem Grunde gesagt werden; wenn den Anliegern auf jeder Seite die Herstellung der Straße in einer Breite von 13 m oder die Erstattung der hierfür entstehenden Kosten auferlegt sei, so spreche eine entschiedene Vermutung dafür, daß die zunächst an ihre Grundstücke grenzenden 13 m gemeint seien. Diese Annahme wird durch die Erwägung bestärkt, daß die Anlegung und Unterhaltung der Bürgersteige von jeher in zahlreichen Städten eine Verpflichtung der Anlieger gebildet hat und es daher nicht gerade naturgemäß erscheint, wenn ihnen bei breiteren Straßen diese Last abgenommen wäre. Man kann aber auch behaupten, daß die Frage von vornherein nicht richtig gestellt sei und eine gesonderte Berechnung der Kosten nach den räumlich abzugrenzenden Teilen der Straße überhaupt nicht stattzufinden habe. Diese Meinung dürfte dem Gedanken des Gesetzgebers, wie er namentlich in dem sich unmittelbar anschließenden Absatze 2 Ausdruck gefunden hat, am meisten entsprechen; hiernach sollen die Kosten der gesamten Straßenanlage zusammengerechnet und sodann auf die Pflichtigen verteilt werden; damit steht es durchaus in Einklang, wenn der Beitrag der Anlieger zu den Gesamtkosten nach dem Verhältnis von 26 m zu der ganzen Breite der Straße berechnet wird. So wird die Bestimmung, soweit ersichtlich, in der Praxis gehandhabt. In der Rechtsprechung hat diese Handhabung in zahlreichen Entscheidungen die Billigung des OVG. gefunden (s. u. a. OVGE. v. 5. März 00, Bd. 37 S. 55 ff., 60; v. 24. Febr. 02, Bd. 41 S. 117; v. 7. Juli 02, Bd. 41 S. 143). Bemerkt soll übrigens schon hier — vgl. Bem. 13 c zu diesem Paragraphen — werden, daß, wenn bei einer Straße eine Mittelpromenade eingerichtet ist und die Stadt die Kosten für die Aptierung dieser Promenade nicht erstattet verlangt, bei der Berechnung nur diese Kosten abgesetzt werden dürfen; aber für Grunderwerb und Herstellungskosten darf ein verschiedener Maßstab, so daß für letztere die Straße mit einer geringeren Breite angesetzt wird, wie für die Kosten des Grunderwerbs, nicht zur Anwendung kommen (E. Bd. 37 S. 55).

c) Das Gesetz erklärt die „angrenzenden Eigentümer", d. h. die Eigentümer der an die neue Straße grenzenden Grundstücke ohne jede Einschränkung für beitragspflichtig. Trotzdem ist eine im Gesetze nicht ausdrücklich erwähnte Bedingung hinzuzufügen: die angrenzenden Grundstücke müssen zum Bezirke derjenigen Gemeinde gehören, welche die Straße anlegt

(OVGE. 17 S. 172). Es kann nur angenommen werden, daß dies stillschweigend vorausgesetzt ist. Das Gesetz will den Gemeinden eine Erleichterung gewähren, indem es ihnen die Abwälzung der Straßenanlegungskosten auf die Anlieger freistellt; die Gemeinden werden damit ermächtigt, diese Kosten in anderer Weise, als die sonstigen Gemeindebedürfnisse, aufbringen zu lassen; die Straßenbaukosten sind aber an sich Gemeindelasten und bleiben dies auch, wenn sie gemäß § 15 einzelnen Gemeindegliedern auferlegt werden (vgl. Bem. 14 unten und Bem. zu § 19). Damit ist von selbst gegeben, daß die Grundstücke, deren Eigentümer beitragspflichtig gemacht werden sollen, Teile des Gemeindebezirks sein müssen. Denn die Heranziehung zu einer Gemeindelast, die auf die Gemeindemitglieder oder einzelne Klassen derselben verteilt werden soll, setzt immer eine persönliche oder dingliche (vgl. Bem. 14 c zu § 15) Verbindung mit dem Gemeindebezirke voraus, und die hier notwendige dingliche Verbindung kann nur durch die Zugehörigkeit des Grundstückes zum Gemeindebezirke hergestellt werden. Unter diesen Umständen bedurfte es einer besonderen Hervorhebung der gedachten Voraussetzung im § 15 nicht; um die Absicht des Gesetzgebers erkenntlich zu machen, genügte völlig, daß die Ausübung der den Gemeinden erteilten Befugnis im Wege des Erlasses von Ortsstatuten vorgeschrieben wurde; damit ist die Grenze für den Kreis der Beitragspflichtigen ausreichend gezogen, da ortsstatutarische Anordnungen (vgl. § 11 der Städteordnung für die östlichen Provinzen v. 30. Mai 53 und die entsprechenden Vorschriften der übrigen Gemeindegesetze, u. a. §§ 5 und 6 der Landgemeindeordnung v. 3. Juli 91) bestimmt sind, die Rechte und Pflichten für die „Mitglieder" der Gemeinde zu regeln, hierzu aber die Eigentümer der außerhalb des Gemeindebezirkes belegenen Grundstücke nicht gehören (OVGE. Bd. 17 S. 178 ff.; v. 17. Febr. 10 IV C. 141. 09). Dieser Grundsatz wird allerdings nicht gerade häufig zur Anwendung gelangen; immerhin gibt es aber doch hier und da Straßen, die unmittelbar der Grenze des Gemeindebezirks entlang angelegt werden (vgl. OVGE. v. 3. Febr. 98 Nr. IV 1758; v. 25. Juni 00 Nr. IV 1092; v. 5. Jan. 03 Nr. IV 2053; vgl. auch § 12 Bem. 2 b) und noch einschneidender wirkt die Beschränkung da, wo der Gemeindebezirk kein räumlich abgeschlossenes Ganzes bildet, wo also entweder die Bestandteile verschiedener Gemeinde- und Gutsbezirke im Gemenge liegen oder ganze Gutsbezirke von den Stadtbezirken umschlossen werden. Dergleichen Verhältnisse können der Ausführung des § 15 wesentliche Schwierigkeiten bereiten.

Im übrigen werden alle Eigentümer getroffen, mögen sie sonst nach den Bestimmungen der Gemeindegesetze zu den Gemeindelasten herangezogen werden können oder nicht; denn das Gesetz führt hier eine eigentümlich gestaltete Gemeindelast ein, für die der Kreis der Pflichtigen nur aus dem Gesetze selbst entnommen werden kann. Wenn nun die Eigentümer ohne Ausnahme für pflichtig erklärt sind, so werden damit sämtliche Eigentümer erfaßt (OVGE. Bd. 23 S. 56). Der Gesetzgeber hat bei dem § 15 den Vorteil des Eigentümers in Betracht gezogen; aber zu einer gesetzlichen Voraussetzung für die Beitragspflicht ist das Vorhandensein eines besonderen Vorteils keineswegs gemacht (OVGE. v. 3. Dez. 03 IV 1899, PrVerwBl. 25 S. 459; v. 19. Juni 05, Nr. IV 903).

Über den Begriff des Eigentümers und des angrenzenden

Grundstückes können an sich begründete Zweifel nicht füglich entstehen (vgl. indes Bem. 6 f und 13 a unten). Eigentümer ist derjenige, welcher während des Baues Eigentümer der Baufläche ist (RG. V. ZS. 30. Okt. 82, JMBl. 1883 v. S. 534). Personen, welche noch nicht Eigentümer geworden sind, können den Eigentümern nicht gleichgestellt werden (OVGE. v. 1. Mai 88, PrVerwBl. 10 S. 76; v. 7. Dez. 03, Bd. 44 S. 106). Die Gesellschafter, welche ihre Grundstücke in eine Gesellschaft mit beschränkter Haftung eingebracht haben, sind nicht mehr als Eigentümer anzusehen (OVGE. v. 6. Juli 11 IV C. 187. 10). Jeder Miteigentümer kann mit dem vollen Anliegerbeitrage herangezogen werden, so daß jeder auf das Ganze haftet (OVGE. v. 18. April 04, 45 S. 85; v. 28. Nov. 16, Bd. 72 S. 144). Das Oberverwaltungsgericht hat die Haftung des Ehemanns für Anliegerbeiträge verneint, da die Straßenanliegerbeiträge zu den außerordentlichen Lasten gerechnet werden müssen und als auf den Stammwert gelegt anzusehen sind (OVGE. 53 S. 103). Hiervon abweichend Schultzenstein (Arch. Bürg. R. Bd. 33 Heft 1), Nöll-Freund Anm. 7 a zu § 9, Saran PrVerwBl. 30 S. 530.

Wenn mit Anlegung der Straße durch eine Fluchtlinienfestsetzung begonnen, die Straßenfläche aber dem angrenzenden Eigentümer noch nicht enteignet ist und dieser nunmehr an der Straße baut, so wird er trotz seines Eigentums an der Straßenfläche als „angrenzender" Eigentümer behandelt (OVGE. v. 2. Mai 90 Nr. II 432). Selbstverständlich ist, daß das Grundstück die Straße unmittelbar berühren muß und nicht durch ein fremdes Grundstück davon getrennt sein darf. Ob dieses fremde Grundstück (z. B. wenn es der Gemeinde gehört) durch die Fluchtlinienfestsetzung zu einer demnächstigen Verwendung für die Straße reserviert ist, ist ohne Bedeutung; denn so lange diese Verwendung noch nicht stattgefunden hat, teilt es nicht die der Straße innewohnende Bestimmung, und die nur auf eine spätere gleichartige Verwendung gerichtete Intention ist nicht geeignet, den tatsächlichen Zustand, auf welchen es ankommt, zu schaffen (OVGE. v. 28. März 96 Nr. II 627; vgl. hierzu Bem. 6 c).

6. Die Verpflichtung der Anlieger tritt ein, „sobald sie Gebäude an der neuen Straße errichten". Wird in einem Ortsstatut gesagt, daß durch Errichtung eines „Hauses" die Beitragspflicht entsteht, so ist letzteres der Errichtung eines Gebäudes gleichzuachten (entstehende Zweifel sind dadurch beseitigt, daß im Statut der Ausdruck „Gebäude" wiederholt in derselben Bedeutung wie das Wort „Haus" gebraucht war) (OVGE. v. 24. Mai 09 IV C. 147. 08). Wenn es im Ortsstatut heißt, daß die Beitragspflicht eintritt, wenn Gebäude „nach der Straße hin" errichtet werden, so hat eine Einschränkung der gesetzlichen Beitragspflicht nicht festgesetzt werden sollen (im Hinblick auf die sonstige Fassung des Statuts) (OVGE. v. 7. Febr. 18 IV C. 62. 17). Bezüglich der Frage, wann die Forderung mit Bezug auf die Berechtigung der Gemeinden zur Nachforderung (§ 87 des Kommunalabgabengesetzes) entstanden ist, vgl. die Bem. 14 a und d. In den obigen Worten liegt ausgesprochen:

a) Wegen solcher Gebäude, die bereits vor Anlegung der Straße errichtet waren, findet eine Heranziehung nicht statt (OVGE. Bd. 3 S. 292 ff., Bd. 13 S. 173; v. 17. Nov. 93 Nr. II 1267; v. 28. Nov. 93 Nr. II 762; v. 24. Sept 08 Nr. IV 1673). Es sind dann nicht die Gebäude an der Straße errichtet, sondern die Straße ist an die Gebäude herangelegt.

Wohl aber können alle nach Beginn der Anlegung der Straße — nicht etwa nur nach ihrer vollständigen Fertigstellung — errichteten Gebäude zu dem Ersatz der Kosten (sobald sie feststehen) herangezogen werden (OVGE. v. 15. Mai 99 Nr. IV 822 v. 18. April 04, Bd. 45 S. 85). Der Gesetzgeber hat sich bei der Frage, wie die Pflicht des Ersatzes der von der Gemeinde für Straßenanlegungen aufgewendeten Kosten zu regeln sei, naturgemäß an den normal und regelmäßig verlaufenden Fall gehalten, daß die anliegenden Eigentümer ihr Grundstück erst dann bebauen, wenn die neue Straße fertig hergestellt und die Gemeinde so in der Lage ist, von denen, welche Gebäude an der Straße errichten, sofort den auf sie entfallenden Beitrag zu fordern (OVGE. v. 4. April 98 Nr. IV 622; v. 18. April 98 Nr. IV 722). Wie schon oben erwähnt, ist die Anlegung einer neuen Straße nicht notwendig ein kurzer Vorgang, der von Anfang bis zu Ende ohne Unterbrechung durchgeführt wird; in der Regel vollzieht sie sich in einzelnen Abschnitten während einer je nach Umständen bald kürzeren, bald längeren Anlegungsperiode, deren Dauer sogar ganz von dem sachgemäßen Ermessen und Belieben der Gemeindeverwaltung abhängt, auch gegen den Willen der Gemeinde durch Enteignungsprozesse u. a. hinausgeschoben werden kann (OVGE. v. 4. Juli 98 Nr. IV 1235). Es kommt deshalb sehr oft vor, daß die eine im Gesetz für die Entstehung des Forderungsrechtes der Gemeinde bestimmte Voraussetzung, der Akt der Errichtung eines Gebäudes, schon eingetreten ist, während sich die andere Voraussetzung, die Anlegung der neuen Straße, in ihrem Endzeitpunkte erst später vollzieht (die E. v. 29. Febr. 96 Nr. II 409 sagt die Worte „bei Anlegung einer neuen Straße" bedeuten nichts anderes, als: „wenn eine neue Straße angelegt ist"). Es fragt sich also, wann die Periode der Anlegung beginnt, denn die Gebäude, welche vor Eintritt dieses Zeitpunktes errichtet werden, begründen für den Eigentümer des angrenzenden Grundstücks nie die Beitragspflicht. Aber alle Gebäude, welche vom Beginn der Anlegung der Straße an derselben errichtet werden und zur Zeit der Fertigstellung der Straße noch vorhanden sind, fallen unter den § 15 d. G., so daß für alle solche Gebäude nach Maßgabe des erlassenen Ortsstatuts die Eigentümer der Grundstücke die Straßenbeiträge zu zahlen verpflichtet sind (OVGE. v. 10. Dez. 00, PrVerwBl. 22 S. 444). Die OVGE. v. 1. Febr. 98 Nr. I 205 sagt zwar: Bei Bauten, die vor der Fertigstellung der Straßen errichtet werden, entsteht mit dem Bau für den angrenzenden Eigentümer eine bedingte Pflicht, die erst dann geltend gemacht werden kann, wenn die Straße als fertiggestellt anzuerkennen ist (PrVerwBl. 16 S. 310). Wegen der Bedenken gegen diese Anschauung vgl. Bem. 14 a. Von wann an der Beginn der Anlegungsperiode zu berechnen ist, ist in vielen Fällen äußerst schwierig zu bezeichnen, da das Gesetz bestimmte Merkmale dafür nirgends vorschreibt. Die Anlegung der Straße beginnt nicht erst in dem Zeitpunkte, in dem mit den Herstellungsarbeiten begonnen wird, vielmehr ist entscheidend für den Beginn der Wille der Gemeinde, die Straße anzulegen und daß dies in einer für die Beteiligten erkennbaren Weise hervorgetreten ist (OVGE. v. 20. April 11 IV C. 144. 10; v. 26. März 13 IV C. 68. 13). Die Anlieger müssen erkennen können, ob sie an einer zukünftigen städtischen Straße bauen (OVGE. v. 5. Jan. 14 IV C. 126. 13). Von Dr. Reinartz (PrVerwBl. 18 Nr. 39 und 19 Nr. 23, 24) und von Bering (PrVerwBl. 19 Nr. 47 S. 485) wird die Ansicht vertreten, daß seit Inkrafttreten d. G. v. 2. Juli

75 die Fluchtlinienfestsetzung für jede Anlegung und Veränderung von Straßen und Plätzen notwendig erforderlich sei, und auch in v o n B r a u c h i t s c h „Die neuen Preußischen Verwaltungsgesetze" Bd. 4 (13. Aufl.) S. 354 (Anm. 58) findet sich die gleiche später jedoch aufgegebene Anschauung. Der dort zitierte Ministerialerlaß v. 6. Juni 88 (Ministerialblatt für die innere Verwaltung S. 125, 126) scheint auf dem gleichen Standpunkt zu stehen, wenn dort gesagt ist:

> „Bei denjenigen Straßen, welche zur Regulierung bestimmt sind, ist zunächst zu prüfen, ob für dieselben Fluchtlinien festgesetzt sind; soweit dies nicht der Fall, können von der Stadtgemeinde Straßenbaukosten nicht verlangt werden."

Diese Ansicht ist jedoch irrig und findet im Gesetz keinen Anhalt. Die Anlegung einer Straße kann sich unter Umständen sehr wohl auch ohne förmlich festgestellte Fluchtlinien vollziehen (PrVerwBl. 16 S. 85, 110). Es wird das insbesonders dann angängig erscheinen, wenn das ganze zur Straße erforderliche Terrain sich im Eigentum der Gemeinde befindet, die Straße durch und über Grundstücke der Gemeinde gelegt wird. Wenn dann auch § 11 Abs. 2 d. G. keine Anwendung finden kann, so steht für die Erhebung von Beiträgen eine solche Straße jeder anderen mit förmlicher Fluchtlinienfestsetzung rechtlich ganz gleich. Hieran hat das OVG. stets festgehalten. Die in jener Anmerkung 58 bei v o n B r a u c h i t s c h angeführten Entscheidungen sprechen sämtlich nur aus, daß die Anlegung jedenfalls mit der Fluchtlinienfestsetzung beginne, sie sagen aber keineswegs, daß diese Festsetzung eine notwendige rechtliche Grundlage der Anlegung und der Beitragserhebung bilde (OVGE. v. 4. Juli 98 Nr. IV 1235; v. 25. Febr. 10 IV C. 202. 08 vgl. auch unten). Das Irrige der Ansicht der genannten Schriftsteller ist auch im PrVerwBl. 19 Nr. 27 und Nr. 30 von Dr. A n s c h ü t z und L ö h l e i n ausführlich und zutreffend nachgewiesen (vgl. auch VerwArch. Bd. VI S. 661 und OVGE. v. 8. Okt. 00, Bd. 38 S. 141, PrVerwBl. 22 S. 122).

In der Regel wird zwar jetzt tatsächlich die Anlegung der Straße mit der Festsetzung der Fluchtlinie beginnen und jedenfalls bedeutet die auf Grund d. G. v. 2. Juli 75 stattgehabte Festsetzung einer Fluchtlinie in der Regel den Beginn der Anlegung einer Straße; denn bei dieser Festsetzung ist die Mitwirkung der Gemeinde gesetzlich vorgeschrieben, es liegt also kein Zweifel vor, daß damit die Absicht der Gemeinde auch nach außen kundgegeben ist, eine städtische Straße anlegen zu wollen (E. Bd. 36 S. 67, OVGE. v. 9. Juli 03 Nr. IV 1234, Bd. 40 S. 101, Bd. 38 S. 142; v. 20. April 11. IV C. 144. 10; v. 22. Febr. 17, IV C. 80. 16). Der Anlegungswille kann jedoch schon vorher in anderer Weise betätigt worden sein (OVGE. v. 15. Nov. 17 IV C. 41. 17). Vgl. hierzu vor allem S c h u l t z e n s t e i n, PrVerwBl. 30 S. 702, 726 ff. Es ist freilich von Gemeinden der Versuch gemacht worden, n u r B a u fluchtlinien mit der ausgesprochenen Absicht, eine Straße nicht anlegen zu wollen, festzusetzen, um ein bestimmtes Terrain von der Bebauung auszuschließen, einem solchen Vorgehen kann aber die Bedeutung der Festsetzung von Fluchtlinien im Sinne d. G. v. 2. Juli 75 überhaupt nicht beigelegt werden (OVGE. v. 28. April 98 Nr. IV 799, Bd. 33 S. 425) Vgl. Bem. 3 zu § 1. Die Fluchtlinienfestsetzung stellt noch nicht den Beginn der Anlegung einer Straße dar, wenn Unternehmer und Gemeinde darüber einig sind, daß die Straße mit den Fluchtlinien zunächst als Privatstraße angelegt werde und als solche weiter bestehen soll und daß es späterer selbständiger Entschließung der Gemeinde vorbehalten bleibt, ob und wann sie die Privatstraße als öffentliche Ortsstraße übernehmen will. Die Fluchtlinie soll dann dem Unternehmer die ordnungsmäßige Anlegung seiner Privatstraße ermöglichen (OVGE. v. 6. Dez. 06, Bd. 50 S. 72). Ob jedoch die Gemeinde die Befugnis hat, ohne Festsetzung von Straßenfluchtlinien selbständige Baufluchtlinien so festzusetzen, daß daraus die Folgerung aus dem § 11 erzwungen werden kann, erscheint sehr zweifelhaft. Soll der Beginn einer Straßenanlegung vorliegen, dann muß die Fluchtlinienfestsetzung als eine Straßenfluchtlinienfestsetzung besonders anerkannt werden.

Welche Beweggründe eine Gemeinde bei Anlegung einer Straße leiten, ist für die Beitragspflicht des § 15 unerheblich (OVGE. v. 9. Nov. 11 IV C. 131. 10), auch ob einzelne Bevölkerungsklassen die Straße mehr benutzen als andere (OVGE. v. 9. Nov. 11 IV C. 133. 10).

Auch bei Fluchtlinienfestsetzungen vor Erlaß d. G. v. 2. Juli 75 wird in der Regel anzunehmen sein, daß damit die Anlegung der Straße begonnen hat; namentlich wird dieses der Fall sein, wenn die Festsetzung in einem besonderen Verfahren stattgehabt, vor allem, wenn die Straße Aufnahme in einen größeren Bebauungsplan gefunden hat (OVGE. Bd. 15 S. 155, Bd. 19 S. 85; v. 31. Jan. 07 Nr. IV 181; v. 20. Febr. 08 Nr. IV 354). Das Wesentliche bleibt, daß es dem Anbauer möglich war, zu erkennen, daß eine städtische Straße demnächst angelegt oder der vorhandene Weg zur städtischen Straße gemacht werden sollte, wofür allerdings der Umstand allein, daß die Fluchtlinienfestsetzung in öffentlicher Sitzung der Gemeindevertreter stattgefunden hat, nicht genügt (OVGE. v. 1. April 01, Bd. 39 S. 51; v. 9. Mai 12 IV C. 1. 12). Das kann auch ausnahmsweise bei früherer Festsetzung von Fluchtlinien ausgeschlossen sein (OVGE. Bd. 24 S. 79, PrVerwBl. 14 S. 367 und v. 31. Okt. 90 Nr. II 962). Denn die Fluchtlinienfestsetzung vor 1875 hatte nicht dieselbe Bedeutung und Rechtswirkung wie die auf Grund d. G. v. 2. Juli 75 bewirkte, namentlich weil die Bestimmung der Baufluchten Sache der Polizeibehörden war, aus einer solchen Bestimmung also nicht ohne weiteres die Absicht der städtischen Behörden, eine städtische Straße anzulegen, gefolgert werden konnte (OVGE. v. 17. März 93 Nr. II 303, PrVerwBl. 14 S. 367; v. 24. Febr. 98 Nr. IV 391; v. 10. April 19 IV C. 53. 18, vgl. Bem. 12 zu § 15). Eine solche Folgerung würde namentlich da unzulässig erscheinen, wo nicht in irgend einem Verfahren die Fluchtlinie für die ganze Straße (oder Straßenteil) festgesetzt, sondern lediglich den einzelnen Anbauern in jedem Falle für die Errichtung ihres Gebäudes die Linie von der Polizeibehörde angewiesen war. Hatte aber durch irgend eine Art der Beteiligung an dem Fluchtlinienfestsetzungsverfahren die Gemeinde nach außen hin zu erkennen gegeben — und das war die Regel — daß sie zur Ausführung einer Straße demnächst übergehen wolle, dann war der Tatbestand der Anlegung einer „neuen" Straße gegeben und es blieb, wenn die Straße nicht inzwischen zufolge der an ihr vorgenommenen Arbeiten zu einer „vorhandenen" geworden war (siehe oben), auch nach Erlaß d. G. v. 2. Juli 75 resp. des Ortsstatuts, dieser Tatbestand unverändert auch ohne einen neuen Beschluß der Kommunalbehörde (OVGE. v. 17. Juni 96 Nr. II 1239; v. 20. Dez. 97 Nr. IV 2171). Ist ein solcher Tatbestand vorhanden, so wird jeder demnächst an der Straße Bauende beitragspflichtig (PrVerwBl. 16 S. 363, vgl. unten

Anm. 14 a. Die Vornahme von Vermessungen, die Beauftragung eines Sachverständigen mit der Aufstellung eines Fluchtlinienplans reichen nicht aus, um daraus schon auf den Willen in der Gemeinde zur Anlegung einer Straße zu schließen (OVGE. v. 5. Jan. 14 IV C. 126. 13).

Nach französischem Recht wurde die Festsetzung von Bebauungsplänen zurückgeführt einmal auf Art. 3 des Gesetzes v. 16.—24. Aug. 1790 und zum andern auf Art. 52 des Gesetzes relative au desséchemens des marais v. 16. Sept. 1807. Danach waren die aufgestellten Bebauungspläne mit dem Gutachten des Präfekten dem Minister des Innern behufs Feststellung im Staatsrat einzureichen. Daß von vornherein die Gemeinden selbst über diese Pläne zu hören waren und zu beschließen hatten, geht aus den im Laufe der Jahre erteilten Instruktionen mit Bestimmtheit hervor. Nicht ersichtlich ist indessen, wie Art. 52 des französischen Gesetzes v. 16. Sept. 1807 im linksrheinischen Teil der Rheinprovinz vor Erlaß des Gesetzes v. 2. Juli 1875 gehandhabt worden ist. Ergibt sich jedoch, daß die Gemeinde zu jener Zeit über den Bebauungsplan Beschluß gefaßt hat und ist ferner der Plan zur Einsicht der Beteiligten offen gelegt worden, so bestehen keine Bedenken, in der Festsetzung von Fluchtlinien den Beginn der Anlegung der Straße zu sehen (OVGE. v. 20. April 11 IV C. 144. 10). Vgl. Bem. 1 zu § 15.

Es macht, wie schon erwähnt, an sich keinen Unterschied, ob die Fluchtlinienfestsetzung vor oder nach Erlaß des Gesetzes stattgefunden hat; das Gesetz macht die Verpflichtung nicht davon, daß Fluchtlinien in Gemäßheit des Gesetzes festgestellt sind, sondern von der Anlegung der Straße abhängig. Straßen entstehen auch ohne jede Fluchtlinienfestsetzung. Das ist vom OVG. in zahlreichen Entscheidungen und ebenso vom RG. anerkannt. RG. V. ZS. E. v. 30. Okt. 82 (JMBl. 83 S. 334, PrVerwBl. 5 S. 59); v. 10. Okt. 88, Bd. 23 S. 279, PrVerwBl. 10 S. 97; OVGE. v. 24. Nov. 97 Nr. II 1891; v. 4. Juli 98 Nr. IV 1235; v. 19. Febr. 96 Nr. II 336; v. 7. März 96 Nr. II 500, PrVerwBl. 16 S. 85, 109 und 312; v. 4. Juli 98 Nr. IV 1235; v. 15. Jan. 00 Nr. IV 79; v. 8. Okt. 00, Bd. 38 S. 142, PrVerwBl. 22 S. 122; v. 15. Mai 02 Nr. IV 879; v. 6. Juli 03 Nr. IV 1217; vgl. auch Bem. 4 a zu § 15. Wäre es nicht so, so müßte, da vor Erlaß d. G. v. 2. Juli 75 regelmäßig keine Fluchtlinienfestsetzung durch die Gemeinden oder unter deren Beteiligung stattgefunden hat (vgl. OVGE. Bd. 30 S. 67 ff.), manchenorts auch den ältesten städtischen Verkehrswegen die Eigenschaft „schon vorhandener Straßen" abgesprochen werden. Deshalb kann der Beginn der Anlegung der Straße auch in anderen Momenten, welche selbst weit vor der Festsetzung der Fluchtlinien zurückliegen können, gefunden werden. So darin, daß das Bedürfnis zur Festsetzung von Fluchtlinien in dem vom Gesetze geordneten Verfahren endgültig anerkannt ist; oder wenn die Gemeindebehörden die Anlegung der Straßen beschlossen und das Verfahren behufs Festsetzung von Fluchtlinien eingeleitet haben (OVGE. v. 10. Juli 99 Nr. IV 1168); oder dann, wenn die Gemeindebehörden auch nur die Anlegung der Straße beschlossen haben, u. a. m. (OVGE. v. 10. Juni 96 Nr. II 1185). Erforderlich ist, daß der Beschluß der Gemeinde in genügender Weise nach außen hin kundgegeben, daß er auch äußerlich in die Erscheinung getreten und zur Kenntnis der Anlieger gebracht ist (OVGE. v. 13. Juni 99, Bd. 36 S. 61, PrVerwBl. 21 S. 115; v. 18. April 01, Bd. 39 S. 52). Eine förmliche Bekanntmachung ist dazu keineswegs erforderlich, die Bedeutung des Erfordernisses ist vielmehr die, daß nicht ein sich lediglich als interner vollziehender Vorgang einen Einfluß auf die Verpflichtung der Anlieger haben kann (E. Bd. 38 S. 149, 150; OVGE. v. 18. April 01, Bd. 39 S. 55; v. 13. Febr. 02 Nr. IV 295; v. 6. Juli 03 Nr. IV 1217; v. 21. März 04, PrVerwBl. 25 S. 747; v. 23. Nov. 03, Bd. 44 S. 102). Auch tatsächliche Vorgänge kömmen genügen (OVGE. v. 15. April 96 Nr. II 761), so der tatsächliche Beginn der Straße (OVGE. v. 16. März 11 IV C. 69. 10); die gestellte Baubedingung, daß der Baulustige für die Straßenherstellungskosten Sicherheit zu bestellen habe; denn wenn aus der Sicherstellung auch nicht die öffentlichrechtliche Verpflichtung zur Zahlung der Anliegerbeiträge hergeleitet werden kann, so kann doch daraus der Beginn der Anlegung der Straße und die Kenntnis des Baulustigen von diesem Beginn gefolgert werden (OVGE. v. 13. Juni 99, Bd. 36 S. 61, PrVerwBl. 21 S. 115), der Magistrat von dem Baulustigen die Abtretung des Straßenlandes fordert (OVGE. v. 26. Sept. 12, IV C. 9. 12) oder mit den Anliegern über Abtretung des Straßenlandes verhandelt (OVGE. v. 12. Juni 00, PrVerwBl. 22 S. 108), wobei es jedoch in beiden Fällen auf die tatsächlichen Verhältnisse ankommt (OVGE. v. 29. Okt. 14 IV C. 58. 14). Daß schon die Polizeibehörde in Einzelfällen bei der Genehmigung von Bauten eine bestimmte Bauflucht vorgeschrieben hat, kommt für die Frage, ob die Gemeindebehörden die Umwandlung in eine Ortsstraße gewollt haben, nicht in Betracht (OVGE. v. 20. Sept. 09 IV C. 197. 08). Auch die erfolgte Offenlegung des Bebauungsplanes (§ 7) kann als Beginn der Anlegung gelten, denn sie bringt nicht nur die Absicht der Gemeindebehörden, die Straße anzulegen, zur öffentlichen Kenntnis, sondern bildet selbst schon ein wesentliches Glied in der Kette der Handlungen, welche zur Ausführung dieser Absicht erforderlich sind (OVGE. v. 9. März 94 Nr. II 365; v. 25. Jan. 96 Nr. II 173; v. 23. Juni 97 Nr. II 1172; v. 9. Dez. 96 Nr. II 2435; v. 24. Febr. 98 Nr. IV 391; v. 4. Juli 98 Nr. IV 1235). Selbstverständlich muß der Wille der städtischen Körperschaften darauf gerichtet sein, eine öffentliche, städtische Straße zu schaffen und dieser Wille muß nach außen erkennbar hervorgetreten sein (OVGE. v. 8. Febr. 04 Bd. 44 S. 104), hierfür genügt nicht eine Beschlußfassung der Gemeindevertretung in öffentlicher Sitzung (OVGE. v. 18. April 01, Bd. 39 S. 51; v. 7. Dez. 05 Nr. IV 1740). Es genügt, wenn die Stadtverordneten mit dem Beschlusse des Magistrats stillschweigend einverstanden sind (OVGE. v. 7. Juni 09, PrVerw.-Bl. 31 S. 599). Es kommt auch nicht darauf an, ob eine Fluchtlinienfestsetzung völlig rechtsgültig war (OVGE. v. 23. Nov. 03, Bd. 44 S. 102; v. 12. Okt. 05 Nr IV 1401; v. 31. Jan. 07, Bd. 50 S. 76; v. 22. Febr. 17 IV C. 80. 16). Kann nun auch der Beginn der Anlegung der Straße in dieser Weise oft weit zurückverlegt werden — in einem Falle etwa 20 Jahre zurück (OVGE. v. 6. Juli 03 Nr. IV 1217; v. 30. Mai 02 Nr. IV 1274) — so bleibt doch das immer Voraussetzung jedes Erstattungsanspruches der Gemeinde, daß die schließlich der neuen Straße angewiesene Richtung, die den Grundbesitzer erst zum Adjazenten macht, ihn nicht unvorbereitet trifft, vielmehr auf Grund eines Gemeindebeschlusses, mit dem er schon bei der Bebauung seines Grundstückes rechnen konnte und mußte, zur Durchführung gelangt (OVGE. v. 15. April 96 Nr. II 761; v. 5. März 98 Nr. II 377). Spätere Änderungen des Planes, z. B. unbedeutende Änderungen der früheren Fluchtlinien, sind für diese Frage bedeutungslos, wenn nur die früher geplante Straße nicht aufgegeben und nicht eine andere neue Straße festgestellt wird (OVGE. v. 6 Juli 03 Nr. IV 1217; v. 16. Dez. 07 Nr. IV 1863; v. 7. Juni 09, PrVerwBl. 31 S. 599). Eine Straße gilt als nicht aufgegeben, wenn zwischen Offenlegung und förmlicher Feststellung des Planes ein längerer Zeitraum liegt (25 Jahre) (OVGE. v. 10. Mai 17 IV C. 11. 17). Vgl. Bem. 3a zu § 12 S. 148. Will die Gemeinde eine Straße aufgeben, so bedarf es dazu nicht einer ausdrücklichen Willenserklärung, diese kann auch aus Tatsachen geschlossen werden.

Wenn oben davon ausgegangen ist, daß die Anlegung einer neuen Straße und deshalb die Beitragspflicht der nach dieser erbauten Gebäude schon lange vor der späteren Fluchtlinienfestsetzung begonnen haben können, so hindert allerdings nichts die Gemeinde, im Ortsstatut zu bestimmen, daß die Erhebung von Beiträgen auf solche Straßen beschränkt bleibe, für welche förmliche Fluchtlinien festgesetzt sind (OVGE. v. 8. Okt. 00, Bd. 38 S. 141, PrVerwBl. 22 S. 122).

In dem Falle (s. Bem. 14g), wo die Herstellung der Straße von einem Unternehmer begonnen, aber nicht weitergeführt, sondern von der Gemeinde übernommen und auf eigene Rechnung vollendet wird, wird die Straße erst von da an, wo die Gemeindebehörden die Übernahme beschlossen und diesen Beschluß (ausdrücklich oder durch konkludente Handlungen) nach außenhin kundgegeben haben, eine von der Gemeinde angelegte Straße; von hier an datiert der Beginn der Anlegung, und die Gemeinde kann dann nur diejenigen Anlieger zu den Straßenkosten heranziehen, welche nachher Gebäude an der Straße errichtet haben (OVGE. v. 12. Mai 02 Nr. IV 872, Bd. 41 S. 132; v. 10. Juli 02 Nr. IV 1332; v. 31. Jan. 07, Nr. IV 181).

Entschließt sich der Grundbesitzer, obwohl er Kenntnis von solcher Sachlage besitzt, zur Bebauung seines Grundstückes, so kann er einem Eigentümer, der vor Anlegung der Straße Gebäude errichtet hat und nachträglich ohne sein Zutun infolge der Anlegung mit seinem Gebäude an die Straße zu liegen kommt, nicht gleichgestellt werden (OVGE. v. 9. Dez. 96 Nr. II 2439); insbesondere treffen bei ihm diejenigen Gründe, welche in der OVGE. Bd. 3 S. 301 ff. gegen eine Heranziehung solcher Eigentümer geltend gemacht sind, in keiner Weise zu; er errichtet vielmehr das Gebäude zu einer Zeit, wo er durchaus in der Lage ist, die ihm aus der Straßenanlage erwachsenden Vorzüge und Nachteile zu übersehen. Anders würde der Fall zu beurteilen sein, wenn ein Anlieger den Baukonsens erhalten und mit Errichtung des Gebäudes begonnen hätte, hinterdrein aber die Anlegung der Straße beschlossen würde und er nunmehr den Bau innerhalb der Periode der Anlegung zu Ende führte; hier läßt sich freilich nicht leugnen, daß das Gebäude während der Anlegung errichtet wird und nicht schon vor der Anlegung errichtet war (OVGE. v. 24. Jan. 01 Nr. IV 158, Bd. 38 S. 145); allein die für die E. Bd. 3 S. 292 ff. maßgebend gewesenen Gesichtspunkte greifen auch hier durch; einem solchen Anlieger steht, weil er den begonnenen Bau nicht ohne Schaden einstellen und wieder abbrechen kann, die freie Entschließung darüber nicht mehr zu, ob er das Gebäude an der neuen Straße errichten will. Deshalb macht ein vor Beginn der Anlegung der Straße angefangener, wenn auch noch nicht vollendeter Bau den Grundstückseigentümer nicht beitragspflichtig (OVGE. v. 18. April 04 Nr. IV 541, Bd. 45 S. 94

DJZ. 9 S. 1046; v. 18. Mai 14 IV C. 127. 13). Abgesehen hiervon begründet jeder innerhalb der Periode der Anlegung ausgeführte Bau die Beitragspflicht in vollem Umfange, einerlei, ob die Straße vorher oder nachher hergestellt ist (OVGE. v. 9. Dez. 96 Nr. II 2439), im ersteren Falle entsteht das Forderungsrecht sofort, im letzteren erst nach dem Ausbaue der Straße (OVGE. v. 10. Sept. 89 Nr. II 747, PrVerwBl. 11 S. 134), wie sich aus den Ausführungen in Bem. 13 a und 14 a ergeben wird.

Daß die Errichtung eines Gebäudes vor Erlaß des Statuts eine Heranziehung nicht rechtfertigen kann, bedürfte kaum der Erwähnung, wenn nicht einzelne Gemeindevorstände Versuche in dieser Richtung gemacht hätten (OVGE. Bd. 17 S. 173 und v. 26. Sept. 90 Nr. II 816 und 817, PrVerwBl. 12 S. 180; v. 17. Nov. 93 Nr. II 1267; v. 2. Jan. 13, PrVerwBl. 36 S. 460). Wer vor Erlaß des Statuts gebaut hat, ist immer frei, weil er den Bau ohne Schaden zu erleiden, nicht wieder beseitigen kann, auch wenn die Fertigstellung des Gebäudes in die Zeit nach Inkrafttreten des Ortsstatuts fällt (OVGE. v. 21. Sept. 16). Der Akt der Errichtung wird erst durch das Statut zu einem verpflichtenden Titel (OVGE. v. 4. März 96 Nr. II 435, PrVerwBl. 17 S. 353; v. 25. Juni 00 Nr. IV 102; vgl. Bem. 14 a). Die Errichtung des Gebäudes beginnt mit der Ausschachtung (OVGE. 24 S. 367). Die Urteile v. 16. Nov. 88 (Bd. 17 S. 189) und v. 19. Jan. 11 (PrVerwBl. 32 S. 714) setzen hierbei voraus, daß der Bauherr nicht etwa unmittelbar vor Erlaß des Statuts mit dem Baue begonnen hat, ohne im Besitze der erforderlichen Bauerlaubnis zu sein; denn eine unbefugte, gesetzwidrige Handlung, wie sie der Beginn des Baues vor erteilter Bauerlaubnis sein würde, könne nicht die Wirkung haben, dem Eigentümer Vorteile zu verschaffen, auf welche er ohnedies keinen Anspruch besitzt. Diesen Entscheidungen kann nicht beigetreten werden. Die Beitragspflicht kann nur entstehen bei Errichtung des Gebäudes unter einem Ortsstatute. Wenn man dies nicht annehmen wollte, müßten sämtliche Bauten, die schon lange Zeit vor Erlaß des Statuts ohne baupolizeiliche Genehmigung errichtet worden sind, der Beitragspflicht unterworfen werden, was zu unabsehbaren Folgen führen würde. Es ist Sache der Ortspolizeibehörde, Bauten, welche der baupolizeilichen Genehmigung entbehren, zu verbieten. Wird dies versäumt, so hat die Gemeinde den Schaden davon; dem Ortsstatut insoweit eine rückwirkende Kraft beizulegen, dürfte dem Gesetze entgegen stehn. Das Urteil v. 1. Febr. 12 Bd. 62 S. 176 (v. 10. Juli 13, PrVerwBl. 36 S. 365; v. 18. Sept. 13, PrVerwBl. 34 S. 8) behandelt den Fall, daß ein Gebäude nach Erlaß des Ortsstatuts ohne baupolizeiliche Genehmigung errichtet worden ist. Hier heißt es: „Unter Errichtung des Gebäudes ist die Tatsache der Errichtung zu verstehen, und es ist ohne Bedeutung, ob dazu eine baupolizeiliche Genehmigung erteilt worden ist. Der § 15 erwähnt eine solche Genehmigung nicht, und es ist nicht angängig, etwas in das Gesetz hineinzutragen, wenn kein Anhalt dafür gegeben ist, daß der Gesetzgeber daran gedacht, geschweige es denn gewollt hat." Diese Begründung dürfte auch für den oben besprochenen Fall, trotzdem derselbe anders liegt, zutreffen.

b) Wie sich aus der Verschiedenheit der in den §§ 12 und 15 gebrauchten Ausdrücke mit Notwendigkeit ergibt, wird im § 15 nicht die Errichtung eines Wohngebäudes erfordert; die entgegengesetzte, früher von dem Minister des Innern vertretene, aus der Gleichstellung der §§ 12 und 15 in der OVGE.

Bd. 3 S. 304 ff. abgeleitete Auffassung ist in dem Erlasse v. 9. März 87 (MBl. S. 82) aufgegeben (vgl. OVGE. v. 19. Dez. 94 Nr. II 1739; OVGE. v. 20. März 94 Nr. II 438, PrVerwBl. 15 S. 405). Schon hier soll bemerkt werden, daß nur der Neubau — auch Anbau wenn er Neubau ist — niemals ein Umbau die Beitragspflicht begründet (OVGE. v. 29. Okt. 00 Nr. IV 1732; v. 10. Okt. 07 Nr. IV 1626).

Der Wille des Gesetzgebers ging dahin, daß die angrenzenden Eigentümer zu Beiträgen erst dann herangezogen werden sollten, wenn sie den vollen Vorteil von der Anlegung der Straße erlangten. Angenommen wurde, daß dies in dem Zeitpunkte der Fall sei, in welchem auf dem Grundstücke ein Gebäude errichtet werde. Man wird annehmen müssen, daß dieser Vorteil jedoch erst dann vorliegt, wenn das Grundstück wenigstens mit einem größeren Gebäude besetzt ist. Der Ausdruck des „Errichtens" des Gebäudes, den man im Sprachgebrauch nur für größere Bauten anwendet, deutet nach derselben Richtung. Die Rechtsprechung mußte sich, in Ermangelung einer klaren Gesetzesvorschrift, an den Wortlaut halten und ihren Entscheidungen nur den Gebäudebegriff zugrunde legen. Über den Begriff des Gebäudes ist bereits in Bem. 3 zu den §§ 13 und 14 eine Erläuterung gegeben. Nach der ausgesprochenen Absicht des Gesetzgebers ist es als billig erachtet, alle diejenigen heranzuziehen, welchen die Anlegung der Straße regelmäßig wesentlichen Vorteil bringt. Nun wird allerdings für Eigentümer, die größere Gebäude errichten, die neue Straße der Regel nach von erheblichem Nutzen sein; dies trifft aber meistens nur in sehr geringem Grade zu, wenn es sich um solche baulichen Anlagen handelt, deren Charakter als Gebäude zweifelhaft erscheint. Wenn nun zwar auch ein Beweggrund für den Erlaß der Bestimmung des § 15 der gewesen ist, daß diejenigen Grundbesitzer, welche von der neuen städtischen Straße Vorteil haben, zum Ersatz der Kosten beitragen sollen, so kann ein solcher Gesichtspunkt für die Beurteilung im Einzelfalle nicht maßgebend sein, dazu bietet das Gesetz keinen Anhalt (OVGE. v. 20. März 94 Nr. II 438, PrVerwBl. 15 S. 405; v. 26. Febr. 00, Bd. 37 S. 34; v. 13. Febr. 02 Nr. IV 295; v. 3. Dez. 03, PrVerwBl. 25 S. 454; v. 18. Febr. 09 Nr. IV 343; v. 24. Mai 09 IV C. 220. 08; v. 4. Mai 16 IV C. 95. 15); man würde sonst zu dem Ergebnis gelangen, daß Bauwerke ganz gleicher Art — je nach ihrer vom Inhaber beliebten Benutzung — in einem Falle als Gebäude im Sinne des § 15 gelten müßten, im andern nicht (OVGE. v. 19. Juni 95 Nr. II 993). Das Gesetz (§ 15) kennt verschiedene Arten von Gebäuden nicht, und es kann nach dem Wortlaute der Bestimmung nicht wohl bestritten werden, daß jedes auch noch so geringwertige Gebäude (OVGE. v. 16. Jan. 13, PrVerwBl. 35 S. 541) die Beitragspflicht begründet, sobald es unzweifelhaft unter den Begriff eines Gebäudes fällt (vgl. hierzu die — namentlich de lege ferenda zutreffenden — Bemerkungen von Cohn im Verw.-Arch. Bd. 7 S. 542 ff.; E. Bd. 37 S. 34; PrVerwBl. 25 S 454). Es kommt auch nicht darauf an, ob die wirtschaftliche Ausnutzung der Bauten zu der Beitragssumme in einem angemessenen Verhältnisse steht (OVGE. v. 4. Mai 16 IV C. 95. 15).

Für den Begriff des Gebäudes kommt es nicht auf Material und Gestaltung der baulichen Anlage an, oder ob die Gebäude neu sind (OVGE. v. 17. April 13, PrVerwBl. 36 S. 85), sondern auf den Zweck, dem sie zu dienen bestimmt sind. Solche Zwecke sind: Aufenthalt von Menschen oder Vieh oder Aufbewahrung beweglicher Gegenstände. — Wenn auch eine Vermehrung der bebauten Fläche des Gebäudes nicht allein und immer entscheidend ist; so stellt sie doch ein sehr wesentliches Kennzeichen für die Begriffsbestimmung des Gebäudes im Sinne des § 15 dar (OVGE. v. 14. März 12 IV C. 137. 11); es muß aber weiter geprüft werden, ob diese Eigenschaft auch bei Berücksichtigung aller sonstiger Eigenschaften zuzuerkennen ist (OVGE. v. 27. Mai 09 IV C. 67. 08). Daß durch das Gebäude Änderungen in der wirtschaftlichen Benutzung des Grundstücks hervorgerufen werden, erfordert das Gesetz nicht (OVGE. v. 16. Okt. 05 IV 1422). Auch kommt es nicht darauf an, ob das Gebäude untergeordneten Zwecken dient, und ob die zum Bau verwendeten Kosten zu dem eingeforderten Beitrag in keinem Verhältnis stehen (OVGE. v. 19. Okt. 11 IV C. 181. 10). Das OVG. geht zwar regelmäßig von der Erläuterung in Bem. 3 a zu §§ 13 und 14 aus, hat aber auch ausgesprochen, daß zu einem Gebäude nicht notwendig erfordert werde, daß es von allen Seiten mit Wänden umgeben sei (E. v. 23. Juni 97 Nr. II 1172; v. 14. April 98 Nr. IV 688; v. 11. Jan. 06 Nr. IV 57).

Einzelne Beispiele:

α) Hauptgebäude (Wohn-, Fabrikgebäude usw.).

Auch Fabrikgebäude unterliegen der Beitragspflicht. Macht ein Ortsstatut die Entstehung der Anliegerbeitragspflicht von der Errichtung eines Wohngebäudes abhängig, so ist die Umwandlung eines Geschäftshauses in ein Wohngebäude der Errichtung eines Wohngebäudes gleich zu achten (OVGE. v. 25. März 12, Bd. 62 S. 187); Kapelle (OVGE. v. 21. Dez. 08 Nr. IV 2232); Kirche (OVGE. 23 S. 51); Gebäude der Landesverteidigung (PrVerwBl. 29 S. 955); Bahnhofsgebäude des Fiskus (PrVerwBl. 27 S. 881).

β) Nebengebäude, kleine Gebäude.

Schuppen (OVG. 17. S. 173); nach zwei Seiten offen (OVGE. v. 9. Febr. 11 IV C. 30. 10); Automobilschuppen (OVGE. 62 S. 181); ein sehr primitiver Schuppen, bestehend aus vier Pfählen, die mit Brettern verbunden, mit Pappe abgedeckt (RG. v. 12. Juni 12, Zeitschrift für Polizei- und Verwaltungsbeamte 20 S. 410 (OVGE. v. 22. März 17 IV C. 89. 16), Stallgebäude (OVGE. v. 19. Dez. 94 II 1739); Schweinestall (OVGE. v. 4. Juli 98); offener Schuppen auf hölzernen Stielen mit Pappdach (OVGE. v. 11. Nov. 96 II 2207); Holzschuppen (KG. v. 12. März 96, Johow, Bd. 18 S. 277); kleines Kontor (OVGE. v. 8. Juni 95 II 913) auch wenn es ganz vom Grund und Boden abgetrennt werden konnte (OVGE. v. 6. Okt. 05 Nr. IV 1422); Verkaufshalle, vorne offen (OVGE. v. 19. Dez. 94 Nr. II 1739); Toilettengebäude (PrVerwBl. 28 S. 857); Gewächshaus (OVGE. v. 17. Febr. 10 IV C. 141. 09); Abort 2,15 × 1,5 m groß mit besonderem Zugang vom Hofe (OVGE. v. 18. Sept. 05 Nr. IV 1253); Stellwerksgebäude (OVGE. 60 S. 115); Eiskeller (OVGE. v. 28. Juni 09 IV C. 11. 09); Kolonade (OVGE. v. 16. März 11 IV C. 69. 10); Kegelbahn (OVGE. v. 21. Mai 06 Nr. IV 807); Bahnsteighalle, ihre Eigenschaft als Gebäude wird dadurch nicht beeinträchtigt, daß sie nicht mit Umfassungsmauern versehen ist (OVGE. 58 S. 111); ein Gartenhaus mit festem Fundament bis zur Brüstung mit Bretterverschalung, darüber offenes Holzwerk mit Dach aus Bretterverschalung und Dachpappe (OVGE. v. 18. Sept. 05 IV 1254); Gartenlaube 2,65 × 2 65 m, mit Dach, festem Fußboden versehen, auf der einen

Seite an Brüstungsmauer sich lehnend, auf der anderen Seite durch eine Wand abgeschlossen (OVGE. v. 4. Mai 16 IV C. 100. 15). Bei einem mit Bretterwänden umschlossenen Schuppen auf in den Erdboden eingegrabenen Eisenbahnschwellen, auf welchen das den oberen Abschluß bildende, den Schuppen überspannende, an den Seitenwänden durch Schnüre befestigte Segel-(Plan-)Tuch ruhte, hat das OVG. eine „mit dem Bauwerke fest verbundene Bedachung" und damit „ein notwendiges Kennzeichen des Gebäudes" vermißt (OVGE. v. 15. April 01 Nr. IV 768). Dagegen wurde eine Anlage als Gebäude anerkannt, welche auf allen vier Seiten mit Bretterwänden umgeben, mit einem auf Schalung und Sparren ruhenden Pappdach mit in die Erde eingegrabenen Pfosten, mit Tür, Fenster und gedieltem Fußboden versehen ist, zur Anfertigung schriftlicher Arbeiten usw. dient und mit dem nötigen Mobiliar ausgestattet ist (OVGE. v. 23. Dez. 01, PrVerwBl. 23 S. 359). Nicht als Gebäude wurde angesehen eine gewöhnliche Laube (OVGE. v. 31 S. 131).

γ) An- und Erweiterungsbauten.

Ob ein Anbau an ein vorhandenes Gebäude der Errichtung eines neuen Gebäudes gleichgestellt werden kann, ist nach den Verhältnissen des einzelnen Falles zu entscheiden. Es wird der Regel nach darauf ankommen, ob der Anbau nach seiner Konstruktion einem selbständigen Gebäude gleich zu erachten ist. Das Erfordernis der „Selbständigkeit" für Erfüllung des Begriffs des Gebäudes im Sinne des § 15 ist seit dem Urteil v. 28. Okt. 09 (OVG. 55 S. 90) fallen gelassen worden. Es kommt lediglich darauf an, ob das Bauwerk nach Konstruktion und Bestimmung einem selbständigen Gebäude gleich zu achten ist (OVGE. v. 16. Jan. 13, PrVerwBl. 35 S. 541; v. 6. Mai 15 IV C. 66. 14; v. 5. Juli 17 IV C. 37. 17 v. 13. Juni 18, IV C. 14. 18). Einem neuen selbständigen Raum kann daher die Eigenschaft eines Gebäudes fehlen, wenn der Anbau seiner Konstruktion und Bestimmung nach einem selbständigen Gebäude nicht gleich zu achten ist (OVGE. v. 27. Mai 07 IV 939). Der Umstand, daß ein Anbau mit dem Hauptgebäude eine gemeinschaftliche Wand hat, ist um so weniger von Bedeutung als, wie schon oben erwähnt, zu einem Gebäude nicht notwendig erfordert wird, daß es von allen Seiten mit Wänden umgeben ist (OVGE. v. 1. Juli 93 Nr. II 751, Bd. 25 S. 91; v. 21. Sept. 11 IV C. 92. 10). Veranda. Hier handelte es sich um einen fundamendierten, von allen Seiten von Mauern umschlossenen Anbau von etwa 40 qm Grundfläche, welcher unbedenklich auch getrennt von dem älteren Hause gedacht, selbständig als ein Gebäude angesehen werden mußte. Anders wenn es sich nur um einen aus Holz und Eisen, wenn auch fundamentierten Balkon handelt, das ist ein unselbständiger Zubehör eines Hauses (OVGE. v. 3. März 02, Bd. 41 S. 128; vgl. E. v. 23. Juni 97 Nr. II 1172; v. 14. April 98 Nr. IV 688; v. 4. Juli 98 Nr. IV 538). Der Umstand, daß ein Anbau nur geringe Abmessungen hat und zum Teil einer eigenen Umfassungsmauer entbehrt, steht seiner Eigenschaft als Gebäude im Sinne des § 15 nicht entgegen, auch ist es unerheblich, daß ein solcher Anbau weder die Straße berührt noch von ihr aus gesehen werden kann (OVGE. v. 5. Juli 00 Nr. IV 1163, Bd. 34 S. 103, Bd. 40 S. 98; vgl. Bem. 7b zu § 12) oder ob er vom Erdboden aus nur durch nicht geschlossenes Mauerwerk oder Pfeiler getragen wird (OVGE. v. 6. April 99 Nr. IV 598 und 599). Bei einem aus Bretterwänden bestehenden Schuppen ist es auch gleichgültig, ob etwa eine Wand durch einen schon vorher vorhandenen Bretterzaun gebildet wird (OVGE. v. 23. Dez. 01, PrVerwBl. 23 S. 359). Als Anbauten wurden angesehen ein Küchenanbau von erheblichem Umfange (OVGE. 35 S. 90), der Anbau einer nicht überbauten Durchfahrt zu Wohn- und Geschäftszwecken (OVGE. v. 4. Nov. 09 IV C. 187. 08), ein vorgebauter Windfang von 1,87 × 1,7 m (OVGE. v. 3. Dez. 14 IV C. 181. 14). Begründet ein Ortsstatut die Beitragspflicht, sobald Wohngebäude errichtet werden, so können Flure, Treppenhäuser als Anbauten die Beitragspflicht begründen, sobald der Anbau als notwendiger Bestandteil des Wohnhauses und damit als Wohnraum anzusehen ist (OVGE. v. 19. Febr. 12 IV C. 182. 10).

Schwieriger ist die Frage, wenn es sich um einen Erweiterungsbau desselben einen Raumes handelt; aber auch bei der Beurteilung, ob ein solcher einem Gebäude im Sinne des § 15 gleich zu achten, wird es auf dieselben Gesichtspunkte ankommen: Neubebauung einer unbebauten Grundfläche, Konstruktion und meist wohl auch auf die Dimension der Erweiterung im Verhältnis zu dem alten Raume (OVGE. v. 23. Mai 94 Nr. II 771, PrVerwBl. 15 S. 496; v. 4. Juli 98 Nr. IV 538). Die Erweiterung eines bestehenden Aborts um 1,5 × 1,5 m fällt nicht unter den § 15 (OVGE. v. 5. Juni 05 Nr. IV 840). Bei an verschiedenen Stellen aufgeführten Erweiterungsbauten ist zu prüfen, ob alle vorgenommenen Erweiterungen, als Einheit betrachtet, eine derartig wesentliche Änderung gegenüber dem älteren Zustand des Hauses darstellen, daß sie der Errichtung eines Gebäudes gleich zu achten sind (OVGE. v. 15. April 12, PrVerwBl. 34 S. 400).

δ) Ersatzgebäude.

Ein Ersatzbau steht einem Umbau nicht gleich, gilt vielmehr im Sinne des § 15 regelmäßig als Neubau (OVGE. v. 6. Febr. 13, PrVerwBl. 36 S. 559; v. 16. Nov. 16 IV C. 22. 16), selbst wenn die wieder bebaute Grundfläche keine Vergrößerung erfahren hat (OVGE. v. 4. Nov. 09, PrVerwBl. 31 S. 852) und der wirtschaftliche Nutzen den des früheren Gebäudes nicht übersteigt (OVGE. v. 29. Jan. 05 Nr. IV 947).

ε) Wiederaufbau.

Der Wiederaufbau nach dem § 15 des Fluchtliniengesetzes v. 2. Juli 75, Schultzenstein, PrVerwBl. 33 S. 657. — Der Wiederaufbau eines abgebrochenen oder durch Naturereignisse zerstörten Gebäudes fällt auch dann unter diesen Begriff, wenn dabei einzelne Teile des alten Gebäudes zu dem neuen verwendet werden; nur darauf kommt es an, ob diese einzelnen Teile gegenüber dem ganzen von untergeordneter Art sind (OVGE. Bd. 47 S. 95; v. 12. Juni 14 IX A. 35. 14), nicht allein darauf, ob die bebaute Grundfläche eine Vergrößerung erfahren hat (OVGE. v. 8. Febr. 12 IV C. 50. 11, PrVerwBl. 33 S. 861). Aus welcher Veranlassung der Wiederaufbau vorgenommen wird, ist ohne Bedeutung (OVGE. v. 17. April 13, PrVerwBl. 36 S. 85). Ein Wiederaufbau eines Gebäudes liegt nicht vor, wenn nach einem Brande unter Benutzung der Außenwände die vorher bestandenen Arbeitsräume wiederhergestellt werden und außerdem die Frontmauer um 3 m erhöht und an Stelle des früheren Satteldaches ein massives, horizontales Dach hergestellt wird, wobei die frühere Holzbalkendecke durch massive Kappengewölbe zwischen Eisenträgern ersetzt und außerdem das Treppenhaus vollständig erneuert wird (OVGE. v. 25. April 12 IV C. 227. 11). Eine Bejahung des Gebäudebegriffs weil 90,5 % des Gebäudes als neu anzusprechen waren, während nur 9,50 % auf den stehen gebliebenen Teil des alten Hauses entfallen, besteht nicht zu Recht; in dem, was von dem alten Hause stehen geblieben, war ein Gebäude zu erblicken und in den Änderungen und Erneuerungen nicht die Errichtung eines neuen Gebäudes (OVGE. v. 19. Dez. 18 IV C. 37. 18 Bd. 74 S. 107). Liegt die Beseitigung eines Bauwerks an einer Stelle und seine Loslösung von der Grundfläche einerseits, seine Aufstellung und Verbindung mit dem Boden an einer anderen Stelle andererseits vor, so ist darin die Errichtung eines Gebäudes (Wiederaufbau) zu finden, die beitragspflichtig macht (OVGE. v. 17. April 13, PrVerwBl. 36 S. 85).

ζ) Auf-, Um- und Veränderungsbauten.

Die Veränderung eines vorhandenen Gebäudes steht der Errichtung eines Gebäudes im Sinne des § 15 in der Regel nur dann gleich, wenn dabei die Bebauung einer bisher unbebauten Fläche stattfindet; auf die Vergrößerung des kubischen Inhalts kommt es nicht an (OVGE. v. 23. Mai 94, PrVerwBl. 15 S. 496; v. 1. Juli 93 Bd. 25 S. 91; v. 19. Febr. 03, Bd. 43 S. 18). Das Aufsetzen eines neuen Stockwerks erzeugt nicht die Beitragspflicht (OVGE. v. 18. April 04, PrVerwBl. 25 S. 817, OVGE. 43 S. 19) selbst dann nicht, wenn ein neues Treppenhaus ohne Vergrößerung seines Umfanges unter Benutzung einer bis dahin unbenutzten Fläche eingebaut wird oder Veränderungen durch Ziehen und Entfernen von Zwischenwänden vorgenommen werden (OVGE. Bd. 54 S. 87), überhaupt nicht bei Umbauten von noch so großem Umfange (OVGE. v. 25. April 12 IV C. 227. 11).

η) Gebäude unterhalb der Erdoberfläche.

Ein außerhalb der Fundamentmauern eines Hauses angelegter, unterirdischer Kelleranbau ist, insofern das Ortsstatut nicht etwa etwas Gegenteiliges bestimmt, als ein die Anliegerbeitragspflicht begründendes Gebäude anzusehen (OVGE. v. 4. Jan. 09 IV C. 81. 08, PrVerwBl. 31 S. 328). Wird eine Kelleranlage innerhalb der Fundamentmauern eines bestehenden Gebäudes geschaffen, so liegt ein Gebäude im Sinne des § 15 nicht vor, da diese Fläche bereits als bebaute anzusehen war. Ein ausgemauertes Grab ist kein Gebäude im Sinne des § 15 d. G., da sein Zweck, die Bestattung menschlicher Leichname nicht dem „der Aufbewahrung beweglicher Gegenstände" gleich zu achten ist. Auch eine über die Erdoberfläche hinausragende Ausgestaltung des Grabgewölbes ist noch kein Gebäude; das Gegenteil ist aber anzunehmen, wenn es sich um eine bauliche Anlage über der Erde handelt, welche nicht lediglich als Denkmal oder Grabstätte gelten kann, wenn sie z. B. dazu dienen soll, den Leidtragenden und Besuchern der Gräber Aufenthalt zu gewähren oder Gottesdienst und andere Feiern abzuhalten (OVGE. v. 27. Nov. 02 Nr. IV 1716).

ϑ) Die feste Verbindung des Gebäudes mit dem Erdboden.

Die feste Verbindung mit dem Erdboden ist ein Umstand, der stark für die Gebäudeeigenschaft einer Anlage spricht (OVGE. v. 23. Dez. 01, PrVerwBl. 23 S. 359), jedoch bildet sie keine ausnahmslose Voraussetzung; so kann die transportable Selterwasserbude je nach Bauart, Konstruktion, innerer Ausstattung und Dauer ihres Bestehens als Gebäude im Sinne des § 15 angesehen werden (OVGE. v. 21. Nov. 10, PrVerwBl. 32 S. 682). Das auf einem mit Rädern versehenen Wagengestell angebrachte hölzerne Gartenhaus kann unter Umständen als ein „Wohngebäude" angesehen werden, wenn sich nach dem ganzen Sachverhalt die Annahme rechtfertigt, daß die vorhandenen Räder zur Fortbewegung der fraglichen Anlage nicht zu dienen bestimmt sind, sich vielmehr nach ihrer Zweckmäßigkeit und damit nach ihrem wahren Wesen nur als ein auf Täuschung berechnetes Ersatzmittel für eine gewöhnliche, feststehende Tragekonstruktion kennzeichnen (OVGE. v. 26. Febr. 09, PrVerwBl. 31 S. 145). Der Eisenbahnwagen, nach Entfernung des Untergestells auf dem Boden gelagert, dauernd zum Wohnen oder zur Lagerung von Materialien benutzt, ist ein Gebäude (OVGE. v. 27. Febr. 08 IV C. 65. 08).

ι) Gebäude, in den Luftraum hineinragend.

Die Errichtung eines Balkons erzeugt nicht die Beitragspflicht (OVGE. 41 S. 128), ebenso, wenn ein solcher mit Glasfenstern geschlossen, auf massiven Pfeilern ruht (OVG. 41 S. 128) oder eines Erkers, während ein Risalit unter Umständen als Anbau im Sinne des § 15 angesehen werden kann.

ϰ) Maschinelle Anlagen.

Transformatorsäule, Gasometer, drehbarer Krahn mit Aufenthaltsraum für Menschen sind Gebäude.

λ) Besondere Anlagen.

Zäune, Einfriedigungen haben keine Gebäudeeigenschaft (RG. v. 11. April 88, PrVerwBl. 9 S. 343). Die Stadtbahnbögen in Berlin sind an sich so wenig Gebäude wie Brückenbögen, auch wenn sie ohne weiteren Ausbau zu wirtschaftlichen Zwecken benutzt werden (Lagerung von Holz usw.) erst durch und mit ihrem Ausbau zu Restaurationen, Pferdeställen usw. werden sie Gebäude (OVGE. v. 19. Mai 93 Nr. II 552; v. 12. Jan. 95 Nr. II 74); also wenn sie gebäudeartig ausgebaut und eingerichtet werden (OVGE. v. 26. Febr. 00, Bd. 37 S. 34; v. 11. Juli 01, Bd. 40 S. 363; v. 17. April 05 IV 611), sonst sind sie lediglich Träger der Eisenbahnanlage (OVGE. v. 17. April 05 IV 611). Ein Denkmal an sich ist kein Gebäude, auch wenn es Räume umschließt, die zum dauernden Aufenthalt von Menschen dienen können. Ebenfalls ist ein ausgemauertes Grab kein Gebäude (OVGE. 42 S. 37). Bezüglich des Denkmals heißt es in der Entscheidung: „Danach ist ein Denkmal an sich kein Gebäude und wird es auch nicht dadurch allein, daß es Räume umschließt, die zum Aufenthalt von Menschen dienen können und dienen, wenn solche Räume wie z. B. bei der Siegessäule zu Berlin, ganz nebensächlich sind und die Denkmalsform des Ganzen überwiegt." Dieser Begründung kann nicht zugestimmt werden. Wenn die Räume, auch wenn sie noch so nebensächlich sind, den Begriff des Gebäudes im Sinne des § 15 erfüllen, so ist die Beitragspflicht gegeben. Daß die Denkmalsform gegebenenfalls überwiegt, erscheint dabei nebensächlich.

μ) Gebäude infolge polizeilichen Zwanges errichtet.

Zwingt die Polizeibehörde einen Arbeitgeber ein Gebäude zu errichten, so erzeugt der Bau die Beitragspflicht (OVGE. v. 5. Juli 17 IV C. 37. 17), Abortgebäude (OVGE. v. 4. Nov. 09, PrVerwBl. 31 S. 852).

Es möchte sich empfohlen haben, daß das Gesetz minderwertige Gebäude ausgeschlossen hätte. Die darin liegende Härte, daß der Eigentümer für so geringwertige Gebäude oft einen Anliegerbeitrag zahlen muß (OVGE. v. 16. Jan. 13, PrVerwBl. 35 S. 541), der zu dem Aufwande für Errichtung derselben und zu ihrem Nutzen in gar keinem Verhältnisse steht, kann zwar Veranlassung sein, daß die Gemeinde bei Erlaß des Ortsstatuts darauf Rücksicht nimmt und für solche Verhältnisse Ausnahmen statuiert — was den Gemeinden dringend zu empfehlen ist — im übrigen aber muß es dem Eigentümer überlassen bleiben zu erwägen, ob es trotzdem in seinem Interesse liegt, den Bau auszuführen (OVGE. v. 4. Juli 98 Nr. IV 538). Ein Beispiel solcher Ausnahmebestimmung enthält das Ortsstatut vom 11./12. Febr. 92 für die Stadt Münster i. W. Der § 18 daselbst lautet: Die Verpflichtung der Zahlung der Straßenbaukosten kommt in Wegfall, a) wenn auf einem Grundstück neben einem Hauptgebäude, wegen dessen eine Beitragspflicht nicht begründet ist, ein Anbau, Nebengebäude oder Hintergebäude errichtet wird, dessen jährlicher Nutzungswert weder 100 Mark, noch den fünften Teil des jährlichen Nutzungswertes des Hauptgebäudes überschreitet usw. Vgl. OVGE. v. 1. Juli 96 Nr. II 1341. Nach dem Berliner Ortsstatut v. 25. Juni 06 sind Schuppen, Buden, Kontore, Wächterhäuser, Gartenhallen, Veranden, Lauben, Kegelbahnen, Treibhäuser und ähnliche kleine Anlagen als Gebäude, welche die Beitragspflicht begründen, nicht anzusehen, wenn sie insgesamt eine Grundfläche von 60 qm, sowie eine Fronthöhe von 3,50 m nicht überschreiten und 10 m von der Straßenfluchtlinie errichtet werden. Diese Bestimmung erstreckt sich nicht auf Anlagen, welche Wohn-, Verkaufs- und Ausstellungszwecken dienen (OVGE. v. 16. Mai 18 IV C. 3. 18).

c) Das Gebäude muß an der neuen Straße errichtet werden. Die Lage unmittelbar an der Straße ist nicht erforderlich (OVGE. v. 9. Nov. 05 IV 1576, PrVerwBl. 27 S. 430). Hierfür kann auf die Bem. 6b 6c, 7 zu § 12 verwiesen werden. Die Frage, ob ein Haus an einer neuen Straße errichtet ist, muß nach dem Zustande der Straße in ihrer Vollendung beantwortet werden (OVGE. v. 15. April 96 Nr. II 761; v. 24. Febr. 02, Bd. 41, S. 107, PrVerwBl. 23 S. 761). Eine statutarische Bestimmung, wonach die Adjazenten schon dann für verpflichtet erklärt werden, die Anliegerbeiträge zu zahlen, wenn sie überhaupt auf den adjazierenden Grundstücken bauen, geht insofern über die durch das Gesetz der Autonomie der Gemeinden gezogenen Schranken hinaus, als dieses nur und erst an den Tatbestand, daß auch das Gebäude selbst ein „an der neuen Straße" errichtetes ist, die Beitragspflicht knüpft (OVGE. v. 24. Nov. 94 Nr. II 1603, PrVerwBl. 16 S. 312; v. 24. Okt. 94 Nr. II 1434, PrVerwBl. a. a. O. S. 109; v. 28. Juni 09 IV C. 11. 09). Das Statut ist dann rechtsungültig nur soweit es über das Gesetz hinausgeht (OVGE. v. 10. Juli 02 Nr. IV 1333; v. 19. Okt. 03, PrVerwBl. 25 S. 386). Greift das Baugrundstück über den Endpunkt der neuen Straße hinaus und fällt das neue Gebäude mit einer Senkrechten zur Straße außerhalb der neuen Straße, so liegt das Gebäude doch an der neuen Straße, wenn es ein wirtschaftlich einheitliches Grundstück ist, sofern der Hauptausgang nach der neuen Straße geht (OVGE. v. 27. April 03, Bd. 43 S. 30; v. 18. April 12, Bd. 62 S. 191). Bei der Beurteilung der Frage, ob die Errichtung eines Gebäudes als an der Straße erfolgt zu gelten hat, kommt es neben seiner Zugänglichkeit und den Verkehrsbeziehungen, die es zur Straße hat, wesentlich auf die örtliche Stelle an, die es auf dem an die Straße angrenzenden Grundstücke einnimmt (OVGE. v. 23. Jan. 16, PrVerwBl. 38 S. 40). Die Zugänglichkeit eines Gebäudes von der Straße ist ein bedeutsames, aber kein ausnahmsloses Merkmal (OVGE.

v. 13. Juni 18 IV C. 8. 18). Eine Scheidung zwischen mittelbaren und unmittelbaren wirtschaftlichen Beziehungen eines Gebäudes zu der Straße, an der es errichtet werden soll, findet in § 15 keine Stütze (OVGE. v. 21. März 12, Bd. 62 S. 181). Bauwerke, welche mit einer Umfassungswand die Straßengrenze berühren, liegen an der Straße, ohne daß es darauf ankommt, ob nach der Straße zu belegene Türen oder Fenster vorhanden sind (OVGE. Bd. 42 S. 42; v. 17. Febr. 10 IV C. 24. 09).

Die wirtschaftlichen Beziehungen zur Straße werden dadurch nicht ausgeschlossen, daß dem Publikum der Zugang zum Grundstück verwehrt ist, es genügt, daß der Zugang für Fußgänger und Angestellte der Eisenbahnverwaltung freisteht (OVGE. v. 28. Okt. 08 IV C. 232. 08). Eine Tür, wenn sie auch nur als Notausgang benutzt werden soll, ermöglicht jederzeit eine Verbindung mit der Straße (OVGE. v. 24. Jan. 16 IV C. 93. 14). Die Verbindung mit der Straße durch eine Treppe genügt, auch wenn sie nur einem beschränkten Personenkreis offen steht (OVGE. 44 S. 91). Ist das Baugrundstück im Niveau höher als die Straße, so liegt es trotzdem an der Straße, auch wenn an der Straße eine Futtermauer liegt, diese trennt nicht, sondern verbindet das Grundstück mit der Straße (OVGE. v. 18. April 04 Nr. IV 544, PrVerwBl. 25 S. 817). — Nicht an der Straße liegt ein Grundstück, wenn die Böschung derselben oder die Fläche, auf welcher die Futtermauer steht, sich im fremden Eigentum befindet.

Der Einwand, daß ein Bau durch Vorgartenterrains von der Straße getrennt sei, also nicht an der Straße errichtet, ist völlig verfehlt, da ein Vorgarten im engsten Zusammenhang mit dem Gebäude steht, vor welchem er liegt (OVGE. v. 12. Mai 93, 25 S. 85). Eine Laube, als Gebäude im Vorgarten erzeugt die Beitragspflicht (OVGE. v. 9. Febr. 03, Bd. 43 S. 1320; v. 26. Nov. 14 IV C. 148. 14). Steht das Baugrundstück und Vorgarten verschiedenen Eigentümern zu, so ist trotzdem das Baugrundstück als „an die Straße" grenzend anzusehen. (OVGE. v. 27. Feb. 02 Bd. 41 S. 107; v. 4. Mai 03 Bd. 43 S. 25; v. 27. Mai 07, IV 928; v. 21 Nov. 07 IV 1864; v. 23. Mai 12 IV C 193. 11; v. 14. Juni 17, PrVerwBl. 39 S. 319). Nach den Entscheidungen des OVG. wird demnach die Beitragspflicht nicht dadurch aufgehoben, daß der Vorgarten einem anderen Eigentümer gehört, als das Hausgrundstück. Die Verfasser, welche sonst in allen Fragen übereingestimmt haben, sind sich in dieser Frage nicht einig gewesen. Saß steht auf dem Standpunkte, daß das OVG. in seiner Schlußfolgerung zu weit gegangen sein dürfte, der Begriff des angrenzenden Eigentümers für den Eigentümer des Baugrundstücks in dem vorliegenden Falle nicht gegeben sei, vielmehr der Begriff des Angrenzens eine körperliche Berührung zwischen Straße und Baugrundstück voraussetze, daher die rechtliche Stellung des Vorgartens zu dem Baugrundstücke nicht in Frage kommen könne. Dem Hinweis, daß angesichts der geltenden Rechtsprechung eine unhaltbare Lage entstände, wenn z. B. der Eigentümer des Vorgartens in diesem ein Gebäude errichte, trat Herr Senatspräsident von Strauß und Torney, der durchaus auf dem Boden des OVG. stand, damit entgegen, daß in solchem Falle beide Eigentümer unter Bezug auf §§ 421, 426 BGB. heranzuziehen seien. Es spricht gegen die geltende Rechtsprechung noch folgender Umstand. Die Beitragspflicht auf Grund des § 15 entsteht, sobald ein Gebäude errichtet wird — bereits mit der Fundamentierung desselben —, der Vorgarten im Rechtssinne jedoch erst dann, wenn eine Baulichkeit vorhanden ist, zu dessen Zubehör der Vorgarten gehört. Demnach ist ein Vorgarten im Rechtssinne im Zeitpunkt der Fundamentierung noch nicht gegeben, sondern erst dann, wenn die Baulichkeit als solche vorhanden ist. Da aber die Beitragspflicht an den Beginn der Errichtung des Gebäudes anknüpft, ist in solchem Falle der § 15 nicht anwendbar. Vgl. 13 a zu § 15.

Ein Gebäude ist in der Regel als an der Straße liegend zu betrachten, wenn es mit ihr durch einen zu dem bebauten Grundstück gehörigen Privatweg verbunden ist, nicht aber, wenn die Verbindung durch eine Privatstraße gebildet wird, die zwar dem Eigentümer gehört, aber keinen Bestandteil des Baugrundstücks bildet, vielmehr ein selbständiges, von dem Baugrundstück abgegrenztes Grundstück und dazu bestimmt ist, noch andere Grundstücke zugänglich zu machen (OVGE. 46 S. 159). Der Einwand, ein Fabrikgebäude könne an einer Straße, an welcher nur Landhäuser errichtet werden dürfen, nicht liegen, ist unzulässig (OVGE. v. 3. Okt. 07 IV 1581).

Einzelne Beispiele:

α) Anbau.

Auf einen Anbau erstrecken sich grundsätzlich die wirtschaftlichen Beziehungen des Hauptgebäudes. Ist letzteres ein Eckhaus, so ist in der Regel auch der Anbau dann an beiden Straßen errichtet (OVGE. 58 S. 30). Ein Anbau im Innern des Grundstücks, im Hofe hinter anderen Gebäuden ist an der Straße errichtet (OVGE. 40 S. 98); Abort (OVGE. 43. S 132; v. 17. April 13, PrVerwBl. 36 S. 85). Ein Nebengebäude muß nicht unter allen Umständen die Lage des Hauptgebäudes an der Straße teilen (OVGE. v. 21. Juni 17 IV C. 35. 17).

β) Eckgrundstücke.

Für Eckhäuser, die nach zwei Straßen eine Front haben, tritt im allgemeinen die Beitragspflicht für beide Straßen ein (OVGE. Bd. 17 S. 184; v. 21. Jan. 87 Nr. II 57, PrVerwBl. 8 S. 276; v. 26. Sept. 90 Nr. II 818 und v. 26. März 96 Nr. II 599; v. 5. Jan. 98 Nr. II 8; v. 30. Juni 02 Nr. IV 1274). Ob das Eckhaus nur an einer der beiden Straßen eine Hausnummer hat, ist ohne Bedeutung (OVGE. v. 31. Okt. 94 Nr. II 1469). Wenn die neue Straße nur erst durch Fluchtlinien als eine projektierte bezeichnet ist, so liegt ein Eckhaus nicht vor (E. v. 26. Jan. 99 Nr. IV 167; v. 22. Febr. 99 Nr. II 246; Bem. 6 c zu § 12). Um die hierin liegende Belastung der Grundbesitzer abzuwenden, war in der Komm. d. AH. ein Antrag auf Einschaltung der Worte: „mit einem Ausgange nach der neuen Straße" gestellt; er wurde aber abgelehnt, weil dem Eigentümer auch ohne jenen Ausgang sehr wesentliche Vorteile durch die Lage des Grundstückes an beiden Straßen erwüchsen. Liegt das Gebäude von der Straße, an welche das Baugrundstück stößt, eine Anzahl Meter entfernt, hat aber eine Baufront nach dieser Straße, empfängt von dort Luft und Licht, so liegt es auch an dieser Straße, wenn auch die Hauptfront und der Zugang auf eine andere Straße führt (OVGE. v. 4. Mai 03 und 6. Juli 03, Bd. 43 S. 28, 30; v. 18. April 04, PrVerwBl. 25 S. 817; v. 28. Jan. 09 Nr. IV 221; v. 30. Jan. 13 IV C. 119. 12). Das Eckgrundstück ist mit seiner Front an der neuen Straße beitragspflichtig, auch wenn es keinen Ausgang nach derselben hat (OVGE. 13 S. 173; 16 S. 363).

γ) Ausgang nach der Straße.

In dem § 15 wird auf den Ausgang nach der Straße ein Gewicht überhaupt nicht gelegt und das ist mit bewußter Absicht geschehen; ein Antrag, zu sagen: „sobald sie ihre Grundstücke mit einem Ausgang nach der neuen Straße bebauen" wurde in der Kommission des Abgeordnetenhauses gestellt, erhielt aber nicht die Mehrheit (OVGE. Bd. 13 S. 174; PrVrwBl. 15 S. 405; v. 12. Mai 02, Bd. 41 S. 132; v. 22. Juni 11 IV C. 78. 10). Auch kann die Herstellung eines Ausgangs von einem bebauten Grundstücke nach der neuen Straße nicht ohne weiteres der Errichtung eines Gebäudes an der neuen Straße gleichgestellt werden (OVGE. v. 28. Okt. 92 Nr. II 1034). Ebenso wenig das Ausbrechen von Fenstern nach der neuen Straße, wo noch keine waren (OVGE. v. 14. Nov. 96 Nr. II 2235). Durch Ortsstatut kann die Beitragspflicht davon abhängig gemacht werden, daß das Haus von der Straße aus zugänglich ist (OVGE. 44 S. 92). Diese Entscheidung steht mit dem oben angeführten nicht in Widerspruch, wonach es auf den Ausgang nach der Straße nicht ankommt, hier ist nur im Ortsstatut nachgelassen, daß Gebäude, welche von der Straße nicht zugänglich sind, insoweit der Beitragspflicht nicht unterliegen.

δ) Entfernung des Gebäudes von der Straße.

Bei der Feststellung, ob ein Gebäude an der Straße errichtet ist, muß vor allen Dingen geprüft werden, ob die Entfernung von der Straße diese Annahme nicht ohne weiteres ausschließt (OVGE. v. 21. März 12, Bd. 62 S. 181; v. 20. März 94, PrVerwBl. 15 S. 405). Ein Kohlenschuppen, obwohl die Entfernung desselben bis zu der Straße etwa 70 m beträgt, ist an derselben errichtet, wenn wirtschaftliche Beziehungen zu der Straße bestehen (OVGE. v. 13. Jan. 16, PrVerwBl. 38 S. 40). Es lassen sich Verhältnisse denken, unter welchen ein Gebäude, das nur von einer bestimmten Straße her seinen Zugang hat und auf einem an diese Straße grenzenden Grundstück errichtet ist, dennoch unzweifelhaft „an" derselben nicht liegt, z. B. wenn auf einem mehrere 100 m tiefen Ackergrundstück an dessen der Straße entgegengesetztem Ende ein Schuppen zur Aufbewahrung von Gerätschaften gebaut worden ist (OVGE. v. 10. Dez. 89 II 994, PrVerwBl. 11 S. 437). Ebenso wurde die Errichtung eines Schuppens an der Straße verneint mit Rücksicht auf die weite Entfernung von 250 m und seiner Lage an Wasserstraße und Hafen, trotzdem durch einen zum Besitztum gehörigen Weg wirtschaftliche Beziehungen mit jener Straße vermittelt werden — der Schuppen lag danach an diesem Privatwege (OVGE. v. 12. Nov. 14 IX C. 114. 14).

ε) Lage der Gebäude zwischen zwei Straßen.

Ob ein Gebäude zwischen zwei Straßen liegt, ist eine Frage wesentlich tatsächlicher Natur und hängt — auch bei Nebengebäuden und Anbauten — wesentlich von den wirtschaftlichen Beziehungen zur Straße ab. Danach ist es auch zu beurteilen, ob ein Gebäude (Anbau) an einer (und welcher) oder an beiden Straßen — mögen sie parallel laufen oder sich kreuzen — liegt (OVGE. v. 18. Mai 03, Bd. 43 S. 32; v. 23. Sept. 07, PrVerwBl. 29 S. 369; v. 11. Juli 10, PrVerwBl. 32 S. 633). Allgemeine Grundsätze gibt es darüber nicht, es richtet sich nach Maßgabe der besonderen Verhältnisse des Einzelfalles, nach den wirtschaftlichen und sonstigen Beziehungen, Entfernung usw. von der Straße.

Für die Beurteilung der Beitragspflicht zu den Herstellungskosten einer städtischen Straße ist nur die Belegenheit des auf dem beitragspflichtigen Grundstücke errichteten Gebäudes an dieser Straße maßgebend, und eine Beitragspflicht besteht dann nicht, wenn die tatsächlichen Verhältnisse ergeben, daß das Gebäude auf einem an eine städtische Straße angrenzenden Grundstücke ausschließlich an einer anderen angrenzenden — öffentlichen oder privaten — Straße errichtet ist (OVGE. v. 27. Mai 98, PrVerwBl. 20 S. 279; v. 23. Febr. 03 Nr. IV 353). Aus der wirtschaftlichen Einheit ist nicht ohne weiteres und zwingend herzuleiten, daß alle auf demselben Grundstück errichteten Gebäude an derselben Straße wie das Hauptgebäude liegen (OVGE. v. 23. Sept. 09 IV C. 252. 08). Ein Gebäude, welches an einer Straße liegt, für welche Fluchtlinien festgesetzt sind, kann nicht als an einer entfernter liegenden Parallelstraße errichtet gelten (OVGE. v. 30. Jan. 19 IV C. 26. 18).

ζ) Baugrundstück durch fremdes Grundstück von der Straße getrennt.

Das Gebäude ist nicht an der Straße errichtet, wenn sich zwischen Straße und Grundstück Geländestreifen befinden, welche zwar tatsächlich offen liegen und dem Verkehr dienen, aber bisher rechtlich nicht Teil der öffentlichen Straße geworden sind. In solchem Falle kann die Heranziehung erst erfolgen, sobald jene Fläche rechtlich Straße geworden ist (OVGE. v. 27. Mai 07 IV 928). Eine Maske, ein dreieckiger Landstreifen sich allmählich auf 14 cm verbreiternd, von insgesamt 4 qm Fläche trennt das Grundstück von der Straße, so daß die Beitragspflicht ausgeschlossen wird (OVGE. v. 3. Okt. 18, Bd. 74 S. 932). Darin tritt noch keine Änderung ein, wenn eine Verbindung zur Straße über ein vorgelagertes Grundstück führt (OVGE. v. 18. Sept. 11, PrVerwBl. 33 S. 404; v. 23. Mai 12 IV C. 193. 11). Liegt zwischen Straße und Grundstück ein Geländestreifen, der für den Straßenverkehr nicht benutzbar ist, z. B. eine Rasenfläche, Blumenanlage, so liegt das Grundstück doch an der Straße, wenn der Geländestreifen rechtlich zur Straße gehört (OVGE. v. 30. Sept. 05 IV C. 12. 15). Bezüglich der Vorgärten s. Bem. 6 c zu § 12 am Schluß und Bem. 6 c oben. Wird eine Straße durch Fluchtlinien verschmälert, so hört dadurch das Baugrundstück nicht auf, an der Straße zu liegen. Der abgeteilte Streifen bleibt Straße, solange nicht zwischen der Gemeinde und den Anliegern unter Zustimmung der Wegepolizei ein rechtlich gesichertes Verhältnis über die weitere Zugänglichkeit ihrer Grundstücke zur Straße geschaffen ist. Das Verfahren aus § 57 des ZustG. ist, weil es sich nur um eine geringfügige Regulierung handelt, dazu nicht nötig (OVGE. v. 20. April 03, Bd. 43 S. 24; E. d. RG. VII. ZS. v. 22. Mai 00, PrVerwBl. 22 S. 277).

d) Ob das Grundstück bereits bebaut ist, entscheidet nicht, weil jede Errichtung eines Gebäudes an der neuen Straße die Beitragspflicht entstehen läßt. Der Beitrag muß also auch dann gezahlt werden, wenn nur den vorhandenen Gebäuden ein weiteres hinzugefügt oder an Stelle eines abgebrochenen oder durch Naturereignisse zerstörten Gebäudes ein neues aufgeführt wird (OVGE. Bd. 13 S. 170 ff. und v. 19. Sept. 90 Nr. II 787, PrVerwBl. 12 S. 71; v. 26. März 96 Nr. II 600; v. 4. Juli 98 Nr. IV 538; v. 20. Okt. 02 Nr. IV 1917; v. 20. Nov. 05 Nr. IV 1638; v. 25. Jan. 09 Nr. IV 203). Jede Errichtung eines Gebäudes erzeugt die Beitragspflicht, also auch dann, wenn schon vorher ein die gleiche Pflicht zur Entstehung bringendes Gebäude errichtet war. Das neue Gebäude erzeugt dann eine neue Pflicht, welche nur insofern mit der früher entstandenen Verpflichtung in rechtlicher Verbindung steht, als beide auf denselben Gegenstand gerichtet sind und folgeweise durch die Tilgung der einen auch die andere erlischt (OVGE. v. 2. Dez. 01, Bd. 40 S. 98; v. 27. April 03, PrVerwBl. 25 S. 132; v. 18. Juni 14, PrVerwBl. 37 S. 313; v. 13. Juni 16, PrVerwBl. 38 S. 40). In einigen Gemeinden der Provinz Hannover besteht für solche Fälle die eigentümliche Bestimmung: „... jedoch wird von der Länge der Grenze die Länge der nach der neuen Straße hin gerichteten Seite des bei der Anlage der Straße bereits vorhandenen Gebäudes abgerechnet und bleibt hierfür der Beitrag unerhoben". Die Auslegung dieser Bestimmung hat zu erheblichen Schwierigkeiten Veranlassung gegeben. Hier kann nur auf die OVGE. v. 20. Mai 01 Nr. IV 290 und v. 5. Jan. 03 Nr. IV 21 hingewiesen werden.

Daß das Gebäude, wenn es auf einem Eckgrundstück und an zwei Straßen liegt, an ein schon bestehendes Gebäude desselben Eigentümers angefügt wird, für welches die Straßenbaukosten der einen Straße bezahlt sind, hindert nicht, daß der Eigentümer durch Errichtung des angefügten Neubaues für die andere neue Straße beitragspflichtig wird und zwar für die ganze Länge, mit welcher das noch einheitliche Grundstück an diese andere Straße grenzt (OVGE. v. 23. Mai 98 Nr. IV 977).

e) Die Verpflichtung der Eigentümer wird begründet, „sobald sie Gebäude an der neuen Straße errichten". Vgl. über die Bedeutung dieser Worte hinsichtlich des Zeitpunktes und des Umfanges der Verpflichtung Bem. 13 und namentlich 14 a. — Diese Worte können nicht füglich dahin gedeutet werden, daß die Errichtung vollendet sein müsse; wäre dies beabsichtigt, so hätte der Zwischensatz lauten müssen: „sobald sie Gebäude an der neuen Straße errichtet haben". Macht aber schon das Beginnen mit der Errichtung den Eigentümer pflichtig, so wird er auch nicht befreit, wenn er etwa nach dem Zeitpunkte, wo seine Verpflichtung eintritt, also nach Fertigstellung der Straße (vgl. Bem. 14 a) den Bau wieder aufgibt (vgl. OVGE. v. 17. Febr. 91 Nr. II 190, PrVerwBl. 12 S. 387 und v. 12. Mai 93 Nr. II 522; v. 9. Febr. 03, Bd. 43 S. 14; v. 4. Febr. 04, PrVerwBl. 25 S. 509; v. 10. Juli 13, PrVerwBl. 36 S. 365; OVGE. Bd. 25 S. 85), wonach die massive Fundamentierung eines Gebäudes zur Heranziehung genügt (OVGE. v. 22. Febr. 06, PrVerwBl. 28 S. 183). Ein nur im Rohbau hergestelltes Bauwerk ist noch kein fertiges, sondern ein noch in der Errichtung befindliches. Die Errichtung ist erst als vollendet anzusehen, wenn die innere Einrichtung und der innere Ausbau stattgefunden haben, die als ein Teil der Einrichtung anzusehen sind. Der Zustand bei der Rohbauabnahme genüge insbesondere nicht, das Gebäude müsse für die Benutzung, der es dienen solle, im wesentlichen hergerichtet sein (OVGE. v. 15. Nov. 06, Bd. 50 S. 83). Ein Gebäude gilt als fertig hergestellt, auch wenn kleine Mängel wie Fehlen einer Steigeleiter, Laufbrücke vorhanden sind (OVGE. v. 4. April 10 IV C. 103. 09). Die Vollendung des Gebäudes ist nicht abhängig von der Erteilung des Gebrauchabnahmescheins (OVGE. v. 7. Nov. 18 IV C. 39. 18).

Anders liegt es, wenn während der Anlegung der Straße, die einen längeren Zeitraum umfassen kann, der Bau begonnen und vor Vollendung der Straße wieder entfernt wird (OVGE. Bd. 60 S. 124; v. 10. Juli 13, PrVerwBl. 36 S. 365). Für den Umfang der Verpflichtung und für den Beginn der Verjährungsfrist kommt es auf den Zeitpunkt der Vollendung des Baues an (OVGE. v. 5. Febr. 00, Bd. 37 S. 33; v. 2. Dez 01, Bd. 40 S. 101; vgl. E. v. 13. Juni 99, Bd. 36 S. 61, PrVerwBl. 21 S. 115; v. 15. Nov. 06, Bd. 50 S. 83). Noch weniger kann es, sofern das Ortsstatut hierfür keine Ausnahme macht, darauf ankommen, ob das Gebäude nur vorübergehenden Zwecken dienen und demnächst wieder beseitigt werden soll (OVGE. v. 19. Mai 93 Nr. II 552; v. 4. Febr. 04 Nr. IV 194; v. 11. Nov. 15 IV 188. 14) auch aus polizeilichen Gründen (OVGE. v. 23. Dez. 07 Nr. IV 2075).

Auch kommt es, da das Gesetz für die Verpflichtung der Hauseigentümer nur verlangt, daß sie Gebäude an der Straße errichten und sobald sie dies tun, nicht darauf an, ob sie nur auf Widerruf genehmigt sind (OVGE. v. 10. Dez. 00 Nr. IV 2001, PrVerwBl. 22 S. 444; v. 23. Dez. 01 Nr. IV 1912, PrVerwBl. 23 S. 359).

Nach den Statuten wird die Zahlung vielfach in einem noch früheren Momente verlangt; soll sie — wie auch das frühere Berliner Statut im § 7 vorschreibt — „gegen Erteilung der Bauerlaubnis“ erfolgen. Nach dem Gesetze läßt sich das nicht rechtfertigen; das Gesuch um Erteilung des Baukonsenses und die Ausfertigung desselben sind nur vorbereitende Schritte für die Errichtung des Gebäudes; ob und wann wirklich gebaut werden soll, hängt noch immer von der Entschließung des Bauherrn ab; die meisten Bauordnungen gewähren sogar für den Beginn des Baues die Frist eines vollen Jahres, während dessen die Bauerlaubnis ihre Gültigkeit behält. Wenn aber der Eigentümer einen ihm erteilten Baukonsens überhaupt nicht benutzt, so fehlt es an der gesetzlichen Vorbedingung für das Entstehen seiner Beitragspflicht, und dasselbe gilt solange, als er den Beginn des Baues hinausschiebt. Im allgemeinen wird freilich mit dem Bauen unmittelbar nach Erlangung der polizeilichen Erlaubnis angefangen werden; insofern mag die unrichtige Fixierung des Zeitpunktes für die Zahlungspflicht in den Ortsstatuten nicht zum Nachteil der Anlieger gereichen, sobald es sich um eine bereits fertiggestellte neue Straße handelt. Wird für eine in der Anlegung begriffene Straße eine Bauerlaubnis erteilt, so ist selbstverständlich die sofortige Anforderung und Zahlung der Beiträge überhaupt unmöglich. Jedenfalls muß daran festgehalten werden, daß kein Beitrag verlangt werden kann, bevor mit der Errichtung des Gebäudes begonnen wird (OVGE. v. 24. Febr. 02, Bd. 41 S. 107, PrVerwBl. 23 S. 761; v. 17. Sept. 10 IX A. 1. 10). — Das OVG. hat der obigen Ansicht sich anschließend in der E. v. 7. April 94 Nr. II 528 u. a. ausgesprochen, daß eine statutarische Bestimmung, wonach die Beiträge vor Erteilung der Bauerlaubnis gezahlt werden sollen, rechtsungültig sei, da sie über das G. v. 2. Juli 75 hinausgehe, welches den Fälligkeitstermin — nur um diesen handelt es sich dabei — anders regele. Ebenso das RG. in der E. v. 23. Febr. 99 Nr. IV 308 98, JW. 99 S. 251, PrVerwBl. 20 S. 505. Durch MinErl. v. 13. Jan. 85 ist auch der § 7 des Berliner Statuts insoweit außer Kraft gesetzt, als danach die Bauerlaubnis von der vorgängigen Erfüllung der kommunalen Verbindlichkeiten abhängig gemacht ist.

f) Eigentümliche Schwierigkeiten erwachsen daraus, daß im § 15 nur der gewöhnliche Fall, wo der Eigentümer selbst baut, ins Auge gefaßt ist. Unter

Umständen wird auch von anderen Personen gebaut, z. B. von dem Käufer, dem das Grundstück noch nicht aufgelassen ist, von einem Pächter, Nutznießer u. dgl. (OVGE. Bd. 25 S. 85; v. 23. Mai 98 Nr. IV 977 [Käufer]; v. 19. Dez. 94 Nr. II 1739; v. 12. Jan. 95 Nr. II 74 [Pächter]). Abzuweisen ist hier von vornherein die Annahme, daß in solchen Fällen eine Beitragspflicht niemals entstehe; bei strengem Festhalten an dem Wortlaute würde sich allerdings behaupten lassen, der Eigentümer könne nur dann, wenn er selbst baue, herangezogen werden; das erscheint aber unvereinbar mit der zweifellosen Absicht des Gesetzgebers, würde ein weites Feld für die Umgehung des Gesetzes eröffnen und ist deshalb ohne weiteres als unannehmbar zu bezeichnen. Die Schwierigkeiten lassen sich auch nicht etwa durch ein Abgehen von dem Begriffe des „Eigentümers" beseitigen; denn dieser Begriff steht rechtlich fest, und wenn man ihn nicht zugrunde legen wollte, würde jeder Anhalt für die erforderliche, anderweite Abgrenzung des Kreises der verpflichteten Personen fehlen (vgl. OVGE. Bd. 8 S. 62). Es muß deshalb unbedingt daran festgehalten werden, daß nur der Eigentümer beitragspflichtig werden kann; dementsprechend hat das OVG. in der E. v. 1. Mai 88 Nr. II 485 (PrVerwBl. 10 S. 76; v. 13. März 94 Nr. II 384) die Heranziehung eines Käufers vor erfolgter Auflassung des Grundstückes für unstatthaft erklärt. Andererseits unterliegt es keinem wesentlichen Bedenken, eine Beitragspflicht des Eigentümers überall da anzuerkennen, wo er in der Lage war, den von seiten eines Dritten auf seinem Grundstücke unternommenen Bau zu hindern, hiervon aber abgesehen hat, sei es, daß er ausdrücklich die Erlaubnis zu dem Bau erteilte oder daß er wenigstens, obwohl von der Sachlage unterrichtet, die Errichtung des Gebäudes stillschweigend gestattete (OVGE. v. 10. Dez. 00 Nr. IV 2001, PrVerwBl. 22, S. 444; v. 18. Sept. 05 Nr. IV 1254). Hier wird er dem Eigentümer, der sein Grundstück auf eigene Kosten durch einen Bauunternehmer bebauen läßt, gleich zu behandeln sein (OVGE. v. 17. Febr. 91 Nr. II 190, PrVerwBl. 12 S. 387 und v. 19. Mai 93 Nr. II 552). In einem Falle, wo ein Käufer, dem noch nicht aufgelassen war, das Gebäude errichtet hatte, und wo der Verkäufer zur Zeit der Heranziehung noch eingetragener Eigentümer war, hat das OVG. auch entschieden, daß die Heranziehung des eingetragenen Eigentümers mit Recht erfolgt sei, auf den Käufer sei das Eigentum damals noch nicht übergegangen gewesen; für die Beitragspflicht sei das Eigentum an dem Grundstücke maßgebend; dabei sei es rechtlich unwesentlich, ob der Eigentümer das Gebäude für sich errichte oder zulasse, daß ein Dritter es für eigene Rechnung errichte, auch im letzteren Falle sei es immer der Eigentümer, der im Sinne des § 15 durch seine Zulassung das Gebäude „errichte" (OVGE. v. 23. Mai 98 Nr. IV 977; v. 7. Dez. 03, Bd. 44 S. 106). Wenn deshalb auf verkauftem, aber noch nicht aufgelassenem Gemeindeland ein anderer ein Haus errichtet, und die Auflassung erfolgt nach Vollendung des Hauses, so entsteht überhaupt keine Beitragspflicht, da die Gemeinde nicht steuerberechtigt und verpflichtet in einer Person sein kann. Die Verpflichtung des eingetragenen Eigentümers wird auch nicht dadurch wieder aufgehoben, daß er nach der Heranziehung das Eigentum durch Auflassung dem Erbauer des Hauses überträgt, denn der Eigentümer bleibt für die während seiner Besitzzeit entstandene Abgabenschuld — ebenso wie bei Reallasten (vgl. Dernburg, Pr. Privatrecht Bd. 1 §§ 305, 306,

308; Eccius, Pr. Privatrecht Bd. 2 § 188 bei II u. III) — auch nach der Veräußerung verpflichtet.

Auflassung ist natürlich da nicht erforderlich, wo der Erbauer schon durch die Erbauung selbst Eigentümer des Grundstücks wird, wie früher nach §§ 327 ff. Tit. 9. T. I des ALR.; danach vollzieht sich der Eigentumserwerb durch den Akt der Bebauung als solchen, von welchem der Grundeigentümer gewußt, gegen welchen er jedoch nicht sogleich, als er davon Nachricht erhalten, Widerspruch erhoben hat, (E. d. RG. v. 16. April 94 Bd. 33 S. 251, 252; v. 9. Mai 94, Bd. 33 S. 256; v. 8. Mai 95, Bd. 35 S. 265; v. 2. Dez. 96, Bd. 38 S. 288, 289). Bei der Inbesitznahme durch die Bebauung tritt ein unmittelbarer Eigentumserwerb an der bebauten Fläche selbst dann ein, wenn der Bauende die bebaute Fläche auf Grund eines formgültigen, zum Eigentumserwerbe an sich geeigneten Titels, z. B. eines formgültigen Kaufvertrages, erworben hat; auch in einem solchen Falle bedarf es für den Eigentumsübergang weder der Auflassung noch der Eintragung im Grundbuche (E. d. RG. Bd. 33 S. 256). Allerdings geht durch diese Inädifikation das Eigentum dann nicht über, wenn dieser Übergang dem Inhalte eines abgeschlossenen Vertrages widersprechen, eine Verletzung des festgesetzten Vertragsrechts darstellen würde (E. d. RG. Bd. 35 S. 266, Bd. 33 S. 259, JW. 1897 S. 176 Nr. 40; OVGE. v. 7. Dez. 03 Bd. 44 S. 106). Bei der Inädifikation wird aber nicht allein der von dem Gebäude selbst bedeckte Raum, sondern auch diejenige unbebaute Fläche von dem Bauenden zu Eigentum erworben, deren Benutzung für den Bau unerläßlich notwendig ist; denn man kann nicht annehmen, daß das Gesetz in dem Falle, wo der Bau ohne eine solche unbebaute Fläche unbrauchbar sein würde, den Erfolg habe herbeiführen wollen, daß der Bauende etwas Unbrauchbares, z. B. ein Haus ohne den erforderlichen Zugang oder Hof, zu Eigentum erwerbe. Es muß daher der Grund und Boden, soweit er nicht bebaut ist, objektiv betrachtet, zur Benutzung des Hauses unerläßlich notwendig sein (Gruchot, Beiträge, Bd. 33 S. 876 f.), (OVGE. v. 5. Febr. 00, Nr. IV 197); in solchen Fällen ist der Erbauer stets allein verhaftet (vgl. jedoch JW. 1897 S. 176 Nr. 40).

Seit Einführung des Bürgerlichen Gesetzbuches ist die Rechtslage eine andere geworden. Das BGB. kennt einen Erwerb von Grundeigentum durch Errichtung von Gebäuden (inaedificatio) nicht (§§ 94, 946), es gilt vielmehr der römische Grundsatz: aedificium solo cedit. Auch das Erbbaurecht ist nur Recht am fremden Grundstück (BGB. §§ 1012—1017, an deren Stelle die Verordnung über das Erbbaurecht v. 15. Jan. 19 getreten ist. Siehe hierzu die Ausführungen von Loewe im PrVerwBl. 40 S. 546 über Gemeindegrundsteuer und Erbbaurecht), wenn hierbei auch der Erbbauberechtigte Eigentümer des Gebäudes bleibt, wie das auch sonst ausnahmsweise vorkommt z. B. BGB. § 95 Abs. 1. In allen diesen Fällen, auch beim Erbbaurecht, wird der Grundstückseigentümer beitragspflichtig bleiben. Es folgt das unmittelbar aus dem Gesetze. Die Errichtung eines Gebäudes auf dem Grundstück einer Kirchengemeinde macht diese pflichtig, wenn der Bau mit ihrem Willen, wenn auch ohne die erforderliche Genehmigung der Aufsichtsbehörde, ausgeführt worden ist (OVGE. v. 28. Nov. 12, Bd. 62 S. 220).

Wegen der besonderen Eigentümlichkeiten der Erbbegräbnisse,

welche unter Umständen als selbständige Grundstücke, und nicht als Teile des Kirchhofs, anzusehen sind, vgl. die ausführlichen Darlegungen in der OVGE. v. 27. Nov. 02, Bd. 42 S. 37.

Ein Rechtsgrund für die Verpflichtung des Eigentümers ist nicht erfindlich, wenn der Bau gänzlich ohne sein Wissen oder wider seinen Willen ins Werk gesetzt sein sollte; dazu gehört aber, daß der ernste und unbedingte Wille vorhanden und nach außen durch Handlungen erkennbar gemacht wird, das Gebäude so schnell, wie es tatsächlich und rechtlich möglich, von dem Grundstücke wieder wegzuschaffen; eine bloße Abrede, daß solche Gebäude auf dem Grundstücke nicht erbaut werden dürfen, genügt nicht (OVGE. v. 23. Dez. 01, PrVerwBl. 23 S. 359; v. 9. Febr. 03, Bd. 43 S. 13; v. 2. April 08 Nr. IV 675). Jedoch auch hier wird die Verpflichtung des Eigentümers anzuerkennen sein, wenn er später seine Zustimmung zu dem Bau ausdrücklich oder stillschweigend erklärt. — Heißt es im Pachtvertrag, daß Gebäude und Schuppen, welche Pächter errichten, deren Eigentum verbleiben und nach Beendigung des Pachtverhältnisses zu beseitigen sind, so hat sich der Verpächter mit der Errichtung von Gebäuden auf dem Pachtgrundstück vertragsmäßig allgemein einverstanden erklärt (OVGE. v. 16. Mai 18 IV C. 3. 18). Ebenso, wenn der Eigentümer im Streitverfahren die Ansicht vertritt, das Bauwerk sei gar kein Gebäude im Sinne des § 15, denn dann hat er für den Fall, daß seine Rechtsansicht zutreffen sollte, die Absicht, die Wegschaffung der Gebäudes nicht zu fordern, mithin den Willen dazu, wenn überhaupt, so nur bedingt, und ein solcher bedingter Wille genügt nicht, um seine Beitragspflicht auszuschließen (OVGE. v. 22. März 17 IV C. 89. 16). Auch genügt nicht, daß der Eigentümer zwar Verwahrung eingelegt und sich alle seine Rechte und Schadensansprüche insbesondere auch bezüglich Beseitigung des Gebäudes nach Ablauf der Pachtzeit vorbehält, aber davon absieht, auf die alsbaldige Beseitigung des Gebäudes zu bestehen, denn dadurch hat er sich mindestens mit der einstweiligen Belassung des Gebäudes einverstanden erklärt (OVGE. v. 10. Juli 16 IV C. 9. 16).

Bei Miteigentümern kann jeder einzelne für den vollen Beitrag in Anspruch genommen werden, jeder ideelle Teil desselben haftet für die ganze Forderung (OVGE. v. 4. Dez. 97 Nr. II 1941; v. 9. Febr. 03, Bd. 43 S. 13); die Miteigentümer gelten als Gesamtschuldner, nicht aber als Streitgenossen (OVGE. v. 18. April 04, Bd. 45 S. 85).

7. Zu erstatten sind diejenigen Kosten, welche durch die „Freilegung, erste Einrichtung, Entwässerung und Beleuchtungsvorrichtung", sowie durch die „fünfjährige Unterhaltung" entstehen, wobei immer im Auge zu behalten ist, daß es sich nach der Bestimmung des § 15 um einen Erstattungsanspruch handelt, welcher der Gemeinde zusteht. Sie kann nur den Ersatz der von ihr aufgewendeten Straßenherstellungskosten (KG. v. 18. Okt. 06 XIV U. 3436/06) und die Kosten der Unterhaltung (OVGE. v. 24. Febr. 02, Bd. 41 S. 116) verlangen, also keine Beiträge erheben, wenn sie nicht selbst Aufwendungen gemacht hat, auch nicht zu solchen Kosten, die sie für Straßenbauten in einem fremden Gemeindebezirk ausgegeben hat (OVGE. v. 28. Okt. 07, Bd. 51 S. 71).

Sind abgetretene Straßenflächen unter der Bedingung erworben, daß bei Einreichung eines Baugesuches, sei es von dem jetzigen oder künftigen Besitzer, der Wert derselben auf die ortsstatutarischen Beiträge angerechnet werden soll, so ist damit die Gemeinde noch nicht in die Lage gekommen, aus ihren Mitteln für den Grunderwerb Aufwendungen zu machen (OVGE. v. 5. Febr. 12 IV C. 126. 11).

Ausschlaggebend ist, daß die Posten, aus denen der Anliegerbeitrag berechnet wird, Kosten betreffen, durch deren Verausgabung das Vermögen der Gemeinde verringert ist (OVGE. v. 6. Mai 01, Bd. 40 S. 107). Zu diesen Kosten gehören auch die Ausgaben für Vermessungskosten (Meßlatten, Pflöcken), für die infolge der Veränderung des Straßenterrains notwendig gewordenen Einzäunungen angrenzender Grundstücke, sowie für gerade zum Zwecke des Ausbaues der Straße erfolgte Fluchtlinienfestsetzung, auch für Verpflanzung von Bäumen (OVGE. v. 27. Nov. 99 Nr. IV 1884; v. 3. April 13, PrVerwBl. 36 S. 24).

Von einzelnen Gemeinden ist der Versuch gemacht worden, von den als Beiträge berechneten Summen bei der Anforderung auch Zinsen zu verlangen. Dazu ist folgendes zu bemerken: Verzugszinsen zu fordern ist nicht zulässig, da solche bei Steuern und anderen öffentlich-rechtlichen Gemeindeabgaben allgemein ausgeschlossen sind (OVGE. v. 10. April 96 Nr. I 473; v. 14. April 97 Nr. II 746; v. 26. Mai 98 Nr. IV 991; v. 1. Juli 93, Bd 25 S. 93; v. 18. Jan. 06, PrVerwBl. 28 S. 83; v. 2. Okt. 11, Zeitschrift für Polizei- und Verwaltungsbeamte 20 S. 346). Werden Zinsen für Teilzahlungen besonders vereinbart, so liegt die Vereinbarung außerhalb des Gesetzes. Die Zinsen erhalten niemals die rechtliche Natur des Beitrages selbst, dürfen also auch nicht als eine kommunale Abgabe mit den der Gemeinde zur Geltendmachung ihres Finanzrechts gegebenen Mitteln eingefordert werden (OVGE. v. 18. Jan. 06 IV 93).

Bürgermeister Hopf-Eberswalde (PrVerwBl. 28 S. 80) tritt dafür ein, daß den Gemeinden gestattet sein möge, die Zinsen für die Anliegerbeiträge bis zum Zeitpunkt ihrer Erhebung zu verlangen. Dem kann nicht zugestimmt werden. Die Gemeinde hat fast regelmäßig durch den Ausbau neuer Straßen steuerliche und andere Vorteile, das müßte doch immerhin berücksichtigt werden. Für die Anlieger würde unter Umständen eine unerträgliche Belastung entstehen, wenn sie längere Zeit nach Fertigstellung der Straße bauen und nun infolge der Zinsenrechnung das Mehrfache der ursprünglichen Straßenbaukosten zahlen müßten. Man könnte bei solchen Verhältnissen und ungünstigen Umständen sogar damit rechnen, daß solche Baustellen dauernd unbebaut bleiben und dafür auf solche zurückgegriffen wird, welche durch Zinsenlast nicht beschwert sind. — Auch bei der Beratung über den § 10 des Kommunalabgabengesetzes wurde es in der Kommission des Herrenhauses für wünschenswert gehalten, Zinsen für die Anliegerbeiträge einzuführen. Der Finanzminister wies demgegenüber auf die Vorschrift des § 27 Abs. 2 KAG. betr. die besondere Besteuerung von Bauplätzen hin, wodurch die Gemeinden für den Zinsverlust einen Ersatz erhalten hätten.

Es kommt darauf an, ob die Gemeinde für die Aufwendungen, deren Ersatz sie beanspruchen kann, selbst die Mittel leihweise beschafft und dafür Zinsen bezahlt hat. Eine Aufwendung aus eigenen Mitteln ist auch dann vorhanden, wenn sie zwar mit Geldern der Interessenten gemacht, die Gemeinde aber verpflichtet ist, den Interessenten diese Gelder zu erstatten. Ein Darlehn im Rechtssinne liegt nicht vor, wenn der Gemeinde von irgend einer Seite ein Geldbetrag zu den durch den Ausbau entstehenden Kosten gegeben wird mit der Verpflichtung, von den Anliegern auf Grund des Ortsstatuts Beiträge einzufordern und an die Geldgeber abzuführen, daß sie aber nicht verpflichtet sei, jemals aus eigenen Mitteln irgendwelche Rückzahlungen zu leisten (OVGE. v. 22. Febr. 06 IV 297; v. 22. März 06 IV 444; v. 13. Febr. 08, PrVerwBl. 30 S. 223; v. 21. Febr. 10 IV C. 99. 09). — Für die Berechtigung Beiträge zu erheben, ist nicht die Möglichkeit, daß Kosten entstehen können („ein Risiko") entscheidend, sondern lediglich die Tatsache, daß der Gemeinde wirklich Kosten entstanden sind. Die Gemeinde hat keinerlei Kosten aufgewendet, wenn sie alle Gelder, welche zum Ausbau der Straße erforderlich sind, von anderer Seite erhält und sie niemals Zahlungen geleistet, bevor sie die Gelder von den Dritten in der Kasse hatte und sie gegen jedes Risiko durch gestellte Kautionen gesichert war. In solchem Falle ist die Gemeinde wirtschaftlich nicht die Unternehmerin, da sie lediglich mit den von ihr den Beteiligten zur Verfügung gestellten Geldern die Straße ausbaut, auch wenn sie nach außen hin als Unternehmerin auftritt und mit dem Pflastermeister und anderen Handwerkern und Lieferanten Verträge abgeschlossen hat (OVGE. 49 S. 149, vgl. auch Bd. 40 S. 110). Sehr eingehend äußert sich Haase in der Preußischen Gemeindezeitung 1912 (Nr. 14) über diese Fragen. Seinen Vorschlägen, das ortsstatutarische Bauverbot seitens der Gemeinden anzuwenden, um sich vor Nachteilen zu schützen, indem die Straße nicht ganz fertig hergestellt wird, kann unter Hinweis auf Bem. 88 zu § 12 S. 171 nicht beigetreten werden.

Die tatsächlich gezahlten Zinsen bilden einen Teil der nach § 15 von dem angrenzenden Eigentümer zu erstattenden Kosten für die Anlegung der neuen Straße und sind als erstattungsfähig zu berechnen bis zur Fertigstellung der Straße, d. h. dem Zeitpunkt, zu welchem die Gemeinde in der Lage ist, die Kosten der gesamten Straßenanlage — abgesehen von den Kosten der fünfjährigen Unterhaltung — zu berechnen und zu denselben die angrenzenden Eigentümer heranzuziehen. Dies gilt auch für die Spaltung der Beiträge. Der angegebene Zeitpunkt ist für die Endigung des Zinsenlaufes entscheidend, denn bei Eintritt desselben sind die Kosten gegen sämtliche angrenzende, pflichtige Eigentümer festzusetzen. Dagegen kann die Gemeinde von einem (etwa für Grunderwerb usw.) aufgewendeten Kapital oder von sonstigen Aufwendungen aus bereiten Mitteln Zinsen ohne Rücksicht darauf, ob sie selbst solche in Wirklichkeit gezahlt hat, nicht schon deshalb beanspruchen, weil die Zinsen ein Äquivalent für die entbehrte Kapitalsnutzung darstellten. Für einen Erstattungsanspruch auf entgangene Nutzungen gibt das Gesetz keinen Anhalt. Daß die Gemeinde nachzuweisen hat, daß sie die Zinsen für diesen Zweck gezahlt hat, ist selbstverständlich, dabei kommt es nicht darauf an, ob die Anleihe besonders für die in Frage stehende Straße aufgenommen ist, sondern, daß sie überhaupt für Straßenzwecke aufgenommen worden ist (OVGE. v. 3. April 13 IV C. 166. 12); (v. 3. April 95 Nr. II 522; v. 21. Mai 95 Nr. I 714, PrVerwBl. 17 S. 21; v. 25. Mai 95 Nr. II 856; v. 1. Febr. 96 Nr. II 218; v. 14. April 97 Nr. II 746; v. 3. Jan. 98 Nr. IV 9, PrVerwBl. 19 S. 357; v. 26. Mai 98 Nr. IV 991; v. 7. Jan. 09 Nr. IV 54; v. 1. Febr. 09 Nr. IV 243; v. 2. Okt. 11, PrVerwBl. 33 S. 420; v. 3. April 13, PrVerwBl. 36 S. 34); zu den Kosten gehören auch Gerichts- und Anwaltskosten, die aus Anlaß des Grunderwerbs entstanden sind (OVGE. Bd. 50 S. 84);

Auch die nach § 36 des Enteignungsgesetzes v. 11. Juni 74 zu zahlenden Zinsen und die Kosten der in bezug auf die Straßenanlage notwendigen Prozesse gehören zu den Kosten der Straßenanlage (OVGE. Bd. 17 S. 186 f.; v. 21. Okt. 96 Nr. II 2084; v. 15. März 00 Nr. IV 2103; v. 28. Jan. 09 Nr. IV 221); ob die Gemeinde einen Prozeß vermeiden konnte, oder ob sie bei dessen Führung eine Schuld traf, darauf kommt es nicht an (OVGE. v. 26. Juni 13 IV C. 63. 13). Auch die Entschädigungen für die Entwertung von Anliegergrundstücken gehören zu den Kosten (OVGE. v. 24. Sept. 14 IV C. 136. 13). Nicht in Rechnung dürfen gestellt werden Kursverluste, welche der Gemeinde beim Verkauf von Wertpapieren entstanden sind (OVGE. v. 21. Dez. 11, Bd. 60 S. 127). Zu den Kosten des Ausbaues gehören nicht die Inseratkosten, wenn die Polizei durch öffentliche Bekanntmachung die Anlieger in Kenntnis setzt, so bald eine Straße für den öffentlichen Verkehr und Ausbau als fertiggestellt anzusehen ist (OVGE. v. 27. Nov. 11, Bd. 62 S. 175).

Der Ausdruck „Freilegung“ wird hier in einem ungewöhnlichen Sinne gebraucht. An sich bezeichnet er die Befreiung der Grundfläche von allen den Ausbau der Straße hindernden Anlagen; insbesondere von den darauf befindlichen Baulichkeiten. In dieser Bedeutung findet sich das Wort auch im § 13 Abs. 1. Nr. 2. Um so näher liegt deshalb der Zweifel, ob zur Freilegung auch die Erwerbung des Grund und Bodens gehört; verstärkt wird er durch den Umstand daß bei den Verhandlungen über den Entwurf des Jahres 1866 die Staatsregierung mit dem Herrenhause darüber einig war, die Anlieger seien zu den Kosten des Grunderwerbes nicht heranzuziehen. Demgegenüber hätte man erwarten können, daß der Ausdruck, wenn er auch diese Kosten mitumfassen sollte, wenigstens in der Begründung des Entwurfs vom Jahre 1875 näher erläutert worden wäre. Daran fehlt es indes; die Motive weisen nur darauf hin, daß ähnliche Bestimmungen, wie in den Entwurf aufgenommen, auch in dem Badenschen und Württembergischen Gesetze enthalten seien, und hier ist allerdings die Erstattungspflicht der Anlieger ausdrücklich auch auf die Kosten für den Erwerb der erforderlichen Grundflächen ausgedehnt. Daraus allein dürfte nun freilich eine Auslegung des fraglichen Wortes mit genügender Sicherheit nicht zu entnehmen sein; sie läßt sich indes aus dem weiteren Verlaufe der Verhandlungen gewinnen. Bei der ersten Beratung im AH. bemerkte der Abg. Haken, anscheinend sei mit Freilegung auch die Erwerbung des Terrains gemeint; er halte es aber für wünschenswert, dies klarer auszudrücken. Der Abg. Miquel wollte unterscheiden zwischen Anlegung einer Straße durch Unternehmer oder durch die Gemeinde; im ersteren Falle betrachtete er die Pflicht der Unternehmer zur Hergabe des Grund und Bodens als selbstverständlich, im zweiten erschien ihm die richtige Regelung der Sache schwierig, und er warf den Gedanken hin, ob hier nicht Zwangsgenossenschaften der Anlieger zu bilden seien. Der Ressortminister erwiderte darauf: Freilegung bedeute nichts anderes, als was der Abg. Haken meine; wenn die Gemeinde das Terrain erworben habe, müßten die späteren Anbauer dasjenige, was seitens der Gemeinde vorgeschossen sei, der letzteren erstatten. — Die Komm. d. AH. stellte sich, wenngleich der Bericht darüber schweigt, offenbar auf den Standpunkt der Staatsregierung und verfolgte zugleich den Gedanken des Abg. Miquel weiter, indem sie einen neuen Satz folgenden Inhaltes einschob: „Bei Berechnung der Kosten sind die Kosten des gesamten Straßengrundes zusammenzurechnen und den Eigentümern nach Verhältnis der Länge ihrer, die Straße berührenden Grenze zur Last zu legen." Daß unter die Kosten des gesamten Straßengrundes auch die Kosten für Ankauf der Grundfläche fallen, dürfte nicht wohl zu bestreiten sein. Im AH. wurden nun allerdings die Worte „des gesamten Straßengrundes" nach einem vom Berichterstatter als Verbesserung empfohlenen Antrage des Abg. Stuschke ersetzt durch „der gesamten Straßenanlage bezw. deren Unterhaltung"; damit ist aber eine Änderung in der hier fr. Richtung zweifellos nicht beabsichtigt. Auch sonst findet sich nirgends ein Widerspruch gegen die vorhin wiedergegebene Äußerung des Vertreters der Staatsregierung; die darin enthaltene Auffassung von der Bedeutung des Ausdruckes „Freilegung" muß deshalb als der Absicht der gesetzgebenden Faktoren entsprechend angesehen werden. — Diese Auslegung ist denn auch in der Rechtsprechung allseitig anerkannt (E. d. RG. V. ZS. v. 30. Okt. 82, JMBl. 1883 S. 334, Pr. VerwBl. 5 S. 59; OVGE. Bd. 13 S. 165, Bd. 25 S. 93, 96). Über die Auslegung des Wortes „Freilegung" in den Bekanntmachungen über die polizeilichen Anforderungen an fertig gestellte Straßen s. Bem. 2 f zu § 12 S. 143.

Auch die Ausgaben für den Erwerb von Häusern, welche, um die Straße fluchtlinienmäßig herzustellen, abgebrochen werden müssen, gehören hiernach zu den Kosten der Freilegung (OVGE. v. 24. Febr. 98 Nr. IV 391, PrVerwBl. 22 S. 445; v. 20. Dez. 00, PrVerwBl. 22 S. 445). Darüber ob Ankauf und Abbruch von Gebäuden dem Bedürfnis des ganzen Straßenzuges oder nur dem des einzelnen Teiles der Straße entsprechen, darüber hat die Gemeinde nach ihrem Ermessen zu bestimmen (OVGE. v. 6. Mai 07 IV 796). Ebenso gehören hierzu die Entschädigungen, welche die Gemeinde nach § 13 ff. d. G. zahlen muß, wenn sie von ihrem ortsstatutarischen Bauverbote, um die projektierte Straße für später frei zu halten, Gebrauch macht (OVGE. v. 24. Febr. 02, Bd. 41 S. 117; v. 12. Dez. 07, Bd. 51 S. 84). Auch die Abfindung für Wassergerechtsame gehören im ganzen Umfange zu den Kosten des Straßenbaues, wenn deren Bestehen zu einer erschwerten Benutzung der Straße und zur Störung des Verkehrs führen würde, auch wenn die Schiffahrt ebenfalls ein Interesse an ihrer Beseitigung hat (OVGE. v. 25. April 12 IV C. 212. 11).

Der Entscheidung im Bd. 13 S. 165 gegenüber ist der Versuch gemacht worden, bei der vorstehend vertretenen Auffassung einen Widerspruch zwischen den §§ 13 u. 15 zu konstruieren, weil durch die Verpflichtung der Anlieger zum Ersatze der Grunderwerbskosten ihr im § 13 gewährleisteter Anspruch auf volle Entschädigung ganz oder teilweise illusorisch gemacht werde. In gewisser Weise trifft letzteres zu; es kann sogar vorkommen, daß der Eigentümer, wenn die Straße in einer Breite von höchstens 26 m nur über seinen Grundbesitz gelegt wird, auf beiden Seiten aber ihm gehörige, bebauungsfähige Grundstücke liegen bleiben, die ganze Entschädigungssumme zurückzahlen und außerdem noch die sonstigen Straßenbaukosten ersetzen muß. Das ist indes eine unvermeidliche Folge der im § 15 gegebenen Bestimmungen und erscheint auch durchaus nicht auffallend, wenn man sich vergegenwärtigt, daß in dem vorausgesetzten Falle der Pflichtige an sich zur vollständigen Herstellung der Straße auf seine alleinigen Kosten hätte angehalten werden können (OVGE. v. 21. Jan. 87 Nr. II 57, Pr.-VerwBl. 8 S. 276; vgl. auch Bem. 11 zu den §§ 13 u. 14 am Schluß).

Um die Weiterungen eines Enteignungsverfahrens tunlichst zu vermeiden, haben verschiedene Ortsstatute eine Regelung getroffen, wonach der Wert des von den Anliegern ohne vorher bedungenen Preis abgetretenen Straßenlandes entweder nach dem Durchschnittspreise der entgeltlich überlassenen Flächen oder wenigstens mit Berücksichtigung der wirklich gezahlten Preise von dem Magistrate festgestellt und den Eigentümern angerechnet wird. Wenn bei einer solchen ortsstatutarischen Bestimmung, wie u. a. in Halle a. S., der Ausdruck gebraucht ist: „wenn ein Anlieger Terrain unentgeltlich hergegeben hat", so ist unentgeltlich in diesem Sinne die Hergabe, wenn eine Gegenleistung nicht bedungen, wenn auf eine solche verzichtet ist, und sie wird durch die demnächstige Anrechnung des Wertes, deren Voraussetzung gerade die Unentgeltlichkeit ist, nicht zu einer entgeltlichen (OVGE. v. 7. März 96 Nr. II 500 u. II 499; v. 11. Mai 05 Nr. IV 614). Keine unentgeltliche Abtretung bei der nie etwas herausgezahlt werden kann, liegt vor, wenn mit den Anliegern vereinbart worden war, sie sollten das Land an die Stadt überlassen unter der Bedingung, daß sein Wert bei der Verteilung der Kosten anzurechnen und der überschießende Betrag auszuzahlen sei (OVGE. 47 S. 97). Wegen der Auslegung der besonderen Bestimmung des früheren § 2 des Berliner Ortsstatuts s. die Erk. v. 15. März 00, Bd. 37 S. 55, 62 (Anm.); v. 27. April 03, PrVerwBl. 25 S. 132; danach ist die Bewertung des unentgeltlich abgetretenen Straßenlandes in das sachgemäße Ermessen des Magistrats gestellt, wobei er die bei dem entgeltlichen Erwerbe gezahlten Preise zu „berücksichtigen" hat, d. h. er darf von der Durchschnittsberechnung als Regel nur abweichen, wenn die besonderen Verhältnisse und Eigenschaften der betr. Grundstücke dazu einen genügenden Anlaß bieten (OVGE. v. 30. Nov. 03 Nr. IV 1881). Da das Gesetz im Absatz 3 den Gemeinden eine solche Anordnung freistellt, unterliegt ihre Rechtsgültigkeit keinem Bedenken (OVGE. Bd. 13 S. 165, 166); vielmehr entspricht solche Regelung den Motiven des Gesetzes, welche eine Überbürdung vermieden wissen wollen: denn der Anlieger, welcher das Terrain abgegeben hat, würde offensichtlich, wenn ihm für dasselbe nichts gut gerechnet würde, mehr belastet, als die Anlieger, welche kein Terrain abgegeben haben, er müßte denn auf den ihm aus der Landabtretung erwachsenden Anspruch einer Anrechnung des Wertes verzichtet haben (OVGE. v. 10. Juli 97 Nr. II 1265; v. 20. Jan. 10 IV C. 63. 09). Eine solche ortsstatutarische Regelung will, daß im Interesse der ausgleichenden Gerechtigkeit das von einem Eigentümer angrenzender Grundstücke unentgeltlich abgetretene Terrain diesem Eigentümer bei den Beiträgen zu den Straßenkosten gutgerechnet werden soll. Dem Zwecke dieser Bestimmung entspricht es aber, daß die Gutrechnung stets stattzufinden hat, auch zugunsten desjenigen, der zur Zeit der Heranziehung Eigentümer des angrenzenden Grundstücks ist, auch wenn nicht er selbst, sondern sein Vorbesitzer das Straßenland unentgeltlich abgetreten hatte. Das folgt allerdings nicht aus der dinglichen Natur (vgl. Bem 14 c) der Beiträge, die mit dieser Frage nichts zu tun hat (OVGE. v. 25. Mai 03 Nr. IV 953), sondern nur aus den Normen des Ortsstatuts (OVGE. v. 19. Okt. u. 23. Nov. 99, Bd. 36 S. 74, 78; v. 7. Jan. 01 Nr. IV 32). Das Terrain gilt dann als vom Anlieger abgetreten (OVGE. v. 7. März 96 Nr. II 499). Ohne eine solche Regelung im Ortsstatute hat der Anlieger aber keinen Anspruch darauf, daß eine derartige Anrechnung stattfindet; wie sich denn auch eine Anrechnung der von den einzelnen Anliegern, vielleicht zu ganz verschiedenen und weit zurückliegenden Zeiten, abgetretenen Flächen praktisch nur schwer durchführen lassen würde, wenn nicht im Ortsstatut Normen für die Bemessung des Werts der anzurechnenden Flächen gegeben werden (OVGE. Bd. 13 S. 161; v. 24. Febr. 98 Nr. IV 391; v. 14. Nov. 98 Nr. IV 1903, Bd. 33 S. 117, 120; v. 30. Nov. 03 Nr. IV. 1881; v. 5. Febr. 12 IV C. 126. 11). Sind solche Normen nicht gegeben, so muß der Wert der abgetretenen Flächen sowohl bei der Berechnung der Gesamtkosten, als auch bei den Beiträgen der betreffenden Anlieger außer Betracht bleiben. — Wenn das Statut nichts gegenteiliges besagt, sind auch diejenigen Landabtretungen zu berücksichtigen, die vor Erlaß desselben geschehen sind (OVGE. v. 11. Jan. 06, Bd. 49 S. 73).

Einzelne Beispiele:

Unterscheidet ein Ortsstatut zwischen entgeltlich erworbenen und unentgeltlich abgetretenen Straßenflächen und schreibt für letztere die Anrechnung des Wertes vor, so gehören hierzu nicht Abtretungen, welche ohne Entgelt, ohne Gegenleistung geschehen — schenkungsweise (OVGE. v. 11. Jan. 06, Bd. 49 S. 73) unter Verzicht auf jede Gegenleistung erfolgt sind. Unterscheidet das Ortsstatut nicht, ob die Abtretung vor oder nach seinem Erlaß geschieht, so finden seine Bestimmungen auf alle Straßen Anwendung, deren Ausbau und Abrechnung unter dem Statut erfolgt, gleichviel, ob die Verhandlungen über die Abtretungen schon früher stattgefunden haben. Ein Anspruch auf Wertanrechnung steht auch denjenigen Anliegern zu, welche die unentgeltliche Abtretung auf Grund einer polizeilichen Auflage vorgenommen haben (OVGE. v. 27. April 03, PrVerwBl. 25 S. 132; v. 11. Jan. 06 IV 55).

Ist die Ausgleichsberechnung zwischen den Grundbesitzern, welche das Straßenland entgeltlich und denjenigen, welche es unentgeltlich abgetreten mit der Maßgabe eingeführt, daß denen, welche unentgeltlich abgetreten haben, ein angemessener Wertbetrag auf ihren Beitrag in Anrechnung gebracht werden soll, so kann dies nur so verstanden werden, daß dieser Wert zu dem Preis des entgeltlich erworbenen Straßenlandes in angemessenem Verhältnis stehen soll (OVGE. v. 25. März 12 IV C. 171. 11, Bd. 62 S. 190).

Tritt die Anrechnung von Straßenland nur ein, wenn dasselbe zum Teil unentgeltlich, zum Teil entgeltlich erworben ist, so sind folgeweise in der Beitragsrechnung keine Kosten für Grunderwerb einzustellen, wenn die erforderlich gewesenen Flächen unentgeltlich erworben sind (OVGE. v. 27. April 05 IV 660; v. 1. Juli 09, Bd. 54 S. 103).

Wird der Wert des unentgeltlich abgetretenen Landes bei der Berechnung der Beiträge gut gerechnet, so sind unter dem Durchschnittspreis nicht alle Kosten der Freilegung, insbesondere nicht auch Kosten zu verstehen, welche die Gemeinde etwa für den Abbruch von Gebäuden, für die Wertverminderung des Restbesitzes, für Wirtschaftserschwernisse usw. hat bezahlen müssen, sondern es kann hierbei nur dasjenige berücksichtigt werden, was die Gemeinde nach Abzug derartiger Kosten für den Grund und Boden als solchen bezahlt hat (OVGE. v. 20. Jan. 10, PrVerwBl. 32 S. 283).

Wenn festgesetzt ist, daß der Wert des von dem Beitragspflichtigen unentgeltlich abgetretenen Straßenlandes auf seinen Beitrag anzurechnen sei, so berechtigt ihn das nicht zu dem Verlangen, daß, falls Straßenland zwar nicht unentgeltlich, aber zu einem dem wirklichen Werte nicht entsprechenden Kaufpreis abgetreten worden ist, der Mehrwert von dem Beitrag abgezogen werde (OVGE. v. 14. Nov. 07, 51 S. 81). Eine ortsstatutarische Bestimmung, wonach für die Anrechnung bei den Beiträgen zu den Straßenbaukosten der Wert unentgeltlich abgetretenen Terrains durch mehrere, auf bestimmte Zeit zu wählende Sachverständige endgültig festgestellt wird, ist rechtsgültig (OVGE. v. 30. Nov. 03, PrVerwBl. 25 S. 405). Mögen Taxen von Sachverständigen, welche gemäß Bestimmung des Ortsstatuts den Preis der abgetretenen Straßenflächen zu bemessen haben, zu hoch sein, die Anlieger können daraus Rechte nicht herleiten (OVGE. v. 11. Mai 05 IV 614).

Wird einem Anlieger im Falle des § 12 Bauerlaubnis erteilt unter der Bedingung, daß er das künftige Straßenland an die Gemeinde abtritt, so kann er nicht verlangen, daß ihm der Wert der abgetretenen Flächen auf seinen Beitrag angerechnet werde, und zwar aus folgenden Gründen. Zunächst ist zu berücksichtigen, daß er diese Abtretung nicht zur Erfüllung seiner Verpflichtung aus dem Ortsstatut bewirkt hat, sondern weil ihm der Baukonsens ausnahmsweise unter der ausdrücklichen Bedingung, den Grund und Boden unentgeltlich für die Straße zur Verfügung zu stellen, erteilt worden ist. Sind im Ortsstatut nicht andere Festsetzungen getroffen worden, so ist der Wert der unentgeltlich abgetretenen Flächen sowohl bei der Berechnung der Gesamtkosten als auch bei den Beiträgen derjenigen Anlieger, welche solche Flächen abgetreten haben, außer Acht zu lassen (OVGE. v. 24. Febr. 98, 33 S. 120).

Wie sich hieraus ohne weiteres ergibt, sind unter den „K o s t e n" für den Erwerb des Grund und Bodens nicht bloß bare Ausgaben zu verstehen; darunter fallen vielmehr alle Aufwendungen, die von der Gemeinde zu diesem Zwecke gemacht werden müssen. Mehr als sie selbst aufgewendet hat, kann sie aber nicht erstattet verlangen. Hat sie Straßenterrain für den Zweck der Straßenanlegung angekauft, so ist ihr der Kaufpreis von den Anliegern zu erstatten, hat sie Straßenterrain durch Tausch erworben, so tritt an die Stelle des Kaufpreises der Wert des hingegebenen Tauschobjekts, und zwar der Wert zur Zeit des Abschlusses des Tauschvertrages, denn dieser Wert ist das, was die Stadtgemeinde für den Erwerb des Straßenterrains hat aufwenden müssen, eine spätere Werterhöhung oder Wertverminderung des Äquivalents kann nicht in Betracht kommen, da letzteres, nachdem es einmal hingegeben ist, außer aller Beziehung zur Stadtgemeinde und Straßenanlegung steht (OVGE. v. 15. März 00, Bd. 37 S. 51; v. 6. Mai 07, Nr. IV 796; v. 23. Juni 11 IV C. 112. 10). Es kommt der Wert des Grundstücks zur Zeit des E r w e r b e s , also auch einschließlich etwaiger B a u l i c h k e i t e n , welche zu dieser Zeit vorhanden waren, zur Erstattung. Spätere Veränderungen des Wertes kommen nicht in Betracht (OVGE. v. 2. Okt. 02, Bd. 42 S. 30; v. 30. Juni 04, Bd. 45 S. 80). Wollte man nur den Wert des Straßenterrains zur Zeit seiner Verwendung als maßgebend ansehen, so würde die Gemeinde im Falle einer Werterhöhung einen Vorteil haben, den ihr das Gesetz nicht zubilligt, im Falle einer Wertverminderung aber nicht den ihr nach dem Gesetz gebührenden, völligen Ersatz ihrer Aufwendungen erhalten. Es widerspricht der Natur des Verhältnisses, es so anzusehen, als habe die Stadtgemeinde das Terrain zunächst zu ihrem Kämmereivermögen erworben und dann aus diesem einen Teil für die Straßenanlage hergegeben.

Auch beim Material zum Straßenbau kann es nur darauf ankommen, was die Gemeinde dafür gezahlt hat, nicht was es zur Zeit der Verwendung wert ist (OVGE. Bd. 25 S. 93 ff.; v. 8. Juli 96 Nr. II 1381). Das nämliche ist der Fall, wenn die Gemeinde Pflastersteine aus ihren sonstigen Beständen, auch die etwa von anderen Wegen entnommenen, verwendet hat (OVGE. v. 2. Okt. 02, Bd. 42 S. 30; Bd. 44 S. 114, 117; v. 22. Dez. 04, PrVerwBl. 26 S. 450; v. 21. Dez. 11, Bd. 60 S. 128). Es ist zulässig die Preise für das Pflaster nach dreijährigem Durchschnitt anzusetzen, wenn die Gemeinde auf Vorrat stapelt und davon nimmt (Berliner Ortsstatut).

Angesichts der zeitigen hohen Kosten für Löhne und Materialien werden die Gemeinden behufs Verbilligung des Straßenbaues hier und da vielleicht dazu übergehen, aus Straßen, welche gemäß § 15 bereits fertig hergestellt worden sind, jedoch geringen Verkehr aufweisen und dabei in großer Breite gepflastert worden sind, das überflüssige Material herauszunehmen und zum Ausbau neuer Straßen zu verwenden. Es wird sich dabei z. B. um die Verschmälerung der Bürgersteige und der Fahrdämme der bestehenden Straßen handeln. Den Vorteil von einer derartigen Maßnahme haben die Anlieger der neuen Straße, auch die Gemeinde insoweit, als sie mit einem entsprechend geringeren Zinsverluste bis zu dem Zeitpunkte der vollständigen Bebauung derselben zu rechnen hat. Nachteile dagegen haben die Anlieger an der bestehenden Straße, aus welcher das Material entnommen wird, wenn dadurch die Lebensdauer der Straße verkürzt oder die Unterhaltungskosten vermehrt werden. Soweit die Beiträge an der bestehenden Straße noch nicht zur Hebung gelangt sind, dürften dabei Schwierigkeiten nicht entstehen. Die Gemeinde würde auf die Erstattung des Wertes des herausgenommenen Pflastermaterials verzichten und die Höhe des Beitrages entsprechend ermäßigen. Die Kosten der Wiederinstandsetzung der in Mitleidenschaft gezogenen Straßenflächen oder der Einbringung eines anderen Pflasters daselbst fallen den Anliegern der neuen Straße zur Last und sind als Zuschlag zu den Kosten des Materials anzusehen. Schwierig stellt sich dagegen die Auseinandersetzung mit denjenigen Anliegern der bestehenden Straße, welche die Beiträge bereits entrichtet haben. Vom Standpunkt der Gerechtigkeit müssen dieselben für die Wegnahme des Pflasters entschädigt werden, sobald ihnen hierdurch in Zukunft erhöhte Pflichten für Unterhaltung der Straße erwachsen, das werden die Gemeinden beachten müssen. Andererseits haben die Anlieger kein Recht, gegen die Änderung der Straße Einspruch zu erheben, soweit dieselbe innerhalb der zulässigen Grenzen vorgenommen wird.

Ist von dem erworbenen Straßenterrain das Überflüssige wieder veräußert, so bleibt der Erlös des letzteren gänzlich außer Betracht, und nur der Preis, welcher für das zur Straße wirklich verwandte Terrain bezahlt ist, kommt zur Berechnung (OVGE. v. 20. Mai 96 Nr. II 953). Wenn der herangezogene Anlieger beweist, daß das seitens der Stadt veräußerte Trennstück zur Zeit des Ankaufs einen höheren Wert gehabt hat, als das zur Straße bestimmte Stück, so muß dies bei der Beitragsberechnung berücksichtigt werden; sonst ist eine gleichmäßige Verteilung des Preises auf die beiden Stücke vorzunehmen. Erstattungsfähig ist also in der Regel der Gesamtkaufpreis, abzüglich des Preises, zu welchem das Restgrundstück zur Zeit des Ankaufs wieder hätte veräußert werden können (OVGE. v. 2. Okt. 02, Bd. 42 S. 30; v. 14. Dez. 03, Bd. 44 S. 114). Auch was die Gemeinde selbst von ihrem eigenen Grundbesitze zur Straße hergibt, kommt seinem Werte nach mit zur Anrechnung, und zwar hier mit dem Werte zur Zeit der Verwendung — welchen der Verwaltungsrichter auf Anrufen nachzuprüfen hat —, denn um diesen ist das Vermögen der Gemeinde verringert (OVGE. v. 10. Juli 97 Nr. II 1265; v. 26. Sept. 98 Nr. IV 1595, Bd. 34 S. 94; v. 15. Jan. 00 Nr. IV 1735; v. 15. März 00 Nr. IV 1734, Bd. 37 S. 51; v. 30. Juni 04, Bd. 45 S. 80); ausgenommen sind nur die bereits als öffentliche Wege oder Plätze dienenden Flächen, da sie eine andere Verwendung nicht erhalten. Fällt der Gemeinde von einem öffentlichen Wege oder Platze, der nur teilweise zu der neuen Anlage benutzt wird, eine Fläche zu freier Verfügung anheim, so ist ihr Wert von den Kosten der Freilegung abzusetzen (OVGE. v. 1. Juli 93 Nr. II 751, Bd. 25 S. 96; v. 20. Mai 96 Nr. II 953; v. 15. März 00 Nr. IV 1734, Bd. 37 S. 51). Parks und gärtnerische Anlagen, welche die Gemeinde nach ihren Belieben für das Publikum öffnet oder schließt, hören nicht auf, ein Objekt zu sein, dessen voller Wert nach Verwandlung in eine städtische Straße den Anliegern zur Last gelegt werden kann (OVGE. Bd. 25 S. 95).

Die Gemeinde hat das Recht, die Flächen für Straßen und Plätze zu enteignen, die Beitragspflicht gemäß § 15 gilt jedoch nur für Straßen, wenn sie für die Bebauung bestimmt sind, nicht für Plätze (OVGE. Bd. 34 S. 94).

Bevor das gesamte für eine öffentliche Straße nach dem festgesetzten Fluchtlinienplan bestimmte Terrain nicht vollständig seitens des Wegebaupflichtigen erworben und dem öffentlichen Verkehr gewidmet, kann der planmäßige Ausbau der Straße als rechtlich vollendet nicht angesehen werden (OVGE. v. 7. März 07, PrVerwBl. 28 S. 615), auch wenn es sich um eine Parzelle handelt, die bereits der Gemeinde überlassen und mit einer Pflasterdecke versehen ist, aber noch nicht in ihrem Eigentum steht (OVGE. v. 4. Mai 05 Nr. IV 691). Die Gemeindebehörde ist nicht berechtigt, den Beitrag zu den Freilegungskosten einzufordern, auch wenn sie berechnen konnte, welche Auslagen ihr infolge der Auflassung noch zur Last fallen würden oder gewußt haben sollte, daß ihr Kosten nicht mehr zur Last fallen (OVGE. v. 25. Okt. 10 IV C. 1. 06).

Werden die Anliegerbeiträge nicht für die ganze Straße, sondern für einen selbständigen Straßenteil eingezogen, so sind die für dessen Herstellung entstandenen Kosten gesondert zu berechnen und nur von den an den Straßenteil grenzenden Anliegern einzufordern (OVGE. v. 2. Okt. 02, Bd. 42 S. 30; v. 7. Juli 02, Bd. 41 S. 146; v. 14. Dez. 03 Nr. IV 1930).

Liegt eine Willenskundgebung der Gemeinde dahin vor, daß eine Straße erst nach vollständigem Ausbau zur Abrechnung gebracht werden soll, dann darf der Gemeindevorstand nicht seinerseits selbständig durch Bildung von Straßenteilen deren getrennte Abrechnung herbeiführen (OVGE. v. 23. Nov. 16 IV C. 45. 16).

Da die Kosten der gesamten Straßenanlage auf die beitragspflichtigen Eigentümer zu verteilen sind, so fallen ihnen auch die Kosten der von Querstraßen begrenzten Teile der Anlagen zur Last, soweit deren Herstellung zu einem den öffentlichen Verkehrsinteressen genügenden Ausbau erforderlich ist (OVGE. v. 7. Juli 02, Bd. 41 S. 143; v. 10. Juli 02, Bd. 41 S. 150). Befindet sich innerhalb der Fluchtlinien der Querstraße ein öffentlicher Weg, auch wenn derselbe sehr schmal ist, so scheidet damit die gesamte Breite der projektierten Straße zwischen den Straßenfluchtlinien aus der Berechnung aus, s. Bem. 13 b zu § 15 S. 281.

8. Darüber, was zur „ersten Einrichtung" einer neuen Straße „in der dem Bedürfnisse entsprechenden Weise" gehört, hat die Gemeinde zu bestimmen, sei es durch allgemeine Festsetzungen im Ortsstatut, sei es durch den besonderen, für die einzelne Straße aufgestellten Bauplan (OVGE. v. 3. Jan. 01, PrVerwBl. 22 S. 479). So sagt ein Ortsstatut ganz sachgemäß, daß zur ersten Einrichtung gehören: die Herstellung des Planums, Setzung der Bordsteine, Anpflasterung der Gossen, Befestigung des Fahrdammes und der Bürgersteige, Herstellung der Böschungen und Schutzmauern, sowie der Anschlüsse an die Nebenstraßen (OVGE. v. 23. Mai 98 Nr. IV 977; v. 20. April 03, Bd. 43 S. 30; v. 11. Mai 05 IV 614); auch die Erhöhung und Tieferlegung des Straßenplanums gehört selbstverständlich zur ersten Einrichtung (OVGE. v. 15. Jan. 00 Nr. IV 1735; v. 21. Jan. 15 IV C. 147. 14). Die Aufwendungen für eine Futtermauer bezw. für den Abbruch der bestehenden, gehören zu den Straßenbaukosten (OVGE. Bd. 54 S. 922; v. 9. Nov. 05, PrVerwBl. 27 S. 432). Erheblich ist jedoch der Einwand, daß solche Bauten im Schiffahrtsinteresse vorgenommen sind (OVGE. v. 25. April 12 IV C. 212. 11). Ebenso die Pflasterung der Straße (OVGE. Bd. 41 S. 140); Herstellung des Bürgersteiges (OVGE. 47 S. 99), der Einfahrten (OVGE. Bd. 28 S. 200; 33 S. 121); Übergänge zur Verbindung mit anstoßenden Straßen gehören zur ersten Errichtung (OVGE. v. 30. Okt. 05 IV 1506).

Ebenso Großsteinpflaster zwischen den Schienen der Straßenbahn, auch wenn die Gemeinde dies Pflaster in Rücksicht auf die Straßenbahn hergestellt haben mag (OVGE. v. 15. Nov. 17 IV C. 41. 17). Die Benutzung der öffentlichen Wege und Straßen für Anlegung und Betrieb von Kleinbahnen gehört nicht zum Gemeingebrauche der Straße, sie bedarf vielmehr nach § 6 des Kleinbahngesetzes v. 28. Juli 92 der Zustimmung des Wegeunterhaltungspflichtigen, auch hat derselbe Anspruch auf ein angemessenes Entgelt für die Benutzung (§ 6 Abs. 3 das.). Wird also für eine Kleinbahn ein besonderer Bahnkörper angelegt, so handelt es sich um eine selbständige, von der Straße verschiedene Verkehrsanstalt. Teil der Straße ist der Bahnkörper nicht, wenn er ausschließlich für den Betrieb der Straßenbahn bestimmt ist, er kann indessen Straßenteil sein, wenn z. B. die Geleise in einem zur Straße gehörenden Schmuckstreifen verlegt sind (OVGE. v. 27. Juni 18 Bd. 74 S. 81). Im ersteren Falle gehören die aufgewendeten Kosten nicht zur ersten Einrichtung der Straße.

Auch die Kosten für die Abnutzung der beim Straßenbau benutzten Gerätschaften, die Heizung und Beleuchtung der Baubude (OVGE. v. 23. Febr. 14 IV C. 170. 13) gehören zur ersten Einrichtung.

Eine Wasserleitung gehört nicht zur ersten Einrichtung, wenn nicht etwa besondere Verhältnisse obwalten und dieselbe lediglich oder der Hauptsache nach für die Straße — etwa zu deren Sprengung, zur Spülung der Rinnsteine usw. — bestimmt ist (OVGE. v. 7. Juni 87, Bd. 15 S. 152). Verpflichtet sich die Gemeinde auf eigene Kosten die Einfriedigungen der Grundstücke in die bebauungsplanmäßige Fluchtlinie zurückzurücken, so fallen die dadurch entstehenden Kosten den Anliegern nicht zur Last.

Wieweit durch Anschlußpflaster in nicht gleichzeitig hergestellte, sondern schon vorhandene oder erst später auszubauende Seitenstraßen oder Abschnitte einzugreifen ist, ergibt sich nach der Lage des einzelnen Falles und im wesentlichen nach Zweckmäßigkeitsgründen, über welche sich schlüssig zu werden, Sache der Gemeindebehörde ist (OVGE. v. 10. Juli 02, Bd. 41 S. 150, Anm.).

Wenn im Statut einzeln aufgezählt ist, was zur ersten Einrichtung gehören soll, so ist das allein maßgebend; ist z. B. die Beleuchtung darin nicht aufgeführt, so gehört sie auch nicht zur ersten Einrichtung (OVGE. v. 15. Jan. 00 Nr. IV 1733). Das frühere Berliner Ortsstatut sagt im § 3: Zu den Kosten der ersten Einrichtung und Pflasterung gehören insbesondere auch diejenigen der Herstellung des Anschlusses an Nebenstraßen, sowie der Überfahrts- und Übertrittsbrücken.

Die Kosten einer Überführung von erheblichem Umfang und weit reichender wirtschaftlicher Bedeutung können unter den § 15 fallen, auch wenn die Straßenstrecke nur kurz ist, der Verkehr am wenigsten den Anliegern dient, sondern zum größten Teil auf die umliegenden Fabriken zurückzuführen ist, namentlich auf die großen gewerblichen Anlagen in einem Nachbarort (OVGE. v. 24. Sept. 14, Bd. 68 S. 152). Der Umstand, daß der Bau einer Brücke in Rücksicht auf die darüber zu führende städtische Straßenbahn etwa einen höheren Kostenaufwand erfordert hat, schließt nicht aus, daß auch diese Kosten den Anliegern zur Last fallen (OVGE. v. 7. März 07 IV 417). Ebenso die Kosten einer Bahndammunterführung, auch wenn die Durchbrechung des Dammes außergewöhnliche Kosten verursacht (OVGE. v. 25. März 12 IV C. 147. 11).

Nach dem allgemeinen Landrecht (§§ 52, 53 Tit. 15, T. II) sind Brücken über öffentliche Flüsse besondere Kommunikationsmittel und nicht Teile oder Zubehörungen der öffentlichen Wege, siehe auch Germershausen, Wegerecht und Wegeverwaltung, dritte Auflage S. 431 ff. (OVGE. v. 5. Mai 02, Bd. 41 S. 234; v. 3. Dez. 01, PrVerwBl. 24 S. 5; v. 17. Dez. 08, PrVerwBl. 30 S. 714). Nach den Rechtsverhältnissen der Brücken über öffentliche Flüsse, wie sie für das Gebiet des Allgemeinen Landrechts feststehen, gehören die Bau- und Unterhaltungskosten solcher Brücken nicht zu den Straßenherstellungskosten, da sie nicht zu den Wegebaulasten gehören, welche der Gemeinde obliegen. Anders liegt die Sache da, wo, wie im Gebiete des gemeinen Rechts, eine solche Bestimmung, wie sie das Allgemeine Landrecht enthält, nicht besteht. Es ist kein Zweifel, daß das gemeine Recht davon ausgeht, daß auch Brücken über öffentliche Flüsse Teile des Wegezuges sind, welche darüber führen und dies gilt auch für städtische Straßen (OVGE. v. 7. Mai 00, Bd. 37 S. 294). Auch die Baulast für solche Wegeteile liegt dem allgemein Wegebaupflichtigen ob. Auch die Motive zu dem Entwurf einer Wegeordnung von 1865 gehen davon aus, daß die Unterhaltung der Brücken auch über öffentliche Ströme grundsätzlich ein Teil der Wegebaulast ist und von den angrenzenden Wegebaupflichtigen übernommen werden muß. Und sie stellen ausdrücklich fest, daß gerade das allgemeine Landrecht von diesem allgemeinen Grundsatze der bestehenden Rechte abweicht. Danach sind im Gebiete des gemeinen Rechts die Kosten und Unterhaltung der Brücken über öffentliche Flüsse, soweit nicht aus speziellen Rechtstiteln andere Verpflichtete vorhanden sind, Straßenherstellungskosten, welche der Gemeinde obliegen. Die Gemeinde ist berechtigt, solche Kosten oder einen Teil derselben aus der Kostenrechnung der Anliegerbeiträge auszuscheiden und auf den Gemeindeetat zu übernehmen. Sie ist aber ebenso berechtigt, sie in die Straßenherstellungskosten einzurechnen und, wenn die sonstigen Bedingungen vorliegen (neue Straßen usw.), als Anliegerbeiträge von den Anliegern nach Maßgabe des Ortsstatuts einzuziehen. Das Verhältnis stellt sich also so, daß die Kosten der Brücke in die Gesamtkosten der über die Brücke führenden neuen Straße eingerechnet werden dürfen. Ebenfalls sind die beiderseitigen Längen der Brücken in der Kostenrechnung zu berücksichtigen.

Der Unterschied zwischen dem Gebiete des Preußischen Allgemeinen Landrechts und dem des gemeinen Rechts ist demnach klar in die Augen springend und zwar sehr zu Ungunsten des letzteren Gebietes. Während in Alt-Preußen die Kosten der Brücken über öffentliche Flüsse aus den Straßenherstellungskosten des § 15 ganz ausscheiden, können sie im Gebiete des gemeinen Rechts in die Gesamtkosten der Straße eingerechnet und den Anliegern, sobald sie Gebäude an der neuen Straße errichten, nach Maßgabe des Ortsstatuts auferlegt werden.

Diese für die Anlieger im Gebiete des gemeinen Rechts so überaus harte Rechtslage hat der Gesetzgeber jedenfalls nicht ins Auge gefaßt. Es liegt im Interesse der Eigentümer, daß die Frage der Brücken bereits im Ortsstatute in einer für die Beteiligten angemessenen Weise geregelt wird.

Eine andere Frage ist, ob die Rechtsprechung einen Weg einschlagen könne, um die Anlieger unter Umständen von den übermäßigen Kosten einer Brücke zu befreien. Die Rechtsprechung steht auf dem Standpunkte, daß die Gemeinde berechtigt ist, innerhalb einer neuen Straße, Straßenteile zu bilden und gesondert abzurechnen, die Anlieger dagegen kein Recht auf Forderung derartiger Straßenteile haben. Eine Brückenbahn unterscheidet sich nun von der üblichen Straße nicht allein äußerlich, sondern auch dem Charakter nach z. B. in der Beziehung auf die Anwendung der §§ 11, 12 u. 15 FlG. so sehr, daß man den Verhältnissen keinen Zwang antun würde, wenn man für größere Brücken einen Straßenteil unter allen Umständen als gegeben ansieht. Die Folge hiervon würde sein, daß die Anlieger ihrerseits von den Kosten des Brückenbaues unter solchen Verhältnissen befreit sind.

Ob Schiffahrtskanäle Teile der Straße sind, ist zweifelhaft. In Berlin werden die Kanäle als öffentliche Wasserläufe behandelt. Zumeist wird für sie besonderes Ortsrecht gelten. Brücken über Privatgewässer gehören in der Regel zu dem Straßenzuge, der über sie hinführt, falls sie nicht — was oft der Fall ist — ersichtlich zwei Straßenzüge scheiden. Die zu einer Brücke führenden Rampen sind in der Regel nicht Teile der Brücke, sondern des Weges (OVGE. v. 21. Nov. 98, PrVerwBl. 10 S. 47).

Werden bei Regulierung des Fahrdammes die angrenzenden Bordsteine derart in Mitleidenschaft gezogen, daß sie einer Erneuerung oder Veränderung bedürfen, so gehören die dadurch entstehenden Aufwendungen in gleicher Weise zu den Kosten der Herstellung des Fahrdammes (OVGE. v. 27. Juni 11 II C. 283. 10). Das Berliner Ortsstatut v. 19. März 77 (§ 3) schließt die Kosten der Herstellung von Promenaden, Baum- und anderen Pflanzungen (also auch der Schmuckplätze usw.) — das bezieht sich aber nicht auf die Kosten des Grunderwerbs (OVGE. v. 15. März 00, Bd. 37 S. 61; v. 24. Febr. 02, Bd. 41 S. 117) — von der Erstattungspflicht aus. In dem E. v. 24. Febr. 98 Nr. IV 398 hat das OVG. angenommen, daß eine Bepflanzung der Straßen mit Akazien zu der ersten Einrichtung derselben im Sinne des § 15 gehöre. Rechnet ein Statut die Kosten für Promenaden, Bäume u. a. Pflanzungen zur Beitragsforderung, so ist dies rechtlich nicht unzulässig, schließt aber die Prüfung nicht aus, ob solche Anlagen z. B. wenn Promenadenanlagen im Verhältnis zur Straße recht breit sind, in der Tat zur Straße gehören (OVGE. v. 2. Nov. 05 IV 1537). Kosten für Rasenstreifen gehören zu den erstattungsfähigen (OVGE. v. 16. April 14 IV C. 51. 13). Auch gehören Nebenkosten, wie Tieferlegung von Toreinfahrten, Überbrückungen der Straßengräben usw. zum Aufwande für Anlegung der Straße, zur ersten Einrichtung; sie müssen deshalb auch den Gesamtkosten zugerechnet und dann mit diesen repartiert, sie dürfen aber nicht den einzelnen Anliegern, vor deren Grundstücken sie sich befinden, besonders angerechnet werden (OVGE. v. 14. April 97 Nr. II 746; v. 24. Febr. 98 Nr. IV 391; OVGE. Bd. 28 S. 200). Weiter gehören dazu Veränderungen von Einfriedigungen (OVGE. v. 27. Nov. 99, Nr. IV 1889), die Höher- oder Tieferlegung von Höfen, Änderung an Gebäuden, soweit die Lage der Straße dies erfordert. Nicht zur ersten Einrichtung gehören Straßenbenennungsschilder, Straßenbrunnen. Ist eine Kastenrinne dazu bestimmt, die Überfahrt vom Bürgersteig nach der Fahrbahn zu ermöglichen, so gehört sie zur Straßeneinrichtung. Dient sie dagegen dazu, den Wasserabzug des Grundstücks über den Bürgersteig weg zu dem Rinnstein zu bewirken, so bildet sie keinen Teil des Zubehörs der Straße und des Bürgersteiges, sondern ist nur für die Entwässerung des angrenzenden Grundstücks, nicht für die Straße bestimmt. Der Wegebaupflichtige hat solche Anlagen — der Regel nach — zu dulden, sie aber nicht selbst herzustellen, und wenn er sie herstellt, so fallen die Kosten nicht unter die Kosten der Straßenanlage, können auch nicht als Beiträge zu den Straßenherstellungskosten eingezogen werden (OVGE. 33 S. 118).

Im übrigen und wenn das Ortsstatut nichts darüber bestimmt, richtet sich der Umfang dessen, was zur ersten Einrichtung gehört, nach dem Programm der Gemeindeverwaltung für die betr. Straße (OVGE. Bd. 25 S. 98, PrVerwBl. 19 S. 358, v. 24. Febr. 98 Nr. IV 391), natürlich soweit es sich im Rahmen des Gesetzes bewegt. Das Bauprogramm im weiteren Sinne umfaßt nicht nur die technische Art des Ausbaues (Pflasterung, Bürgersteigherstellung, Entwässerung, Beleuchtung u. dgl.), sondern auch die Entschließung über die alsbaldige Ausdehnung des Ausbaues auf die ganze Straße oder seine Ausführung nur in Teilen (Strecken) der Straße. Auch für dieses Bauprogramm im weiteren Sinne gilt der Grundsatz, daß die Gemeinde den ursprünglichen Willen, solange er noch nicht vollständig durchgeführt ist, ändern darf, also auch an die Stelle des Willens, die Straße als Einheit auszubauen, den Willen, sie in Teilen auszubauen, setzen kann (OVGE. v. 14. Jan. 15, Bd. 69 S. 172). Vgl. Schultzenstein, PrVerwBl. 30. S. 702 ff.

Solange dieses ursprüngliche Bauprogramm aber noch nicht ausgeführt ist, haben die städtischen Behörden völlig freie Hand, es abzuändern (OVGE. v. 29. Jan. 99, Bd. 35 S. 78; v. 20. Dez. 00 Nr. IV 2061; v. 3. Jan. 01, Pr.-VerwBl. 22 S. 479). Diese Änderung und Erweiterung ist auch bezüglich solcher Teile der Straße und solcher Herstellungen zulässig, die bereits dem bisherigen Programm entsprechend ausgeführt waren (OVGE. v. 21. Dez. 11, PrVerwBl.

33 S. 769). Ist das ursprüngliche Programm aber bereits vollständig ausgeführt und dann eine Änderung an der Straße beschlossen, so kann diese Änderung nicht mehr zur „ersten Einrichtung" gerechnet werden (OVGE. v. 27. Nov. 99 Nr. IV 1884; v. 11. Jan. 09, PrVerwBl. 31 S. 394; v. 16. März 11, PrVerw.-Bl. 33 S. 46; v. 4. Jan. 12 IV C. 48. 11).

Ist das Programm ausgeführt, so kann die Gemeinde zur Einforderung von Anliegerbeiträgen schreiten, gleichviel ob dieses Programm mehr enthält, als die baupolizeilichen Bestimmungen fordern, oder hinter ihnen zurückbleibt. Welche Forderungen polizeilicherseits gegenüber der Gemeinde in letzteren Fällen zu ziehen sind, bleibt außer Betracht (OVGE. Bd. 35 S. 75; OVGE. IV C. 97. 05). Wenn es in einem Ortsstatute heißt, der Straßendamm sei mit einem Steinpflaster oder einer Decklage nach Bestimmung der Stadtverordnetenversammlung zu versehen, die Art der Ausführung und des Materials werde ebenfalls von der Stadtverordnetenversammlung festgesetzt, in gleicher Weise die Art und Abmessungen der Bürgersteige, so folgt notwendig, daß nicht ohne weiteres jede im Laufe der Zeit irgendwie entstandene Befestigung des Fahrdamms mit Pflaster oder Decklage und jede Herstellung der Bürgersteige als Ausführung des im Statut vorgesehenen Programms angesehen werden kann, sondern daß es hierzu der besonderen Festsetzung im einzelnen Falle im Sinne der Statutvorschriften bedarf. Fehlt es daran, so kann vor dieser Zeit von einer programmgemäßen Fertigstellung der Straße nicht die Rede sein (OVGE. v. 31. Jan. 18 IV C. 79. 17).

Wenn eine Straße nicht von der Gemeinde angelegt, sondern erst später von ihr übernommen worden ist — sei es, daß die Straße vorher ein öffentlicher Weg anderer Art oder auch eine Privatstraße war — so stellt in der Regel das, was die Gemeinde nach der Übernahme mit der Straße vornimmt, ihre erste Einrichtung im Sinne des § 15 dar. Eine andere Beurteilung tritt dann ein, wenn erkennbar ist, daß die Gemeinde die Straße als ihrem Programm — und damit im Sinne des § 15 dem Bedürfnis entsprechend vollständig hergestellt anerkannt und in dieser Eigenschaft übernommen hat. Dann würde eine derartige Straße zwar auch als Gemeindestraße neu sein, aber eine etwa nach der Übernahme erforderliche Pflasterung würde nicht als zur ersten Einrichtung gehörig angesehen werden können (OVGE. 52 S. 109).

Ist die erste Einrichtung des Fahrdammes im Jahre 1889 hergestellt, die Straße aber damals noch nicht fertig gestellt, sondern erst im Jahre 1914, wobei auch eine andere Dammpflasterung erfolgte, so ist als erste Einrichtung im Rechtssinne die Fahrdammpflasterung des Jahres 1914 anzusehen, da die Gemeinde ihr Programm solange die Straße noch nicht fertig hergestellt war, ändern konnte (OVGE. v. 1. Nov. 17 IV C. 53. 17).

Die Gemeinde ist berechtigt, bei dem Ausbau einer Straße darauf Rücksicht zu nehmen, daß später auf ihr der Betrieb einer Straßenbahn erfolgen soll (OVGE. v. 15. März 09 IV 493). Stellt eine Gemeinde eine Ortsstraße im Verkehrsinteresse mit besonderer Beschleunigung her und zahlt deswegen höhere Preise, so steht dem Anlieger daraus kein Einwand gegen die Höhe des Beitrages zu (OVGE. v. 26. Juni 05 IV 166). Ob sich infolge Notstandsarbeiten die Kosten höher stellen, als sonst, kommt nicht in Betracht (OVGE. v. 3. Juli 05 IV 790).

Zu den Kosten der ersten Einrichtung dürfen aber nicht solche Aufwendungen gerechnet werden, die behufs Anlegung, Besserung oder Unterhaltung eines Kommunikationsweges, einer Chaussee oder sonstigen öffentlichen oder privaten Weges zu der Zeit, als seine Umwandlung in eine städtische oder Ortsstraße noch nicht beschlossen war, von der Gemeinde gemacht sind. Hierdurch werden vielleicht Ausgaben für die demnächstige Herstellung der Straße erspart; jene Kosten tragen aber ursprünglich nicht den Charakter von Straßenanlegungskosten und können diesen nicht nachträglich durch Einziehung des Weges in das Straßennetz annehmen (OVGE. Bd. 17 S. 172 ff.; v. 24. Febr. 98 Nr. IV 391; v. 20. Jan. 98 Nr. IV 143, PrVerwBl. 19 S. 358; v. 3. Juli 05 Nr. IV 790). Für diese Frage ist der Umstand, daß die Kosten etwa noch vor Erlaß des Ortsstatuts verauslagt sind, nicht von Bedeutung (OVGE. v. 20. Febr. 13 IV C. 167. 12). Der Umstand, daß die Stadtgemeinde bereits Kosten für die Straßenherstellung verausgabt hat, als dieselbe noch nicht in ihrem Eigentum stand, hindert sie nicht, die Erstattung auch dieser Kosten von den Anliegern zu fordern (OVGE. v. 27. Juni 18 IV C. 9. 18).

Ein Rechtsgrundsatz, der Anlieger habe nur zu den Kosten derjenigen Einrichtung beizutragen, die zur Zeit der Heranziehung noch vorhanden sei, besteht nicht (OVGE. v. 4. Juli 12 IV C. 229. 11). Wird eine zur ersten Einrichtung gehörige Anlage in der Folge durch eine andere Anlage ersetzt, so kann für die Kosten der letzteren, die sich als Unterhaltungsausgaben darstellen, kein Ersatz gemäß § 15 gefordert werden. Die Kosten für die zur ersten Einrichtung gehörende Pflasterung können auch nach Beseitigung der Pflasterung erstattet verlangt werden (OVGE. v. 18. Febr. 09 IV 343).

9. Zum straßenmäßigen Ausbau würden schon an sich die Anlagen behufs *Entwässerung der Straße* gehören, weil eine Straße ohne Entwässerung nicht füglich hergestellt werden kann. Der Gesetzgeber hat aber es für zweckmäßig erachtet, die Entwässerung und die *Beleuchtungsvorrichtung* noch besonders zu erwähnen. Der letzteren war in dem Entwurfe nicht gedacht; ihre Hinzufügung beruht auf dem Vorschlage der Komm. d. AH., der sich allerdings bei der ausdrücklichen Hervorhebung der Entwässerung zur Abschneidung von Zweifeln empfahl.

Die Kosten solcher Anlagen, die zur *Entwässerung der angrenzenden Grundstücke* dienen, fallen nicht unter die Kosten der „Entwässerung der Straße", da die Straße an sich nicht eine Anstalt behufs Entwässerung der anliegenden Grundstücke ist (OVGE. v. 15. März 00 Nr. IV 1734; v. 27. Nov. 11 IV C. 138. 10; v. 12. Jan. 05, PrVerwBl. 26 S. 468). Die *Kosten einer Veränderung des Straßenkörpers* (*Aufhöhung*) dürfen den Anliegern nicht in Rechnung gestellt werden, wenn sie allein durch die Anlegung einer Grundstücksentwässerung notwendig geworden ist, wohl aber, wenn sie zur Herstellung einer Straßenentwässerung erforderlich war und dabei gleichzeitig eine Grundstücksentwässerung ausgeführt worden ist (OVGE. v. 12. Mai 02, Bd. 41 S. 133).

Zu den Straßenbaukosten gehören auch die Kosten der zur Herstellung und Entwässerung der Straße erforderlichen Nebenanlagen, wie *Torauffahrten im Zuge des Bürgersteiges mit den dazugehörigen Bordsteinen und Rinnen*. Diese Kosten dürfen nicht für jedes einzelne Grundstück, vor dessen Front die einzelnen Anlagen sich befinden, besonders berechnet und dem Grundstückseigentümer zur Last gelegt, sie müssen vielmehr mit den übrigen Straßenbaukosten zusammengerechnet werden und ebenso wie diese auf alle Beitragspflichtigen gleichmäßig verteilt werden (OVGE. 33 S. 121). Vgl. über das Wesen des Rinnsteins Bem. 18 zu § 1. Die Entwässerung einer Straße umfaßt nur die Abführung der zufolge atmosphärischer Niederschläge auf sie fallenden, der von höher gelegenem Gelände auf sie gelangenden und der ihr vor der Anlegung mittels künstlicher Leitung bereits zugeführten Flüssigkeiten. Zu den Kosten der Entwässerung der Straße können auch Kosten für Kanäle in anderen Straßen dann gehören, wenn diese zur Entwässerung der ersteren Straße notwendig sind (OVGE. v. 15. Jan. 00 Nr. IV 1733).

Die Gebühren, die vielfach für die Benutzung der von den Gemeinden zur Entwässerung der Grundstücke angelegten Kanäle gezahlt werden, stehen an sich in keinem Zusammenhange mit dem § 15 (OVGE. v. 24. Okt. 90 Nr. II 938; v. 9. Febr. 92 Nr. II 157, PrVerwBl. 13 S. 288 und v. 2. Dez. 92 Nr. II 1164; v. 30. März 08 Nr. IV 644; v. 25. Okt. 12, PrVerwBl. 34 S. 469). Bei einem Systeme, das die Entwässerung der Straßen und Grundstücke miteinander verbindet, bedarf es zur Heranziehung der Anlieger nach § 15 einer näheren Regelung ihrer Ersatzpflicht, da sich sonst derjenige Kostenteil, der auf die Entwässerung der Straße allein fällt, nicht berechnen läßt. Die Verbindung der sog. Kanalisationsgebühren und der Beiträge zu den Kosten der Straßenentwässerung in einer von den Anliegern zu zahlenden Gesamtsumme ist bei der Verschiedenheit beider Forderungen unausführbar (OVGE. v. 3. Mai 92 Nr. II 486, PrVerwBl. 13 S. 589; v. 8. Juli 07 Nr. IV 1196). Die Verbindung in einer Gesamtsumme scheitert auch schon daran, daß die Beiträge zu den Kosten der Straßenentwässerung nach dem im Ortsstatut festgesetzten Maßstabe (nach § 15 d. G. v. 2. Juli 75 oder nach § 10 des Kommunalabgabengesetzes) festgesetzt und erhoben werden müssen, während die Kanalisationsgebühren nach § 4 und § 9 des Kommunalabgabengesetzes nach einem anderen Gesichtspunkte bemessen werden. Dazu kommt noch, daß Kanalisationsgebühren nach einem bestimmten Satz und Maßstab für sämtliche (angeschlossenen) Straßen des Orts erhoben werden müssen, während dies für die Beiträge zu den Entwässerungskosten der Straßen nach § 15 nur bei den dem Gesetze unterstehenden, neuen und vorhandenen, unbebauten Straßen der Fall ist (OVGE. v. 20. Nov. 97 Nr. II 1689, PrVerwBl. 19 S. 187, 185, 188; v. 24. Mai 09, PrVerwBl. 31 S. 718). Eine Gebührenordnung des Kommunalabgabengesetzes, welche auf die Gebührensätze für die Grundstücksentwässerung Beiträge anrechnet, die für Straßenentwässerung geleistet sind, ist rechtsungültig (OVGE. v. 5. Dez. 98 Nr. II 1389, PrVerwBl. 20 S. 229; v. 22. Febr. 99 Nr. II 246, PrVerwBl. 21 S. 26). Die Kosten von Kanälen, welche gleichzeitig der Entwässerung der Straße und der angrenzenden Grundstücke dienen, können insoweit nicht zu den Kosten der Straßenentwässerung gerechnet werden, als etwa die Kanäle mit Rücksicht auf ihre zweifache Aufgabe größer und stärker, also kostspieliger hergestellt sind (OVGE. v. 27. Nov. 99 Nr. IV 1884; v. 30. März 08 Nr. IV 644). Nach Aussonderung der die Straßenentwässerung betreffenden Kosten an den Gesamtkosten der Kanalanlage darf dieser Anteil auf alle zur Kanalisation bestimmten Straßen, einerlei, ob sie unter den § 15 fallen oder nicht, gleichmäßig verteilt werden (OVGE. v. 17. Dez. 08, PrVerwBl. 31 S. 143). Der auf die Entwässerung der Grundstücke entfallende Teil unterliegt nicht den Bestimmungen des § 15 (OVGE. v. 5. Jan. 06, PrVerwBl. 28 S. 372, v. 27. Nov. 11, PrVerwBl. 33 S. 537). Besteht für eine Stadt ein einheitliches Kanalnetz mit Einrichtungen (Pumpstation, Klärbassin oder dgl.), welche allen Straßen und Kanälen zugute kommen und ist sonach eine Kostenberechnung für das, was für die einzelne Straße ausgegeben ist, nicht oder nur mit erheblichen Schwierigkeiten möglich, so steht nichts entgegen, die Kosten jener gesamten Anlage auf die Anlieger der sämtlichen Straßen unterzuverteilen, und den Kostenbetrag, mit dem die Straßenentwässerung im Gegensatz zur Grundstücksentwässerung zu beteiligen ist, durch technische Schätzung zu ermitteln, und letztere — wenn sie richtig ist — ins Ortsstatut aufzunehmen (OVGE. v. 6. Jan. 02, Nr. IV 36; v. 30. Nov. 03, PrVerwBl. 25 S. 405; v. 16. Febr. 11 IV C. 141. 10). Wird vor Fertigstellung des Programms eine endgültig angelegte Entwässerungsanlage durch eine neue Kanalisation ersetzt, so können die Kosten hierfür von den Anliegern eingezogen werden (OVGE. v. 31. Okt. 07, Bd. 51 S. 74; v. 31. Okt. 18 IV C. 39. 17).

Kosten für die Herstellung von Wasserleitungen behufs Versorgung der bebauten Grundstücke mit dem erforderlichen Bedarfe an Wasser können nicht in Rechnung gestellt werden (OVGE. Bd. 15 S. 153, 154).

Ist die Kanalisation einheitlich, so ist der Kanal in der einen Straße nicht denkbar ohne den Zusammenhang mit dem ganzen Werke. Die Kosten in den einzelnen Straßen sind verschieden, ohne daß dies durch die Straßen- und Grundstücksentwässerung gerade dieser Straßen bedingt ist (OVGE. v. 19. Sept. 11, PrVerwBl. 33 S. 332).

Es ist allgemein üblich geworden, die Kosten der Straßenentwässerung auf die laufenden Meter der Grundstücksfrontlängen umzulegen. Dieser Maßstab wird dem Grundsatze des § 15, daß Aufwendungen einer Straße nicht auf eine andere übertragen werden dürfen, nicht gerecht. Die Kosten der Entwässerung sind direkt abhängig von der Breite der Straße. Infolge dessen muß als Einheit für die Kosten die Flächeneinheit — das Quadratmeter — zugrunde gelegt werden, sodann steht nichts im Wege, danach eine Umrechnung auf die Frontlänge der Grundstücke vorzunehmen.

10. Die Beleuchtung fällt in der Regel nicht unter die Wegebaupflicht (OVGE. v. 22. Jan. 00, Bd. 36 S. 238), somit auch nicht die Beleuchtungsvorrichtung. Vgl. Geile, Die wegerechtlichen Verhältnisse, insbesondere die Straßenbeleuchtung im Gebiete des früheren Großherzogtums Berg. Pr. Gem. Z. 13 S. 241; OVGE. 4 S. 419; 5 S. 404; 18 S. 415; 36 S. 242; 40 S. 437. Der § 15 hat diese Frage in dem Sinne geordnet, daß nur die Beleuchtungsvorrichtung unter den Straßenbau fällt.

Bei den Kosten der Beleuchtungsanlage können nicht nur die Preise eingesetzt werden, welche die städtische Gasanstalt beim Einkauf der Materialien (Röhren u. dergl.) selbst bezahlt, sondern der Betrieb der Gasanstalt erfordert außerdem eine Reihe von Aufwendungen (Gehalt der Angestellten, Abnutzung der Gebäude und Maschinen usw.) die notwendig eine Erhöhung der Ansätze über die für die Materialien gezahlten Preise hinaus rechtfertigen, ohne daß damit die wirklichen Selbstkosten der Stadt für die in der Straße hergestellten

Beleuchtungsanlagen überschritten werden (OVGE. v. 6. Mai 07 Nr. IV 796). Einheitssätze (OVGE. v. 19. Febr. 06 Nr. IV 276).

Wenn die Beleuchtungseinrichtung auch bereits aus der Zeit vor Erlaß des Gesetzes v. 2. Juli 75 stammt, so kann sie doch ein Bestandteil der erst im Jahre 1902 abgeschlossenen ersten Einrichtung der Straße als städtische Straße sein (OVGE. v. 19. Sept. 07 IV 1503).

In vielen Fällen werden die Kosten der Beleuchtungsvorrichtung nicht in Rechnung gestellt, sondern das städtische oder das private Werk, dem die Beleuchtung des städtischen Straßennetzes übertragen ist, übernimmt die Kosten hierfür. Werden nun diese — was die Regel sein wird — als Unkosten des Betriebes angesehen, so wird der Einheitspreis für Beleuchtung entsprechend höher angesetzt werden müssen als sonst. Es findet hierdurch insofern eine Verschiebung der Beitragslast von den angrenzenden Eigentümern im Sinne des § 15 auf die Gesamtheit derer statt, welche Abnehmer des betreffenden Werkes sind. Dies ist ungerecht. Die Gemeinde hat allerdings das Recht auf die Kosten zu verzichten, und dieselbe auf die Allgemeinheit zu übernehmen, in jenem Falle ist aber der Kreis, welcher steuerlich davon betroffen wird, ein anderer als der oben erwähnte.

11. Wie das Gesetz ausdrücklich hinzufügt, hat die Anlegung der Straße „in der dem Bedürfnisse entsprechenden Weise" zu erfolgen. Die Gemeinden können also — entweder im Ortsstatute oder durch anderweite Beschlüsse ihrer zuständigen Organe — genauere Festsetzungen über den Ausbau treffen; ist dies nicht ein für allemal geschehen, so haben die Gemeindebehörden das Erforderliche in jedem einzelnen Falle für die betreffende Straße anzuordnen. Die Gemeinden tun hierbei allerdings in der Regel gut, sich die Zustimmung der Wegepolizeibehörde zu verschaffen; denn die letztere würde jederzeit befugt sein, weitere Leistungen der Gemeinde für die betreffende Straße nach Maßgabe der Erfordernisse des Verkehrs zu verlangen. Das Maß der Leistungen, welche den Straßenbauunternehmern oder den Anliegern durch Ortsstatut auferlegt werden dürfen, ist auf Erfüllung derjenigen Anforderungen beschränkt, welche im Interesse des Anbaues und des öffentlichen Verkehrs an die Beschaffenheit der Straße zu stellen sind. Hieraus kann nicht gefolgert werden, daß das Maß der Leistungen, welche von den Pflichtigen gefordert werden dürfen, nur an der Hand baupolizeilicher Bestimmungen nach § 12 über die Umstände, unter denen eine Straße als für den öffentlichen Verkehr und den Anbau fertiggestellt gelten soll, beurteilt werden kann. Einerseits erschöpft sich das Bedürfnis nicht in denjenigen Anforderungen, deren Durchführung polizeilich erzwungen werden kann, sondern umfaßt auch diejenigen, deren Erfüllung zwar nicht unbedingt notwendig, aber doch zweckmäßig und dem Interesse des öffentlichen Verkehrs und des Anbaues förderlich ist. Andererseits haben die genannten baupolizeilichen Bestimmungen immer nur den Zweck, das Mindestmaß derjenigen Anforderungen zu bezeichnen, ohne deren Erfüllung eine Straße überhaupt nicht als solche bestehen kann, und schließen daher weitergehende polizeiliche Anforderungen, welche durch die besondere Art des Anbaues und des örtlichen Verkehrs geboten sind, keineswegs aus (OVGE. v. 13. Febr. 08, PrVerwBl. 30 S. 119). Für den § 15 kommt es also in der Regel wesentlich auf den Bauplan der Gemeindebehörde, auf ihr

Programm an, wenn das auch die Anforderungen der baupolizeilichen Vorschriften überschreitet. Und erst wenn dies Programm erfüllt ist, ist die Straße „in der dem Bedürfnisse entsprechenden Weise" hergestellt. Eine Straße kann fertig hergestellt sein, trotz fehlenden Ausbaues vor einigen Häusern), wenn angenommen werden darf, daß die städtischen Behörden den Ausbau aufgegeben, insoweit also das ursprüngliche Programm abgeändert haben. Förmlicher Beschlüsse darüber bedarf es nicht (OVGE. v. 1. Febr. 07, Bd. 50 S. 62).

Ist im Ortsstatut von der Gemeinde selbst ein fest bestimmtes Maß für den Ausbau der Straße bestimmt, so ist die Gemeindeverwaltung bei Berechnung der Beiträge den Pflichtigen gegenüber daran gebunden. Sie kann hiervon nicht abweichen, so lange nicht ein anderes Statut beschlossen und genehmigt worden ist (OVGE. v. 7. Mai 14, Bd. 68 S. 149). Wird also im Statute zum Ausdruck gebracht, daß die Anlieger erst dann zu Beiträgen verpflichtet sein sollen, wenn die Straße nach den „baupolizeilichen Bestimmungen" fertig gestellt ist, so kann die Gemeinde nicht vor dem Zeitpunkte zur Heranziehung der Anlieger schreiten, wo die Herstellung den polizeilichen Bestimmungen gemäß beendet ist (OVGE. v. 22. Juni 99, Bd. 35 S. 73; v. 29. Juni 99, Bd. 35 S. 78; v 28. Mai 00 Nr. IV 607). Will jedoch die Gemeinde hinter den baupolizeilichen Bestimmungen zurückbleiben, so muß sie ein Einverständnis darüber mit der Baupolizeibehörde herbeiführen (OVGE. Bd. 35 S. 75; 41 S. 148; 52 S. 111). Ob sie über die baupolizeilichen Bestimmungen hinaus aus allgemeinen Gemeindemitteln mehr aufwenden will, steht in dem freien Ermessen der Gemeinde. Die Pflichtigen haben aber einen Anspruch darauf, daß bei Berechnung ihrer Beiträge das im Ortsstatute festgesetzte Maß des Ausbaues zugrunde gelegt wird (OVGE. Bd. 25 S. 98; v. 1. Febr. 98 Nr. I 205). Liegen Vorschriften des Ortsstatuts nicht vor, so kommt es lediglich auf den Beschluß, das Programm der Gemeinde für diese spezielle Straße an (PrVerwBl. 19 S. 358; v. 2. Juni 97 Nr. II 1027; v. 2. Juli 95 Nr. I 926; v. 8. Dez. 10, Bd. 57 S. 113). Die Gemeinde kann nach ihrem pflichtmäßigen Ermessen auch das Maß der Leistungen auf ein sehr geringes Maß herabsetzen, sie ist nur der Polizei gegenüber darin beschränkt, den Anliegern aber gegenüber frei. So kann wie schon oben erwähnt, auch eine Straße, die nur halb gepflastert und mit Sommerweg und Reitweg versehen ist, eine fertige im Sinne des § 15 sein, so daß der Kostenersatz liquidiert werden kann (OVGE. v. 17. Okt. 93 Nr. II 1136, PrVerwBl. 15 S. 153). Auch diejenigen Einrichtungen, die die Gemeinde nicht selbst herstellt, die aber zur Fertigstellung gehören, müssen vollendet sein. Die Anlieger erwerben zwar keinen Anspruch gegen die Gemeinde auf Fertigstellung der Straße, aber sie dürfen die Zahlung der Anliegerbeiträge ablehnen, sofern der Ausbau der Straße, an der sie ein Gebäude errichtet haben, noch nicht dem Gemeindeprogramm entsprechend vollendet ist (OVGE. v. 21. Januar 09, PrVerwBl. 31 S. 427). Vgl. Bem. 14 e.

Da die Gemeindebehörde bei Anlegung einer Straße nicht als Geschäftsführer der Ersatzpflichtigen, sondern lediglich als Verwalter einer Gemeindeangelegenheit handelt, so steht den Pflichtigen — abgesehen von dem Einwande, daß das bestimmte Maß des Ortsstatuts ihnen gegenüber nicht eingehalten sei, oder daß bei Bemessung der Höhe des Beitrages die Bestimmungen des Gesetzes oder des Ortsstatuts verletzt seien (OVGE. v. 2. Okt. 02, Bd. 42 S. 30) — ein Widerspruchs r e ch t gegenüber der Art und Weise, wie die Straßenanlage ausgeführt worden, nicht zu; sie können mit Erfolg nicht geltend machen, daß die Straße in einfacherer Ausstattung hätte hergestellt werden können, um dem Bedürfnisse zu genügen (OVGE. v. 21. Febr. 98 Nr. IV 361; v. 20. Mai 96 Nr. II 953; v. 6. Juli 03 Nr. IV 1217; v. 11. Mai 05 Nr. IV 619; v. 18. Dez. 05 Nr. IV 1701; v. 15. März 09, Nr. IV 493; v. 24. April 13 IV C. 195. 12) Auch kann nicht geltend gemacht werden, daß die Gemeinde das für die Straße erworbene Terrain zu teuer bezahlt habe (E. Bd. 40 S. 101; v. 3. April 13, PrVerwBl. 36 S. 24). Auch der Umstand, daß die städtischen Behörden die Straße hätten früher in Stand setzen können oder müssen, befreit nicht von der Beitragspflicht (OVGE. v. 18. Mai 05 IV 758), ebensowenig, daß die Anlieger vor dem Ausbau der Straße nicht gehört oder um ihre Meinung befragt worden sind (OVGE. v. 20. April 14 IV C. 188. 13).

Ist die Straße einmal ordnungsmäßig d. h. dem Programm gemäß ausgebaut, so fallen s p ä t e r e V e r b e s s e r u n g e n oder Vervollkommnungen der bereits früher fertig gestellten Straße, z. B. besseres Pflaster, Asphaltierung, den Anliegern nicht mehr zur Last (OVGE. v. 29. Juni 99, Bd. 35 S. 78; v. 27. Nov. 99 Nr. IV 1884). Nimmt dagegen die Gemeinde den Ausbau in der Weise vor, daß sie zunächst einen p r o v i s o r i s ch e n und erst später den endgültigen Zustand herstellt, so gehören die Aufwendungen für die Umwandlung des Provisoriums noch und auch zu den Kosten der ersten Einrichtung und die Anlieger haben dann auch zu diesen Kosten beizutragen (OVGE. v. 1. Juli 93 Nr. II 752, Bd. 25 S. 96, 98, PrVerwBl. 15 S. 3; v. 2. Juli 95 Nr. I 926; v. 29. Juni 99, Bd. 35 S. 78; v. 16. April 14 IV C. 51. 13).

Der Umstand, daß der zwischen der Chaussierung und der Pflasterung einer Straße liegende Zeitraum fast ein Jahrzehnt beträgt, macht es nicht unmöglich, die erstere als ein Provisorium anzusehen (OVGE. v. 13. Febr. 08 (Rep. Nr. IV C. 198. 07), PrVerwBl. 30 S. 119).

Entscheidend ist aber, daß der provisorische Zustand als ein Teil der Anlegung der Straße anzusehen ist, welcher dem Programm der Gemeindeverwaltung gemäß demnächst seinen definitiven Abschluß erhält (OVGE. v. 24. Febr. 98 Nr. IV 391; v. 4. Juli 98 Nr. IV 1235; v. 31. Okt. 07, Bd. 51 S. 74; v. 6. Jan. 16, PrVerwBl. 38 S. 28, vgl. aber OVGE. Bd. 25 S. 100), wobei auch eine Erweiterung des Programms während der Herstellung der Straße, bevor sie programmäßig fertig war, zulässig ist (OVGE. v. 29. Juni 99, Bd. 35 S. 78; v. 20. Dez. 00 Nr. IV 2061; v. 3. Jan. 01, PrVerwBl. 22 S. 479). Zur Erweiterung des Programms bedarf es jedoch stets eines Willensentschlusses der Gemeinde. Die bloße Änderung fertiger Teile der Bauausführung vor Fertigstellung der ganzen Straße genügt nicht (OVGE. Bd. 51 S. 74). Zwischen der provisorischen und endgültigen „ersten Einrichtung“ können viele Jahre liegen, das ändert an sich nichts (OVGE. v. 30. Juni 02 Nr. IV 1274 (20 Jahre); v. 24. Jan. 07 Nr. IV 141).

Das Programm der Gemeinde M. bestimmte, „die Straße solle als erste endgültige Einrichtung Pflasterung erhalten, vorher jedoch chaussiert werden, und die Chaussierung sollte einen Teil der Pflasterung bilden, so daß letztere dadurch vorbereitet und eine Unterlage für sie geschaffen werden sollte, die

Chaussierung sich also nicht als ein Provisorium sondern als ein Teil des Definitivums darstellte. Das Oberverwaltungsgericht entschied, daß diese Grundsätze der Rechtsprechung des Oberverwaltungsgerichts entsprechen. Die beiläufigen Bemerkungen des Urteils v. 1. Juli 83 (OVGE. 25 S. 100) über die Anrechnung einer Ersparnis bei der vollendeten Einrichtung durch die für die Herstellung der provisorischen Arbeiten aufgewendeten Kosten können nach den Umständen des jetzigen Falles für diesen nicht als maßgebend angesehen werden (OVGE. 54 S. 100).

Der § 15 verlangt nicht, daß über das Programm der Gemeinde jedesmal besondere ausdrückliche Beschlüsse von den städtischen Körperschaften gefaßt werden. Das Programm kann sich vielmehr schon stillschweigend aus den Beschlüssen ergeben, welche die Ausführung bestimmter Arbeiten an der Straße betreffen, und es ist nicht notwendig, daß dabei noch besonders zum Ausdruck gebracht wird, es sollten diese bestimmten Arbeiten zu der ersten Einrichtung der Straße gehören. Ebenso kann es völlig genügen, daß die städtischen Behörden nach der Ausführung der Arbeiten, nach der Herstellung der Straße erklären, daß nunmehr die erste Einrichtung abgeschlossen sei; ein vorgängiger Beschluß ist nicht immer erforderlich (OVGE. v. 22. Juni 99, Bd. 35 S. 73; v. 10. Juli 02 Nr. IV 1332). Die Bestimmung über die Auswahl des Pflasters gebührt den städtischen Behörden im Verein mit der Ortspolizeibehörde (OVGE. v. 13. Febr. 13 IV C. 165. 12).

Die Gemeinde ist nicht gehindert, eine Straße in größerer Breite auszubauen, als im Fluchtlinienplan vorgesehen war und die Erhebung von Beiträgen gemäß § 15 ist von der ganzen tatsächlich hergestellten Anlage zulässig. Es kommt auf das Programm der Gemeinde zur Zeit des Ausbaues an (OVGE. v. 30. Okt. 05 IV 1506, PrVerwBl. 27 S. 593). Nach dem § 11 der Baupolizeiverordnung für die Vororte von Berlin v. 10. Mai 18 kann in Straßen und Straßenteilen, welche von der Gemeinde mit Zustimmung des Regierungspräsidenten als Geschäftsstraßen anerkannt werden, von der Anlage und Unterhaltung von Vorgärten abgesehen werden, wenn seitens der Gemeinde Schmuckstreifen an den Bordschwellen des Straßendammes von mindestens 3 m Breite vorgesehen werden. Danach können die Vorgärten als Bürgersteige eingerichtet werden. — Einem derartigen Ausbau der Straße stehen erhebliche Bedenken entgegen. Die Gemeinden können die Kosten der Pflasterung der Bürgersteige, soweit sie sich in den Vorgärten befindet, auf Grund des § 15 nicht einziehen. Diese Flächen können auch ohne weiteres nicht für Verlegung von Leitungen benutzt werden, sondern man wird dafür häufig auf die Benutzung der Schmuckstreifen angewiesen sein.

Bei der durch die Gemeinde selbst bewirkten Anlegung und Unterhaltung handelt der Gemeindevorstand nicht etwa als Geschäftsführer der Ersatzpflichtigen, sondern lediglich als Verwalter einer Gemeindeangelegenheit, die von ihm innerhalb seiner ordnungsmäßigen Befugnisse nach pflichtmäßigem Ermessen zu erledigen ist (OVGE. v. 21. Dez. 08 IV 2095). Er hat daher alles, was ihm zur Vorbereitung, Durchführung und Beendigung des Anbaues, sowie demnächst zur regelrechten Unterhaltung der Straße erforderlich erscheint, in derselben Weise, wie bei jedem anderen von der Gemeinde auszuführenden Baue ins Werk zu setzen. Die dadurch entstehenden Kosten fallen sämtlich den Pflichtigen zu Last; insbesondere also auch die Kosten etwaiger, vor Beginn des Baues angeordneter Vermessungen, Nivellements usw. (OVGE. v. 27. Nov. 99 Nr. IV 1884; v. 29. April 07 Nr. IV 766), ebenso wie die Kosten ungünstig ausgefallener Prozesse mit den zur Abtretung des Grund und Bodens verpflichteten Eigentümern, mit Lieferanten des Baumaterials oder mit Unternehmern, denen die Herstellung bestimmter Anlagen verdungen ist (OVGE. Bd. 17 S. 186, PrVerwBl. 10 S. 283; v. 2. Juni 97 Nr. II 1027), vgl. Bem. 7 zu § 15. Die tatsächlich entstandenen Kosten sind zu erstatten, die Pflichtigen können nicht rügen, daß es hätte billiger gemacht werden können (OVGE. v. 20. April 03 Bd. 43 S. 24). Von den allgemeinen Verwaltungskosten der Gemeinde darf nichts in Anrechnung gebracht werden, wohl aber die Entschädigung für solche Beamten (Techniker), welche speziell für die Herstellung dieser bestimmten Straße angenommen sind (OVGE. v. 27. Nov. 99 Nr. IV 1884; v. 18. Dez. 05 Nr. IV 1701; v. 10. Juni 12, IV C. 12. 12). Die Gemeinde hat aber nicht das Recht, auch für die Tätigkeit ihrer sonstigen städtischen Beamten, die ohne Beziehung auf bestimmte Straßenbauten für die Erledigung der in der städtischen Verwaltung überhaupt vorkommenden bautechnischen Arbeiten angestellt sind, Kosten zu berechnen (OVGE. v. 5. Okt. 08, PrVerwBl. 38 S. 50; DJZ. 14 S. 326). Diese Entscheidungen tragen den Verhältnissen nicht Rechnung, da es häufig notwendig ist, technische Beamten fest anzustellen, sobald die Gemeinde beabsichtigt, neue Straßen auszubauen. Es ist in vielen Fällen sowohl aus praktischen, als sozialen Gründen untunlich, diese Beamten erst einzustellen, wenn mit dem Bau einer neuen Straße begonnen wird und sie alsdann nach Fertigstellung derselben wieder zu entlassen. Werden die Beamten ständig von der Gemeinde beschäftigt, so ist es allerdings schwierig, sie mit Verwaltungsangelegenheiten nicht zu beschäftigen. Es würde billig sein, wenn die Ausgaben für solche festangestellten, technischen Beamten, soweit ihre technische Tätigkeit für den Neubau der Straße nachgewiesen wird, in die Kostenrechnung eingestellt werden dürften. Einheitssätze, welche die Aufwendungen übersteigen, sind unstatthaft und sind nur, soweit sie sich innerhalb ihrer Grenzen halten, zuzulassen. Dies trifft auch für den Fall zu, in dem 1 ½% für Bearbeitung, Vermessung, Bauleitung und Absteckung in Ansatz gebracht sind (OVGE. v. 2. Nov. 05; v. 21. Dez. 11, PrVerwBl. 33 S. 769). Anders bei Unternehmerstraßen, s. Mützelburg, PrVerwBl. 33 S. 50.

Die Art der Ausführung der Arbeiten ist von der Zustimmung der Anlieger keineswegs abhängig (OVGE. v. 5. Jan. 98 Nr. II 8). Die Anlieger können daraus, daß ihrer Ansicht nach die Arbeiten nicht überall zweckmäßig ausgeführt sein sollen, keinen Einwand gegen die Beitragspflicht herleiten (OVGE. v. 5. April 00 Nr. IV 582, Bd. 37 S. 43); in einem Falle, in dem Häuser während der Anlegungsperiode gebaut waren, kam die Straße bei ihrer Fertigstellung höher zu liegen, als die Eingänge in die Häuser; die Anlieger konnten daraus kein Recht ableiten, ihre Verpflichtung zu bestreiten, denn die Stadt war nicht verpflichtet, bei der Ausführung der Straße sich nach der Art, wie inzwischen die Häuser gebaut waren, zu richten (OVGE. v. 20. Mai 96 Nr. II 953; vgl. Bem. 14 zu § 13). Auch der Umstand, daß bei der Bauausführung Versehen begangen und dadurch die Kosten vermehrt sind, gibt den Pflichtigen kein Widerspruchsrecht (OVGE. v. 21. Febr. 98 Nr. IV 361; v. 7. Okt. 12 IV C. 115. 12). Es steht in dem Ermessen der Gemeinde, ob sie bei Ausführung der Straße wegen zweifelhafter Forderungen usw. Prozesse führen, Vergleiche eingehen, Kosten übernehmen will usw. (OVGE. v. 14. April 97 Nr. II 746; v. 24. Okt. 07 Nr. IV 1523, vgl. Bem. 7 zu § 15). Aus dem an die Spitze gestellten Grundsatz folgt ohne weiteres, daß der Gemeindebehörde den Anliegern gegenüber nicht der Nachweis obliegt, daß die aufgewendeten Kosten angemessen sind; vielmehr trifft, insoweit überhaupt (vgl. Bem. 14 b) die Anlieger als allenfalls befugt zur Bemängelung der Höhe der Aufwendungen anzusehen sind, sie die Beweislast für eine etwa geltend zu machende Überschreitung des zulässigen Maßes (OVGE. v. 2. Juli 95 Nr. I 926; v. 7. März 96 Nr. II 500).

In einem, allerdings wesentlichen Punkte tritt hier eine Eigentümlichkeit hervor: den Pflichtigen muß über die Aufwendung Rechnung gelegt werden und sie können darin aufgenommene Ausgaben, die ihnen nach dem Gesetze nicht zur Last fallen, beanstanden (OVGE. v. 21. Febr. 98 Nr. IV 361; v. 21. Febr. 98 Nr. IV 142). Die Begründung hierfür wird angemessen in Verbindung mit den Erörterungen über den Charakter der Beitragspflicht und die gegen eine Heranziehung offenstehenden Rechtsmittel erbracht (vgl. unten Bem. 14 b).

Es ist häufiger der Fall, daß die Gemeinden allgemein zur Unterhaltung oder zur besseren Herstellung der in ihrem Bezirk liegenden Chausseen von der Provinzialverwaltung Beiträge erhalten. Wird eine solche Chaussee zur städtischen Straße aptiert, so haben die Anlieger kein Recht, zu verlangen, daß sie auf Grund der solches bestimmenden Verträge von den ortsstatutarischen Beiträgen zu den Kosten der neu angelegten städtischen Straße ganz oder zu einem Teile frei bleiben oder daß die Jahresrente, welche die Provinz etwa nach einem Vertrage für die Unterhaltung der Chaussee zahlt, kapitalisiert und von den Kosten des Straßenausbaues abgerechnet werde (OVGE. v. 5. Jan. 98 Nr. II 8; v. 5. April 00, Bd. 37 S. 43 f.; v. 6. Mai 01, Bd. 40 S. 107; v. 20. April 03, Bd. 43 S. 30; v. 26. März 96 Nr. II 599; v. 20. Mai 96 Nr. II 1032; v. 31. Okt. 05 Nr. II 1803; v. 9. Mai 10, PrVerwBl. 32 S. 568). Das Gleiche gilt für die der Gemeinde zufließenden Vorausleistungsbeiträge auf Grund des Gesetzes v. 18. Aug. 02. Es handelt sich hier um eine Vermehrung der Unterhaltungslast wofür der Wegeunterhaltungspflichtige entschädigt werden soll (OVGE. v. 23. Febr. 14 IV C. 170. 13; v. 23. Febr. 14, Bd. 66 S. 150). Zuschüsse seitens der Provinz oder von anderer Seite zu den Herstellungskosten muß dagegen die Gemeinde abrechnen. Die Gemeinde braucht auch nicht die infolge des Neubaues der Straße entstehenden Ersparnisse an Erhaltungskosten auf die aufgewendeten Herstellungskosten anzurechnen (OVGE. v. 16. März 05, Bd. 47 S. 160; v. 12. Okt. 05, Bd. 48 S. 102; v. 24. April 13 IV C. 195. 12).

12. Unter „Unterhaltung" ist die gemeingewöhnliche, im Gegensatz zu einer Umgestaltung der Straße, eine Ersetzung der vorhandenen Anlage durch eine anders geartete, zu verstehen (OVGE. v. 1. Febr. 07, Bd. 50 S. 65). War die Straße vor ihrer Fertigstellung bereits reparaturbedürftig, so fallen die dadurch entstehenden Kosten nicht unter die Unterhaltungspflicht; denn die Unterhaltungspflichtigen gemäß § 15 können nur herangezogen werden zu den Kosten der Beseitigung derjenigen Mängel, welche während der Dauer der Unterhaltung entstanden sind. Ist der Zeitraum der Unterhaltungspflicht abgelaufen, so können die Anlieger zu den Kosten der Unterhaltung nicht mehr auf Grund des § 15 herangezogen werden, sondern nur noch auf Grund des § 9 KAG. Voraussetzung dabei ist, daß die Unterhaltung während des fünfjährigen Zeitraumes auch tatsächlich ausgeübt worden ist. Ist dies nicht geschehen, so kann die Gemeinde insofern die Kosten der Unterhaltung auf Grund des § 9 KAG. nicht erheben. Siehe hierüber und andere Punkte der Straßenunterhaltung den beachtenswerten Aufsatz von Ilse im PrVerwBl. 39 S. 207.

Eine höhere Belastung der Anlieger kann eintreten, wenn der Zeitpunkt der Fertigstellung der Straße nicht mit dem der technischen Fertigstellung zusammenfällt, sondern infolge Führung von Prozessen usw. erheblich hinausgeschoben wird und infolgedessen auch die Unterhaltungspflicht entsprechend später beginnt. Die Kosten für die Unterhaltung einer Straße sind nicht gleichbleibend, sondern steigen mit dem Alter derselben. Der Anlieger muß demgemäß an Kosten für die Unterhaltung umsomehr aufwenden, je mehr Zeit zwischen dem Zeitpunkt der technischen Fertigstellung der Straße und dem der Abrechnung vergangen ist. Es kann unter solchen Umständen auch bei sonst einwandfreier Herstellung der ersten Einrichtung eine vollständige kostspielige Umpflasterung der Straße noch unter die Unterhaltungspflicht des § 15 fallen. Der Gesetzgeber hat offenbar damit gerechnet, daß die Unterhaltungspflicht sich unmittelbar an die technische Fertigstellung der Straße anschließen soll. Ungewöhnlich verschärft werden diese Verhältnisse noch, angesichts der nach dem Kriege herrschenden hohen Preise für Löhne und Materialien.

Zu den Unterhaltungsarbeiten gehören solche für Instandhaltung der ersten Einrichtung im ganzen Umfange bezw. des Pflasters, der Kanalisation, Beleuchtungsvorrichtung, Anpflanzungen usw.

Die Kosten der Unterhaltung können nur für den ganzen fünfjährigen Zeitraum und hinsichtlich der ganzen Straße nach deren Fertigstellung auf einmal gefordert werden; eine Abspaltung der Unterhaltungskosten für einzelne Teileinrichtungen ist nicht zuzulassen (Bd. 68 S. 155). Bei der Unfertigkeit der Straße können Unterhaltungskosten noch nicht gefordert werden (OVGE. v. 17. Dez. 14 IV C. 108. 14; v. 10. Mai 17 IV C. 11. 17; v. 21. Nov. 18 IV C. 47. 18). Die in der fünften Anlage vertretene Ansicht, daß die Unterhaltungskosten alljährlich aufzubringen sind, wird nicht aufrecht erhalten. Es entstehen auch dadurch derartige Schwierigkeiten für die Verwaltung der Gemeinde, daß die Durchführung in vielen Fällen kaum möglich erscheint.

Die Kosten der Unterhaltung können nicht gefordert werden, bevor sie entstanden sind (OVGE. v. 2. Nov. 05 IV 1537). In manchen Ortsstatuten ist die Bestimmung enthalten, daß die angrenzenden Eigentümer verpflichtet sind, Ersatz zu leisten für die Kosten, welche der Gemeinde aus der Unterhaltung „erwachsen sind oder erwachsen". Soweit hier auf Erhebung von Kosten, die erst in der Zukunft entstehen, hingewiesen wird, ist die Bestimmung ungültig. In einem Ortsstatute waren die Kosten für die Unterhaltung der Straße auf jährlich 5 % der für die erste Einrichtung, Entwässerung und Beleuchtungsvorrichtung aufgewendeten Kosten festgesetzt worden. Dies ist rechtswidrig, weil nur die tatsächlich aufgewendeten Unterhaltungskosten verteilt werden dürfen (OVGE. Bd. 41 S. 107; v. 26. Juni 05 IV 166). Es ist üblich geworden, dem Bauunternehmer, welcher im Auftrage der Gemeinde eine Straße herstellt, die Verpflichtung aufzuerlegen, für die Unterhaltung derselben nach Fertigstellung der Arbeit noch fünf Jahre zu haften, ohne daß man ihn besonders dafür entschädigt und ohne daß vorkommenden Falls geprüft werden soll, ob die zu beseitigenden Mängel auf sein Verschulden oder auf die gemeingewöhnliche Abnutzung der Straße zurückzuführen sind. Der Unternehmer, welcher auf solche Bedingungen eingeht, ist genötigt, die für die Unterhaltung der Straße aufgewendeten Kosten, bei seinen Arbeiten zu verrechnen, so daß in den Kosten der Freilegung auch bereits Kosten der Unterhaltung enthalten sind. Dies ist unzulässig.

Die Unterhaltungspflicht der Anlieger steht der Observanz nicht entgegen (OVGE. v. 6. Febr. 05 IV 1489).

13. Nach dem Absatze 2 sind die Kosten der gesamten Straßenanlage und bezw. deren Unterhaltung zusammenzurechnen und den Eigentümern nach Verhältnis der Länge ihrer die Straße berührenden Grenze zur Last zu legen.

a) Die Bedeutung dieser Vorschrift liegt vor allem in der Feststellung des gesetzlichen Maßstabes für die Verteilung der Kosten; diese soll nach der Frontlänge der Grundstücke an der Straße erfolgen. Zunächst muß danach jede Straße (Straßenteil Bem. 7 S 256) für sich behandelt werden. Wenn zwei sich schneidende Straßen zugleich angelegt werden, dürfen auch für die Eckhäuser die Straßenkosten nicht zusammengeworfen werden; ist ein Teil der Kosten für beide Straßen gemeinschaftlich, so sind sie nach Verhältnis der Gesamtkosten oder der Grundflächen beider Straßen zu scheiden (OVGE. v. 12. Juni 95 Nr. II 936; v. 21. Febr. 98 Nr. IV 361; v. 30. Juni 02 Nr. IV 1274).

Weiter muß, obgleich dies im Gesetze nicht bestimmt zum Ausdrucke gelangt, jedes selbständige Grundstück auch abgesondert für sich behandelt werden. Unter welchen Voraussetzungen bei nebeneinander liegenden Flächen das Vorhandensein eines selbständigen Grundstücks anzuerkennen ist, läßt sich im allgemeinen nicht sagen, bleibt vielmehr für jeden einzelnen Fall aus der Gesamtheit aller tatsächlichen und rechtlichen Verhältnisse heraus zu prüfen und festzustellen.

Die wirtschaftliche Einheit darf nicht nur eine tatsächliche, sie muß auch eine rechtlich mögliche Einheit darstellen (OVGE. v. 13. Mai 12 IV C. 31. 12). Bei Verschiedenheit des Eigentums an den Grundstücken, die demselben wirtschaftlichen Zweck dienen oder von denen das eine dem Zwecke des anderen dient, entsteht eine für den § 15 zu berücksichtigende Einheit nicht. Was dann vorhanden ist, ist keine wirtschaftliche Einheit, sondern bloß eine wirtschaftliche Gemeinschaft (OVGE. v. 20. Dez. 09 IV C. 262. 08). Alleineigentum an dem einen, Miteigentum an dem anderen Grundstücke schließt rechtlich die wirtschaftliche Einheit aus (OVGE. v. 20. Dez. 09, Bd. 55 S. 94), auch wenn Eheleute Grundstücke in verschiedenem Besitz haben (OVGE. v. 7. Mai 18 IX A. 8. 17.)

Die grundbuchliche Selbständigkeit (OVGE. v. 22. Nov. 92 Bd. 23 S. 52; v. 26. Sept. 98 Bd. 34, S. 101; v. 14. Nov. 02, PrVerwBl. 24 S. 715; v. 4. Jan. 16. IV C. 40. 15) ist nicht unbedingt entscheidend, kann aber immerhin unter Umständen ein erhebliches Moment für die Beurteilung abgeben; von wesentlicher Bedeutung erscheint jedenfalls die wirtschaftliche Benutzung; Grundstücke, die zu einem wirtschaftlichen Ganzen verbunden und nicht etwa durch öffentliche Wege usw. getrennt sind, werden der Regel nach auch als Einheit zu behandeln sein (E. Bd. 34 S. 101; Bd. 36 S. 69; v. 18. Sept. 05, Nr. IV

1255; v. 30. März 08 Nr. IV 644; E. i. RG. VII. ZS. v. 14. Nov. 02, PrVerwBl. 24 S. 715). Auch die Trennung eines Grundstücks durch einen nicht öffentlichen Weg, wenn nicht der Eigentümer das volle Verfügungsrecht über denselben hat, ist wesentlich.

Eine vollständig durchgeführte Trennung bei der wirtschaftlichen Verwertung spricht entschieden für die Selbständigkeit der einzelnen Grundstücke (OVGE. Bd. 4 S. 369; Bd. 13 S. 167 ff.; Bd. 23 S. 53 und 331 ff.; Bd. 24 S. 369, PrVerwBl. 14 S. 597; E. v. 1. Nov. 92 Nr. IV 1027, PrVerwBl. 8 S. 364, 16 S. 321, 27 S. 83; v. 26. Sept. 07 Nr. IV 1544; v. 20. Dez. 09 IV C. 262. 08). Statuten, welche nach dieser Richtung besondere Vorschriften enthalten und etwa Direktiven dafür geben, was als selbständiges Grundstück zu betrachten ist, können rechtsgültig Grundsätze, welche dem obigen aus der Natur der Sache sich Ergebenden widersprechen, nicht aufstellen (OVGE. v. 10. Juli 02 Nr. IV 1333). Die Beurteilung der wirtschaftlichen Einheit richtet sich nach den gegenwärtigen Verhältnissen, nicht nach der etwa abweichenden, für die Zukunft beabsichtigten Benutzung (OVGE. Bd. 34 S. 85).

Im einzelnen ist folgendes zu bemerken: Eine zusammenhängende Fläche desselben Eigentümers, welche demselben wirtschaftlichen Unternehmen dient und auf dieselbe Art benutzt wird, wird in der Regel als ein einziges Grundstück anzusehen sein, falls nicht ein Teil der Fläche durch besondere Veranstaltungen als selbständiges Grundstück abgetrennt ist (OVGE. v. 11. April 96 Nr. II 727; v. 18. Nov. 09, PrVerwBl. 32 S. 104). Ob einem so einheitlichen Grundstücke mehrere Straßennummern zugeteilt sind, ist ohne Bedeutung. Es kommt wesentlich auf die wirtschaftliche Benutzung an, ist diese eine einheitliche, so muß der Regel nach das Grundstück als einheitliches angesehen werden und umgekehrt, ohne daß der grundbuchlichen Eintragung eine gegenteilige Bedeutung zukäme (OVGE. v. 11. Nov. 96 Nr. II 2207; v. 24. Febr. 98 Nr. IV 391; v. 13. Juni 99, Bd. 36 S. 61, PrVerwBl. 21 S. 105; v. 4 Jan. 17 IV C. 59. 16). Ob ein so wirtschaftlich einheitliches Grundstück durch irgend welche Vorrichtungen (Zaun mit Tür) tatsächlich eingeteilt ist, ist ohne Bedeutung (OVGE. v. 27. April 03, Bd. 43 S. 30; v. 30. Okt. 11, Bd. 60 S. 117; v. 27. Febr. 13 IV C. 189. 12). Die vollständige Abschließung einer Parzelle durch eine Einfriedigung ist ein Tatumstand, der wesentlich für ihre wirtschaftliche Selbständigkeit spricht; aber keine unerläßliche Voraussetzung, falls die Selbständigkeit aus sonstigen Umständen klar erhellt (OVGE. v. 3. Okt. 07, PrVerwBl. 29 S. 411). Für den Begriff des einheitlichen Grundstücks ist es belanglos, welchen besonderen Betriebszwecken die einzelnen Gebäude dienen (OVGE. v. 19. Dez. 12, Bd. 62 S. 226), ob eine wirtschaftliche Nutzung der Gebäude stattfindet, ob dieselbe einen Nutzungswert haben oder nicht (OVGE. Bd. 42 S. 42; 48 S. 109). Ob eine wirtschaftliche Einheit vorliegt, ist stets nach den tatsächlichen Verhältnissen des Einzelfalles zu beurteilen. Namentlich kommt es darauf an, ob die verschiedenen angrenzenden Teile desselben Grundstücks zu der Zeit des Entstehens (nicht der Heranziehung) der Forderung für dieselben Zwecke bestimmt sind, ihnen dienen und so nur e i n B a u g r u n d s t ü c k bilden (OVGE. v. 3. Juni 01, PrVerwBl. 22 S. 537; v. 10. Juli 02 Nr. IV 1333; v. 14. Jan. 09 Nr. IV 115; v. 30. Mai 12 IV C. 214. 11; v. 4. Jan. 17 IV C. 59. 16). Ob dies Verhältnis Dauer hat oder nach Absicht des Eigentümers später wieder ein Teil zum

Bebauen abgetrennt werden soll, ist ohne Bedeutung (OVGE. v. 24. Febr. 02, Bd. 41 S. 107, PrVerwBl. 23 S. 761; v. 4. Jan. 17 IV C. 59. 16). Ein an mehrere Straßen angrenzendes Grundstück kann eine wirtschaftliche Einheit bilden, ohne daß deshalb jedes auf diesem Grundstück errichtete und zur wirtschaftlichen Einheit gehörige Gebäude als an mehreren Straßen errichtet gelten muß (OVGE. v. 23. Sept. 15 IV C. 174. 14). Hat ein Bauunternehmer ein größeres Terrain an einer Straße, und er baut nach und nach mehrere Gebäude darauf, dann wird richtiger jedes einzelne Haus mit Hof als besonderes Grundstück ausscheiden (E. v. 6. Febr. 95 Nr. II 216; v. 26. Sept. 07, PrVerw.-Bl. 29 S. 707; v. 13. April 16 IV C. 84. 15).

Aus dem Grundsatz, daß die Einheit des Grundstücks, auf welchem das Gebäude errichtet wird, erforderlich ist, und zwar der Natur des Verhältnisses nach die wirtschaftliche Einheit (OVGE. v. 24. April 95 Nr. II 631; v. 26. Sept. 98, Bd. 34 S. 101; v. 19. Okt. 03, PrVerwBl. 25 S. 386), folgt, daß etwaige neben dem Grundstück in die Straße mündende Privatwege desselben Eigentümers dann bei der Grenze mit berechnet werden dürfen, wenn sie den wirtschaftlichen Zwecken des fraglichen Grundstücks dienen (OVGE. v. 10. Juli 02 Nr. IV 1333; v. 6. Jan. 02, Bd. 41 S. 149).

Für jedes selbständige Grundstück kommt, sofern die Beitragspflicht begründet ist, immer die g a n z e Frontlänge (OVGE. v. 15. Nov. 06, Bd. 50 S. 83; v. 30. März 08 Nr. IV 644) in Betracht, mag sie nun vollständig oder nur teilweise oder gar nicht mit dem neuen Gebäude besetzt werden; auf die Ausdehnung des die Beitragspflicht begründenden Gebäudes kommt es nicht an; auch begründet es keinen Unterschied, ob auf der Front ein schon vor Anlegung der Straße errichtetes Gebäude steht (OVGE. Bd. 13 S. 168; v. 5. April 89 Nr. II 237; v. 5. Jan. 98 Nr. II 8; E. d. RG. VII ZS. v. 14. Nov. 02, PrVerwBl. 24 S. 715). Auch für die Frontlänge dieses älteren Gebäudes ist der Beitrag zu zahlen, vorausgesetzt, daß der Teil des Grundstücks, auf welchem das ältere Gebäude sich befindet, mit dem Teil, auf dem das neue errichtet wird, zur Zeit dieser Errichtung noch eine wirtschaftliche Einheit bildet. Wenn die wirtschaftliche Trennung auch nur b e i Errichtung des neuen Gebäudes und z u g l e i c h m i t i h r zur Durchführung gelangt, dann wird letzteres nicht mehr auf dem ungeteilten, einheitlichen Grundstücke errichtet, gleichzeitig mit der Errichtung hört diese Einheitlichkeit auf (OVGE. v. 14. Nov. 98 Nr. IV 1919).

Ein ganzer B a h n h o f ist a l s w i r t s c h a f t l i c h e i n h e i t l i c h e s G r u n d s t ü c k aufzufassen, und zwar gilt dies nicht nur bei Errichtung eines Hauptgebäudes, also etwa des eigentlichen Bahnhofsgebäudes, sondern auch bei der Errichtung von Nebengebäuden, z. B. eines Güterschuppens nebst dem dazu gehörigen Abfertigungsgebäude oder Bahnmeistereibureau nebst Materialschuppen (OVGE. v. 12. Okt. 05 48 S. 106). Ein Vorplatz vor einem Bahnhofe, welcher zur Aufstellung der Wagen zum Abholen der Reisenden bestimmt ist, gehört wirtschaftlich zum Bahnhofe, bildet also mit dem Bahnhofe ein einheitliches Grundstück (E. v. 20. Juni 98 Nr. IV 1165). Dient derselbe nicht lediglich dem Bahnhofsverkehr, so bildet er mit dem Empfangsgebäude kein einheitliches Grundstück, er stellt ein besonderes Grundstück, eine gewöhnliche Straße dar (OVGE. v. 23. Sept. 09 IV C. 252. 08). Wenn Bahnhofsterrain oder ein sonstiges an der Straße gelegenes Grundstück zur Verpachtung für Lagerplätze abgetrennt wird und (von den Pächtern) Gebäude darauf errichtet werden, so sind die einzelnen verpachteten Teile selbständige Grundstücke (OVGE. v. 26. Sept. 98 Nr. IV 1595, Bd. 34 S. 101; v. 19. Okt. 03, PrVerwBl. 25 S. 386; v. 28. April 04, PrVerwBl. 26 S. 44; v. 7. Juli 10, Bd. 57 S. 113; vgl. Baltz-Graf v. Westarp Preuß. Baupolizeirecht, 4. Aufl. S. 130 ff.)

Aussonderungen von Beamtenwohnungen nebst den zugehörigen Gärten aus einem Bahngelände sind zulässig, auch wenn deren Herrichtung lediglich im Interesse des Eisenbahnbetriebes liegt, um die Beamten in nächster Nähe ihres Dienstorts zu haben (OVGE. v. 7. Juli 10 IV C. 123. 09). Werden zu Bahnzwecken gerade nicht erforderliche Flecke des Bahnhofsgeländes nur gunstweise gegen jederzeitigen Widerruf an Eisenbahnangestellte überlassen, um dort Feldfrüchte zu ziehen, so ist die wirtschaftliche Selbständigkeit dieser Flächen zu verneinen (OVGE. v. 26. Sept. 09, PrVerwBl. 29 S. 707; vgl. OVGE. v. 18. Nov. 09 IV C. 174. 08. Die Errichtung einer Trinkbude auf einem Bahnhofsgrundstück erzeugt für das ganze eine wirtschaftliche und räumliche Einheit bildende Grundstück die Beitragspflicht (OVGE. v. 3. Juni 01, PrVerw.-Bl. 22 S. 538). Die Schienenstränge in ihrer ganzen Ausdehnung innerhalb des Gemeindebezirks bilden kein wirtschaftlich einheitliches Baugrundstück (OVGE. v. 17. April 05, PrVerwBl. 27 S. 68; v. 12. Okt. 05 IV 1401).

Einzelne Beispiele:

Bilden bei zwei Gebäuden die Erdgeschoßräume eine zusammenhängende Zimmerflucht, so kann man daraus die wirtschaftliche Einheit annehmen (OVGE. v. 6. April 14 IV C. 201. 13). Steht ein Anbau durch Öffnungen in zwei Etagen mit dem alten Gebäude in Verbindung, so ist die wirtschaftliche Einheit zweifelsfrei gegeben (OVGE. v. 3. April 13 ;V C. 24. 13).

Hofflächen und die als Haus und Wirtschaftsgarten benutzten Flächen eines Grundstücks sind bei dem Umfang der wirtschaftlichen Einheit mit zu berücksichtigen (OVG. 36 S. 69). Ein Hausgarten, welcher mit dem Hauptgrundstück durch eine Tür verbunden ist, bildet mit demselben eine wirtschaftliche Einheit, auch wenn der Eigentümer die Absicht hat, den Grundstücksteil später als Bauland zu verwerten. Entscheidend ist die tatsächliche Benutzung (OVGE. v. 24. Febr. 02, Bd. 41 S. 107; v. 3. Okt. 18 IV C. 15. 18).

Daß auf dem einen Grundstück sich die dem Geschäftsbetrieb dienenden Gebäude befinden und auf dem anderen durch eine Tür damit verbundenen Grundstück das Wohnhaus für den das Geschäft führenden Firmeninhaber, bildet kein Hindernis für die Annahme einer wirtschaftlichen Einheit beider Grundstücke (OVGE. v. 19. Okt. 11 IV C. 181. 10).

Hat ein Eigentümer einen Teil seines Grundstücks verpachtet, so wird die Selbständigkeit des verpachteten Grundstücks noch nicht ohne Weiteres dadurch in Frage gestellt, daß eine Verbindung beider Grundstücke durch eine Gartentür hergestellt, der Eigentümer sich im Pachtvertrage einen erheblichen Einfluß auf das verpachtete Grundstück vorbehalten und der Pächter zu Leistungen verpflichtet ist, die wirtschaftlich dem dem Verpächter verbliebenen Grundstücke zugute kommen (OVGE. v. 8. Mai 11 IV C. 94. 10).

Ist die wirtschaftliche Einheit gegen den ausdrücklichen Willen des Eigentümers hergestellt, so muß dieser Zustand nach erlangter Kenntnis sofort von dem Eigentümer beseitigt werden oder doch mit allen zu Gebote stehenden

Mitteln angegriffen werden. Die bloße Mißbilligung eines solchen Zustandes und der Wille, die Beseitigung später einmal eintreten zu lassen, sind dagegen belanglos (OVGE. v. 13. April 16 IV C. 84. 15).

Heißt es im Ortsstatut (Düsseldorf): „Bei größeren Baugrundstücken wird als Baugrundstück nur derjenige Teil angesehen, welcher seiner Bestimmung nach zu dem zu errichtenden Gebäude gehört", so führt die wörtliche Auslegung dahin „als Baugrundstück nur denjenigen Grund und Boden anzusehen, welcher unmittelbar zum wirtschaftlichen Gebrauche des neuen Gebäudes bestimmt ist, gerade zu ihm in einem wirtschaftlichen Abhängigkeitsverhältnis steht". Im Ergebnis ging jedoch das Urteil dahin, die Vorschrift erhalte keine Abänderung dessen, was unter einem wirtschaftlich einheitlichen Grundstück zu verstehen sei. Diese Auslegung beruht wesentlich auf der Erwägung, daß die Absicht einer entsprechenden Einschränkung der der Gemeinde im Gesetz eingeräumten Befugnisse nicht erhelle, obwohl — und zwar mit Grund — anerkannt wird, daß die wörtliche Auslegung zu solcher Einschränkung führen müßte (OVGE. v. 26. Okt. 16, IV C. 30. 16). Wird auf einem Begräbnisplatz an einer unter den § 15 fallenden Straße ein Wohnhaus für den Friedhofsaufseher, ein Leichenhaus oder eine Kapelle erbaut, so ist der Anliegerbeitrag nach der gesamten die Straße — natürlich nur einer solchen Straße, an der das Gebäude liegt — berührenden Grenze des Kirchhofs zu berechnen, denn diese Gebäude haben den Zweck, die wirtschaftliche Benutzung des gesamten Grundstücks — soweit es nicht durch Scheidewände usw. in mehrere selbständige Abteilungen zerlegt ist — zu ermöglichen (OVGE. v. 17. Sept. 95 Nr. I 1177, PrVerwBl. 17 S. 83). Anders und eigentümlich liegt es bei sog. Erbbegräbnissen. Sind sie Gebäude und nicht bloß Grabstätten, dienen sie z. B. den Leidtragenden und Besuchern der Gräber zum Aufenthalt usw. und liegen sie, wenn auch mit der Rückseite, an der betr. Straße, so liegt die Beitragspflicht vor. Der Grundeigentümer wird pflichtig, das ist der Eigentümer des Kirchhofs, denn wenn auch das Erbbegräbnis Eigentum des Erbauers bleibt (§ 95 d. BGB.), so verbleibt das Grundstück doch im Eigentume des Kirchhofeigentümers, weil an diesem nur ein dingliches Recht besteht. Da es sich aber dabei um eine selbständige wirtschaftliche Benutzung handelt, die mit der Benutzung des übrigen Friedhofs in der Regel nicht zusammenhängt, so berechnet sich der Umfang, die Höhe der Beitragspflicht lediglich danach, in welcher Ausdehnung die Straße vom Erbbegräbnisgebäude berührt wird. Ausführlich ist dieses begründet in dem OVGE. v. 27. Nov. 02 Nr. IV 1716 Bd. 42 S. 37. Schwierig gestaltet sich die Frage bei einem Vorgarten, wenn seine Grenze in den Vorgarten eines daneben liegenden Baugrundstückes übergreift, oder wenn der Vorgarten vor einem Gebäude ganz oder zum Teil nicht im Eigentum und in der Nutzung des Eigentümers dieses Gebäudes, sondern des Eigentümers des Nachbarhauses steht. Hierfür kommt in Betracht, wie bei Ermittelung der der Berechnung zugrunde zu legenden Länge der von der Baufront bezw. der Baufluchtlinie verschiedenen Straßenfluchtlinie davon auszugehen ist, daß es sich in dem Abs. 2 des § 15 des Baufluchtengesetzes um die die Straße berührende Grenze von Baugrundstücken handelt und daß das Vorgartenland ein Mittelglied zwischen Straße und Baugrund bildet, wobei unter Baugrund das ganze, hinter der Bauflucht liegende und darum der Bebauung rechtlich fähige, eine wirtschaftliche Einheit bildende Grundstück zu verstehen ist, mag es auch nicht in der ganzen Ausdehnung der Baufront bebaut sein, vielmehr teilweise anderen mit den Gebäuden in Zusammenhang stehenden Zwecken, als Hof, Garten und dgl. dienen, mag es sogar privatrechtlich im Eigentum eines anderen, als des Besitzers des Hausgrundstücks stehen. Die für die Berechnung des Beitrages maßgebende Länge der das Grundstück berührenden Straßengrenze wird daher in der Regel durch Verlängerung der seitlichen Nachbargrenzen des Baugrundstücks über die Baufront hinaus bis an die Straßengrenze zu finden sein. Auf die wirtschaftliche Benutzung des außerhalb dieser Grenzen vor anderen Grundstücken liegenden (Vorgarten-)Terrains durch den Eigentümer kann es in solchen Fällen nicht ankommen, da das Vorgartenland seine Bestimmung ohne den Willen des Eigentümers durch die Behörde erhält und von dieser zum Mittelglied zwischen Straße und Baugrund gemacht wird. Es setzt begrifflich eine Bebauung des dahinter liegenden Grundstücks voraus; tritt diese Bebauung ein, so wird es in der Regel eine Zubehörung des Bauwerks. Da ihm diese Bestimmung, weil von der Behörde ausgehend, mit Notwendigkeit und ohne Rücksicht auf Handlungen des Eigentümers beiwohnt, so ist seine anderweite Benutzung auch da, wo es seinem eigentlichen Zwecke noch nicht dienen kann, weil das Grundstück, für welches es demnächst als Vorgartenland bestimmt ist, etwa noch nicht Baugrundstück der betreffenden Straße ist, nur eine provisorische. Trotz tatsächlicher wirtschaftlicher Verbindung mit einem Nachbargrundstück, zu dem es als Vorgartenland nicht gehören kann, weil es an dessen Baufluchtlinie nicht anliegt, verleiht ihm die von der Behörde gegebene Bestimmung als Vorgartenland eines anderen Grundstücks dem ersteren Grundstück gegenüber eine rechtliche Selbständigkeit, welche verhindert, daß es für die Berechnung der Anliegerbeiträge als dessen Bestandteil behandelt werden kann. Hieran ist in der Regel festzuhalten. Wie danach die Grenze im besonderen einzelnen Falle für das dahinter liegende Baugrundstück zu berechnen ist, mag immerhin nach den vorliegenden tatsächlichen Verhältnissen; namentlich wenn die seitlichen Grenzen unregelmäßig nach der Baulinie hin verlaufen, noch Schwierigkeiten bergen (vgl. OVGE. v. 21. Febr. 98 Nr. IV 142, Bd. 25 S. 85, Bd. 33 S. 108 f.; v. 24. Febr. 02, Bd. 41 S. 107, PrVerwBl. 23 S. 761; v. 16. April 14 IV C. 51. 13). Jebens (PrVerwBl. 26 S. 823) bemängelt (im Falle der Vorgarten des Baugrundstücks seitwärts über dieses hinausragt, Bd. 33 S. 103) an der Entscheidung, wonach in der Regel die maßgebende Länge der das Grundstück berührenden Straßenlänge durch Verlängerung der seitlichen Nachbargrenzen zu finden sei, die fehlende Bestimmtheit, man frage vergeblich, auf welche Fälle und Gruppen von solchen die Worte „in der Regel“ abzielen und wie in den nicht durch sie betroffenen Fällen die Frontlänge etwa zu finden sei.

Folgt man der Rechtsprechung des Oberverwaltungsgerichts, so müßte man z. B. in dem Falle, wo Grundstücksgrenze und Straßengrenze einander parallel sind, die Länge der beitragspflichtigen Straßengrenze in der Weise bestimmen, daß man die Länge der Grundstücksgrenze auf die Straßengrenze projiziert (mittels rechten Winkels), dann hat man in jedem Falle die Länge des Vorgartens, welcher zu dem dahinterliegenden Baugrundstücke in einem bestimmten Rechtsverhältnisse steht und auf Nachbargrundstücke nicht übergreift. Dies würde gelten müssen auch in dem Falle, in welchem Vorgarten und Baugrundstück nicht in getrenntem Eigentum stehen. Diese Konsequenz ist in den ergangenen Entscheidungen des OVG. nicht gezogen worden. Es wird Bezug genommen auf Erörterungen in Bem. 6c zu § 15 über Vorgärten.

Entscheidend bleibt übrigens der Zeitpunkt, in welchem die Verpflichtung zum Anliegerbeitrag bezw. die Forderung der Gemeinde entsteht. Das OVG. hatte anfangs angenommen, daß dieses der Zeitpunkt sei, wo das Gebäude errichtet wird. Für den normalen Fall, wo das Gebäude an der völlig fertigen, neuen Straße errichtet wird, trifft dieses zu. Das OVG. nahm früher jedoch auch an, daß da, wo ein Gebäude an einer in der Anlegung begriffenen Straße errichtet wird, ehe sie fertig geworden, der Zeitpunkt des Errichtens des Gebäudes allein maßgebend sei. Diese Ansicht ist irrig. Des näheren wird dieses in der Bem. 14a dargelegt. Hier wird vorläufig als entscheidender Zeitpunkt derjenige der „Entstehung der Forderung" bezeichnet werden (siehe unten.)

Durch das Wohnungsgesetz ist auf Veranlassung der Kommission des Herrenhauses (Komm. Ber. S. 24) der Satz 2 dem Abs. 2 hinzugefügt worden. Nachträglich wurde auf Anregung der Staatsregierung hinter Grundfläche, das Wort „wirtschaftlich" hinzugefügt, um klar zu stellen, daß der Erwerb sich als ein wirtschaftlicher Zuwachs darstellen müsse z. B. wenn ein Eigentümer sein Grundstück vergrößere.

Nach der neuen Vorschrift sollen die Eigentümer nach ihrer Heranziehung, sobald sie zu ihrem bisherigen Grundstück ein neues hinzuerwerben, welches mit jenem wirtschaftlich vereinigt wird, noch zu denjenigen Kosten herangezogen werden können, welche auf die „Verlängerung der Straßengrenze" entfallen. Anscheinend hat man Nachbargrundstücke an derselben Straße im Auge, da von „Verlängerung der Straßengrenze" die Rede ist. Danach würden diejenigen hinzuerworbenen Grundstücke ausscheiden, welche rückwärts an andere Straßen angrenzen. Der überaus wichtige Fall, in dem der Eigentümer eines unbebauten Grundstückes ein bebautes Nachbargrundstück, für welches die Heranziehung zu einem Beitrage bereits erfolgt ist, hinzuerwirbt, fällt ebenfalls nicht unter die neue Vorschrift. Bilden die Grundstücke des Eigentümers im Zeitpunkte der Heranziehung keine wirtschaftliche Einheit infolge Abverpachtung eines Teiles zu besonderen Zwecken (siehe Bem. zu § 15), wird jedoch später die wirtschaftliche Einheit hergestellt, so kann die neue Vorschrift trotzdem keine Anwendung finden.

Da nur diejenigen Grundstücksvergrößerungen unter die Vorschrift fallen, welche nach dem Zeitpunkte der Heranziehung des Eigentümers erfolgen, so kommen solche, welche zwischen diesem Zeitpunkte und dem des Entstehens der Beitragspflicht vorgenommen werden, nicht in Frage. Dies ist wohl nicht beachtet worden.

Von erheblicher Wichtigkeit ist, ob die Vorschrift sich nur auf eine einmalige Vergrößerung beziehen soll, oder auf mehrfache Zuerwerbungen. Ist ersteres der Fall, so ist die Vorschrift leicht zu umgehen, indem vorerst nur ein kleiner Grundstücksteil hinzuerworben wird und später das größere Restgrundstück. Dem Antragsteller hat wahrscheinlich nur die einmalige Vergrößerung des Grundstückes vorgeschwebt und dies ist auch in dem Wortlaut entsprechend zum Ausdrucke gelangt.

Der Ausdruck „Grundstücksfläche, für welche die Straßenkosten noch nicht bezahlt sind", ist der Umgangssprache entnommen und soll anscheinend bedeuten, daß für die Grundfläche die rechtliche Möglichkeit der Beitragserhebung gemäß § 15 noch nicht „entstanden" ist.

Zur Klarstellung des herrschenden Rechtszustandes sei ein praktisches Beispiel gebracht, aus dem das Notwendige zu ersehen sein dürfte. Ist die Beitragspflicht für das Grundstück A. am 15. Juli entstanden, die Heranziehung am 15. August erfolgt und das Grundstück B. am 14. Juli zuerworben, so ist damit auch für das Grundstück B. die Beitragspflicht entstanden, natürlich unter der Voraussetzung, daß die wirtschaftliche Einheit zwischen den Grundstücken A. und B. gegeben ist. Findet jedoch der Zuerwerb erst am 16. Juli statt, so entsteht eine Beitragspflicht für B. nicht. Diese Rechtslage ändert sich nach Abs. 2 Satz 2 insofern, als eine Heranziehung des Grundstückes B. noch gegeben ist, wenn der Erwerb z. B am 16. August stattfindet (nach dem Zeitpunkt der Heranziehung). Ein Zuerwerb von B. in dem Zeitraum nach dem 15. Juli bis 15 August hat eine Beitragspflicht für B. nicht zur Folge.

Bei der Heranziehung für A. muß es sich um den gesamten Beitrag handeln, dies ist auch bei der Spaltung der Kosten zu beachten. Manche Gemeinden werden in Rücksicht auf den vorstehenden Rechtszustand ihr Ortsstatut auf Grund des § 15 ändern müssen.

Bei den folgenden, älteren Entscheidungen ist das vorstehende zu beachten:

Legt der Eigentümer später ein Nachbargrundstück mit dem bebauten Grundstück, für welches die Beitragspflicht bereits früher zur Entstehung gekommen war, wirtschaftlich zusammen, so kann darauf eine Heranziehung nach der Frontlänge des zugelegten Grundstücks nicht gestützt werden (OVGE. v. 25. April 90 Nr. II 410 und v. 26. Sept. 90 Nr. II 818); denn die Vereinigung eines unbebauten Grundstücks mit einem bebauten kann nicht als eine „Bebauung" des ersteren angesehen werden (OVGE. v. 24. Febr. 02, Bd. 41 S. 107, Pr.-VerwBl. 23 S. 761; vgl. auch E. Bd. 36 S. 69, PrVerwBl. 15 S. 320). Ebensowenig kommen dem Eigentümer nachträgliche Verkleinerungen des Grundstücks zugute (OVGE. v. 1. Juli 93 Nr. II 751). Alle Maßnahmen, welche nach dem Zeitpunkt der Entstehung der Forderung mit dem Grundstücke vor sich gehen, sind für die Beitragspflicht ohne Bedeutung (OVGE. v. 16. März 95 Nr. II 406; v. 13. März 94 Nr. II 384, PrVerwBl. 15 S. 320). Da auch an einer schon fertigen, dem § 15 unterliegenden Straße die Beitragspflicht erst mit der Vollendung des Gebäudes entsteht, so übt natürlich eine Vergrößerung der Grundstücksfront — also auch eine diese herbeiführende wirtschaftliche Vereinigung mit einem neuen Grundstücke — vor dem Zeitpunkte der Vollendung des Gebäudes auch Einfluß auf das Maß der Heranziehung zu den Beiträgen, ebenso eine Verringerung der Front vor diesem Zeitpunkte (OVGE. v. 5. Febr. 00, Bd. 37 S. 30; v. 22. Febr. 06, PrVerwBl. 28 S. 183; v. 15. März 17 IV C. 6. 17). Dies gilt auch für eine Vereinigung von Grundstücken, welche an verschiedenen Straßen liegen (OVGE. v. 15. Nov. 06, Bd. 50 S. 80; v. 13. Mai 12, Bd. 62 S. 195; v. 19. Dez. 12, Bd. 62 S. 226; v. 15. März 17 IV C. 6. 17).

Zu den Frontlängen sind außer den Gebäulichkeiten die Hofräume und die Gartenanlagen zuzurechnen, sofern sie längs der Straße liegen und mit dem verpflichteten Gebäude in irgend welchem Zusammenhange stehen (OVGE.

v. 21. Sept. 05 IV 1271; v. 26. März 13 IV C. 68. 13). Die Grenzen eines öffentlichen Platzes an der ausgebauten Straße müssen der Gesamtlänge der „die Straßen berührenden Grenzen" hinzugerechnet und bei der Verteilung der Gesamtkosten mit berücksichtigt werden (OVGE. v. 30. Jan. 05 Nr. IV 157; v. 15. Febr. 17 II C. 81. 16; vgl. Bem. 5 zu § 1, 13 b zu § 15. Eine Straßenseite kann sehr wohl länger sein als die andere (OVGE. v. 8. Febr. 17 IV C. 33. 16).

Bei Uferstraßen haben die Eigentümer nicht etwa die ganzen Kosten, sondern nur die für die Hälfte der Straße, aber nicht nach räumlicher, sondern nach rechnerischer Teilung zu tragen (OVGE. v. 21. Mai 06 IV 807). Wenn im Ortsstatut gesagt ist: „Die Kostenanteile sind nach der die Länge der Straße berührenden Grundstückslänge zu berechnen", so soll damit nur die allgemeine gesetzliche Vorschrift wiedergegeben werden (OVGE. v. 8. Febr. 17 IV C. 33. 16). Die Bestimmung eines Statuts, daß bei einseitig bebauter Straße die angrenzenden Eigentümer zu den Kosten mit 6 m Breite herangezogen werden, ist ungültig, soweit es vorsieht, daß bei Straßen, die schmaler sind als 12 m die Eigentümer mit 6 m herangezogen werden sollen (OVGE. v. 22. Okt. 06 IV 1647). Ebenso ist ungültig, wenn der Anliegerbeitrag bei Eckgrundstücken von der Nachbargrenze bis zur Mitte der einmündenden Straße berechnet werden soll (OVGE. v. 10. Mai 1906, PrVerwBl. 28 S. 206).

Die Bestimmung eines Ortsstatuts, daß der Beitrag nach dem Verhältnis der Neubaufronten und der Frontlänge der zugehörigen Hofräume und Hausgärten zu berechnen ist, ist zulässig (OVGE. v. 4. Nov. 15 IV C. 193. 14). Diese Entscheidung wird dahin verstanden, daß die Gemeinde diejenigen Frontlängen, welche sie nach dem § 15 berücksichtigen kann, auch tatsächlich in die Kostenrechnung einstellt, bei der Beitragserhebung jedoch den Anliegern nur diejenigen Längen in Rechnung stellt, auf welche sich der § 3 Abs. 2 des Ortsstatuts bezieht. Die Gemeinde gewährt auf diese Weise den Anliegern einen Nachlaß, dem einen allerdings mehr, dem anderen weniger. Ungesetzlich dagegen würde es sein, wenn der Beitrag auf Grund der nach § 3 Abs. 2 des Ortsstatuts zu berücksichtigenden Frontlängen berechnet und verteilt würde; denn danach würde er auf 1 lfd. m höher werden und es würden diejenigen Grundstücke, welche nur Neubaufrontlängen mit zugehörigen Hofräumen und Hausgärten aufweisen, in unzulässiger Weise zu hoch belastet werden.

Schwierig gestaltet sich die Bestimmung der die Straße berührenden Längen, wenn die Fluchtlinien im allgemeinen nicht parallel zur Straßenachse, sondern unregelmäßig verlaufen. Auf jeden Fall sind maßgebend die Grundstücksgrenzen, nicht etwa die der Vorbauten usw. Im Zweifelsfalle wird man in Rücksicht ziehen, daß man die Längen nicht künstlich vergrößern darf, um nicht zu einem unrichtigen und ungerechten Einheitsmaßstab zu gelangen. Häufig zeigen Straßen sackartige Einsprünge. Hierbei ist zu prüfen, ob diese Einsprünge selbständigen Charakter haben oder nicht. Ist ersteres der Fall, so liegt eine besondere Straße vor (nicht Straßenteil), ihre Breite an der Einmündung in die Straße scheidet daher aus der Kostenrechnung aus; ist letzteres der Fall, so ist die Breite des Einsprunges mit zu berücksichtigen.

Werden, wie es bei Eckgrundstücken häufig vorkommt, die Ecken nicht in der Flucht der Straßenfluchtlinien ausgebaut, sondern als abgestumpfte behandelt und dementsprechend zurückverlegt, so richtet sich die Länge der die Straße berührenden Grenze nicht nach der Länge der Abstumpfung, sondern nach der der Straßenfluchtlinien, auch wenn der Teil zwischen diesen und der Abstumpfung gepflastert worden ist und dem Verkehr dient.

Bei der Berechnung der Frontlänge dürfen die Breiten der nur auf dem Papier stehenden, projektierten Querstraßen nicht ausgelassen werden, weil dadurch der zur Auffindung des Einheitssatzes zu bildende Divisor zu klein werden würde (OVGE. v. 6. Jan. 02, Bd. 41 S. 149; v. 11. Dez. '11 IV C. 18. 11. Siehe hierzu den Vorschlag von Saran, PrVerwBl. 33 S. 850 und Entgegung von Saß, PrVerwBl. 34 S. 418. Dagegen fallen den beitragspflichtigen Eigentümern die Kosten der von bestehenden Querstraßen begrenzten Teile der Anlagen zur Last, soweit deren Herstellung zu einem den öffentlichen Verkehrsinteressen genügenden Ausbau erforderlich ist (auch die Kosten des Anschlusses an Nebenstraßen) (OVGE. v. 7. Juli 02, Bd. 41, S. 143; v. 10. Mai 06, Pr. VerwBl. 28 S. 206). Vgl. Anm. 8 zu § 15. Bei Vorhandensein provisorischer Vorgärten ist zu beachten, daß ihre Tiefe in der Länge der die Straße berührenden Grenze nicht zu berücksichtigen ist.

b) Bis zum Inkrafttreten des Kommunalabgabengesetzes v. 14. Juli 93 ist jeder andere Maßstab unzulässig (OVGE. v. 10. Sept. 89 Nr. I 747 und v. 14. Okt. 92 Nr. II 982, PrVerwBl. 14 S. 174). Dagegen hat der § 10 des KommAbgG. den Gemeinden die Möglichkeit eröffnet, auch einen anderen Maßstab einzuführen, hinsichtlich dessen nach dem Gesetze irgendwelche Beschränkung nicht besteht. Der § 10 lautet:

> Die Vorschriften des Gesetzes, betreffend die Anlegung und Veränderung von Straßen und Plätzen in Städten und ländlichen Ortschaften, v. 2. Juli 75 (GS. S. 561), bleiben mit der Maßgabe in Kraft, daß die im § 15 daselbst vorgesehenen Beiträge nach einem anderen, als dem dort angegebenen Maßstabe, insbesondere auch nach der bebauungsfähigen Fläche, bemessen werden dürfen.

Begründet wurde diese Bestimmung, die sich ihrem wesentlichen Inhalte nach schon in dem Entwurfe der Staatsregierung fand (vgl. Nr. 7 der Drucksachen des AH. 1892/93), durch die Erwägung, daß der Maßstab des § 15 sich nicht überall bewährt habe, da er nicht nur wegen der verschiedenen Gestaltung der Bauplatzflächen zu einer unbilligen und ungleichmäßigen Kostenverteilung führen, sondern auch die Neigung zu einer der Gesundheit nachteiligen Ausnutzung der Flächen durch Errichtung von hohen Gebäuden, Hofwohnungen usw. begünstigen könne. Das Gesetz weist selbst auf einen anderen, angeblich geeigneten Mastßab hin, den der bebauungsfähigen Fläche der an die Straße grenzenden Grundstücke; ob etwa auch ein sonstiger Maßstab nach den Verhältnissen zweckmäßig erscheint, bleibt der Entschließung der Gemeinden und der zur Bestätigung der Statuten berufenen Behörden überlassen. In den Motiven ist in dieser Hinsicht noch darauf hingewiesen, daß auch der Kubikinhalt der Gebäude sich als passender Maßstab eignen würde. Wie sich der Gesetzgeber das praktisch möglich gedacht hat, nach Zusammenrechnung der Gesamtkosten der Straßen diese auf die einzelnen Anlieger, wenn diese zu den verschiedensten Zeiten, oft lange nach Fertigstellung der Straße, bauen, zu verteilen, ist schwer einzusehen. Die Länge der Straßengrenze steht nach Fertigstellung der Straße sofort fest, und es können die Gesamtkosten auf das Meter berechnet werden. Wenn aber an diesem Zeitpunkte alle oder die meisten Grundstücke noch nicht bebaut sind — was doch der normale Fall des Gesetzes ist — also noch gar nicht zu übersehen ist, wieviel Kubikmeter Gebäude errichtet werden, oder gar nicht vorauszusehen ist, wie groß die bebauungsfähige Fläche, ja nicht einmal wie groß die Baugrundstücke demnächst, wenn Gebäude darauf errichtet werden, sein werden, so ist nicht wohl zu begreifen, wie der Gemeindevorstand die Kosten der Straße auf die Anlieger, wenn sie Gebäude errichten, nach dem Kubikinhalt oder nach der bebauungsfähigen Fläche verteilen soll. Die Motive und Verhandlungen über den § 10 des KAG. geben darüber gar keine Auskunft. „Die Bestimmung wird also wohl ein toter Buchstabe bleiben", wurde schon in der 4. Auflage gesagt. Das hat sich bis jetzt bestätigt. Einzelne Gemeinden haben es versucht, nach dem neuen Maßstab des § 10 a. a. O. ihre Statuten abzufassen, und zwar meist so, daß gesagt wurde, die Kosten sollten zur Hälfte nach der Straßenfront, zur anderen Hälfte nach Maßgabe der „bebauungsfähigen Fläche", oder nach Verhältnis des Flächeninhalts des Baugrundstücks berechnet werden. Das OVG. hat solche Bestimmungen für rechtsungültig erklärt, weil sie unmöglich auszuführen sind, und es bleibt denn in solchen Fällen nur übrig nur die eine Hälfte der Beiträge nach dem rechtswirksamen Maßstabe zu verteilen (OVGE. v. 13. Juni 99, PrVerwBl. 21 S. 115, Bd. 36 S. 61; v. 10. Juli 99, Bd. 36 S. 70; v. 10. Jan. 01 Nr. IV 51; vgl. Cohn, Über Straßenbeiträge im VerwArch. 7 S. 544).

Der Frontmaßstab hat den großen Vorzug, daß er die Bedeutung der Grundstücksfront berücksichtigt, welche innerhalb der Grundstücksfläche einen besonderen Wert hat. Er ist für die Beitragserhebung zweckmäßig für Straßen, deren anliegende Grundstücke in bezug auf Tiefe gleichartig sind, aber nicht dort wo flache und tiefe Grundstücke wechseln. Im letzteren Falle werden die flachen und infolgedessen gesunden Grundstücke zugunsten der tief zu bebauenden erheblich belastet. Für solche Straßen wird folgender Maßstab vorgeschlagen. Der Frontmaßstab bleibt bestehen, aber für alle Grundstücke, welche im Mittel über eine Tiefe hinausgehen, wie sie notwendig ist für die Anlegung eines Vordergebäudes, wird ein Zuschlag zu der Straßenfrontlänge erhoben, z. B. in der Tiefe von 30—37,5 m ein solcher von 25 %, usw., bis schließlich für 52,5—60 ein solcher von 100 %, darüber hinaus würde man zweckmäßig weitere Tiefen nicht berücksichtigen. Die gefundenen Gesamtlängen werden in die Kostenrechnung eingestellt, so daß sich der Beitrag bei diesem Verfahren auf ein laufendes m entsprechend verringert. Über die Wirkung dieses Vorschlages siehe Saß, Kommunalabgabengesetz S. 101—103. Vgl.: Über die Mängel des Frontmaßstabes, Prof. Dr. Cohn, VerwArch. 7 S. 548 ff. Über die bisherigen Versuche einen anderen geeigneteren Maßstab, als die Frontlänge der Grundstücke anzuwenden vgl. von Strauß und Torney, Zeitschrift für Kommunalwirtschaft und Kommunalpolitik Nr. 1, 21. Jahrg. In Nr. 4 1912 daselbst wird der Maßstab der Heranziehung eingehend behandelt, es werden Dichte und Höhe der Bauweise berücksichtigt. Die dort ausgesprochene Meinung, es müsse der Frontmaßstab gegebenenfalls beseitigt werden, scheint die Verhältnisse der Praxis und die großen Vorzüge des Frontmaßstabes zu verkennen.

Zu bemerken bleibt noch, daß das KAG. für Hohenzollern nicht gilt, dort bleibt es also bei der Bestimmung des § 15.

Wie schon aus dem § 10 selbst hervorgeht, außerdem aber durch seine Entstehungsgeschichte noch besonders klargestellt wird, ist an dem G. v. 2. Juli 75, dessen künftige Umarbeitung die Staatsregierung in Aussicht stellte, im übrigen nichts geändert. Vorallem ist auch den Gemeinden nicht gestattet, die allgemeinen Bestimmungen im § 9 des KAG. auf Verhältnisse, die unter das G. v. 2. Juli 75 fallen, zur Anwendung zu bringen und danach die Anlieger zu höheren Beiträgen heranzuziehen; dahingehende Wünsche wurden zwar in der Komm. des AH. wie des HH. laut; die Staatsregierung trat ihnen aber entgegen und sie fanden keine Billigung; die Komm. des AH. nahm vielmehr eine redaktionelle Umgestaltung des Entwurfs gerade zu dem Zwecke vor, um jeden Zweifel nach dieser Richtung hin auszuschließen. Auch die weiteren Verhandlungen in der Kommission und im Landtage lassen keinen Zweifel darüber, daß bei solchen Straßen, die unter den § 15 fallen — also bei neuen Straßen und bei vorhandenen, bisher unbebauten Straßen und Straßenteilen — der § 9 des KAG. nie Anwendung finden kann, soweit es sich um die im § 15 geregelten Verhältnisse — Herstellung der Straße und Unterhaltung derselben oder Erstattung der hierfür aufzuwendenden Kosten oder verhältnismäßiger Beitrag zu diesen Kosten — handelt. Die Sache stellt sich danach so, daß das gesamte Gebiet der Städte und ländlichen Ortschaften in zwei geographische Bezirke zerfällt: 1. neue Straßen und vorhandene, bisher unbebaute Straßen und Straßenteile, 2. alle übrigen Straßen und Plätze. Für den Bezirk 1 ist lediglich der § 15 d. G. v. 2. Juli 75 anwendbar, für den Bezirk 2 lediglich der § 9 des KAG. Über die Verhandlungen des Landtages usw. vgl. Adickes, das KAG. S. 294 ff.; Nöll-Freund, das KAG. 8. Aufl. S. 48 u. 57 ff.; Ortel, das KAG. S. 23 ff.; Saran, FlG. S. 402 ff.; Saß, KAG. S. 50 ff.; Schwarz, das KAG. S. 109 ff. und Strutz, das KAG. 4. Aufl. S. 57; Jebens, Verwaltungsrechtliche Aufsätze S. 437; Kappelmann, Pr. VerwBl. 32 S. 115; Mundt, PrVerwBl. 26 S. 839; Pohlmann im PrVerwBl. 26 S. 361; Sembritzki, PrVerwBl. 24 S. 789. Die Kommentatoren sind in ihren Ansichten über das Verhältnis des § 9 des KAG. zu § 15 des FluchtlG. nicht ganz einig. Darüber aber herrscht kein Zweifel, daß nach den in dieser Beziehung klaren Verhandlungen im Landtage für die Straßen, welche unter den § 15 d. G. v. 2. Juli 75 fallen — mag ein Ortsstatut bestehen oder nicht — der § 9 des KAG. unanwendbar ist, oder wie sich der Vertreter der Staatsregierung ausdrückte, daß die Vorschriften des § 9 a. a. O. auf alle diejenigen Fälle, welche durch das Baufluchtengesetz, sei es positiv, sei es negativ, geregelt sind, keine Anwendung finden. Nur Pohlmann in dem oben angeführten Aufsatze will aus der Entstehungsgeschichte der Bestimmung nachweisen, daß es den Gemeinden freistehe, ob sie § 9 oder ob sie § 10 KAG. im einzelnen gegebenen Fall anwenden wollen, daß sie aber, wenn sie ihre Wahl getroffen, daran gebunden seien. Bei den Verhandlungen über die Beratung des Gesetzes sind freilich manche Unklarheiten untergelaufen, aber der Schluß den Pohlmann zieht, dürfte kaum möglich sein, er würde auch zu unannehmbaren Ergebnissen führen; es kann jedoch hier nicht weiter darauf eingegangen werden. (Vgl. auch den Aufsatz von Dr Dierschke, PrVerwBl. 26 S. 461;

Mundt, PrVerwBl. 26 S. 839). Der sonstige Zweifel bezieht sich nur auf die Tragweite dieses Grundsatzes. So ist Örtel a. a. O. S. 24 der Ansicht, daß zu den Kosten der Anlegung eines Platzes nur die unmittelbaren Adjazenten mit Beiträgen herangezogen werden können, auf weitere Interessentenkreise könnten die Kosten nach § 9 nicht verteilt werden. Dazu ist zu bemerken, daß der § 15 a. a. O. sich auf Plätze überhaupt nicht bezieht, sondern nur auf die auch an Plätzen vorüberführenden Straßen (OVGE. v. 22. Sept. 94, PrVerwBl. 16 S. 85; v. 26. Sept. 98, Bd. 34 S. 100; v. 18. April 04 Nr. IV 541; Bd. 45 S. 94; DJZ. 9 S. 1046; vgl. Bem. 5 zu § 1, 13a zu § 15). Vgl. übrigens Nöll-Freund a. a. O. S. 58; Adickes a. a. O. S. 300 scheint der Meinung zu sein, daß auch bei neuen Straßen bezüglich der Bürgersteige Beiträge nach § 9 des KAG. zulässig sind. Diese Ansicht, für die Gründe aus dem Gesetz nicht angegeben sind, ist nach der oben gegebenen Darlegung irrig. Siehe unten die E. v. 1. Febr. 07, Bd. 50 S. 62. Örtel (S. 25 a. a. O.) ist ferner der Meinung, daß auch bei der Erbreiterung einer alten Straße Beiträge aus § 9 a. a. O. nicht erhoben werden dürfen. Das ist — vgl. Adickes S. 300 a. a. O. — irrig, denn das Gebiet der alten bebauten Straßen fällt überhaupt nicht unter den § 15, die Erbreiterung einer alten Straße ist aber nicht die Anlegung einer neuen Straße. Man wird jedoch beachten müssen, daß die Rechtslage, nach welcher auf Verbreiterungen der nach dem § 15 hergestellten Straßen der § 9 KAG. Anwendung findet, zu Mißbräuchen Veranlassung geben kann, wenn z. B. vorerst auf Grund des § 15 eine Straße von geringer Breite hergestellt wird und nach ihrer Fertigstellung die Verbreiterung vorgenommen wird, um sämtliche Anlieger auf Grund des § 9 für die Kosten der Verbreiterung heranziehen zu können. Es mag ein solches Verfahren selten vorkommen, aber der Anreiz dazu ist gegeben. Ein Einspruch dagegen steht den Anliegern etwa nur insoweit zu, als sie den Nachweis führen können, daß der Wille der Gemeinde tatsächlich nur auf Herstellung einer Straße gerichtet war und insofern der § 9 KAG. nicht in Frage komme.

Es muß davon ausgegangen werden, daß der § 15 die von ihm behandelte Materie für das Gebiet der neuen und unbebauten vorhandenen Straßen erschöpfend (als lex specialis) geregelt und alle entgegenstehenden allgemeinen und besonderen gesetzlichen Vorschriften aufgehoben hat und ausschließt (vgl. § 19 und die Bem. dazu) (OVGE. v. 10. Dez. 00, PrVerwBl. 22 S. 444). Bei solchen Straßen also, welche unter den § 15 d. G. v. 2. Juli 75 fallen — einerlei, ob die Anwendung dieses Gesetzes durch Ortsstatut stattfindet oder nicht — kann niemals nach § 9 des KAG. ein Beitrag erhoben werden, auch nicht für ihre Unterhaltung, nachdem der fünfjährige (oder durch Ortsstatut nach kürzerer Dauer bestimmte) Zeitraum verflossen ist. Örtel, KAG. 1894 S. 24; Nöll, 5. Aufl., S. 32; Germershausen, Wegerecht, 2. Aufl., Bd. 1 S. 559, auch PrVerfwBl. 24 Nr. 50; OVGE. v. 21. März 02, PrVerwBl. 24 S. 408; v. 31. Okt. 02, PrVerwBl. 24 S. 209; v. 5. Jan. 03 Nr. IV 21; v. 25. März 03, „Selbstverwaltung" 30 Nr. 50, PrVerwBl. 26 S. 361.

Das ist — wie Pohlmann in seinem oben angeführten Aufsatze ausführt — ein wenig befriedigender Zustand, und es wäre erwünscht, wenn die von dem Vertreter der Staatsregierung bei der Beratung des KAG. in Aussicht gestellte Neuregelung der Bestimmungen des § 15 nicht zu lange auf sich warten ließe. Vgl. im allg. PrVerwBl. 16 S. 524, 19 S. 188; OVGE. v. 23. Juni 97 Nr. II 1178; v. 12. Jan. 98 Nr. II 54.

Um diesen unbefriedigenden Zustand zu mildern — wie man annehmen muß — hat der II. Senat des OVG. in dem Erkenntnisse vom 26. Mai 05 Nr. des Rep. II C 386/04 (Bd. 46 S. 79; PrVerwBl. 29 S. 624) seine bisherige Stellung in dieser Frage — die er bisher in obigem Sinne mit großer Schärfe vertrat — gänzlich geändert. In dem Erkenntnisse ist wesentlich folgendes ausgeführt: Der von dem § 15 in Verbindung mit § 19 des Baufluchtengesetzes nach der negativen Seite hin aufgestellte Grundsatz geht nur dahin, daß die Anlieger neuer Straßen zu Sonderleistungen unmittelbar und speziell für die Herstellung und Unterhaltung ihrer Straße nur im Rahmen des § 15 in Anspruch genommen werden dürfen. Das Baufluchtengesetz steht also einer Belastung der Anlieger mit Beiträgen aus § 9 des KAG. entgegen, wenn erstens das Unternehmen, dessen Kosten zu decken sind, gerade in der Herstellung oder Unterhaltung ihrer Straße besteht, und zweitens die Anlieger einen besonderen Beitrag zu diesem Unternehmen leisten sollen. Dagegen hindert das Gesetz nicht die Inanspruchnahme der Anlieger mit Beiträgen nach § 9 des KAG. oder mit einer anderen Abgabe, z. B. mit einer Vorbelastung auf Grund des § 20 Abs. 2 des KAG. oder mit einer (vor dem Inkrafttreten des KAG. eingeführten) Zwecksteuer, wenn es sich um ein Unternehmen anderer Art, z. B. die Herstellung eines Straßendurchbruches oder einer Brücke in der Nachbarschaft handelt, oder wenn von jenen Anliegern nicht eine Sonderleistung, sondern eine allgemeine Abgabe für Straßenzwecke verlangt wird. Von diesen Erwägungen aus hat der Gerichtshof bereits im Erkenntnisse v. 14. Okt. 04 Bd. 46 S. 93 angenommen, daß die Anlieger einer neuen Straße einer Zwecksteuer unterworfen worden seien, welche erhoben wurde für die Unterhaltung des ganzen Straßennetzes einer Stadt und von den Hausbesitzern als jährliche Abgabe aufzubringen war nach dem Verhältnisse der vor den einzelnen Grundstücken gelegenen Straßenfläche. Die Unterhaltung des ganzen Straßennetzes einer Gemeinde ist in der Regel eine einheitliche Veranstaltung, für welche Beiträge auf Grund des § 9 KAG. von allen bevorteilten Grundbesitzern oder Gewerbetreibenden erhoben werden dürfen, wenn auch erst nach Maßgabe der Ausführung dieser allgemeinen Veranstaltung vermittelst besonderer Teilveranstaltungen. Die Erhebung von Beiträgen zu einer solchen Veranstaltung ist auch gegenüber den Anliegern neuer Straßen im Sinne des § 15 a. a. O. zulässig, sofern diese Straßen zu dem einheitlichen Straßennetze gerechnet werden dürfen. Die Einheitlichkeit beruht regelmäßig auf der wegerechtlichen Verpflichtung der Gemeinden zur Unterhaltung des Straßennetzes. Die neuen Straßen sind hinsichtlich ihrer Unterhaltung dem gemeinen Wegerechte aber nur hinsichtlich der ersten 5 Unterhaltungsjahre entzogen. Nach Ablauf dieser Zeit kann aus § 15 a. a. O. kein Grund entnommen werden, sie von dem Bereiche der einheitlichen Veranstaltung der Straßenunterhaltung in der Gemeinde auszuschließen. Ihre Anlieger dürfen von diesem Zeitpunkte ab zu Beiträgen für die Veranstaltung in derselben Weise herangezogen werden, wie die Anlieger anderer Straßen. Eine Bestimmung des Ortsstatuts, die sie hiervon ausschließt, verletzt den Grundsatz der Gleichmäßigkeit der Beitragserhebung und ist daher rechtswidrig.

Soweit das Erk. des II. Sen. v. 26. Mai 1905. Den Gemeindeverwaltungen kommt diese neue Auslegung des Gesetzes in weitem Maße entgegen, die Anlieger an neuen Straßen werden davon weniger befriedigt sein. Der Entscheidung stehen erhebliche Bedenken entgegen. Sie geht zunächst über die Entstehungsgeschichte und die Verhandlungen des Landtages, wie sie oben berührt sind, hinweg, verkennt dann aber auch, daß das FluchtlG. eine lex specialis ist, welche ihr Geltungsgebiet erschöpfend geregelt hat, wie das in diesem Komm. ausführlich dargelegt ist. Auch ist es ein Irrtum, daß der Grundsatz der Gleichmäßigkeit der Beitragserhebung dadurch verletzt würde, wenn durch eine lex specialis, ein Gesetz, ein geographischer Bezirk der Gemeinde von der Geltung des § 9 KAG. ausgenommen ist.

Aus den Motiven zum Fluchtliniengesetz sei zur Klarstellung noch folgendes angeführt: „Es sind fortgesetzt Klagen an die Staatsregierung gelangt, daß die Verpflichtung, für die Herstellung und Unterhaltung von Straßen und Plätzen zu sorgen, ihnen eine Last aufbürde, die immer drückender werde, und, falls im Wege der Gesetzgebung nicht Abhilfe geschaffen werde, zum finanziellen Ruin der Kommunen führen müsse.... Der § 12 (§ 15!) sucht eine Lösung zu bringen, in welcher Weise den Gemeinden am zweckmäßigsten und erfolgreichsten eine Erleichterung in der ihnen obliegenden Verpflichtung, für die Anlegung und Unterhaltung der öffentlichen Straßen und Plätze zu sorgen, gewährt werden können.... Die Notwendigkeit, den Gemeinden in dieser Beziehung zu Hilfe zu kommen und die Schwierigkeiten, die besonders für die größeren Städte aus dieser Verpflichtung erwachsen, zu vermindern, ist allseitig als eine besonders dringende anerkannt worden. Es entsprechen die Bestimmungen des § 12 (§ 15!) dem allgemeinen Prinzipe, welches in den letzten Entwürfen der Wegeordnung zum Ausdruck gelangt ist, wonach diejenigen, welche von der Anlage neuer oder von der Verbesserung bestehender Kommunikationsanstalten besonderen Vorteil haben, nach Verhältnis dieses ihres Vorteils angemessene Präzipualbeiträge zu den Kosten der neuen oder verbesserten Anlagen, bezw. zu der Unterhaltung derselben auferlegt werden dürfen." Der ursprüngliche § 12 (§ 15!) hat in Übereinstimmung hiermit folgenden Wortlaut: „Zur Erleichterung der der Gemeinde obliegenden Verpflichtungen für die Herstellung und Unterhaltung von Ortsstraßen usw...."

Hier ist in einer jeden Zweifel ausschließenden Weise zum Ausdruck gebracht, daß der Wille des Gesetzgebers dahin geht, den Gemeinden „Erleichterung" nicht Beseitigung ihrer Lasten zu verschaffen. Dies besagen nicht allein die Motive zum Gesetz, sondern auch der Inhalt des ursprünglichen § 12. Die Lasten der Eigentümer sollen sich richten nach den Vorteilen; sowohl bezüglich der Kosten der Herstellung als der Unterhaltung sollen angemessene Beiträge erhoben werden, wobei noch ausdrücklich auf das damit beibehaltene Prinzip der letzten Entwürfe der Wegeordnung hingewiesen wird. Der Gesetzgeber ist auch dieser seiner Absicht gefolgt und hat die Beitragspflicht zu den Kosten der Herstellung der Straße entstehen lassen, sobald der Eigentümer an der Straße ein Gebäude errichtet, weil derselbe erst dann den vollen Vorteil von der neuen Straße erlangt; bezüglich der Unterhaltungskosten ist in Rücksicht auf den Vorteil, den die Gemeinde und die Allgemeinheit von einer neuen Straße haben, die Pflicht der Eigentümer auf höchstens 5 Jahre beschränkt worden. Der Gesetzgeber hat die Beschränkung der Unterhaltungspflicht auf die Zeitdauer von 5 Jahren wohl erwogen. Eine Änderung dieser Sachlage ist nur möglich auf gesetzlichem Wege und diese ist nicht erfolgt durch das KAG. v. 14. Juli 93. Hierfür spricht besonders der Bericht der Kommission des Herrenhauses (1892/93 Nr. 90).

Vornehmlich haben zwei Ursachen zu dem Urteil v. 26. Mai 05 geführt — einmal, daß es ungerecht erscheint, daß die Anlieger an neuen Straßen bezüglich der Unterhaltungspflicht besser gestellt waren, als an den alten Straßen und sodann der Umstand, daß den Gemeinden die Straßenunterhaltungskosten der neuen Straßen nach Ablauf der fünfjährigen Unterhaltungsdauer zur Last fielen. Als maßgebend dürften nach dieser Richtung hin die Ausführungen von Mundt im PrVerwBl. 26 S. 839 angesehen werden. Es heißt dort: „Daß dieser Zustand nicht der Billigkeit entsprach und den Gemeinden große Verlegenheit bereitete, ist wohl kaum von irgend einer Seite und am wenigsten vom OVG. verkannt worden. Der Übelstand war groß genug, um den Gedanken an Abhilfe im Wege der Gesetzgebung nahe zu legen, aber dem Betreten dieses Weges müssen sich wohl Schwierigkeiten entgegengestellt haben, wenigstens bringt der Entwurf eines Wohnungsgesetzes die erwartete Bestimmung über den Gegenstand nicht. Selbst Mundt, welcher auf dem Standpunkt der Entscheidung v. 26. Mai 05 steht, erklärt hier offen, daß eine Änderung des Gesetzes nahe lag und erwartet wurde, um auf gesetzlichem Wege zu dem im Urteil v. 26. Mai 05 eingenommenen Standpunkt zu gelangen. Wenn man jedoch auf der einen Seite damit rechnet, das Gesetz möchte die zurzeit herrschende Rechtsgrundlage in Rücksicht auf die dadurch hervorgerufenen Mißstände beseitigen, und demgemäß eine gesetzliche Änderung für notwendig erachtet, so muß man auf der anderen Seite die Rechtsprechung an den gegenwärtigen Zustand solange für gebunden erachten, bis die Gesetzesänderung tatsächlich erfolgt ist.

Das Urteil v. 26. Mai 05 weist nach mehreren Richtungen Lücken auf. Man vermißt vor allen Dingen den Hinweis darauf, daß der Kreis der Verpflichteten nach § 15 FluchtlG. ein anderer ist als nach § 9 KAG. Es wird immer von Anliegern gesprochen, das ist nicht richtig. Nach § 9 KAG. kommen nur Grundeigentümer oder Gewerbetreibende in Frage, welche nicht Anlieger zu sein brauchen. Auch mußte die Lage der Straßen über 26 m Breite, welche eine besondere Stellung bezüglich ihrer Unterhaltung im § 15 FluchtlG. einnehmen, besonders erörtert werden.

Die Bestimmungen des § 15 FluchtlG. haben für den § 9 KAG. keine Geltung, dies gilt auch für die Straßen über 26 m Breite. Der gegenteiligen Ansicht von Germershausen, Wegerecht, 3. Aufl. S. 855, unter Berufung auf Adickes, KAG. S. 300, Komm. Ber. des HH. Drucks. 1892/93 Nr. 90 S. 10 kann nicht beigetreten werden. Wollte man derartige durchgreifende Bestimmungen für den § 9 schaffen, so mußte dies im Gesetze zum Ausdruck gelangen. Auf den § 10 KAG. kann man sich nicht berufen, denn dieser ordnet nur eine Spezialfrage des § 15. Die Bestimmungen des § 15 mögen den Gemeinden bei der Anwendung des § 9 KAG. im Einzelfalle als Anhalt dienen, darüber hinaus steht ihnen irgendwelche Bedeutung nicht zu.

Die Beiträge können so verteilt werden, daß sie nicht bei jeder Straßenunterhaltungsausgabe auf sämtliche Interessenten des ganzen Straßennetzes ausgeschrieben, sondern nur für die Anlieger einer einzelnen von der jeweiligen Regulierung betroffenen Straße zur Hebung gestellt und nur nach den Kosten dieser Straße bemessen werden, und zwar auch dann, wenn die Straße dem Straßennetze gegenüber keine selbständige Bedeutung hat und ihre Ausbesserung im Rahmen der einheitlichen Unterhaltung erfolgt (OVGE. v. 7. Nov. 99, Bd. 36 S. 100).

Das Urteil v. 1. Febr. 07 (Bd. 50 S. 62) läßt die Erhebungen von Beiträgen bei Veranstaltungen gemäß § 9 KAG. selbst dann zu, wenn die Straße noch nicht fertig hergestellt ist, wenn es sich um eine selbständige, außerhalb des Rahmens der ersten Herstellung liegende Veranstaltung handelt, die nicht unter die gemeingewöhnliche Unterhaltung fällt. Auch diese Entscheidung unterliegt erheblichen Bedenken. Es wird hier daran festgehalten werden, daß so lange die Straße nicht fertig hergestellt worden ist, eine Veranstaltung gemäß § 9 KAG. nicht zulässig erscheint.

Es ist noch die praktische Frage zu erörtern, ob es tatsächlich ein Mißstand war, daß die Anlieger an neuen Straßen nach Ablauf der fünfjährigen Unterhaltungspflicht von weiteren Unterhaltungsbeiträgen befreit waren. Dies ist nicht der Fall, wenn man nur die Kosten der reinen Unterhaltung und nicht solche der Verbesserung der Straßen im Auge hat. Dies ist leider niemals auseinander gehalten worden. Berücksichtigt man nur die reinen Unterhaltungskosten, so waren sogar in der Regel die Anlieger neuer Straßen schlechter gestellt als die an alten Straßen, wenn man dabei die große Last der Kosten der ersten Einrichtung der neuen Straße mitberücksichtigt. Auch insofern lag keine Veranlassung vor, die Pflichten der Anlieger an neuen Straßen zu erweitern.

Die Anlieger an neuen Straßen müssen bei später Bebauung ihrer Grundstücke nach dem Stande der Rechtsprechung unter Umständen damit rechnen, daß sie vorerst zu den Kosten einer Veranstaltung des § 9 herangezogen werden und erst später, sobald sie ein Gebäude errichten, auf Grund des § 15.

Hier kann nur an der bisherigen Praxis, die fast überall Billigung fand, festgehalten werden. Sie entspricht dem Worte und dem Sinne des Gesetzes. Auch Nöll-Freund, in der 8. Aufl. S. 58, hält die neue Judikatur, soweit sie die Straßen des § 15 nach Ablauf der fünfjährigen Unterhaltungsdauer der Unterhaltungspflicht des § 9 KAG. unterwirft, für unhaltbar. Er führt u. a. aus, das OVG. übersehe, daß das Sonderrecht des § 15 hinsichtlich der Unterhaltungspflicht eben gerade in der Beschränkung auf die ersten fünf Jahre bestehe und daß die Verlängerung dieser Dauer eine ungesetzliche Abänderung des Sonderrechts, nicht eine Ausdehnung des gemeinen Wegerechts bedeute; dem kann unter Hinweis auf das oben Ausgeführte nur zugestimmt werden. Germershausen (Wegerecht, 3. Aufl. S. 855) stimmt der Auffassung des OVG. zu; erörtert aber nicht die Rechtsfrage, auf die es in erster Linie ankommt, sondern spricht sich dahin aus, daß durch jene Entscheidung, „ein den Bedürfnissen der Praxis entgegenkommender Zustand hergestellt" worden sei. Vgl. hierzu Odenkirchen, Interessentenbeiträge S. 88.

Aus obigem geht schon hervor — und in dieser Hinsicht ist dem Erk. v. 26. Mai 05 beizutreten —, daß sich der Grundsatz, wie ihn die bisherige Praxis festgehalten hat, nur auf den Umfang der Leistungen bezieht, welche der § 15 behandelt.

Deshalb steht nichts entgegen, z. B. Beiträge zu Kanälen, soweit sie zur Entwässerung der an der Straße liegenden Grundstücke dienen, oder Kanalgebühren auf Grund des § 9 a. a. O. auch für neue Straßen zu erheben, denn auf Grund des § 15 können Beiträge nur zu Kanälen, soweit sie die Straße entwässern, erhoben werden (OVGE. v. 20. Nov. 97 Nr. II 1689, PrVerwBl. 19 S. 187; v. 27. Nov. 99 Nr. IV 1884; v. 15. März 00 Nr. IV 1734; vgl. Bem. 9 zu diesem Paragraphen).

Nicht so klar ist das Verhältnis, in dem § 20 Abs. 2 d. KAG. zum § 15 des G. v. 2. Juli 75 steht. Darüber, inwieweit der § 20 Abs. 2 hier angewendet werden dürfe, hat im Plenum des HH. (Sitzung v. 30. Juni 93, StenB. S. 915) eine Verhandlung stattgefunden, die für die Auslegung des Gesetzes keineswegs eine sichere Unterlage bietet. Die Ansichten der Kommentatoren des KAG. (s. Nöll, Adickes, Schwarz, Ortel und Strutz an den oben angegebenen Orten) gehen deshalb auch weit auseinander. Wenn es in § 20 heißt, „und werden Beiträge nach §§ 9 und 10 nicht erhoben", so kann das nicht wohl anders aufgefaßt werden, als daß der Gesetzgeber damit nicht die rechtliche Möglichkeit der Erhebung gemeint hat, sondern den tatsächlichen Zustand, also ob von dieser Möglichkeit auch Gebrauch gemacht ist, d. h. ob ein Gemeindebeschluß nach § 9 des KAG. und ein Ortsstatut nach § 10 daselbst (§ 15 des G. v. 2. Juli 75) vorliegt. Danach können die Gemeinden in Fällen, auf die sich § 15 bezieht, entweder von dieser Vorschrift oder von dem § 20 Abs. 2 des KAG. Gebrauch machen (vgl. den Bericht der Komm. des HH. Nr. 90 der Drucksachen 1892/93).

Soweit der § 15 in Frage kommt, stellen sich der Anwendung des § 20 Abs. 2 erhebliche Schwierigkeiten entgegen. Man wird annehmen müssen, daß mit seiner Anwendung nicht beabsichtigt ist, den Anliegern größere Lasten aufzuerlegen als im § 15 vorgesehen ist (Nöll-Freund, 8. Aufl. S. 60) und den Kreis der Verpflichteten zu erweitern, so daß die Nichtanlieger und auch diejenigen Anlieger, welche ein Gebäude an der Straße noch nicht errichtet haben, frei bleiben. Die Ausführung der Straße muß der Heranziehung auf Grund des § 20 vorausgehen.

Über die materielle Bedeutung des § 20 des KAG. s. OVGE. v. 9. Dez. 98, PrVerwBl. 20 S. 440; Germershausen, Wegerecht 3. Aufl. S. 872; Scholz, PrVerwBl. 28 S. 365; Strutz, PrVerwBl. 25 S. 105.

c) Nach dem festgesetzten Maßstabe sind zu verteilen „die Kosten der gesamten Straßenanlage". Darin ist zunächst ausgedrückt, daß jede Straße für sich behandelt werden muß und nicht die Kosten von zwei Straßen zusammengeworfen werden können (OVGE. v. 21. Febr. 98 Nr. IV 361; v. 23. Nov. 16 IV C. 45. 16). Ein einheitlich beschlossenes und durchgeführtes Straßenbauunternehmen kann allerdings mehrere Straßenanlagen oder Teile derselben umfassen, die Heranziehung jedoch darf immer nur zu den Kosten einer Straßenanlage erfolgen, es darf die Unterlage für die Kosten nicht verschoben werden, indem die Kosten mehrerer Straßen zusammengerechnet werden (OVGE. v. 3. April 13 IV C. 166. 12; v. 27. April 16 IV C. 87. 15). Darin liegt eine grundsätzliche Abweichung von dem früher in Berlin bestehenden Regulative, wie es wenigstens in der E. d. RG. II. HilfsS. v. 13. Okt. 81, PrVerwBl. 3 S. 115 ausgelegt worden ist; denn hier wird angenommen, die

Beitragspflicht auf Grund des Regulativs entstehe nicht erst nach vollendeter Pflasterung der ganzen Strecke, sondern trete für jeden Anlieger mit der erfolgten Pflasterung derjenigen Strecke ein, an welche sein Grundstück grenze; selbst wenn die Pflasterung noch nicht vor der ganzen Front vorübergeführt sei, könne der Beitrag zu den Kosten, soweit die Pflasterung vor dem Grundstücke vorgeschritten sei, eingefordert werden. — Ein derartiges Vorgehen ist durch den Abs. 2 des § 15 zweifellos ausgeschlossen; aus der gesamten Straßenanlage können nicht beliebige Stücke, die als Straße keine eigene Bedeutung haben, herausgenommen, etwa willkürlich vor einem oder mehreren einzelnen Grundstücken ein Bürgersteig oder die Pflasterung der ganzen Breite der Straße angelegt und dann schon der Ersatz für die dadurch erwachsenden Kosten verlangt werden (OVGE. v. 10. Sept. 89 Nr. II 747 u. v. 14. Okt. 92 Nr. II 982, Pr. VerwBl. 14 S. 174; v. 15. Mai 99 Nr. IV 822; v. 15. Febr. 00 Nr. IV 257; v. 14. Dez. 03 Nr. IV 1960; v. 6. Mai 09 IV C. 124. 08; v. 11. Febr. 15, Bd. 68 S. 160). Dagegen bedarf es unter Umständen einer genaueren Bestimmung, was unter der „gesamten Straßenanlage" zu verstehen ist. Unter der Anlage der gesamten Straße oder des gesamten Straßenteils ist in erster Linie eine Zerlegung der Längenausdehnung der Straße durch Querlinien zu verstehen. Allein auch bei Spaltung der Breite einer Straße durch eine in ihrer Längsrichtung gezogene Linie können selbständige Straßenteile entstehen, wenn bei solcher Zerlegung jeder Teil sich als Gesamtanlage einer Straße darstellt (OVGE. v. 19. Sept. 07 IV 1503). Im Ortsstatut der Stadt Berlin-Schöneberg heißt es: „Bei einseitig bebaubaren Straßen ist nur die Hälfte der Gesamtkosten auf die angrenzenden Baugrundstücke zu verteilen." Es wird nun in der Weise verfahren, daß z. B. an Straßen, welche an Plätzen vorüberführen, der durch den Ausbau der gesamten Straße entstandene Kostenbetrag halbiert wird und dieser Betrag auf die Anlieger der Baugrundstücke verteilt wird. Dies ist nicht immer zulässig. Es muß die Länge des Platzes mit berücksichtigt werden, damit der richtige Einheitsmaßstab errechnet werden kann. — Nur in dem Ausnahmefalle, daß auf beiden Seiten gleiche Frontlängen vorhanden sind, würden die Ergebnisse übereinstimmen. — Die Bestimmung darüber, für welche Strecken einer Straße die Heranziehung der Anlieger zu Straßenbaukosten vorzunehmen ist, insbesondere, ob solche für einen Straßenteil gefordert oder für mehrere Straßenteile zusammen oder erst für die ganze Straße erfolgen soll, hat in erster Linie der Magistrat zu treffen, der die Finanzhoheit der Gemeinde ausübt und die Veranlagung zu verfügen hat. Dabei darf sich indes der Magistrat nicht mit ihn bindenden Beschlüssen der Stadtverordnetenversammlung oder mit Vorschriften des Ortsstatuts oder mit dem Begriffe des Straßenteils im Gegensatze zu einer unselbständigen Straßenstrecke in Widerspruch setzen (OVGE. v. 21. Sept. 11, Bd. 60 S. 112; v. 11. Febr. 15, Bd. 68 S. 157). Welche Straßen angelegt und ausgebaut werden sollen, hat an sich die Gemeinde festzustellen; infolgedessen muß sie auch befugt sein, zu beschließen, daß von einer langausgedehnten, neuen Straße zunächst nur einzelne Strecken hergestellt werden sollen; das kann je nach den Verhältnissen nicht bloß entschieden angezeigt sein — z. B. wenn an den entfernteren Teilen eine Bebauung in nächster Zukunft nicht zu erwarten ist —, sondern sich sogar auch als unvermeidlich ausweisen — wenn etwa der völligen Durchführung des Planes einstweilen Hindernisse entgegenstehen. In solchen Fällen läßt sich dem Umstande, daß aus naheliegenden Zweckmäßigkeitsrücksichten die Fluchtlinien sofort für die ganze Ausdehnung der Straße festgesetzt sind, nicht wohl die Wirkung beilegen, der gesamten Strecke den Charakter einer unteilbaren Einheit aufzuprägen; die Gemeinde ist also in der Lage, die zurzeit in Betracht kommende „Straßenanlage" auf die Herstellung einzelner Abschnitte zu beschränken (OVGE. v. 26. Sept. 98 Nr. IV 1595; v. 8. Dez. 98, Bd. 34 S. 92; v. 5. April 00 Nr. IV 582). Es genügt, wenn erkennbar ist, daß die Gemeinde sich aus sachlichen Gründen einstweilen auf den Ausbau eines Teiles des projektierten Straßenzuges beschränkt hat (OVGE. v. 2. Okt. 02 Nr. IV 1788; v. 7. Juli 02, Bd. 41 S. 145). Wie schon bemerkt, sind, wenn hierbei die Anliegerbeiträge nicht für die ganze Straße, sondern nur für solche selbständige Teile eingezogen werden, die für deren Herstellung entstandenen Kosten gesondert zu berechnen und nur von den an den Straßenteil grenzenden Anliegern anzufordern (OVGE. v. 2. Okt. 02, Bd. 42 S. 30). Hierbei kann es sehr wohl vorkommen, daß ein einheitliches Baugrundstück mit einem Teil seiner Straßengrenzen an der einen, mit einem anderen Teil an der anderen Strecke (Straßenteil) liegt und so für beide Teile verschiedene Einheitssätze zur Anwendung kommen (OVGE. v. 7. Juli 02, Bd. 41 S. 146, 147; v. 14. Dez. 03 Nr. IV 1960). Dies wird jedenfalls nicht dadurch grundsätzlich ausgeschlossen, daß im § 15 bei der Anlegung einer neuen Straße nicht auch, wie bei dem Anbaue an schon vorhandenen, bisher unbebauten Straßen, die Straßenteile (OVGE. v. 18. Sept. 05 IV C. 17. 05) besonders erwähnt werden. Die Rechtsprechung hat für die neue Straße, den Begriff der „Straße" und der „gesamten Straßenanlage" dahin erläutert, daß auch abgegrenzte Straßenteile der Heranziehung zugrunde gelegt werden können. Ob diese Abschnitte Straßenteile oder Straßenstrecken genannt werden, ist nach dem Gesetze gleich (OVGE. v. 10. Juli 16 IV C. 7. 16). Sollten die Gemeinden hierbei in einer Weise vorgehen, die einzelne Anlieger erheblich benachteiligt, so würde dagegen die kommunale Aufsichtsbehörde angerufen werden können. Immerhin mangelt aber auch dem Herangezogenen der Rechtsschutz nicht, da der Verwaltungsrichter befugt bleibt, bei entstehendem Streite darüber zu entscheiden, was unter der gesamten Straßenanlage zu verstehen ist (vgl. Bem. 4 g zu § 15). Das frühere Berliner Statut enthält darüber im § 4 eine Bestimmung, die auch in andere Statute übergegangen ist, und an sich mit dem Gesetze vereinbar erscheint, mehrfach aber in unstatthafter Art gehandhabt ist. An die Stelle der gesamten Straßenanlage darf nicht eine ganz anders geartete, überhaupt nicht mehr unter diesen Begriff zu bringende Einheit gesetzt werden. In der Regel muß es erkennbar sein, daß es sich um eine in sich abgeschlossene, Anlage handelt (OVGE. Bd. 25 S. 86 ff.; v. 10. Juli 97 Nr. II 1265). Von diesem Gesichtspunkte aus ist bisher vom OVG. auch für den § 15 anerkannt, daß der Ausbau eines Straßenabschnittes, der zwischen zwei Querstraßen liegt oder sich durch sonstige Merkmale als ein besonderer Straßenteil kennzeichnet, als eine für sich bestehende Straßenanlage behandelt werden kann (OVGE. v. 3. Juli 95 Nr. II 1065, Bd. 37 S. 55 ff.); auch kann dafür ein vorhandener Weg, wenn er auch nur ein unregulierter Fußweg ist, und der Umstand, daß eine im Zuge dieses Weges projektierte Querstraße in die Straße einmünden soll, eine sachgemäße Grundlage geben (OVGE. v. 16. Dez. 01 Nr. IV 2277; v. 22. Jan. 03, Bd. 42 S. 365); ebenso wenn die Niveauverhältnisse für die

Entwässerung einen natürlichen Abschnitt ergaben (OVGE. v. 8. Dez. 98, Bd. 34 S. 92; v. 13. Juni 99, Bd. 36 S. 61; v. 2. Okt. 02, Bd. 42 S. 30; vgl. Bem. 4 g zu § 15).

Die zu ein und derselben Zeit erfolgte Regulierung eines Straßenabschnittes allein ist aber hierbei nicht maßgebend. Die Vorschrift im Ortsstatut „für Verteilung der Gesamtkosten gilt derjenige zusammenhängende Straßenteil als Einheit, dessen Regulierung zu derselben Zeit erfolgt ist" ist so auszulegen, daß sie das Recht der Gemeinde selbst darüber zu befinden, ob ein getrennter Ausbau der Straße und damit verbunden eine getrennte Einziehung der Kosten stattfinden soll oder an dem einheitlichen Ausbau festzuhalten sei, nicht hat einschränken wollen (OVGE. v. 21. Nov. 10 IV 55. 09; v. 11. Febr. 15, Bd. 68 S. 160). Auch der Umstand, daß ein sonst als besonderer Straßenteil erkennbarer und als solcher behandelter Abschnitt in mehreren aufeinanderfolgenden Jahren fertiggestellt ist, kann nicht zu der Annahme führen, daß es sich um gesonderte selbständige Straßenanlagen handele (E. Bd. 37 S. 55 ff.). Nicht gegen die Einheit spricht, daß auf einer Strecke Grunderwerbskosten nicht entstanden sind und die Anlieger das Straßenland überall unentgeltlich abgetreten haben. Ebensowenig steht der Einheit entgegen, daß auf einem Teil mit der Freilegung begonnen ist (OVGE. v. 3. April 13, PrVerwBl. 36 S. 24).

Der Regel nach ist es für unzulässig zu erachten, eine breite, mit zwei Fahrdämmen und zwei Bürgersteigen, in der Mitte mit einem Promenadenwege versehene Straße der Länge nach zu spalten und somit als aus zwei Straßen bestehend anzusehen. Nur da, wo die Promenade eine selbständige, nicht zur Straße gehörige Anlage bildet, ist dies als statthaft erachtet, wie dieses z. B. in Berlin hinsichtlich der durch den kleinen Tiergarten getrennten Straße „Altmoabit" und Turmstraße der Fall ist; hier bildet die Promenade unzweifelhaft eine selbständige, eine T r e n n u n g herbeiführende Anlage (OVGE. v. 2. Mai 90 Nr. II 432; v. 24. Febr. 91 Nr. II 221; v. 16. Sept. 92 Nr. II 884 u. 885, PrVerwBl. 14 S. 171 u. v. 12. Mai 93 Nr. II 522; PrVerwBl. 15 S. 17).

Die Sache liegt bei Straßen, welche nur durch eine Mittelpromenade oder durch einen Reitweg längs in zwei Hälften geteilt werden, doch nicht so unzweifelhaft. In Bem. 4 zu § 12 ist allerdings bezüglich der Frage, ob ein Straßenteil den polizeilichen Bestimmungen gemäß fertig gestellt sei, hervorgehoben, daß man die eine Hälfte der Straße (bei Längsteilung) nur unter besonderen Umständen als einen besonderen Straßenteil ansehen könne, daß in der Regel die Straße als eine Einheit anzusehen sei. Dies ist bei den gewöhnlichen Straßen, wie sie regelmäßig gebaut werden, unzweifelhaft (vgl. OVGE. v. 20. Jan. 98 Nr. IV 141, PrVerwBl. 19 S. 370; v. 19. Sept. 07, Nr. IV 1503). Es fragt sich aber, ob dieser Grundsatz gleicherweise auch für den § 15 bei sehr breiten Straßen, wie sie oben näher dargestellt sind, durchschlägt. Das OVG. scheint nach dem Inhalte des Erk. in den E. Bd. 25 S. 88 ff. (PrVerwBl. 19 S. 371) dieser Ansicht zugeneigt zu haben. Es handelte sich um einen Fall, in dem eine durch Mittelpromenade in eine nördliche und südliche Hälfte — jede mit Fahrdamm und Bürgersteig — gespaltene Straße von der Gemeinde zunächst vor Erlaß des Ortsstatuts auf ihrer nördlichen Hälfte ausgebaut und dem Anbau freigegeben wurde, während die südliche Hälfte noch unreguliert und in Privatbesitz blieb. Später wurde nach Erlaß des Ortsstatuts auch diese ausgebaut und die herangezogenen, bauenden Anlieger behaupteten nun, die Straße sei eine einheitliche und sie hätten folgeweise an einer vorhandenen bebauten Straße gebaut, seien also nicht beitragspflichtig, während die Gemeindebehörde aus demselben Prinzip der Einheitlichkeit folgerte, daß demnach gerade die ganze Straße noch eine nicht vorhandene, sondern neue sei, deren Anlegungsperiode einen längeren Zeitraum in Anspruch genommen hatte. Für beide Ansichten läßt sich vieles anführen. Man wird aber für die Anwendung des § 15 noch einen anderen Gesichtspunkt in Betracht ziehen können. Es ist nicht ohne Bedeutung, daß der § 15 für die Anlegung neuer Straßen den Begriff des Straßenteiles in dem Sinne, wie er im § 12 gebraucht ist, nicht kennt. Wenn die Gemeinde im Anschluß an eine bestehende Straße etwa ins freie Feld hinaus oder im Zuge eines aus dem Orte hinausführenden Kommunikationsweges eine neue Straßenanlage herstellt, so kann sie den Abschnitt, bis zu welchem sie die Herstellung beschließt und ausführt, ganz willkürlich wählen, selbst wenn die Fluchtlinien noch weiter festgestellt sind; das Gesetz legt ihr in dieser Beziehung keine Schranken auf. Die so hergestellte Straßenanlage ist die neue Straße, deren Gesamtkosten den bauenden Anliegern nach Maßgabe ihrer Frontlänge auferlegt werden können, und die Anlieger können ihre Pflicht nicht mit dem Einwande bestreiten, daß die Anforderung unzulässig sei, weil die Straße keinen äußerlich erkennbaren Abschluß habe und erst bis zu einem solchen weiterzuführen sei; dafür gibt das Gesetz gar keinen Anhalt; es liegt vielmehr in dem Ermessen der Gemeinde, wie weit sie in solchen Fällen die Straße als Einheit neu anlegen und ausbauen will; erforderlich ist allerdings, daß sich dieser Straßenabschnitt auch äußerlich immer noch als die Anlage einer neuen Straße oder eines neuen Straßenabschnittes erkennen läßt (vgl. oben). Läßt aber für eine solche Querteilung bei Anlegung von neuen Straßen oder Verlängerung bestehender Straßen das Gesetz dem sachgemäßen Ermessen der Gemeinde weiten Spielraum, so ist nicht wohl einzusehen, weshalb dieses bei der Längsteilung einer Straße, wie sie hier in Frage steht, ausgeschlossen sein soll. Selbstverständlich muß auch dann jeder Teil äußerlich als die Gesamtanlage einer Straße sich darstellen, es muß ein vollständiger (nicht halber) Fahrdamm usw. dem Programm gemäß vorhanden sein. Von diesem Gesichtspunkte aus wird man wohl — um bei dem obigen Fall zu bleiben — die nördliche Hälfte der Straße als eine vorhandene bebaute Straße und die südliche Hälfte als eine neue Straße im Sinne des § 15 ansehen können. Damit wird auch dem praktischen Bedürfnis Genüge geleistet. Dem würde auch nicht entgegenstehen, daß nach dem ursprünglichen Programm beide Straßenabschnitte demnächst eine einheitliche Straße bilden sollen. Wenn nach dem tatsächlichen Vorgehen der Gemeinde erst die nördliche Straßenanlage, welche in sich als eine abgeschlossene sich darstellt, hergestellt ist, so wird man wohl mit Recht sagen können, daß d i e s e Straßenanlage eine vorhandene Straße und die später hergestellte südliche ebenso in sich abgeschlossene Straßenanlage eine neue Straße ist (PrVerwBl. 19 S. 371), mögen beide auch nachher, wenn sie fertig sind, nur eine Straße darstellen. Zugegeben muß allerdings werden, daß Fälle vorkommen können, wo auch diese Gesichtspunkte eine Entscheidung noch zweifelhaft erscheinen lassen und die konkrete Gestaltung der tatsächlichen Verhältnisse zu einer anderen Auffassung hindrängen. Die Beurteilung wird sich wesentlich nach den tatsächlichen Verhältnissen der Entwicklung und des Ausbaues der Straße und auch danach richten, wie tatsächlich die Gestaltung der Flächen innerhalb der Fluchtlinien sich darstellt (OVGE. v. 25. Nov. 01, PrVerwBl. 23 S. 505). — In dem Erk. v. 8. Dez. 98, Bd. 34 S. 84 ff. hat das OVG. den obigen Ausführungen sich im wesentlichen angeschlossen. Vgl. OVGE. v. 24. Febr. 02, Bd. 41 S. 117, in dem hier behandelten Falle lagen die tatsächlichen Verhältnisse eben so, daß nur von zwei verschiedenen Straßenanlagen gesprochen werden konnte; anders in dem Falle des Erk. v. 15. März 00, Bd. 37 S. 55. Es kann auch vorkommen, daß Eisenbahnen die Straßen und Wege in zwei selbständige Kommunikationsanstalten trennen (OVGE. v. 25. Nov. 01, PrVerwBl. 23 S. 505). Zwei nebeneinander herlaufende Straßen sind zwei für sich bestehende Straßen, wenn sie keine Verbindung miteinander haben, beide nach verschiedenen Richtungen und Endpunkten gehen, die eine Straße abfällt, die andere bergan geht, zwischen ihnen eine Böschung liegt, die von einem halben bis zu 6 m ansteigt. Daß sie denselben Namen führen, ist kein Beweis dafür, daß es sich um eine einheitliche Straße handelt, auch eine Fluchtlinienfestsetzung nötigt nicht zu einer abweichenden Auffassung (OVGE. v. 27. Nov. 10 IV C. 216. 10; PrVerwBl. 33 S. 372). An diese Entscheidung knüpft Schultzenstein an in seinem Aufsatz „Zum Begriff der Straße nach den § 15 des Fluchtliniengesetzes v. 2. Juli 1875", Pr.-VerwBl. 33 S. 397. — Bezüglich der am Schluß zu Bem. 5 § 1 erwähnten Ladestraßen, welche häufig neben anderen Straßen herlaufen und oft eine Einheit mit diesen bilden oder zu bilden scheinen, kommt es ebenfalls darauf an, ob sie tatsächlich besondere Straßenanlagen sind, die zum überwiegenden Teile Ladezwecken dienen. Ist dieses der Fall, so dürfen die für sie aufgewendeten Kosten den Kosten der parallel laufenden, zum Anbau bestimmten Straßen nicht hinzugerechnet werden (OVGE. v. 26. Sept. 98 Nr. IV 1595, Bd. 34 S. 94). Ein im Eigentum des Hafenfiskus stehender Weg an einem Hafen, welcher dem durch die Beladung und Entladung der Schiffe enstehenden Verkehr dient, braucht nicht ein öffentlicher Weg zu sein (OVGE. v. 29. Sept. 04, PrVerwBl. 26 S. 273).

d) Der Absatz 2 hat eine Fassung erhalten, deren Auslegung zu manchen Unklarheiten geführt hat. Man hat aus ihr den Schluß ziehen wollen, daß die Gemeinde erst dann berechtigt wäre, die Anliegerbeiträge auszuschreiben, wenn die Straße in allen Teilen dem Programm gemäß fertig und die Gemeinde in der Lage sei, die Kosten festzusetzen; daß also die Anlieger, welche Gebäude an einer in der Anlegung begriffenen Straße erbauen, ein Recht darauf hätten, daß die ganze Straße erst völlig fertig sei (OVGE. v. 2. Okt. 02 Nr. IV 1788, Bd. 42 S. 30). Das aus dieser Bestimmung zu folgern, ist gewiß irrig, denn dann würde es — worauf unten zurückzukommen — unzulässig sein und gegen das Gesetz verstoßen, wenn in den Ortsstatuten eine Spaltung der Kosten (für Freilegung, Pflasterung usw.) und ihrer Einziehung vorgesehen wäre. Mit der fraglichen Bestimmung hat nur verboten werden sollen, eine Straße willkürlich in Teilstrecken zu zerreißen, von den einzelnen Eigentümern die Beiträge zu berechnen und zu erheben, sobald nur der vor ihren Grundstücken belegene Straßenabschnitt vollendet ist. In jenen Worten ist der Grundsatz niedergelegt, daß nicht so zu sagen die Straße zu verteilen ist, sondern daß der Kostenbetrag der ganzen Anlage den Dividendus zu bilden und jeder Adjazent den auf das laufende Meter fallenden Betrag der Straßenbaukosten so oft zu bezahlen hat, als seine die Straße berührende Grenze Meter enthält (PrVerwBl. 13 S. 486, 14 S. 358; OVGE. Bd. 25 S. 86 ff.; v. 15. Febr. 00 Nr. IV 257). Unter den „Kosten der gesamten Straßenanlage" sind also nicht zu verstehen „die Kosten der Anlagen der gesamten Straße", sondern die gesamten Kosten derjenigen Straßenanlage, für welche Beiträge zu erheben die Gemeinde durch das Ortsstatut ermächtigt wird. Wenn nach Abs. 3 des § 15 das Ortsstatut die näheren Bestimmungen „innerhalb der Grenzen vorstehender Vorschrift" festzusetzen hat, so kann hiernach und nach allgemeinen Grundsätzen kein Zweifel obwalten, daß die Gemeinde berechtigt ist, im Statute weniger zu verlangen, als wozu das Gesetz sie ermächtigt. Sie kann also beschließen, z. B. nur für den Grunderwerb und die Pflasterung den Kostenersatz durch Beiträge zu erheben; auch dann sollen nach der Bestimmung des Abs. 2 die Kosten dieser gesamten Straßenanlage zusammengerechnet und den Anliegern nach Maßgabe des Gesetzes zur Last gelegt werden. — Gleichwohl ist jener Grundsatz, daß der Beitrag erst dann gefordert werden kann, wenn diejenige Straßenanlage, für welche Beiträge zu fordern das Statut ermächtigt, in ihrer Gesamtheit fertig gestellt und der Kostenbetrag festgestellt werden kann, durchaus richtig, er folgt aus der Natur der Anliegerbeiträge. Die Verpflichtung der Anlieger geht auf Ersatz der erforderlichen Kosten. Es handelt sich also um eine Ersatzpflicht und es darf deshalb die Gemeinde nur das fordern, was sie selbst verwendet hat (KG. v. 18. Okt. 06, PrVerwBl. 28 S. 142); für die Leistung der Abgaben (Beiträge) hat die Gemeinde eine Gegenleistung, die Herstellung der neuen Straße zu gewähren; da aber ein Erstattungsanspruch in Frage steht, so muß die Gemeinde vorleisten, sie darf Beiträge nur zur Herstellung solcher Einrichtungen erheben, welche sie selbst fertig gestellt hat (PrVerwBl. 15 S. 3; OVGE. Bd. 25 S. 98; v. 19. März 00 Nr. IV 477; v. 6. Mai 01, Bd. 40 S. 107 u. a.; vgl. Bem. 5b zu diesem Paragraphen). Dieser Grundsatz muß auch Anwendung finden, wenn das Ortsstatut eine Spaltung der Kosten vorsieht; die Kosten der Freilegung, ersten Einrichtung usw. dürfen nur gefordert werden, wenn diejenige Leistung, für welche das Statut eine besondere Berechnung gestattet, in sich abgeschlossen und vollendet ist (OVGE. Bd. 22 S. 77, PrVerwBl. 13 S. 277, 14 S. 25 367; v. 5. Juni 99 Nr. IV 939 u. a.).

Schon oben ist hervorgehoben, daß aus der Bestimmung des Abs. 2 des Gesetzes keineswegs der Grundsatz abzuleiten sei, daß unter allen Umständen die Gemeinde verpflichtet sei, erst die ganze Straße dem Programm gemäß fertig zu stellen, bevor sie die Beiträge einfordern könne. Es ist ferner erwähnt, wie die Gemeinde selbstverständlich das Recht habe, in dem Ortsstatute zu bestimmen, daß sie einen Teil der Straßenanlage auf allgemeine Kosten der Gemeinde übernehme und nur für den übrigen Teil — etwa nur den Grunderwerb, oder die Pflasterung usw. — Beiträge von den Anliegern erheben wolle. Daraus folgt — und dem steht auch weder die Absicht noch der Wortlaut des Gesetzes entgegen —, daß in dem Statute die Anordnung getroffen werden darf, wonach die durch einzelne, vollständig zur Durchführung gebrachte Leistungen (OVGE. v. 19. Jan. 92, Bd. 22 S. 77; v. 10. Juni 12, PrVerwBl. 34 S. 668) verursachten Kosten gesondert zusammengerechnet und umgelegt werden können, sog. Spaltung der Kosten (OVGE.

v. 13. Juni 99, Bd. 36 S. 61, PrVerwBl. 21 S. 115; v. 27. Nov. 02, Bd. 42 S. 25; v. 28. März 04 Nr. IV 459; v. 21. Dez. 16, IV C. 36. 16). Das rechnerische Ergebnis bleibt in solchen Fällen dasselbe, auch weist der Abs. 1 des § 15 selbst auf die Möglichkeit hin, den Gesamtbegriff der Straßenanlegung in die Einzelbegriffe der Freilegung, ersten Einrichtung, Entwässerung, Beleuchtungsvorrichtung zu zerlegen (OVGE. v. 6. Mai 96 Nr. II 920; v. 23. Mai 98 Nr. IV 977). Die Festsetzung im Ortsstatut, daß das „jedesmal hergestellte" gefordert werden kann, ist unvereinbar mit den Grundsätzen der Spaltung (OVGE. v. 27. April 08 IV 843). Sofern in dem Statute nichts anderes festgesetzt ist, muß es bei der Verteilung der Gesamtkosten nach Vollendung der ganzen Anlage bewenden. Dies trifft insbesondere auch für das Berliner Statut zu, das eine Spaltung überhaupt nicht vorsieht. Der Ministerialerlaß v. 6. Juni 88 (MBl. S. 125) scheint umgekehrt anzunehmen, es dürfe eine teilweise Einziehung der Kosten auch ohne eine dahin gehende Bestimmung im Statute erfolgen. Diese schon in der zweiten Auflage für bedenklich erklärte Anschauung ist denn auch vom OVG. verworfen (E. Bd. 22 S. 80, 81; v. 31. Okt. 90 Nr. II 962; v. 2. u. 5. Febr. 92 Nr. II 133 u. 142, PrVerwBl. 14 S. 223 u. 277; v. 1. Juli 92 Nr. II 703, PrVerwBl. 14 S. 25; v. 17. Nov. 93 Nr. II 1267; v. 11. Dez. 95 Nr. II 1840). Das OVG. hat daran festgehalten, daß die Abgabe eine e i n h e i t l i c h e ist, d. h. daß sie sämtliche Kosten — bei ortsstatutarischer Spaltung die sämtlichen Kosten der Einzelleistung — und für die gesamte Länge der beitragspflichtigen Front in einer Summe zum Ausdruck bringen muß (OVGE. Bd. 22 S. 80 ff.; v. 11. Dez. 95 Nr. II 1840; v. 4. Dez. 97 Nr. II 1941, Bd. 25 S. 98, PrVerwBl. 19 S. 358; v. 7. März 96 Nr. II 500). Für die Erstattung eines Anliegerbeitrages ist grundsätzlich ein erlassenes, neues Ortsstatut maßgebend (OVGE. Bd. 38 S. 126). Die spätere Einführung oder Abänderung der Spaltungsvorschrift besteht daher zu Recht. Es findet dabei keine unzulässige, ein wohlerworbenes Recht verletzende Rückwirkung der neuen Vorschrift statt; denn die Anlieger haben ein Recht, zu den Straßenbaukosten nur im ganzen oder nur in gewissen Teilen herangezogen zu werden, nicht erworben (OVGE. v. 2. Dez. 15 IV C. 49. 15; v. 29. März 17 IV C. 91. 16). Es kann in der Regel nicht für zulässig erachtet werden, die V e r a n l a g u n g stückweise nach der fortschreitenden Herstellung der Straße vorzunehmen und dadurch dem Anlieger anfänglich die Übersicht, wie viel er im ganzen zahlen soll, vorzuenthalten, ihn unter Umständen zur Erhebung wiederholter Einsprüche zu nötigen und eine kaum mehr begrenzte Vermehrung der Prozesse herbeizuführen, welche eine getrennte Entscheidung über einzelne Teile eines und desselben Anspruchs zur Folge haben würde. Es ist deshalb eine solche provisorische Veranlagung und Einforderung eines Teiles des einheitlichen Anliegerbeitrages unter dem Vorbehalte späterer Nachforderungen oder späterer anderweiter Normierung unzulässig (OVGE. Bd. 17 S. 163, Bd. 22 S. 77; v. 14. Juni 92 Nr. II 652; v. 17. Nov. 93 Nr. II 1267; v. 11. Dez. 95 Nr. II 1840; v. 21. Febr. 98 Nr. IV 361; v. 19. März 00 Nr. IV 477; v. 28. März 04 Nr. IV 459). Beiträge für provisorische Einrichtungen vorbehaltlich späterer definitiver Regelung der Beitragspflicht dürfen nicht erhoben werden (E. Bd. 25 S. 98) und Beiträge dürfen nicht eher erhoben werden, als bis die Straße — bei Spaltung der Kosten die einzelne Einrichtung — nach dem Programm, soweit die Ersatzpflicht statutarisch oder nach den Beschlüssen der Gemeinde feststeht, fertiggestellt ist, die Anlieger können solche Erhebung von Teilbeträgen vor Fertigstellung der Straße als verfrüht zurückweisen. Davon ganz verschieden ist die Frage, ob der Gemeinde es verwehrt ist, Nachforderungen innerhalb der Frist des § 87 des KAG. — soweit nicht ein früherer wirksamer Verzicht der Gemeinde vorliegt — zu stellen. Darin ist die Gemeinde durch die bestehenden Vorschriften nicht beschränkt. Sind Beiträge für eine provisorische Einrichtung erhoben und ohne Einspruch gezahlt, so steht das der späteren Heranziehung zu den Kosten der definitiven Einrichtung nicht entgegen (E. Bd. 25 S. 98; v. 14. Nov. 07 Nr. IV 1833). Ebenso wenn im Statut eine Spaltung der Kosten nicht vorgesehen ist und Beiträge für einzelne Einrichtungen erhoben und bezahlt sind. Wenn bei der Heranziehung irrtümlich nur ein Teil der anliegenden Grundstücksgrenze berücksichtigt ist, so können nachträglich Beiträge auch für die übrigen Teile des durch Bebauung pflichtigen Grundstücks erhoben werden (E. Bd. 23 S. 57, 59; OVGE. v. 15. März 00, Nr. IV 2103). Auch wenn die Heranziehung durch den Magistrat nach Fertigstellung der Straße (oder bei Spaltung der Einrichtung) eine endgültige sein sollte, so kann nachträglich noch gefordert werden, was infolge besonderer Umstände, z. B. irrtümlicher Berechnung, versehentlicher Auslassung von aufgewendeten Kosten, zu wenig angesetzt war — nur darf kein rechtswirksamer Verzicht vorliegen und die Frist des § 87 des KAG. nicht versäumt sein (OVGE. v. 15. März 00, Bd. 37 S. 51; v. 27. Nov. 02, Bd. 42 S. 25; v. 15. Dez. 98 Nr. IV 2155, PrVerwBl. 16 S. 178, 525; v. 8. März 99 Nr. II 327, PrVerw.-Bl. 21 S. 35; vgl. Bem. 14 a und 14 d zu diesem Paragraphen). Die Frage, ob die Gemeinde berechtigt ist, auch gegen den Inhalt des Statuts im Einzelfalle die Berechnung einzuschränken, beantwortet sich nach obigem von selbst. Erhellt es klar, daß sie ihre gesamte Forderung einschränken, also auf das Mehr verzichten will, so ist solches unzweifelhaft zulässig und der pflichtige Anlieger kann nicht etwa einwenden, er brauche nicht zu zahlen, weil die Gemeinde zu wenig verlange (OVGE. v. 23. Dez. 01 Nr. IV 2335; v. 6. Juni 18 IV C. 56. 17). Es kann ja leicht vorkommen, daß z. B. sich die Prozesse wegen des Grunderwerbs noch lange hinausziehen, während die Straße sonst schon völlig hergestellt ist; wenn die Gemeinde es dann in ihrem Interesse begründet findet, den Zeitpunkt der Beendigung der Prozesse nicht abzuwarten und lieber auf den Ersatz der Kosten des Grunderwerbs zu verzichten, um gleich zum Ersatz der anderen Kosten zu gelangen, so wird sie diese Kosten ohne weiteres anfordern können (OVGE. v. 28. Dez. 99 Nr. IV 2101). Hat die Gemeinde auf Ersatz solcher Kosten — z. B. der Freilegung der Straße — endgültig verzichtet, so ist es unerheblich, ob solche Arbeiten, also diese Freilegung, noch zur Fertigstellung der Straße gehört, denn der Herangezogene hat keinen Anspruch darauf, daß die Gemeinde die Straße fertig stelle, bevor sie den Beitrag zu den bereits aufgewendeten Kosten erhebt (OVGE. v. 3. Jan. 00 Nr. IV 11, PrVerwBl. 22 S. 479; v. 15. Mai 99 Nr. IV 822; v. 2. Okt. 02 Nr. IV 1788; v. 6. April 03 Nr. IV 645). In solchen Fällen ist es freilich ausgeschlossen, daß die Gemeinde später ihre Ansicht ändern und die nicht eingeforderten Kosten noch später nachfordern darf. Es mag im Einzelfalle oft schwierig sein, zu erkennen, ob die Gemeinde auf den nicht angeforderten Rest wirklich verzichten will oder nicht.

Ist aber aus den Tatumständen ersichtlich, daß es sich nicht bloß um eine vorläufige Heranziehung unter Vorbehalt von Nachforderungen handelt, sondern entspricht die Heranziehungsverfügung sonst dem § 15 d. G., so kann durch die Nichteinbeziehung eines Teiles des Kostenaufwandes die Heranziehung nicht als eine ungesetzliche angesehen werden. Eine Nachforderung wird allerdings dann ausgeschlossen, wenn die Gemeinde erkennbar auf weiteres verzichten wollte (vgl. OVGE. v. 21. Febr. 98 Nr. IV 361; v. 28. Dez. 99 Nr. IV 2101). Bei einem solchen Verzicht auf einen Teil der Ausgaben ist es auch für die Frage, wann die Gemeinde die Erstattung der anderen Ausgaben verlangen kann, nicht entscheidend, ob die Straße bereits nach § 12 d. G. als fertiggestellt anzusehen ist, es darf nur nichts gefordert werden, was noch nicht ausgeführt ist. Daß dabei, wenn die Straße noch nicht dem Statute gemäß fertiggestellt ist, für neue Wohngebäude von dem Bauverbot Gebrauch gemacht werden kann, versteht sich von selbst (OVGE. v. 6. April 03 Nr. IV 645).

Aus dem Vorgetragenen folgt von selbst, daß da, wo die Herstellung der Bürgersteige nach dem bestehenden Ortsrecht eine Polizeilast der Anlieger ist, die Gemeinde befugt ist, die Regelung der Verhältnisse des Bürgersteiges aus dem Statute ganz auszuscheiden (vgl. auch § 19).

Bei der ortsstatutarischen Feststellung wird dahin zu sehen sein, daß die entgegenstehenden Interessen der Gemeinden und der Grundeigentümer angemessen gegeneinander ausgeglichen werden. Nach dem Grundgedanken des § 15 muß jedenfalls vermieden werden, die Anlieger zu einem Zeitpunkte heranzuziehen, wo sie von der Straßenanlage erst einen sehr geringen Vorteil haben; es erscheint daher bedenklich, eine Verteilung der allein für den Grunderwerb aufgewendeten Kosten zu gestatten, da der Ausbau der Straße sich hinterhernoch länger verzögern kann. In gewissen Fällen ist eine Spaltung der Kosten von vornherein ausgeschlossen; es braucht nur an die im § 2 des früheren Berliner Statuts aufgenommene und von da in viele andere Statute übergegangene Bestimmung erinnert zu werden, wonach das unentgeltlich abgetretene Straßenland zu einem besonders ermittelten Werte in Rechnung gestellt und demnächst den betr. Anliegern auf ihren Beitrag zu den Gesamtkosten in Abzug gebracht wird; hier verbietet es sich von selbst, etwa die Pflasterungskosten für sich und ohne Rücksicht auf die Grunderwerbskosten zu verteilen und einzuziehen.

Die Spaltung darf abgesehen von der fünfjährigen Unterhaltung höchstens nach den im § 15 aufgeführten vier Gruppen (Kosten der Freilegung, erster Einrichtung, Entwässerung und Beleuchtungsvorrichtung) stattfinden, außerdem dürfen noch die Bürgersteigkosten (erste Einrichtung) abgespalten werden. Mit dieser Fünfteilung ist die äußerste Grenze der Spaltungsmöglichkeit erreicht (OVGE. v. 22. Jan. 12 IV C. 128. 11; v. 3. Jan. 10, Bd. 55 S. 84). Die Unterspaltung der Bürgersteigkosten für die beiden Straßenseiten ist unzulässig (OVGE. v. 26. Sept. 12, PrVerwBl. 34 S. 742; v. 26. Mai 13 IV C. 15. 13; v. 15. Juni 16 IV C. 87. 14). Ebenso die Kosten der Freilegung nach Grunderwerb (OVGE. v. 16. Nov. 16 IV C. 22. 16). Ebenso die Fahrdammkosten, nach Planieren, Unterbettung und Pflasterung zu spalten (OVGE. v. 19. März 08, Nr. IV 564; v. 18. Sept. 13 IV C. 99. 13). Für die Einforderung der Kosten braucht eine bestimmte Reihenfolge nicht inne gehalten zu werden (OVGE.

v. 12. Febr. 14, Bd. 66 S. 147). Bei jeder derartigen Teilung ist übrigens festzuhalten, daß immer nur einzelne Ausgabenarten besonders behandelt werden dürfen und aus dem Statut genau erkennbar sein muß, welche Veranstaltungen des Ausbaus eine solche Selbständigkeit besitzen sollen, daß ihre Kosten schon vorläufig, vor Fertigstellung der übrigen Veranstaltungen ausgeschrieben werden dürfen. Es ist auch hierbei der Natur der Ersatzleistung gemäß daran festzuhalten, daß die Gemeinde vorleisten muß, daß also auch die einzelnen Ausgabearten nicht eher zur Grundlage einer Heranziehung gemacht werden dürfen, bis die dazu gehörigen Einrichtungen vollständig durchgeführt sind und die Kosten dafür festgesetzt werden können. Hängen zwei in dem Statute vorgesehene Ausgabearten so eng zusammen, daß die dazu gehörigen Einrichtungen gesondert nicht durchführbar sind, so ist auch ihre Ausschreibung nicht eher zulässig, bis die Einrichtungen für beide vollendet sind und event. die Kostenfestsetzung stattgefunden hat. Endlich ist es auch nicht angängig, daß sich die städtischen usw. Behörden in den Statuten etwa eine Teilung der einzelnen Ausgabearten für jeden besonderen Fall nach ihrem Ermessen vorbehalten, es muß vielmehr die Teilung im Statut stets nach bestimmten, objektiven Momenten festgesetzt sein (OVGE. Bd. 22 S. 77 ff.; v. 1. Juli 92 Nr. II 703 und v. 17. März 93 Nr. II 303, PrVerwBl. 14 S. 25 und 367; E. v. 23. Mai 98 Nr. IV 977; v. 27. Nov. 02, Bd. 42 S. 25; v. 22. Jan. 11 IV C. 128. 11; v. 10. Juni 12 IV C. 19. 12; v. 18. Sept. 13 Bd. 65 S. 149; v. 1. Nov. 17 IV C. 51. 15). Heißt es im Ortsstatut: „Werden zu verschiedenen Zeiten einzelne Arten, z. B. Freilegung, erste Einrichtung, Entwässerung der zur gesamten Straßenanlage gehörenden Aufwendungen und Arbeiten zur Ausführung gebracht, so können die Kosten dieser einzelnen Einrichtungen getrennt eingezogen werden ...,“ so wird ungewiß gelassen, ob auch die Beleuchtungskosten abgespalten werden dürfen, und ob von den Kosten der ersten Einrichtung auch die der Straße ohne Bürgersteige besonders eingefordert werden können, endlich ob noch eine weiter ins einzelne gehende Zerteilung für zulässig erachtet worden ist. Die Bezeichnung „z. B.“ läßt alle hervorgehobenen Möglichkeiten zu. Die Spaltungsvorschrift ist demnach im ganzen ungültig (OVGE. v. 6. März 19, PrVerwBl. 40 S. 566).

Die Anwendung der Kostenspaltung hängt von der freien Entschließung der heranziehenden Behörde ab (OVGE. v. 9. Juni 10, Bd. 57 S. 105; v. 13. Juni 10, Bd. 57 S. 111). Ohne einen Willen, von dem ortsstatutarischen Rechte zur Spaltung Gebrauch zu machen, darf der Verwaltungsrichter mit einer Spaltung nicht rechnen (OVGE. v. 14. Okt. 09, Bd. 55 S. 83; v. 12. Mai 19 IV C. 40. 18). Infolge der Kostenspaltung entsteht die Beitragsforderung für die abgespaltene Teileinrichtung dann, wenn die Fertigstellung der Teileinrichtung nebst der Möglichkeit, die Kosten zu berechnen und zu verteilen und die Errichtung eines Gebäudes an der Straße nach Beginn der Anlegung gegeben sind und andererseits von der Spaltungsbefugnis Gebrauch gemacht wird (vgl. OVGE. v. 12. Okt. 13, Bd. 71 S. 154; v. 27. Febr. 19 IV C. 54. 18).

In der Literatur und von den Gemeinden wird häufig die Ansicht vertreten, daß die Gemeinde durch Einführung der Spaltung der Kosten weniger an Zinsen verliere, Saran (S. 343) bezeichnet dies als einen praktischen Vorteil, in ähnlichem Sinne äußern sich Piutti und Bredt (S. 28). Es ist nicht klar, was die Verfasser dabei im Auge gehabt haben, da die Gemeinde bis zur Aufstellung der Kostenrechnung den Zinsverlust in Rechnung stellen darf. Bei der Wichtigkeit der Frage möge ein praktisches Beispiel dies anschaulich machen. Nehmen wir an, daß eine Straße in dem Zeitraum von 1910—1920 fertig hergestellt wird, so daß die Beiträge im Jahre 1920 erhoben werden können. Es seien zu dieser Zeit 10 Gebäude vorhanden, davon fünf vor dem Jahre 1910, die anderen fünf im Jahre 1912, 14, 16, 18 und 20 errichtet. Offenbar erleidet die Gemeinde keinen Zinsverlust bezüglich der Beiträge für diese 10 Gebäude, wenn sie im Jahre 1920, dem Jahre der Fertigstellung der Straße die Beiträge einzieht, da sie bis zu diesem Zeitpunkte die aufgewendeten Zinsen in die Kostenrechnung einstellen durfte. Die Gemeinde macht jedoch von der Spaltung Gebrauch und spaltet z. B. im Jahre 1912 die Kosten für die Bürgersteige ab. Zu den Kosten der Bürgersteige kann sie demnach aufgewendete Zinsen nur bis zum Jahre 1912, dem Zeitpunkte der Fertigstellung derselben berücksichtigen. Bei der Einziehung der Beiträge für die Bürgersteige verliert danach die Gemeinde bezüglich der bis zum Jahre 1912 errichteten Gebäude keine Zinsen, aber bezüglich der in den Jahren 1914, 16, 18, 20 errichteten trägt sie einen Zinsverlust von 2 bezw. 4, bezw. 6, bezw. 8 Jahren. Das, was hier für die nach dem Jahre 1912 bebauten Grundstücke gesagt, trifft auch für die unbebauten zu, bei diesen beträgt die Dauer des Zinsverlustes im vorliegenden Falle durchweg 8 Jahre.

Auf jeden Fall kommt die Gemeinde bei Spaltung der Kosten eher zu dem von ihr verauslagten Kapital. Man wird auch mit Piutti und Bredt darin übereinstimmen, daß infolge der Spaltung die Einziehung der Beiträge erleichtert wird.

Die Bestimmung eines Statuts, wonach die Zahlungspflicht auf einen bestimmten Zeitraum nach Eröffnung der Straße festgesetzt wird, ist rechtsungültig (OVGE. v. 19. Okt. 03, PrVerwBl. 25 S. 386). Ebenso eine Bestimmung, wonach der Magistrat, sobald die auszuführenden Arbeiten begonnen sind, von dem zur Erstattung der Kosten Verpflichteten später diesen anzurechnende Vorschüsse in angemessener Höhe und gleicher Weise einziehen lassen darf (OVGE. v. 16. März 03, Bd. 43 S. 19).

e) Die einer Straße zu gebende Breite unterliegt der Bestimmung der Gemeinde, die in dieser Beziehung nur insoweit beschränkt ist, als bei Straßen, die breiter als 26 m sind, die angrenzenden Eigentümer nicht für mehr als 13 m zur Kostenerstattung herangezogen werden dürfen (OVGE. v. 23. Febr. 14, Bd. 66 S. 150). Wenn eine Straße breiter als 26 m ist, so müssen sämtliche Kosten nach dem Verhältnis von 26 m zu der ganzen Breite der Straße berechnet werden. Es ist untunlich, sie nach örtlichen Grenzen der 26 bezw. 13 m — von der Mitte der Straße oder von den Häusern aus gemessen — zu berechnen, z. B. bei den Grunderwerbskosten das Verhältnis von 26 m zu der Gesamtbreite der Straße, dagegen bei den sonstigen Herstellungskosten das Verhältnis von 26 m zu der Summe der beiden an den Seiten der Mittelpromenaden liegenden Straßenbreiten mit Ausschluß der Mittelpromenade zugrunde zu legen (OVGE. v. 15. März 00, 37 S. 55).

Ein nicht in Preußen belegener öffentlicher Weg stellt, auch wenn er mit einer preußischen Straße in engstem Zusammenhange steht, dieselbe tatsächliche Beschaffenheit besitzt und mit ihr einen einheitlichen Namen führt, für die Anliegerbeitragspflicht eine besondere Straße und nicht einen Bestandteil der preußischen Straße dar. Als Straßenbreite im Sinne des § 15 kommt allein die Breite der in Preußen belegenen Straße in Betracht und der Pflichtige kann somit nur für die Hälfte dieser Straßenbreite herangezogen werden (OVGE. v. 18. Juni 14, Bd. 67 S. 152).

Ist die Straßenbreite ungleich, so wird hiervon die Einheitlichkeit des Beitrages nicht berührt, da die Durchschnittsberechnung maßgebend ist. Dasselbe trifft zu, wenn unter solchen Verhältnissen die Durchschnittsbreite der Straße mehr als 26 m beträgt. Jedoch ist darauf zu achten, ob nicht platzartige Erweiterungen vorliegen, die unter den Begriff eines Platzes fallen, was nach objektiven Verhältnissen im Einzelfalle zu beurteilen ist. Ist dies der Fall, so dürfen die Kosten der Straße mit denen des Platzes nicht zusammengeworfen werden. Befindet sich in einer breiten Straße eine bebaute Insel, für welche Fluchtlinien festgesetzt worden sind, wie es z. B. in alten Dorfauen vorkommt, so müssen diejenigen Teile der Straße, welche durch jene Insel verengt werden, als besondere Straßenteile angesehen werden. Vgl. Bem. 5 zu § 15.

14. Die den Eigentümern auferlegten Beiträge gehörten auch schon vor Erlaß des Kommunalabgabengesetzes zu den G e m e i n d e l a s t e n im Sinne des § 18 Nr. 2 und § 34 Nr. 2 des Zuständigkeitsgesetzes v. 1. Aug. 83; es war daher gegen die Heranziehung die Betretung des Rechtsweges ebenso wie bei den sonstigen öffentlichen Abgaben ausgeschlossen. Dies hat das RG., während von ihm früher namentlich in Beziehung auf die aus dem Berliner Regulative v. 31. Dez. 38 hervorgehende Straßenbaupflicht, ein entgegengesetzter Standpunkt eingenommen war, in der E. d. IV. ZS. v. 24. März 81 (PrVerwBl. 3 S. 348) anerkannt und seitdem unverändert festgehalten (vgl. auch RG. IV. ZS. v. 8. Juli 86, Bd. 17 S. 199; V. ZS. v. 26. April 90, PrVerwBl. 11 S. 554; V. ZS. v. 17. Febr. 94 und v. 22. Sept. 94; E. d. RG. Bd. 32 S. 345 und Bd. 34 S. 246 u. a.), selbst wenn sich der Anspruch auf einen privatrechtlichen Verzicht der Stadtgemeinde gründet (RG. v. 18. Febr. 10, PrVerwBl. 32 S. 43). Daß er für derartige Ansprüche auf öffentliche Abgaben nicht dadurch eröffnet werden kann, daß sie als Bereicherungsklagen aus § 812 BGB. geltend gemacht werden, ist vom RG. wiederholt ausgesprochen worden (vgl. G r u ch o t 41 S. 401, RG. 67 S. 401, 25 S. 302). Nicht anders verhält es sich aber auch, wenn behauptet wird, daß die Heranziehung zu der Last gegen den § 826 BGB. verstoße; denn darüber, ob eine Schädigung des Anliegers durch das Verlangen der Gemeinde gegeben ist, hat eben das ordentliche Gericht nicht zu befinden (RG. v. 26. März 09, PrVerwBl. 31 S. 227). Vom OVG. ist dies von Anfang an angenommen (E. Bd. 12 S. 126 ff., Bd. 13 S. 161 ff., Bd. 15 S. 147 ff., Bd. 17 S. 163 ff.). Demgemäß richteten sich die den Eigentümern gegen ihre Heranziehung zustehenden Rechtsmittel nach den Bestimmungen des Zuständigkeitsgesetzes. — Vom 1. April 95 ab gelten die Vorschriften des Kommunalabgabengesetzes v. 14. Juli 93, soweit es sich um Beiträge handelt. Die Herstellung der Straße selbst, welche auch nach § 15 von den Anliegern verlangt werden kann, ist zwar eine Gemeindelast, fällt aber nicht unter den § 69 des

Kommunalabgabengesetzes, für sie bleibt es demnach bei dem Rechtszustande, welcher vor Erlaß des Kommunalabgabengesetzes bestand. Nach den Verhandlungen des HH. über das Kommunalabgabengesetz könnte es den Anschein gewinnen, als ob die Absicht vorgelegen hätte, den § 69 auf alle Leistungen nach dem Baufluchtengesetze Anwendung finden zu lassen (vgl. Nöll, Kommentar 8. Aufl. S. 389 Anm. 9). Das würde dem klaren Wortlaut widersprechen; wahrscheinlich ist, daß man den für die Praxis gar nicht in Betracht kommenden Fall der Herstellung der Straße durch die bauenden Anlieger (vgl. oben Bem. 3) gänzlich beiseite geschoben hat. — Gemeindelasten und deshalb von der Eintragung ins Grundbuch ausgeschlossen sind die Beitragspflichten der Straßenanlieger aus einem auf Grund des § 15 erlassenen Ortsstatute (KG. v. 2. Mai 07, PrVerwBl. 30 S. 587).

Eine Feststellungsklage ist ausgeschlossen. Nach § 7 des LVG. finden Klagen im Verwaltungsstreitverfahren nur da statt, wo sie durch gesetzliche Bestimmungen ausdrücklich zugelassen sind. Das ist für Feststellungsklagen bezüglich der Verpflichtung zur Zahlung von Anliegerbeiträgen nach § 15 des Gesetzes nicht geschehen (OVGE. v. 8. Juni 99 Nr. IV 882; v. 9. Juni 10 IV C. 247. 09). Einem wegen Zahlung von Pflasterkosten herangezogenen Grundbesitzer steht gegen seinen Vorbesitzer eine Klage im Verwaltungsstreitverfahren nicht zu (OVGE. v. 27. Mai 02, PrVerwBl. 24 S. 810). Das im § 69 ff. vorgesehene Verwaltungsstreitverfahren kann bei dem Mangel einer besonderen gesetzlichen Vorschrift, die solches zuläßt, durch die vertragsmäßige Übertragung der Entscheidung an ein Schiedsgericht nicht ausgeschlossen werden (OVGE. v. 15. Juni 08, PrVerwBl. 30 S. 757).

Im einzelnen ist folgendes hervorzuheben:

a) Die frühere Rechtsprechung des OVG. ging von dem Satze aus, daß eine Heranziehung oder Veranlagung erst vorgenommen werden könne, nachdem die Beitragspflicht entstanden. Diese entstehe aber immer mit der Errichtung des Gebäudes auch schon vor Fertigstellung der Straße (vgl. Bem. 8e oben). Nach § 15 rufe die Tatsache der Errichtung von Gebäuden an der neuen Straße die Verpflichtung der Adjazenten hervor, „sobald sie Gebäude an der neuen Straße errichten"; es könnten also auch nur die Verhältnisse derjenigen Zeit, da mittels dieser Errichtung die bezügliche Verbindlichkeit begründet worden, für den Umfang der letzteren bestimmend sein (OVGE. v. 17. Nov. 93 Nr. II 1267). Obwohl das OVG. diese Judikatur schon — wie in der 4. Auflage nachgewiesen ist — länger mit Recht aufgegeben hat, muß sie hier doch noch beleuchtet werden, um das Verständnis der Rechtsprechung und seiner Änderung klar zu stellen. In dem Erk. v. 13. März 94 Nr. II 384 (PrVerwBl. 15 S. 321) ist des Näheren ausgeführt, die Zeit der Entstehung der Verpflichtung, d. i. der Errichtung des Gebäudes, sei maßgebend für das Maß der Verpflichtung des Anliegers, also u. a. für die Entscheidung der Frage, was als einheitliches Grundstück in bezug auf die Frontlänge und die Berechnung des Beitrages anzusehen sei usw. Es ist für diese Judikatur u. a. auf die folgenden Entscheidungen hinzuweisen: OVGE. Bd. 12 S. 126; v. 13. März 94 Nr. II 384, PrVerwBl. 15 S. 320; v. 14. Nov. 94 Nr. II 1545, PrVerwBl. 16 S. 162; v. 12. Jan. 95 Nr. II 74; v. 6. Febr. 95 Nr. II 216; v. 16. März 95 Nr. II 406; v. 25. Mai 95 Nr. II 856; v. 15. April 96 Nr. II 761.

überall ist ganz bestimmt zum Ausdruck gekommen, daß die Erstattungspflicht des Anliegers durch die Errichtung des Gebäudes entstehe und daß diese Zeit also auch u. a. maßgebend sei für die Entscheidung der Frage, was als einheitliches Grundstück in bezug auf die Bestimmung der Frontlänge und der Berechnung des Beitrages anzusehen ist, daß es ferner z. B. bezüglich der Voraussetzung, wonach das Grundstück des bauenden Eigentümers die Straße unmittelbar berühren müsse, auf die Zeit ankomme, wo das bezügliche Gebäude errichtet werde (wegen Änderung durch das Wohnungsgesetz siehe § 15 Abs. 2 Satz 2).

Das OVG. war zu dieser Auslegung des § 15 d. G. wesentlich durch den Wortlaut gekommen: „von letzteren (den Eigentümern), sobald sie Gebäude an der neuen Straße errichten", indem es annahm, daß durch diese Worte der Zeitpunkt bestimmt werden sollte, in welchem die Verpflichtung der Eigentümer entstände (vgl. u. a. die OVGE. v. 17. Nov. 93 Nr. II 1267). Dabei hat das OVG. sich allerdings nicht verhehlt, daß die Erstattung der Kosten zu diesem Zeitpunkte seitens der Gemeinde nur dann schon gefordert werden kann, wenn die Straße schon fertig und die Gemeinde in der Lage ist, die Kosten festzustellen, daß dieses aber nicht angängig ist, wenn das Gebäude während der Anlegungsperiode, also bevor die Straße fertig ist, errichtet wird. Das OVG. hat deshalb das Rechtsverhältnis so konstruiert, daß es sich in dem letzteren Falle um die Entstehung einer eventuellen Erstattungspflicht handle (E. v. 15. April 96 Nr. II 761), daß mit dem Bau für den angrenzenden Eigentümer eine bedingte oder betagte Pflicht entstehe, die erst dann geltend gemacht werden könne, wenn die Straße als fertiggestellt anzuerkennen sei (E. v. 1. Febr. 98 Nr. I 205; v. 17. Nov. 94 Nr. II 1561, PrVerwBl. 16 S. 310). Zu einer solchen, privatrechtlichen, Rechtsgrundsätzen entnommenen Konstruktion mußte wohl gegriffen werden, schon weil nach § 87 des KAG. auch bezüglich der Anliegerbeiträge die Berechtigung der Gemeinden zur Nachforderung auf die Frist von drei Jahren seit dem Ablaufe desjenigen Jahres, in welchem die Forderung entstanden ist, beschränkt wurde.

Schon in der 3. Auflage dieses Werkes sind Bedenken gegen den aufgestellten Grundsatz geltend gemacht.

Die bisherige Ansicht des OVG. wurde auch vom Reichsgericht verteidigt. In dem Erk. des V. ZS. v. 30. Nov. 92 (PrVerwBl. 14 S. 320, vgl. auch 18 S. 120) wird ausgeführt, die Verpflichtung zur Entrichtung des Beitrages zu den Anlagekosten der Straße entstehe durch die Errichtung eines Gebäudes an der neuen Straße; ob zu dieser Zeit die Höhe des Beitrages schon feststehe, oder ob diese Feststellung, sei es, weil die Aufwendungen, auf deren anteiligen Ersatz die Stadtgemeinde Anspruch habe, von ihr selbst noch nicht oder nicht vollständig gemacht seien, sei es, weil nur die Berechnung und Verteilung der Beiträge noch ausstehe, erst später erfolgen könne, habe nur auf die Fälligkeit, nicht auf das Bestehen der Zahlungspflicht desjenigen Besitzers Einfluß, in dessen Besitzzeit die Errichtung des Gebäudes fällt. Auch diese Ausführungen beruhen auf rein privatrechtlichen Anschauungen. Nun haben zwar die Anliegerbeiträge mit den zivilrechtlichen Vergütungen eine gewisse Verwandtschaft, aber sie sind doch öffentliche Abgaben, was jetzt durch das KAG. auch ausdrücklich anerkannt ist. Eine öffentlich-rechtliche Abgabenforderung entsteht aber in wesentlich anderer Weise als eine privatrechtliche Forderung und hat eine andere Natur. Sie entspringt unmittelbar aus dem Gesetz oder einer auf Grund des Gesetzes geschaffenen Norm des öffentlichen Rechts (Ortsstatut). Die Abgabenforderung entsteht immer da, wo die Voraussetzungen, an welche die Rechtsnorm sie — ausdrücklich oder der Natur der Sache nach — knüpft, erfüllt sind. Vorher ist weder ein Forderungsrecht des berechtigten Verbandes, noch eine Verpflichtung des anderen Teils vorhanden. Eine bedingte oder eventuelle Steuerpflicht in der Weise, daß zwar die Verpflichtung des Steuerpflichtigen zu einer bestimmten Abgabe — Staatseinkommensteuer, Gemeindeeinkommensteuer usw. — vorhanden ist, die Möglichkeit der Geltendmachung des dieser Verpflichtung gegenüberstehenden Forderungsrechts aber von einer erst in der Zukunft liegenden Voraussetzung abhängt, gibt es nicht.

Aus dem Wortlaute des § 15 selbst ist der Zeitpunkt, an welchem das Forderungsrecht der Gemeinde entsteht, nicht zu entnehmen. Aus dem Satze „sobald sie Gebäude an der neuen Straße errichten" allein ist gar nichts zu schließen. Denn einmal bedeutet das Wort „sobald" nicht nur den Zeitpunkt des Eintrittes eines Ereignisses „wann", sondern wird auch gleichbedeutend mit „wenn" gebraucht und bedeutet so das Vorhandensein einer Voraussetzung überhaupt (OVGE. v. 2. Dez. 01, Bd. 40 S. 101). In welchem Sinne es im Einzelfalle gebraucht ist, hängt von dem Zusammenhange und dem inneren Wesen der Sache ab. Im vorliegenden Falle wurde der Gesetzgeber wohl gerade durch die nicht eben glückliche Zusammenziehung der verschiedenartigen Fälle in einen Satz dazu veranlaßt, diesen Ausdruck zu gebrauchen, da er sich nicht nur auf die neuen und noch in der Anlegung begriffenen Straßen, sondern auch auf den Anbau an schon vorhandenen Straßen beziehen sollte. Möglicherweise hat dem Gesetzgeber auch nur der normale Fall vorgeschwebt, daß die anliegenden Grundeigentümer ihr Grundstück erst bebauen, wenn die Straße fertig ist. Der Zeitpunkt, wann das Forderungsrecht der Gemeinde entsteht, kann deshalb nicht aus diesen Worten, sondern nur aus dem Wesen der Sache entnommen werden. Das Gesetz stellt für die Geltendmachung der Ersatzforderung durch die öffentlich-rechtliche Abgabe inhaltlich zwei Voraussetzungen auf: die eine ist das Vorhandensein einer neuen oder vorhandenen unbebauten Straße und die Möglichkeit, die Kosten für ihre Anlage zu berechnen und festzusetzen. Daß auch das letztere eine notwendige Voraussetzung für das Entstehen des Forderungsrechtes ist, geht aus dem Absatz 2 Satz 1 des § 15 und daraus hervor, daß es sich inhaltlich um die Geltendmachung einer Ersatzleistung handelt (vgl. Bem. 13 d). Der Zeitpunkt des Entstehens der Beitragspflicht wird in der Regel mit dem Beschluß über die Kostenfestsetzung und Verteilung zusammenfallen. Die zweite Voraussetzung ist das Errichten eines Gebäudes an der neuen oder vorhandenen unbebauten Straße. Liegen aber nach der maßgebenden Rechtsnorm zwei verschiedene, tatsächliche Voraussetzungen für das Entstehen des Forderungsrechtes vor, so kann der erste Zeitpunkt für das Entstehen nur der sein, in welchem zuerst das Vorhandensein beider tatsächlichen Voraussetzungen zusammentrifft. Nie ist es möglich, daß das alleinige Vorhandensein der einen Voraussetzung ein Abgabenforderungsrecht erzeugt. In dem Falle, wenn zuerst die Straße fertig ist und ihre Gesamtkosten festgestellt werden können und nachher ein Gebäude an der Straße errichtet wird, ist dieses sowohl vom OVG. (E. Bd. 12 S. 128, PrVerwBl. 7 S. 218; v. 21. Febr. 98 Nr. IV 142) als auch vom RG. (E. des V. ZS. v. 16. Febr. 89 im PrVerwBl. 10 S. 349; v. 3. Okt. 07 Nr. IV 1583; v. 30. Mai 12 IV C. 214. 11) in aller Schärfe hervorgehoben und ausgesprochen, daß auf seiten der zeitigen Eigentümer der unbebauten, an der fertiggestellten Straße belegenen Grundstücke gar keine Verpflichtung zur Tragung der entstandenen und spezifizierten Kosten bestehe, auch nicht eine betagte oder bedingte. Ist dieses aber für solchen Fall richtig, so ist nicht einzusehen, weshalb es rechtlich anders liegen soll, wenn (nach Beginn der Anlegung der neuen Straße) zuerst das Gebäude errichtet und nachher die Straße fertig und die Berechnung ihrer Kosten möglich wird. Auch hier kann die Errichtung des Gebäudes allein nicht die Abgabenpflicht entstehen lassen, der Gemeinde nicht das Recht geben, zur Abgabenforderung zu schreiten; es kann also damit allein auch für den Anlieger noch keine Verpflichtung zur Tragung der Straßenkosten entstehen, weder eine bedingte noch betagte. Dieser schon in der 4. Auflage vertretenen Ansicht ist das OVG. in seiner Rechtsprechung gefolgt und geht davon aus, daß nach § 15 für die Entstehung der Forderung nur die beiden objektiven im Gesetz genannten Voraussetzungen maßgebend sind: die Anlegung der Straße — wobei auch die Möglichkeit, die Kosten der Anlegung überhaupt berechnen zu können, zu berücksichtigen ist — und die Errichtung des Gebäudes. Trifft beides zusammen, dann entsteht die Forderung der Gemeinde. Daran haben auch die Vorschriften des KAG. nichts geändert (s. unten), (vgl. die OVGE. v. 4. u. 18. April 98, Bd. 33 S. 126, 129, 130; v. 28. Mai 14, Bd. 67 S. 151). Zu verweisen ist auch auf die Erkenntnisse in der E. Bd. 36 S. 64, 65, Bd. 38 S. 127, Bd. 40 S. 98, Bd. 41 S. 110, Bd. 43 S. 13; OVGE. v. 15. Juni 00 Nr. IV 1093; v. 18. Juni 00 Nr. IV 1848; v. 24. Febr. 02, PrVerwBl. 23 S. 761; v. 4. Febr. 04, PrVerwBl. 25 S. 509, 21 S. 115; v. 19. Nov. 08, Bd. 53 S. 102; v. 11. Dez. 11, Bd. 60 S. 121. Unklar und mit irrigem Ergebnis d. E. d. RG. V. ZS. v. 25. Jan. 02, PrVerwBl. 23 S. 538. Solange die Straßenbaukostenforderung nicht getilgt ist, entsteht mit der Errichtung jedes neuen Gebäudes die Forderung von neuem (OVGE. v. 17. Okt. 07, PrVerwBl. 29 S. 650; v. 18. Sept. 13, PrVerwBl. 37 S. 8).

Besteht noch kein Ortsstatut, so kann durch den Bau eines Hauses überhaupt noch keine Beitragspflicht entstehen. Wird nach dem Bau ein Statut erlassen und dann die Straße ausgebaut, so ist erst eine der Voraussetzungen vorhanden, da die zweite für die Beitragspflicht — Errichten eines Gebäudes unter dem Ortsstatut — fehlt. Daß beide Voraussetzungen sich unter demselben Ortsstatut vollziehen, ist nicht nötig, aber für den Umfang der Pflicht gilt immer das, unter dem beide Voraussetzungen zusammentreffen (OVGE. v. 25. Juni 00 Nr. IV 1093; vgl. Bem. 6a und diese Bem. am Schluß).

In der 4. Auflage war der Verf. davon ausgegangen, daß für den Umfang der Verpflichtung des Anliegers nicht dieser Zeitpunkt der Entstehung der Forderung, sondern der der Heranziehung maßgebend sei (s. auch Nöll im PrVerwBl. 21 S. 286) und die damals angegebenen Gründe haben auch von mancher Seite Billigung gefunden. Das OVG. hat in seiner Rechtsprechung diesen Standpunkt nicht gebilligt. Der Verfasser hat sich dem Gewicht der darin vorgetragenen Gründe nicht verschließen können. Er schließt sich, auch aus praktischen Gründen, (in der 5. Auflage) der Rechtsprechung des OVG. an. Das OVG. führt folgendes aus:

Richtig ist, daß die Beitragsforderung erst mit der Heranziehung fällig, zahlbar wird, erst von da an rückständig werden kann. Aber der Inhalt und Umfang der Forderung kann sich nicht nach diesem Zeitpunkt der Fälligkeit, sondern lediglich nach dem ihrer Entstehung richten. Das Forderungsrecht besteht schon vor seiner Geltendmachung und muß vorher bestehen, damit es überhaupt geltend gemacht werden kann. Dieses vorher bestehende Forderungsrecht muß aber notwendig einen bestimmten Inhalt und Umfang haben, und es ist klar, daß die Forderung nur so ins Leben treten, geltend gemacht werden kann, wie das Forderungsrecht selbst vorher schon bestand. Der Moment der Einforderung kann für das Bestehen und die Höhe der Beitragspflicht nicht entscheidend sein. Die Einforderung setzt vielmehr voraus, daß der Anspruch schon in seinen rechtlichen und tatsächlichen Voraussetzungen völlig bestimmt ist, mag er auch nicht ziffermäßig berechnet sein. Diese ziffermäßige Berechnung des einzelnen Beitrages kann sich nur nach dem Inhalt des Forderungsrechtes richten, diesen Inhalt aber nicht ändern oder selbständig erzeugen. Für das Entstehen und den Umfang des Forderungsrechtes können nur die objektiven vom Gesetz gegebenen Voraussetzungen maßgebend sein, nicht der, so lange nicht Verjährung eingetreten ist, ganz im Belieben der Gemeinde stehende Zeitpunkt der Heranziehung. Auch der die Beitragspflicht regelnde § 15 d. G. enthält nicht den geringsten Anhalt dafür, daß das Entstehen der Verpflichtung und ihr Umfang von dem Zeitpunkt der Heranziehung abhängig sein soll. Er statuiert nur die beiden Voraussetzungen der Entstehung, die Anlegung der Straße (wobei auch die Möglichkeit, die Kosten der Anlegung überhaupt berechnen zu können, zu berücksichtigen ist) und die Errichtung des Gebäudes. Und daran haben die Vorschriften des Kommunalabgabengesetzes nichts geändert. Im Gegenteil ergibt sich aus den auf die Anliegerbeiträge anwendbaren Bestimmungen in §§ 87^2, 88 daselbst, daß das Gesetz die Entstehung des Forderungsrechts ausdrücklich der Fälligkeit der Forderung gegenüberstellt. Deshalb sind auch zwei Arten der Verjährung konstituiert. Das der Gemeinde zustehende Forderungsrecht, das Recht zur Heranziehung, verjährt, wenn es nicht in der Frist von drei Jahren „seit dem Ablauf des Jahres, in welchem die Forderung entstanden ist,“ ausgeübt wird. Durch diese fristzeitige Ausübung wird der Beitrag fällig, und dieser „zur Hebung gestellte“ Beitrag verjährt, wenn er „im Rückstande verblieben oder befristet ist,“ in vier Jahren. Auch hier ist also vorausgesetzt, daß der zur Hebung gestellte Beitrag schon vorher als „Forderung“ bestanden hat; sein Inhalt und Umfang kann daher nicht von dem Zeitpunkt des Zur-Hebung-Stellens abhängen, sondern muß sich notwendig nach dem Zeitpunkt richten, in welchem die „Forderung“ (das Forderungsrecht), d. h. die Möglichkeit, daß die Gemeinde zur Geltendmachung ihres Rechtes schreiten kann, entstanden ist (OVGE. v. 24. Febr. 02, Bd. 41 S. 107; PrVerwBl. 23 S. 761; v. 28. April 04, PrVerwBl. 26 S. 44; RG. v. 3. April 06, PrVerwBl. 28 S. 48).

Ist das Forderungsrecht durch Errichten eines Gebäudes an der ausgebauten Straße entstanden, so wird es durch den späteren Abbruch des Gebäudes nicht wieder aufgehoben, die Gemeinde bleibt vielmehr berechtigt, den Anlieger innerhalb des Zeitraumes des § 87 Nr. 2 KAG. trotz der Beseitigung des Gebäudes zu dem Beitrage heranzuziehen (OVGE. v. 11. Dez. 11 IV C. 17. 11). Dem steht auch das OVGE. v. 22. Febr. 96, Bd. 29 S. 19 nicht entgegen. Dort ist ausgesprochen, daß, wenn einmal das Band, welches eine Person mit einer Gemeinde verbinde — der Wohnsitz, der Aufenthalt, der Grundbesitz, der Gewerbebetrieb — gelöst sei, eine Heranziehung zu Gemeindelasten nicht mehr erfolgen könne, auch nicht nachträglich hinsichtlich der Zeit des Bestehens der Steuerpflicht (E. Bd. 37 S. 82; vgl. zur Kritik dieser Ansicht überhaupt den Artikel von Stadtrat Dr Bail im PrVerwBl. 26 S. 651 ff., auch Nöll-Freund 8. Aufl. S. 361, 462). Aber dieser Grundsatz kann für Beiträge aus § 15 in der Regel nicht zur Anwendung kommen; denn bei diesem besteht das Band, welches den Pflichtigen mit der Gemeinde, als steuerberechtigter Korporation verknüpft, in dem Eigentum an dem bebauten Grundstück. Dieses Band muß natürlich auch bei der Heranziehung noch vorhanden sein, das Grundstück muß noch existieren und noch zu dem Bezirk der Gemeinde gehören, es folgt aber nicht daraus, daß das Gebäude dann noch bestehen muß. Das Errichten des Gebäudes ist notwendige Voraussetzung für das Entstehen des Forderungsrechtes, das entstandene Recht ist aber in seinem Fortbestande von dem weiteren Bestehen des Gebäudes nicht abhängig (OVGE. v. 9. Febr. 03, Bd. 43 S. 13). Siehe hierzu Schultzenstein in Hinblick auf die neue Rechtsprechung des OVG., „zur Entstehung des Anspruches auf den Anliegerbeitrag" S. 32.

Unter derselben Voraussetzung, daß ein Haus an der ausgebauten Straße errichtet wird, kann, da die Errichtung als eine sich notwendig über einen gewissen längeren Zeitraum erstreckende Einheit aufzufassen ist, nicht auf den Zeitpunkt des Beginnens der Errichtung Wert gelegt werden. So lange ein Haus nicht fertig und zur Benutzung, der es dienen soll, im wesentlichen hergestellt ist, ist es noch in der Errichtung begriffen (OVGE. v. 15. Nov. 06, Bd. 50 S. 80), und erst in dem Zeitpunkte, wo diese vollendet ist, kann übersehen werden, welchen Umfang das mit dem Gebäude besetzte Grundstück, auch bezüglich der Frontlänge an der Straße, hat. Eine Vergrößerung der Grundstücksfront vor diesem Zeitpunkte der Vollendung des Gebäudes ist also auch von Einfluß auf das durch die Länge der die Straße berührenden Grenze festzustellende Maß der Heranziehung zu den Beiträgen (OVGE. v. 5. Febr. 00, Bd. 37 S. 30; v. 2. Dez. 01, Bd. 40 S. 101; v. 4. April 10 IV C. 103. 09). Deshalb kann auch erst von diesem Zeitpunkte an der Beginn der Verjährung rechnen (OVGE. v. 24. Okt. 04, PrVerwBl. 26 S. 372). Anders liegt die Sache für den § 11 des Gesetzes (vgl. oben Bem. 4 b zu § 11).

Wird die Straße erst nach Errichtung des Gebäudes fertig, so tritt der Zeitpunkt der Entstehung der Forderung erst dann ein, wenn die Kosten der Gesamtanlage (der ganzen Straße oder bei ortsstatutarischer Spaltung der einzelnen Einrichtung) berechnet und festgestellt werden können (OVGE. v. 3. Jan. 03 Nr. IV 22; v. 13. Juni 99 Bd. 36 S. 61, PrVerwBl. 21 S. 115; v. 21 .Sept. 11 IV C. 92. 10). Auch nach diesem Zeitpunkt richtet sich der Umfang der Verpflichtung, und nach dem dann geltenden Statut (OVGE. v. 25. Juni 00 Nr. IV 1093; v. 6. Jan. 13, PrVerwBl. 35 S. 602). Eine Repartition und Feststellung der Erstattungsverbindlichkeit gegenüber den Eigentümern der noch unbebauten Grundstücke findet nicht statt (OVGE. Bd. 12 S. 126 ff.).

Aus obigen Darlegungen ergibt sich auch von selbst, daß das zur Zeit der Entstehung des Anspruchs geltende Ortsstatut zur Anwendung kommen muß (OVGE. v. 29. Juni 99, Bd. 35 S. 78, Bd. 36 S. 64, 65, Bd. 38 S. 126, 130; v. 13. Juli 08 Nr. IV 1351; v. 9. Mai 12 IV C. 1. 12; v. 11. Dez. 11, Bd. 60 S. 122; v. 18. Nov. 18 IV C. 50. 18). Für die Bemessung der Anliegerbeiträge ist das Statut maßgebend, unter dessen Herrschaft die Pflicht zu ihnen entstanden ist. Für den Umfang der Pflicht bleibt dasjenige Ortsstatut bestimmend, das zur Zeit der Gebäudeerrichtung in Geltung war (OVGE. v. 28. Febr. 18 IV C. 84. 17). Die Bestimmung eines Statuts, wonach die Pflicht zur Zahlung der Beiträge auf einen bestimmten Zeitraum nach Eröffnung der Straße festgesetzt bezw. späterer Bestimmung vorbehalten wird, ist rechtsungültig (OVGE. v. 19. Okt. 03, PrVerwBl. 25 S. 386; v. 29. Okt. 08, Bd. 54 S. 86; v. 28. Mai 14, Bd. 67 S. 151). Nöll-Freund, Komm. z. KAG., 8. Aufl., Anm. 10 zu § 87 S. 458 meint, daß die Zahlungsverpflichtung des Anliegers durch das Ortsstatut hinausgeschoben werden könnte und dadurch auch der Zeitpunkt, in welchem die Forderung entsteht, also auch der Anfang der Verjährungsfrist. Das ist irrig. Eine solche Bestimmung des Statuts würde gegen das Gesetz verstoßen. War demnach bei der ersten Anforderung aus Irrtum der Rechnungsaufstellung zu wenig verlangt, so kann die frühere Heranziehung berichtigt und das etwaige Mehr nachgefordert werden, aber natürlich nur nach Maßgabe desjenigen Statuts, welches der zu berichtigenden Heranziehung zugrunde lag (OVGE. v. 15. Jan. 00 Nr. IV 1733; v. 3. März 02, Bd. 41 S. 128).

b) Ob die ausgeschriebene Abgabe richtig bemessen ist, kann der Pflichtige nur dann beurteilen, wenn ihm Einsicht in die von der Gemeindeverwaltung aufgemachte Rechnung gestattet wird; er muß folglich hierauf einen Anspruch haben (OVGE. v. 20. Mai 96 Nr. II 953; v. 9. Dez. 96 Nr. II 2434; v. 21. Febr. 98 Nr. IV 142; v. 21. Febr. 98 Nr. IV 361; v. 23. Sept. 15 IV C. 185. 14). Die Kostenabrechnung und der Verteilungsplan, auf Grund deren die Heranziehung erfolgt, muß von dem Magistrat als der Veranlagungsbehörde festgestellt und genehmigt werden (OVGE. v. 7. Dez. 16 IV C. 105. 15). Der hier vorliegende Anspruch erscheint als eine Abweichung von denjenigen Grundsätzen, welche sonst im allgemeinen für Gemeindeabgaben und insbesondere für Gemeindesteuern gelten; hier kann der Herangezogene regelmäßig nicht einwenden, die auf sämtliche Pflichtige verteilte Summe übersteige den Bedarf; er ist deshalb auch nicht befugt, irgend welche Rechnungslegung oder einen anderweiten Nachweis über die Höhe der im ganzen aufzubringenden Summe von der Gemeindebehörde zu fordern. Die Abweichung rechtfertigt sich aber aus der besonderen Natur dieser Gemeindelast. Während sonst die Abgaben nach bestimmten, durch die Beschlüsse der Gemeindebehörden und erforderlichenfalls durch die Genehmigung der Aufsichtsbehörden festgestellten Sätzen erhoben und diese letzteren entweder den allgemeinen Bedürfnissen des Gemeindehaushaltes oder dem besonderen Zwecke der Abgabe nach dem pflichtmäßigen Ermessen der genannten Organe angepaßt werden, ist bei den Anliegerbeiträgen dasjenige, was verteilt und aufgebracht werden soll, durch das Gesetz und das Ortsstatut genau vorgeschrieben; deshalb fällt hier die Frage, ob die Gesamtsumme der Kosten richtig berechnet ist, mit der Frage zusammen, ob die für die Heranziehung geltenden Normen innegehalten sind. Kann dies nun nicht ohne Einsicht der Rechnung beurteilt werden, so stellt sich ihre Offenlegung als unerläßlich dar, sowohl für die Pflichtigen, um Einspruch und Klage erheben zu können, wie für die Verwaltungsgerichte, um bei obwaltendem Streite entscheiden zu können. Umgekehrt hat allerdings das RG. II. HilfsS. in der E. v. 28. Nov. 81 (PrVerwBl. 3 S. 174) gegenüber dem Berliner Regulative v. 31. Dez. 38 ausgesprochen, die Anlieger könnten eine Rechnungslegung nicht verlangen; die dafür geltend gemachten Gründe sind aber als durchschlagend nicht zu betrachten; sie gehen im wesentlichen dahin, es sei nicht anzunehmen, daß den städtischen Behörden, welche die Herstellung der Straße nicht für die Anlieger, sondern aus eigenem Rechte bewirkten, und genügend beaufsichtigt würden, bei Verleihung des Privilegs die Pflicht der Rechnungslegung habe auferlegt werden sollen. Hierbei hat der eigentümliche Charakter der Abgabe nicht genügend Beachtung gefunden; dies tritt namentlich dann hervor, wenn der Streit vor die Verwaltungsgerichte gebracht wird. Es ist unmöglich, dem Anlieger z. B. die Einwendung abzuschneiden, er sei in dem geforderten Beitrage gesetzwidrig zu den Kosten einer nur für die Versorgung der Hausgrundstücke bestimmten Wasserleitung mitherangezogen, oder es seien Aufwendungen in die Rechnung eingestellt, welche die Gemeinde früher für die jetzt in eine Straße verwandelte Chaussee gemacht habe; es ist aber ebenso unmöglich, von seiten des Gerichts hierüber eine Entscheidung zu fällen und den etwaigen Minderbetrag der auf den Pflichtigen entfallenden Abgabe festzustellen, wenn nicht die Abrechnung in den einschlagenden Posten klargelegt wird. Das OVG. hat denn auch, von der hier vertretenen Auffassung ausgehend, stets einzelne bestrittene Ansätze der Abrechnung näher geprüft und eintretendenfalls berichtigt. Das Kammergericht hat sich im Urteil v. 18. Okt. 06 (PrVerwBl. 28 S. 142) der Ansicht des OVG. angeschlossen. So war der Einwand gemacht und ist vom OVG. geprüft worden, ob bei der Heranziehung gesetzwidrig die ganze Straßenbreite der Berechnung zugrunde gelegt worden sei; desgl. bezüglich der Frage, ob im Falle eines Vorgartens die Baufront oder die etwas längere Frontlänge des Vorgartenlandes zur Berechnung zu ziehen sei (OVGE. v. 21. Febr. 98 Nr. IV 142), weiter die Behauptung, die Anlagekosten der im Streite befindlichen Straße seien mit den Kosten anderer Straßen zusammengeworfen und es habe eine oberflächliche, sachlich unzutreffende Repartition stattgefunden (OVGE. v. 21. Febr. 98 Nr. IV 361). Die Anlieger können nicht verlangen, daß in der Abrechnung der Wertzuwachs der an der Straße belegenen städtischen Grundstücke berücksichtigt werde (OVGE. v. 28. April 13, Bd. 65 S. 144). Daß der Einwand, es seien Rechnungsfehler zuungunsten der Herangezogenen untergelaufen, der Prüfung unterliegt, versteht sich von selbst. — Welchen Anforderungen die Abrechnung genügen, welche Angaben sie für eine ausreichende Kontrolle enthalten muß; hängt von den Umständen des einzelnen Falles ab (OVGE. v. 23. Sept. 15 IV C. 185. 14). Daß die Feststellung der Straßenherstellungskosten nur auf Grund von schriftlichen Belegen u. dergl. stattfinden könne, ist nirgends vorgeschrieben. Der Verwaltungsrichter kann sich beim Nichtvorhandensein oder nur lückenhaften Vorhandensein von Quittungen usw. der Hilfe von Sachverständigen bedienen, die allerdings nur zu bekunden haben, was tatsächlich verausgabt worden ist (OVGE. v. 11. Nov. 17, Bd. 73 S. 132, 134; v. 23. Jan. 19 IV C. 30. 18). In allen Fällen muß der Einsprechende, und deshalb ist ihm Einsicht in die Rechnungen zu geben, seine Überbürdung ziffermäßig nachweisen, die allgemeine Behauptung, die Berechnung sei falsch, genügt nicht (OVGE. v. 30. Juni 04, Bd. 45 S. 81; v. 11. Okt. 12, Bd. 62 S. 318; v. 22. Nov. 17 IV C. 87. 16; v. 24. April 19 IV C. 71. 19); dem Verwaltungsrichter liegt nicht ohne weiteres die Pflicht ob, die Berechnung von Amtswegen nachzuprüfen (OVGE. v. 9. Dez. 96 Nr. II 2434; v. 20. Mai 96 Nr. II 953). Festzuhalten bleibt hierbei nur immer der schon oben (Bem. 11) betonte Grundsatz, daß die Art und Weise, wie die Straßenanlage ausgeführt ist, an sich von den Pflichtigen nicht angefochten werden kann.

Wenn hiernach dem Pflichtigen auch das Recht zur Einsicht in die Rechnungen zugestanden werden muß, so hat er aber keinen Anspruch darauf, daß ihm von der Gemeindebehörde eine vollständige Abschrift der Rechnung geliefert wird (OVGE. v. 30. Okt. 99 Nr. IV 1731; v. 6. Mai 01 Bd. 40 S. 107; v. 20. Nov. 05 Nr. IV 1638; v. 8. Juli 07 Nr. IV 1196). Eine Klage auf Rechnungslegung im Verwaltungsstreitverfahren ist nicht gegeben (OVGE. v. 22. Nov. 17 IV C. 87. 16).

c) Wie das RG. wiederholt (II. HilfsS. E. v. 5. Juni 80, 11. Juli 81 u. 2. Jan. 83, PrVerwBl. 1 S. 358, 3 S. 14 u. 5 S. 132, V. ZS. E. v. 22. Sept. 94, Bd. 34 S. 246; V. ZS. v. 28. Okt. 96 im PrVerwBl. 18 S. 119; vgl. indes V. ZS. E. v. 26. April 90, PrVerwBl. 11 S. 411) und das OVG. in unveränderter Rechtsprechung (E. Bd. 17 S. 181 ff., Bd. 23 S. 51, 56, PrVerwBl. 10 S. 283, 16 S. 310, 15 S. 321; E. v. 13. März 94 Nr. II 384; v. 7. Juni 94 Nr. II 983; v. 17. Nov. 94 Nr. II 1561; v. 4. April 98 Nr. VI 629, Bd. 33 S. 125; v. 18. April 98 Nr. IV 722; v. 23. Mai 98 Nr. IV 977; v. 15. Jan. 00 Nr. IV 1735 u. a.) anerkannt hat, ruht die Abgabe auf dem betr. Grundstücke in der Art, daß eventuell der Besitznachfolger für die Entrichtung mit dem Grundstücke haftet, trägt also d i n g l i c h e n (siehe weiter unten Abs. 3 ff. die neuere Rechtsprechung) C h a r a k t e r an sich (OVGE. v. 13. Juni 99 Bd. 35 S. 68; v. 7. Dez. 03, Bd. 44 S. 106; v. 24. Febr. 02, Bd. 41 S. 107, PrVerwBl. 23 S. 761). Die Abgabe ruht auf dem Grundstücke und hat dingliche Eigenschaft (RG. v. 31. März 15, E. 86 S. 357).

Die Beiträge der Straßenanlieger zu den Pflasterkosten gemäß § 15 d. G. sind gemeine Lasten im Sinne des § 175 ALR. I, 11 und gehen daher bei einem Eigentumswechsel kraft Gesetzes auf den Besitznachfolger derart über, daß der Vorbesitzer ohne weiteres befreit wird, wenn sie gegen ihn noch nicht (durch Heranziehung) fällig geworden sind (vgl. auch E. d. RG. V. ZS. v. 13. Juli 00, JW. 00 S. 680, v. 10. Febr. 04 Nr. V 336/1903). Der Gesetzgeber hat sich bei der Frage, wie die Pflicht des Ersatzes der von der Gemeinde für Straßenanlegungen aufgewendeten Kosten zu regeln sei, naturgemäß an den normal regelmäßig verlaufenden Fall gehalten, nämlich den, daß die anliegenden Grundeigentümer ihr Grundstück erst dann bebauen, wenn die neue Straße fertig hergestellt und die Gemeinde so in der Lage ist, von denen, welche Gebäude an der Straße errichten, sofort den auf sie entfallenden Beitrag zu fordern. Deshalb spricht das Gesetz auch nicht allgemein von denen, welche Gebäude an der neuen Straße errichten, sondern lediglich von den angrenzenden Eigentümern, welche und sobald sie Gebäude daran errichten. Auch der Abs. 2 des § 15 ermächtigt die Gemeinde, nur den Eigentümern die betreffenden Kosten zur Last zu legen. Diese Ausdrucksweise wäre nicht erklärlich, wenn der Gemeinde nur eine persönliche Forderung (siehe Abs. 3) an diejenigen zustände, welche ein Gebäude an der neuen Straße errichtet haben. Es läßt die Ausdrucksweise des Gesetzes klar erkennen, daß der Grund der Verpflichtung in dem Eigentume an den die Straße begrenzenden Grundstücken wurzelt. Wäre es anders, so wäre die Möglichkeit der Durchführung des Gesetzes der Willkür der an neuen Straßen Bauenden preisgegeben, welche in den Fällen, wo nach der Entstehung der Verpflichtung die Zahlung nicht sofort erfolgt, durch herbeigeführten Besitzwechsel es unmöglich machen könnten, daß die Gemeinde gegen den Eigentümer eine Ersatzforderung geltend zu machen in der Lage wäre. Daß der Gesetzgeber einen solchen Rechtszustand habe schaffen wollen, muß von vornherein als ausgeschlossen gelten. In Betracht kommt noch weiter, daß eben weil der Eigentümer einen wesentlichen Vorteil von der Straßenanlage hat, die Last auf ihn soll abgewälzt werden können. Dieser Vorteil aber ist unzertrennlich mit dem Grundstücke verbunden; es entspricht daher nur dem durch das Gesetz geschaffenen Rechtsverhältnis, wenn die Abgabe als auf dem Grundstücke ruhend behandelt wird. Diese Auffassung gewinnt eine wirksame Unterstützung durch den Umstand, daß den gleichen Verpflichtungen, die den Anliegern aus dem Berliner Regulative v. 31. Dez. 38 erwuchsen, von den Gerichten stets dinglicher Charakter beigelegt ist (vgl. OTE. v. 12. Mai 68, Bd. 60 S. 35 ff.; vgl. Schultzenstein, Zur Entstehung des Anspruchs auf den Anliegerbeitrag S. 26). Wenn nun der Gesetzgeber diesen Rechtszustand als anerkanntermaßen bestehend vorfand, so wird nicht vorausgesetzt werden können, daß eine Abweichung davon bei der Übernahme der Vorschriften des Regulativs in das Gesetz beabsichtigt sei. Dies ist um so unwahrscheinlicher, als damit eine erhebliche Verschlechterung in der Lage der Gemeinden herbeigeführt, unter Umständen sogar die Durchführung des Gesetzes unmöglich gemacht wäre. Auch folgende Erwägung wird das klarlegen. Ist die Neuanlegung einer Straße, etwa durch Festsetzung von Fluchtlinien, beschlossen, wird aber nicht sofort mit dem Ausbau vorgegangen — ein Fall, der häufig genug eintritt, — so kann zwar die Bebauung der angrenzenden Grundstücke mit Wohnhäusern, die einen Ausgang nach der neuen Straße haben, nicht aber der Anbau mit anderweiten Gebäuden verhindert werden (§ 12); die Anlieger sind also imstande, ihre Grundstücke mit Fabriken, Niederlagen und sonstigen Baulichkeiten in einer Weise zu besetzen, daß die spätere Errichtung von Gebäuden überhaupt nicht mehr in Frage kommt. Dadurch entsteht eine Ersatzpflicht zunächst nicht, wie schon oben dargelegt ist. Wird nun demnächst die Straße hergestellt und ist inzwischen das Grundstück in andere Hände übergegangen, so würde nicht bloß tatsächlich die Einziehung des Beitrages von dem früheren Eigentümer leicht untunlich werden, sondern auch von vornherein rechtlich als unstatthaft erscheinen. Denn in dem Zeitpunkte, wo die Ersatzpflicht durch Heranziehung eintritt, besteht keinerlei rechtliche Verbindung mehr zwischen der Gemeinde und dem früheren Eigentümer, wenn dieser nicht etwa — was indes hier unerheblich sein würde — der Gemeinde durch Wohnsitz oder Aufenthalt persönlich angehört; es fehlt deshalb an jeder Rechtsgrundlage für die Annahme, daß eine Beitragspflicht für den früheren Eigentümer entstehe (E. Bd. 29 S. 20). Die Gemeinde kann sich also, wenn nicht der Beitrag ganz ausfallen soll, nur an den gegenwärtigen Eigentümer halten;

das setzt aber eine Last mit dinglicher Wirkung voraus. Sie besteht als Grundstücksbelastung auch gegenüber späteren Erwerbern des belasteten Grundstücks und es macht keinen Unterschied, ob der Erwerb infolge freiwilliger Veräußerung oder auf Grund des Zuschlages in der Zwangsverwaltung erfolgt (RG. v. 31. März 15, E. 86 S. 357).

Früher nahm man an, daß die Anliegerbeiträge dingliche Lasten seien (OVGE. v. 13. Juni 99 Bd. 35 S. 68; v. 7. Dez. 03, Bd. 44 S. 106; v. 24. Febr. 02, Bd. 41 S. 107, PrVerwBl. 23 S. 761; RG. v. 10. Febr. 04, PrVerwBl. 25 S. 592), aber nach der späteren Rechtsprechung sind die Anliegerbeiträge persönliche Lasten in Beziehung auf den Besitz eines Grundstücks; von einer Dinglichkeit in privatrechtlichem Sinne kann man daher nicht mehr sprechen. Das OVG. sagt im Urteil v. 30. März 14 IV C. 117. 13, daß von einer „eigentlichen Dinglichkeit" nicht die Rede sein kann. Nach Justizrat Karl Friedrichs (Über öffentliche dingliche Rechte, PrVerwBl. 39 S. 297) kann man äußerstenfalls von einer dinglichen Rechtslage im Gegensatz zum dinglichen Recht sprechen, vermöge deren die Gemeinde den Anlieger zum Schuldner machen kann, ebenso wie die Wegepolizeibehörde dem wegen eines Grundstücks Wegebaupflichtigen eine Auflage machen kann. Auf obigen Aufsatz von Friedrichs sei hier besonders hingewiesen. — Das öffentliche Recht kennt für Abgaben und Leistungen, welche die Natur öffentlicher Lasten haben, bezüglich der Bestimmung des Subjekts, welchem die Last obliegt, nicht lediglich wie das Privatrecht den Unterschied von dinglichen und persönlichen Lasten, es hat sich vielmehr geschichtlich noch ein drittes Rechtsverhältnis herausgebildet, nämlich dies, daß Rechte und Pflichten mit Rücksicht auf den Grundbesitz auszuüben bezw. zu leisten sind (OVGE. 30 S. 260) — ein Rechtsverhältnis, welches in ähnlicher Weise auch bei Dismembrationen bezüglich solcher Abgaben und Leistungen, welche die Natur öffentlicher Lasten haben, im § 7 des Gesetzes über die Zerteilung von Grundstücken vom 3. Jan. 45 und im § 2 des an seine Stelle getretenen Gesetzes v. 25. August 76 mit einem gleichen Ausdruck bezeichnet ist. Dort werden solche Lasten im Unterschiede von denen, welche auf dem Grundstücke haften, als Leistungen bezeichnet, welche in Rücksicht auf den Grundbesitz zu entrichten sind (OVGE. 27 S. 202, vgl. auch den Ministerialerlaß v. 5. Juli 45, MBl. d. i. V. S. 173; OVGE. Bd. 1 S. 147, Bd. 10 S. 229, 234). Zu solchen Lasten gehört auch der Anliegerbeitrag gemäß § 15.

Die Straßenbaulast entsteht, wenn die Kosten zur Herstellung der Straße aufgewendet worden sind und festgestellt werden können und ein Gebäude auf dem betreffenden Grundstück errichtet wird. Dagegen wird die aus der Straßenbaulast entspringende Verpflichtung zu einer Beitragsleistung erst fällig, wenn die Leistung dem Grundstückseigentümer gegenüber zur Hebung gestellt ist (RG. v. 31. März 15, E. 86 S. 357). Vgl. zu diesem Urteil die Ausführungen von Schultzenstein, Jur. W. 1916 Nr. 18—22, Sonderheft S. 28, 29. Verpflichtet ist derjenige, der zur Zeit der Zustellung Eigentümer des Grundstückes ist, derjenige welcher vor der Veranlagung sein Grundstück veräußert hat, ist vom Beitrage frei. Das OVG. hat sich in dem Urteil v. 22. Juni 16 auf denselben Standpunkt gestellt: „Der in der E. v. 1. Juli 12 IV C. 136. 11 ausgesprochene Grundsatz, daß derjenige, welcher zur Zeit der Entstehung der Beitragspflicht Eigentümer des angrenzenden Grundstücks gewesen ist, auch noch, nachdem er das Grundstück veräußert hat, zu dem Anliegerbeitrag herangezogen werden kann — wird nicht aufrecht erhalten. Das Gesetz verpflichtet ausdrücklich nur den angrenzenden Eigentümer. In Übereinstimmung mit dem Urteile v. 1. Juli 12 ist daran festgehalten, daß die Pflicht zur Entrichtung des Anliegerbeitrages nicht bloß mit den Kräften des angrenzenden Grundstücks, auf welchem das Gebäude an der neuen Straße errichtet worden ist, sondern mit dem ganzen Vermögen des Verpflichteten zu erfüllen ist, daß also die Beitragspflicht eine persönliche Pflicht ist, und nicht als dingliche Last auf dem Grundstücke in der Weise ruht, daß dafür nur das Grundstück haftet. So lange die Tilgung des Beitrages noch nicht erfolgt ist, kann auch der spätere Eigentümer des Grundstücks, der Besitznachfolger desjenigen, welcher zur Zeit der Entstehung der Beitragsforderung Eigentümer war, als pflichtig von der Gemeinde herangezogen werden, d. h. dieser kann wegen jenes Gebäudes zu demselben Beitrage herangezogen werden, als wenn er seinerseits das Gebäude errichtet hat (OVGE. v. 18. Juni 14, PrVerwBl. 37 S. 313). Der spätere Nachfolger ist aber nicht als Rechtsnachfolger seines Besitzvorgängers für den Beitrag verhaftet und tritt nicht in die diesem gegenüber entstandene Verpflichtung ein (OVGE. Bd. 34 S. 83, 53 S. 110), sondern ist als nunmehriger angrenzender Eigentümer selbständig verpflichtet und als solcher besonders heranzuziehen. Die Verpflichtung des Veräußerers, welcher nicht mehr angrenzender Eigentümer ist, — vorausgesetzt, daß ihm gegenüber die Beitragsforderung der Gemeinde nicht bereits durch Heranziehung in Vollzug gesetzt und fällig gemacht worden ist — und seine nunmehrige Heranziehung ist ausgeschlossen" (OVGE. v. 22. Juni 16 IV C. 54. 14; Bd. 71 S. 146). An der letzteren Entscheidung und deren Begründung hat der Gerichtshof auch gegenüber den in der JW. 1916 Nr. 18, 19, 20, 21, 22 dargelegten Ausführungen „Zur Entstehung des Anspruchs auf den Anliegerbeitrag nach dem § 15" von Schultzenstein festgehalten (OVGE. v. 6. März 19 IV C. 20. 180). Siehe auch OVGE. v. 10. Okt. 18 IV C. 64. 17.

Gegen diese Rechtsprechung wendet sich Schultzenstein in der JW. 16 Nr. 18—22 (siehe auch Arch. f. bürg. R. Bd. 33 S. 200, die Tragung öffentlicher Lasten, von demselben Verfasser und Verw. Arch. 22 S. 485, 486, 510). Schultzenstein weist darauf hin, daß eine persönliche Pflicht mit einem „jeweiligen Eigentümer" nicht bestehen könne und bespricht in eingehender Weise die Folgen einer solchen Rechtsprechung. Gewiß sei auch schon früher von dem jeweiligen Eigentümer gesprochen worden. Aber dies sei geschehen von der damaligen Auffassung des Anspruchs auf den Anliegerbeitrag als eines dinglichen Anspruchs aus (z. B. OVG. 33 S. 125) und sonst jedenfalls stets (z. B. neuestens Nußbaum, Die Zwangsversteigerung und Zwangsverwaltung, 74 oben) mit einer ganz anderen Bedeutung und Tragweite als in den Urteilen von 1916. Folgt man den Ausführungen von Schultzenstein, so wird man zugeben müssen, daß die neue Rechtsprechung für einzelne Rechtsgebiete des § 15 Änderungen zur Folge hat, welche sowohl für die Gemeinden als die Anlieger von einschneidender Bedeutung sind, z. B. für die Verfolgung des Anspruches im Vollstreckungsverfahren.

Vgl. zu der Frage der Dinglichkeit: Fleiner, Institutionen des deutschen Verwaltungsrechts, 2. Aufl. S. 135; Immich, PrVerwBl. 28 S. 290; Friedrichs (Justizrat), PrVerwBl. 39 S. 297; Koßmann, PrVerwBl. 39

S. 364, 375; Loewe, PrVerwBl. 39 S. 565; Lüttich, Arch. f. d. Recht Bd. 37 S. 324; Mützelburg, PrVerwBl. 32 S. 443; Nöll-Freund, 8. Aufl. Anm. 3 zu § 90; Saran, Baufluchtliniengesetz S. 359; Schubiger, Die Erhebung von Zwangsbeiträgen, Zürich, S. 48, 60 ff.; Strutz, KAG., 4. Aufl. S. 639.

Für den Verkehr mit Grundstücken ist der herrschende Rechtszustand einigermaßen hinderlich; wer ein bereits bebautes Grundstück an einer neuen Straße erwirbt, sei diese nun fertiggestellt oder noch nicht vollständig ausgebaut, muß sich im ersteren Falle vergewissern, ob die Anliegerbeiträge schon bezahlt sind, und hat im zweiten Falle für die Bemessung des Kaufpreises zu beachten, daß ihn jedenfalls demnächst die Ersatzpflicht trifft. Namentlich das letztere kann unter Umständen unbequem werden, weil sich die Höhe des Beitrages vielleicht nicht übersehen läßt; im Grunde steht aber ein solcher Käufer nicht anders als derjenige, welcher ein unbebautes Grundstück an der neuen, noch in der Anlegung begriffenen Straße erwirbt, um es zu bebauen; auch hier wird die später von ihm zu entrichtende Summe meistens nicht genau im voraus festgesetzt werden können. Um für den Grundstücksverkehr die Nachteile möglichst zu mindern, wird beim Amtsgericht Berlin von den Richtern der Zwangsversteigerungsabteilungen die Übung befolgt, bei Erlaß der Versteigerungsbekanntmachung, an die Städtische Baudeputation II zu Berlin die Anfrage zu richten, ob und welche Beiträge für Anlegung und Regulierung der Straße von dem Eigentümer des zur Versteigerung stehenden Grundstücks noch zu erfordern sind. Infolgedessen ist auch den Grundbuchrichtern zur Erleichterung des Verkehrs von der Baudeputation ein Verzeichnis überreicht, in welchem diejenigen Straßen aufgeführt sind, für welche keine Anliegerbeiträge mehr zu zahlen sind, von den Grundbuchrichtern wird dann denjenigen Interessenten, welche sich zu einer vorzunehmenden Auflassung melden, vor Aufnahme der Erklärung eine Mitteilung darüber gemacht, ob nach dem genannten Verzeichnisse feststeht, daß von dem Grundstücke Anliegerbeiträge nicht mehr zu zahlen sind; findet sich die betreffende Straße da nicht, so werden die Interessenten darauf aufmerksam gemacht, daß sie nähere Auskunft bei der städtischen Baudeputation nachsuchen müssen. Auch den Notaren sind gleiche Verzeichnisse zugesandt. Diese Einrichtung, die sich sehr bewährt hat, ist allen, namentlich größeren Ortschaften, zur Nachahmung zu empfehlen (vgl. MBl. f. d. i. V. 1904 S. 239). Durch einen gemeinsamen Erlaß v. 11. August 05 haben im Anschluß hieran die Minister der Justiz, der öffentlichen Arbeiten und des Innern die Oberpräsidenten ersucht, denjenigen Städten, die sich zur Ausführung von Verzeichnissen entweder der Straßen, für die Anliegerbeiträge zu entrichten, oder der Straßen, für welche solche nicht zu entrichten, bereit erklärt haben, die Mitteilung dieser Verzeichnisse an die Amtsgerichte und die Notare des Bezirks anheim zu stellen. Der Justizminister hat durch allgemeine Verfügung v. 19. Okt. 05 (JMBl. S. 315) den Amtsgerichten und Notaren davon Kenntnis gegeben und angeordnet, daß den Beteiligten auf Verlangen Einsicht gewährt wird; werde weitere Auskunft verlangt, so seien die Beteiligten an die Gemeindebehörde zu verweisen. Vgl. Bem. 8 b zu § 12 S. 169. Nach den Darlegungen zu a dieser Bem. können Straßenbaubeiträge als „rückständig" (§ 88 d. KAG.) im Sinne der Zwangsvollstreckungsgesetze erst dann behandelt werden, nachdem sie zur Hebung gestellt, ausgeschrieben sind, wenn deren Zahlung verlangt, aber nicht erfolgt ist (OVGE. v. 20. Jan. 98 Nr. IV 143, PrVerwBl. 19 S. 358; v. 18. April 98 Nr. IV 722; Bd. 33 S. 131, E. des RG. in ZS. Bd. 42 S. 279, 280; OVGE. v. 23. März 03 Nr. IV 566; v. 18. Mai 05 Nr. IV 757, DJZ. 11 S. 87; v. 5. März 14, PrVerwBl. 37 S. 167). Der Ersteher haftet nicht für rückständige und laufende Lasten und Abgaben, welche im Versteigerungsverfahren hätten geltend gemacht werden können, aber nicht angemeldet worden sind. Die Beitragsforderung gehört selbstverständlich nicht zu den laufenden Abgaben (OVGE. v. 21. Dez. 11, PrVerwBl. 33 S. 769; v. 19. Juni 11 IV C. 218. 10). Ist die Forderung entstanden, so geht die Verpflichtung zur Zahlung der Beiträge als dingliche, (s. oben) auf dem Grundstück ruhende Last auch auf den über, welcher das Grundstück in der Zwangsversteigerung erworben hat und gegen diesen kann sie dann durch Heranziehung noch geltend gemacht werden, wenn die Frist aus § 87 Nr. 2 des KAG. noch nicht verstrichen ist. § 28 u. § 22 Abs. 3 des PrZwangsvollstrG. v. 13. Juli 83 (für die Rheinprovinz v. 12. April 88); OVGE. Bd. 33 S. 129, 131; Besch. v. 3. Juli 99 Nr. IV 865. Für die Landesteile, in denen das Grundbuch eingeführt ist: §§ 18 u. 156 des RG. v. 24. März 97 (RGBl. S. 971); PrAusfG. v. 23. Sept. 99 (GS. S. 291) Art. 1 u. 2 RGE. v. 10. Febr. 04 Nr. V 336/03, PrVerwBl. 25 S. 593.

Über das in solchen Fällen zwischen dem Käufer und Verkäufer entstehende Rechtsverhältnis, insbesondere die Regreßpflicht des letzteren vgl. E. des RG. II. HilfsS. v. 5. Juni 80, PrVerwBl. 1 S. 358; V. ZS. v. 11. Juli 85 u. v. 30. Dez. 92, PrVerwBl. 6 S. 405, 7 S. 262 u. 24 S. 320; v. 26. April 90, JW. 1890 S. 195 Nr. XIX, PrVerwBl. 11 S. 401; v. 30. Nov. 92; E. des RG. in ZS. Bd. 30 S. 234 u. a. Über die Anmeldung der Rückstände im Konkurse II. HilfsS. v. 11. Juli 81, PrVerwBl. 3 S. 14; über den Begriff der Rückstände OVGE. Bd. 17 S. 181 ff., PrVerwBl. 10 S. 283, vgl. auch Bd. 19 S. 292 ff.; OVGBesch. v. 3. Juli 99 Nr. IV 865. Der auf Grund des § 15 erwachsene Anspruch einer Gemeinde ist nach § 10 Ziff. 3 des RG. über die Zwangsversteigerung v. 24. März 97 als solcher zum Verteilungsverfahren nicht anzumelden. Dagegen müssen rückständige Straßenbaukosten aus den letzten zwei Jahren angemeldet werden (OVGE. v. 5. März 14, PrVerwBl. 37 S. 167; v. 2. Mai 08, JW. 38 S. 440). Fällige Straßenbaukostenforderungen müssen im Zwangsversteigerungsverfahren angemeldet und liquidiert werden (OVGE. v. 11. April 07 IV C. 2. 06).

Beiträgen, welche länger als zwei Jahre rückständig sind, steht das Vorrecht des § 10 Nr. 3 ZVG. nicht zu. Ihre Fälligkeit beginnt sofort mit der Veranlagung oder doch mit dem Ablauf der darin erwähnten zweiwöchigen Zahlungsfrist und vom gleichen Termin ab die Rückständigkeit. Durch privatrechtliche Vereinbarungen kann ein solches Vorrecht nicht erzeugt werden und so kann es auch solchen Beiträgen nicht beigelegt werden, die nur deshalb nicht eingefordert werden können, weil nach Zugang der Veranlagung durch besondere Vereinbarung der Zeitpunkt der Zahlung hinausgeschoben worden ist (Raten) (E. d. RG. v. 11. Juli 13 V. ZS. Bd. 83 S. 87; siehe Löwe, PrVerwBl. 37 S. 254). Nach der Verordnung des Bundesrats v. 22. April 15 (GS. S. 235) erhalten für die Dauer des Kriegszustandes Ansprüche auf Entrichtung öffentlicher Lasten, die nicht in wiederkehrenden Leistungen bestehen, bis auf weiteres die Befriedigung in der dritten Klasse, wenn sie am 1. Jan. 15 noch nicht zwei Jahre rückständig waren. Hierunter fallen ohne Zweifel die Beiträge des § 15. Siehe hierzu Odenkirchen, PrVerwBl. 36 S. 515, Wolf, PrVerwBl. 36 S. 541 und Koßmann, Die Bekanntmachung über den dinglichen Rang rückständiger, wiederkehrender öffentlicher Lasten von Grundstücken v. 12. Juli 17, PrVerwBl. 39 S. 34.

Besteht eine Verbindlichkeit zur Spaltung nicht, so ist die Stadtgemeinde nicht verpflichtet, eine Teilforderung zur Subhastation anzumelden (OVGE. 17 S. 186). Der § 15 enthält keine ausdrückliche Bestimmung darüber, daß bei einem Eigentumswechsel der Besitznachfolger auf Grund des, nicht seiner Besitzzeit angehörigen, Baufalles herangezogen werden kann und daß der frühere noch nicht herangezogene Eigentümer aus der Verpflichtung ausscheidet. Es liegt aber im Sinne und Absicht des Gesetzes, daß, so lange eine Tilgung noch nicht stattgefunden hat, der spätere Eigentümer zwar nicht als Rechtsnachfolger seines Vorbesitzers, aber kraft seines Eigentums an dem betreffenden Grundstücke dergestalt als beitragspflichtig angesehen wird, als habe er selbst das Gebäude errichtet (OVGE. v. 3. Febr. 10 IV C. 83. 09; v. 18. Juni 14, PrVerwBl. 37 S. 313). Hat zwischen dem Zeitpunkt der Entstehung der Forderung und der Heranziehung ein Eigentumswechsel stattgefunden, so ist die Heranziehung an den neuen Eigentümer zu richten. Vgl. Krug, PrVerwBl. 32 S. 157, OVGE. 33 S. 128; RG. v. 23. Febr. 99, PrVerwBl. 20 S. 505. Veräußert ein Grundstückseigentümer, der zu einem Anliegerbeitrage herangezogen und mit seinem Einspruch abgewiesen worden ist, demnächst das Grundstück an einem andern, so geht die durch die Heranziehung ihm gegenüber fällig gewordene Forderung nicht ohne weiteres auf den neuen Erwerber über, sondern dieser kann und muß zu dem Beitrag aufs neue herangezogen werden (OVGE. v. 10. Juli 13, Bd. 65 S. 147). Der neue Besitzer kann seiner Heranziehung mit dem Einwand nicht entgegentreten, sie sei unzulässig, weil der Vorbesitzer bereits herangezogen sei (OVGE. v. 2. Okt. 13 IV C. 75. 13).

Wird der neue Erwerber nachträglich herangezogen, so steht ihm bei Ergreifung der Rechtsmittel der §§ 69 u. 70 d. KAG. die Verteidigung gegen die Veranlagung in demselben Umfange frei, wie dem früheren Eigentümer. Ein früheres Urteil, welches den geltend gemachten Anspruch konsumiert und daher jede weitere Verfolgung desselben ausschließt, steht auch der Gemeinde gegen den neuen Erwerber entgegen (OVGE. v. 13. Juni 99, Bd. 35 S. 68).

Wenn zu der Zeit, wo eine neue Straße hergestellt wird, die Verteilung der Kosten möglich und an der Straße ein Gebäude errichtet, das bebaute Grundstück der Gemeinde gehört, so entsteht, da die Gemeinde nicht zugleich abgabenberechtigt und verpflichtet sein kann, keine Beitragsforderung; mithin kann eine Beitragsverpflichtung auch nicht auf denjenigen übergehen, welcher später — wenn auch vor der Heranziehung — Eigentümer des Grundstücks wird (OVGE. v. 7. Dez. 03, 44 S. 106).

Da die Beiträge dinglichen Charakter nach dem Gesetze an sich tragen, bedarf es einer ausdrücklichen Hervorhebung dieser ihrer Eigenschaft im Ortsstatute nicht; solange das Statut nicht etwas Abweichendes anordnet, bleibt es bei dem Inhalte des Gesetzes (PrVerwBl. 28 S. 119). Der Gemeinde aber ist es unbenommen, unter Verzichtleistung auf das ihr nach dem Gesetze zustehende Recht von einer Heranziehung der Besitznachfolger abzusehen und die Angelegenheit in anderer Weise zu regeln; einen solchen Fall behandelt die OVGE. v. 20. Jan. 88 Nr. II 78, PrVerwBl. 9 S. 239. Die Frage, ob der Anliegerbeitrag eine dingliche Abgabe sei (also eventuell der Besitznachfolger haftet) ist dem Rechtswege nicht entzogen (RG. V. ZS. v. 18. Sept. 97, JW. S. 556).

d) Die Eigentümlichkeit der Abgabe machte es vor Erlaß des Kommunalabgabengesetzes schwierig, ihr Verhältnis zu dem Gesetze über die Verjährungsfristen bei öffentlichen Abgaben v. 18. Juni 40 festzustellen. Der Minister des Innern erkannte in dem Erl. v. 6. Juni 88 (MBl. S. 125) die obwaltenden Bedenken an, gelangte schließlich aber zu dem Ergebnisse, die Vorschrift im § 5 d. G. von 1840 sei mit der Maßgabe anzuwenden, daß die hier vorgesehenen Wirkungen erst in demjenigen Jahre eintreten, in welchem der Anspruch der Gemeinde liquide geworden sei und der Einziehung des Beitrages nichts mehr im Wege stehe. Die Abgabe wurde also den direkten Steuern und zwar den Grundsteuern gleichgestellt, bei denen eine Nachforderung nur für das Kalenderjahr oder Etatsjahr zulässig war, worin die Nachforderung geltend gemacht wird. Die üble Lage, in welche die Gemeinden bei einer solchen Handhabung des Gesetzes geraten konnten, mußte zu anderen Erwägungen führen. Wenn nun auch jetzt durch das Kommunalabgabengesetz (§§ 10, 69 ff., 87 ff.) feststeht, daß die Anlieger**beiträge** zu den Gemeindeabgaben gehören, so trifft dieses doch eben nur für die **Beiträge** zu, die Verpflichtung der Unternehmer und der Anlieger, soweit es sich um die **Herstellung** der Straße und ihre **Unterhaltung** während fünf Jahren handelt, fällt überhaupt nicht unter das Kommunalabgabengesetz. Es sind deshalb auch heute noch die Untersuchungen über die Natur der Verpflichtung von wenn auch geringerer Bedeutung. In der 3. Auflage dieses Werkes ist darüber folgendes ausgeführt:

„In erster Linie fragt sich dabei, ob der Anliegerbeitrag zu den direkten (§ 1 d. G.) oder den indirekten Steuern (§ 2) gehört. Das RG. das in der E. d. II. HilfsS. v. 28. Nov. 81 (PrVerwBl. 3 S. 174) den Anliegerbeiträgen des Berliner Regulativs v. 31. Dez. 38 die Eigenschaft als Steuern überhaupt abgesprochen hat, faßt nach der E. des IV. ZS. v. 8. Juli 86 (PrVerwBl. 8 S. 53) die Beiträge aus § 15 d. G. v. 2. Juli 75 als indirekte Gemeindesteuern auf; eine Begründung dafür ist allerdings nicht gegeben, die Anschauung des Gerichts vielmehr nur durch Beifügung des eingeklammerten Wortes „indirekte" gekennzeichnet. — Unter die direkten Steuern des § 1 lassen sich die Beiträge denn auch nicht wohl bringen. Jene werden — wie es in der OVGE. Bd. 6 S. 105 heißt — in gewissen regelmäßigen Zwischenräumen nach einer besonders vorher festgestellten Heberolle auf die Pflichtigen umgelegt; das stimmt mit den Merkmalen, die das Staatsministerium bei Vorlegung des Gesetzentwurfes in dem Immediatberichte v. 30. Nov. 38 für die Unterscheidung zwischen direkten und indirekten Steuern aufgestellt hat; die betr. Stelle lautet (vgl. OTE. Bd. 74 S. 118):

Die direkten Steuern unterscheiden sich dadurch sehr wesentlich von den indirekten Steuern, daß erstere wiederkehrend nach Jahressätzen — wenngleich in monatlichen Raten zahlbar — auf den Grund jährlich im voraus angefertigter oder für längere Zeit feststehender Heberollen erhoben, letztere dagegen nur dann entrichtet werden, wenn der nicht im voraus zu bestimmende Fall der Steuerverpflichtung eintritt. Der Betrag der direkten Steuer wird dem Steuerpflichtigen für einen bestimmt bevorstehenden Zeitraum bekannt, die indirekte Steuer aber erst dann, wenn er sich in den Fall der Entrichtung versetzt — —

Wie ohne weiteres einleuchtet, können die Anliegerbeiträge als direkte Steuern in diesem Sinne nicht betrachtet werden. Hierbei ist ganz davon abzusehen, ob für die von den Anliegern zu ersetzenden Kosten der fünfjährigen Unterhaltung, wenn deren Erstattung alljährlich erfordert wird, die Vorbedingungen zur Annahme einer direkten Steuer als gegeben anzusehen sein möchten; denn es erscheint von vornherein untunlich, den Beiträgen zur Herstellung und zur Unterhaltung der Straße einen völlig verschiedenen rechtlichen Charakter beizulegen; sollen aber beide gleich behandelt werden, so kann nur der einmalige Beitrag zur Herstellung ausschlaggebend sein, weil er sich entschieden als die Hauptsache darstellt, der die Beiträge zur Unterhaltung gewissermaßen als ein Anhang (Annexum) folgen. — Daß nun die alljährlich wiederkehrende Erhebung vom Gesetzgeber in der Tat bei den direkten Steuern als ein notwendiges Erfordernis vorausgesetzt ist, erhellt auch zur Genüge aus dem Gesetze selbst, insbesondere aus den Bestimmungen der §§ 1, 5 u. 6; auf ihren Inhalt soll nicht näher eingegangen, sondern bloß hervorgehoben werden, wie der Ausschluß der Nachforderung nach Ablauf des Kalender- oder Etatsjahres sich wohl bei regelmäßig wiederkehrenden Leistungen rechtfertigen läßt, dagegen bei einer Abgabe, die nur einmal zu entrichten ist, jeden inneren Grundes entbehren würde. Der § 7 des Gesetzes gewährt demgemäß auch bei den indirekten Steuern für die Nachforderung die Frist eines vollen Jahres, vom Tage des Eintritts der Zahlungsverpflichtung an gerechnet. — Hiernach wäre die Einreihung der Anliegerbeiträge unter die indirekten Steuern eher möglich; dem würde auch insofern, als die Verpflichtung zur Zahlung durch die Errichtung eines Gebäudes auf dem angrenzenden Grundstücke, also durch eine lediglich von der Entschließung der Zensiten abhängige Handlung entsteht, begrifflich nichts im Wege stehen; auf der anderen Seite haben aber die Anliegerbeiträge mit den im § 2 aufgeführten indirekten Steuern kaum irgend eine Ähnlichkeit. Schon der Umstand, daß § 2, wie die Eingangsworte lehren, nur von solchen Abgaben handelt, die bei Eintritt der Verpflichtung stets oder doch der Regel nach sofort erhoben werden und wenigstens nicht erst einer Umlegung sowie einer besonderen Ausschreibung bedürfen, deutet auf eine erhebliche Verschiedenheit hin. Vor allem aber kommt in Betracht, daß die Verpflichtung der Anlieger ihrem eigentlichen Grunde nach in dem Eigentume an den die Straße begrenzenden Grundstücken beruht; sie wird freilich erst wirksam, wenn der Eigentümer ein Gebäude an der Straße errichtet; aber jene Verknüpfung der Last mit einem bestimmten, zur Gemeinde gehörigen Grundstücke ist etwas dem Wesen der indirekten Steuer durchaus Fremdes. — Es paßt daher weder § 1 noch § 2 und es bleibt somit nur übrig, den Beiträgen den steuerartigen Charakter im Sinne des Gesetzes überhaupt zu bestreiten. An sich mag sonst für diesen Charakter die Art und Weise sprechen, wie die Beiträge umgelegt und ausgeschrieben werden; auf der anderen Seite ist aber auch schon oben unter b ausgeführt, daß die Anliegerbeiträge eine grundsätzliche Abweichung von den übrigen, als Steuer zu behandelnden Gemeindeabgaben aufweisen

Der Minister des Innern bemerkt denn auch in dem angezogenen Erlasse v. 6. Juni 88, den Steuern und steuerartigen Gefällen könne die Abgabe nicht ohne weiteres zugerechnet werden. Der besonderen Eigentümlichkeit der Last entspricht es jedenfalls am meisten, die Anwendung des Gesetzes von 1840 ganz auszuschließen. Dafür kann auch noch geltend gemacht werden, daß es immerhin das Naturgemäßeste bleibt, den drei im Gesetze nebeneinander gestellten Arten der Heranziehung — Herstellung der Straße, Ersatz der dafür aufzuwendenden Kosten und Beitrag zu den letzteren — denselben rechtlichen Charakter beizulegen, und daß der an erster Stelle genannten Art, die doch an sich, so wenig sie für die Anlieger paßt, als die prinzipale anzusehen ist, zweifellos ein steuerartiger Charakter nicht beiwohnt (OVGE. Bd. V S. 98; v. 1. Nov. 06 Nr. IV 1731).

Aus der Unanwendbarkeit des Gesetzes von 1840 folgt, daß die Beiträge nicht innerhalb eines Jahres nach Eintritt der Zahlungspflicht gemäß § 7 d. G. eingefordert zu werden brauchen (OVGE. v. 3. März 93 Nr. II 262), daß durch die Einziehung eines Teils der Beitragssumme die spätere Nachforderung des Restbetrages nicht ausgeschlossen wird (OVGE. Bd. 23 S. 57 u. 50).

Es soll mit Bezug auf die vorstehenden Erörterungen noch auf die E. Bd. 24 S. 76; E. v. 7. April 94 Nr. II 528; v. 30. März 95 Nr. II 492, PrVerwBl. 16 S. 523; v. 15. Jan. 00 Nr. IV 1735; v. 15. März 00 Bd. 37 S. 51 ff. hingewiesen werden.

Jetzt kommen die §§ 69 ff., 87 ff. des KAG. zur Anwendung (vgl. OVGE. v. 9. Dez. 96 Nr. II 2439; AusfAnw. zum KAG. v. 10. Mai 94 Art. 45 Nr. I). Im allgemeinen ist auf die Kommentare zu dem KAG. hinzuweisen. Hier soll nur folgendes bemerkt werden:

Die §§ 18 u. 34 d. ZustG. (vgl. § 37 d. LGemO. v. 3. Juli 91) lassen gegen die Heranziehung oder die Veranlagung zu den Gemeindelasten außer dem Rechtsmittel des Einspruchs auch die Beschwerde zu. Diese stand nach der Rechtsprechung des OVG. dem Zensiten neben dem Einspruche im engeren Sinne als Rechtsbehelf zu und war an keine Frist gebunden. Von dem eigentlichen Einspruche unterscheidet sich diese Beschwerde dadurch, daß sie, von einer ursprünglich richtigen und rechtlich unanfechtbaren Veranlagung ausgehend, deren Abänderung wegen eines später eingetretenen Ereignisses (Zahlung, Verjährung usw.) verlangt, während der Einspruch gerade die ursprüngliche Rechtmäßigkeit der Veranlagung bestreitet (OVGE. Bd. 15 S. 165 ff., Bd. 21 S. 152 ff., Bd. 26 S. 1 ff., Bd. 26 S. 63; v. 4. Jan. 15 IV C. 110. 14). Wird Aufhebung der ursprünglichen Veranlagung begehrt, einmal weil in einem anderen Verwaltungsstreitverfahren klar gestellt worden sei, der Ausbau der Straße sei nicht mehr die erste Einrichtung gewesen und sodann weil Beschwerdeführer hiervon erst jetzt Kenntnis erlangt habe, so liegt hierin kein Ereignis, welches eine von der Beitragspflicht befreiende Wirkung haben kann (OVGE. v. 6. April 16, Bd 71 S. 140). Der § 69 KAG. kennt nur den Einspruch und die Ausf. Anw. dazu Art. 45 Nr. 1 sagt: „Das Rechtsmittel des Einspruchs faßt die Beschwerde im Sinne des § 37 d. LGemO. v. 3. Juli 91 (GS. S. 233) in sich." Das OVG. hat aber in der E. Bd. 31 S. 41 angenommen, daß das KAG. die Beschwerde weder beseitigt noch von Innehaltung der Einspruchsfrist des § 69 abhängig gemacht hat. Gründe sind für diese Ansicht nicht angegeben (vgl.

OVGE. v. 31. Okt. 98 Nr. IV 1823; Nöll-Freund Kommentar zum KAG. 8. Aufl. Note 10 zu § 69 S. 389).

Über die Form der Heranziehungsverfügung sagt das Gesetz nichts. Daß es ohne schriftliche Form nicht wohl möglich ist, liegt in der Natur der Sache. Die AusfAnw. z. KAG. Art. 45 Nr. 2 verlangt schriftliche Abfassung für die Beschlüsse. Nöll-Freund 8. Aufl. S. 387 Anm. 4a, (vgl. OVGE. v. 12. Mai 99 Nr. II 34). Eine rechtswirksame Heranziehung liegt jedenfalls dann nicht vor, wenn lediglich der Verteilungsplan oder eine Hebeliste in den öffentlichen Blättern oder sonstwie öffentlich bekannt gemacht ist (OVGE. v. 28. Okt. 01, Bd. 40 S. 92; v. 5. Jan. 03 Nr. IV 24).

Jedenfalls muß die Heranziehung (Veranlagung) den Adressaten (Pflichtigen) erkennen lassen, welche Summe gezahlt werden soll und daß von ihm eine Abgabe, eine öffentlich-rechtliche Leistung von Gebühren, Beiträgen, Steuern gefordert wird. Nur dann kann er erkennen, welche Rechtsmittel er eventuell zu ergreifen hat. Welche Hinweise in dieser Beziehung genügen, kann im einzelnen zweifelhaft sein, wenn aber jeder Hinweis darauf, daß es sich um eine Abgabe handelt, fehlt, und vielleicht gar hervorgehoben wird, daß die geltend gemachte Forderung auf andere Rechtsgründe sich stütze, so liegt eine Heranziehung im Sinne des § 69 KAG. nicht vor (OVGE. v. 26. März 00 Nr. IV 516; v. 9. Jan. 08 Nr. IV 42; v. 19. April 17 IV C. 93. 16).

Eine Heranziehung gemäß § 15 liegt auch dann vor, wenn nach Inhalt der Heranziehungsverfügung die dem Anlieger für unentgeltlich abgetretenes Straßenland anzurechnende Vergütung den ihm zur Last gelegten Beitrag übersteigt, so daß ihm der Gemeindebehörde gegenüber noch ein Guthaben verbleibt (OVGE. v. 8. Okt. 06, 49 S. 76). Solange die Verjährungsfrist nicht abgelaufen ist, kann der Gemeindevorstand eine Heranziehungsverfügung zurücknehmen und eine neue, auf einen höheren Betrag lautende erlassen (OVGE. v. 23. April 08 IV 815). Die Aufforderung, auf einen Anliegerbeitrag, zu dem die Heranziehung bereits erfolgt ist, Zahlung zu leisten, ist keine Heranziehungsverfügung (OVGE. v. 4. Jan. 15 IV C. 110. 14). Eine Heranziehung zu Zinsen von Teilzahlungen ist nicht statthaft. Dabei ist es auch unerheblich, daß die Bewilligung der Raten gegen Verzinsung im Ortsstatut vorgesehen ist (OVGE. v. 18. Jan. 06 IV 94; v. 4. Jan. 15, PrVerwBl. 37 S. 732). Vgl. Lüttich, Arch. f. bürg. R., Bd. 37 S. 307; Mützelburg, PrVerwBl. 32 S. 444; Krug, Pr.-VerwBl. 33 S. 495; Löwe, PrVerwBl. 36 S. 90; Rütgers PrVerw. Bl. 25 S. 602, RGE; 86 S. 357.

Die Veranlagung und Verteilung der Beiträge ist nicht Sache der Gemeindevertretung, sondern gehört zu den Aufgaben des Gemeindevorstandes. Daß der Gemeindevorstand zur Mitwirkung bei der Veranlagung die Wegebaukommission herangezogen hat, war unbedenklich. Hierzu war er befugt und den Anliegern erwächst daraus kein Recht, die Veranlagung zu beanstanden (OVGE. v. 4. März 12, PrVerwBl. 34 S. 45). Die Zahlungsaufforderung kann statt vom Gemeindevorstand auch von seinen Organen, von der Gemeindekasse ergehen, auch in der Mitteilung des Amtsgerichts an den Schuldner, daß der Anliegerbeitrag zur Zwangsversteigerung angemeldet ist (OVGE. v. 19. April 17 IV C. 93. 16). Ebenso sind die städtischen Verwaltungsdeputationen innerhalb der ihnen überwiesenen Geschäftszweige befugt, an Stelle des Gemeindevorstandes über Einsprüche gegen die Heranziehung zu Gemeindeabgaben zu beschließen. Eines förmlichen Kollegialbeschlusses bedarf es dabei nicht (OVGE. 34 S. 84).

Die Einwendungen gegen die Pflicht zur Leistung von Beiträgen können nur in dem in §§ 69 Abs. 1, 70 Abs. 2 KAG. geordneten Verfahren gegen den Gemeindevorstand geltend gemacht werden (OVGE. 46 S. 88), gegen dessen Beschluß ist Klage im Verwaltungsstreitverfahren binnen 2 Wochen zulässig. Vgl. hierzu v. Tzschoppe, Heranziehung, Einspruch, Bescheid und Klage, PrVerwBl. 30 S. 165. Die im § 69 des Kommunalabgabengesetzes v. 14. Juli 93 für die Erhebung des Einspruchs gegen die Heranziehung zu Gemeindelasten bestimmte Frist von 4 Wochen findet auch auf die gemäß § 15 zu leistenden Beiträge Anwendung (OVGE. v. 31. Jan. 98, 33 S. 94). Der Einspruch kann formlos sein, jeder Ausdruck der Unzufriedenheit mit der Heranziehung und des Verlangens nach Freilassung genügt (OVGE. v. 21. Febr. 98, 33 S. 113). Der Einspruch, wenn er nicht gänzliche Freistellung, sondern Ermäßigung zum Ziele hat, muß die behauptete Überbürdung ziffermäßig bezeichnen oder diejenigen tatsächlichen Angaben enthalten, aus der sich die Höhe der beanspruchten Ermäßigung berechnen läßt (OVGE. v. 10. Mai 06 IV 748, S. 806, 45 S. 82; 62 S. 318; v. 22. Nov. 17 IV C. 87. 16). Ein Einspruch ist nicht unbestimmt und unterliegt der Zurückweisung, wenn in ihm um eine andere Verteilung der Kosten gebeten wird, z. B. daß Kläger nicht für 13 m, sondern nur für die halbe Straßenbreite beitragspflichtig sei (OVGE. v. 27. Nov. 11, PrVerwBl. 33 S. 373). Als ordnungsgemäß ergangener Einspruchsbeschluß ist nur ein solcher anzusehen, der auf der Grundlage einer rechtswirksamen Heranziehungsverfügung ergangen ist (OVGE. v. 29. Febr. 12 IV C. 137. 11; v. 26. Sept. 18 IV C. 28. 18). Der Einspruchsbescheid des § 70 Abs. 1 KAG. bedarf der schriftlichen Form (OVGE. v. 5. Jan. 12, Zeitschrift für Kommunalwissenschaft und Kommunalpolitik 1912, S. 502).

Die Klage richtet sich direkt nur gegen den auf Einspruch ergangenen Beschluß, sie hat ihn zur unentbehrlichen Voraussetzung. Ob es daran fehlt, und deshalb die Klage abzuweisen und — falls die Frist gewahrt ist — als Einspruch zu behandeln ist, ist auch von dem Revisionsrichter frei zu prüfen, da es sich um die ganze prozessuale Vorbedingung der Klage handelt (OVGE. v. 14. Okt. 01 Nr. IV 1812; v. 19. Nov. 00, PrVerwBl. 22 S. 194; v. 24. Okt. 04, PrVerwBl. 26 S. 373; OVGE. Bd. 56 S. 131, Bd. 67 S. 148; v. 6. März 19, PrVerwBl. 40 S. 566). Der Kläger kann in der Klage seinen Angriff nicht über den Antrag hinaus ausdehnen den der Einspruch angibt (OVGE. Bd. 41 S. 129, 56 S. 131). Dagegen ist er in der Begründung der Klage nicht beschränkt. Daß in der Klage nur diejenigen Anfechtungsgründe wiederholt werden dürfen, die schon im Einspruch vorgebracht sind, ist nirgends vorgeschrieben (OVGE. Bd. 33 S. 120; v. 9. Jan. 11 IV C. 202. 09; v. 11. April 12 IV C. 208. 11). Das Verwaltungsstreitverfahren ist zwischen Beteiligten zugelassen (§ 70 KAG. v. 14. Juli 93), darüber hinaus nicht (OVGE. v. 23. Juni 10 IV B. 11. 10). Die Heranziehung kann im Laufe des Streitverfahrens, auch noch in der Revisionsinstanz, zurückgenommen werden (OVGE. v. 25. März 15 IV C. 141. 13). Wird die Heranziehung nach Erhebung der Klage zurückgenommen, so ist das Verwaltungsstreitverfahren erledigt und weder darüber, ob die Heranziehung zu der Zeit, als sie erlassen wurde, rechtmäßig war, noch über die Verpflichtung zur Zahlung von Anliegerbeiträgen im allgemeinen eine Entscheidung zulässig (OVGE. v. 9. Okt. 02, Bd. 42 S. 107; v. 11. Nov. 09, Bd. 55 S. 91). Wird eine Heranziehung zu einem Anliegerbeitrage vom Verwaltungsrichter als materiell nicht gerechtfertigt außer Kraft gesetzt, so ist der Anspruch der Gemeindebehörde durch das Urteil konsumiert und kann auch gegen einen neuen Erwerber nicht mehr geltend gemacht werden (OVGE. v. 13. Juni 99, 35 S. 69).

Die neuere Rechtsprechung des Gerichtshofes geht davon aus, daß die Freistellung durch den Verwaltungsrichter für den heranziehenden Gemeindevorstand auch die Pflicht zur Zurückzahlung bereits entrichteter Anliegerbeiträge begründet, daß aber eine hierauf abzielende Klage in dem Verwaltungsstreitverfahren bei dem Mangel einer sie ausdrücklich zulassenden Vorschrift nicht gegeben ist (OVGE. v. 28. Febr. 18 IV C. 84. 17. Vgl. OVGE. v. 7. März 18 IV C. 87. 17).

Der gegen eine bestimmte Person in ihrer Eigenschaft als Grundstückseigentümer, nicht aber gegen das Grundstück als solches gerichtete Zahlungsanspruch wird dem Herangezogenen gegenüber unanfechtbar, wenn der auf seinen Einspruch ergangene Bescheid nicht mehr mit den gesetzlichen Rechtsmitteln angefochten werden kann. Der Erbe des so Herangezogenen kann für die Erfüllung des seinem Erblasser gegenüber unanfechtbar gewordenen Anspruchs ohne weiteres selbst in Anspruch genommen werden, weil nach § 1967 BGB. der Erbe für die Nachlaßverbindlichkeiten zweifellos haftet, und zu den Nachlaßverbindlichkeiten auch der Anliegerbeitrag gehört, zu dem bereits der Erblasser in nicht mehr anfechtbarer Weise herangezogen war. Erwirbt dagegen ein anderer das Grundstück auf Grund eines Rechtsgeschäftes, so liegt ihm gegenüber gemäß der gesetzlichen Eigenart der in bezug auf das bestimmte Grundstück entstandenen Beitragsforderung nur die Möglichkeit vor, diese Forderung im Wege der Heranziehung auch gegen den neuen Grundstückserwerber, jedoch nicht in seiner Eigenschaft als Rechtsnachfolger eines Vorbesitzers, sondern so, als hätte er selbst das Gebäude errichtet, fällig zu machen (OVGE. 53, S. 110).

Hat aber die Gemeindebehörde einen Beschluß als solchen erkennbar gefaßt, ohne daß eine rechtswirksame Heranziehung und Einspruch vorliegt — z. B. weil nur die Hebeliste veröffentlicht war —, so fehlt dem Beschluß die gesetzliche Grundlage und er muß auf Klage aufgehoben, außer Kraft gesetzt werden. Dem Pflichtigen ist die Klage als Rechtsmittel gegeben, um einen, sei es aus formellen oder materiellen Gründen rechtswidrigen Beschluß zur Aufhebung zu bringen und dadurch die ihm aus dem Einspruchsbescheid drohende Zwangsvollstreckung abzuwehren (OVGE. Bd. 31 S. 24, 29; v. 26. März 00 Nr. IV 516 [die anscheinend abweichende E. v. 27. Mai 96, PrVerwBl. 17 S. 482 kann nicht maßgebend sein]. (E. Bd, 37 S. 37 ff., 42). Ist aber die Frist zur Klage versäumt, so wird der Einspruchsbescheid, selbst wenn er aus materiellen oder formellen Gründen rechtswidrig sein sollte, endgültig und die Zwangsvollstreckung kann nicht mehr abgewendet werden (OVGE. v. 28. Okt. 01, Bd. 40 S. 92).

Der Streit über die Heranziehung (Veranlagung) soll der Regel nach durch ein Streitverfahren endgültig zum Austrag gebracht werden. Deshalb hat der Verwaltungsrichter, wenn die Unterlagen zur Berechnung des Beitrags nicht ausreichen, die Gemeinde zur Einreichung des noch Erforderlichen von Amts wegen aufzufordern und eventuell nach richtigen Gesichtspunkten eine anderweite Berechnung aufzustellen und auf Grund dieser mit den Parteien zu verhandeln. Die ursprüngliche Forderung darf natürlich keine Erhöhung erfahren (E. Bd. 15 S. 123, Bd. 34 S. 85, 94; OVGE. v. 13. Juni 99, Bd. 36 S. 61, PrVerwBl. 21 S. 115; Nöll-Freund, 8. Aufl. S. 412, Anm. 20; v. 15. März 00, Bd. 37 S. 55; v. 21. Febr. 07 Nr. IV 323).

Die Abgabenforderung darf aber im Laufe des Verwaltungsstreitverfahrens nicht erhöht werden, auch nicht auf eine neue tatsächliche und rechtliche Grundlage gestützt werden. Heranziehung, Einspruch und Einspruchsbescheid ziehen für beide Teile feste Grenzen, innerhalb deren sich das Streitverfahren zu bewegen hat. Deshalb kann auch der Magistrat nicht eine Abweisung der Klage fordern, weil der Pflichtige zwar nicht aus dem bei der Heranziehung und dem Beschluß erörterten Grunde, aber auf einer anderen Grundlage zu einem gleich hohen Beitrag hätte herangezogen werden können (E. Bd. 5 S. 185, Bd. 12 S. 101, 102, PrVerwBl. 19 S. 420, Bd. 20 S. 410; v. 25. April 12 IV C. 212. 11; v. 5. März 14, Bd. 67 S. 148; Nöll-Freund, 8. Aufl. S. 407 Anm. 17c). In der Heranziehungsverfügung muß angegeben sein, welche Gebäudeerrichtung zugrunde liegt (OVGE. v. 25. Sept. 16 IV C. 11. 16). Sie braucht nicht gleichzeitig auf alle Gebäude gestützt zu werden, die auf dem für die Heranziehung in Betracht kommenden Grundstück errichtet sind (OVGE. v. 3. April 13, Bd. 64 S. 207). Es ist jedoch zulässig, daß die Beitragsforderung in dem Einspruchsbescheide wegen eines anderen auf demselben Grundstücke errichteten Gebäudes aufrecht erhalten wird, welches bei der Heranziehung noch nicht erwähnt wurde, ebenso wie sie sich auf ein zwar erst nach der Heranziehung, aber vor dem Einspruchsbescheide errichtetes anderes Gebäude stützt. Denn es handelt sich dabei immer — und das ist das Wesentliche — um einen dasselbe beitragspflichtige Grundstück betreffenden Anspruch, der sich nach seinem Maß und nach seiner rechtlichen Natur auf derselben gesetzlichen Grundlage aufbaut (OVGE. v. 3. März 02, Bd. 41 S. 128, DJZ. 7 S. 463; v. 3. April 13, PrVerwBl. 36 S. 8; v. 5. März 14 IV C. 72. 13). Die Gemeindebehörde ist befugt, nachträglich ihre Gesamtforderung anders, als in der Heranziehungsverfügung geschehen, zu begründen und dabei nicht nur einzelne, bereits in Rechnung gestellte Ausgabeposten zu erhöhen, sondern auch solche Arten von Aufwendungen zu berücksichtigen, die bei der Heranziehung gänzlich übergangen waren, wobei aber die Gesamtforderung nicht erhöht werden darf (OVGE. v. 25. April 07, 50 S. 84).

Bei einem Streit über die Höhe von Beiträgen muß in seiner Entscheidung der Verwaltungsrichter bestimmt und ziffermäßig zum Ausdruck bringen, inwieweit der Herangezogene freigestellt werden soll, dazu muß er entweder die bestimmte Summe, in deren Höhe der Beitrag bestehen bleibt, angeben, oder doch wenigstens in einem bestimmten Bruchteil der Forderung, z. B. $1/2$ des Beitrags. Es ist unzulässig, so zu erkennen, daß die Summe dessen, was der Herangezogene zahlen soll, erst noch von weiteren Ermittelungen abhängt (vgl.

Nöll=Freund, 8. Aufl. S. 412 Bem. 20; OVGE. v. 8. Okt. 01, PrVerw. Bl. 24 S. 214; v. 5. Jan. 03 Nr. IV 21). Es kann auch nicht anders sein, denn so wie es eine Heranziehung zu öffentlichen Gemeindeabgaben, die nicht vollstreckbar wäre, nach den §§ 75 und 90 des KAG. nicht geben kann, ebensowenig eine durch die verwaltungsgerichtliche Entscheidung richtiggestellte (OVGE. v. 2. Juni 98 Nr. II 1081).

Ob, wenn bei versäumter Einspruchsfrist auf den Einspruch materiell entschieden ist, Wiedereinsetzung in den vorigen Stand vorliegt, vgl. Nöll=Freund, 8. Aufl. S. 395 Anm. 20 und die dort angeführten Entscheidungen (vgl. OVGE. v. 10. Jan. 01 Nr. IV 1597). Es wird immer darauf ankommen, zu prüfen, ob durch den Einspruchsbescheid die Wiedereinsetzung bewilligt werden sollte.

Eine negative Feststellungsklage der Gemeinde gegenüber gibt es auf dem Gebiete des Kommunalabgabenwesens nicht. Kein Beteiligter kann Klage erheben, daß er nicht verpflichtet sei, Abgaben bestimmter Art, also auch Anliegerbeiträge, zu erheben (OVGE. v. 9. Okt. 02, Bd. 42 S. 106).

Da vor Inkrafttreten des KAG. (1. April 1895) eine Einspruchsfrist — wie oben dargetan — nicht bestand, so fragt es sich, wie es sich mit den Rechtsmittelfristen gegen die Heranziehungen, welche vor dem 1. April 1895 ergingen, verhält. Wird ein Einspruch nach dem 1. April 1895 erhoben, so ist diese Rechtshandlung nach dem KAG. zu beurteilen. Das folgt aus dem allgemeinen Grundsatze, daß alle Gesetze, soweit sie nicht selbst Abweichendes bestimmen, sofort mit der Publikation auf alle künftigen Fälle anzuwenden sind (vgl. § 14 der Einleitung zum ALR.). Insbesondere gilt dieses für diejenigen Gesetze, welche das Verfahren für die Geltendmachung von Rechtsansprüchen regeln, weil solche dem öffentlichen Rechte angehörigen Vorschriften wohlerworbene Rechte nicht berühren (vgl. Förster=Eccius, Pr. Privatrecht Bd. I, § 10 Nr. 8). Soweit also Gesetze über das Verfahren nicht selbst sich Schranken auferlegen, ergreifen sie die ferneren Rechtshandlungen in bereits anhängigen Sachen. Dabei macht es keinen Unterschied, ob das Verfahren bei einem Gerichte oder einer anderen staatlichen oder kommunalen Behörde durchzuführen ist. Zu den Verfahrensvorschriften gehören auch die, welche die für die Ordnung als erforderlich erachteten Rechtsmittelfristen bestimmen. Die durch § 69 des KAG. für die Heranziehung zu den Anliegerbeiträgen neu eingeführte Einspruchsfrist muß deshalb für die vor dem 1. April 1895 bewirkten Heranziehungen mit dem Tage des Inkrafttretens des Gesetzes, dem 1. April 1895, beginnen und endet mit dem Ablaufe des 28. April 1895 (OVGE. v. 31. Jan. 98 Nr. IV 206; v. 5. Febr. 98 Nr. II 197; v. 2. Dez. 01, Bd. 40 S. 101).

Nur der Herangezogene hat die Rechtsmittel; hat der herangezogene Eigentümer nachher das Grundstück durch Auflassung einem anderen übertragen, so kann — bei entstehendem Streite — der Käufer nicht ohne weiteres in den Streit eintreten, denn er ist nicht herangezogen (OVGE. v. 27. Juni 98 Nr. IV 1196). Bei der Zwangsversteigerung, in welcher die von der Gemeinde angemeldeten Anliegerbeiträge vorweg bezahlt sind, kann ein ausgefallener Hypothekengläubiger Widerspruch gegen den Verteilungsplan nicht deshalb einlegen, weil er die Forderung der Gemeinde für materiell unberechtigt hält, denn der Rechtsweg darüber ist in diesem Falle unzulässig (E. d. RG. V. ZS. v. 17. Febr. 94, Bd. 32 S. 345; V. ZS. v. 22. Sept. 94, Bd. 34

S. 245; JMBl. 1895 S. 146, PrVerwBl. 16 S. 451 f.). Daß ihm die Rechtsmittel aus § 69 f. KAG. zuständen, wird sich schwerlich konstruieren lassen; die ihm mitgeteilte Anmeldung des Beitrages durch die Gemeindebehörde wird man als seine Heranziehung zum Beitrage nicht ansehen können. Hat jemand nach Herstellung der Straße bei der Zwangsversteigerung ein Haus gekauft und waren die Straßenkosten bei der Zwangsversteigerung nicht angemeldet und auch vom Vorbesitzer nicht verlangt, so geht die Verpflichtung auf den neuen Erwerber über, sofern sie (§ 87 Nr. 2 des KAG.) noch nicht verjährt ist (E. Bd. 33 S. 129, 131, Bd. 32 S. 47; OVGE. v. 3. Juli 99 Nr. IV 865). Wenn es sich im Zwangsversteigerungsverfahren (vgl. Bem. 14c dieses Paragraphen) um eine Entscheidung darüber handelt, ob überhaupt ein zur Berücksichtigung geeigneter Anspruch vorliegt, so ist auch im Rechtswege nachzuprüfen, ob eine formal rechtswirksame Veranlagung, Heranziehung stattgefunden hat (RGE. V. ZS. v. 10. Febr. 04 Nr. V 336). Daß eine Heranziehung zulässig, ja um die Frist nicht zu versäumen, notwendig ist, auch während das Grundstück sich im Konkurs befindet, ist klar. Schwierig ist die Frage, wem dann die Heranziehungsverfügung mit Rechtswirksamkeit zuzustellen ist. Sind die Grundstücke von der Konkursmasse freigegeben und noch in der Verwaltung des Gemeinschuldners (§ 24 d. ZwangsVerstG.), so ist, solange dieses Rechtsverhältnis besteht, noch an diesen zuzustellen, er ist noch berechtigt, die Veranlagungsverfügung mit Rechtswirksamkeit für die Grundstücke entgegenzunehmen. Er ist noch derjenige, der sich zu entschließen hat, ob Einspruch erhoben oder die Veranlagung gutgeheißen werden soll. Diese Entschließung ist eine Verwaltungshandlung, die deshalb nur von dem gültig vorgenommen werden kann, der zu der Verwaltung berechtigt ist. Gehören die Grundstücke aber zur Konkursmasse, so ist der Konkursverwalter der, dem die Veranlagung zuzustellen ist (§ 6 KO.; OVGE. v. 23. Jan. 14, Bd. 66 S. 177; v. 23. Jan. 14, Bd. 66 S. 173; v. 15. Mai 14, Bd. 67 S. 171), wenn sie mit Rechtswirksamkeit für die Konkursmasse erfolgen soll. Ist das geschehen, so kann die sachliche Richtigkeit der Veranlagung natürlich nicht im Rechtswege entschieden werden, sondern nur in dem im KAG. vorgesehenen Verfahren. Ob der Gemeinschuldner, wenn ihm in solchem Falle zugestellt ist, außerhalb des Konkurses persönlich der Gemeinde verpflichtet bleibt, ist eine andere Frage, welche zu bejahen sein dürfte (E. d. RG. V. ZS. v. 10. Febr. 04 Nr. V 336). Es sei noch bemerkt, daß das Vorrecht im Konkurse nicht unbestritten ist. Vgl. Friedrichs (Justizrat), PrVerwBl. 39 S. 301; Rütgers, PrVerwBl. 29 S. 398; Langer, PrVerwBl. 30 S. 310; Saran, S. 366. — Nach denselben Gesichtspunkten wird es zu beurteilen sein, wenn es sich um die Vertretung des Hauseigentümers bei der Vormundschaft, Pflegschaft, Zwangsverwaltung (RG. 11. Juli 13, E. 83 S. 87) usw. handelt. Rechtswirksam kann immer nur demjenigen zugestellt werden, der durch seine Verwaltung allein berechtigt ist, die Verwaltungshandlung des Einspruches auszuüben. Sind die Erben eines eingetragenen Eigentümers unbekannt oder unbekannt, wo abwesend, so bleibt nichts übrig, als daß die Gemeindebehörde — etwa durch einen Hypothekengläubiger — veranlaßt, daß baldigst ein Nachlaßpfleger bestellt wird.

Das OVG. hat in früherer Zeit Rückforderungsklagen in Verbindung mit Freistellung nicht beanstandet. — Es hat aber bereits im Urteil v. 11. April

12, PrVerwBl. 34 S. 362 zum Ausdrucke gebracht, es sei bei der Zulassung derartiger Anträge bisher davon ausgegangen, daß ein solcher Antrag an sich überflüssig erscheine, weil sich die Verpflichtung zur Rückerstattung ohne weiteres aus der Freistellung ergebe. Nach § 7 Abs. 2 des Landesverwaltungsgesetzes beschränkt sich die sachliche Zuständigkeit der Verwaltungsgerichte auf die Entscheidung der durch gesetzliche Bestimmungen ausdrücklich hierfür vorgesehene Fälle (vgl. v. Brauchitsch, Die neuen preußischen Verwaltungsgesetze, Bd. 1, 22. Aufl. Bem. 5). Eine Bestimmung, welche die Rückforderungsklage in einem Falle dieser Art dem heranziehenden Gemeindevorstand oder der davon verschiedenen Gemeinde gegenüber zuließe, ist nicht vorhanden (OVGE. v. 7. März 18 IV C. 87. 17. Siehe Saran S. 378).

Der § 94 des KAG. sagt ganz allgemein: „Alle in dem gegenwärtigen Gesetze vorgeschriebenen Fristen sind Ausschlußfristen." Das OVG. hat in dem Erk. v. 12. Juli 00, Bd. 38 S. 131, PrVerwBl. 22 S. 108 ausführlich namentlich an der Hand der Entstehungsgeschichte der Bestimmung dargelegt, daß der § 94 trotz der allgemeinen Fassung einschränkend verstanden werden muß, so daß er sich im wesentlichen auf die für die Geltendmachung der Rechtsmittel gegebenen Fristen beziehe, nicht auf die im achten Titel des Gesetzes für die „Nachforderungen und Verjährungen" normierten Fristen. Über den Unterschied beider Arten von Fristen wird in der angeführten Entscheidung folgendes ausgeführt:

„Der Unterschied zwischen beiden Fristen besteht, wie in der E. v. 28. Nov. 88 (OVGE. Bd. 17 S. 234) näher dargelegt, darin, daß durch Verjährung ein zeitlich an sich unbeschränktes Recht infolge der Nichtausübung innerhalb der bestimmten Frist aufgehoben wird, während die Ausschlußfrist schon die Entstehung des Rechts einer zeitlichen Schranke unterwirft, dergestalt, daß dasselbe nur durch Ausübung innerhalb der Frist zur Entstehung gelangen kann. Prüft man hieran die Natur der in § 87 cit. normierten Frist, so muß sie als Verjährungsfrist aufgefaßt werden. Denn das Recht der Gemeinden, die Pflichtigen zu Steuern, Gebühren und Beiträgen heranzuziehen, ist an sich ein unbeschränktes; der Gesetzgeber hat aber seine Ausübung aus Gründen der Zweckmäßigkeit an bestimmte Fristen gebunden, mit deren Ablauf das Recht erlischt. Diese Auffassung wird auch durch den Wortlaut des § 87 Nr. 2 bestätigt. Denn wenn dort die Frist bestimmt wird auf drei Jahre, „seit dem Ablauf desjenigen Jahres, in welchem die Forderung entstanden ist", so geht das Gesetz ersichtlich davon aus, daß das Recht der Gemeinde nachträglich durch den Ablauf der Frist wieder aufgehoben wird, und nicht davon, daß das Recht infolge des Fristablaufs gar nicht zur Entstehung gelangt."

Das Erk. führt dann weiter aus, es müsse bei den Fristen, welche sich nicht auf das Verfahren beziehen, jedesmal nach ihrer innenrechtlichen Natur geprüft werden, ob sie unter die „Ausschlußfristen" des § 94 fallen und das müsse jedenfalls für die Frist des § 87 Nr. 2 verneint werden. Es wird dieses näher aus der Entstehungsgeschichte des Gesetzes und der Beziehung dieser Bestimmung zu dem Inhalte des G. v. 18. Juni 40 nachgewiesen, worauf hier verwiesen werden muß. Das Erk. fährt dann fort:

„Mit dieser Auffassung des G. v. 18. Juni 40 und auch des § 87 des KAG. steht auch die bisherige Rechtsprechung im Einklang. Dies ergibt sich aus der

E. d. RG. Bd. 13 S. 330, wo gerade die Frist in § 7 des G. v. 18. Juni 40 für eine Verjährung erklärt ist (vgl. auch E. d. Obertribunals Bd. 21 S. 30, Striethorst Arch. Bd. 95 S. 201; ferner E. d. RG. Bd. 43 S. 329/330, wo von dem „Einwand der Verjährung" aus § 5 des gedachten Gesetzes gesprochen wird). Und der unterzeichnete Gerichtshof hat wiederholt ausgesprochen, daß die im G. v. 18. Juni 40 gegen den zur Erhebung der Steuern Berechtigten aufgestellten Fristen (also die Fristen für die Nachforderungen) als Verjährungsfristen aufzufassen sind im Gegensatz zu Präklusivfristen (vgl. OVGE. Bd. 17 S. 214 und namentlich Bd. 17 S. 234/235). Auch in der E. v. 22. Mai 97 (Bd. 32 S. 47) ist hervorgehoben, daß gleich wie die Fristen im § 7 des G. v. 18. Juni 40, so auch die Frist in § 87 Nr. 2 des KAG. als Verjährungsfrist anzusehen sei, und nur das neue Gesetz hier die Verjährungsfrist erweitert habe (vgl. noch Bd. 32 S. 46, wo auch die Frist in § 84 des KAG. als Verjährungsfrist bezeichnet ist; ferner Adickes „Das Kommunalabgabengesetz; S. 387: „Der Beginn der Verjährung der Nachsteuer ist in allen drei Fällen — §§ 83, 84 und 87 — verschieden festgestellt"). „In der 5. Aufl. des Komm. z. KAG. von Nöll S. 303 wird zugegeben, daß für den § 88 KAG. diese Anschauung richtig sei, sie wird aber für die §§ 83—87 bestritten. Zur Begründung wird nur angeführt: „Denn die Nachforderungen können nur innerhalb der für eine jede derselben vorgesehenen Frist und nur durch Anforderung geltend gemacht werden; mit dem Ablauf der Frist ist jedes Recht auf Nachforderung erloschen." Das ist zur Widerlegung der Ausführungen des OVG. zu dürftig. Die Ansicht des OVG. unterliegt zwar einigen Bedenken, da sie aber der geschichtlichen Entwicklung der Bestimmungen und außerdem dem praktischen Bedürfnisse entspricht, so ist ihr der Vorzug zu geben. Hier wird davon ausgegangen.

Aus der Natur der Frist des § 87 Nr. 2 a. a. O. als Verjährungsfrist folgt, daß die sich darauf stützende Behauptung der Verjährung nicht zu berücksichtigen ist, wenn sie erst in der Revisionsinstanz neu aufgestellt wird; denn ein solcher Angriff muß sich notwendig auf eine Reihe von tatsächlichen Behauptungen gründen, die den Beginn und Ablauf der Verjährungsfrist dartun sollen. An sich wird allerdings der Verwaltungsrichter nicht gehindert, die Einhaltung der Frist auch von Amts wegen zu prüfen, und wenn das von den Parteien vorgelegte und zum Gegenstande der Verhandlung gemachte Aktenmaterial die Verjährung ergibt, so würde sich eventuell der Verwaltungsrichter eines wesentlichen Verfahrensmangels schuldig machen, wenn er den Ablauf der Frist ganz unberücksichtigt ließe, auch wenn Verjährung nicht ausdrücklich behauptet wurde (E. Bd. 29 S. 61, Bd. 38 S. 131, PrVerwBl. 22 S. 108; v. 7. Nov. 12, PrVerwBl. 35 S. 142).

Über die Zulässigkeit von Nachforderungen ist bereits in Bem. 13d zu diesem Paragraphen das Erforderliche gesagt. Grundsätzlich waren und sind Nachforderungen trotz einer früheren Heranziehung für Beiträge aus § 15 d. G. (§ 10 d. KAG.) zulässig, aber nunmehr nur mit der in § 87 KAG. gezogenen zeitlichen Schranke (OVG. v. 15. März 00, Bd. 37 S. 51, PrVerwBl. 21 S. 35, 281; 22 S. 194). „Nachforderungen" im Sinne dieses § 87 KAG. bedeutet aber keineswegs, daß schon vorher eine Heranziehung stattgefunden haben müsse, sondern bildet vielmehr den Gegensatz zu den Forderungen, die geltend gemacht werden, als sie fällig wurden oder zur Entstehung gelangten.

Der Zweck ist, das Recht der Gemeinden, Abgaben nachträglich noch zur Hebung zu stellen, auf gewisse Fristen zu beschränken (E. Bd. 33 S. 130; OVGE. v. 11. Juni 00 Nr. IV 994, Bd. 37 S. 46).

Das Gesetz gestattet nicht dem Gemeindevorstand, nach seinem freien Belieben Vorschüsse zu erheben (OVGE. v. 16. März 03, 43 S. 20.

Werden die Anlieger einer Straße herangezogen mit dem Bemerken, daß, wenn nicht jeder Herangezogene den auf ihn entfallenden Beitrag entrichtet, eine Heranziehung zu einem höheren Beitrage stattfinden würde, so wird hierdurch bedingt die Erhebung einer größeren Forderung vorbehalten. Dies verstößt gegen den Grundsatz, daß der Anlieger, abgesehen von dem Falle der Kostenspaltung nur einmal zu den Straßenbaukosten herangezogen werden darf (OVGE. v. 9. Febr. 11, Bd. 58 S. 114). Eine Heranziehung, welche die Möglichkeit einer Nachforderung nicht ausschließt, kann von dem Anlieger als verfrüht zurückgewiesen werden, z. B. wenn die Kosten der Beleuchtungsvorrichtung noch nicht eingestellt werden können, unter der Voraussetzung, daß im Ortsstatut bezüglich Spaltung der Kosten keine Bestimmung getroffen ist (OVGE. v. 2. April 06, PrVerwBl. 27 S. 804). Nachforderungen der Gemeinde, nachdem sie einmal die Herstellungskosten gefordert hat, sind zulässig hinsichtlich der Kosten, die infolge besonderer Umstände z. B. irrtümlicher Berechnung zu wenig angesetzt waren (OVGE. Bd. 37 S. 51, Bd. 42 S. 25; PrVerwBl. 16 S. 178; v. 4. Jan. 12 IV C. 42. 11). Wenn zu Unrecht Beiträge für eine „provisorische" Einrichtung erhoben sind, so steht das der späteren Heranziehung zu den Kosten der definitiven Einrichtung nicht entgegen (vgl. OVG. Bd. 25 S. 98; OVGE. v. 15. März 00, Bd. 37 S. 51). Die ersteren sind gegebenenfalls von den letzteren in Abzug zu bringen, soweit nicht etwa der Nachweis erbracht wird, daß durch die für die Herstellung der provisorischen Arbeiten aufgewendeten Kosten die der vollendeten Einrichtung herabgemindert seien (OVGE. v. 1. Juli 93, PrVerwBl. 15 S. 3).

Nach den Darlegungen zu a dieser Bem. läuft die Frist für die Nachforderung des § 87 KAG. vom Ablauf des Jahres (Rechnungsjahres, s. unten) ab, in welchem die Gemeinde in die Möglichkeit versetzt war, den Pflichtigen zu der Abgabe heranzuziehen. Das tritt — wenn der Anlieger gebaut hat — ein, wenn die Straße fertig und die Gemeinde in der Lage ist, die Gesamtkosten (bei Spaltung: die Gesamtkosten der betr. Einrichtung) festzustellen. Diesen Zeitpunkt genau zu fixieren mag in Einzelfällen sehr schwierig sein; es wird dazu einer genauen Prüfung und Würdigung der tatsächlichen Verhältnisse bedürfen. Allgemeine Grundsätze lassen sich dafür nicht aufstellen (vgl. Bem. 13 d). Der Einwand, daß die Gemeindebehörde mit der Fertigstellung der Straße säumig gewesen sei, steht den Anliegern nicht zu. Eine verzögerte Geschäftsführung kann nur dann in Frage kommen, wenn alle Kostenrechnungen vorliegen und nunmehr sich die Gemeinde in Ansehung der Zusammenstellung der Kosten säumig erweist, die Abrechnung grundlos hinausschiebt (OVGE. v. 8. Okt. 06 IV 1538). Die Gemeinde ist jedoch nicht befugt, nach der Fertigstellung der Straße die Festsetzung und Verteilung der Kosten beliebig hinauszuschieben und auf diese Weise die im Interesse der Beitragspflichtigen getroffene Bestimmung über die Verjährung abzuschwächen. Andererseits ist der Gemeinde aber nicht verwehrt, bei Prüfung der Rechnungen und Belege, bevor sie zur Feststellung und Verteilung der Anliegerbeiträge schreitet, alle ihr erforderlich scheinende Vorsorge zu üben, die Vorprüfung durch Fach- und Revisionskommissionen anzuordnen und dann erst die Abrechnung zum Abschluß zu bringen. Wenn sich der Abschluß dieser Arbeiten ungewöhnlich verzögert hat, ist es Sache der Gemeindebehörde, zur Widerlegung des Einwandes der Verjährung nachzuweisen, daß besondere Verhältnisse die ordnungsmäßige Erledigung verhindert haben (OVGE. v. 15. Dez. 91 Nr. II 1267; v. 8. Okt. 06, Bd. 49 S. 77; v. 25. April 07, Bd. 50 S. 86; v. 23. Nov. 11, PrVerwBl. 33 S. 486). — Es kommt öfters vor, daß Gemeinden den Ablauf der Verjährungsfrist verneinen, weil die Straße z. B. wegen Auflassung einer Parzelle nicht fertig gestellt werden konnte. In solchen Fällen dürfte nachzuprüfen sein, ob dies tatsächlich der Fall ist oder ob die verspätete Auflassung oder der endgültige Verzicht auf Auflassung der Parzelle auf ein Versäumnis zurückzuführen ist. Hat entgegen dem Gemeindebeschluß der Gemeindevorstand versäumt, die Straße rechtzeitig fertig zu stellen, so daß wegen Ablauf der Verjährungsfrist die Anlieger zu Beiträgen nicht mehr herangezogen werden können, so ist gegebenenfalls ein Regreßanspruch gegen den Gemeindevorstand gegeben.

Nach der Einführung einer rechtsgültigen Spaltungsvorschrift beginnt die Verjährungsfrist nicht etwa von dem Zeitpunkte ab zu laufen, in dem die Gemeinde hätte davon Gebrauch machen können, sondern von demjenigen, in dem sie tatsächlich davon Gebrauch gemacht hat (OVGE. v. 13. Juni 10, Bd. 57 S. 111; v. 3. April 13, PrVerwBl. 36 S. 24; v. 31. Okt. 18 IV C. 39. 17; v. 12. Mai 12 IV C. 40. 18). Daß einzelne Teile, für welche das Statut eine Spaltung vorsieht, schon länger als drei Jahre fertig sind, ist unerheblich; denn die Spaltung begründet nur ein Recht aber keine Pflicht zur gesonderten Einziehung der Kosten der betreffenden Einrichtung (OVGE. v. 21. Febr. 10 IV C. 124. 09). Wird von der Spaltungsvorschrift Gebrauch gemacht, so beginnt die Verjährung der Beitragsforderung für die abgespaltene Teilvorrichtung schon dann, wenn nach Errichtung des Gebäudes die in Betracht kommende Einrichtung vollendet ist (OVGE. v. 12. Okt. 16, Bd. 71 S. 154).

Die Verjährungsfrist des § 87 KAG. beginnt also mit dem Ablauf des Jahres „in welchem die Forderung (d. h. das Forderungsrecht der Gemeinde) entstanden ist". Es soll hier noch einmal wiederholt werden, daß die Beitragsforderung entsteht, wenn die beiden Voraussetzungen des Gesetzes § 15 erfüllt sind, das Errichten eines Gebäudes an der Straße und die Fertigstellung der Straße mit der Möglichkeit, die Kosten festzustellen (vgl. Anm. d dieses Paragraphen, E. Bd. 33 S. 127; OVGE. v 26. März 03 Nr. IV 595; v. 5. April 09 Nr. IV 616; v. 24. Okt. 12, Bd. 62 S. 213). War die Straße noch nicht völlig fertiggestellt, so war der Zeitpunkt erst gegeben, als die städtischen Körperschaften darauf Verzicht leisteten, weiter entstehende Straßenbaukosten von den Anliegern zu erfordern (OVGE. v. 3. Okt. 18 IV C. 15. 18). Wie schon oben dargelegt, kann der Beginn der Verjährungsfrist, wenn die Straße fertig ist, erst von der Vollendung des Gebäudes an gerechnet werden (OVGE. v. 24. Okt. 04, PrVerwBl. 26 S. 372). Dafür kommt noch der Gesichtspunkt in Betracht, daß die Möglichkeit der Berechnung des Beitrags und damit der Heranziehung vielfach erst mit der Vollendung des Baues gegeben ist. Das

Jahr, in welches die Vollendung fällt, ist noch ein solches, innerhalb dessen der Bau errichtet wird, erst mit dem auf die Vollendung folgenden 1. April beginnt das erste Jahr *nach* der Errichtung (OVGE. v. 2. Dez. 01, Bd. 40 S. 101; v. 24. Okt. 04, PrVerwBl. 26 S. 372; v. 22. Febr. 06, PrVerwBl. 28 S. 183). Da jedes neue Gebäude eine neue Pflicht erzeugt (OVGE. v. 17. Okt. 07, Pr. VerwBl. 29 S. 650), so ist auch für jede einzelne dieser Verpflichtungen die Verjährung selbständig zu beurteilen. Wenn bezüglich eines Gebäudes auf einem Grundstück die Frist aus § 87 Nr. 2 abgelaufen ist, so verjährt dadurch nicht die Beitragspflicht des Grundstücks überhaupt, sondern nur für das durch dieses Gebäude entstandene Forderungsrecht. Wird ein weiteres Gebäude errichtet, so entsteht ein neues Forderungsrecht auf seiten der Gemeinde, und eine neue Verpflichtung auf seiten des Grundeigentümers, und damit beginnt der Lauf der Verjährungsfrist von neuem (OVGE. v. 2. Dez. 01, Bd. 40 S. 98; v. 27. April 03, PrVerwBl. 25 S. 132; v. 10. März 02 Nr. IV 445). Selbstverständlich trifft eine eingetretene materielle Tilgung, sei es durch Zahlung oder Erlaß und Verzicht seitens der Gemeinde, den allen Verpflichtungen gemeinsamen Gegenstand und läßt sie alle erlöschen. Wird aber nachher die Grundstücksfront an der Straße verlängert und dann auf dem Gesamtgrundstück ein neues Gebäude errichtet, so entsteht *für die Verlängerung* der Front eine *neue* Verpflichtung. Vergl. Abs. 2 Satz 2 zu § 15.

Beim Eigentumsübergang bleibt der Beginn der dreijährigen Verjährungsfrist durch den Eigentumswechsel unberührt. Die Frist läuft nicht neu von dem Zeitpunkt des Eigentumserwerbes ab (OVGE. v. 22. Juni 16, Bd. 71 S. 153). Vgl. zu diesem Urteil, *Schultzenstein*, Zur Entstehung des Anspruchs auf den Anliegerbeitrag S. 17, 34. Die in Lauf gesetzte Verjährungsfrist wird dem Eigentümer gegenüber durch eine seinem Eigentumsvorgänger gegenüber bewirkte Unterbrechung nicht unterbrochen (OVGE. v. 15. Nov. 17 IV C. 60. 17). Die Verjährung läuft, mag der Bau polizeilich genehmigt sein oder nicht (OVGE. v. 1. Febr. 12, Bd. 62 S. 176).

Bei der Frist des § 87 Nr. 2 d. KAG. handelt es sich — was in der Judikatur und der Literatur allgemein anerkannt wird — um das *Rechnungsjahr* (Etatsjahr) v. 1. April bis 31. März (OVGE. v. 11. Juni 00, Bd. 37 S. 46; v. 2. Dez. 01, Bd. 40 S. 101; v. 15. Febr. 04 Nr. IV 262; v. 31. Jan. 10 IV C. 146. 09; v. 2. Mai 18 IV C. 66. 17; v. 24. April 19 IV C. 71. 19).

Fällt der genannte Zeitpunkt in die Zeit vor dem 1. April 95, so läuft die dreijährige Frist erst v. 1. April 95 an (siehe oben) (OVGE. v. 1. Febr. 98 Nr. I 205; v. 30. Okt. 99 Nr. IV 1731; v. 15. Jan. 00 Nr. IV 1735 u. 1734).

Die Berechnung der Frist für § 88 KAG. hat im allgemeinen keine Schwierigkeiten.

e) Nach dem Vorgange des früheren Berliner Statutes (§ 7 Abs. 2) haben viele Gemeinden dem Anlieger in gewissen Fällen, namentlich dann, wenn sein Beitrag bei der Errichtung des Gebäudes noch nicht feststeht (entweder weil die Straße noch nicht ausgebaut oder weil die Rechnung noch nicht abgeschlossen ist), die *Leistung einer Sicherheit* für die Abgabe auferlegt. Das OVG. hat aber in feststehender Rechtsprechung eine *Kautionsforderung* nach öffentlichem Rechte für unzulässig erklärt, weil es an einem gesetzlichen

Grunde für einen solchen, bei Gemeindeabgaben an sich nicht bestehenden und im G. v. 2. Juli 75 nicht vorgesehenen Anspruch fehlt (E. Bd. 15 S. 157 ff.; OVGE. v. 20. April 99 Nr. IV 657; v. 24. Febr. 02, Bd. 41 S. 107, PrVerwBl. 23 S. 761). Kaum anders liegt der Fall, in dem der Bauunternehmer durch freiwillige Übernahme ihm an sich nicht obliegender Verpflichtungen sich die Befugnis zum alsbaldigen Beginn des Baues gewissermaßen im Wege einer von ihm selbst als „Vertrag" bezeichneten Übereinkunft mit der Stadtgemeinde verschafft hat (OVGE. v. 22. Febr. 92, Bd. 23 S. 26). — Dem ist der Minister des Innern in dem Erl. v. 13. Dez. 87 (MBl. S. 264) beigetreten. Hieran ist auch gegenüber der E. d. RG. V. ZS. v. 30. Nov. 92, PrVerwBl. 14 S. 320 festzuhalten; darin wird die Vorschrift des Berliner Statuts für gerechtfertigt erklärt, weil die Gemeinde zu Sicherung der bereits mit der Bebauung des Grundstücks entstandenen und nur noch nicht fälligen Abgabenforderung von dem Eigentümer eine Kaution beanspruchen könne. An einer solchen Befugnis fehlt es aber gerade, wie das OVG. überzeugend dargetan hat. — Die Verfügung der Gemeindebehörde, durch welche eine Sicherstellung zukünftiger Anliegerbeiträge verlangt wird, stellt sich als eine Heranziehung zu solchen Beiträgen im Sinne des § 69 des KAG. dar. Es sind gegen eine solche Verfügung also die Rechtsmittel aus dem genannten Paragraphen gegeben; die Anforderung ist allerdings, wie dargetan, eine rechtswidrige (OVGE. v. 7. Nov. 94 Nr. II 1509). Die Eintragung einer Sicherheitshypothek auf Grund des § 15 ist eine besondere Angelegenheit der Gemeinde und läßt den Anspruch aus § 15 unberührt und unverändert (OVGE. v. 5. März 14 IV C. 180. 13). Über den Fall, wenn die Polizeibehörde bei ihrer Tätigkeit aus § 12 die Leistung einer Sicherheit für zukünftige Anliegerbeiträge fordert, vgl. zu f dieser Bemerkung. Hier sei bemerkt, daß eine für Anliegerbeiträge vertragsmäßig bestellte Kaution nicht deshalb, weil die Polizeibehörde die Erteilung der Bauerlaubnis zu Unrecht von der Zustimmung der Gemeindebehörde abhängig gemacht hat, zurückgefordert werden (RG. VII. ZS. v. 5. Mai 06, PrVerwBl. 27 S. 736. Vgl. PrVerwBl. 33 S. 801).

Eine Sicherheitsleistung kann ohne als eine dem Anlieger auferlegte, öffentlich rechtliche Last gefordert zu sein, von dem Beteiligten im Wege einer dem Gebiete des Zivilrechts anheimfallenden Verpflichtung freiwillig übernommen werden. Es kommt dies insbesondere häufig gegenüber einem auf Grund des § 12 erlassenen Bauverbote vor, indem die Errichtung von Gebäuden an unfertigen Straßen — sei es unter im Statute selbst festgestellten Bedingungen, sei es nach besonderen, im Einzelfalle von den städtischen Behörden zu treffenden Anordnungen — ausnahmsweise gestattet und dabei auch eine Kautionsbestellung für die eingegangenen Verbindlichkeiten verlangt wird. Hier ist die Sicherheitsleistung den Anliegern als ein Recht nachgelassen, um das ihnen entgegenstehende Bauverbot abzuwenden. Ebenso würde der Fall liegen, wenn die Abgabe bereits fällig geworden, dem Pflichtigen aber auf Grund besonderer Verabredung etwa Stundung, ratenweise Abzahlung usw. gegen Kautionsleistung gewährt wäre. Der Umstand, daß bestimmte Normen hierüber in das Statut aufgenommen sind, verleiht dem zwischen der Gemeinde und dem Anlieger aus solchen Abmachungen entstehenden Verhältnisse nicht einen öffentlich-rechtlichen Charakter in dem Sinne, daß die Kautionsleistung als eine Gemeindelast behandelt werden könnte. Etwaige Streitigkeiten sind daher vor den Zivilgerichten auszutragen (E. d. RG. IV. ZS. v. 24. März 81, PrVerwBl. 3 S. 348 u. v. 8. Juli 86, Bd. 17 S. 200; OVGE. Bd. 15 S. 152, 163; v. 12. Okt. 88 Nr. II 973; v. 2. April 89 Nr. II 325; v. 6. Sept. 89 Nr. II 735 u. v. 24. Juni 93 Nr. I 620, PrVerwBl. 14 S. 630; v. 3. Febr. 97 Nr. II 181, Bd. 23 S. 23; v. 9. Dez. 96 Nr. II 2436; v. 13. Juni 98, Bd. 34 S. 428; v. 2. Juni 02, Bd. 41 S. 145; v. 4. Mai 05 IV 40. 05; v. 10. Juli 05 Nr. IV 1000). Möglich wäre eine Klage gegen die von der Leistung der Sicherheit abhängig gemachte und in solcher Weise bedingte Erteilung der Bauerlaubnis (OVGE. v. 23. April 08 IV B. 16. 08).

Ergibt sich nach Abschluß des Vertrages, daß die als unfertig angesehene eine historische oder das Ortsstatut rechtsungültig, so hat die Gemeinde die empfangenen Leistungen nach den Grundsätzen der ungerechtfertigten Bereicherung zurückzugeben (vgl. RG. v. 4. Juli 03, PrVerwBl. 25 S. 11; v. 27. Febr. 12, Bd. 78 S. 427). Wegen Irrtums kann jedoch der Anlieger den Vertrag nicht anfechten, wenn bei dem Vertragsabschluß zwischen ihm und der Gemeinde eine dahin gehende Meinungsverschiedenheit bestanden, daß er die Straße eine historische, die Gemeinde dagegen für eine unfertige gehalten, auch wenn sich nachträglich ergibt, daß die Straße eine historische war (RG. v. 5. Mai 06, PrVerwBl. 27 S. 736). Der Eigentümer eines Grundstücks, der zum Zwecke der Befreiung von dem Bauverbote sog. Anliegerbeiträge im Voraus gezahlt hat, kann die Beiträge zurückfordern, wenn demnächst die geplante Straße nicht hergestellt wird (RG. v. 13. Juni 11, E. 75 S. 145).

Ist gemäß § 123 BGB. der Anlieger zur Abgabe einer Willenserklärung durch arglistige Täuschung oder widerrechtlich durch Drohung bestimmt worden, so kann er die Erklärung anfechten. Um eine arglistige Täuschung würde es sich handeln, wenn die Gemeinde sich nicht im Zweifel darüber befindet, daß eine historische Straße vorliegt, dem Anlieger gegenüber jedoch behauptet, die Straße unterliegt dem Bauverbot, um von ihm Vorteile zu erlangen. Dasselbe würde zutreffen, wenn ein Ortsstatut auf Grund des § 12 überhaupt nicht erlassen und trotzdem die Gemeinde den Anlieger in den Glauben versetzt, er müsse zur Abwendung des Bauverbots Aufwendungen machen und die Leistung in gutem Glauben erfolgt.

Die Frage, ob der Anlieger widerrechtlich durch Drohung zur Abgabe der Willenserklärung bestimmt worden sei (siehe die Ausführungen von Dr Hedemann, PrVerwBl. 25 S. 381; Dr Dierschke, Arch. f. bürg. R., Bd. 27 Heft 1; Dr Piutti und Bredt, Das kommunale Bauverbot S. 42) ist im Einzelfalle schwierig zu beurteilen. Eine Widerrechtlichkeit liegt jedenfalls nicht vor, wenn auf Grund pflichtgemäßer Prüfung eine rechtmäßige Entscheidung ergangen ist, auch wenn sich später herausstellt, daß dieselbe unrichtig ist. Mit der Drohung muß die Gemeinde beabsichtigt haben, den Anlieger einzuschüchtern, um ihn für ihre Forderungen gefügig zu machen.

Nach Bucerius (PrVerwBl. 33 S. 801) ist in einigen Städten eingeführt worden, daß der Anlieger nicht eine Sicherheit für die künftig zu berechnenden Straßenbaukosten leistet, sondern mit der Gemeinde einen Vertrag über die endgültige Tilgung der Ausbaukosten abschließt. In solchem Falle handelt es sich nicht um einen Verzicht auf das Bauverbot gegen Sicherheitsleistung, sondern die Parteien einigen sich über die Zahlung von Straßenbaukosten. Das Bauverbot und dessen Beseitigung sei nur Motiv zum Abschluß des Vertrages. Demgegenüber muß darauf hingewiesen, daß auch eine derartige freiwillige Regelung doch immerhin zur Voraussetzung hat, daß die Straße dem Bauverbot unterliegt und im Sinne des § 15 noch keine anbaufähige Straße ist.

Schwierigkeiten kann die Frage bereiten, wenn die Gemeinde Privatabkommen, Verträge mit dem Anlieger oder seinem Besitzvorgänger über die Leistung von Beiträgen vor Eintritt der Voraussetzungen abgeschlossen hat. Unzweifelhaft ist es, daß es rechtlich unzulässig und nicht bindend ist, wenn eine Gemeindebehörde durch Abschluß eines Vertrages auf die Ausübung des den Gemeinden durch das G. v. 2. Juli 75 verliehenen Finanzhoheitsrechts verzichtet. Ein Abkommen, welches einen privatrechtlichen Verzicht auf die Regelung und Handhabung der städtischen Abgabeverfassung enthielte, hätte keine rechtliche Wirkung. Das ist auch vom OVG. und dem Reichsgerichte in zahlreichen Fällen ausgesprochen (vgl. u. a. OVGE. Bd. 12 S. 123 ff., Bd. 18 S. 79 ff., Bd. 21 S. 166 f., PrVerwBl. 10 S. 428; E. d. RG. Bd. 12 S. 272, PrVerwBl. 19 S. 132 f.; E. v. 23. März 98 Nr. II 495; v. 21. Febr. 98 Bd. 33 S. 106 Bd. 37 S. 32, Bd. 38 S. 146, Bd. 42 S. 44, PrVerwBl. 22 S. 122, Bd. 44 S. 110). Ein solcher Verzicht würde vorliegen, wenn von der städtischen Vertretung ein Beschluß gefaßt würde in allen vorkommenden Fällen einen bestimmten geringen Beitrag pro Meter zu erheben. Das wäre ein genereller unzulässiger Verzicht (OVGE. v. 10. Dez. 03 Bd. 44 S. 111). Dagegen ist es zulässig, einen Teil der Straßenbaukosten vorweg auf die Gemeindekasse zu übernehmen (OVGE. v. 8. Febr. 17 IV C. 90. 16). Ebenso ist es zu beurteilen, wenn die Gemeindebehörde mit Bezug auf eine bestimmte eventuell zur Hebung zu stellende Abgabenforderung durch Privatabkommen verzichtet hat. Ein aus solchem Abkommen zu entnehmender Einwand der (vorher verabredeten, antizipierten) Tilgung ist ebenso zulässig wie einer einzelnen bereits entstandenen Abgabenforderung gegenüber der Einwand des Erlasses. Über die Leistung einer einzelnen bestimmten Abgabenforderung, eines einzelnen Anliegerbeitrages können zwischen der Gemeinde und dem Beitragspflichtigen sehr wohl Abmachungen stattfinden, die Gemeinde kann den einzelnen Beitrag mit Rücksicht auf andere Leistungen oder auf sonstige besondere Umstände für abgegolten erklären, den Beitrag herabsetzen oder von der Einziehung gänzlich absehen. In manchen Ortsstatuten ist das noch besonders hervorgehoben. Das ist kein Verzicht auf das Besteuerungsrecht im allgemeinen, sondern betrifft nur die einzelne Abgabenforderung, über deren Tilgung gerade in Ausübung und Verwaltung des Besteuerungsrechts mit dem Pflichtigen verhandelt wird (OVGE. v. 21. Febr. 98, Bd. 33 S. 106; v. 24. Jan. 01, Bd. 38 S. 145, PrVerwBl. 22 S. 122; v. 12. Jan. 03, Bd. 42 S. 44, v. 7. Dez. 03, Bd. 44 S. 106; v. 10. Dez. 03, Bd. 44 S. 111; v. 11. Jan. 06 Nr. IV 57; v. 28. April 13, IV C. 22. 13). Siehe hierzu Jebens, Verwaltungsrechtliche Aufsätze 1899, XIV; Haußmann, Der Rechtsgrundsatz der Gleichmäßigkeit im preußischen Kommunalabgabenrecht S. 90.

Es kann im einzelnen schwierig sein, zu entscheiden, ob ein solcher Verzicht, eine Abgeltung, im voraus vorliegt (E. Bd. 33 S. 107) und welche Tragweite, welchen Inhalt er hat (E. Bd. 37 S. 32). So kann in dem Kaufpreise, den die Gemeinde für das Straßenland an den Anlieger zahlt, schon die Entschädigung für die Beiträge liegen. Dafür wird dann auch nicht unbedingt erforderlich sein, daß ein solches Abkommen schriftlich oder doch ausdrücklich abgeschlossen ist, auch ein stillschweigendes Abkommen über eine solche Abgeltung oder Entschädigung kann genügen. Erfordernis ist aber, daß beide Kontrahenten übereinstimmend eine allgemeine Befreiung von den Beiträgen zu den Kosten oder von bestimmten Teilen derselben (Grunderwerb, Pflasterung) zum Gegenstand des Vertrages gemacht haben, daß sie darin wenigstens ausdrücklich oder stillschweigend übereinstimmten, diese Kosten von der Beitragspflicht ausschließen zu wollen (OVGE. v. 8. Okt. 00, Bd. 38 S. 141, PrVerwBl. 22 S. 122; v. 21. Nov. 10 IV C. 56. 09).

Ist eine Abrede getroffen, daß ein Grundstück von Pflasterkosten freibleiben soll gegen Abtretung einer Parzelle, so steht nichts entgegen, die Abrede dahin aufzufassen, daß sie die Entstehung der Abgabenpflicht ganz unberührt lasse, daß aber, so bald die Abgabepflicht entstanden und der Beitrag fällig, letzterer nicht erhoben, vielmehr der Anspruch aus dem Rechtsverhältnis im Voraus auf dem Wege vertragsmäßiger Regelung durch die Abtretung abgegolten sein sollte (OVGE. 33 S. 106; v. 24. März 02, PrVerwBl. 24 S. 89; v. 3. Jan. 01, PrVerwBl. 22). Durch einen derartigen Verzicht dürfen jedoch die übrigen Anlieger nicht belastet werden. Betragen z. B. die Kosten der Herstellung der Straße ohne Grunderwerb im Zeitpunkt der Kostenverteilung für das in Frage stehende Grundstück 1000 Mark, die der abgetretenen Fläche jedoch nur 500 Mark, so hat die Gemeinde den Unterschied zu tragen, ebenso hat sie den Vorteil davon wenn der Wert der Fläche den Betrag von 1000 Mark übersteigt. Wenn bei Errichtung eines Gebäudes die nach dem Ortsstatut entstehende Beitragsforderung gestundet bleiben soll, bis durch einen neuen Baufall das Recht der Gemeinde auf denselben Anliegerbeitrag neu entsteht, so ist die sog. Stundung nichts anderes, als ein Verzicht auf den durch den Bau entstehenden Forderungsanspruch (OVGE. v. 21. Dez. 08, PrVerwBl. 31 S. 275). Erklärt eine Gemeinde, daß ein Anliegerbeitrag abgegolten ist, so wirkt dies gleichmäßig zu Gunsten des Besitznachfolgers (OVGE. v. 10. Mai 06 IV 749). Eine Möglichkeit, vor Erlaß des Fluchtliniengesetzes auf Anliegerbeiträge zu verzichten, ist nicht gegeben, von einer Abgeltung von erst durch ein zukünftiges Gesetz zur Einführung gelangter Beiträge kann nicht die Rede sein (OVGE. v. 29. April 12 IV C. 253. 11).

Ein Verzicht kann aber nur dann in Betracht kommen, wenn er in rechtswirksamer und daraufhin vom Verwaltungsrichter zu prüfender Weise — Beschluß der Stadtverordneten und Zustimmung des Magistrats (§§ 35, 56 der Städteordnung v. 30. Mai 53) — erklärt und dadurch dem Anlieger die rechtliche Sicherheit gegeben ist, daß er sich gegenüber etwaiger, späterer Heranziehungen zu den weiteren Kosten auf den Verzicht berufen kann (OVGE. v. 16. März 03, Bd. 43 S. 19; v. 19. April 00 Nr. IV 636; v. 27. Sept. 09, IV C. 240. 08).

Ein solcher Einwand kann auch nur im Verwaltungsstreitverfahren geltend gemacht werden, da die ordentlichen Gerichte für eine gegen eine Gemeindelast und Gemeindeabgabe gerichtete Klage nicht zuständig sind (OVGE. Bd. 17 S. 217; v. 26. Mai 98 Nr. IV 991; v. 17. Okt. 93 Nr. II 1136, PrVerwBl. 15

S. 153, Bd. 33 S. 107; v. 7. Dez. 03, Bd. 44 S. 106). Nach § 46 Ziffer 6 der rheinischen Städteordnung v. 15. Mai 56 bedarf es für einseitige Verzichtleistungen der Genehmigung (OVGE. v. 21. Dez. 08, PrVerwBl. 31 S. 276; v. 21. Jan. 09, Bd. 54 S. 90; v. 24. Nov. 10, Bd. 58 S. 113; v. 19. Dez. 12 IV C. 161. 12; v. 20. Juni 12, Bd. 62 S. 196). Die Erklärung des Gemeindevorstehers, es solle kein Beitrag erhoben werden, wenn das zur Verbreiterung der Straße erforderliche Gelände unentgeltlich abgetreten würde, ist für die Gemeinde nur bindend, wenn er dazu durch eine den Formvorschriften des § 88 Nr. 7 der Landgemeindeordnung v. 13. Juli 91 entsprechende Vollmacht oder wenigstens durch einen ordnungsmäßigen Gemeindebeschluß ermächtigt worden ist (OVGE. v. 27. April 05 IV 660). Dem Gemeindevorsteher kann die Befugnis erteilt werden ohne Anhörung der Gemeindevertretung in Fällen, in welchen die Einziehung der nach dem festgesetzten Maßstabe vorgeschriebenen Beiträge zu ungerechtfertigten Härten führen würde, auf Antrag der Beteiligten die veranlagten Beträge nachträglich herabzusetzen (OVGE. 59 S. 120). Aus Vorgängen, die lediglich den inneren Geschäftsverkehr der städtischen Behörden betreffen, kann ein solcher Verzicht nicht hergeleitet werden und kein Anspruch auf Freilassung durch den Anlieger erhoben werden (OVGE. v. 19. Jan. 05, PrVerwBl. 26 S. 523). Wenn aus besonderen Gründen der Fertigstellung der Straße Hindernisse (z. B. über die Fluchtlinie vorspringende Häuser) im Wege stehen, kann die Gemeinde auf Nachforderungen verzichten und damit dem Einwande, die Straße sei noch nicht fertig, die Wirkung entziehen. Anders ist die Sachlage wenn das Ortsstatut vorschreibt, daß unter keinen Umständen vor Fertigstellung der Straße Beiträge erhoben werden dürfen (OVGE. v. 20. Dez. 00, PrVerwBl. 22 S. 446; v. 16. März 03, Bd. 43 S. 21; v. 9. Jan. 11 IV C. 10. 10; v. 5. März 14 IV C. 72. 13; v. 16. Nov. 16 IV C. 25. 16). Daß die Gemeinde, wenn sie auf Hindernisse stößt, im Wege des Verzichtes die Fertigstellung der Straße herbeiführen kann, findet im Gesetze keine Stütze. Man muß allgemein fordern, daß die Gemeinde, ehe sie zur Heranziehung der Anlieger schreitet, die Straße fertig hergestellt hat oder die Straße, insoweit Hindernisse vorhanden sind, aufgibt. Nur so dürfte eine klare Sachlage gegeben sein. Es sei noch bemerkt, daß die Anlieger durch den Verzicht noch nicht immer in Zukunft vor weiterer Belastung gesichert sind, z. B. wenn später das Hindernis beseitigt wird und die dadurch entstandenen Kosten auf Grund des § 9 KAG. umgelegt werden, siehe hierzu das oben dargelegte.

Hat eine Gemeinde sich von den Anliegern an einer Straße die Entrichtung von bestimmten Beiträgen zu den Kosten der Anlegung der neuen Straße, ohne Rücksicht auf eine etwaige Errichtung von Gebäuden, versprechen lassen, so hindert sie dieses nicht, die Rechte aus einem auf Grund des § 15 d. G. erlassenen Ortsstatute geltend zu machen (OVGE. v. 17. Nov. 94 Nr. II 1561; v. 24. Febr. 98 Nr. IV 391; v. 29. April 09 Nr. IV 755). Ebensowenig wenn etwa der Gemeindevorstand in dem Irrtum war, daß das Statut ihm für irgend eine bestimmte Leistung eine Ersatzforderung nicht gewähre. Hat er auf der Basis eines solchen Irrtums erkennbar ein Abkommen getroffen, so kann er, sobald er seinen Irrtum erkennt, innerhalb der Verjährungsfrist die statutarischen Rechte geltend machen (OVGE. v. 25. Sept. 99 Nr. IV 1493; v. 24. Jan. 01, Bd. 38 S. 145).

Unzulässig ist es, daß die Anlieger mit anderen grundrechtlichen Forderungen an die Gemeinde kompensieren wollen. In dem Verfahren nach §§ 69, 70 des KAG., in dem lediglich durch den Magistrat die Rechtskontrolle über die Handhabung des kommunalen Finanzhoheitsrechtes ausgeübt wird, können privatrechtliche Ansprüche an die Gemeinde nicht geltend gemacht werden. Der Magistrat ist gar nicht berufen und legitimiert, in solchem Verfahren die Stadtgemeinde in privatrechtlichen Beziehungen zu vertreten. Nur solche Rechtsakte der Gemeinde, welche die Tilgung usw. der konkreten Beitragsforderung betreffen, hat der Magistrat bei der Verwaltung und Ausübung des kommunalen Steuerrechts zu beachten und ist an sie gebunden, weil dann insoweit eine Pflicht zur Zahlung des Beitrags nicht mehr besteht (OVGE. v. 5. April 00 Nr. IV 582). So darf die zivilrechtliche Forderung, die etwa wegen Abtretung von Straßenflächen gegen die Stadtgemeinde einem Anlieger zustehen sollte, nicht gegen die öffentlich-rechtliche Beitragsforderung aufgerechnet werden (OVGE. v. 27. April 05 IV 660).

f) Öfters ist von den Polizeibehörden der Versuch gemacht worden, die Erfüllung der den Anliegern obliegenden Leistungen oder deren vorgängige Sicherstellung durch Versagung des Baukonsenses oder durch Auferlegung von besonderen Bedingungen bei Erteilung des Baukonsenses zu erzwingen. Einzelne Ortsstatute ordnen selbst ein derartiges Verfahren ausdrücklich an. Das OVG. ist dem stets entgegengetreten, da es weder nach allgemeinen Grundsätzen noch nach den besonderen Vorschriften unseres Gesetzes Aufgabe der Polizei ist, die einzelnen Gemeindeglieder zu ihren Verpflichtungen gegen die Gemeinde, die nicht auf dem Gebiete des der Fürsorge der Polizei anvertrauten öffentlichen Rechtes liegen, mittelbar oder unmittelbar anzuhalten. (Vgl. den Aufsatz von Bürgermeister Rütgers, PrVerwBl. 25 S. 603). Bei einem Ortsstatut aus § 15 handelt es sich nur um die Heranziehung der Bauenden zu Gemeindelasten und die Polizeibehörde ist nicht befugt, aus dieser Bestimmung etwa ein Bauverbot herzuleiten, und dadurch den Bauenden zu den ihm obliegenden Leistungen an die Gemeinde anzuhalten (OVGE. v. 24. Okt. 94 Nr. IV 1295; v. 27. April 95 Nr. IV 665, Bd. 4 S. 364, Bd. 19 S. 242 ff.; v. 18. Nov. 78 Nr. II 1085 und v. 6. Febr. 79 Nr. II 343; v. 4. Jan. 06 Nr. IV 15; v. 22. März 06 Nr. IV 443; v. 27. Febr. 09 IV C. 240. 08; RG. v. 23. Febr. 89, JW. 89 S. 251). Soweit das Gesetz hier ein Einschreiten für zulässig und angemessen erachtet, finden sich die Voraussetzungen dafür in dem § 12; darüber hinaus hat die polizeiliche Einwirkung keine Berechtigung. — Die bei Erteilung des Baukonsenses der Polizeiverwaltung gegenüber eingegangenen Verpflichtungen können für die Gemeinde nie einen im Verwaltungsstreitverfahren verfolgbaren, öffentlich-rechtlichen Anspruch begründen (OVGE. v. 23. Jan. 97 Nr II 171; v. 26. März 00 Nr. IV 515). Auch die an die Baugenehmigung geknüpfte Bedingung zur Leistung eines Beitrages zu den Straßenbaukosten ist nicht als eine Heranziehung (§ 69 KAG.) zu betrachten (OVGE. v. 2. Juni 94 Nr. II 825; v. 4. Juli 94 Nr. II 958; v. 9. Dez. 96 Nr. II 2436). Der Regel nach und soweit nicht Ausnahmen getroffen sind, erlischt bei Eingemeindungen das Ortsrecht des eingemeindeten Teils vom Zeitpunkt der Eingemeindung an und wird ersetzt durch das Ortsrecht der Gemeinde, in welche jenes übergeht (OVGE. v. 18. Mai 14 IV C. 127. 13). Wird innerhalb einer

Gemeinde unter Herrschaft eines dort bestehenden Ortsstatuts ein Gebäude errichtet und wird der Gebietsteil ohne Aufrechterhaltung des in jener Gemeinde bestehenden Ortsstatuts in eine Gemeinde einverleibt, in der überhaupt noch kein Ortsstatut besteht, das an die Stelle jenes Statuts treten könnte, so fehlt es an der unerläßlichen Voraussetzung der Errichtung eines Gebäudes unter der Herrschaft des Ortsstatuts der heranziehenden Gemeinde (OVGE. v. 24. Febr. 10, Bd. 56 S. 127). War jedoch bei sonst gleicher Sachlage zur Zeit der Eingemeindung in der Hauptgemeinde ein Ortsstatut vorhanden, so besteht die Heranziehung zu Recht, wenn das Gebäude nach Beginn der Anlegung der Straße errichtet und letztere nicht etwa als eine vorhandene Straße anzusehen ist, wofür jedoch nur diejenigen Merkmale entscheidend sind, die für den eingemeindeten Teil in Frage kommen (OVGE. v. 14. Mai 14 IV C. 179. 13). Wenn Stadtrat Müller (PrVerwBl. 32 S. 295) demgegenüber die Ansicht vertritt, das Ortsstatut der Hauptgemeinde müßte ohne weiteres für die eingemeindeten Teile mit rückwirkender Kraft bindend sein, so würde dies einen nicht unerheblichen Nachteil für den Anlieger zur Folge haben, er wäre danach nicht in der Lage, bei der Errichtung des Gebäudes beim Fehlen eines Ortsstatuts sich zu vergewissern, ob er in Zukunft Anliegerbeiträge zu entrichten hat oder nicht. Reichs- und Kammergericht, worauf Dr Lüttich zu dieser Frage (PrVerwBl. 32 S. 485) mit Recht hinweist, gehen wesentlich weiter als das OVG. und verlangen, daß die Ortsstatuten für den eingemeindeten Teil ausdrücklich erlassen werden. Demgegenüber ist die Rechtsprechung des OVG. den Gemeinden gegenüber wesentlich günstiger. Hier wird dem Standpunkte des Reichs- und Kammergerichts zugestimmt.

15. Durchaus unklar bleibt nach dem Gesetze das Rechtsverhältnis des Unternehmers zu der Gemeinde. Das Gesetz behandelt die Anlieger und den oder die Unternehmer — ob die Straßenanlage von einer Person oder von einer Mehrzahl unternommen wird, macht rechtlich keinen Unterschied, auch nicht, wenn die Anlieger gemeinschaftlich als Unternehmer auftreten — im wesentlichengleich (Bem. 5a und 5b oben); danach sollte man annehmen, daß auch die Verpflichtung des Unternehmers den Charakter einer Gemeindelast trüge. Dem widerspricht aber einigermaßen das Wesen der Sache, welches an sich dahin führen würde, ein privatrechtliches Verhältnis als gegeben anzusehen. Unter diesen Umständen bleibt nichts anderes übrig, als in jedem einzelnen Falle zu prüfen, wie das Verhältnis durch das maßgebende Ortsstatut geregelt ist. Gegenüber dem Gesetze muß es jedenfalls gestattet sein, den Verpflichtungen des Unternehmers den Charakter einer öffentlich-rechtlichen Last aufzuprägen und insbesondere zu bestimmen, daß bei Nichterfüllung der Verpflichtungen im Wege des Verwaltungszwangsverfahrens gegen den Unternehmer vorgegangen werden könne. Einen anderen Sinn kann die Vorschrift des Gesetzes, daß dem Unternehmer bestimmte Verpflichtungen durch Ortsstatut auferlegt werden dürfen, füglich nicht haben. Denn den Gemeinden konnte das ihnen zweifellos zustehende Recht, einem Unternehmer vertragsmäßig privatrechtliche Verpflichtungen aufzuerlegen, schon an sich nicht erst gesetzlich verliehen werden, am wenigsten aber in der Form, daß ihnen die Ermächtigung erteilt würde, eine Verpflichtung des Unternehmers durch Erlaß eines Ortsstatutes einzuführen. Die Entstehungsgeschichte zeigt denn auch deutlich, daß die Last des Unternehmers mit der Last der Anlieger auf eine Linie gestellt und gemeinsam gewissen Beschränkungen unterworfen werden sollte Das ist nur dann zu erklären, wenn dafür andererseits der Last des Unternehmers der Charakter einer öffentlich-rechtlichen Verpflichtung aufgeprägt wurde. Liegt dies aber im Gesetze, so bedarf es auch keiner besonderen, dahin gehenden Bestimmung im Statute; es bleibt solange bei der Anordnung des Gesetzes, als das Statut nicht etwas Gegenteiliges vorschreibt. Letzteres würde nicht ausgeschlossen sein; die Gemeinde kann auf die ihr aus der öffentlich-rechtlichen Natur der Last erwachsenden Vorteile verzichten und das Verhältnis zu dem Unternehmer als ein rein privatrechtliches gestalten. Je nachdem die Regelung in der einen oder anderen Weise erfolgt ist, wird die Behandlung etwaiger Streitigkeiten eine verschiedene sein müssen (OVGE. v. 9. April 08 Nr. IV 712; v. 7. März 18 IV C. 87. 17). Das RG. V. ZS. hat in zwei Urteilen v. 22. Sept 88 (E. Bd. 22 S. 285) und v. 10. Okt. 88 (PrVerwBl. 10 S. 233) einen Fall entschieden, in welchem die Stadtgemeinde einen Unternehmer auf Fertigstellung der Straße, wozu er sich nicht verpflichtet erachtete, im Rechtswege belangt hatte; es wurde die Zuständigkeit der Zivilgerichte anerkannt, dann aber angenommen, daß weder ein Vertrag zwischen Gemeinde und Unternehmer abgeschlossen, noch auch sonst von dem Unternehmer eine bindende Verpflichtung zur Fertigstellung der Straße eingegangen sei; allein aus dem Ortsstatute, worauf die Gemeinde bei den Verhandlungen verwiesen hatte, könne eine Verpflichtung nicht abgeleitet werden. Hieraus geht zur Genüge hervor, in welche mißliche Lage die Gemeinden geraten können, wenn das Verhältnis nicht von vornherein klar geregelt wird. Soll es auf eine privatrechtliche Grundlage gestellt werden, so empfiehlt es sich, dem durch Abschluß eines Vertrages Rechnung zu tragen. Ist dagegen durch Statut ein öffentlich-rechtliches Verhältnis geschaffen, so wird man schließlich nicht umhin können, das Vorhandensein einer Gemeindelast im Sinne des § 18 Nr. 2 und § 34 Nr. 2 d. ZustG. anzuerkennen; das mag auf den ersten Blick befremdlich erscheinen, ist aber nur eine Folge der unnatürlichen Verbindung, in welche das Gesetz die Pflicht des Unternehmers und der Anlieger gebracht hat. Vom RG. wurde es in den beiden erwähnten Urteilen anscheinend in Abrede genommen; wenn hier aber das wesentliche Gewicht darauf gelegt war, daß zwar den Anliegerbeiträgen, nicht aber den Verpflichtungen des Unternehmers die Eigenschaft von Gemeinde*steuern* zukomme, so traf diese Begründung nicht zu. Auch die Anliegerbeiträge waren keine Steuern (Bem. 14 d oben); es fragt sich nur, ob die Verpflichtungen des Unternehmers unter den sehr viel weiter gehenden Begriff der Gemeinde*lasten* (vgl. v. *Brauchitsch*, Die neuen Preuß. Verwaltungsgesetze, 10. Aufl., Bd. 1 S. 220 Note 52 — in der neuesten Auflage nicht wiederholt — und E. d. RG. V. ZS. v. 13. Jan. 92, Bd. 29 S. 160) gebracht werden können. Das ist nicht wohl zu leugnen, wenn anerkannt wird, daß durch Statut ein öffentlich-rechtliches, dem Verwaltungszwangsverfahren unterworfenes Verhältnis geschaffen werden kann. Naturalleistungen ähnlicher Art, die zweifellos unter den Begriff der „Gemeindelasten" fallen, kommen übrigens auch sonst, namentlich auf dem Gebiete des Wegewesens vor; sie unterscheiden sich freilich wesentlich dadurch, daß sie entweder allen Gemeindegliedern oder wenigstens bestimmten Klassen derselben obliegen; indes ist dies an sich kein notwendiges Erfordernis für die Annahme einer Gemeindelast, wie sich bei denjenigen Gemeindeabgaben zeigt, welche in Form einer indirekten Steuer erhoben werden. Trotzdem soll nicht verkannt werden, daß die Behandlung der fraglichen Verpflichtungen als Gemeindelast großen Bedenken unterliegt; sie dürfte aber immerhin noch demjenigen Rechtszustande vorzuziehen sein, welcher sich ergeben würde, wenn als Basis der Verpflichtung ein öffentlich-rechtliches, dem Verwaltungszwangsverfahren unterworfenes Verhältnis angenommen, diesem aber zugleich die Eigenschaft einer Gemeindelast abgesprochen wird. Dann wäre die Zuständigkeit der Verwaltungsgerichte ausgeschlossen und bliebe nur die Möglichkeit, für berufen zur Entscheidung etwaiger Streitigkeiten entweder ausschließlich die Kommunalaufsichtsbehörden oder neben diesen auch die Zivilgerichte zu erklären. Beides stände in offenbarem Widerspruch mit denjenigen Grundsätzen, welche für die Abgrenzung der Zuständigkeit auf diesem Gebiete maßgebend gewesen sind; vor allem erscheint ein Eingreifen der Zivilgerichte, wie es in jenem oben erwähnten Falle stattgefunden hat, mit der Tendenz der neueren Gesetzgebung nicht wohl vereinbar. Daß durch das Gesetz den Gemeinden die Möglichkeit eröffnet ist, durch Ortsstatut den Unternehmern, die eine neue Straße anlegen oder eine bestehende verlängern, bezüglich der Herstellung und Erhaltung der Straße Gemeindelasten in Gestalt von Naturalleistungen aufzuerlegen, nimmt jetzt auch das Reichsgericht an, es führt aber aus, daß dadurch, daß eine Gemeinde von diesem Rechte Gebrauch mache, an deren öffentlich-rechtlicher Verpflichtung zur Erhaltung der öffentlichen Straßen ihres Bezirks nichts geändert werde (E. d. RG. VI. ZS. v. 13. Juni 01, PrVerwBl. 23 S. 89 f.).

Die Ansprüche der Gemeinden gegen die Unternehmer der neuen Anlagen können aber nur unter der Voraussetzung den Charakter von Gemeindelasten haben und nach den für diese geltenden Bestimmungen zur Einziehung gelangen, daß sie im gegebenen Falle durch ein gültiges Ortsstatut nach Maßgabe des § 15 d. G. als öffentlich-rechtliche Lasten auch wirklich gestaltet sind. Wie schwierig das ist, wenn der Gemeinde daraus wirklich Vorteile erwachsen sollen, hat sich in der Praxis zur Genüge ergeben (OVGE. v. 7. Febr. 98 Nr. IV 257, Bd. 33 S. 99). Es ist denn auch soweit dies bekannt geworden, die Regel, daß mit den Unternehmern seitens der Gemeinden privatrechtliche Verträge abgeschlossen werden, welche die gegenseitigen Rechte und Pflichten näher bestimmen.

Daß die öffentlich-rechtliche Verpflichtung des Unternehmers keine dingliche Last darstellt, ist selbstverständlich (PrVerwBl. 16 S. 88). Siehe Lüttich, Arch. Bürg. R., Jaeckel-Güthe, 5. Aufl. S. 775.

Häufiger ist es von den Gemeinden versucht worden, das Verhältnis so zu gestalten, daß sie den Unternehmern die Zusicherung erteilen, ihnen nach Fertigstellung der Straße die von den bauenden Anliegern zu erhebenden Beiträge zu geben, oder daß sie dem Unternehmer ihr angebliches Recht auf Beiträge vertragsmäßig vorher zedieren. Dem liegt ein rechtlicher Irrtum zugrunde. Ist tatsächlich ein Unternehmer da, so hat die Gemeinde überhaupt keinen Anspruch auf Anliegerbeiträge. Das ist selbstverständlich, denn wenn der Unternehmer die Straßenanlage für seine Rechnung herstellt, so fehlt es den Anliegern gegenüber auf seiten der Gemeinde an einem Objekte der Erstattung, an einer Leistung der Gemeinde, der die Beiträge sich als das, was sie nach dem Grundgedanken des Gesetzes sein sollen und sind, nämlich als Gegenleistung gegenüberstellen lassen (OVGE. v. 9. Mai 94 Nr. II 701, Bd. 26 S. 77; v. 14. Okt. 96 Nr. II 2033; v. 10. April 96 Nr. I 473). Dabei ist es unerheblich, ob etwa die Ausführung einzelner oder aller für die Herstellung der Straße erforderlichen Arbeiten durch Organe der Gemeinde erfolgt ist, wesentlich ist, daß die Herstellung auch durch diese Organe nur im Auftrage, auf Kosten und für Rechnung des Unternehmers bewirkt wird, so daß immer der Unternehmer der Anleger der Straße bleibt. Entscheidend bleibt immer, ob die Stadtgemeinde ihrerseits Kosten für die Anlegung der Straße aufgewendet hat. Statuten, welches es anders regeln wollen, sind insoweit rechtsungültig (OVGE. v. 9. Mai 94, Bd. 26 S. 77, 84 hinsichtlich § 15 früheren Berliner Statuts, KG. v. 18. Okt. 06, PrVerwBl. 28 S. 142). Zugunsten des Unternehmers darf die Gemeinde Beiträge von den Anliegern nicht fordern (OVGE. v. 4. Juli 01, Bd. 40 S. 103; v. 11. Nov. 01, Bd. 40 S. 10; v. 2. Mai 02, Bd. 41 S. 132; v. 3. März 10 IV C. 100. 09). E. d. RG. VI. ZS. v. 15. Nov. 00, JW. 00 S. 881; v. 15. Mai 02, JW. 02 S. 371.

Da Unternehmer im Sinne des § 15 derjenige ist, auf dessen Entschließung die neue Straßenanlage zurückzuführen ist und für dessen Rechnung sie erfolgt (RG. VII. ZS. v. 26. Jan. 03, E. 55 S. 132, v. Kamptz u. Delius S. 473), so liegt eine Unternehmerstraße nicht vor, wenn jemand vertragsmäßig die Straße für die Gemeinde zum Teil auf eigene, zum Teil auf Kosten der Gemeinde herstellt (OV. GE. v. 21. März 12, PrVerwBl. 34 S. 242). Bei der Unternehmerstraße im Sinne des § 15 muß es sich um eine Straße handeln, welche die Gemeinde als öffentliche Ortsstraße anlegen will, da § 15 nur für solche Straßen gilt, bei der Unternehmerstraße im weiteren Sinne kann dies der Fall sein. Ob die Gemeinde schon vor dem Eintritte des Unternehmers mit der Anlegung der Straße begonnen hat, ist bei beiden Gattungen von Straßen nicht von maßgebender Bedeutung (OVGE. v. 7. März 18 IV C. 87. 17).

Eine öffentlich-rechtliche Pflicht des Unternehmers, nach der Wahl der Gemeinde die Straßenbaukosten im voraus an die Stadtkasse zu bezahlen, damit dann die Gemeinde die Straße herstellt, kann durch Ortsstatut nicht begründet werden. Vielmehr kann dem Unternehmer die öffentlich-rechtliche Pflicht zum Ausbau einer Straße nur mit der Maßgabe auferlegt werden, daß, wenn er dieser Pflicht nicht nachkommt, die Gemeinde das Recht erhält, sich wegen der ihr durch Übernahme des Ausbaues erwachsenen Kosten an ihn zu halten (OV. GE. v. 8. Dez. 10, Bd. 57 S. 114; v. 5. Dez. 12, Bd. 62 S. 222).

Auch ist versucht worden, formell den Unternehmer nur als Beauftragten oder Werkführer der Gemeinde hinzustellen, während der materielle Inhalt des Vertrages zwischen Gemeinde und Unternehmer dem widerspricht; in solchen Fällen kommt es natürlich nur auf den materiellen Inhalt der Abmachungen an. Liegt es danach so, daß der Ausführende nicht technisch ausführendes Organ der Gemeinde, sondern selbst Unternehmer ist, so können Beiträge von den Anliegern nicht erhoben werden. Zur Beurteilung kommt es darauf an, festzustellen, wer das finanzielle Risiko trägt, auch ob der Ausführende ein Recht auf die Ausführung der Straßenherstellung haben sollte, oder nur ein Recht auf die Gegenleistung (E. Bd. 26 S. 83, Bd. 40 S. 110).

In den öfter vorkommenden Fällen, wo ein Unternehmer die Herstellung der Straße begonnen, die Gemeinde aber — etwa weil der Unternehmer seinen Verpflichtungen nicht mehr nachkam oder nicht mehr nachkommen konnte — die Weiterführung auf eigene Rechnung bewirkt hat, oder umgekehrt, wo die Gemeinde auf eigene Rechnung die Herstellung der Straße angefangen, die Arbeit aber durch einen Unternehmer für seine Rechnung vollendet wird, kann die Gemeinde die Anlieger zur Erstattung nur der Kosten heranziehen, welche ihr selbst für ihre Arbeiten entstanden sind (OVGE. Bd. 26 S. 77; v. 21. Okt. 96 Nr. II 2084; v. 16. April 96 Nr. I 473; v. 12. Jan. 98 Nr. II 51; v. 29. Juni 99, Bd. 35 S. 78; v. 3. Jan. 01, PrVerwBl. 22 S. 479; v. 4. Juli 01, Bd. 40 S. 103; v. 11. Nov. 01, Bd. 40 S. 110; v. 12. März 08, Bd. 52 S. 108; v. 28. März 11, IX C. 38. 10). Da kein Anlieger verpflichtet ist, die Kosten einer von einer Gemeinde angelegten Straße anteilig zu erstatten, wenn er vor dem Beginn der Anlegung durch die Gemeinde auf seinem Grundstück ein Gebäude an der Straße errichtet hat, so kann er auch nicht herangezogen werden, falls die Errichtung des Gebäudes stattgefunden hat, ehe die Straße, die von einem Unternehmer begonnen ist, zu einer solchen, welche von der Gemeinde angelegt wird, geworden, also ehe der bezügliche Beschluß der Vollendung der Straße durch die Gemeinde gefaßt und nach außen kund gegeben ist (OVGE. v. 2. Juni 97 Nr. II 1027; v. 12. Mai 02, Bd. 41 S. 132; v. 31. Jan. 07, Bd. 50 S. 78; v. 4. Febr. 07, PrVerwBl. 29 S. 28; v. 7. März 18 IV C. 87. 17).

Daß die Verpflichtung des Unternehmers nicht den Bestimmungen des Gesetzes über die Verjährungsfristen v. 18. Juni 40, auch nicht den Vorschriften der §§ 69 ff., 87 u. 88 des KAG. unterworfen ist, bedarf keines weiteren Beweises (OVGE. v. 19. Febr. 06 IV 278); hier ist ohne Frage die Herstellung der Straße, also ein von der Leistung bloßer Naturaldienste völlig verschiedenes Werk als dasjenige anzusehen, was über den Charakter der Pflicht entscheidet. Die Rechtsmittel richten sich also noch jetzt nach den §§ 18 u. 34 des ZustG. — Im Preußischen Verwaltungsblatt Bd. 31 S. 215, 314 und 533 wird von Dr. Jung, Stadtrat Sembritzki und Dr. Delius die Frage erörtert, ob das Gesetz den Gemeinden nur die Möglichkeit gewähren wollte, die Verpflichtungen der Unternehmer als öffentlich-rechtliche zu gestalten, oder ob dem Unternehmer ein Recht auf Anlegung von Straßen seitens der Gemeinde gewährt werden sollte. Es ist mit Sembritzki und Delius anzunehmen, daß es im Ermessen der Gemeinde steht, den Bau von Unternehmerstraßen zuzulassen oder nicht, wozu im Falle der Genehmigung auch die straßenbaupolizeiliche gehört. Daß jedoch nach Sembritzki der § 15 nur für solche Straßen Geltung hat, für welche Fluchtlinien festgesetzt sind und demnach als Unternehmerstraßen nur solche mit Fluchtlinien versehene in Frage kommen, kann nicht angenommen werden. Über das Verfahren beim Ausbau von Unternehmerstraßen auf Grund einer Umfrage der Stadt Kiel — Dr. Mützelburg, PrVerwBl. 31 S. 764. Siehe auch Dr. Haase, Unternehmerstraßen und Anliegerbeiträge, Pr. Gemeinde-Zeitung 1912.

16. Siehe Bem. zu § 12.

17. Nach dem Regulativ v. 31. Dez. 38 stand innerhalb der Ringmauern den städtischen Behörden die Befugnis zu, von den angrenzenden Eigentümern die Legung des ersten Straßenpflasters zu verlangen (§ 4), während außerhalb der Ringmauer die Kommune die Anlegung und Unterhaltung des Straßenpflasters auf ihre alleinigen Kosten zu bewirken hatte (§ 7) (OVGE. v. 18. März 80, Bd. 6 S. 212). Das Regulativ hat für Berlin die Bedeutung eines ersten Ortsstatuts, welches bis zum Zustandekommen eines auf Grund des § 15 ergangenen Ortsstatuts in Geltung blieb. Ein solches wurde unter dem 7/19. März 77 beschlossen und am 3. Mai 77 veröffentlicht. Da das Regulativ die Errichtung eines Gebäudes als Erfordernis für die Entstehung der Pflicht nicht vorsah, kann eine Heranziehung von Eigentümern, welche vor Erlaß des zweiten Statuts ein Gebäude an der Straße errichtet haben, nicht erfolgen (OVGE. v. 25. Jan. 14, Bd. 67 S. 154; v. 21. Sept. 16 IV C. 86. 15).

18. Es bleibt der Gemeinde überlassen, ob sie von den Bestimmungen des § 15a Gebrauch machen will oder nicht.

19. Die Beiträge des § 9 (siehe Anhang) des Kommunalabgabengesetzes v. 14. Juli 93 beziehen sich nicht allein auf die Straßenunterhaltung, sondern auch auf andere Veranstaltungen.

20. Die Gebühren des § 6 KAG. sind Verwaltungsgebühren für Handlungen der Gemeindeorgane im Gegensatz zu den Gebühren des § 4 a. a. O., welche eine Gegenleistung für die Inanspruchnahme von Veranstaltungen bilden z. B. Baupolizeigebühren für die Genehmigung und Beaufsichtigung von Bauten.

21. Erzeugt die Gemeinde auf Grund des § 15a eine Verpflichtung für sich, so wird häufig der Fall eintreten, daß Anlieger sich darauf berufen werden. Ist die Vorbedingung erfüllt, daß die Straße für den Ausbau von Häusern mit höchstens einem Obergeschoß bestimmt ist, so wird es in manchen Fällen schwer sein, den Anspruch abzuweisen.

22. Demnach können auch andere Wohnungen, als solche für Minderbemittelte angelegt werden, nur sollten letztere „hauptsächlich" vorhanden sein. Durch diese Einschränkung werden die unter Bem. 21 angeführten Schwierigkeiten für die Gemeinden noch vergrößert.

23. Ist ein Statut auf Grund des § 15a erlassen, so dürften Ratenzahlungen als öffentliche Lasten anzusehen sein.

24. Eine Änderung der Zweckbestimmung der Gebäude liegt dann vor, wenn dieselben hauptsächlich für Wohnungen Minderbemittelter nicht mehr dienen oder die Zahl der Geschosse vermehrt ist.

25. In der Begründung, wird vorgeschlagen, daß die Gebäude nur für einen gewissen Zeitraum (etwa 20 Jahre) für den vorliegenden Zweck festgelegt werden. — Für Straßen des Zweckverbandes für Groß-Berlin hat der Erlaß eines Ortsstatuts auf Grund des § 15 durch den Verband zu erfolgen (§ 7 Abs. 5), dasselbe gilt für den allgemeinen Zweckverband (§ 4). Siehe Anhang.

§ 16.

(1) Gegen die Beschlüsse des Kreisausschusses steht den Beteiligten in den Fällen der §§ 5, 8, 9 die Beschwerde bei dem Bezirksausschuß innerhalb einer Ausschlußfrist von zwei Wochen zu.

(2) In den Fällen, in denen es sich um Wiederbebauung ganzer durch Brand oder andere Ereignisse zerstörter Ortsteile

handelt, tritt an die Stelle dieser Präklusivfrist eine solche von zwei Wochen.

Der § 16 ist zwar nicht ausdrücklich aufgehoben, aber seinem Inhalte nach durch die Bestimmungen der neueren Gesetzgebung vollständig ersetzt. Daß gegen die Beschlüsse des Kreisausschusses die Beschwerde an den Bezirksausschuß gegeben ist, würde auch beim Mangel der Vorschrift im § 16 aus § 121 (vgl. auch § 153) des Landesverwaltungsgesetzes folgen. Die früher in den Abs. 1 und 2 normierte Frist von 21 Tagen und einer Woche beträgt gegenwärtig zwei Wochen (§ 51 a. a. O.); an sich hatte freilich die Frist des Abs. 2 ihre volle Berechtigung; man fühlte aber das dringende Bedürfnis, soweit tunlich für alle Fristen eine gleiche Zeitdauer vorzuschreiben, und sah daher auch hier von einer Ausnahme ab.

Zu den „Beteiligten" gehören der Gemeindevorstand, die Ortspolizeibehörde, die etwa sonst in das Verfahren eingetretenen Behörden (§ 6) und alle übrigen Interessenten, welche Einwendungen gegen den Plan erhoben hatten. Daß solche Behörden oder Personen, welche in erster Instanz am Verfahren nicht beteiligt waren, auch keine Beschwerde erheben können, folgt aus der präklusivischen Natur der für die Anbringung von Einwendungen im § 7 vorgeschriebenen Frist. Eine Ausnahme hiervon möchte nur etwa dann zuzulassen sein, wenn die Beschlußbehörde erster Instanz den Plan wesentlich umgestaltet hat (vgl. Bem. 2 zu § 8); hier kann sich die Sachlage so gestalten, daß Interessenten, welche mit dem ursprünglichen Plane einverstanden waren, nunmehr allen Grund zur Beschwerde haben; sie damit auszuschließen, würde der Billigkeit zuwiderlaufen und wird auch durch § 7 wohl nicht geboten.

§ 17.

[(1) Die durch die §§ 5, 8 und 9 dem Kreisausschusse und in höherer Instanz dem Bezirksrate beigelegten Befugnisse und Obliegenheiten werden in den einem Landkreise angehörigen Städten mit mehr als 10,000 Einwohnern, oder wenn unter mehreren beteiligten Gemeinden (§ 9) sich eine solche Stadt befindet, von dem Bezirksrate und in höherer Instanz von dem Provinzialrate, in den Stadtkreisen, oder wenn unter mehreren beteiligten Gemeinden (§ 9) sich ein Stadtkreis befindet, von dem Provinzialrate und auf Ansuchen der Gemeinde in höherer Instanz von dem Minister für Handel wahrgenommen.

(2) In den Hohenzollernschen Landen tritt an die Stelle des Kreisausschusses der Amtsausschuß und steht auch diesem die Bestätigung der Ortsstatuten (§§ 12 und 15) zu. Die Beschwerde-Instanz bildet der Landesausschuß.]

§ 18.

(1) [Bis dahin, daß in den verschiedenen Provinzen der Monarchie die Kreisausschüsse und die Bezirks- und Provinzial-

räte gebildet sind, hat die Bezirksregierung (Landdrostei) die denselben durch dieses Gesetz überwiesenen Geschäfte wahrzunehmen.

(2) Die Beschlußfassung in der höheren Instanz steht in den Fällen der §§ 5, 8 und 9 dem Minister für Handel, im Falle der §§ 12 und 15 dem Oberpräsidenten zu.

(3) Für die Stadt Berlin liegt bis zur Bildung einer besonderen Provinz Berlin die Wahrnehmung der in den §§ 5, 8 und 9 dem Kreisausschusse beigelegten Funktionen dem Minister für Handel 2c., die Bestätigung der Statuten nach den §§ 12 und 15 dem Minister des Innern ob.]

Diese beiden Paragraphen sind durch § 146 des Zuständigkeitsgesetzes v. 1. Aug. 83 aufgehoben. Die Behördenorganisation ist nunmehr, wie bereits am Schlusse der Einleitung angegeben, in folgender Weise geregelt: für ländliche Ortschaften und die zu einem Landkreise gehörigen Städte mit einer Einwohnerzahl bis zu 10 000 Seelen beschließt in erster Instanz der Kreisausschuß, in zweiter Instanz der Bezirksausschuß, für die zu einem Landkreise gehörigen Städte mit mehr als 10 000 Einwohnern und für Stadtkreise beschließt in erster Instanz der Bezirksausschuß, in zweiter Instanz der Provinzialrat, für den Stadtkreis Berlin beschließt in den Fällen der §§ 5, 8 und 9 der Minister der öffentlichen Arbeiten, in den Fällen der §§ 12 und 15 der Minister des Innern. Hiermit ist auch die Ungleichheit beseitigt, welche früher darin lag, daß nach § 17 bei Stadtkreisen an sich nur eine Instanz (der Provinzialrat) bestand und lediglich der Gemeinde das Recht gegeben war, als höhere Instanz noch den Minister anzurufen.

§ 19.

(1) Alle den Bestimmungen dieses Gesetzes entgegenstehenden allgemeinen und besonderen gesetzlichen Vorschriften werden hierdurch aufgehoben.

(2) Alle Bestimmungen der im Verwaltungswege erlassenen Bauordnungen, sonstigen polizeilichen Anordnungen und Ortsstatuten, welche mit den Vorschriften dieses Gesetzes in Widerspruch stehen, treten außer Kraft.

Bereits bei den einzelnen Paragraphen ist darauf hingewiesen, welche Änderungen in dem früheren Rechtszustande durch das Gesetz herbeigeführt sind; sie ergeben sich meistens von selbst und bedürfen deshalb keiner Begründung. Zweifelhaft erscheint dagegen die Rückwirkung des Gesetzes und insbesondere des § 19 auf die Befugnis der Gemeinden zur Heranziehung der Gemeindeglieder zu den Straßenherstellungskosten. Die Schwierigkeit liegt darin, daß der Gesetzgeber von unzutreffenden Voraussetzungen ausgegangen ist. Wie die Entstehungsgeschichte überzeugend ausweist, wurde angenommen, es bestehe — abgesehen von dem Berliner Regulative aus dem Jahre 1838 — für die Gemeinden keine Möglichkeit, einzelnen Klassen der Gemeindeglieder, namentlich den Anliegern die gesamten Straßenherstellungskosten aufzuerlegen oder sie auch nur zu Vorausleistungen heranzuziehen. Nirgends wird einer solchen

Möglichkeit als schon bestehend gedacht; ihr gegenüber hätten auch die verschiedenen, in Erwägung genommenen, schließlich aber von der Staatsregierung verworfenen Auskunftsmittel (s. Einleitung) gar nicht in Frage kommen können. Bei der ersten Beratung des Entwurfs im AH. (StenB. S. 77 u. 79) wurde denn auch von den Abgeordneten Miquel und Dr. Baehr betont, wie den Gemeinden nicht generell die Befugnis beigelegt werden könne, zur Deckung der Kosten für solche Einrichtungen, die einzelnen Eigentümern besonders zum Vorteil gereichten, diese vorweg heranzuziehen; es wurde geradezu ausgesprochen, das müsse zur Auflösung der Gemeindegemeinschaft führen. Dies entsprach durchaus dem bisher in der Verwaltung von der Ministerialinstanz festgehaltenen Grundsatze, wonach die Belastung einzelner Klassen der Gemeindeangehörigen mit Vorausleistungen nur insoweit zulässig sein sollte, als die Gesetze eine solche Ausnahme ausdrücklich gestatteten. Nun ist aber durch die Rechtsprechung des OVG. festgestellt, daß die vor dem Jahre 75 ergangenen Städte- und Gemeindeordnungen mit wesentlich gleichen Bestimmungen, wie sie in den §§ 4, 11 u. 53 der Städteordnung für die östlichen Provinzen v. 30. Mai 53 enthalten sind, den Gemeinden die Einführung solcher Vorausleistungen ermöglichten. Weiter hat sich ergeben, daß von dieser Ermächtigung in den westlichen Provinzen auch mehrfach Gebrauch gemacht war und die betr. Statuten die Genehmigung der zuständigen Behörden gefunden hatten. Endlich ist ermittelt worden, daß auch anderen Städten außer Berlin durch besondere Gesetze die Einziehung der Straßenherstellungskosten von den Anliegern freigegeben war (OVGE. v. 23. Febr. 92 Nr. II 177; v. 22. April 92 Nr. II 445; v. 24. Jan. 93 Nr. II 104; v. 3. Nov. 94 Nr. II 1489, Bd. 27 S. 58; v. 23. Juni 97 Nr. II 1175, Pr. VerwBl. 12 S. 507, 14 S. 174, 16 S. 310, 525). Dem gegenüber fragt es sich, ob diese Vorschriften neben dem § 15 d. G. in voller Geltung bestehen geblieben sind.

Vorab ist zu betonen, daß es sich beim § 15 nur um eine Erleichterung der Gemeinden in der ihnen obliegenden Wegebaulast handelt; soweit also die Gemeinde nicht einzutreten hat, kommt § 15 überhaupt nicht zur Anwendung. Infolgedessen werden solche Verhältnisse nicht berührt, wo die Verpflichtung zur Herstellung der Straße, sei es ganz, sei es teilweise, der Polizeibehörde gegenüber einen Dritten trifft; dies ist namentlich der Fall, wenn die Anlieger, wie in den Städten durchweg die Regel, observanzmäßig zur Anlegung und Unterhaltung der Bürgersteige verbunden sind. Vgl. OVGE. Bd. 6 S. 219, wo allerdings eine abweichende, nicht ganz zutreffende Begründung gegeben ist. Neuere Erkenntnisse (E. v. 28. April 94 Nr. IV 491; v. 14. Okt. 96 Nr. IV 1561; v. 25. Jan. 06, PrVerwBl. 27 S. 735; v. 9. April 08 Nr. IV 712) gaben eine mit obigem im Einklange stehende Begründung. Es wird folgendes ausgeführt: Die Vorschriften des § 15 regeln die Verpflichtungen der Anlieger gegenüber der Gemeinde. Die Gemeinde sollte durch diese Vorschriften in der ihr obliegenden Straßenbaulast erleichtert werden, indem sie das Recht erhielt, einen Teil dieser Last auf die Anlieger zu übertragen. Der § 15 kann deshalb gar nicht zur Anwendung kommen, insoweit nach dem bestehenden Recht die Straßenbaulast oder ein Teil derselben nicht der Gemeinde, sondern einem Dritten oder den Anliegern selbst obliegt. Eine Observanz, welche den angrenzenden Eigentümer zur Anlegung und Unterhaltung der Bürgersteige verpflichtet, begründet keine Verpflichtung der Anlieger gegenüber der Gemeinde, sondern verpflichtet die Anlieger gegenüber der Wegepolizeibehörde. Den Anliegern ist durch eine solche Observanz ein Teil der Straßenbaulast direkt auferlegt und zwar nicht als eine Gemeindelast, sondern als eine polizeiliche Wegebaulast. Die Verpflichtungen der Anlieger aus der Observanz liegen deshalb ganz außerhalb des Rahmens des § 15 und werden durch die Bestimmungen des § 15 gar nicht berührt. Der § 15 setzt eine Verpflichtung der Gemeinde zur Straßenbaulast voraus, die Bestimmungen einer Observanz, wie der in Frage stehenden, stehen daher den Vorschriften des § 15 nicht entgegen, sie bestehen neben denselben und sind mithin auch nicht durch § 19 des G. v. 2. Juli 75 aufgehoben, sondern in vollem Umfange in Geltung geblieben (OVGE. v. 6. Juni 01 Nr. IV 1109; v. 16. Jan. 02 Nr. IV 108; v. 11. Mai 05 IV 614; v. 12. Okt. 05 IV 1401). Übrigens kann die Gemeinde in solchen Fällen die Last den Anliegern freiwillig abnehmen; sie ist auch befugt den § 15 bei bestehender Observanz anzuwenden (OVGE. v. 11. Mai 05, Bd. 47 S. 97). Darin, daß eine Stadtgemeinde durch Übernahme einer ihr bisher nicht obliegenden Wegebaulast eine neue, allgemeine Regelung des für ihren Bezirk geltenden öffentlichen Wegerechts beschließt, liegt eine besondere statutarische Anordnung, die nach § 11 der Städteordnung für die Provinz Westfalen v. 19. März 56 der Bestätigung der Kommunalaufsichtsbehörde bedarf. Daß nach früheren Beschlüssen verfahren worden ist, kann die fehlende Bestätigung der Aufsichtsbehörde nicht ersetzen, auch ist dadurch nicht etwa eine die bisherige Observanz abändernde, neue Observanz entstanden, weil die abweichende Übung auf den Beschlüssen der Gemeindebehörde beruhte mithin für eine, davon unabhängige Überzeugung von ihrer rechtlichen Notwendigkeit kein Raum war (OVGE. v. 16. Mai 07, PrVerwBl. 28 S. 068). Polizeiverordnungen, Ortsstatute und Observanzen müssen in eingemeindeten Ortsteilen, besonders eingeführt werden (KG. I. StS. v. 13. Febr. 11, Recht 15 S. 162 und Selbstverwaltung 11 S. 182), ebenso das Reichsgericht (RGE. 28 S. 304 und 48 S. 275). Anderer Ansicht das Oberverwaltungsgericht, sofern die Polizeiverordnung usw. bezweckt, einheitliches Recht für den Bezirk zu schaffen und nicht ein Sonderrecht geschaffen ist, dessen Ausdehnung auf den Gebietszuwachs als ausgeschlossen gelten muß OVGE. v. 18. März 80, Bd. 6 S. 218; v. 18. Juni 00, Bd. 37 S. 405). Die Observanz ergreift alle neu entstehenden Straßen, also auch Unternehmerstraßen OVGE. v. 9. April 08 IV 712). Sie kann sich von vornherein nur als eine auf einen räumlich bestimmten Teil eines Gemeindebezirks erstrecken. Die Bildung einer Gegenobservanz ist möglich (OVGE. v. 4. Nov. 09 IV B. 3. 09). Das Bestehen einer die Anlieger zur unentgeltlichen Hergabe des Bürgersteiggeländes verpflichtenden Observanz kann nur angenommen werden, wenn dafür ein ganz sicherer, zwingender Beweis erbracht würde, weil ein derartiges Ortsrecht ganz ungewöhnlich ist (OVGE. v. 3. Jan. 1807 IV 11). Im linksrheinischen Teil der Rheinprovinz hat, soweit es sich dabei um die bis dahin von den Anliegern getragene Verpflichtung zur Unterhaltung des Pflasters der Ortsstraßen handelt, das Staatsgutachten v. 25. März 1807 das Gesetz v. 11. frimaire VII (1. Dez. 1798) zugunsten der Aufrechterhaltung dieser Observanzen deklariert (OVGE. v. 6. Febr. 05 IV 1489. — Siehe den Vertrag auf dem zweiten rheinischen Städtetag von Dr Matthias über „Gesetzliche Regelung der Pflicht zur Anlegung und Unterhaltung der Bürgersteige", PrVerwBl. 31 S. 661 ff. — Weiter bezieht sich § 15 nur auf neue und unbebaute, vorhandene Straßen in dem oben (Bem. 3 u. 4 zu § 15) erläuterten Sinne; für andere Straßen war es also bei dem früheren Rechtszustande geblieben und es treten jetzt die Vorschriften der §§ 9 und 20 des KAG. ein; die Anlieger können hier zu den Herstellungskosten namentlich auch durch ein Steuerregulativ in besonderer Weise herangezogen werden (OVGE. Bd. 19 S. 77 ff.; v. 22. April 92 Nr. II 445; v. 7. Mai 92 Nr. I 524, PrVerwBl. 13 S. 473; v. 14. Juni 92 Nr. II 655; v. 1. Nov. 92 Nr. II 1049; v. 11. Nov. 92 Nr. II 1088; v. 24. Jan. 93 Nr. II 104, PrVerwBl. 14 S. 329; v. 17. März 93 Nr. II 306 und v. 5. Mai 93 Nr. II 496; v. 30. März 95, PrVerwBl. 16 S. 525 u. v. a.). Siehe auch das in Bem. 13 b zum § 15 Ausgeführte. Das Recht zur Erhebung von Anliegerbeiträgen ist durch das Gesetz nur den Gemeinden erteilt, nicht den Amtsbezirken. Wegen der Zweckverbände siehe Anhang. — Hinsichtlich der neuen und unbebauten, vorhandenen Straßen dagegen unterliegt es zunächst keinem begründeten Zweifel, daß die Gemeinden nicht nach Erlaß des Gesetzes den Anliegern durch Ortsstatut weitergehende Leistungen, als § 15 sie vorsieht, auferlegen können. Die Vorschriften der Gemeindegesetze, die ein solches Vorgehen früher gestatteten, müssen insoweit als aufgehoben betrachtet werden. Es sind hiergegen Bedenken angeregt worden, weil das Gesetz doch eine Erweiterung der den Gemeinden zustehenden Rechte bezwecke und somit nicht angenommen werden könne, daß schon vorhandene Befugnisse hätten eingeschränkt werden sollen. Dieser Gesichtspunkt trifft indes nach der dargelegten Entstehungsgeschichte des Gesetzes nicht zu; man wollte den Gemeinden ein Recht neu verleihen, hielt aber eine Begrenzung, wie sie im § 15 vorgenommen ist, für notwendig; über die hier gezogenen Schranken sollten die Gemeinden nicht hinausgehen dürfen. Das würde schon an sich im § 15 liegen; der § 19 macht es aber völlig zweifellos, daß mit den Normen des Gesetzes eine erschöpfende, jedes andere Recht beseitigende Regelung hat geschaffen werden sollen. Hat der Gesetzgeber sich hierbei in seinen Voraussetzungen geirrt, so trägt das nichts aus; dadurch wird die Vorschrift selbst ihrer Wirksamkeit nicht entkleidet und zwar um so weniger, als nicht bloß nicht erhellt, daß der Gesetzgeber anderenfalls die weitergehenden Bestimmungen aufrecht erhalten haben würde, sondern auch nach dem unten noch näher zu besprechenden Abs. 4 des § 15 das Gegenteil angenommen werden muß. Diese Sätze sind der Hauptsache nach in der OVGE. v. 23. Febr. 92 Nr. II 177 anerkannt; sie stehen auch in Einklang mit der E. v. 24. Sept. 89 Nr. IV 425, wo ausgesprochen ist, daß durch den § 12, der ebenfalls den Gemeinden ein genau abgegrenztes Recht verleiht, etwaige weiterreichende, auf früheren Gesetzen beruhende Befugnisse der Gemeinden beseitigt seien. Sie führen aber mit Notwendigkeit dahin, daß auch älteren, vor Erlaß des Gesetzes rechtsgültig zustande gekommenen Statuten die Wirksamkeit insoweit abgesprochen werden muß, als sie den Rahmen des § 15 überschreiten. Dagegen bleiben sie in Kraft, soweit sie den Anliegern unter denselben Voraussetzungen und in demselben Umfange, wie § 15, eine Beitragspflicht auferlegen (OVGE. v. 12. Nov. 92 Nr. I 1106, PrVerwBl. 14 S. 174; v. 25. Mai 08 Nr. IV 1031). Der gleichen Beurteilung müssen endlich die vorhin erwähnten Sondergesetze für einzelne Städte unterliegen; denn es ist nicht abzusehen, weshalb nicht auch sie mit dem § 15 in Widerspruch stehen sollten, soweit sie über die Grenzen des § 15 hinausgehen. Von besonderer Bedeutung ist hierfür noch der letzte Absatz des § 15, wonach es für Berlin bis zu dem Zustandekommen eines Statuts bei den Bestimmungen des Regulativs v. 21. Dez. 38 bewendet. Er fand sich in dem Entwurfe der Staatsregierung nicht, wurde aber von dem Abg. Grafen v. Wintzingerode vorgeschlagen, damit nicht für Berlin eine Übergangszeit eintrete, in der eine Heranziehung der Anlieger ausgeschlossen sei. Er beruhte also auf der Voraussetzung, daß an sich mit Erlaß des Gesetzes das Regulativ hinwegfalle. Nun empfahl freilich der Berichterstatter die Annahme nur der Sicherheit wegen, da seiner Meinung nach das Regulativ dem § 15 nicht widerspreche und deswegen nicht notwendig unter § 19 falle. (StenB. des AH. S. 2044); allein dabei ist jedenfalls übersehen, daß bei dieser Ansicht nicht füglich in einer lediglich zugunsten der Stadtgemeinde Berlin vorgeschlagenen Bestimmung die künftige Aufhebung des Regulativs angeordnet werden konnte. Nach dem Regulative waren die Anlieger zur Herstellung des ersten Straßenpflasters ohne jede Einschränkung, nicht aber zur Freilegung, sowie zur Einrichtung der Entwässerungs- und Beleuchtungsanstalten verpflichtet; das Regulativ ging also einerseits über den § 15 hinaus und blieb andererseits hinter ihm zurück; es ließ sich daher nicht ohne weiteres übersehen, ob nicht unter Umständen das Regulativ für die Stadtgemeinde vorteilhafter war, als der § 15. Wenn trotzdem das Gesetz ausdrücklich anordnet, daß das Regulativ zwar einstweilen, aber nur bis zu einem Zeitpunkte, wo die Stadtgemeinde sich die Anwendbarkeit des § 15 gesichert hatte, Gültigkeit behalten soll, so kann nicht angenommen werden, daß ähnliche Sondergesetze unverändert in Kraft geblieben sind. Abweichend hiervon wird in der OVGE. v. 17. März 91 Nr. II 302, PrVerwBl. 12 S. 507 ausgeführt, eine Großherzoglich Bergische Verordnung v. 29. Juli 1814, die eine Heranziehung der Anlieger zu den Kosten der Straßenpflasterung ebenfalls ohne Einschränkung gestattet, bestehe neben dem § 15 zu Recht, da die beiden gesetzlichen Bestimmungen sich zwar auf verwandte, keineswegs aber auf die nämlichen Gegenstände bezögen, also ein Widerspruch nicht vorhanden sei. Dieser Begründung kann jedenfalls nicht zugestimmt werden; beide Vorschriften beschäftigen sich mit demselben Gegenstande, nämlich mit der Heranziehung der Anlieger zu den Straßenherstellungskosten; sie unterscheiden sich nur in dem Umfange, in dem sie die Heranziehung gestatten, zufällig gerade ebenso, wie das Berliner Regulativ und der § 15. Auch noch zwei weitere Erkenntnisse v. 24. Nov. 94 Nr. II 1602 im PrVerwBl. 16 S. 310 u. v. 23. Juni 97 Nr. II 1175 nehmen die fernere Gültigkeit der genannten Verordnung v. 29. Juli 14 an, während das Erkenntnis v. 3. Nov. 94 (E. Bd. 27 S. 58 ff.) sich im wesentlichen auf den hier vertretenen Standpunkt stellt, den auch schon das oben erwähnte E. v. 23. Febr. 92 Nr. II 177 einnahm, während die E. v. 22. April 92 Nr. II 445 und v. 24. Jan. 93 Nr. II 104 eine bestimmte Stellung zu der Frage zu vermeiden suchen. Das Erk. d. OVG. v. 9. Okt. 03 Nr. II 1695, Bd. 45 S. 74, PrVerwBl. 25 S. 327 legt dar, daß die Verordnung v. 29. Juli 14 (sog. Grunersche) ebenso wie das für Düsseldorf erlassene Napoleonische Dekret v. 11. Jan. 09 durch den § 96 d. KAG. seine Gültigkeit verloren habe; was dem KAG. entgegenstehe, werde nicht dadurch mit ihm vereinbar, daß es mit dem aufrechterhaltenen Baufluchtengesetze übereinstimme, nur diesem selbst werde der Fortbestand gesichert, im übrigen aber sei jede gesetzliche Vorschrift über Straßenkostenbeiträge beseitigt, wenn sie, wie es die Grunersche Verordnung tue, dem § 9 des KAG. entgegenstehe. Nöll-Freund Kommentar z. KAG. 8. Aufl. Anm. 7 zu § 96.

Hier muß der obige Standpunkt festgehalten werden, daß der § 15 d. G. die von ihm behandelte Materie für neue und vorhandene unbebaute Straßen erschöpfend geregelt hat und daß alle gesetzlichen, statutarischen usw. Vorschriften, die sich nicht nach jeder Richtung hin — auch bezüglich des Maßstabes für die Heranziehung der Anlieger usw. — mit den Bestimmungen des § 15 in Einklang befinden, durch den § 19 außer Wirksamkeit gesetzt sind, selbstverständlich nur soweit es sich um das geographische Gebiet handelt, für welches der § 15 gegeben ist, nämlich um neue Straßen und vorhandene unbebaute Straßen und Straßenteile (OVGE. v. 30. März 95, PrVerwBl. 16 S. 523 f., bezüglich der Stadt Hannover mit Bezug auf § 34 d. Vdg. v. 27. Mai 59 siehe d. OVGE. v. 1. März 99 Nr. II 292). Da die entgegenstehenden Bestimmungen durch das Gesetz aufgehoben sind, so folgt auch daraus für die Gemeinden, in deren Bezirk ältere ähnliche, aber dem § 15 nicht entsprechende Bestimmungen für alle Straßen bestanden, daß mit dem Inkrafttreten d. G. v. 2. Juli 75 diese Bestimmungen für neue Straßen und vorhandene, unbebaute Straßen und Straßenteile ihre Wirksamkeit verloren und daß, falls die Gemeinde für solche Straßen kein Ortsstatut erlassen hatte, eine Abwälzung der Kosten der Straßenbaulast auf die Anlieger nicht mehr möglich war, auch jetzt auf dem Wege des § 9 des KAG. nicht möglich ist. Dieselbe Anschauung liegt auch, wie schon oben in der Bem. 13b zu § 15 ausgeführt ist, den Bestimmungen des § 9 u. § 10 des KAG. zugrunde, wodurch die diesseitige Auffassung eine wirksame Unterstützung gewinnt.

Der Rechtszustand, wie er sich aus vorstehenden Darlegungen ergibt, ist ein wenig befriedigender; vor allem muß es als unhaltbar bezeichnet werden, daß eine in ihren Grundlagen ganz verschiedene Behandlung der alten und der neuen Straßen nicht bloß rechtlich möglich ist, sondern auch vielfach tatsächlich vorkommt. Als unhaltbar kann man in der Tat den Rechtszustand bezeichnen, daß die Gemeinde auf Grund des § 9 des KAG. die Anlieger bei alten Straßen zur dauernden Tragung der Kosten der Unterhaltung der Straßen heranziehen kann, während ihr dieses Recht durch das G. v. 2. Juli 75 bei neuen Straßen und vorhandenen, unbebauten Straßen und Straßenteilen nur auf die Dauer von 5 Jahren gestattet ist und nur, wenn Gebäude an der Straße errichtet sind, während die Anlieger nach Ablauf dieser Zeit dauernd von diesen Kosten befreit sind. Es dürfte zweifellos dringend geboten sein, namentlich mit Bezug auf die Kosten der Unterhaltung, diese Ungleichmäßigkeit auf dem Wege der G e s e t z g e b u n g aus der Welt zu schaffen. Über den Versuch, dieses im Wege der Auslegung des Gesetzes zu erreichen, siehe oben Bem. 13 b zu § 15.

§ 20.

Der Minister der öffentlichen Arbeiten wird mit der Ausführung dieses Gesetzes beauftragt.

Anhang.

I. Das Zweckverbandsgesetz.

Vom 19. Juli 1911 (GS. S. 115).

§ 3.

Gemeinden können nach Maßgabe des § 1 mit Gutsbezirken auch zur gemeinschaftlichen Festsetzung und Durchführung von Straßen- und Baufluchtlinienplänen verbunden werden.[1])

§ 4.

Im Falle der Bildung eines Zweckverbandes zur gemeinschaftlichen Festsetzung und Durchführung von Straßen- und Baufluchtlinienplänen gehen die den Gemeinden in den §§ 11 bis 15 des Gesetzes, betreffend die Anlegung und Veränderung von Straßen und Plätzen in Städten und ländlichen Ortschaften, vom 2. Juli 1875 (Gesetzsamml. S. 561) zugewiesenen Rechte und Pflichten auf den Zweckverband über; Gutsbezirke werden den Gemeinden gleichgeachtet. Für das Einspruchs- und Klageverfahren finden §§ 69, 70 des Kommunalabgabengesetzes vom 14. Juli 1893 (Gesetzsamml. S. 152) mit der Maßgabe Anwendung, daß für den Einspruch der Verbandsvorsteher[2]) zuständig ist.

Das Zweckverbandsgesetz

für Groß Berlin vom 19. Juli 1911 (GS. S. 123).

§ 5.

Der Verband kann für Teile des Verbandsgebiets Fluchtlinien festsetzen,[3]) insoweit dies für die Schaffung oder Ausgestaltung von Durchgangs- oder Ausfallstraßen, für die Herstellung von Bahnen (§ 1 Ziffer 1) oder für die Ausgestaltung der Umgebung von Freiflächen (§ 1 Ziffer 3) erforderlich erscheint. Für letzteren Zweck können auch Bebauungspläne festgesetzt werden. Auch über den vorstehend bestimmten Umfang hinaus kann der Verband aus wichtigen Gründen des Verkehrs, der Gesundheits- und der Wohnungsfürsorge in den noch nicht bebauten Teilen des Verbandsgebiets Fluchtlinien und Bebauungspläne festsetzen.[4]) Darüber, ob die vorangegebenen Voraussetzungen zur Festsetzung von Fluchtlinien und Bebauungsplänen vorhanden sind, beschließt im Streitfalle die Beschlußbehörde für Groß Berlin. Gegen den Beschluß steht dem Verband und den beteiligten Verbandsgliedern binnen vier Wochen die Beschwerde an den Minister der öffentlichen Arbeiten offen. Als Durchgangs- und Ausfallstraßen sind diejenigen anzusehen, welche über den Bereich einer Einzelgemeinde (eines Gutsbezirks) hinaus den allgemeinen Verkehrsinteressen des Verbandes zu dienen bestimmt sind. Solange und insoweit Fluchtlinienpläne durch den Verband nicht endgültig festgesetzt sind, bleibt das Fluchtlinienwesen Sache der Einzelgemeinden mit der Maßgabe, daß neue oder abgeänderte Fluchtlinienpläne der Einzelgemeinden dem Verbandsausschusse vor der Auslegung der Pläne zur Begutachtung vorzulegen[5]) sind. Der Vorlegung bedarf es nicht, wenn die Pläne nur die Aufteilung einzelner Baublöcke oder die Verbreiterung bestehender Straßen betreffen.[6]) Der Verbandsausschuß kann ihm vorgelegte Pläne beanstanden. Gegen die Beanstandung findet binnen vier Wochen die Beschwerde an die Beschlußbehörde für Groß Berlin und gegen deren Beschluß die weitere Beschwerde nach Maßgabe der Bestimmungen im Abs. 1 statt.

§ 6.

Die Entwürfe der Fluchtlinienpläne[7]) des Verbandes (§ 5 Abs. 1) sind mit der Angabe über die durch sie bedingten Abänderungen[8]) der bestehenden Pläne zunächst den beteiligten[9]) Gemeinden und Kreisen zur Äußerung und sodann dem Minister der öffentlichen Arbeiten zur grundsätzlichen Zustimmung vorzulegen.[10]) Einer Zustimmung der Ortspolizeibehörde bedarf es nicht.[11]) Auf die Änderungen bestehender[12]) Fluchtlinienfestsetzungen infolge der Festsetzung von Fluchtlinien durch den Verband finden die Vorschriften des § 10 Abs. 1 des Gesetzes vom 2. Juli 1875 (Gesetzsamml. S. 561) keine Anwendung. Nach erfolgter Zustimmung sind die auf die einzelnen Gemeinde-(Gutsbezirks-) Gebiete bezüglichen Planteile[13]) unter Kenntlichmachung der Abweichungen von den früheren Plänen in diesen Gemeinden (Gutsbezirken) zu jedermanns Einsicht offen zu legen. Wie dies zu geschehen hat, wird sowohl vom Verbandsausschuß in den für die Veröffentlichungen des Verbandes bestimmten Blättern als auch von den einzelnen Gemeinde- (Guts-) Vorständen in der für die Gemeinden (Gutsbezirke) geltenden Form mit dem Bemerken bekannt gemacht, daß Einwendungen innerhalb einer Ausschlußfrist von vier Wochen bei dem Verbandsausschuß anzubringen sind. Auch die beteiligten Gemeinden (Gutsbezirke) sind zur Erhebung von Einwendungen berechtigt.[14]) Handelt es sich um Festsetzungen, welche nur einzelne Grundstücke betreffen, so genügt statt der Offenlegung und Bekanntmachung eine Mitteilung an die beteiligten Grundeigentümer und Gemeinden (Gutsbezirke).[15]

Über die erhobenen Einwendungen hat, soweit sie nicht durch Verhandlungen zwischen dem Verbandsausschuß und den Beschwerdeführern zur Erledigung gekommen sind, die Beschlußbehörde für Groß Berlin zu beschließen; gegen ihren Beschluß ist binnen vier Wochen die Beschwerde an den Minister der öffentlichen Arbeiten zulässig. Sind Einwendungen nicht erhoben oder ist über sie endgültig beschlossen, so hat der Verbandsausschuß die Pläne förmlich festzusetzen, zu jedermanns Einsicht offen zu legen und, wie dies geschehen soll, öffentlich bekannt zu geben.[16])

§ 7.

Die Durchführung der vom Verbande festgesetzten Fluchtlinienpläne (§ 5 Abs. 1) liegt den Einzelgemeinden (Gutsbezirken) ob.[17])

Zu den Kosten der Herstellung und Unterhaltung der nach seinen Fluchtlinienplänen ausgeführten Straßen hat der Verband jedoch den Einzelgemeinden einen von der Verbandsversammlung festzusetzenden einmaligen oder laufenden Zuschuß zu leisten, bei dessen Bemessung die Vorteile der Straßenherstellung für den Verband sowie die Vorteile und Nachteile für die Einzelgemeinden (Gutsbezirke) entsprechend zu berücksichtigen sind.[18])

Der Verband kann solche Straßen mit Zustimmung der beteiligten Gemeinden (Gutsbezirke) auch selbst herstellen und unterhalten. In Gutsbezirken liegt ihm dies auf Antrag derselben ob.[19]) Als Gegenleistung haben die beteiligten Gemeinden (Gutsbezirke) einen von der Verbandsversammlung festzusetzenden, ihren

Vorteilen, insbesondere der Verminderung ihrer Unterhaltungslast, entsprechenden Zuschuß zu entrichten. Es kann ihnen gestattet werden, denselben ganz oder zum Teil in Naturalleistungen zu entrichten.[20])

Gegen die in den Fällen der beiden vorstehenden Absätze gefaßten Beschlüsse der Verbandsversammlung steht den Beteiligten binnen vier Wochen die Beschwerde an die Beschlußbehörde für Groß Berlin und gegen ihre Beschlüsse binnen der gleichen Frist die Klage bei dem Oberverwaltungsgericht zu.

In den Fällen des Abs. 3 gehen die den Gemeinden in den §§ 11 bis 15 des Gesetzes, betreffend die Anlegung und Veränderung von Straßen und Plätzen in Städten und ländlichen Ortschaften, vom 2. Juli 1875 (Gesetzsamml. S. 561) zugewiesenen Rechte und Pflichten sowie die Befugnisse auf Grund des § 9 des Kommunalabgabengesetzes vom 14. Juli 1893 (Gesetzsamml. S. 152) auf den Verband über; Gutsbezirke werden den Gemeinden gleichgeachtet. Dabei unterliegen Statuten des Verbandes der Bestätigung des Ministers der öffentlichen Arbeiten. Für das Einspruchs- und Klageverfahren finden §§ 69, 70 des Kommunalabgabengesetzes mit der Maßgabe Anwendung, daß für den Einspruch der Verbandsausschuß und für die Klage das Oberverwaltungsgericht zuständig ist.

1. Das Recht, Fluchtlinien festzusetzen, stand bisher den Gutsbezirken (vgl. Bem. 7 zu § 1) an sich nicht zu, auch nicht in Verbindung mit Gemeinden. Der Zweck der vorliegenden Bestimmung ist, einem Zweckverbande, der aus Gemeinden und Gutsbezirken zusammengesetzt ist, das Recht zur Festsetzung von Fluchtlinien auch innerhalb der Gutsbezirke zu gewähren (Komm. Ber. AH. S. 24). Vgl. Bem. 7 zu § 1 FlG. Man hatte dabei Gutsbezirke und Gemeinden, die im Gemenge liegen, im Auge.

2. Dem Verbandsvorsteher stehen für das Einspruchsverfahren dieselben Befugnisse zu, wie sie in den §§ 69 und 70 des Kommunalabgabengesetzes dem Gemeindevorstand übertragen sind.

3. Der Verband hat freie Wahl, ob er eine Festsetzung von Fluchtlinien beschließen will oder nicht. Macht er von seiner Zuständigkeit nicht Gebrauch kann die Gemeinde die Festsetzung vornehmen.

4. Das Recht des Verbandes, Fluchtlinien festzusetzen, ist beschränkt auf a) die Schaffung oder Ausgestaltung von Durchgangs- oder Ausfallstraßen, b) die Herstellung von Bahnen, c) die Ausgestaltung der Umgebung von Freiflächen. Für letzteren Zweck können auch Bebauungspläne festgesetzt werden. Für die aufgeführten Zwecke bleibt es gleich, ob das Gelände bebaut ist oder nicht. Darüber hinaus kann der Verband Fluchtlinien und Bebauungspläne

festsetzen aus wichtigen Gründen des Verkehrs, der Gesundheit und der Wohnungsfürsorge und zwar in dem noch nicht bebauten Teil des Verbandsgebietes.

Die Durchgangs- und Ausfallstraßen werden weiter unten als solche bezeichnet, welche über den Bereich einer Einzelgemeinde (eines Gutsbezirks) hinaus den allgemeinen Verkehrsinteressen des Verbandes zu dienen bestimmt sind. Es kommen nicht allein durchquerende, sondern auch Ringstraßen in Frage (Dr. Karl Friedrichs, Die Zweckverbandsgesetze S. 104).

Eine Fluchtlinienfestsetzung für Bahnen liegt nicht im Bereich des Fluchtliniengesetzes. Es kann sich nur darum handeln, Straßen mit entsprechenden Breiten anzulegen, um später Bahnen darin aufnehmen zu können.

Zu den Freiflächen gehören nur die des Verbandes (§ 1 Ziff. 3), nicht die der Gemeinden (vgl. Bem. 5 und 6 zu § 1 FlG.). Sie können der Eigenschaft der Öffentlichkeit ermangeln und sind nicht polizeiliche Verkehrsanstalten, sondern kommunale Einrichtungen des Zweckverbandes. Ihre Bereitstellung, sowie die Festsetzung von Fluchtlinien für ihre Umgebung ist Aufgabe des Zweckverbandes, nicht der zu diesem gehörigen Gemeinden (OVGE. 22. Juni 16, Bd. 71 S. 341).

5. Wird ein Fluchtlinienplan dem Verband nicht vorgelegt, so entbehrt er der Rechtsgültigkeit. Dem Verbandsausschuß sind ähnliche Rechte eingeräumt, wie der Ortspolizeibehörde im § 1 Abs. 1 FlG., er kann den vorgelegten Plan beanstanden. Wird derselbe nicht beanstandet, so liegt darin eine Zustimmung.

6. Sowohl bei der Aufteilung von Baublöcken, als Verbreiterungen bestehender Straßen wird gesundheitlichen Rücksichten Rechnung getragen. — Eine Verengerung von Straßen fällt hierunter nicht (Brühl-Gordan-Lebermann S. 76).

7. Ein Unterschied zwischen Fluchtlinienplan und Bebauungsplänen besteht nicht.

8. Der Verband ist berechtigt, bestehende Fluchtlinienpläne abzuändern, auch innerhalb seiner Zuständigkeit, solche der Gemeinden.

9. Als beteiligt sind alle Gemeinden und Kreise anzusehen, innerhalb deren Gebiete Fluchtlinien festgesetzt werden sollen.

10. Der Minister der öffentlichen Arbeiten hat die „grundsätzliche" Zustimmung zu erteilen, z. B. ob der Verband zuständig ist, ob ein Interesse zur Aufstellung des Fluchtlinienplans überhaupt oder zurzeit vorliegt, ob der Plan gemäß den geltenden Vorschriften aufgestellt ist. Die Zustimmung zu Einzelheiten des Planes liegt nicht in dem Begriff der grundsätzlichen Zustimmung.

11. Die Ortspolizeibehörde ist ausgeschaltet, sie hat damit auch nicht mehr die Pflichten aus dem § 6 FlG. zu erfüllen, welche nunmehr vom Verbande wahrzunehmen sind.

12. Unter „bestehenden" Fluchtlinien sind hier, wie der Zusammenhang ergibt, nur solche der Gemeinden gemeint. Werden Verbandsfluchtlinien abgeändert, so geschieht dies in dem förmlichen Verfahren.

13. Der Gesamtplan gelangt nicht zur Auslegung, sondern nur die Planteile, die den Gemeinde- oder Gutsbezirk betreffen.

14. Gemeinden und Gutsbezirke sind behufs Klarstellung besonders hervorgehoben. Selbstverständlich sind die Kreise ebenfalls berechtigt, Einwendungen zu erheben.

15. Der Wortlaut entspricht dem § 7 Abs. 2 FlG., nur hat die Mitteilung nicht allein an die beteiligten Grundeigentümer, sondern auch an die Gemeinden (Gutsbezirke) zu erfolgen.

16. Die Bestimmung in § 10 Abs. 2 FlG. hinsichtlich des Erfordernisses der kgl. Genehmigung wird durch das Zweckverbandsgesetz nicht geändert. Siehe hierzu § 10 FlG. S. 110.

17. Die Einzelgemeinde und der Gutsbezirk sind verpflichtet, die Fluchtlinie des Verbandes durchzuführen, ein Einspruchsrecht dagegen steht ihnen nicht zu.

18. Zugestimmt wird der Ansicht von Brühl-Gordan-Ledermann, Zweckverbandsgesetz für Groß Berlin S. 93, daß in den hier vorgesehenen Zuschüssen unter Umständen solche Beträge enthalten sein können, welche der Gemeinde zur Abwendung von Vermögensnachteilen außerhalb des eigentlichen Straßenbaues dienen sollen, aber in der Regel wird es sich nur um die Frage der reinen Straßenbaukosten handeln können. Ob ein solcher Zuschuß den Anliegern allein zu Gute kommt, ist Tatfrage. Handelt es sich z. B. um den Ausbau einer Straße, welche sonst die Gemeinde infolge ihrer zeitigen Entwicklung noch lange nicht ausbauen würde und ist nur ein spärlicher Ausbau an der Straße zu erwarten, so erscheint es angemessen, der Gemeinde den dadurch entstehenden Zinsverlust zum Teil zu ersetzen. Auf der anderen Seite darf jedoch das Interesse der Anlieger nicht außer Acht gelassen werden und vor allen Dingen der Umstand daß der Gemeinde durch einen Straßenbau fast regelmäßig große indirekte Vorteile erwachsen, z. B. steuerlichen Charakters durch Steigerung der Grundwerte und Belebung der Geschäftstätigkeit.

19. Der Gutsbesitzer kann verlangen, daß der Bau der Straßen von dem Verband übernommen wird. Es liegt dies in seiner eigenartigen Stellung begründet.

20. Als Naturalleistung kommen in Frage z. B. Stellung von Fuhrwerk, Lieferung von Kies, Steinen, Straßenbäumen usw.

II. Das Kommunalabgabengesetz vom 14. Juli 1893.

§ 9.

Die Gemeinden können behufs Deckung der Kosten für Herstellung und Unterhaltung von Veranstaltungen, welche durch das öffentliche Interesse erfordert werden, von denjenigen Grundeigentümern und Gewerbetreibenden, denen hierdurch besondere wirtschaftliche Vorteile erwachsen, Beiträge zu den Kosten der Veranstaltungen erheben. Die Beiträge sind nach den Vorteilen zu bemessen.

Beiträge müssen in der Regel erhoben werden, wenn andernfalls die Kosten, einschließlich der Ausgaben für die Verzinsung

und Tilgung des aufgewendeten Kapitals, durch Steuern aufzubringen sein würden.

Der Plan der Veranstaltung ist nebst einem Nachweise der Kosten offen zu legen. Der Beschluß der Gemeinde wegen Erhebung von Beiträgen ist unter der Angabe, wo und während welcher Zeit Plan nebst Kostennachweis zur Einsicht offen liegen, in ortsüblicher Weise mit dem Bemerken bekannt zu machen, daß Einwendungen gegen den Beschluß binnen einer bestimmt zu bezeichnenden Frist von mindestens 4 Wochen bei dem Gemeindevorstande anzubringen seien. Handelt es sich um eine Veranstaltung, welche nur einzelne Grundeigentümer oder Gewerbetreibende betrifft, so genügt an Stelle der Bekanntmachung eine Mitteilung an die Beteiligten. Der Beschluß bedarf der Genehmigung.

Zu diesem Behufe hat der Gemeindevorstand den Beschluß nebst den dazu gehörigen Vorverhandlungen und der Anzeige, ob und welche Einwendungen innerhalb der gestellten Frist erhoben sind, der zuständigen Behörde einzureichen.

Der Beschluß der zuständigen Behörde ist in gleicher Weise zur Kenntnis der Beteiligten zu bringen, wie der Beschluß der Gemeinde bekannt gemacht worden ist.

Gegen den Beschluß der zuständigen Behörde steht den Beteiligten die Beschwerde offen.

Bem: Es wird hier verwiesen auf die Kommentare zum Kommunalabgabengesetz von: Adickes, Noell-Freund, Örtel, Saß, Schaff, Schwarz, Strutz und auf Bem. 13 b zu § 15.

Wie bereits zu 13 b a. a. O. bemerkt, sind die nach dem § 15 Verpflichteten die angrenzenden Eigentümer, während die Träger der Straßenunterhaltungspflicht gemäß § 9 KAG. die Grundeigentümer und Gewerbetreibenden sind. Bezeichnet man nun letztere als Anlieger, wie es vielfach in den Ortsstatuten der Fall ist, so schränkt man den Kreis der Verpflichteten in unzulässiger Weise ein. Es können alsdann Grundeigentümer und Gewerbetreibende, soweit sie Nichtanlieger an der Straße sind, zu den Kosten der Veranstaltung nicht herangezogen werden. Nun ist die Gemeinde allerdings berechtigt, einzelnen Steuerpflichtigen einen Nachlaß zu gewähren, aber sie darf nicht soweit gehen, einzelne Klassen ohne weiteres von einer sie in Zukunft treffenden Steuerpflicht zu befreien. Tatsächlich liegt auch diese Absicht hier nicht vor, man hat nur den Unterschied zwischen „Anlieger, Grundeigentümer und Gewerbetreibender" verkannt.

Dies vorstehende Sachverhältnis zieht nun eine andere Folge nach sich. Die Beiträge des § 9 sind nach den Vorteilen zu bemessen. Wie will nun eine Körperschaft diesen Vorteil für die Anlieger richtig bemessen, wenn die vorbezeichneten Grundeigentümer und Gewerbetreibenden aus dem Kreis der Betrachtung ohne weiteres ausscheiden. Es sei dies an einem praktischen Beispiel erörtert. Eine Straßenveranstaltung (Umpflasterung einer Straße) erfordere 100 000 Mark Kosten, die Frontlänge der Anliegergrundstücke betrage 1000 m, außerdem sind Grundeigentümer und Gewerbetreibende vorhanden, welche besondere Vorteile von der Veranstaltung haben. Die Gemeindevertretung bemißt den auf letztere entfallenden Betrag auf 40 000 Mark, den auf die Anlieger entfallenden auf 60 000 Mark. Erhoben werden 50 % der Gesamtkosten, sodaß auf die Anlieger 30 000 Mark entfallen. Werden nach dem Ortsstatut nur die Anlieger herangezogen, so beträgt der auf diese entfallende Anteil demnach nicht 30 000, sondern 50 000 Mark. Der Unterschied ist in die Augen fallend. Aus den angeführten Gründen werden daher Statuten usw., welche auf Grund des § 9 nur die Anlieger verpflichten, hier insoweit für rechtsungültig gehalten.

III. Gesetz, betreffend die Umlegung von Grundstücken in Frankfurt a. M.

Vom 28. Juli 1902 (GS. S. 273), mit Abänderungen vom 8. Juli 07 (GS. S. 259).

Erster Abschnitt.

Voraussetzungen der Umlegung. Vorbereitendes Verfahren.

§ 1.

In Frankfurt a. M. kann für überwiegend unbebaute Teile des Gemeindebezirkes, für die der Bebauungsplan endgültig festgestellt ist, aus Gründen des öffentlichen Wohles zur Erschließung von Baugelände sowie zur Herbeiführung einer zweckmäßigen Gestaltung von Baugrundstücken die Umlegung von Grundstücken verschiedener Eigentümer nach Maßgabe der folgenden Bestimmungen bewirkt werden.

§ 2.

Die Umlegung kann sich nur auf einen einzelnen Teil des Gemeindebezirkes (Umlegungsgebiet) erstrecken. Das Umlegungsgebiet ist so zu begrenzen, daß sich die Umlegung zweckmäßig durchführen läßt, und nicht größer zu bemessen, als für die Zwecke der Umlegung erforderlich ist; hierbei ist insbesondere auf die Gestaltung des Geländes und auf bestehende oder im Bebauungsplane (§ 1) festgesetzte Straßen Rücksicht zu nehmen. Einzelne im Umlegungsgebiete belegene bebaute oder in besonderer Weise (als Handelsgärtnereien, Baumschulen, Parkanlagen und dergleichen) benutzte Grundstücke können von der Umlegung ganz oder teilweise ausgenommen werden. Grundstücke, welche zur dauernden Ausübung staatshoheitlicher Rechte bestimmt sind, müssen auf Verlangen der zuständigen Behörde von der Umlegung ausgeschlossen werden.

§ 3.

Die Umlegung kann erfolgen

1. auf Antrag des Magistrats zufolge Gemeindebeschlusses oder
2. auf Antrag der Eigentümer von mehr als der Hälfte der nach dem Grund- und Gebäudesteuerkataster zu berechnenden Fläche der umzulegenden Grundstücke, sofern die Antragsteller mehr als die Hälfte der Eigentümer umfassen. Für die in diesem Falle anzustellende Berechnung ist bei Grundstücken, an denen das Eigentum Mehreren nach Bruchteilen zusteht, für jeden Miteigentümer ein seinem Eigentumsanteil entsprechender Bruchteil der Fläche des gemeinschaftlichen Grundstücks in Ansatz zu bringen.

Veräußerungsverbote stehen der Umlegung nicht entgegen. Der Antrag ist im Falle des Abs. 1 Nr. 2 bei dem Magistrat anzubringen. Ist in diesem Falle das Umlegungsgebiet derart abgegrenzt, daß die Gemeinde gemäß § 13 Entschädigung in Geld zu gewähren hat, so ist die Zustimmung des Magistrats erforderlich.

Die Vorschrift des Abs. 1 Nr. 1 findet keine Anwendung, wenn der überwiegende Teil der für eine Umlegung in Aussicht genommenen Grundfläche von den Eigentümern im eigenen Betriebe zur gewerblichen Gärtnerei benutzt wird.

§ 4.

Ist der Magistrat nach vorangegangenem Gemeindebeschlusse bereit, die Umlegung zu beantragen (§ 3 Abs. 1 Nr. 1), oder ist der im § 3 Abs. 1 Nr. 2 bezeichnete Antrag der Eigentümer bei ihm angebracht, so hat er der Baupolizeibehörde von der in Aussicht genommenen Umlegung Mitteilung zu machen. Er hat außerdem, sofern es noch nicht geschehen ist, ohne Verzug ein Verzeichnis aufzustellen, in welchem die umzulegenden Grundstücke unter Benennung ihrer Eigentümer und mit ihrer kataster- und grundbuchmäßigen Bezeichnung einzeln aufgeführt sind, und worin ferner angegeben ist, welcher Prozentsatz des eingeworfenen Geländes von den Beteiligten abgetreten und zu öffentlichen Straßen und Plätzen (§ 10 Abs. 2) ausgeschieden werden soll und innerhalb welcher Frist die im Bebauungsplane festgesetzten Straßen und Plätze des Umlegungsgebiets für den öffentlichen Verkehr und den Anbau fertiggestellt werden sollen. Dem Verzeichnis ist ein Plan anzuheften, aus welchem die Lage, Größe, etwaige Bebauung und besondere Benutzung der umzulegenden Grundstücke ersichtlich sind. Verzeichnis und Plan hat der Magistrat zu jedermanns Einsicht offenzulegen. Wie dies geschehen soll, wird in ortsüblicher Art mit dem Bemerken bekannt gemacht, daß Einwendungen innerhalb einer genau zu bestimmenden Frist von mindestens vier Wochen bei dem Magistrat anzubringen sind. Den Eigentümern ist eine Benachrichtigung dieses Inhalts zuzustellen. Umfaßt der Plan Grundstücke der im letzten Satze des § 2 gedachten Art, so ist die zuständige Behörde besonders zu benachrichtigen.

§ 5.

Der Magistrat hat die erhobenen Einwendungen tunlichst zur gütlichen Erledigung zu bringen und sodann den Umlegungsantrag nebst den auf die Angelegenheit bezüglichen Schriftstücken ohne Verzug dem Bezirksausschuß einzureichen. Der Bezirksausschuß beschließt nach Anhörung der Ortspolizeibehörde über das Vorhandensein der in den §§ 1 bis 4 bezeichneten Voraussetzungen der Umlegung und über die nicht erledigten Einwendungen.

Er kann im Falle des § 3 Abs. 1 Nr. 2 mit Zustimmung der Antragsteller festsetzen, daß ihnen die Kosten des Verfahrens ganz oder zum Teil zur Last fallen.

Der Beschluß ist dem Magistrate, den Eigentümern und denjenigen Beteiligten (§ 57), welche an dem Verfahren teilgenommen haben, zuzustellen; außerdem ist er von dem Magistrat in ortsüblicher Weise unter Hinweis auf den Inhalt der §§ 7, 27 und 50 bekannt zu machen.

§ 6.

Die Zurücknahme des Antrags (§ 3) ist nur bis zur Beschlußfassung des Bezirksausschusses (§ 5 Abs. 1) zulässig.

Im Falle des § 3 Abs. 1 Nr. 2 genügt zur Zurücknahme des Antrags die Erklärung der Eigentümer von mehr als zwei Dritteln der nach der bezeichneten Vorschrift bei der Antragstellung in Betracht gekommenen Grundfläche.

Die Kosten fallen den zurücknehmenden Antragstellern zur Last. Sie werden in dem Falle des § 3 Abs. 1 Nr. 2 von dem Magistrat endgültig festgesetzt und unterliegen der Einziehung im Verwaltungszwangsverfahren durch die Gemeinde.

§ 7.

Kommt im Falle des § 3 Abs. 1 Nr. 1 eine Vereinbarung über die Umlegung zwischen der Gemeinde und den Eigentümern in rechtsverbindlicher Form zustande, so unterbleibt die Einleitung des Umlegungsverfahrens (§ 8), wenn der Magistrat und eine nach § 3 Abs. 1 Nr. 2 zu bestimmende Mehrheit von Eigentümern darauf antragen.

Erstreckt sich die Vereinbarung nur auf einen Teil des Umlegungsgebiets, so findet die Vorschrift des Abs. 1 entsprechende Anwendung, wenn der Zweck der Umlegung bei einer Beschränkung auf die von der Vereinbarung betroffenen Grundstücke noch im wesentlichen zu erreichen ist und wenn außerdem die Eigentümer der übrigen Grundstücke mit der Beschränkung einverstanden sind oder eine spätere Umlegung ihrer Grundstücke nicht ausgeschlossen ist. In diesem Falle sind die Grundstücke der nicht an der Vereinbarung beteiligten Eigentümer von der Umlegung auszunehmen.

Zur Herbeiführung von Vereinbarungen im Sinne der Abs. 1 und 2 kann der Bezirksausschuß eine angemessene Frist bestimmen, innerhalb deren die Einleitung des Umlegungsverfahrens ausgesetzt bleibt. Er hat die Frist zu bestimmen, wenn der Magistrat oder mindestens eine solche Mehrheit von Eigentümern, die unter den Voraussetzungen des Abs. 2 in Gemeinschaft mit dem Magistrat zur Stellung des dort vorgesehenen Antrags nach dem Ermessen des Bezirksausschusses berechtigt sein würde, darauf antragen.

Die Entscheidungen in den Fällen des Abs. 1 bis 3 werden von dem Bezirksausschuß im Beschlußverfahren getroffen. Der Beschluß im Falle des Abs. 3 ist endgültig.

Zweiter Abschnitt.

Das Umlegungsverfahren.

1. Einleitungsverfügung. Umlegungskommission.

§ 8.

Stehen die gesetzlichen Voraussetzungen für die Einleitung des Umlegungsverfahrens endgültig fest, so verfügt der Regierungspräsident die Einleitung und ernennt zur Durchführung des Verfahrens eine Kommission.

Der Kommission haben zwei Kommissare des Regierungspräsidenten, von denen der eine mit dem Vorsitze, der andere mit der Stellvertretung des Vorsitzenden zu beauftragen ist, sowie als Mitglieder wenigstens je ein Bausachverständiger, ein zum Richteramte befähigter Rechtsverständiger, ein geprüfter Landmesser sowie ein Sachverständiger für die Bewertung der Grundstücke anzugehören. Magistratsmitglieder können nicht Mitglieder der Kommission sein.

Vor der Ernennung der Kommissionsmitglieder sind der Magistrat und die Eigentümer mit Vorschlägen zu hören.

Die Mitglieder haben Anspruch auf Ersatz der baren Auslagen und auf Gebühren nach Maßgabe der für Sachverständige in gerichtlichen Angelegenheiten bestehenden Vorschriften.

Die Kommission ist, unbeschadet der Bestimmung im § 36 Abs. 2, beschlußfähig, wenn sämtliche Mitglieder zur Beschlußfassung eingeladen und der Vorsitzende oder sein Stellvertreter und mindestens die Hälfte der Mitglieder anwesend sind; sie beschließt nach Stimmenmehrheit; bei Stimmengleichheit entscheidet die Stimme des Vorsitzenden.

Die Kommission wird gerichtlich und außergerichtlich durch den Vorsitzenden vertreten.

Die Urkunden der Kommission sind öffentliche. Ihre Protokolle und der Verteilungsplan haben die Kraft gerichtlicher Urkunden.

Die Einleitung des Verfahrens und die Ernennung der Kommission sind in ortsüblicher Weise öffentlich bekannt zu machen.

2. Umlegungsvermerk.

§ 9.

Auf Ersuchen der Kommission hat das Grundbuchamt in die Grundbücher der umzulegenden Grundstücke einzutragen, daß das Umlegungsverfahren eingeleitet ist (Umlegungsvermerk).

Von dem Inhalte der Grundbücher soll sich die Kommission zuverlässige Kenntnis verschaffen; erforderlichenfalls hat sie zu diesem Zwecke bei dem Grundbuchamte die Erteilung von Abschriften zu beantragen. Auch wenn beglaubigte Abschriften erteilt werden, sind nur bare Auslagen zu berechnen.

Die nach der Eintragung des Umlegungsvermerkes erfolgenden Eintragungen hat das Grundbuchamt der Kommission von Amtswegen bekannt zu machen.

Soweit das Grundbuch noch nicht angelegt ist, finden die vorstehenden Bestimmungen hinsichtlich der sonstigen gerichtlichen Bücher entsprechende Anwendung.

3. Umlegungsgrundsätze.

§ 10.

Die zur Umlegung bestimmten Grundstücke sind in eine Masse zu vereinigen. In die Masse sind insbesondere auch die vorhandenen öffentlichen Wege und Plätze einzuwerfen.

Von der Gesamtmasse ist das zu den öffentlichen Straßen und Plätzen erforderliche Gelände bei der Verteilung vorweg auszuscheiden und der Gemeinde oder dem sonstigen Wegeunterhaltungspflichtigen zu überweisen. Durch die Überweisung werden die Gemeinde und die sonstigen Wegeunterhaltungspflichtigen für die Einwerfung der öffentlichen Wege und Plätze abgefunden.

Die Restmasse wird unter die Eigentümer verteilt.

§ 11.

Den Beteiligten (§ 57 Abs. 2 bis 5) ist vollständige Entschädigung nach Maßgabe der Vorschriften der §§ 12 bis 21 zu gewähren.

§ 12.

Die Verteilung der im § 10 Abs. 3 bezeichneten Restmasse hat nach Zweckmäßigkeit und Billigkeit zu erfolgen und zwar tunlichst so, daß die Gesamtfläche nach dem Verhältnisse verteilt wird, in welchem die Eigentümer bei der früheren Gesamtfläche beteiligt waren. Dabei sollen tunlichst die Grundstücke rechtwinklig zu den Straßen und Plätzen gelegt und in der örtlichen Lage, in der sie vor der Umlegung besessen wurden, den Eigentümern zugewiesen werden. Insbesondere sollen bebaute Grundstücke sowie Grundstücke, die einen nach § 14 besonders zu ersetzenden Wert haben, soweit sie nicht in Straßen oder Plätze fallen, und vorbehaltlich der etwa erforderlichen anderweitigen Begrenzung tunlichst den bisherigen Eigentümern belassen werden.

Ist das eingeworfene Grundstück in seinen Teilen verschieden belastet oder sind verschieden belastete Grundstücke desselben Eigentümers in die Masse eingeworfen, so ist für jeden der bezeichneten Teile oder für jedes Grundstück oder für jede Mehrheit von Grundstücken, welche in gleicher Weise belastet sind, mindestens ein neues Grundstück auszuweisen.

§ 13.

Für das zu Straßen und Plätzen über den Flächeninhalt der eingeworfenen öffentlichen Wege und Plätze hinaus erforderliche Gelände ist den Eigentümern Entschädigung in Geld zu gewähren, „und zwar im Falle des § 3 Abs. 1 Nr. 1, soweit dieses Gelände 35 vom Hundert, im Falle des § 3 Abs. 1 Nr. 2, soweit es 40 vom Hundert der von den Eigentümern eingeworfenen Grundfläche übersteigt".

Die Entschädigung ist als Bruchteil des Gesamtwerts des zu den Straßen und Plätzen bestimmten Geländes zu berechnen.

§ 14.

Außer dem Anspruch auf Landzuweisung haben die Eigentümer ferner Anspruch auf Entschädigung in Geld

1. für entzogene Gebäude, sonstige Bestandteile und Zubehörstücke des eingeworfenen Grundstücks,
2. für den Verlust des Wertes, der dem eingeworfenen Grundstücke vermöge besonderer natürlicher Eigenschaften oder vermöge darauf gemachter Verwendungen zukommt, soweit nicht auf dem zugewiesenen Grundstück entsprechender Ersatz geboten wird,
3. für den Verlust des auf die Benutzung der Gebäude oder die besondere Beschaffenheit oder Benutzung des Grundstücks begründeten Gewerbes (Fabriken, Handelsgärtnereien, Baumschulen, Ton- und Lehmgruben und dergleichen).

Eine Werterhöhung, die mit Rücksicht auf die in Aussicht stehende oder eingeleitete Umlegung eintritt, bleibt hierbei außer Betracht.

§ 15.

Ist das eingeworfene Grundstück mit Rechten belastet, die nach § 42 Abs. 1, 2 erlöschen und für die nach § 20 Entschädigung geleistet werden muß, so kann die Kommission dem Eigentümer die Zahlung eines Geldbetrags bis zur Höhe des Minderwerts auferlegen, den das eingeworfene Grundstück infolge der Belastung für ihn hatte (Zuschuß).

Der Zuschuß ist an die Gemeinde zu zahlen. Dem Eigentümer ist jedoch auf Antrag bis zum Verkauf oder zur Bebauung des Grundstücks gegen eine Verzinsung mit dreieinhalb vom Hundert Stundung zu gewähren.

§ 16.

Soweit der Wert der auf Grund der §§ 11 bis 14 erfolgten Zuweisungen etwa hinter dem Werte des eingeworfenen Grundstücks zurückbleiben sollte, haben die Eigentümer Anspruch auf weitere Entschädigung in Geld.

Eine Werterhöhung, die das eingeworfene Grundstück mit Rücksicht auf die in Aussicht stehende oder eingeleitete Umlegung erfährt, bleibt hierbei außer Betracht.

Das zugewiesene Grundstück wird nach dem Werte geschätzt, den es nach der Umlegung in dem Zeitpunkt erlangt, in welchem es auf Grund der Überweisungserklärung übereignet wird (§§ 40 bis 42).

§ 17.

Eingeworfene Grundstücke, deren Flächeninhalt so gering ist, daß sie einzeln nur durch Grundstücke, die zur Bebauung ungeeignet wären, ersetzt werden könnten, sind, wenn sie demselben Eigentümer gehören, zusammenzulegen.

Gehören sie verschiedenen Eigentümern, so sind sie mit deren Einverständnis in der Weise zu gemeinschaftlichen Grundstücken zu vereinigen, daß an ihrer Stelle bebauungsfähige Grundstücke zugewiesen werden können; die Zuweisung erfolgt unter Bezeichnung des Anteilsverhältnisses als Miteigentum. Die Kommission hat auf die Herbeiführung des Einverständnisses hinzuwirken.

Sind die Grundstücke, welche vereinigt werden (Abs. 2), verschieden belastet und haben die Belastungen auf das zuzuweisende Grundstück überzugehen (§ 42), so findet die Vorschrift des § 12 Abs. 2 entsprechende Anwendung.

§ 18.

Wird das im § 17 Abs. 2 bezeichnete Einverständnis nicht erzielt, so ist für das eingeworfene Grundstück die vollständige Entschädigung lediglich in Geld zu gewähren:

1. auf Antrag des Magistrats, wenn der Flächeninhalt des Grundstücks so gering ist, daß es nur durch ein zur Bebauung ungeeignetes Grundstück ersetzt werden könnte, und wenn in diesem Falle der Zweck des Umlegungsverfahrens vereitelt oder wesentlich beeinträchtigt werden würde;
2. auf Antrag des Eigentümers, wenn der Flächeninhalt infolge der Umlegung so verringert werden würde, daß das zuzuweisende Grundstück zur Bebauung nicht mehr geeignet ist.

Auf die Bemessung der Entschädigung findet die Vorschrift des § 16 Abs. 3 mit der Maßgabe entsprechende Anwendung, daß die Entschädigungssumme um den Betrag gekürzt wird, der dem Eigentümer sonst als Umlegungsbeitrag zur Last gefallen wäre.

Teile der Restmasse (§ 10 Abs. 3), welche dem im Abs. 1 bezeichneten Grundstück entsprechen würden (§ 12), können von der Aufteilung an sämtliche Eigentümer ausgeschlossen und gegen Entschädigung ganz oder teilweise auch mehreren Eigentümern oder einem Eigentümer mit deren Zustimmung zugeteilt werden. Die Entschädigung ist den Eigentümern, an welche die Zuteilung erfolgt, aufzuerlegen (Vergütung). Die Vorschrift des § 16 Abs. 3 findet entsprechende Anwendung.

§ 19.

Über das Vorhandensein der Bebauungsfähigkeit (§§ 17, 18) entscheidet die Kommission nach Anhörung der Baupolizeibehörde.

§ 20.

Beteiligten, deren Rechte am Grundstück erlöschen (§ 42 Abs. 2 Satz 3 in Verbindung mit Abs. 1 Satz 3) oder durch Anordnung der Kommission verändert werden (§ 25 Abs. 1, 2), sowie Mietern oder Pächtern, deren Rechte gemäß § 42 Abs. 4 erlöschen, ist der Schaden, den sie durch die Umlegung erleiden, besonders zu ersetzen, soweit der Ersatz nicht in den nach den §§ 14, 16, 18, 31 gewährten Entschädigungen einbegriffen ist.

§ 21.

Im übrigen finden auf die Entschädigungen, soweit nicht durch dieses Gesetz Bestimmung getroffen ist, die Vorschriften der §§ 7 bis 11, 13 des Gesetzes über die Enteignung von Grundeigentum vom 11. Juni 1874 (Gesetz-Samml. S. 221) mit der Maßgabe entsprechende Anwendung, daß die Gemeinde als Unternehmer gilt.

§ 22.

Der Bebauungsplan für das Umlegungsgebiet darf während des Umlegungsverfahrens ohne Zustimmung der Kommission nicht abgeändert werden. Die Kommission kann jedoch zur leichteren Durchführung der Umlegung beim Magistrat beantragen, daß der Bebauungsplan in dem nach dem Gesetze, betreffend die Anlegung und Veränderung von Straßen und Plätzen in Städten und ländlichen Ortschaften vom 2. Juli 1875 (Gesetz-Samml. S. 561) vorgeschriebenen Verfahren geändert wird.

§ 23.

Die Kommission bestimmt nach Anhörung der Straßenbaupolizeibehörde, innerhalb welcher Zeit die Straßen und Plätze des Umlegungsgebiets für den öffentlichen Verkehr und den Anbau fertig herzustellen sind. Dabei kann für diese Zwecke eine nur vorläufige Herstellung zugelassen und als ausreichend anerkannt werden. Die Frist kann für verschiedene Teile des Umlegungsgebiets verschieden bemessen werden. Nach Ablauf der Frist kann die Bauerlaubnis aus dem Grunde, daß die Herstellung noch nicht erfolgt ist, nicht versagt werden. In dem Falle des § 3 Abs. 1 Nr. 1 darf die Frist, unbeschadet einer anderweitigen Vereinbarung zwischen der Gemeinde und den beteiligten Eigentümern den Zeitraum von 4 Jahren nicht übersteigen.

Soweit die geplanten Straßen und Plätze bis zum Tage der Umlegung nicht hergestellt werden und die Grundstücke nach diesem Zeitpunkte zu ihrer Benutzung vorläufige Zugänge oder Wege erfordern, können vorhandene öffentliche Wege, die zur Einziehung oder Verlegung bestimmt sind, einstweilen noch aufrecht erhalten werden. Soweit dies nicht geschieht, ist die Herstellung der vorläufigen Zugänge und Wege der Gemeinde aufzuerlegen.

Auf Antrag der Gemeinde unterbleibt die Auferlegung und es ist den beteiligten Eigentümern lediglich Entschädigung in Geld zu gewähren, wenn die Herstellung unverhältnismäßig hohe Kosten verursachen würde. Diese Bestimmung findet keine Anwendung, wenn ohne die Herstellung die Zugänglichkeit eines bebauten oder gewerblich benutzten Grundstücks, das im Besitze des Eigentümers verbleibt, beeinträchtigt werden würde.

§ 24.

Die nach den §§ 13, 14, 16 bis 23 erforderlichen Aufwendungen liegen der Gemeinde ob.

§ 25.

Zur Erreichung des Zweckes des Umlegungsverfahrens kann die Kommission bestehende Grunddienstbarkeiten aufrecht erhalten oder verändern oder neue Grunddienstbarkeiten auferlegen.

Andere Rechte an Grundstücken, die nach § 42 Abs. 2 Satz 3 in Verbindung mit Abs. 1 Satz 3 erlöschen würden, kann die Kommission, vorbehaltlich etwaiger Ersatzansprüche (§ 20), auf das zugewiesene Grundstück übertragen, sofern sie auf diesem ohne erhebliche Beeinträchtigung des Berechtigten ausgeübt werden können und mit den Zwecken des Umlegungsverfahrens nicht in Widerspruch stehen.

Soweit erforderlich, hat die Kommission auch die auf den Grundstücken haftenden oder mit Rücksicht auf den Grundbesitz zu entrichtenden öffentlichen Lasten anderweit zu verteilen.

§ 26.

Die Kommission hat die Bestimmungen im Verteilungsplane, namentlich über die Art der Grundstücksverteilung (§ 12), tunlichst im Einvernehmen mit den Beteiligten zu treffen und insbesondere auch auf das Zustandekommen von Vereinbarungen hinzuwirken, durch welche die Gewährung von Geldentschädigungen möglichst eingeschränkt oder entbehrlich gemacht wird.

Sie hat ferner darauf zu achten, daß sich das Verfahren gegen die wirklichen Berechtigten richtet.

§ 27.

Wird eine Vereinbarung im Sinne des § 7 Abs. 1 getroffen, so ist die Kommission an deren Inhalt gebunden.

Wird eine Vereinbarung der im § 7 Abs. 2 bezeichneten Art getroffen, so hat der Bezirksausschuß darüber zu beschließen, ob der Zweck der Umlegung bei einer Beschränkung auf die von der Vereinbarung betroffenen Grundstücke noch im wesentlichen zu erreichen ist. Trifft dies zu, und sind die Eigentümer der übrigen Grundstücke mit der Beschränkung einverstanden, oder ist eine spätere Umlegung ihrer Grundstücke nicht ausgeschlossen, so hat der Bezirksausschuß die von der Vereinbarung nicht betroffenen Grundstücke von der Umlegung auszunehmen. Hinsichtlich der von der Vereinbarung betroffenen Grundstücke findet die Vorschrift des Abs. 1 entsprechende Anwendung.

Vereinbarungen, welche von den Eigentümern der Grundstücke eines einzelnen Baublocks oder mehrerer Baublöcke über die Umlegung dieser Grundstücke getroffen werden, sind von der Kommission zu berücksichtigen, soweit die sonstige Durchführung der Umlegung nach den Vorschriften dieses Gesetzes im Falle der Berücksichtigung nicht beeinträchtigt wird.

Diese Vorschriften gelten, auch wenn den Vereinbarungen eine rechtsverbindliche Form nicht gegeben ist.

§ 28.

Hat die Gemeinde gemäß § 13 Entschädigung zu leisten, oder erfolgt an sie eine Zuteilung gemäß § 18 Abs. 3 und steht in diesen Fällen ihr Interesse zu dem gemeinschaftlichen Interesse der Eigentümer in erheblichem Gegensatze, so hat der Regierungspräsident den Eigentümern einen Vertreter und Verwalter zu bestellen. Die Gesamtheit der Eigentümer ist insoweit parteifähig.

Der Vertreter und Verwalter hat die Stellung eines gesetzlichen Vertreters. Er kann aus der Zahl der Eigentümer genommen werden. Auf Verlangen erhält er außer dem Ersatze der baren Auslagen eine angemessene Entschädigung für seine Mühewaltung; die Festsetzung erfolgt durch die Kommission; die Zahlung liegt der Gemeinde ob. Die Auslagen, einschließlich der durch die Beschreitung des Rechtswegs (§ 39) entstehenden, sind dem Vertreter und Verwalter auf Verlangen von der Gemeinde vorzuschießen.

Der Vertreter und Verwalter erhält eine Bestallung.

§ 29.

Aufwendungen, die der Gemeinde als Entgelt für einen ihr zufließenden besonderen Vermögenswert obliegen, sind von einer Verteilung auf die Eigentümer ausgeschlossen. Dies gilt insbesondere von der nach § 13 zu leistenden Entschädigung, von der Vergütung, die der Gemeinde im Falle einer an sie erfolgten Zuteilung auferlegt ist (§ 18 Abs. 3), und von der Entschädigung, die die Gemeinde infolge entsprechender Anwendung der Vorschrift des § 9 Abs. 1 des Gesetzes über die Enteignung von Grundeigentum 11. Juni 1874 zu leisten hat (§ 21).

Die übrigen Aufwendungen, die der Gemeinde nach § 24, § 28 Abs. 2, § 36 Abs. 1 Satz 2 obliegen (umlegungsfähige Aufwendungen), sind auf die Eigentümer zu verteilen, sofern der Magistrat darauf anträgt (Umlegungsbeitrag). Es sind jedoch in Gegenrechnung zu stellen und von der Gesamtsumme der umlegungsfähigen Aufwendungen vorweg abzuziehen:

1. die an die Gemeinde zu zahlenden Zuschüsse und Vergütungen (§ 15, § 18 Abs. 3) und die nach § 36 Abs. 1 Satz 2 an sie zu leistenden sonstigen Zahlungen,
2. die von der Gemeinde nach § 13 zu leistende Entschädigung sowie die Vergütung, die ihr im Falle einer an sie erfolgten Zuteilung auferlegt ist (§ 18 Abs. 3).

§ 30.

Die Verteilung der umlegungsfähigen Aufwendungen der Gemeinde (§ 29 Abs. 2) erfolgt unter Berücksichtigung des dem einzelnen Eigentümer aus der Umlegung erwachsenden Vorteils oder — soweit die Anwendung dieses Verteilungsmaßstabs nicht tunlich oder zweckmäßig erscheint — unter Berücksichtigung der Frontlänge, des Flächeninhalts und der Lage oder des Wertes des zugewiesenen Grundstücks.

Auf Antrag des Eigentümers ist der Umlegungsbeitrag bis zum Verkauf oder zur Bebauung des Grundstücks gegen eine Verzinsung mit dreieinhalb vom Hundert zu stunden.

Soweit im Falle der Verteilung von Umlegungsbeiträgen der Wert der gemäß §§ 11 bis 14 erfolgten Zuweisung, abzüglich des Umlegungsbeitrags hinter dem Werte des eingeworfenen Grundstücks zurückbleiben würde, bleibt der Eigentümer bei der Verteilung außer Betracht; das gleiche gilt von den nach § 16 zu entschädigenden Eigentümern.

§ 31.

Soweit die Gesamtsumme der im § 29 Abs. 2 Nr. 1, 2 genannten Leistungen den Gesamtbetrag der umlegungsfähigen Aufwendungen übersteigt, ist sie von der Gemeinde an die Eigentümer zu erstatten. Die Erstattung erfolgt unter entsprechender Anwendung der Vorschriften des § 30 Abs. 1.

§ 32.

Die im § 15, § 18 Abs. 1, § 23 Abs. 3, § 29 Abs. 2 bezeichneten Anträge müssen spätestens als Einwendung gegen den Verteilungsplan (§ 37) angebracht werden.

§ 33.

Die Beteiligten sollen ihre Ansprüche, sobald sich diese übersehen lassen, möglichst schon vor der Kommission oder vor dem Bezirksausschusse geltend machen. Wird dies unterlassen, so kann die Kommission oder der Bezirksausschuß den Beteiligten die durch die nachträgliche Geltendmachung entstehenden Kosten auferlegen.

4. Aufstellung und Festsetzung des Verteilungsplans.

§ 34.

Unter Beobachtung der Vorschriften der §§ 10 bis 31, 33 hat die Kommission einen Verteilungsplan nebst Karte aufzustellen.

Aus dieser Aufstellung muß der alte Besitzstand und die Neuverteilung hervorgehen. Dabei sind die einzelnen Grundstücke nach ihrer Größe und ihren Eigentümern, die einzuziehenden und zu verlegenden öffentlichen Wege und die nach § 23 herzustellenden Zugänge und Wege, die nach § 25 Abs. 1, 2 zu treffenden Anordnungen und die nach den §§ 11 bis 14, 16 bis 24 in Aussicht zu nehmenden Entschädigungen sowie die nach § 15, § 18 Abs. 3, §§ 29, 30, 33 aufzuerlegenden Zuschüsse, Vergütungen und Umlegungsbeiträge aufzuführen. Auch muß in den Fällen des § 12 Abs. 2, § 17 Abs. 3 ersichtlich sein, in welcher Weise diesen Vorschriften genügt ist.

§ 35.

Über Verteilungsplan und Karte (§ 34) hat die Kommission mit den Beteiligten zu verhandeln.

Zu dem Verhandlungstermine sind die Beteiligten zu laden. Die Ladung der Gemeinde, der Eigentümer und derjenigen, welche sich zur Teilnahme an dem Verfahren gemeldet haben, geschieht durch Zustellung, die Ladung der übrigen Beteiligten durch ortsübliche Bekanntmachung mit der Aufforderung, sich zu melden und ihre Rechte geltend zu machen. Die Ladungen erfolgen unter dem Hinweis auf den Inhalt der Bestimmungen der §§ 32, 33 und unter der Verwarnung, daß beim Ausbleiben der Geladenen ohne deren Teilnahme über den Verteilungsplan, insbesondere über die Zuweisung der Grundstücke, die Festsetzung etwaiger Geldentschädigungen, Zuschüsse, Vergütungen und Umlegungsbeiträge, über die Auszahlung oder Hinterlegung der festgesetzten Geldentschädigungen und über die nach § 25 zulässigen Anordnungen beschlossen werden würde.

In dem Termine darf jeder Beteiligte erscheinen und sein Interesse wahrnehmen. Nach Bedarf ist Termin an Ort und Stelle anzuberaumen.

Der Ortspolizeibehörde muß Gelegenheit gegeben werden, in dem Verfahren das ortspolizeiliche Interesse wahrzunehmen. Sie ist insbesondere von dem Verhandlungstermine zu benachrichtigen und darf dazu einen Vertreter entsenden. Die Bestimmungen in dem Verteilungsplane, soweit sie das ortspolizeiliche Interesse berühren, sind tunlichst im Einvernehmen mit der Ortspolizeibehörde zu treffen.

§ 36.

Die Kommission hat über den Verteilungsplan nebst Karte, insbesondere über die von den Beteiligten beantragten Änderungen oder Ergänzungen zu beschließen und erforderlichenfalls den Verteilungsplan und die Karte nach Maßgabe der Beschlüsse zu berichtigen und zu vervollständigen. Hierbei sind auch die Ergebnisse von Vereinbarungen, welche die Beteiligten über die Begründung, Aufhebung, Aufrechterhaltung oder Veränderung von Rechten getroffen haben, in den Verteilungsplan aufzunehmen, sofern sie nicht mit dem Zwecke des Umlegungsverfahrens in Widerspruch stehen.

An der Beschlußfassung muß außer dem Vorsitzenden mindestens je eines der im § 8 Abs. 2 bezeichneten sachverständigen Mitglieder Teil nehmen.

§ 37.

Nach erfolgter Beschlußfassung hat die Kommission den Verteilungsplan nebst Karte zu jedermanns Einsicht offen zu legen und den Eigentümern die zugewiesenen Grundstücke an Ort und

Stelle in einem dazu anberaumten Termin anzuweisen. Die Vorschrift des § 4 Satz 5 findet hierbei mit der Maßgabe entsprechende Anwendung, daß in der die Offenlegung ankündigenden Bekanntmachung der Vorsitzende der Kommission als die Stelle zu bezeichnen ist, bei welcher die Einwendungen gegen den Verteilungsplan anzubringen sind. Der Gemeinde und den Eigentümern ist außerdem ein Abdruck des Verteilungsplans nebst Karte, den sonstigen Beteiligten, hinsichtlich deren in dem Verteilungsplan eine Bestimmung getroffen ist, oder die an dem Verfahren teilgenommen haben, eine Benachrichtigung von der Offenlegung zuzustellen.

Die Frist zur Erhebung von Einwendungen beginnt gegen die im vorhergehenden Absatze bezeichneten Beteiligten mit der Zustellung, gegen die übrigen mit der Offenlegung des Verteilungsplans.

Kommt die Einziehung oder Verlegung öffentlicher Wege in Betracht, so ist der Wegepolizeibehörde Mitteilung zu machen. Einwendungen gegen die Einziehung oder Verlegung sind in dem Umlegungsverfahren mit zu erledigen.

§ 38.

Werden Einwendungen gegen den Verteilungsplan erhoben, so hat die Kommission deren Erledigung durch Verhandlung zu versuchen. Gelingt die Erledigung nicht, so sind die Akten und die Verhandlungen mittelst eingehenden Berichts dem Bezirksausschusse vorzulegen. Dieser beschließt über die Einwendungen endgültig.

Sind Einwendungen nicht erhoben oder ist über sie entschieden, so erfolgt die Festsetzung des Verteilungsplans durch endgültigen Beschluß des Bezirksausschusses.

Dem Magistrat, den Eigentümern und dem Vertreter und Verwalter (§ 28) ist eine Ausfertigung des festgesetzten Verteilungsplans nebst Karte, den sonstigen Beteiligten, hinsichtlich deren darin eine Bestimmung getroffen ist oder die an dem Verfahren teilgenommen haben, eine Benachrichtigung von der Festsetzung des Verteilungsplans zuzustellen.

Der Magistrat hat die geschehene Festsetzung in ortsüblicher Weise bekannt zu machen.

5. Rechtsweg.

§ 39.

Wegen der in den §§ 11, 13, 14, 16 bis 23 bezeichneten Ansprüche auf Entschädigung in Geld steht den Beteiligten gegen den Verteilungsplan von dessen Festsetzung an der Rechtsweg offen. Die Klageerhebung ist bis zum Ablaufe von zwei Monaten nach dem Tage der Umlegung (§ 40 Abs. 1) zulässig.

Gegen Beteiligte, denen die Überweisungserklärung zuzustellen ist (§ 40 Abs. 1, 4), endete diese Frist aber jedenfalls erst zwei Monate nach erfolgter Zustellung.

Ist für den Fall des § 13 ein Vertreter und Verwalter bestellt (§ 28), so ist die Klage von diesem gegen die Gemeinde und von der Gemeinde gegen den Vertreter und Verwalter zu erheben; in den übrigen Fällen ist sie von den Eigentümern und den im § 57 Abs. 2 Nr. 1, 2 genannten Beteiligten gegen die Gemeinde und von der Gemeinde gegen die vorbezeichneten Beteiligten zu erheben.

In den Fällen des § 15 finden die vorstehenden Vorschriften mit der Maßgabe Anwendung, daß der Rechtsweg nur dem belasteten Eigentümer zusteht.

6. Ausführung des Verteilungsplans.

§ 40.

Die Ausführung des Verteilungsplans wird durch die Beschreitung des Rechtswegs nicht aufgehalten. Sie erfolgt durch eine von dem Bezirksausschusse durch endgültigen Beschluß zu erlassende Überweisungserklärung. In dieser ist der Tag, an welchem die Rechtsänderungen hinsichtlich der umzulegenden Grundstücke eintreten sollen (Tag der Umlegung), zu bezeichnen.

Der Tag der Umlegung ist so zu bestimmen, daß zwischen dem Tage der Bekanntmachung der Überweisungserklärung und dem Tage der Umlegung ein Zeitraum von mindestens einem Monat liegt.

Die Überweisungserklärung darf erst erfolgen, wenn nachgewiesen ist, daß die nach den §§ 14, 16 bis 23, 31 in dem Verteilungsplane festgesetzten Entschädigungen von der Gemeinde gezahlt oder hinterlegt sind. Sie kann gleichzeitig mit der Festsetzung des Verteilungsplans (§ 38 Abs. 2, 3) erlassen und mit dieser verbunden werden.

Außer dem Magistrat, den Eigentümern und dem Vertreter und Verwalter (§ 28) ist die Überweisungserklärung den sonstigen Beteiligten, hinsichtlich deren in dem Verteilungsplan eine Bestimmung getroffen ist oder die an dem Verfahren teilgenommen haben, zuzustellen. Der Magistrat hat die Überweisungserklärung ohne Verzug in ortsüblicher Weise bekannt zu machen.

§ 41.

Mit der öffentlichen Bekanntmachung der Überweisungserklärung erlangt die Gemeinde das Recht, die nach dem Verteilungsplan etwa noch herzustellenden vorläufigen Zugänge und Wege (§ 23 Abs. 2) anzulegen.

§ 42.

Ist die Überweisungserklärung ortsüblich bekannt gemacht, so wird mit dem Tage der Umlegung der Inhalt des Verteilungsplans wirksam. Die bisherigen Eigentumsrechte an den eingeworfenen Grundstücken erlöschen. Zugleich werden die eingeworfenen Grundstücke von allen privatrechtlichen Belastungen und Beschränkungen frei, insbesondere hören sie auf, Fideikommiß oder Stammgut zu sein oder im Lehn- oder Leihverbande zu stehen.

Die Gemeinde oder der sonstige Wegeunterhaltungspflichtige wird Eigentümer des nach § 10 Abs. 2 zu den öffentlichen Straßen und Plätzen zugewiesenen Geländes. Soweit für ein eingeworfenes Grundstück nach § 12 Landzuweisung gewährt wird, tritt das zugewiesene Grundstück in Ansehung des Eigentums und der übrigen im Abs. 1 Satz 3 bezeichneten privatrechtlichen Beziehungen an seine Stelle. Von dem Übergang auf das zugewiesene Grundstück sind jedoch ausgeschlossen das Erbbaurecht, die Dienstbarkeiten, die Wiederkaufs- und Verkaufsrechte und die nicht lediglich in Geld-, Natural- oder persönlichen Leistungen bestehenden Reallasten, soweit in dem Verteilungsplane nicht ein anderes bestimmt ist.

Die auf Grund der Vorschriften der §§ 14, 16, § 18 Abs. 1, 2, §§ 23, 31, 39 festgesetzten Geldentschädigungen treten hinsichtlich der in dem vorhergehenden Absatze bezeichneten rechtlichen Beziehungen an die Stelle des eingeworfenen Grundstücks. Das gleiche gilt, wenn in den Fällen der §§ 14, 16, § 18 Abs. 1, 2, §§ 23, 31 die Festsetzung auf einer Vereinbarung (§ 36 Abs. 1 Satz 2) beruht.

Miet- und Pachtverhältnisse, auf Grund deren das eingeworfene Grundstück dem Mieter oder Pächter überlassen war, erlöschen, sofern nicht ihr Gegenstand dem Vermieter oder Verpächter ungeschmälert verbleibt und in dem Verteilungsplane nicht ein anderes bestimmt ist.

§ 43.

Auf Ersuchen der Kommission hat das Grundbuchamt die Rechtsänderungen, die nach den Bestimmungen des Verteilungsplans und dieses Gesetzes hinsichtlich der im Grundbuch eingetragenen oder durch Eintragung gesicherten Rechte eintreten, in das Grundbuch einzutragen und den Umlegungsvermerk zu löschen, sowie in das Grundbuch ferner einzutragen, daß das Grundstück in Gemäßheit der Vorschriften des § 15 Abs. 2 und des § 18 Abs. 3 zuschuß- oder vergütungspflichtig und in Gemäßheit der §§ 29, 45 beitragspflichtig ist. Mit dem Ersuchen sind dem Grundbuchamte die vorgeschriebenen Katasterbuchauszüge vorzulegen.

Das Ersuchen ist ohne Verzug zu stellen und muß die zu bewirkenden Eintragungen genau bezeichnen.

Soweit für Grundstücke das Grundbuch noch nicht als angelegt anzusehen ist, finden die vorstehenden Bestimmungen hinsichtlich der sonstigen gerichtlichen Bücher entsprechende Anwendung.

§ 44.

Die Vorschriften der §§ 37, 38, 47 bis 49 des Gesetzes über die Enteignung von Grundeigentum vom 11. Juni 1874 und der Artikel 35 bis 41 des Ausführungsgesetzes zum Reichsgesetz über die Zwangsversteigerung und die Zwangsverwaltung vom 23. September 1899 (Gesetz-Samml. S. 291), betreffend die Hinterlegung sowie die Behandlung der Geldentschädigungen in dem Falle, daß Grundstücke Fideikommiß oder Stammgut sind oder im Lehn- oder Leihverbande stehen oder mit Reallasten,

Hypotheken, Grundschulden oder Rentenschulden belastet sind, finden entsprechende Anwendung.

7. Nachtragsverteilungsplan.

§ 45.

Erhöht sich der Aufwand der Gemeinde (§ 29 Abs. 2) infolge des Ausganges erhobener Rechtsstreitigkeiten, so ist der Mehrbetrag auf den Antrag der Gemeinde durch die Kommission auf die Eigentümer nachträglich zu verteilen. Der Antrag ist spätestens innerhalb eines Monats nach endgültiger Beendigung des letzten anhängigen Rechtsstreits zu stellen.

Ermäßigt sich der Aufwand aus dem im Abs. 1 Satz 1 bezeichneten Anlasse, so ist der Minderbetrag den Eigentümern im Verhältnis ihrer Beiträge zu Gute zu rechnen oder zu erstatten. Wird hierüber eine Einigung nicht erzielt, so hat der Magistrat bei der Kommission die Aufstellung eines nachträglichen Verteilungsplans zu beantragen. Der Antrag kann auch von einem Eigentümer gestellt werden.

Die nach § 23 Abs. 2 entstehenden Aufwendungen können, soweit sie nicht bereits nach den §§ 29, 30, 34 ff. verteilt sind, in dem nachträglichen Verteilungsplane berücksichtigt werden.

Auf den nachträglichen Verteilungsplan finden die Vorschriften der §§ 16, 29, 30, 34 bis 38 entsprechende Anwendung.

§ 46.

Soweit der Wert der auf Grund der §§ 11 ff. erfolgten Zuweisungen abzüglich des Umlegungsbeitrags (§ 45) den im § 16 Abs. 1, 2 bezeichneten Wert des eingeworfenen Grundstücks nicht mehr erreichen würde, kann der Eigentümer von der Gemeinde im Rechtswege die Nichterhebung des Umlegungsbeitrags oder die Erstattung des gezahlten Betrags beanspruchen. Die Klage ist binnen drei Monaten von dem Tage ab zulässig, an welchem der Umlegungsbeitrag endgültig feststeht.

Die nach Abs. 1 nicht einziehbaren Umlegungsbeiträge können in einem nachträglichen Verteilungsplan anderweitig verteilt werden. Die Vorschriften des § 45 Abs. 1, 4 finden Anwendung.

8. Zustellungen.

§ 47.

Auf die von der Kommission zu bewirkenden Zustellungen finden die Vorschriften des Gesetzes über die allgemeine Landesverwaltung vom 30. Juli 1883 (Gesetz-Samml. S. 195 ff.) und die zu dessen Ausführung erlassenen Bestimmungen über die Zustellung von Beschlüssen des Bezirksausschusses entsprechende Anwendung.

9. Besondere Vorschriften.

§ 48.

Die nach dem Verteilungsplan an die Gemeinde zu leistenden Zahlungen unterliegen der Beitreibung im Verwaltungszwangsverfahren durch die Gemeinde. Die Zuschüsse (§ 15), Vergütungen (§ 18 Abs. 3) und Umlegungsbeiträge (§§ 29, 30, 45, § 46 Abs. 2) haben die Eigenschaft gemeiner Lasten.

§ 49.

Ist die Zuschuß-, Vergütungs- oder Beitragspflicht erloschen, so hat der Magistrat das Grundbuchamt oder das Amtsgericht um Löschung des darauf bezüglichen Vermerks zu ersuchen.

Dritter Abschnitt.

Schlußbestimmungen.

§ 50.

Werden die im § 27 bezeichneten Vereinbarungen in rechtsverbindlicher Form getroffen und erachtet der Bezirksausschuß im Falle des § 27 Abs. 2 die daselbst im Satz 2 bezeichneten Voraussetzungen für gegeben, so hat er das Verfahren durch Beschluß einzustellen, sofern der Magistrat und eine nach § 3 Abs. 1 Nr. 2 zu bestimmende Mehrheit der Eigentümer die Einstellung beantragen.

§ 51.

Der Bezirksausschuß kann ferner auf Antrag des Magistrats das Verfahren durch Beschluß einstellen, wenn nach Lage der Verhältnisse, insbesondere mit Rücksicht auf erhobene Entschädigungsansprüche oder auf die drohende Erhebung von solchen Ansprüchen begründete Besorgnis vorhanden ist, daß die Durchführung des

Umlegungsverfahrens unwirtschaftlich oder für die Gemeinde mit unverhältnismäßiger Belastung verbunden sein würde, oder wenn sich die Durchführung des Verfahrens auch außer den Fällen des § 50 als entbehrlich erweist. Vor der Beschlußfassung soll den sonstigen Beteiligten, soweit sie an dem Verfahren teilgenommen haben, Gelegenheit gegeben werden, sich zu dem Antrage zu äußern. Der Antrag ist nur bis zum Erlasse des Festsetzungsbeschlusses (§ 38 Abs. 2) zulässig. Im Falle des § 3 Abs. 1 Nr. 1 hat die Gemeinde den Eigentümern die ihnen entstandenen notwendigen Auslagen zu ersetzen.

§ 52.

Wird in den Fällen der §§ 50, 51 das Verfahren eingestellt, so hat auf Ersuchen der Kommission das Grundbuchamt oder das Amtsgericht den Umlegungsvermerk zu löschen.

§ 53.

Nachdem der Baupolizeibehörde von der in Aussicht genommenen Umlegung Mitteilung gemacht worden ist (§ 4), darf sie die Genehmigung zur Errichtung von Bauten auf Grundstücken, für welche die Umlegung beantragt ist, nicht erteilen, ohne zuvor dem Magistrat Gelegenheit zur Äußerung gegeben zu haben. Sie kann die Genehmigung versagen oder an Bedingungen knüpfen, wenn durch den Bau die Umlegung erschwert werden würde.

Eine Entschädigung wird wegen dieser Beschränkung der Baufreiheit nicht gewährt.

§ 54.

Die Kosten des Verfahrens trägt die Gemeinde unbeschadet der Vorschriften der §§ 5, 6, 33.

In betreff der Kosten, Gebühren und Stempel finden im übrigen, soweit nicht in diesem ein Anderes bestimmt ist, die Vorschriften des § 43 des Gesetzes über die Enteignung von Grundeigentum vom 11. Juni 1874 Anwendung.

§ 55.

Soweit Aufwendungen der Gemeinde, denen die Umlegungsfähigkeit fehlt (§ 29 Abs. 1) oder die, obwohl umlegungsfähig

(§ 29 Abs. 2, § 45, § 46 Abs. 2), wegen des Mangels einer gesetzlichen Voraussetzung nicht umgelegt werden können, oder die Kosten des Verfahrens (§ 54 Abs. 1) als Lasten der Gemeinde aufzubringen sind, dürfen die Eigentümer des Umlegungsgebiets nicht in besonderem Maße, sei es im Wege der Mehrbelastung oder der Beitragsleistung, ganz oder teilweise herangezogen werden.

§ 56.

Die in diesem Gesetze vorgeschriebenen Fristen sind Ausschlußfristen.

§ 57.

Beteiligte im Sinne der §§ 4 bis 6 sind außer der Gemeinde die Eigentümer, die Hypotheken-, Grundschuld- und Rentenschuldgläubiger und diejenigen, welchen an einem umzulegenden Grundstücke der Nießbrauch oder ein Erbbaurecht zusteht.

Als Beteiligte im Sinne der § 11 ff. gelten außer der Gemeinde, den Eigentümern und dem Vertreter und Verwalter (§ 28):

1. diejenigen, für welche ein Recht in dem Grundbuch oder einem sonstigen gerichtlichen Buch eingetragen oder durch Eintragung gesichert ist,
2. diejenigen, welchen sonst ein Recht an einem umzulegenden Grundstück oder an einem das Grundstück belastenden Rechte zusteht, die Mieter oder Pächter, denen das Grundstück auf Grund des Miet- oder Pachtrechts überlassen ist, und im Falle der Zwangsversteigerung oder Zwangsverwaltung der betreibende Gläubiger.

Der Eigenbesitzer steht im Sinne dieses Gesetzes dem Eigentümer gleich.

Beteiligte, deren Recht im Grundbuch oder einem sonstigen gerichtlichen Buche nicht eingetragen ist, haben auf Verlangen der Gemeinde, eines Eigentümers, der Kommission oder der Behörde, vor welcher sonst das Verfahren schwebt, ihr Recht glaubhaft zu machen; vor erfolgter Glaubhaftmachung können sie von der Teilnahme an dem Verfahren ausgeschlossen werden.

Ist wegen eines Rechtes, welches den Anspruch auf Beteiligung an dem Verfahren begründen würde, ein Rechtsstreit anhängig, so gelten beide Parteien als Beteiligte.

§ 58.

Dieses Gesetz tritt mit dem 1. Januar 1903 in Kraft.

Mit der Ausführung dieses Gesetzes sind die Minister der öffentlichen Arbeiten und des Innern beauftragt.

Urkundlich unter Unserer Höchsteigenhändigen Unterschrift und beigedrucktem Königlichen Insiegel.

Gegeben Saßnitz an Bord M. Y. „Hohenzollern", den 28. Juli 1902.

(L. S.) Wilhelm.

Graf v. Bülow. Schönstedt. v. Goßler. Graf v. Posadowsky. Studt. Frhr. v. Rheinbaben. v. Podbielski. Frhr. v. Hammerstein. Möller. Budde.

IV. Ausführungsanweisung zum Wohnungsgesetz.

Vom 17. Mai 1918.

Das Wohnungsgesetz will seine Aufgabe hinsichtlich der allgemeinen Verbesserung der Wohnungsverhältnisse durch Vorschriften auf dem Gebiete der Beschaffung, Aufschließung und Aufteilung des Baugeländes (Art. 1—3), der Regelung der Bebauung (Art. 4) und der Wohnungsbenutzung (Art. 5—7) sowie durch Bereitstellung von staatlichen Mitteln zur Förderung der Herstellung von Kleinwohnungen (Art. 8) erfüllen. Im engeren Zusammenhang stehen die Art. 1—4, insofern sie unabhängig von dem übrigen Inhalt des Gesetzes den Ortschaftsbau und die Wohnungsherstellung betreffen.

Artikel 1.

Die Änderungen, die Art. 1 hinsichtlich des Baufluchtliniengesetzes vornimmt, erfolgen lediglich unter dem Gesichtspunkt der Erleichterung der Befriedigung des Wohnbedürfnisses und der Geltendmachung neuzeitlicher Anschauungen über die Gestaltung des Ortschafts- und Wohnungsbaues in wirtschaftlicher, gesundheitlicher und schönheitlicher Beziehung. Diese Bestrebungen gehen aus auf eine größere Weiträumigkeit der Städte einmal durch die Bildung öffentlicher Freiflächen (Gartenanlagen, Spiel- und Erholungsplätze), sodann durch Schaffung nutzbarer privater Freiflächen innerhalb des Baublocks sowie auf Verminderung der Wohndichte in den Blocks vermittels der Beschränkung ihrer Ausnutzung nach Höhe und Fläche der Häuser. Daneben ist die sachgemäße Führung und die Art des Ausbaues der Straßen sowie die Auslegung der öffentlichen Freiflächen von einschneidender Bedeutung. Das gegenseitige Bedingtsein von Bauordnung und Bebauungsplan und damit der innere Zusammenhang zwischen dem ersten und vierten Artikel des Wohnungsgesetzes kommt in diesem Zusammenhange zur Geltung. Eine besonders wichtige Neuerung, die das Wohnungsgesetz in das Baufluchtengesetz bringt, ist die weitgehende Rücksicht auf das Wohnungsbedürfnis. Diese Rücksichtnahme zu verwirklichen, ist neben der Gemeindebehörde auch die Polizeibehörde berufen. Aber nur das Wohnungsbedürfnis in bestimmter Begrenzung soll ein polizeiliches Verlangen oder Versagen rechtfertigen. Nicht ein Wohnungsbedürfnis schlechthin ist zur Begründung des polizeilichen Eingreifens ausreichend; es muß vielmehr ein „hervorgetretenes" Bedürfnis nach Klein- oder Mittelwohnungen vorliegen (Art. 1 Ziffer 1 b, 4 a und b). Die Freiheit der Gemeinden, die Gestaltung des Ortschaftsausbaues dem Wohnungsbedürfnis im allgemeinen anzupassen, findet also ihre Grenze auch in Zukunft nur in dem Mangel an Klein- oder Mittelwohnungen, insofern sie zur Bekämpfung dieses Mangels durch Festsetzung von Fluchtl nien angehalten werden können. Unter Klein- oder Mittelwohnungen werden im allgemeinen solche von 1—3 oder 3—5 Wohnräumen (ausschließlich der Küche) zu verstehen sein. Die Fassung „hervorgetretenes" Bedürfnis legt der Polizeibehörde die Verpflichtung der sorgfältigen Prüfung auf. Wann ein

Wohnungsbedürfnis als „hervorgetreten" anzusehen ist, läßt sich allgemein nicht sagen. Die Anzeichen, welche das tatsächliche Vorhandensein des Wohnungsbedürfnisses in dem gedachten Umfange dartun, können sehr verschieden sein und sind örtlich zu beurteilen. Das zahlenmäßige Überwiegen des Angebots über die Nachfrage ist für das Nichtvorhandensein eines Mangels an sich noch nicht beweisend.

Es muß ferner eine andere Deckung des Wohnungsbedarfs als durch Festsetzung von Baufluchtlinien nicht möglich sein („fordern"!). Ein präventives Vorgehen ist nach der Gesetzesfassung nicht grundsätzlich ausgeschlossen.

Die Polizeibehörde ist bei ihrer Entschließung an die Zustimmung der Aufsichtsbehörde gebunden, deren Sache es sein wird, übertriebene Forderungen auf das richtige Maß zurückzuführen. Die Einwirkung kann positiv und negativ sein, indem die Polizeibehörde aus Gründen eines hervorgetretenen Wohnungsbedürfnisses entweder die Festsetzung von Fluchtlinien verlangt (Art. 1 Ziffer 1 b, zu § 1 des Baufluchtengesetzes) oder ihre Zustimmung versagt (das. Ziff. 4 zu § 5 des Ges.). Falls der Gemeindevorstand mit dem Vorgehen der Polizei nicht einverstanden ist, wird die Frage im Verwaltungsbeschlußverfahren entschieden.

Das Verlangen nach Fluchtlinienfestsetzungen wird sich aber nicht nur auf die Festsetzung von Fluchtlinien für bisher damit noch nicht versehenes Gelände beschränken, sondern auch auf die Abänderung bestehender Bebauungspläne erstrecken müssen; denn gerade vorhandene, ältere Bebauungspläne, namentlich mittlerer und kleinerer, aber auch solche größerer Städte sind vielfach wenig zweckmäßig gebildet, schachbrettartig gestaltet oder ohne Berücksichtigung des Unterschiedes zwischen Wohn-, Verkehrs- und Geschäftsstraßen oder ohne richtige Anpassung an die Geländeverhältnisse und dergleichen aufgestellt. Sie lassen leider oft das Verständnis für neuzeitliche Anforderungen des Städtebaues und Wohnwesens gänzlich vermissen. Bei einem polizeilichen Eingreifen nach Maßgabe des Art. 1 Ziffer 1 b bis 4 darf aber der Grundsatz keine Einbuße erleiden, daß in erster Linie die Gemeinde für die Gestaltung der Bebauungspläne maßgebend und verantwortlich ist, und zwar nicht nur für die alten, sofern sie deren Umgestaltung nach Maßgabe der veränderten Verhältnisse ablehnen sollte, sondern auch für die neue, die erstmalige Aufschließung von Baugelände bezweckenden Pläne. Denn ob ein hervorgetretenes Wohnungsbedürfnis vorliegt, ist, wie erwähnt, in der Hauptsache Ermessensfrage. Aus dem Grunde ist auch die Mitwirkung der Aufsichtsbehörde für die Geltendmachung polizeilicher Forderungen auf diesem Gebiete vorgeschrieben. Nicht sowohl um die Gemeinden vor Geldausgaben für überflüssige oder verfrühte Fluchtlinienfestsetzungen zu schützen, als vielmehr um die Forderungen der Polizeibehörden an die Gemeinden auf ihre Berechtigung und Notwendigkeit zu prüfen, wird die Aufsichtsbehörde ihre Befugnisse anzuwenden haben. Ihre Entscheidung kann im Einzelfalle recht zweifelhaft und schwierig sein. Es kann z. B. sehr wohl ein hervorgetretenes Bedürfnis für kleine und mittlere Wohnungen vorliegen, obgleich genügend anbaufähige Straßen vorhanden sind, wenn das daran liegende Land so teuer und die für eine kostspielig hergestellte Straße zu zahlenden Anliegerbeiträge so hoch sind, daß keine Häuser mit entsprechenden Wohnungen dort gebaut werden können. Schlechthin bejahen wird man das Vorliegen des Wohnungsbedürfnisses dann, wenn überhaupt keine anbaufähigen Straßen vorhanden sind, anderseits aber Mangel an Wohnungen herrscht. In der Regel leiden aber die Gemeinden weniger an einem Mangel als an einem Überfluß von Bebauungsplänen und nur für eine weite Zukunft aufgestellten Fluchtliniennetzen, die eben deshalb vielfach veraltet sind, insbesondere die wichtige Scheidung von Wohn- und Verkehrsstraßen vermissen lassen und dadurch den Bau billiger Kleinwohnungen erschweren. Die polizeilicherseits im Interesse des Wohnungsbedürfnisses für Klein- und Mittelwohnungen vorzunehmende Beeinflussung der Fluchtlinienfestsetzung wird sich daher sehr wesentlich auf die zweckmäßige Umgestaltung veralteter Pläne erstrecken müssen, ohne indes die Einwirkung auf neue Pläne zu vernachlässigen. Dabei darf nicht außer acht gelassen werden, daß in ersterer Beziehung die zu lösende Aufgabe sich nicht in geringfügige „Modernisierung" des Bebauungsplans, Schaffung einiger Freiflächen, Verschmälerung einzelner Straßen unter Verbilligung ihrer Anbauart und dergleichen erschöpfen kann, daß vielmehr eine allgemeine Auflockerung der Wohndichte unter möglichster Verdrängung des Massenmietshauses das Ziel sein muß.

Dafür, wie Bebauungspläne etwa gestaltet sein müssen, die den bevölkerungspolitischen allgemeinen Gesichtspunkten gerecht werden, gibt das Gesetz in Art. 1 Ziffer 3 b und Art. 4 § 1 gewisse Richtlinien, indem danach Freiflächen in ausgiebiger Zahl und Größe vorhanden sein, die Baublocks eine angemessene Tiefe haben und Straßen von geringerer Breite und billigerer Bauart geschaffen, gleichzeitig geeignete Stellen für Kirchen- und Schulbauten vorgesehen und die Wohnviertel von den vorwiegend für gewerbliche Zwecke bestimmten Ortsteilen unterschieden werden sollen. Diese Richtlinien sind um so bedeutsamer, als viele Bebauungspläne in dieser Hinsicht ganz erhebliche Mängel und Fehler aufweisen, Mängel insofern, als die Bereitstellung von Freiflächen überhaupt vernachlässigt ist und Fehler hinsichtlich der Verteilung, Größe und Benutzbarkeit etwaiger Freiflächen gemacht sind. Es ist hier kurz darauf hinzuweisen, daß im allgemeinen die Größe der Freiflächen in geradem Verhältnis zur Wohndichte stehen muß, daß die Fläche der Straßen, seien sie auch noch so breit oder mit „Grünstreifen oder Vorgärten" bedacht, grundsätzlich als Freiflächen nicht in Rechnung gestellt werden dürfen. Das Bestreben soll im Gegenteil dahin gehen, die Straße gerade noch dem Verkehrsbedürfnis entsprechend herzustellen, um, ohne viel mehr Land der Bebauung zu entziehen, solches für Freiflächen zu gewinnen. Vorgärten werden im Hochbaugebiet häufig zwecklos sein, aber auch in den Gegenden mit Mittel- und Kleinhäusern werden sie zurzeit vielfach in zu weit gehendem Maße vorgesehen; namentlich in Gegenden mit kleinen Wohnungen wird dem Bedürfnis der Bewohnerschaft sehr viel besser gedient, wenn das vor den Häusern unbebaut liegende Land hinter die Häuser gelegt wird zur Schaffung größerer Innenhof- oder Gartenanlagen. Der Vorgarten, der neben der Verschönerung des Straßenbildes den Zweck haben soll, die Hausbewohner etwas weiter von Straßenstaub und -lärm zu trennen, dient jetzt vielfach, besonders in großen Städten, als eine „Straßenverbreiterungsreserve", die sich die Gemeinden später zu billigem Preise oder unentgeltlich übereignen lassen. Auch mit der Auferlegung des Bauwichs wird, sofern es sich um Hochbaugebiete handelt, oftmals viel zu weit gegangen. In den flacher bebauten Ortsteilen hat er sicherlich eine Berechtigung, soweit vornehme Landhausviertel in Betracht kommen. Wesentlich anders liegt die Sache aber bei Wohnungen für weniger Wohlhabende, die mit möglichst reichlichen Landzulagen ausgestattet werden sollen; es wird da immer zu prüfen sein, ob die Landzulage nicht besser zusammenhängend hinter das Haus zu legen ist, statt sie neben und hinter dem Gebäude anzubringen. Bei der Entschließung hierüber wird natürlich auch der Bodenpreis eine wesentliche Rolle spielen.

Unter voller Würdigung der für die Anlage der Ortschaften geltenden ästhetischen Gesichtspunkte ist doch daran festzuhalten, daß in Wohnvierteln die Zweckmäßigkeit, Billigkeit und Bequemlichkeit des Wohnens allen anderen Interessen voranstehen muß. Es ist unter diesem Gesichtspunkte bedenklich, wenn zu weit gehende baupolizeiliche Einschränkungen, betreffend die Art der Einfriedigung und der gärtnerischen Ausnutzung der Vorgärten, getroffen werden. Weiter kann die Vorschrift, daß alleinstehende Häuser trotz tiefer Vorgärten und reichlich breitem Bauwich sämtlich eine der Straßenflucht parallele Front und gleich breite Abstände von der Nachbargrenze aufweisen müssen, durch ästhetische Gründe schwerlich gerechtfertigt werden, zumal wenn diese Vorschrift eine unzweckmäßige Stellung der Häuser zur Sonne bedingt. Die Aufstellung eines einwandfreien, den allgemeinen Forderungen des neuzeitlichen Städtebaues Rechnung tragenden Fluchtlinienplanes erfordert demnach nicht nur eine sorgfältige Prüfung der örtlichen Verhältnisse, sondern auch eine nicht unerhebliche Kenntnis und Erfahrung, die nicht immer bei den Beteiligten vorausgesetzt werden kann. Der bei dem Ministerium der öffentlichen Arbeiten bestehende Städtebaubeirat hat es sich zur Aufgabe gesetzt, in solchen Fällen begutachtend und beratend einzutreten. Es wird eindringlichst empfohlen, von dieser Einrichtung Gebrauch zu machen. Im übrigen ist bei der Schwierigkeit, welcher die Verwirklichung der neuzeitlichen städtebaulichen Gedanken und Grundsätze aus der Natur der Sache begegnet, ein verständnisvolles Zusammenarbeiten von Gemeinde, Polizei und Aufsichtsbehörde die Vorbedingung für einen Erfolg.

Die beiden Grundlagen des Ortschaftsbaues nach Maßgabe des Baufluchtliniengesetzes vom 2. Juli 1875 beruhen in dem freien Bestimmungsrecht der Gemeindebehörden über die Anlage des Straßennetzes und dem sog. „kommunalen Bauverbot", dem Recht, den Bau an unfertigen Straßen zu verbieten. An beiden Rechten wird grundsätzlich festgehalten. Ebensowenig wie nach den obenstehenden Ausführungen durch das Recht der Polizeibehörde, von den Gemeindebehörden die Rücksichtnahme auf das hervorgetretene Wohnungsbedürfnis zu verlangen, das erstere Recht — das Recht der Festsetzung von Bebauungsplänen — ausgeräumt wird, so bleibt auch trotz der neuen Bestimmung zu § 12 das kommunale Bauverbot bestehen. Lediglich unter gewissen Voraussetzungen sollen die allgemeinen Interessen diesem so wichtigen Selbstbestimmungsrechte der Gemeinden vorgehen. Voraussetzung ist auch hier das gleichzeitige Vorhandensein eines Bedürfnisses für Klein- und Mittelwohnungen und der begründeten Aussicht auf angemessene Befriedigung dieses Bedürfnisses durch den Bau „entsprechender, gesunder und zweckmäßig eingerichteter Wohnungen". Welchen Anforderungen „entsprechende, gesunde und zweckmäßig eingerichtete Klein- und Mittelwohnungen" genügen müssen, ist im Gesetz nicht gesagt. Maßgeblich sind hier zunächst die örtlichen Verhältnisse, welche unter Berücksichtigung des zur Verfügung stehenden Geländes die Bauweise beeinflussen. Ein bestimmter Haustypus ist nicht vorgeschrieben. Es kann also — beim Vorliegen der übrigen Voraussetzungen — auch dann Dispens verlangt werden, wenn es sich um Herstellung von Wohnungen in mehrstöckigen Häusern handelt und die Errichtung von Flachbauten dem Charakter des Stadtteils nicht entsprechen und wegen der Höhe der Bodenpreise unwirtschaftlich sein würde. Dagegen müssen im übrigen die neuzeitlichen Anforderungen, welche an gesunde und zweckmäßig eingerichtete Häuser gestellt werden, erfüllt sein. Es wird u. a. gefordert werden müssen, daß in den Häusern, für welche der Dispens verlangt wird, eine ausreichende Querdurchlüftung der Wohnungen sichergestellt ist, daß Seitenflügel und Quergebäude nicht vorhanden sind und allen in gesundheitlicher Beziehung zu stellenden Anforderungen bezüglich Wasser, Abort usw. entsprochen ist. Es genügt also nicht eine schlichte Erfüllung der Bauordnung, denn dann wäre eine besondere gesetzliche Vorschrift überflüssig; es muß ein darüber hinausgehendes „Mehr", eine Gestaltung der Wohnungen unter besonderer Rücksichtnahme auf die notwendige Förderung der Volksgesundheit und Volksvermehrung auch durch die Anordnung und Einrichtung der Wohnstätten verlangt werden. Ihre Grenze findet die Durchbrechung des kommunalen Bauverbots in einem entgegenstehenden „überwiegenden, berechtigten Gemeindeinteresse". Dieses umfaßt alle berechtigten Gemeindeforderungen in weitgehendem Maße, nur darf es sich nicht um Willkür der Gemeinden, nicht um unsachliche, mit dem Bauvorhaben außer sachlichem Zusammenhang stehende, den Gemeinden lediglich Geld bringende Forderungen handeln. Die immerhin zweifelhafte Einzelfrage, ob unter dem „überwiegenden Gemeindeinteresse", welches eine Durchbrechung des Bauverbots ausschließt, auch die erfolgte Zahlung oder Sicherstellung der gemäß § 15 Fluchtliniengesetzes und § 9 Kommunalabgabengesetzes von der Gemeinde festgesetzten Beiträge verstanden werden soll, ist — für den Fall entsprechender ortsstatutarischer Festsetzung — von dem Gesetz ausdrücklich im bejahenden Sinne beantwortet. Damit ist ein wesentliches Bedenken, welches bei der Beratung des Gesetzentwurfes gegen Zulassung des Dispenses vom kommunalen Bauverbot vom Standpunkte städtischer Interessen geltend gemacht werden konnte, ausgeräumt worden.

Das Gesetz will aber weitergehend Vorsorge treffen, daß die unter bestimmten Voraussetzungen zugelassene Durchbrechung des kommunalen Bauverbots nicht zu einer Störung wohlerwogener Absichten der Gemeinden in der Gestaltung der künftigen Bebauung des Gemeindegeländes führt. Es schließt deshalb die Dispenserteilung auch für den Fall aus, daß die Gemeinde geeignete Maßnahmen ergriffen hat, um dem Bedürfnis für Klein- und Mittelwohnungen durch Errichtung von Häusern mit höchstens einem Obergeschoß über dem Erdgeschoß ausreichend Rechnung zu tragen, und daß Gewähr für die Durchführung dieser Maßnahmen gegeben ist. Durch diese Bestimmung wird eine Sicherung der Gemeinde und daneben gleichzeitig eine Förderung des Flachbaues erzielt. Der Gemeinde liegt zwar der Nachweis für die Erfüllung jener Voraussetzung ob, sie ist aber nicht verpflichtet, die im Gesetz bezeichneten Maßnahmen selbst zu ergreifen. Sie kann und wird sich in vielen Fällen auf ein mit oder ohne ihre Beteiligung durchzuführendes Bauvorhaben berufen.

Wenn die Gemeinde jenen Nachweis beibringt, so ist der Dispens für mehr als zweistöckige Häuser ausgeschlossen, während er andernfalls an unausgebauten Straßen — unter den im ersten Satze des Abs. 4 erwähnten Voraussetzungen — auch für mehr als zweistöckige Wohngebäude zulässig bleibt. Im ersteren Falle wird allerdings für einen Dispens kaum noch ein wesentlicher Anlaß gegeben sein.

Diese Bestimmung kann in der Praxis zu manchen Meinungsverschiedenheiten und Zweifeln führen. Eine schärfere Gesetzesformulierung war aber nicht möglich, wollte man den Verhältnissen nicht Zwang antun.

Es darf der Einsicht der Beschlußbehörden und ihrer richtigen Beurteilung der örtlichen Verhältnisse vertraut werden, daß sie den Gesetzeswillen, das nicht zu entbehrende kommnuale Bauverbot und die Forderung nach gesunden Klein- und Mittelwohnungen in das richtige Verhältnis zu setzen, auch durch befriedigende Lösung des Einzelfalls Rechnung tragen werden.

In Ziffer 8 und 11 werden zwei Übelstände, die sich in der Praxis bei Feststellung der Fluchtlinien ergeben haben, beseitigt. Die Gemeinde erhält das Recht, nach besonders geordnetem Verfahren nicht zur Bebauung geeignete Grundstücke, sog. Baumasken, gegen Entschädigung an sich zu ziehen, und die Pflicht, sie nötigenfalls dem Eigentümer eines anderen Grundstückes zum Zwecke der Ermöglichung oder Erleichterung der Bebauung der Gesamtfläche zuzuweisen. Ferner wird eine Bestimmung zugunsten der Gemeinde über Heranziehung zu entstehenden Straßenkosten bei wirtschaftlicher Vereinigung einer Grundfläche mit einem Grundstück getroffen. Es wird dadurch die bis jetzt bestehende Unbilligkeit beseitigt, daß der Eigentümer eines Grundstücks zu demselben eine an der Straße liegende Grundfläche (z. B. einen Garten) hinzuerwirbt und beide zu einer wirtschaftlichen Einheit verbindet, ohne zu den Straßenkosten für die zugekaufte Grundfläche herangezogen werden zu können.

V. Vorschriften für die Aufstellung von Fluchtlinien und Bebauungsplänen vom 28. Mai 1876.

(MBl. S. 131.)

143. Vorschriften für die Aufstellung von Fluchtlinien und Bebauungsplänen, vom 28. Mai 1876.

Auf Grund des § 20 des Gesetzes, betreffend die Anlegung von Straßen und Plätzen in Städten und ländlichen Ortschaften, vom 2. Juli 1875 (GS. S. 561 ff.) werden zur Herbeiführung eines zweckentsprechenden und möglichst gleichförmigen Verfahrens bei Festsetzung von Fluchtlinien, sowie zur Beschaffung genügender Grundlagen für die Beurteilung der Zweckmäßigkeit der beabsichtigten Fluchtlinienfestsetzung nachstehende Ausführungsvorschriften erlassen.

Allgemeine Bestimmungen.

§ 1. Für die Festsetzung von Fluchtlinien (§§ 1—4 d. G. v. 2. Juli 1875) sind der Regel nach und soweit nicht nachstehend (§ 13) Ausnahmebestimmungen getroffen werden, folgende Vorlagen zu machen:

I. Situationspläne, und zwar

a) Fluchtlinienpläne, sofern es um die Festsetzung von Fluchtlinien bei Anlegung oder Veränderung von einzelnen Straßen oder Straßenteilen sich handelt,

b) Bebauungspläne, sofern es um die Festsetzung von Fluchtlinien für größere Grundflächen und ganze Ortsteile sich handelt,

c) Übersichtspläne.

II. Höhenangaben. Hierunter werden verstanden:

a) Längenprofile,

b) Querprofile,

c) Horizontalkurven und Höhenzahlen in den Situationsplänen.

III. Erläuternde Schriftstücke:

§ 2. Diese Vorlagen sollen:

A. den gegenwärtigen Zustand,

B. den Zustand, welcher durch die nach Maßgabe der beabsichtigten Fluchtlinienfestsetzung erfolgende Anlegung von Straßen und Plätzen herbeigeführt werden soll,

klar und bestimmt darstellen. Dieselben müssen durch einen vereidigten Feldmesser aufgenommen oder als richtig bescheinigt und durch einen geprüften Baumeister oder einen im Kommunaldienste angestellten Baubeamten, durch welche die Richtigkeit der Aufnahme gleichfalls bescheinigt werden kann, mindestens unter der Mitwirkung eines solchen bearbeitet und dem entsprechend unterschriftlich vollzogen sein.

A. Darstellung des gegenwärtigen Zustandes.

I. Situationspläne.

§ 3. Der Maßstab, in welchem die Situationspläne (Fluchtlinien- und Bebauungspläne) entworfen werden, darf in der Regel nicht kleiner sein, als 1 : 1000. Zusammenhängende Straßenzüge sind im Zusammenhange zur Darstellung zu bringen. Erhalten infolgedessen größere Bebauungspläne eine für ihre Benutzung unbequeme Ausdehnung (§ 12), so darf für dieselben zwar ein kleinerer Maßstab, bis 1 : 2500, angewendet werden, es ist in diesem Falle aber für jede Straße, deren Fluchtlinien festgesetzt werden sollen, ein besonderer Fluchtlinienplan im Maßstabe von mindestens 1 : 1000 beizubringen.

Jedes Projekt erfordert die Beifügung eines Übersichtsplanes, für welchen ein vorhandener gedruckter oder gezeichneter Plan oder auch ein Auszug aus einem solchen verwendet werden kann.

§ 4. Durch die Situationspläne soll das in Betracht zu ziehende Terrain mit seinen Umgebungen in solcher Ausdehnung dargestellt werden, daß die im Interesse des Verkehrs, der Feuersicherheit und der öffentlichen Gesundheit zu stellenden Anforderungen (§ 3 d. G. v. 2. Juli 1875) ausreichend beurteilt werden können.

Alle vorhandenen Baulichkeiten, Straßen, Wege, Höfe, Gärten, Brunnen, offene und verdeckte Abwässerungen usw., ferner alle Gemarkungs-, Besitzstands- und Kulturgrenzen müssen in den Plänen mit schwarzen Linien dargestellt und, soweit es zur Deutlichkeit erforderlich, mit charakterisierenden Farben, jedoch nur blaß angelegt sein. In die Situationspläne sind ferner die Nummern oder sonstigen Bezeichnungen, welche die einzelnen Grundstücke im Grundbuche, bezw. wo Grundbücher nicht vorhanden sind, im Grundsteuerkataster führen und die Namen der Eigentümer einzuschreiben.

Die auf den gegenwärtigen Zustand bezüglichen Schriftzeichen und Zahlen sind schwarz zu schreiben. Jeder Plan ist mit der geographischen Nordlinie und einem Maßstabe zu versehen.

II. Höhenangaben.

§ 5. Die Höhenangaben müssen sich auf einen speziell zu bezeichnenden, möglichst allgemein bekannten festen Punkt, etwa auf den Nullpunkt eines in der Nähe befindlichen Pegels, am besten auf den Nullpunkt des Amsterdamer Pegels beziehen und ausschließlich in positiven Zahlen erscheinen.

Von jeder in einem Fluchtlinien- oder Bebauungsplan projektierten Straße ist, insoweit nicht nach den Ausnahmebestimmungen des § 13 davon abgesehen werden darf, ein Längenprofil im Längenmaßstab des dazu gehörigen Situationsplanes und im Höhenmaßstabe von 1 : 100 beizubringen.

Die Linie des in der Regel durch die Mitte des Straßendammes zu legenden und in Stationen von je 100 m Länge mit den erforderlichen Zwischenstationen von mindestens je 50 m Entfernung einzuteilenden Nivellementszuges ist mit ihrer Stationierung in den zugehörigen Situationsplänen rot punktiert anzugeben.

Wo erhebliche Änderungen in der Terrainoberfläche in Aussicht genommen werden, oder wo nahe liegende Gebäude, Mauern, abgehende Wege usw. eine besondere Berücksichtigung verlangen, sind Querprofile aufzunehmen.

Diese sind in einem Maßstabe, der nicht kleiner als 1 : 250 sein darf, zu zeichnen und zur Numerierung, sowie zu den Ordinaten des Längenprofils übersichtlich in Beziehung zu bringen. Sind dieselben nicht rechtwinklig zum Hauptnivellement aufgenommen, so ist ihre Lage auch im Situationsplane anzugeben.

In den Bebauungsplänen ist außerdem bei hügeligem oder gebirgigem Terrain auf Grund eines Nivellementsnetzes die Gestaltung der Terrainoberflächen durch Horizontalkurven in Höhenabständen von je 1 m bis 5 m mittels schwarz punktierter Linien und beigeschriebenen Höhenzahlen übersichtlich darzustellen.

Alle Höhenzahlen werden in Metern angegeben und auf zwei Dezimalstellen abgerundet.

§ 6. Aus den Höhenangaben muß die Höhenlage sowohl der vorhandenen Straßen und Wege, als auch ihrer Umgebungen in solcher Ausdehnung hervorgehen, daß die Forderungen des Verkehrs und der zukünftigen Entwässerung, nicht minder die Bedingungen einer etwaigen späteren Fortsetzung vollständig beurteilt werden können.

Die höchsten und niedrigsten Stände aller Gewässer, welche auf die projektierten Anlagen von Einfluß sein können, sowie vorhandene Fachbäume und Pegel, insbesondere die Grundwasserstände, soweit deren Ermittelung bereits ausgeführt ist oder im speziellen Falle notwendig erscheint, die Tiefen der etwa vorkommenden Moore oder sonstiger, die Straßenanlegung benachteiligender Bodenschichten, die Türschwellen der vorhandenen Gebäude, die Schienenhöhe nahe liegender Eisenbahnen usw., ebenso alle Festpunkte, an welche das Nivellement angeschlossen worden, müssen in den Profilen vollständig bezeichnet sein. In denselben werden die Wasserspiegel blau ausgezogen und beschrieben, dagegen alle sonstigen bestehenden Gegenstände, nicht minder die Ordinaten in schwarzer Farbe und Schrift angegeben, die Terrainlinien braun unterwaschen, die Bodenschichten mit charakterisierenden Farben angelegt.

B. Darstellung des Zustandes, welcher durch die nach Maßgabe der beabsichtigten Fluchtlinienfestsetzung erfolgende Anlegung von Straßen und Plätzen herbeigeführt werden soll.

Allgemeines.

§ 7. Die Aufstellung der Projekte bedingt eine sorgfältige Erwägung der gegenwärtig vorhandenen, sowie des in der näheren Zukunft voraussichtlich eintretenden öffentlichen Bedürfnisses unter besonderer Berücksichtigung der in dem § 3 d. G. v. 2. Juli 1875 hervorgehobenen Gesichtspunkte.

Im Interesse der Förderung der öffentlichen Gesundheit und Feuersicherheit ist auch auf eine zweckmäßige Verteilung der öffentlichen Plätze sowie der Brunnen Bedacht zu nehmen.

Betreffs der Straßenbreiten empfiehlt es sich, bei neuen Straßenanlagen die Grenzen, über welche hinaus die Bebauung ausgeschlossen ist,

a) bei Straßen, welche als Hauptadern des Verkehrs die Entwicklung eines lebhaften und durchgehenden Verkehrs erwarten lassen, nicht unter 30 m,

b) bei Nebenverkehrsstraßen von beträchtlicher Länge nicht unter 20 m,
c) bei allen anderen Straßen nicht unter 12 m

anzunehmen.

Bei den unter a und b bezeichneten Straßen ist ein Längengefälle von nicht mehr als 1 : 50, bezw. von 1 : 40, bei Rinnsteinen ein solches von nicht weniger als 1 : 200 nach Möglichkeit anzustreben.

Besonderes.

I. Situationspläne.

§ 8. Die anzulegenden oder zu verändernden Straßen und Plätze sind in dem Übersichtsplane mit roter Farbe deutlich zu bezeichnen.

In die Situationspläne sind die projektierten Baufluchtlinien mit kräftigen zinnoberroten Strichen einzutragen. Fallen dieselben mit den Straßenfluchtlinien nicht zusammen, so sind die letzteren mit minder kräftigen Strichen auszuziehen und ist der Raum zwischen beiden blaßgrün anzulegen. Die projektierten Rinnsteine werden durch scharfe, dunkelblaue Linien, verdeckte Abwässerungen punktiert, unter Bezeichnung der Gefällrichtung mittels blauer Pfeile, angedeutet, die Straßen und öffentlichen Plätze blaßrot, diejenigen Straßenseiten, welche nicht bebaut werden sollen, grün angelegt. Vorhandene Gebäude oder Teile derselben, welche bei der späteren, nach Maßgabe der Fluchtlinienfestsetzung erfolgenden Freilegung nicht beseitigt zu werden brauchen, sind in ihren charakterisierenden Farben dunkler anzulegen, als die abzubrechenden.

Die Namen, Nummern oder sonstigen Bezeichnungen der projektierten Straßen und Plätze, ingleichen die Breiten derselben werden mit zinnoberroten Schriftzeichen und Zahlen in die Situationspläne eingeschrieben.

II. Höhenangaben.

§ 9. In den Längenprofilen werden die projektierten Höhenanlagen der Straßenzüge, speziell die Kronenlinien der künftigen Straßenbefestigung mit zinnoberroten Linien ausgezogen und die Aufträge blaßrot, die Abträge grau angelegt. In dieselben sind ferner die Brücken, Durchlässe, unterirdischen Wasserabzüge usw. unter Angabe der lichten Weiten und Höhen einzutragen.

An allen Brechpunkten der Gefälle, an sämtlichen Kreuzungs- oder Abzweigungspunkten von Straßen, und an sonst charakteristischen Stellen werden die betreffenden Ordinaten zinnoberrot ausgezogen und mit den zugehörigen Zahlen ebenso beschrieben. Dagegen erhalten die auf die Abwässerung bezüglichen Höhenzahlen die blaue Farbe.

Die Längen der Straßenzüge von einem Brechpunkte des Gefälles bis zum nächstfolgenden werden, zusammen mit der Verhältniszahl des Gefälles in zinnoberroter Farbe über das Profil, die Namen, Nummern oder sonstigen Bezeichnungen der Straßen, übereinstimmend mit dem Situationsplane, über oder unter dasselbe geschrieben.

Wenn zu einem Situationsplane mehrere Längenprofile gehören, so ist auf eine deutliche und übereinstimmende Bezeichnung der Anschlußpunkte unter schärferer Hervorhebung der Anschlußordinate zu achten.

§ 10. Von jeder Straße, deren Fluchtlinien festgesetzt werden sollen, sind mindestens so viele Querprofile zu entwerfen, wie dieselbe voneinander abweichende Breiten erhält. Wo die im § 5 angegebenen besonderen Verhältnisse obwalten, sind die Querprofile entsprechend zu vermehren und zu erweitern.

Die graphische Behandlung der Querprofile entspricht derjenigen der Längenprofile.

III. Erläuternde Schriftstücke.

§ 11. Den Fluchtlinien- und Bebauungsplänen sind schriftliche Erläuterungen beizufügen, in welchen unter Darlegung der bisherigen Beschaffenheit, Benutzungsart und Entwässerung des zu bebauenden Terrains und der Veranlassung zur Aufstellung des Projekts die bezüglich der Lage, Breite und sonstigen Einrichtung der Straßen, der Entwässerung derselben usw. beabsichtigten Anordnungen zu beschreiben und, wo es erforderlich ist, eingehend zu motivieren sind.

Dem Erläuterungsbericht sind beizufügen:

1. Ein Straßenverzeichnis, d. i. eine tabellarisch geordnete Übersicht der Straßen und Plätze, welche verändert, verlängert oder neu angelegt werden sollen.

In das Verzeichnis sind aufzunehmen:

a) die Namen, Nummern oder sonstigen Bezeichnungen,
b) die Breiten jeder Straße zwischen den Baufluchtbezw. den Straßenfluchtlinien,
c) die Gefällverhältnisse und Längenausdehnung der Straßen nach ihren verschiedenartigen Abschnitten und im ganzen.

2. Ein Vermessungsregister des von der Festsetzung der neuen Fluchtlinie betroffenen Grundeigentums.

Dasselbe muß gleichfalls tabellarisch geordnet, unter angemessener Bezugnahme auf den Situationsplan und das Straßenverzeichnis enthalten:

a) den Namen, Wohnort usw. des beteiligten Eigentümers,
b) die Nummer oder sonstige Bezeichnung, welche das Grundstück im Grundbuche bezw. im Grundsteuerkataster führt,
c) die Größe der zu Straßen und Plätzen für den öffentlichen Verkehr abzutretenden Grundflächen,
d) deren Benutzungsart,
e) die Bezeichnung und Beschreibung der vorhandenen Gebäude- oder Gebäudeteile, welche von einer Straßen- oder Baufluchtlinie getroffen werden oder sonst zur Freilegung derselben beseitigt werden müssen,
f) die Größe der Restgrundstücke,
g) die Angabe, ob dieselben nach den baupolizeilichen Vorschriften des Orts noch zur Bebauung geeignet bleiben oder nicht.

§ 12. Die Zeichnungen und Schriftstücke sind nicht gerollt, vielmehr in einer Mappe oder in aktenmäßigem Formate zur Vorlage zu bringen. Den einzelnen Plänen, welche auf Leinwand zu ziehen, mindestens aber mit Band einzufassen sind, ist kein größeres Format, als dasjenige, von 0,50 zu 0,66 m zu geben, und sind dieselben erforderlichenfalls klappenartig aneinander zu fügen.

Ausnahmebestimmungen.

§ 13. Die beizubringenden Vorlagen können auf einen Situationsplan mit den erforderlichen Erläuterungen beschränkt bleiben:

a) bei einer einfachen Regulierung oder Veränderung vorhandener Straßen mit der eine Veränderung in der Höhenlage des Straßendammes nicht verbunden ist,

b) bei einer nicht erheblichen Erweiterung ländlicher Ortschaften und kleiner Städte, die nicht in unmittelbarer Nähe großer Städte liegen, sofern die Erweiterung nicht zu größeren Fabrikanlagen, zu Eisenbahnhöfen, Begräbnisstätten oder sonstigen Anlagen, die auf die Feuersicherheit, die Verkehrsverhältnisse und die öffentliche Gesundheit von Einfluß sein können, in Beziehung stehen,

c) bei einer Fluchtlinienfestsetzung, die wegen besonderer Dringlichkeit schleunig zu erfolgen hat, und für die nach dem übereinstimmenden Urteile des Vorstandes und der Vertretung der Gemeinde, sowie der Ortspolizeibehörde die Beibringung ausführlicherer Vorlagen entbehrlich erscheint.

Außerdem bleibt es derjenigen Behörde, welche zunächst über die Fluchtlinienfestsetzung zu befinden hat, vorbehalten, in sonstigen besonders motivierten Fällen die Vereinfachung der Vorlagen ausnahmsweise für zulässig zu erklären und zu bestimmen, welche Teile der vorstehenden Vorschriften (§§ 1—12) unausgeführt bleiben dürfen.

In allen diesen Ausnahmefällen einschließlich der unter a, b und c aufgeführten, kann von den Behörden, die über die Fluchtlinienfestsetzung nach dem Gesetze vom 2. Juli 1875 zu beschließen haben, in jedem Stadium des Verfahrens die weitere Vervollständigung der Vorlagen nach Maßgabe der in den §§ 1—12 gegebenen Vorschriften gefordert werden.

Berlin, den 28. Mai 1876.

Der Minister für Handel, Gewerbe usw.
Dr Achenbach.

VI. Ortsstatut I. für Berlin.

Auf Grund des § 11 der Städteordnung vom 30. Mai 1853 und des § 12 des Gesetzes vom 2. Juli 1875 (GS. S. 561) wird für den Gemeindebezirk Berlin folgendes bestimmt:

§ 1. An Straßen oder Straßenteilen, die noch nicht gemäß den baupolizeilichen Bestimmungen für den öffentlichen Verkehr und den Anbau fertig hergestellt sind, dürfen Wohngebäude, die nach diesen Straßen oder Straßenteilen einen Ausgang haben, nicht errichtet werden.

§ 2. Ausnahmen in Einzelfällen mit Rücksicht auf Umfang, Bestimmung, örtliche Lage usw. der beabsichtigten Bauten können vorbehaltlich der Zustimmung der Baupolizeibehörde von der städtischen Bauverwaltung bewilligt werden.

§ 3. Dies Ortsstatut tritt an die Stelle des Ortsstatuts vom 8. Oktober 9. November 1875.

Berlin, den 11. Januar 1910.

Magistrat hiesiger Königl. Haupt- und Residenzstadt.
Kirschner.

Vorstehendes Ortsstatut wird auf Grund des § 12 des Gesetzes vom 2. Juli 1875, betreffend die Anlegung und Veränderung von Straßen und Plätzen in Städten und ländlichen Ortschaften, sowie des § 146 des Zuständigkeitsgesetzes im Einverständnis mit dem Herrn Minister der öffentlichen Arbeiten hierdurch bestätigt.

Berlin, den 5. April 1910.

Der Minister des Innern.
In Vertretung:
Holtz.

VII. Ortsstatut II. für Berlin.

Auf Grund des § 11 der Städteordnung vom 30. Mai 1853 und des § 15 des Gesetzes vom 2. Juli 1875 (GS. S. 561) wird für den hiesigen Gemeindebezirk folgendes bestimmt:

A. Anlage neuer Straßen durch die Stadtgemeinde.

1. Verpflichtung der Anlieger zur Erstattung der Anlagekosten.

§ 1. Nach Anlegung einer neuen oder Verlängerung einer schon vorhandenen zur Bebauung bestimmten Straße durch die Stadtgemeinde sind die Anlieger, sobald auf ihren Grundstücken Gebäude an dieser Straße errichtet werden, verpflichtet, der Stadtgemeinde diejenigen Kosten zu erstatten, welche ihr für die Freilegung, erste Einrichtung, Pflasterung, Entwässerung und Beleuchtungsvorrichtungen der Straße erwachsen sind. Die Verpflichtung zur Zahlung tritt mit dem Beginn der Bebauung ein.

§ 2. Schuppen, Buden, Kontore, Wächterhäuser, Gartenhallen, Veranden, Lauben, Kegelbahnen, Treibhäuser und ähnliche kleine Anlagen sind als Gebäude, welche die Beitragspflicht nach § 1 dieses Statuts begründen, nicht zu erachten, sofern diese Anlagen insgesamt eine Grundfläche von 60 qm, sowie eine Fronthöhe von 3,50 m nicht überschreiten und 10 m von der Straßenfluchtlinie entfernt errichtet werden.

Diese Bestimmung erstreckt sich nicht auf Anlagen, welche Wohn-, Verkaufs- und Ausstellungszwecken dienen.

§ 3. Zu den Kosten der Freilegung gehören auch die Kosten der Erwerbung des Grund und Bodens der Straße einschließlich des Bürgersteiges.

Ist das Straßenland zum Teil unentgeltlich von angrenzenden Grundstücken abgetreten worden, so wird behufs Feststellung des auf die einzelnen anliegenden Grundstücke entfallenden Anteils an den Grunderwerbskosten das unentgeltlich abgetretene Straßenland bei der Ermittelung der Gesamtkosten mit demjenigen Werte in Rechnung gestellt, der vom Magistrat unter Berücksichtigung des Preises festgesetzt wird, welcher für entgeltlich erworbenes Straßenland gezahlt worden ist; der ermittelte Betrag wird sodann denjenigen Anliegern auf ihren Beitrag zu den Gesamtkosten in Abzug gebracht, von deren Grundstücken das Straßenland unentgeltlich abgetreten ist.

§ 4. Zu den Kosten der ersten Einrichtung und Pflasterung gehören auch diejenigen der Herstellung des Anschlusses einmündender Straßen.

Als Kosten des zur ersten Pflasterung des Straßendammes verwendeten Materials einschließlich der Kosten seines Einbaues in den Straßenkörper wird ein alle drei Jahre durch Gemeindebeschluß für das Quadratmeter festzusetzender Preis in Rechnung gestellt. Dieser Preis soll nach der Pflasterart (Stein, Asphalt, Holz u. a.) verschieden sein und nach den durchschnittlichen Preisen, die für die Pflasterart während der letzten drei Jahre bezahlt worden sind, berechnet werden.

Die Kosten der Entwässerung und Beleuchtungsvorrichtung der Straßen werden zusammengerechnet und auf die einzelnen Straßen nach der Zahl der Meter der Grundstücksstraßenfronten verteilt. Der für das Meter Grundstücksstraßenfront in Rechnung zu stellende Preis wird alle drei Jahre durch Gemeindebeschluß festgestellt.

Die Kosten der Herstellung von Baum- und anderen Pflanzungen sind nicht zu erstatten.

2. Feststellung und Verteilung der Anlagekosten auf die zur Erstattung Verpflichteten.

§ 5. Der Verteilung auf die Anlieger sind die Gesamtkosten der Straßenanlage zugrunde zu legen.

Wird eine Straße ihrer Längenausdehnung nach in Abschnitten, Teilen, angelegt, so können die Kosten der Abschnitte (Straßenteile) gesondert zur Verteilung gebracht werden, falls die Abschnitte durch die Begrenzung (Querstraßen, Wasserläufe, Eisenbahnen u. dergl.) oder sonstige tatsächliche Verhältnisse sich als besondere Abschnitte der Straße kennzeichnen.

Ein Gleiches gilt bei Straßen, welche bebauungsplanmäßig mehrere Fahrdämme, Reitwege, Promenaden u. dergl. erhalten sollen, wenn nach Gemeindebeschluß durch Herstellung einzelner dieser Straßenteile als einer in sich abgeschlossenen Anlage die Straße für den Anbau auf einer Straßenseite fertiggestellt wird. In solchem Falle ist die Hälfte der Gesamtkosten des ausgeführten Straßenteils der Verteilung auf die anliegenden Grundstücke zugrunde zu legen. Soweit der Straßenteil in seiner Breite die Hälfte der bebauungsplanmäßigen Breite der Straße überschreitet, oder mehr als 26 m beträgt, findet die Vorschrift des § 6 sinngemäße Anwendung.

Es ist zulässig, daß die Kosten, welche durch die Freilegung, erste Einrichtung, Entwässerung und Beleuchtungsvorrichtung verursacht sind, gesondert berechnet und umgelegt werden, im Falle des § 3 Absatz 2 jedoch nur, sofern durch Vereinbarung mit den Beteiligten festgestellt worden ist, welcher Betrag für das von ihm unentgeltlich abgetretene Land in Abzug zu bringen ist und sofern dieser Abzug sofort bei der ersten Ausschreibung erfolgt. Die für den Grunderwerb aufgewendeten Kosten dürfen nicht früher als die übrigen Kosten ausgeschrieben werden.

§ 6. Bei Straßen oder Straßenteilen von mehr als 26 m Breite ist nur ein nach dem Verhältnis der Gesamtbreite zu 26 m zu berechnender Teil der Gesamtkosten zur Verteilung zu bringen.

§ 7. Der nach §§ 1—6 zur Einziehung gelangende Betrag wird auf die angrenzenden Grundstücke der Straße bezw. des Straßenteils nach Verhältnis der Länge ihrer die Straße berührenden Grenze verteilt.

§ 8. Es bleibt vorbehalten, in besonderen Fällen, in denen die Errichtung von Gebäuden zur Förderung gemeinnütziger Unternehmungen erfolgt, durch Gemeindebeschluß festzusetzen, daß und welcher Teil der Anliegerbeiträge außer Ansatz bleiben soll.

§ 9. Gegen die erfolgte Heranziehung zu den Beiträgen finden die Rechtsmittel nach §§ 69—75 des Kommunalabgabengesetzes vom 14. Juli 1893 statt.

§ 10. Kann ein Anlieger nachweisen, daß bei Anwendung der vorstehenden

Bestimmungen die gesamten auf sein Grundstück verteilten Kosten mehr als Dreiviertele des ihm oder seinen etwaigen Besitzvorgängern durch die Straßenanlage erwachsenden Vorteils betragen würden, so ist der Magistrat ermächtigt, ihm den Mehrbetrag zu erlassen. Zu diesem Behufe ist die Differenz des Wertes des betreffenden Grundstücks vor und nach der Straßenanlage festzustellen und der abzusetzende Teil der Anlagekosten zu bestimmen. Die Entscheidung des Magistrats ist endgültig.

§ 11. Die Beiträge unterliegen der Beitreibung im Verwaltungszwangsverfahren nach Maßgabe der Verordnung vom 15. November 1899 (GS. S. 545); zur Zahlung der Beiträge ist zunächst derjenige verpflichtet, der zur Zeit des Eintritts der Verpflichtung Eigentümer des Grundstücks ist. Mehrere Eigentümer haften als Gesamtschuldner. Die Verpflichtung zur Zahlung der Beiträge ruht dinglich auf dem betreffenden Grundstück, so daß auch jeder spätere Eigentümer haftet.

§ 12. Der Magistrat ist befugt, mit Rücksicht auf die Vermögenslage der Zahlungspflichtigen für die Entrichtung der Beiträge Ratenzahlungen oder Zahlungsfrist bis zu höchstens zwei Jahren von der Fälligkeit ab zu bewilligen.

B. **Anlage und Unterhaltung neuer Straßen durch Unternehmer.**

1. Anlage der Straßen.

§ 13. Unternehmer, welche eine neue Straße oder einen Teil einer solchen anlegen wollen, haben, abgesehen von der polizeilichen Genehmigung, die Genehmigung des Magistrats nachzusuchen.

Sie haben jedenfalls die Freilegung und erste Einrichtung der Straße in der dem Bedürfnisse entsprechenden Weise zu beschaffen, bezw. die dazu erforderlichen Kosten zu tragen, oder der Stadtgemeinde zu erstatten, insbesondere auch die der Stadtgemeinde durch die Entwässerungsanlagen und Beleuchtungsvorrichtungen der Straße erwachsenden und bereits erwachsenen Kosten. Die Pflasterart bestimmt der Magistrat.

Zur Ausführung der Pflasterarbeiten ist es erforderlich, daß sich die Tiefbaudeputation mit der Auswahl der Personen oder Firmen, denen die Ausführung übertragen werden soll, einverstanden erklärt.

Dem Antrag auf Genehmigung der Straßenanlage ist ein Lageplan im Maßstabe von mindestens 1 : 500 und Nivellementsplan der Straße, aus welchem insbesondere auch der Anschluß der herzustellenden Entwässerungsanlagen an die bestehenden öffentlichen Anlagen ersichtlich ist, und zwar in je 5 Exemplaren beizufügen.

Den Unternehmern stehen für die Ausarbeitung der betreffenden Pläne die bei dem Magistrat befindlichen einschlagenden Materialien zur Benutzung auf ihre Kosten durch ihre Sachverständigen offen, soweit das Verwaltungsinteresse es gestattet, sofern die Materialien nicht unbedingt von dem Magistrat gebraucht werden. In diesem Falle ist dem Unternehmer mitzuteilen, von welchem Zeitpunkt ab die Materialien ihm zur Benutzung offen stehen werden.

Der Lageplan muß die in die Straße fallenden und an dieselbe angrenzenden Grundstücke bis auf 30 m Entfernung von den Straßenfluchtlinien, deren Grundbuchbezeichnung und Eigentümer ersichtlich machen.

Die Genehmigung kann für Straßen, die in den Bebauungsplan aufgenommen sind, nur versagt werden, wenn Gründe des Verkehrs oder andere öffentliche Interessen derselben entgegenstehen, insbesondere auch, wenn auf Erfordern nicht der Nachweis geführt wird, daß die vollständige Ausführung der Anlage gesichert ist.

Die betreffenden Gründe sind in dem Versagungsbescheide anzugeben.

§ 14. Erklären sich die Unternehmer zur Ausführung der Straßenanlage gemäß der erteilten Genehmigung bereit oder nehmen sie die Ausführung tatsächlich in Angriff, so sind sie verpflichtet, die Straßenanlage innerhalb der in der Genehmigung gestellten oder sonst angemessenen, vom Magistrat zu bestimmenden Frist zu vollenden.

Genügen sie dieser Verpflichtung nicht, so hat der Magistrat die Wahl, die erforderlichen Arbeiten für Rechnung der Unternehmer oder für eigene Rechnung auszuführen. In letzterem Falle und soweit in ersterem die erwachsenden Kosten von den Unternehmern nicht beigetrieben werden können, finden die Vorschriften des Abschnittes A sinngemäße Anwendung.

Das zur Straßenanlage erforderliche Land ist vor Beginn der Arbeiten zu ihrer Herstellung der Stadtgemeinde kostenlos und unentgeltlich zu übereignen und auf deren Verlangen pfandfrei zu stellen.

Ob die Herstellung bedingungsmäßig erfolgt ist, entscheidet der Magistrat, bei welchem die Abnahme, abgesehen von der baupolizeilichen Abnahme, beantragt werden muß.

2. Unterhaltung.

§ 15. Die Unterhaltung der gemäß § 13 ff. angelegten Straßen geht von der durch Abnahme als bedingungsmäßig anerkannten Herstellung ab auf die Stadtgemeinde über, dagegen sind die Unternehmer der Straßenanlage gehalten:

Diejenigen Personen oder Firmen, denen sie gemäß § 13 die Ausführung der Pflasterungsarbeiten übertragen, vertraglich zur unentgeltlichen Unterhaltung des von ihnen hergestellten Pflasters nebst Unterbettung einschließlich Lieferung sämtlicher bei diesen Unterhaltungsarbeiten erforderlichen Materialien, als Steine, Kies Sand, Fugenvergußmasse usw. der Stadtgemeinde gegenüber zu verpflichten.

Diese Verpflichtung, für deren Erfüllung auch der Unternehmer verhaftet bleibt, erstreckt sich auf die Zeit bis zum Ablauf des auf das Jahr des Beginns der Unterhaltung folgenden vierten Etatsjahres der städtischen Verwaltung.

Der Unternehmer der Straßenanlage ist auch verpflichtet, diejenigen Kosten der Unterhaltung zu erstatten, welche der Stadtgemeinde infolge von Bodensackungen erwachsen und durch den gedachten Unternehmer der Pflasterung nicht unentgeltlich auszuführen sind.

Die Kosten der Unterhaltung werden erforderlichenfalls im Wege des Verwaltungszwangsverfahrens von dem Unternehmer der Straßenanlage eingezogen.

C. **Verpflichtung der Anlieger an vorhandenen unbebauten Straßen.**

§ 16. Den Anliegern bereits vorhandener Straßen und Straßenteile, an denen Gebäude noch nicht errichtet sind, liegen die gleichen Verpflichtungen ob, wie solche in diesem Statut für die Anlieger neuer Straßen festgestellt sind, und zwar sowohl für den Fall, daß die Straße bereits den Festsetzungen des Bebauungsplanes entspricht, als für den, daß für deren erste, dem Bedürfnisse entsprechende Herstellung gemäß dem Bebauungsplan noch Aufwendungen zu machen sind.

D. **Allgemeine Vorschriften.**

§ 17. Als Anlage einer neuen Straße im Sinne dieses Statuts gilt auch die Umwandlung eines unregulierten Weges oder einer Landstraße in eine städtische Straße.

§ 18. Die Bestimmungen des § 10 finden auf alle Fälle Anwendung, welche bei Inkrafttreten dieses Ortsstatuts nicht bereits durch Zahlung der veranlagten Beiträge vollständig erledigt sind. Rückzahlung bereits gezahlter Beiträge findet nicht statt.

§ 19. Dieses Statut tritt mit dem 1. Juli 1906 an die Stelle des Ortsstatuts vom 7./19. März 1877.

Berlin, den 25. Juni 1906.

Magistrat hiesiger Königl. Haupt- und Residenzstadt.
Kirschner.

Vorstehendes Ortsstatut wird auf Grund des § 15 des Gesetzes vom 2. Juli 1875, betreffend die Anlegung und Veränderung von Straßen und Plätzen in Städten und ländlichen Ortschaften, sowie des § 146 des Zuständigkeitsgesetzes hierdurch bestätigt.

Berlin, den 20. September 1906.

Der Minister des Innern.
In Vertretung:
von Kitzing.

Personenverzeichnis.

Sachregister.

(Die Zahlen bedeuten die Seiten.)

A.

B.

C.

D.

H.

L.

M.

S.

Z.

Druck von Julius Beltz in Langensalza

Enteignungen
auf dem Gebiete des Städtebaues

nach der dritten Notverordnung Kapitel III
(zweite Verordnung des Reichspräsidenten zur Sicherung von Wirtschaft und Finanzen)

vom 5. Juni 1931

Nachtrag zum Straßen- und Baufluchtengesetz von v. Strauß und Torney und Saß, 6. Auflage

Von

Carl Saß

a. o. Professor an der Technischen Hochschule zu Berlin, Baurat a. D., Berlin-Mariendorf

Berlin und Leipzig 1932

Walter de Gruyter & Co.

vormals G. J. Göschen'sche Verlagshandlung / J. Guttentag, Verlagsbuchhandlung
Georg Reimer / Karl J. Trübner / Veit & Comp.

Literatur.

Heilmann, Enteignungen auf dem Gebiete des Städtebaues. Reichs- und Preußisches Verwaltungsblatt Bd. 52 S. 545.

Holtzmann, Das hessische Baurecht und der Artikel 153 der Reichsverfassung vom 11. August 1919. Dissertation, Gießen 1930.

Isay, Das Gesetz über die Entschädigungspflicht bei städtebaulichen Enteignungen. Grundeigentum 1931 S. 473; siehe auch 1930 S. 483 und S. 572 und Sonderheft 1931 S. 45.

Junck und **Caspari**, Reichsverfassung und Preußisches Fluchtliniengesetz. Deutsche Juristenzeitung 1930 S. 655 ff.

Loevy, Enteignungen auf dem Gebiete des Städtebaues. Deutsches Wohnungsarchiv 1931 Heft 8 S. 355.

Meyer, Das Reichsgericht und das Preußische Fluchtliniengesetz. Reichs- und Preußisches Verwaltungsblatt Bd. 51 S. 285.

Meyer, Reichsgericht und Stadtentwicklung. Bauamt und Gemeindebau 1930 Heft 11.

Saß, Die Zulässigkeit der Anlegung von Freiflächen — Wasser- und Waldflächen — nach § 1 des Fluchtliniengesetzes. Grundeigentum 1928 Nr. 14.

Saß, Auswirkungen des „Freiflächenurteils" des Reichsgerichts. Grundeigentum 1930 S. 513.

Archiv-Nr. 692 306.

Enteignungen auf dem Gebiete des Städtebaues.[1]

§ 1.

Für Enteignungen,[2]) die nach dem 13. August 1919 und vor dem 1. April 1933 auf dem Gebiete des Städtebaues,[3]) insbesondere[4]) der Planung, Fluchtlinien-(Baulinien-)festsetzung und Grundstücksumlegung sowie zur Erhaltung des Baumbestandes und zur Freigabe von Uferwegen, gemäß landesrechtlichen,[5]) vor Inkrafttreten dieses Kapitels erlassenen Vorschriften vollzogen worden sind oder noch vollzogen werden, wird nach den Vorschriften der §§ 2 bis 5 Entschädigung gewährt. § 3 gilt auch für Enteignungen, die innerhalb dieses Zeitraumes gemäß künftigen landesrechtlichen Vorschriften auf dem genannten Rechtsgebiete vollzogen werden.[2])

1. Der Erlaß der vorliegenden Notverordnung ist zurückzuführen auf das Urteil des Reichsgerichts vom 28. Februar 1930 in Sachen Betcke ·/. Stadtgemeinde Berlin (III 87/1929):

Der Kläger ist Eigentümer eines Grundstücks in Berlin-Wannsee, das zwischen dem Kleinen Wannsee und dem Stölpchensee liegt und das von dem diese beiden Seen verbindenden Prinz-Friedrich-Leopold-Kanal durchschnitten wird. Ein Teil des Grundstücks liegt in einer Breite von 50 m an der Kohlhasenbrücker Straße im Zuge der Potsdamer Chaussee.

Die Stadt Berlin setzte auf Grund des § 1 des Fluchtliniengesetzes vom 2. Juli 1875 eine Freifläche fest, welche das Grundstück des Klägers und angrenzende Wasserflächen anbetraf, und zwar in der Weise, daß auf dem Plan diese Freiflächen einfach umrandet, jedoch nicht mit Straßen- und Baufluchtlinien umgeben wurden.

Diese gesamte Fläche sollte dadurch dem Bauverbot des § 12 FlG. ohne Entschädigung unterworfen werden. Ein Baugesuch, welches eingereicht wurde mit Lage des Grundstücks an der Kohlhasenbrücker Straße, wurde nicht genehmigt unter Berücksichtigung, daß eine Freifläche vorliege (weiter die Kohlhasenbrücker Straße als eine historische nicht anzusehen sei).

Es konnte keinem Zweifel unterliegen, daß ein solches Verfahren auf Grund des Fluchtliniengesetzes der gesetzlichen Grundlage entbehrte. Trotzdem verfuhren die Großstädte in Preußen dementsprechend, ohne daß die Aufsichtsbehörden Einspruch erhoben. (Vergl. Saß, Die Zulässigkeit der Anlegung von Freiflächen — Wasser- und Waldflächen — nach § 1 FlG., „Grundeigentum", 1. April 1928, Nr. 14.)

Nach § 1 FlG. vom 2. Juli 1875 ist der Gemeindevorstand berechtigt, für die Anlegung oder Veränderung von Straßen und Plätzen (auch Gartenanlagen, Spiel- und Erholungsplätzen) in Städten und ländlichen Ortschaften die Straßen- und Baufluchtlinien im Einverständnis mit der Gemeinde oder deren Vertretung, dem öffentlichen Bedürfnis entsprechend, unter Zustimmung der Ortspolizeibehörde festzusetzen. Ein Recht, Freiflächen in vorstehendem Sinne nach § 1 des Gesetzes vom 2. Juli 1875 festzusetzen, ist nicht gegeben. Erst im Entwurf des Städtebaugesetzes ist eine derartige Regelung vorgesehen.

Eine Festsetzung der Freiflächen ist bezw. war in Preußen in folgenden Fällen zulässig:

1. Nach der Verbandsordnung für den Siedlungsverband Ruhrkohlenbezirk vom 5. Mai 1920 gehört gemäß § 1 des Gesetzes zu den Aufgaben des Verbandes insbesondere die Sicherung und Schaffung größerer, von der Bebauung freizuhaltender Flächen (Wälder, Heide, Wasserflächen und ähnlicher Erholungsflächen).

Gemäß § 16 können für die Ausgestaltung und Umgrenzung von Grüngebieten Fluchtlinien festgesetzt werden. Der Ausdruck Grüngebiet entspricht dabei dem Begriff der Freiflächen.

Der Verband hat jedoch nicht das Recht, Freiflächen entschädigungslos zu entziehen.

2. Nach dem Zweckverbandsgesetz für Groß-Berlin vom 19. Juli 1911 war der Zweckverband berechtigt, größere von der Bebauung freizuhaltende Flächen (Wälder, Parks, Wiesen, Seen, Schmuck-, Spiel- und Sportplätze usw.) zu erwerben. Die Stadt Berlin trat in die Rechte des Zweckverbandes ein. Die durch den Zweckverband erworbenen Flächen sind in das Eigentum der Stadt übergegangen.

Das Zweckverbandsgesetz ist aufgehoben, und insofern ist die Stadt nicht mehr berechtigt, Freiflächen im Sinne des Zweckverbandsgesetzes festzulegen.

Wenn es im § 6 der Bauordnung für die Stadt Berlin vom 3. November 1925 heißt: „Flächen, die im Fluchtlinienplan als Straßen, Plätze oder Freiflächen ausgewiesen sind, dürfen nicht bebaut werden", so entbehrt eine derartige Bestimmung der Rechtsgültigkeit, wenn man daraus folgern will, daß damit der Stadt die Befugnis erteilt ist, Freiflächen auf Grund des Fluchtliniengesetzes im Sinne des früheren Zweckverbandsgesetzes auszuweisen.

In einem Urteil vom 22. Juli 1916 (OVGE. 71 S. 341) hat sich auch das Oberverwaltungsgericht mit dieser Frage befaßt. Hier heißt es:

> „Freiflächen im Sinne des § 1 Abs. 1 Ziff. 3 des Zweckverbandsgesetzes gehören nicht zu den Straßen und Flächen, für deren Anlegung und Veränderung § 1 des Fluchtliniengesetzes die Festsetzung von Straßen- und Baufluchtlinien vorsieht."

Wie bereits oben angeführt, können gemäß § 1 FlG. Straßen- und Baufluchtlinien festgesetzt werden für Plätze. Das Fluchtliniengesetz hält an dem Zusammenhange mit dem Straßennetze fest, ohne Entscheidungsmerkmale zwischen Straßen und Plätzen anzugeben. (Vergl. v. Strauß und Torney und Saß, Straßen- und Baufluchtengesetz, 6. Auflage, S. 47 ff.)

Die in einem Orte vorkommenden schiffbaren Wasserstraßen (Flüsse, Kanäle) und die damit verbundenen Häfen lassen sich, obwohl sie auch dem inneren Verkehr dienen und von Gebäuden umgeben sein können, niemals als Glieder des Straßennetzes behandeln, es würde das eine völlige Verschiebung des dem Gesetze zugrunde liegenden Gedankens in sich schließen (OVGE. Bd. 23 S. 365, Entscheidung vom 12. Juli 1897 Nr. IV 1273). Ist also in dem Bebauungsplan ein Terrain mit der Bestimmung vorgesehen, daß es ein Hafen werden soll, so ist dies kein Platz im Sinne dieses Gesetzes, und es kann namentlich die Bebauung auf Grund des § 11 nicht verhindert werden. Die Gemeinde wird die Freihaltung der Fläche nur durch Enteignung erlangen können.

Aus den vorstehenden Ausführungen geht hervor, daß ein Platz im Sinne des Gesetzes vom 2. Juli 1875 keinen anderen Charakter hat als die Straße. Ein Platz kann nur in der Weise entstehen, daß Straßenfluchtlinien um denselben herumgeführt werden. Außerdem muß der Platz im Zusammenhange mit dem städtischen Straßennetz stehen, mindestens durch projektierte Straßenfluchtlinien.

Nach dem Wohnungsgesetz vom 28. März 1918 hat § 1 FlG. insofern eine Änderung erhalten, als hinter Plätzen in Klammern aufgeführt sind: „(auch Gartenanlagen, Spiel- und Erholungsplätze)". Es ist offenbar, daß durch diese Ergänzung der rechtliche Charakter des Platzes eine Änderung nicht erfahren hat. Es ist nur ausgesprochen worden, daß für Gartenanlagen, Spiel- und Erholungsplätze Straßen- und Baufluchtlinien festgesetzt werden können.

Wenn nun demgegenüber in neueren Fluchtlinienplänen Freiflächen für Seen und Waldflächen usw. nach § 1 FlG. festgesetzt werden, ohne daß Straßen- und Baufluchtlinien um diese herumgeführt werden, so widerspricht ein derartiges Verfahren dem Gesetz.

Der Kläger Betcke wurde mit seinem Entschädigungsanspruch vom Land- und Kammergericht abgewiesen.

In dem Urteil des Reichsgerichts vom 28. Februar 1930 wird dagegen u. a. folgendes ausgeführt:

„§ 13 Abs. 1 FlG. versagt dem Eigentümer eine Entschädigung nicht bloß wegen der nach § 12 eintretenden Beschränkung der Baufreiheit, sondern auch wegen der Beschränkung des von der Festsetzung neuer Fluchtlinien betroffenen Grundeigentums, insoweit allerdings unter Festsetzung bestimmter, jedoch eng begrenzter Ausnahmefälle. Mit der Offenlegung eines Fluchtlinienplanes gemäß § 8 FlG. tritt nach § 11 das. die Beschränkung des Grundeigentums, daß Neubauten, Um- und Ausbauten über die Fluchtlinie hinaus versagt werden können, endgültig ein (vorläufig schon mit der ersten Offenlegung des Plans nach § 7). Die Auferlegung dieser Beschränkung ist — anders als die nach § 12 durch Ortsstatut erfolgende — rechtlich eine Enteignung.

Gegen diese Annahme scheint zu sprechen, daß § 13 Abs. 1 FlG., wie schon bemerkt, beide Arten von Baubeschränkungen nebeneinander behandelt. Und aus den Vorarbeiten zum Fluchtliniengesetz ergibt sich auch, daß der preußische Gesetzgeber in der Verpflichtung des Eigentümers, gewisse künftighin zu Straßen und Plätzen bestimmte Flächen unbebaut zu lassen, ebenfalls eine gesetzliche Einschränkung des Eigentums gesehen hat, die deshalb keinen Entschädigungsanspruch auslösen dürfe (Motive zum Entwurf des Fluchtliniengesetzes in Drucksachen des Abgeordnetenhauses 1875 Nr. 23 S. 12 FlG., deren Standpunkt von der Kommission des Abgeordnetenhauses gebilligt worden ist, das. Nr. 279 S. 6 zu II). Die Rechtsprechung des Reichsgerichts hat sich diese Auffassung aber nicht zu eigen gemacht. Nach ihr ist das Fluchtlinienfestsetzungsverfahren ein Enteignungsverfahren. Das Fluchtliniengesetz hat sämtlichen Gemeinden ein allgemeines Enteignungsrecht für die Anlegung und Veränderung von Straßen und Plätzen verliehen (RGZ. Bd. 69 S. 73). Die Anwendung dieses allgemeinen Enteignungsrechtes der Gemeinde auf einzelne bestimmte Grundstücke setzt deren Festsetzung in einem besonderen Verfahren, eben dem Fluchtlinienfestsetzungsverfahren, voraus (S. 76 das.). Die in die festgesetzte Fluchtlinie fallende Grundfläche kann die Gemeinde für sich in Anspruch nehmen (§ 13 Abs. 1 Nr. 1 FlG.), d. h. sie dem Eigentümer enteignen. Dieser Vollenteignung voraus geht aber die schon mit der Offenlegung des endgültig festgesetzten Plans eintretende Baubeschränkung nach § 11 FlG. Das Grundstück wird bereits in diesem Augenblick zugunsten der Gemeinde mit der Dienstbarkeit der Unbebaubarkeit belastet. Diese Belastung ist, wie in RGZ. Bd. 63 S. 300 unten zutreffend ausgesprochen worden ist, ihrem Wesen nach nichts anderes als eine Teilenteignung. Es handelt sich bei der Pflicht des Eigentümers, das in eine Fluchtlinie fallende Gelände nicht zu bebauen, nicht um eine allgemeine, alle Eigentümer beim Vorliegen gewisser Voraussetzungen treffende Pflicht. Ebensowenig trägt die Fluchtlinienfestsetzung polizeilichen Charakter. Eine solche Belastung einzelner oder mehrerer einzelner bestimmter Grundstücke (vergl. RGZ. Bd. 53 S. 407), die unmittelbar anknüpft an die Festsetzung des Fluchtlinienplans, also an einen Verwaltungsakt, und die erfolgt für das öffentliche Unternehmen der Anlegung oder Änderung von Straßen und Plätzen, ist vielmehr als Enteignung zu kennzeichnen. Dies galt schon vor Erlaß der Reichsverfassung nach dem damaligen preußischen Recht (ebenso Dernburg, Preußisches Privatrecht, 5. Auflage, Bd. 1 § 218 Nr. 1 b S. 514, und neuestens Holstein, Enteignungsrecht an Friedhöfen, in Verwaltungsarchiv Bd. 35 S. 113), das übrigens, wie noch näher dargelegt werden wird, unerachtet der Vorschrift des § 13 FlG. den Eigentümer keineswegs ohne Entschädigung für diese Beschränkung ließ. Aber auch eine Enteignung im Sinne von Art. 153 Abs. 2 RVerf. ist im Falle des § 11 FlG. gegeben. Die Tragweite des Enteignungsbegriffs der Reichsverfassung ist zwar lebhaft umstritten. Daß sie aber mindestens Grundstücksbelastungen der vorstehend beschriebenen Art umfaßt, ist unzweifelhaft.

Nach Art. 153 Abs. 2 Satz 2 RVerf. erfolgt eine Enteignung gegen angemessene Entschädigung, soweit nicht ein Reichsgesetz etwas anderes bestimmt. Es fragt sich, ob § 13 Abs. 1 FlG., der nur eine beschränkte Entschädigung des Grundstückseigentümers für die mit der Offenlegung des festgesetzten Fluchtlinienplanes eintretende Teilenteignung kennt, mit dieser Verfassungsvorschrift vereinbar ist. Deren Anwendung kann nicht schon deshalb abgelehnt werden, weil das Fluchtliniengesetz bei Erlaß der Reichsverfassung bereits in Geltung stand. Die Ansicht, daß der Schutz des Privateigentums durch Art. 153 RVerf. grundsätzlich nach der Rechtslage des Jahres 1919 zu bestimmen sei, entbehrt der gesetzlichen Unterlage. Der Art. 153 Abs. 2 RVerf. enthält unmittelbar anwendbares Recht und greift daher auch älteren Landesgesetzen gegenüber Platz. Nur bei Inkrafttreten der Reichsverfassung bereits vollzogene Enteignungen bemessen sich in ihren Wirkungen ausschließlich nach altem Recht (Warn. Rspr. 1924 Nr. 182). Zu ihnen gehören Fluchtlinienfestsetzungen, die in Plänen enthalten sind, welche vor dem 14. August 1919 zur zweiten Auslegung nach § 11 FlG. gelangt sind. Die infolge solcher Auslegung bei Inkrafttreten der Reichsverfassung bereits vorhandenen Baubeschränkungen werden auch hinsichtlich der dafür zu zahlenden Entschädigung nicht mehr durch Art. 153 RVerf. berührt. Abs. 1 Satz 2 das. kann nur für spätere Fluchtlinienpläne in Frage kommen. Das trifft im vorliegenden Fall aber zu. Der Kläger stützt seine Ansprüche auf einen erst im Jahre 1925 aufgestellten Plan, über dessen endgültige Festsetzung das angefochtene Urteil allerdings nichts ersehen läßt.

Der Satz der Reichsverfassung, daß eine Enteignung gegen angemessene Entschädigung erfolgt, gilt nicht, soweit ein Reichsgesetz etwas anderes bestimmt. Die Beklagte will für diese Vorschrift Reichsgesetzen Landesgesetz gleichstellen, wenn ihnen die Regelung des einschlägigen Rechtsgebietes vom Reichsgesetzgeber überlassen worden ist, was hinsichtlich der Fluchtliniengesetzgebung durch Art. 109 EG. z. BGB. — und durch Art. 111 das. — geschehen sei. Diese Auffassung widerlegt sich schon dadurch, daß dann die Beschränkung der Zulassung anderweiter Regelung durch Reichsgesetz in Art. 153 Abs. 1 Satz 2 Halbsatz 2 keinen Sinn hätte. Da die Landesgesetzgebung nur auf den ihr durch die Reichsgesetzgebung, insbesondere die Reichsverfassung, belassenen Gebieten überhaupt tätig werden kann, würde bei der von der Beklagten vertretenen Verfassungsauslegung „Reichsgesetz" an der angeführten Stelle dasselbe bedeuten wie „Gesetz". Wäre das gewollt, so würde dort zweifellos nicht von Reichsgesetz, sondern einfach von Gesetz gesprochen worden sein. Art. 153 enthält eben die reichsgesetzliche Regelung einzelner Punkte des nach Art. 7 Nr. 12 RVerf. überhaupt der Reichsgesetzgebung unterstehenden Enteignungsrechts, durch die die den Ländern bis zum Erlaß eines umfassenden Enteignungsgesetzes des Reichs noch zustehende Gesetzgebungsbefugnis auf diesem Gebiete bereits eingeengt wird (ebenso RGZ. Bd. 116 S. 273). Die von der Beklagten angezogene, oben schon erwähnte Entscheidung des Staatsgerichtshofes vom 23. März 1929 erkennt nur an, daß die Landesgesetzgebung auf den ihr vorbehaltenen Rechtsgebieten Inhalt und Schranken des Eigentums regeln könne, lehnt aber ein Eingehen auf die Entschädigungsfrage ausdrücklich ab (a. a. O. S. 33, 34). Sie bezieht sich also nur auf Art. 153 Abs. 1 RVerf., nicht auch auf Abs. 2 das.

Nach § 13 FlG. wird eine Entschädigung wegen der Beschränkung des von der Festsetzung neuer Fluchtlinien betroffenen Grundeigentums nur unter bestimmten Voraussetzungen gewährt (vergl. RGZ. Bd. 28 S. 273). Der nach dem Wortlaut dieser Vorschrift naheliegende Schluß, daß in anderen Fällen der

Grundeigentümer für eine derartige Beschränkung überhaupt nicht entschädigt würde, ist indessen unrichtig. Die Entschädigung erfolgt auch sonst, aber erst mit der Abtretung der zu Straßen und Plätzen bestimmten Flächen an die Gemeinde. Unter Aufgabe seines früheren abweichenden Standpunktes hat das Reichsgericht (RGZ. Bd. 53 S. 135 und Bd. 74 S. 20) ausgesprochen, daß bei einer Enteignung von Grundstücksteilen, die nach einem veröffentlichten Fluchtlinienplan zu Straßenland bestimmt waren und daher nach § 11 FlG. nicht mehr bebaut werden dürften, ihre Eigenschaft als Bauland zu bemessen sei und nach dem Wert, den sie zur Zeit der Enteignung besessen haben würden, wenn keine Fluchtlinienfestsetzung erfolgt wäre. Die Entschädigung für die zu enteignenden Flächen wird in einem Posten, der Enteignungsentschädigung, für das als unbelastet gedachte Grundstück gewährt (RGZ. Bd. 63 S. 300/301). Darin ist der Ersatz für die durch die Belastung mit der Unbebaubarkeit eingetretene Wertminderung mitenthalten. Die Ausgleichung dieses Nachteils wird dem Eigentümer also auch in den Fällen, die nicht zu den im Gesetz besonders genannten Ausnahmefällen gehören, nicht dauernd versagt. Sie wird aber hinausgeschoben bis zur Übernahme der Grundfläche selbst durch die Gemeinde. Eine solche Regelung tut indessen der Reichsverfassung nicht Genüge.

Art. 153 Abs. 2 Satz 2 RVerf. fordert die Gewährung einer angemessenen Enteignungsentschädigung. Die nähere Regelung dieser Angemessenheit liegt auf den der Landesgesetzgebung überlassenen Gebieten ihr ob. Ein gewisser Spielraum freien Ermessens muß ihr hierbei eingeräumt werden. Der Richter darf der landesrechtlichen Regelung nur dann die Gültigkeit versagen, wenn die Grenze solchen Ermessens offensichtlich überschritten ist, wenn das, was sie dem Enteigneten gewährt, unzweifelhaft nicht mehr als angemessenes Entgelt für das, was ihm genommen wird, angesehen werden kann. Es ist deshalb nicht zu beanstanden, wenn der Grundstückseigentümer für die Beschränkung der Baufreiheit nur in der Art entschädigt wird, daß er sein Grundstück selbst hergeben muß, dessen Bewertung dann aber so erfolgt, als ob eine Fluchtlinie nicht vorhanden wäre. Auch muß nicht schon jede Hinausschiebung der Zahlung der Entschädigung als reichsverfassungswidrig gelten. Genügen würde jedenfalls, wenn der Enteignete es in der Hand hätte, die Fälligkeit der zunächst versagten Gewährung einer Entschädigung dadurch herbeizuführen, daß er von der Gemeinde die Übernahme der in ihrer Bebaubarkeit beschränkten Grundfläche gegen Ersatz ihres Wertes verlangte. Dieses Recht hat der Grundstückseigentümer aber nach dem preußischen Fluchtliniengesetz grundsätzlich nicht, auch nicht nach dessen von der Revisionsbeklagten hierfür angezogenen Abs. 3 des § 13, der die Gemeinde nur unter gewissen Voraussetzungen zur Übernahme eines Restgrundstückes zwingt. Die Gemeinde ist lediglich in den Ausnahmefällen des Abs. 1 Nr. 2 und 3 des § 13 auf Verlangen des Eigentümers verpflichtet, ihm die zu Straßen und Plätzen bestimmte Grundfläche abzunehmen (RGZ. Bd. 63 S. 174). Im übrigen hängt es ausschließlich von ihrem Willen ab, ob sie sich eine derartige Fläche vom Eigentümer für die öffentliche Benutzung abtreten lassen will (§ 13 Abs. 1 Nr. 1). Von den erwähnten Ausnahmefällen abgesehen ist es ihrer eigenen Entschließung überlassen, ob sie den Eigentümer für die Dienstbarkeit der Unbebaubarkeit seines Grundstücks entschädigen will, welche Entschädigung sie erst mit der Entschädigung für die Grundfläche selbst zu zahlen braucht. Der Enteignete als Gläubiger ist regelmäßig völlig vom Belieben des Schuldners der enteignenden Gemeinde abhängig. Er selbst hat in der weit überwiegenden Zahl der Fälle keine Möglichkeit, sie unabhängig von der in ihrer Hand liegenden Abtretung der Grundfläche zu zwingen, ihn wenigstens für deren Unbebaubarkeit zu entschädigen. Dieser Rechtszustand entspricht nicht der Reichsverfassung. Eine Entschädigung, deren Zahlungszeit von dem freien Ermessen des Enteignenden abhängt, ist keine angemessene mehr. Als Grund für sie kann auch nicht das Wohl der Allgemeinheit angeführt werden, das nach Art. 153 RVerf. zwar eine Enteignung rechtfertige, auf die Bemessung der Entschädigung dafür jedoch ohne Einfluß sein muß. Auch aus Art. 155 RVerf. läßt sich keine Rechtfertigung für die in § 13 FlG. angeordnete Beschränkung der gemeindlichen Entschädigungspflicht gewinnen.

§ 13 FlG. verstößt sonach deshalb gegen die Reichsverfassung, weil er dem Grundstückseigentümer in der Regel die Möglichkeit verschließt, für die mit der endgültigen Festsetzung der Fluchtlinie verknüpfte Belastung seines Grundstücks mit der Dienstbarkeit der Unbebaubarkeit, die eine Teilenteignung ist, sei es auch nur auf dem Wege der Überlassung der belasteten Grundfläche an die Gemeinde, eine Entschädigung zu erhalten. Im Umfange dieses Verstoßes ist die Vorschrift seit Inkrafttreten der Reichsverfassung, die für jede Enteignung die Gewährung einer angemessenen Entschädigung vorschreibt, ungültig. Daraus folgt, daß der Eigentümer, sofern weder die Gemeinde die Abtretung der in die Fluchtlinie fallenden Fläche beansprucht noch einer der Ausnahmefälle vorliegt, in denen er diese Abtretung fordern kann, unmittelbar einen Anspruch auf Entschädigung für die eingetretene Unbebaubarkeit erwirbt. Dieser nicht unter § 14 Abs. 1 FlG. fallende Anspruch ist auch nicht etwa im Verfahren nach dem Enteignungsgesetz vom 11. Juni 1874 geltend zu machen. Sollte es später zur Hergabe der Grundfläche an die Gemeinde selbst kommen, so erhält der Eigentümer nur noch dessen durch die Unbebaubarkeit geminderten Wert ersetzt, da er für ihre Folgen schon früher entschädigt worden ist. Die Entschädigung zerfällt dann in zwei Teile, ganz ebenso wie RGZ. Bd. 63 S. 301 für die Ausführung älterer Bebauungspläne dargelegt worden ist."

Der Art. 153 RVerf., auf den in dem vorliegenden Urteil Bezug genommen wird, lautet:

„Das Eigentum wird von der Verfassung gewährleistet. Sein Inhalt und seine Schranken ergeben sich aus den Gesetzen.

Eine Enteignung kann nur zum Wohle der Allgemeinheit und auf gesetzlicher Grundlage vorgenommen werden. Sie erfolgt gegen angemessene Entschädigung, soweit nicht ein Reichsgesetz etwas anderes bestimmt. Wegen der Höhe der Entschädigung ist im Streitfalle der Rechtsweg bei den ordentlichen Gerichten offenzuhalten, soweit Reichsgesetze nichts anderes bestimmen. Enteignung durch das Reich gegenüber Ländern, Gemeinden und gemeinnützigen Verbänden kann nur gegen Entschädigung erfolgen.

Eigentum verpflichtet. Sein Gebrauch soll zugleich Dienst sein für das Gemeine Beste."

Gegen die Entscheidung des Reichsgerichts sind erhebliche Einwendungen erhoben worden, namentlich von denjenigen, welche für die Festlegung von Freiflächen eintraten, wie sie nach dem Entwurf des preußischen Städtebaugesetzes vorgesehen waren, wobei bemerkt wird, daß dieser Entwurf unter Berücksichtigung aller Verhältnisse aus rechtlichen, sozialen und wirtschaftlichen Gründen abzulehnen ist. (Vergl. Saß, Deutsches Wohnungsarchiv Heft 1/1929.)

2. Unter die Notverordnung fallen demnach alle Enteignungen, welche am 14. August 1919 bis einschließlich 31. März 1933 vollzogen worden sind oder noch vollzogen werden. Die Enteignungsrechte der Gemeinden werden hierdurch nicht berührt, sondern es findet nur eine Regelung der Entschädigung statt.

3. Unter Städtebau ist zu verstehen nicht der Aufbau von Städten, wie nach dem Wortlaut anzunehmen ist, sondern die vorbereitende Maßnahme für den späteren Aufbau — die Planung.

4. Es sollen danach außer den angeführten Enteignungen auf dem Gebiete der Planung usw. noch andere Enteignungen zulässig sein. Dieselben müssen aber dem Begriff der im § 1 angeführten Fälle unterliegen.

5. Maßgebend für die Anwendung des § 1 Abs. 1 ist, daß die Enteignungen gemäß landesrechtlichen Vorschriften erfolgt sind. Für Preußen würde u. a. in Frage kommen das unter dem 2. Juli 1875 erlassene Straßen- und Baufluchtengesetz (Gesetz betr. die Anlegung und Veränderung von Straßen und Plätzen in Städten und ländlichen Ortschaften) und das Gesetz über die Enteignung von Grundeigentum vom 11. Juni 1874.

§ 2.

Für die Enteignung ist eine Entschädigung vorbehaltlich des § 3 zu leisten, wenn und soweit dies in den in § 1 Satz 1 genannten landesrechtlichen Vorschriften vorgesehen ist.[6])

6. Hiernach ist eine Entschädigung außer nach § 3 zu leisten, wenn in landesrechtlichen Vorschriften eine solche vorgesehen ist.

§ 3.[7])

(1) Wird ein Grundstück (Grundstücksteil) in dem landesrechtlich[5]) vorgeschriebenen Verfahren (durch Fluchtlinien, Baulinien, Freiflächengrenzen oder auf sonstige Weise) als Freifläche zum Zwecke des öffentlichen Gebrauchs vorwiegend[8]) aus Gründen der Volksgesundheit oder Volkserholung mit der Wirkung ausgewiesen, daß eine Bebauung auf die Dauer ausgeschlossen[9]) ist, so kann der Eigentümer für eine durch die Beschränkung seines Eigentums entstehende Wertminderung des Grundstücks (Grundstücksteiles) eine angemessene[10]) Entschädigung verlangen. Eine Wertminderung[11]) ist nicht gegeben, wenn und soweit durch die Ausweisung eine bei Eintritt der Beschränkung tat-

sächlich ausgeübte oder nach Lage der Verhältnisse mögliche Benutzungsart nicht eingeschränkt wird. Für die Bemessung der Wertminderung ist der Zeitpunkt der Beschränkung des Eigentums maßgebend.[12])

(2) Der Anspruch auf Entschädigung entsteht mit dem Zeitpunkt, in dem die Freiflächenausweisung nach den landesgesetzlichen Vorschriften zum ersten Male öffentlich bekanntgemacht oder nach diesen Vorschriften dem Grundstückseigentümer mitgeteilt worden ist. Die Entschädigung wird fällig mit Ablauf von fünf Jahren nach der Entstehung des Anspruchs.[13])

(3) Beträgt die Wertminderung mehr als die Hälfte des Grundstückswertes, so kann der Eigentümer bis zum Ablauf von 4½ Jahren nach Entstehung des Anspruchs von der Gemeinde (Gemeindeverband) statt der Entschädigung die Übernahme des Grundstücks (Grundstücksteiles) im Wege des Ankaufs oder der Enteignung verlangen. Die Gemeinde (Gemeindeverband) hat sich bis zum Ablauf von fünf Jahren nach Entstehung des Anspruchs über das Verlangen zu erklären; lehnt sie das Verlangen ab, so ist die Freiflächenausweisung aufzuheben.[14])

(4) Wird die Freiflächenausweisung aufgehoben, so ist eine Entschädigung nur insoweit zu leisten, als der Eigentümer während der Dauer der Freiflächenausweisung in der zur Zeit des Eintritts der Beschränkung tatsächlich ausgeübten oder nach Lage der Verhältnisse möglichen Benutzungsart beschränkt worden ist.[15]) Diese Entschädigung ist mit der Aufhebung der Freiflächenausweisung fällig. Soweit eine höhere Entschädigung bereits geleistet ist, kann sie nicht zurückgefordert werden.

(5) Erstreckt sich die Wertminderung im Sinne des Abs. 1 bei nur teilweiser Beanspruchung des Grundstücks auch auf das Restgrundstück, so gelten die Vorschriften der Abs. 1 bis 4 auch für das Restgrundstück.[16])

(6) Für die Verpflichtung zur Entschädigung bei Beanspruchung von Grundstücken (Grundstücksteilen) für Gartenanlagen, Schmuck- und Kinderspielplätze, soweit sie nach Lage und Größe gemäß anerkannten städtebaulichen Grundsätzen unter Berücksichtigung der örtlichen Verhältnisse als Bestandteile öffentlicher Straßen und Plätze anzusehen sind, gilt § 2; die Abs. 1 bis 5 finden keine Anwendung.[17])

7. Die Freiflächen, welche unter den § 3 fallen, müssen folgende Eigenschaften bezw. Wirkungen haben:

a) Sie müssen dem öffentlichen Gebrauch dienen,

b) vorwiegend aus Gründen der Volksgesundheit oder Volkserholung ausgewiesen sein,

c) eine Bebauung muß auf die Dauer ausgeschlossen sein.

8. Die Freiflächen brauchen nur vorwiegend der Volksgesundheit und Volkserholung zu dienen, nicht ausschließlich.

9. Wird die Bebauung nicht ausgeschlossen, kommt die Notverordnung nicht in Frage.

10. Nach § 1 des preußischen Gesetzes über die Enteignung von Grundeigentum vom 11. Juni 1874 kann das Grundeigentum nur aus Gründen des öffentlichen Wohles für ein Unternehmen, dessen Ausführung die Ausübung des Enteignungsrechtes erfordert, gegen vollständige Entschädigung entzogen oder beschränkt werden.

Meines Erachtens deckt sich der Begriff der vollständigen Entschädigung mit dem der angemessenen Entschädigung. Eine angemessene Entschädigung für den Betroffenen umfaßt nicht allein den zeitigen Preis des Grundstücks, sondern auch die Vorteile, welche sich in Zukunft mit einem gewissen Maß von Sicherheit ergeben.

11. Eine Wertverminderung liegt nicht vor

a) wenn durch die Ausweisung der Freifläche eine bei Eintritt der Beschränkung tatsächlich ausgeübte Benutzungsart nicht eingeschränkt wird,

b) wenn nach Lage der Verhältnisse eine möglich e Benutzungsart nicht eingeschränkt wird.

Der Begriff der möglichen Benutzungsart greift weiter als der Begriff der wahrscheinlichen; aber einschränkend wirkt, daß die Beurteilung „nach Lage der Verhältnisse" zu erfolgen hat.

12. Dies kann nur der Zeitpunkt sein, in welchem gemäß Abs. 2 der Anspruch auf Entschädigung entsteht.

Es sei hingewiesen auf die Verhältnisse des § 11 FlG., nach welchem eine Entschädigung zu leisten ist, wenn vor Auslegung des Planes ein Bauverbot ausgeübt wird. (Vergl. von Strauß und Torney und Saß, Straßen- und Baufluchtengesetz, 6. Auflage, S. 129 ff. und 181; RG. vom 6. Dezember 1929 — 27/29 III —, Juristische Wochenschrift 1930 Heft 12, und dazu die Ausführungen von Justizrat Karl Friedrichs.)

13. Der Abs. 2 behandelt den Regelfall:

a) Der Anspruch auf Entschädigung entsteht mit dem Zeitpunkt der Bekanntgabe der Flächenausweisung.

b) Die Entschädigung wird fällig mit dem Ablauf von fünf Jahren nach Entstehung des Anspruchs.

c) Die Entschädigung bezieht sich nur auf die Wertverminderung des Grundstücks.

d) Der Umfang der Entschädigung bezieht sich nicht allein auf den Zeitraum von fünf Jahren, sondern die Entschädigung auf Wertverminderung ist einmalig und endgültig.

14. Der Abs. 3 behandelt einen Ausnahmefall:

a) Bei einer Wertverminderung um mehr als die Hälfte des Grundstückswertes kann der Eigentümer bis zum Ablauf von 4½ Jahren nach Entstehung des Anspruches statt der Entschädigung für Wertverminderung die Übernahme des Grundstücks verlangen.

b) Die Gemeinde (Gemeindeverband) hat sich bis zum Ablauf von fünf Jahren nach Entstehung des Anspruchs über das Verlangen zu erklären.

c) Lehnt die Gemeinde das Verlangen ab, so ist die Freiflächenausweisung aufzuheben.

d) Bei Ablehnung hat die Gemeinde Entschädigung zu leisten für den Minderwert, welcher dem Eigentümer entstanden ist in dem Zeitraum zwischen Entstehung des Anspruches und der Aufhebung der Flächenausweisung.

15. Hiernach ist bei Aufhebung einer Freiflächenausweisung eine Entschädigung nur für die Dauer der Beschränkung zu gewähren. Diese Entschädigung ist fällig mit der Aufhebung der Freiflächenausweisung.

16. Der Abs. 5 behandelt den Fall, in welchem die Wertverminderung sich auch auf das Restgrundstück erstreckt, welches als Freifläche nicht in Anspruch genommen wird.

Die Wertverminderung des Restgrundstücks ist demnach nur zu berücksichtigen, wenn auch derjenige Grundstücksteil, welcher für die Freifläche ausgewiesen ist, eine Wertverminderung erfährt.

17. Der Abs. 6 schließt die Entschädigung für Gartenanlagen, Schmuck- und Kinderspielplätze aus, und zwar mit der Einschränkung: „soweit sie nach Lage und Größe gemäß anerkannten städtebaulichen Grundsätzen unter Berücksichtigung der örtlichen Verhältnisse als Bestandteile öffentlicher Straßen und Plätze anzusehen sind".

Es wird sehr schwierig sein, eine scharfe Trennungslinie zwischen Freiflächen im Sinne des § 3 und den angeführten Gartenanlagen, Schmuck- und Kinderspielplätzen zu ziehen. Auch der Begriff der anerkannten städtebaulichen Grundsätze ist ein unsicherer und wechselnder.

Es ist damit für das preußische Fluchtliniengesetz der frühere Zustand wiederhergestellt worden.

Nach dem Inhalt des § 6 soll es ausgeschlossen sein, Freiflächen im Sinne des § 3 der Notverordnung auf Grund des § 1 FlG. mit Straßen- und Baufluchtlinien zu umgeben, um auf diese Weise die Entschädigung für Wertverminderung auszuschließen.

§ 4.

Ist für Beschränkungen des Eigentums, die bei Inkrafttreten dieses Kapitels bereits vollzogen waren, nach § 3 eine Entschädigung zu leisten und ist die Leistung der Entschädigung noch nicht in dem Enteignungsverfahren oder vertraglich bestimmt, so gelten die Vorschriften des § 3 mit folgender Maßgabe:

1. der Anspruch auf Entschädigung wird frühestens 2 Jahre nach Inkrafttreten dieses Kapitels fällig;
2. für die Bemessung der Wertminderung ist der Zeitpunkt des Inkrafttretens dieses Kapitels maßgebend;
3. der Eigentümer kann die Übernahme des Grundstücks in den Fällen, in denen die in § 3 Abs. 3 Satz 1 vorgesehene Frist bereits abgelaufen ist oder früher als 1½ Jahre nach Inkrafttreten dieses Kapitels ablaufen würde, bis zum Ablauf dieser 1½ Jahre verlangen; die Gemeinde (Gemeindeverband) hat sich in diesen Fällen bis zum Ablauf von 2 Jahren nach Inkrafttreten dieses Kapitels über das Verlangen zu erklären.[18])

18. Der § 4 bezieht sich nicht auf Freiflächenausweisungen, welche gemäß § 3 Abs. 4 aufgehoben sind, sondern nur auf solche, welche bei Inkrafttreten der Notverordnung vollzogen waren, also zu diesem Zeitpunkt rechtlich bestanden.

Dies geht auch hervor aus dem Wortlaut, daß die Vorschriften des § 3 „mit der Maßgabe" der unter Nr. 1 bis 3 aufgeführten Änderungen in Geltung bleiben. Der § 3 Abs. 4 ist von der Änderung unberührt geblieben.

§ 5.

Entschädigungen, die bis zum Inkrafttreten dieses Kapitels geleistet wurden, ohne daß hierzu bei Anwendung dieses Kapitels eine Rechtspflicht begründet gewesen wäre, können nicht zurückgefordert werden. Ist die Verpflichtung zur Leistung einer Entschädigung nach Grund und Betrag rechtskräftig festgestellt, so behält es hierbei sein Bewenden; ebenso bleiben Vergleiche und sonstige Vereinbarungen über die Entschädigungspflicht unberührt.

§ 6.

Ist in den Fällen des § 1 vor Inkrafttreten dieses Kapitels in den landesrechtlichen Vorschriften vorgesehen, daß über die Höhe der Entschädigung im Streitfalle andere Stellen als die ordentlichen Gerichte zu entscheiden haben, so ist der Rechtsweg bei den ordentlichen Gerichten insoweit ausgeschlossen.

§ 7.

(1) Die Reichsregierung kann mit Zustimmung des Reichsrats die zur Durchführung dieses Kapitels erforderlichen Maßnahmen treffen.

(2) Die obersten Landesbehörden werden ermächtigt, das zur Durchführung der §§ 3 und 4 erforderliche Entschädigungsverfahren zu regeln. Wegen der Höhe der Entschädigung ist im Streitfalle der Rechtsweg bei den ordentlichen Gerichten offenzuhalten.[19])

19. Zum Schluß sei bezüglich der Verhältnisse in Preußen zusammenfassend folgendes wiederholt:

Die vor Erlaß der Notverordnung ausgewiesenen Freiflächen sind auf gesetzlicher Grundlage nicht zustande gekommen. Infolgedessen kann insoweit die vorliegende Notverordnung nicht Anwendung finden, da diese sich nur auf Freiflächen bezieht, welche auf Grund landesrechtlicher Vorschriften ausgewiesen sind. Die Gemeinden (Gemeindeverbände) sind daher m. E. verpflichtet, für ihre ungesetzliche Handlungsweise den betroffenen Grundeigentümern nach gesetzlichen Vorschriften Schadenersatz zu leisten.

Kolibri 360 GmbH
Ferdinand-Jühlke-Straße 7
99095 Erfurt, Deutschland
produktsicherheit@kolibri360.de